366 historias del fútbol mundial que deberías conocer

Divulgación

Alfredo Relaño

366 historias del fútbol mundial que deberías conocer

ESPASA

PEFC

PEFC/14-38-00305

PEFC Certificado

Este libro procede de bosques gestionados de forma sostenible

www.pefc.es

Espasa, un sello editorial de Editorial Planeta, S. A.
Avda. Diagonal, 662-664, 08034 Barcelona (España)

Adaptación de la cubierta: Booket / Área Editorial Grupo Planeta
Ilustraciones de la cubierta: © Luis Doyague
Imagen de la cubierta: de izquierda a derecha empezando por arriba: Di Stéfano, Gento, Maradona, Pelé, Alexia Putellas, Cruyff, Zidane, Luis Aragonés, Casillas, Messi y Cristiano Ronaldo.
Primera edición en Colección Booket: mayo de 2025

Depósito legal: B. 7187-2025
ISBN: 978-84-670-7689-9
Impreso en España

Biografía

Nacido en Madrid en 1951, Alfredo Relaño cursó estudios en la Escuela Superior de Ingenieros de Caminos y en la Facultad de Derecho hasta que optó por el periodismo. Se graduó en la Escuela Oficial de Periodismo de Madrid e inició su carrera profesional en *Marca*, tarea que compaginó desde muy pronto con la corresponsalía en Madrid de *Mundo Deportivo* de Barcelona. De ahí pasó a *Pueblo* y a *Arriba*, hasta que en 1976 se incorporó al equipo fundacional del diario *El País* como redactor de deportes. Desde entonces se movió siempre en los medios del grupo PRISA, empresa editora de *El País*. En 1987 pasó a la cadena SER como director de deportes, cargo desde el cual impulsó la creación del programa *El Larguero*, para cuya conducción designó a José Ramón de la Morena. Con el lanzamiento por parte del mismo grupo empresarial del canal de televisión Canal+, se incorporó en 1989 al grupo fundacional del mismo en calidad de director de deportes. Es autor de *Futbolcedario* (un ameno tratado de términos futbolísticos), *El fútbol contado con sencillez*, *Tantos Mundiales, tantas historias*, *Memorias en blanco y negro* y *El último minuto*, además de coautor (junto a Enrique Ortego) de *Gracias, Vieja*, que narra las memorias de Alfredo Di Stéfano. En Espasa ha publicado *Nacidos para incordiarse* (una historia comparada del Madrid y el Barça), el exitoso *366 historias del fútbol mundial que deberías conocer*, *366 (y más) historias de los Juegos Olímpicos que deberías conocer* y *Pequeña historia de los Juegos Olímpicos*. Actualmente mantiene una columna en *As*, una colaboración semanal en *El País* y ejerce como comentarista de partidos en la Cadena SER. Está casado y es padre de dos hijos.

Índice

Introducción 11

Enero 13
Febrero 77
Marzo 137
Abril 201
Mayo 263
Junio 327
Julio 389
Agosto 453
Septiembre 517
Octubre 579
Noviembre 643
Diciembre 705

Índice onomástico 769
Índice general 797
El autor 813

A Ana, mi mujer, que todo lo resuelve.

A Alfredo y Ana, mis hijos, a los que les debo las horas que no les he dedicado por entregarlas a este libro, con la promesa de compensárselas.

Y a los lectores de As, mis amigos de cada mañana.

Introducción

Fútbol para cada día del año. Eso es lo que le proponemos en este libro, que trata de hacer un recorrido por todos los sucesos relevantes de nuestro deporte favorito, en una secuencia continua en los días del año, pero que da grandes saltos hacia delante y hacia atrás en el tiempo. Es un intento exhaustivo de mostrar todo lo que ha sido relevante en el desarrollo del juego, pero evidentemente no dejarán de faltar cosas. Son ya muchos años, casi ciento cincuenta, de existencia de este juego, de manera que hay muchos días en los que unas cosas presionan sobre otras, y ha habido que elegir una. El criterio ha sido en esos casos escoger lo que ha sido más importante, más trascendente, siempre tratando de acomodar el interés por nuestro fútbol con los de otros países en los que ha tenido gran desarrollo e influencia. Particularmente, Inglaterra, la fuente de la que bebimos más tarde todos. Y se trata de una mirada amplia sobre el juego, intentando alcanzarlo todo, no solo partidos, ni particularmente partidos. Hay nacimientos, muertes, tragedias, glorias, cambios de reglas, anécdotas, exilios, consagraciones, inauguraciones, premios, felicidad, nostalgia... Es posible, no obstante, que usted eche en falta tal o cual suceso, tal o cual mérito de su equipo, tal o cual recuerdo de su infancia, tal o cual historia que su padre le contó. Me disculpo de antemano por ello, pero habrá sido inevitable. Lo que he pretendido sobre todo es que el cuadro explique el fútbol. Con pinceladas sueltas, firmes, sin nada que ver aparentemente con las de al lado, pero que miradas todas juntas en la distancia (al completar la lectura del libro) provoquen el efecto pleno de la pintura impresionista. El cuadro se lee completo y a distancia, cuando los detalles se funden en una sola imagen.

He de aclarar que como algunos de nuestros clubes han cambiado la forma de escribir su nombre con los años, he preferido optar por el actual. He tenido más dudas con el Espanyol, que fue Español durante la mayor parte de su historia (y sale citado en más ocasiones durante el largo período en que se llamó así), pero puesto que ahora es «Espanyol» para las nuevas generaciones he preferido llamarlo de esta forma. Igualmente para el Athletic de Bilbao, que se llamó Atlético desde la guerra hasta los setenta, período en el que le pasaron algunas de las cosas que se relatan en el libro, pero en el que lo presento con su nombre original y final de Athletic. El término Atlético, a su vez, lo reservo para el Atlético de Madrid y se lo aplico en todas las épocas, a despecho de que en sus primeros tiempos también fue Athletic. No es del todo correcto, pero me ha parecido lo más sencillo, a fin de no andar cambiando de nombre a estos clubes según el período de su vida de que hablemos, y menos en un libro con tantos saltos adelante y atrás en el tiempo, con tanta mezcolanza de épocas.

Esta nueva versión, publicada más de doce años después de la primera, tiene leves diferencias con aquella, si bien en esencia es lo mismo. Pero en estos años han ocurrido sucesos que no podían dejar de estar aquí, ya fueran el triste accidente del Chapecoense, que tanto conmovió al mundo, los rutilantes éxitos de La Roja (el Mundial de Sudáfrica solo pudo ser introducido en una edición en rústica), el impacto de los nuevos propietarios extranjeros en la Premier, la explosión del fútbol femenino en nuestro país, con la Champions del Barça y el Balón de Oro de Alexia Putellas, o la reciente expulsión de Rusia de la repesca para el Mundial de Qatar, por citar algunos. Para introducirlos he tenido que arrancar, no sin dolor, algunas páginas de aquella versión de años atrás, pero era obligado. Este libro tiene mucho que agradecer a Bernardo Salazar, que ya no está entre nosotros. Él me iluminó muchos rincones donde buscar. Y a Enrique Melo, documentalista de As, que me ayuda a hurgar en ellos. Y, por supuesto, a tantos y tantos grandes jugadores que han llenado mis ojos desde niño.

ENERO

San Lorenzo de Almagro nos hace un 5-7 con el *tiqui-taca*

(1947)

Puede que usted esté pensando que difícilmente se haya jugado al fútbol alguna vez el primer día del año, pero se confunde. Precisa-mente uno de los partidos más comentados del fútbol español se produjo en tal día, dentro del marco de lo que fue una memorable gira del San Lorenzo de Almagro. Eran los años de la posguerra y el aislamiento, cuando España se había quedado como un residuo de las dictaduras de la preguerra. Nadie nos hablaba prácticamente, excepto Portugal y Argentina. Y nuestro fútbol estaba tan solo y tan depauperado como todo lo demás.

Perón, que nos mandaba trigo en aquellos años, nos envió también una embajada futbolística que dejaría huella: el San Lorenzo de Almagro. Llegaron con un fútbol nuevo, desde el dibujo en WM, que aquí era tan desconocido como todo lo que pasaba fuera, hasta su juego, hecho de combinación de toque exquisito. El *tiqui-taca* de hoy, vaya. Más lento, pero *tiqui-taca*, e interpretado por unos jugadores geniales, que vinieron diciendo que el gol era «un pase a la red», lo que fue tomado a chacota en un país que concebía los goles como cañonazos tremendos o cabezazos heroicos.

En total, la gira constó de diez partidos, incluidos dos en Portugal, con cinco victorias, cuatro empates y una sola derrota. Todo eso en seis semanas. Dados los incómodos viajes por las carreteras y en los ferrocarriles de la época y alguna juerga que hubo por medio, fue un resultado extraordinario, más si se tiene en cuenta el balance de goles: 48 a favor por 26 en contra. El partido del primer día del año 1947 fue el tercero de la gira, y el que rompió definitivamente la pana. El adversario fue un combinado nacional, el escenario, un llenísimo Les Corts, el que fuera el campo del Barça hasta el Camp Nou, y el resultado, un estruendoso 5-7. El día 2 los periódicos hablaban y no paraban del extraordinario juego combinativo de los bonaerenses, que en su delirio solían descuidar la defensa, pero que se pasaban y pasaban dejando a los españoles como palos. España sacó ese día a: Bañón; Álvaro, Curta; Gonzalvo III, Fábregas, Gonzalvo II; Epi, Arza, Lángara, Herrerita y Escudero. (En la segunda parte, el ala izquierda la formaron Escolà y Bravo.) Por San Lorenzo jugaron: Blazina; Crespi, Basso; Zubieta, Grecco, Colombo; De la Mata, Farro, Pontoni, Martino y Silva. Zubieta era uno de los vascos de la Selección de Euskadi, que se habían quedado allí al final de la gira. Con los años volvería a España, para terminar su carrera en el Deportivo.

Aquel San Lorenzo, por cierto, salvó a uno de los grandes jugadores españoles, Panizo. Cuando algunos días más tarde de la exhibición de Les Corts viajaron a San Mamés, donde dieron el consabido baile (aunque los descuidos atrás produjeron un 3-3 final), la gente salió del campo comentando: «¡Pero si juegan todos como Panizo!». Y Panizo, interior cerebral, con muchos detractores hasta entonces por parte del público de San Mamés, amante del pase largo y la carrera enérgica, pudo ya, en adelante, dictar su magisterio en paz. San Lorenzo le había redimido.

Chamartín pasa a llamarse Santiago Bernabéu

(1955)

Luego se haría relativamente usual que los campos de fútbol llevaran los nombres de los presidentes que los habían construido, pero hasta ese año no había ocurrido. El campo en el que jugaba, y juega, el Madrid se llamaba simplemente Chamartín, o «Nuevo Chamartín» para algunos, expresión que recordaba al anterior. El anterior, que databa de antes de la guerra, estaba prácticamente en la misma ubicación. El Nuevo Chamartín ocupaba parcialmente el mismo espacio, aunque su rectángulo de juego estaba girado con respecto al anterior, que era paralelo a Padre Damián, no a la Castellana, como está ahora.

Dos directivos del Madrid, Zapater y Caso, hicieron la propuesta a la Junta Directiva, al parecer para sorpresa de Santiago Bernabéu, de que se diera al estadio el nombre del presidente. La propuesta se aprobó por una unanimidad efusiva, a la que Bernabéu, siempre según los relatos de la época, no habría decidido oponerse. Así, el campo pasaba a llamarse Santiago Bernabéu a los ocho años de su construcción, aunque el uso hizo que muchos clásicos siguieran llamándolo durante bastantes años Chamartín. Con la perspectiva del tiempo, hay que admitir que el homenaje que su directiva le hizo a Bernabéu en aquel momento fue justo. Por entonces llevaba doce años de presidente y hacía ocho que había impulsado la construcción de ese estadio, con una magnífica visión de futuro. Había multiplicado el número de socios (de 9000 a 42 000) y de asistentes al campo, y, con ellos, las recaudaciones. Había conseguido ganar las dos últimas Ligas, título que el Madrid no lograba desde antes de la guerra, con la incorporación de Di Stéfano. Había participado en la creación de la Copa de Europa, cuyo título ganaría en las cinco primeras ediciones. Se iba a mantener en el cargo hasta 1978, fecha de su propia muerte, ya con ochenta y dos años. Sí, vista con perspectiva, aquella fue una decisión justa.

Chamartín, dicho sea para los no madrileños, es el nombre del distrito sobre el que se asienta el estadio. En su día aquello era un pueblo de las afueras de Madrid, llamado Chamartín de la Rosa, luego invadido por la ciudad. La propia presencia del campo allí, que databa de 1924, fue tirando de la ciudad hacia esa zona. Cuando se inauguró el nuevo, en 1947, aún estaba bastante aislado, con pocas edificaciones, muchos solares y hasta alguna que otra huerta en sus alrededores. Y aún en 1955, cuando se levantó la lateral Este, elevada hasta tres anfiteatros, y se le dio el nombre de Santiago Bernabéu, la zona tenía una apariencia muy distinta a la actual. El estadio, como ha ocurrido en otros lugares, fue un gran polo de atracción para el crecimiento de la ciudad, que fue construyendo importantes edificaciones de viviendas u oficinas en sus proximidades, hasta convertirla en una de las zonas más nobles de la ciudad.

De hecho, puede decirse que si medio siglo atrás los estadios llevaban los nombres de las zonas sobre las que se asentaban (Chamartín, Les Corts, Nervión), hoy es al revés: son los estadios quienes dan nombre a la zona en que se hallan, por eso se conoce como «zona del Bernabéu», no como distrito de Chamartín. En la plaza de Lima, contigua al estadio, la estación de metro ya no se llama Lima, sino Santiago Bernabéu.

La «agenda de Escartín» arma un gran lío

(1962)

Pedro Escartín fue una figura señera de nuestro fútbol. Había sido árbitro internacional antes de la guerra y luego ocupó diversos car-gos en el fútbol. Fue personaje destacado en el entramado internacional, con amplios contactos, escribió mucho de fútbol en los periódicos («hay que ocupar el centro y penetrar por las bandas», decía siempre) y llegó a ser seleccionador nacional con vistas a la clasificación de España para el Mundial de Chile, cosa que logró, ante País de Gales y Marruecos. Además de eso, ganó un amistoso a Argentina, en Sevilla, con lo que pudo marcharse satisfecho.

Y dejó en la Federación un informe completo sobre los jugadores seleccionables y el juicio que le merecían. Un análisis en términos sinceros muy distintos de los que habitualmente utilizan los entrenadores para referirse a los futbolistas a sus órdenes. El informe apareció íntegro en *Marca*, el diario deportivo de la época, y provocó un enorme revuelo. El periódico explicó que Escartín había olvidado su informe en un taxi, y que un redactor del periódico había cogido luego el mismo vehículo y lo había encontrado. Escartín deslizó a sus íntimos otra explicación: del informe obraban copias en la Federación y en la Delegación de Deportes, y, según él, sería este último organismo (perteneciente, como el propio periódico, a la Secretaría General del Movimiento) el que lo había entregado. Que él no había perdido nada.

El caso es que el informe fue una bomba por la cruda sinceridad de sus contenidos: Araquistáin: «(...) Tiene aún sus defectos. Su problema son sus nervios. Aún no ha alcanzado la plenitud. (...)». Santamaría: «Este jugador no debe salir del área jamás. Cuando le sacan de ella, como está lento por los años, baja mucho en su rendimiento. No salta en proporción a su estatura, y hay que ponerle al lado a un hombre que remedie esa falta. (...)». Vidal: «No tiene talento ni ve la jugada. Pasa mal. Es mejor para misiones destructivas. (...)». Pachín: «Puede jugar de defensa en el sistema 4-2-4 (...). No vale en el centro del campo, donde baja mucho, y en el juego de ataque no ve el pase». Del Sol: «Es el jugador más completo, pero peca de retener la pelota. (...)». Di Stéfano: «(...) Va a acabar destrozado la temporada (...). No puede jugar tres encuentros en ocho días. Conforme. Pero dos, sí. Es el que más siente la responsabilidad. Ha perdido velocidad (...)». Gento-Collar: «Esta temporada está mejor Collar, y con muchas ganas. En Chamartín, contra Marruecos, le aplastó el apasionamiento del público. Gento ha perdido buena parte de su velocidad, que era su mejor arma. Tengo la impresión de que este chico no hace buena vida (...)».

El lío fue mayúsculo, claro. Y los aficionados se relamieron leyendo y releyendo y discutiendo y rediscutiendo los juicios crudos de Escartín sobre la flor y nata del fútbol español. Todos los que luego fueron al Mundial de Chile, seleccionados por Pablo Hernández Coronado y entrenados por Helenio Herrera, estaban en esa lista. El Mundial no salió bien. En la fase previa caímos ante Brasil y Checoslovaquia (que serían a la postre los finalistas); solo ganamos a México. Y nos volvimos para casa.

Nueve goles de Bazán, el otro algabeño

(1948)

En Málaga no le han olvidado, en otros lugares, sí, pero mantiene un récord estratosférico: nueve goles en un solo partido, en Segunda División. No es la Primera, pero es la de plata. Se trata de Pedro Bazán Romero, natural de La Algaba, y de tradición taurina. No era pariente directo del célebre Algabeño (rival de Marcial Lalanda, Vicente Pastor y Belmonte, como cantaba el pasodoble a Marcial Lalanda), pero Bazán era nieto de torero, hijo de torero, sobrino de torero por parte de madre y hermano de torero. Pero a él, nacido el 26 de marzo de 1922, no le dio por los toros, sino por el fútbol, y eso en los tiempos en que todavía existía una seria rivalidad entre ambas actividades. Los taurinos consideraban el fútbol como una diversión extranjerizante y un poquito ridícula, con eso de los tíos peludos corriendo en calzoncillos en público.

Estudió en Sevilla, y como le picó mucho el fútbol se escapaba con frecuencia a ver los entrenamientos del Sevilla, que entonces era un equipazo que disputaba las Ligas al más pintado. A base de ponerse en las largas sesiones de disparos a puerta tras la portería que bombardeaban los *stukas* López, Pepillo, Campanal, Raimundo y Berrocal para devolverles la pelota, consiguió que le fueran invitando a participar en partidillos. Entonces las cosas eran todavía así de informales. De ahí pasó a *amateur*. Una lesión de menisco le frenó en su ascenso a aquella legendaria delantera *stuka* del Sevilla, y tuvo que marcharse a Jaén a hacer fortuna. Y de ahí al Málaga, donde haría más fortuna aún. Y eso que en principio se le había rechazado por su juego, más bien basto. Pero ya era querido cuando ese 4 de enero de

1948 descosió la portería del Hércules con nueve goles. El titular del día siguiente salía solo: Bazán 9, Hércules 2. Cosme era el portero del Hércules, dicho sea para la letra pequeña de la historia del fútbol. El Málaga subió aquella temporada a Primera División, donde Bazán jugaría tres temporadas. Había recuperado su mejor tono, hasta el punto de que estuvo en un tris de fichar por el Atlético de Madrid, otro grande de la época, pero una lesión le frenó de nuevo. Llegó a jugar con la selección B, contra Portugal, en una delantera ilustre: Basora, Bazán, Pahíño, Igoa y Escudero. Cinco a dos con un gol suyo. Eran los partidos de preselección para el Mundial de Brasil, en el que quedaríamos cuartos. Pero él no fue. Las lesiones, consustanciales a su juego impetuoso, a su vez propio del que fue un niño un tanto imprudente que siempre tuvo en jaque al médico del pueblo (tres fracturas y una quemadura que le mantuvo dos años durmiendo boca arriba), le dejaron quizá a medio camino. Pero en Málaga se sigue hablando de él. Hasta la aparición de Juanito fue el gran referente futbolístico de la ciudad, y aún lo es. Y sus nueve goles ahí quedan.

Luxemburgo se estrena con seis minutos gloriosos (2004)

El domingo 12 de diciembre la Real había visitado el Bernabéu, pero el partido no pudo concluir. Faltaban seis minutos, estaba empate a uno en el marcador cuando una llamada avisa de que ETA había colocado un explosivo en el campo. Las autoridades dan crédito a la llamada, el partido se para y el estadio se evacua, con una rapidez y un orden admirables, en pocos minutos. La gente no sabe lo que ha pasado hasta que las emisoras de radio lo van contando. Luego resultó ser una falsa alarma, afortunadamente.

Quedaban colgados seis minutos. Competición decide que se jueguen el 5 de enero. Mientras, pasan cosas. Florentino destituye al entrenador, García Remón, que a su vez había sucedido a Camacho al poco de empezar la temporada. García Remón había prescindido de Beckham en Santander, donde ganó el Madrid, y luego de Ronaldo en el Bernabéu, ante el Sevilla, con derrota. Eso fue demasiado. Y más cuando en la comida de Navidad Ronaldo se acercó a la mesa presidencial y en presencia de los demás comensales de la mesa (entre ellos, García Remón) le dijo al presidente: «Presi, no voy a poder cumplir la promesa de marcar treinta goles este año». «¡Hombre! ¿Por qué?» «Porque el entrenador dice que no me piensa poner si no me entreno, y como no pienso entrenarme...» Conclusión: García Remón fuera y se ficha a Luxemburgo, brasileño con buenos éxitos en su país. Su estreno serán los seis minutos aplazados.

Antes del partido hay expectación. El Madrid necesita los puntos, porque se está rezagando en la tabla con respecto al Barça. Luxemburgo habla, y no para, de que tiene un plan, Amorrortu, entrenador de la Real, hace declaraciones irónicas. Sale a relucir un caso parecido de un Valencia-Zaragoza, veintiocho años antes, con seis minutos aplazados, que se jugaron precisamente también en el Bernabéu, y que dejaron como saldo la victoria del Zaragoza por un penalti. (Penalti que se había señalado en el encuentro anterior, y que fue lo que motivó la suspensión.) La víspera, la Real entrena un partido de seis minutos; el Madrid realiza una sesión de 275 tiros a puerta, de los que entraron 44. Los periódicos informan al detalle de todo ello. El partido es a las 18.00, la entrada es libre. ¿Cómo cobrar por seis minutos? El minipartido compite con la cabalgata de los Reyes Magos, pero registra una buena entrada: 22 000 espectadores cargados de fe. El juego se reanudará con saque de puerta por parte de la Real.

A la hora de la verdad, los donostiarras salen encogidos y el Madrid gana casi todos los balones divididos. Llega tres veces al área sin encontrar el remate; a la cuarta, Morientes dispara y detiene Riesgo. Por fin, al quinto minuto de juego, Ronaldo recibe, encara a Labaka, le hace una bicicleta y este le derriba. Penalti sin discusión. Tira Zidane y lo transforma, ante el júbilo del Bernabéu. Luxemburgo cambia a Ronaldo por Pavón. La Real intenta ahora atacar con rabia, pero solo le quedan dos minutos. Para enfriar, Luxemburgo cambia a Raúl por Solari, el tercer cambio del Madrid (el primero fue el 12 de diciembre, cuando Figo había dejado paso a Owen). La Real bombea dos balones al área, el partido termina. Amorrortu comparece en la conferencia de prensa con expresión alucinada. Luxemburgo, como un palomo buchón. El Madrid ha ganado dos puntos en seis minutos. Eso le pone tercero, con 31, empatado con el Sevilla, aunque aún a 11 del Barça. Pero el Madrid remontará poco a poco, no conseguirá la Liga, pero llegará a darle un susto al Barça con su persecución. Aquellos seis minutos pusieron la base para ello. Ese día nació la «Cofradía del Clavo Ardiendo», expresión que lanzó Míchel en un artículo en As.

Italia se hace *azzurra* en homenaje a la Casa de los Saboya (1911)

Italia jugó su primer partido internacional en 1910, el 15 de mayo, contra Francia. Diez años antes que nosotros. Pero entonces no ves-tía de azul todavía, sino de blanco. La que vistió de azul ese día (aún hoy lo hace) fue Francia. Los italianos habían optado por unas camisetas blancas, porque eran las más baratas, y les fue muy bien: ganaron 6-2, en el partido disputado en el Arena Civica de Milán. La victoria fue muy bien acogida, porque hacer aquella Selección había sido difícil. El fútbol italiano había nacido dividido, con dos corrientes que no se mezclaban entre sí. Por un lado estaba una facción amante de lo extranjero, un poco esnob, que consideraba el juego un divertimento. Tenían un campeonato bien organizado y en sus equipos había gran cantidad de ingleses o extranjeros de cualquier otro lugar. Y por otro lado había una corriente más severa, nacionalista, que tenía su origen en las viejas sociedades gimnásticas, y que consideraba el deporte como el mejor método de formación del cuerpo y el espíritu para dar hombres de provecho a la nación. En consecuencia, debería ser considerado con el máximo rigor.

Superar las dificultades costó un tiempo, pero por fin las dos corrientes se integraron en la ya entonces llamada, como hoy, Federación Italiana de Gioco di Calcio, FIGC, una de cuyas primeras tareas fue inscribirse en la FIFA y poner en funcionamiento ese primer equipo nacional. Tras el éxito ante Francia el primer día que compitieron, el equipo se atrevió con un segundo partido, en Budapest, contra Hungría, que perdió estrepitosamente por 6-1. De nuevo con la camiseta blanca.

Se concertó, para el día de la Epifanía de 1911, un partido de revancha, de nuevo en Milán, en el Arena Civica, donde había sido goleada Francia. Pero antes de este partido se tomó una decisión que definiría para siempre la personalidad del equipo italiano: utilizar la camiseta azul. Los periódicos de aquellas fechas no dan explicaciones sobre tal decisión. Más adelante se publicaron algunas: una, que les había gustado el color de Francia, su primer adversario; otra, muy romántica, que se trataba de imitar el color del bello cielo de Italia. Pero la más verosímil, que los estudiosos han dado por definitiva, es que se trataba de un homenaje al color de la Casa de los Saboya, reinante en Italia, y eje de su unificación no mucho tiempo antes. Tal hipótesis está fuertemente avalada porque en aquellos primeros partidos de azul la Selección llevaba el escudo de la Casa de los Saboya, fondo rojo con cruz blanca. El estreno del color *azzurro* no fue brillante en lo deportivo, porque Italia volvió a perder con Hungría, aunque esta vez solo por 0-1. El color quedó aceptado con carácter definitivo, y desde entonces lo ha conservado Italia, que, a despecho de la existencia de otras selecciones que también visten de azul (alguna tan notoria como Francia), es universalmente conocida como la *squadra azzurra*, el equipo azul. Con ese color ha ganado cuatro veces el Mundial (1934, 1938, 1982 y 2006) y ha conseguido el reconocimiento universal.

Samitier deja el Barça ¡por el Madrid!

(1933)

Pepe Samitier fue el primer gran genio del fútbol español, descontado Zamora, el colosal guardameta. Contemporáneo de este, nació en Barcelona y cubrió una gloriosa época del fútbol de aquel club, en el que se mantuvo como titular desde 1919 hasta 1932. Fue, por supuesto, estrella de la Selección nacional, en cuya primera alineación, en 1920, ya figuró. Jugaba de medio, de interior o de delantero centro, era muy técnico y muy ágil, célebre por sus saltos y su elasticidad para levantar el pie más que nadie y controlar el balón donde nadie llegaba. Le apodaron «L'home llagosta», el hombre langosta, por su figura estilizada rematada por un flequillo en punta. Fue amigo de Gardel, de Chevalier, de los grandes de la época. Máxima popularidad e inteligencia y simpatía incomparables. Amigo de Santiago Bernabéu, también.

Bernabéu era entonces secretario general del Madrid, a cuya expedición acompañó para el partido de Liga (sexta jornada) que se disputaría en Barcelona el 1 de enero. Sí, el 1 de enero. Entonces era así. Samitier, que había pasado ya la treintena y empezaba a tener detractores, había recibido el 28 de diciembre una comunicación oficial por la que se le anunciaba que el club deseaba prescindir de él y le autorizaba a irse a cualquier otro equipo, sin restricciones. Por supuesto, no iba a jugar el partido. El Barça había tenido una mala temporada anterior, en la que le echó de la Copa el Betis con un estruendoso 4-0, mientras que en la Liga acabó cuarto. Así que estaba en un proceso de renovación. La decisión del club, que Samitier ya había recibido, era ofrecerle la baja.

Pero Bernabéu lo considera aún aprovechable y le da lástima verle alicaído, desplazado. Además, son amigos desde hace mucho tiempo, son dos de las grandes personalidades del fútbol de la época. Habla con él, le pregunta si quiere fichar por el Madrid y Samitier le dice que sí, firma la baja en el Barcelona el día 5 y el día 7 se produce el acto de la firma por el Madrid, acto cuya foto es la sensación en los periódicos del día siguiente. Tuvo que ser aún más que el fichaje de Figo, si se tiene en cuenta que estábamos en los días revueltos de la preguerra civil y el valor simbólico que ya se le adjudicaba al Barça.

No era el mismo «Sami», pero aún ganó una Liga y una Copa con el Madrid. La Liga de ese año y la Copa del siguiente, que fue su último partido. Y se cobró su revancha marcándole dos goles al Barça la primera vez que se enfrentó a él, el 5 de marzo de ese mismo año. Y un gol más la temporada siguiente. El Barça hará de nuevo una mala temporada en 1933-1934, en la que ni siquiera gana el campeonato catalán, que se lleva el Sabadell; en la Copa vuelve a caer ante el Betis y en la Liga queda noveno, penúltimo de la clasificación, mientras el título es para el Madrid. La reconstrucción le llevará más tiempo.

Y la historia se repetiría más adelante. En 1960 Samitier fue despedido del Barça otra vez. Entonces era secretario técnico. Y, de nuevo, Bernabéu le enroló para su club.

Briegel desvela al fin el tongo del Alemania-Austria

(2007)

Tuvieron que pasar veinticinco años, pero al fin alguien se decidió a confesar lo que en realidad era un secreto a voces: que Alemania y Austria habían pactado un resultado (1-0) para clasificarse ambas en la fase de grupos del Mundial de España. Fue el 25 de junio de 1982, en El Molinón, y resultó un serio agravio al fútbol. Argelia, que había ganado sorprendentemente a Alemania en el primer partido del grupo (contaba con un gran equipo y una verdadera estrella, llamada Madjer, campeón de Europa con el Oporto de Futre), tenía posibilidades de entrar en cuartos, pero el «pacto germánico» se lo impidió. Resultó que el último partido del grupo lo jugaban Austria y Alemania, y que ambas pasarían si Alemania ganaba por uno a cero. Durante los días previos se habló de la posibilidad de amaño y el partido se jugó bajo la máxima atención.

Pero a los protagonistas no pareció importarles nada eso. A los diez minutos, gol de Hrubesch, *el Ogro*, un gigantón, el último quizá de la vieja especie de los delanteros-tanque alemanes. En ese momento, según advierten algunos, Schumacher, el portero alemán (el mismo que en la semifinal, en Sevilla, va a agredir brutalmente a Battiston), se pone una gorra blanca. Después se interpretará ese gesto como una señal a los austriacos de que Alemania proponía la paz. Y paz hubo. Pero no hubo más partido. Los jugadores se pasaban una y otra vez el balón en horizontal, ante la indignación del público gijonés. Al final, 1-0. Argelia protesta, pero no hay caso. Los tres equipos acaban el grupo con dos victorias y cuatro puntos, aunque Argelia pierde por *goal average*, consecuencia fatal de ese resultado exacto.

El asunto queda como un agravio más de la vieja Europa, que todo lo cuece en su beneficio, contra las aspiraciones de crecimiento de cualquier otro continente.

Veinticinco años más tarde, Briegel, fornido defensa alemán que jugó aquel partido, tiene la debilidad o la sinceridad de confesarlo todo en un periódico árabe, *Al Ittihad*: «Tomamos la decisión entre todos, ellos y nosotros, de no esforzarnos demasiado...». La revelación provoca el enorme revuelo propio de uno de esos asuntos que han quedado mal resueltos en la pequeña historia del fútbol mundial. Madjer declara: «Sentí rabia y vergüenza, el tongo fue descarado». La Federación argelina pide a la FIFA que abra un expediente informativo para dictaminar sobre el asunto y «resarcir el daño histórico que se le hizo a Argelia. Hay que erradicar estas injusticias en el fútbol para evitar que se repitan». Pero no hay caso. Alemania se cierra como una concha y Stielike, Breitner y Schumacher, entre otros, niegan el tongo. Schumacher declara cínicamente: «Quizá Briegel se tomó una copa de más». Sin embargo, el austriaco Schachner echa más leña al fuego de la verdad: «Yo quería jugar, pedía el balón para marcar gol, pero los demás me abroncaban. Briegel me decía: "¿Por qué corres tanto? Párate". Y desde mi banquillo me hacían señas para que parara. Solo claudiqué al final, cuando vi que era imposible, y que en realidad el 1-0 nos valía». Dio igual. La FIFA ni se movió.

El Athletic viste por primera vez de rojiblanco

(1910)

El Athletic de Bilbao (y el de Madrid, que en los primeros años fue una sucursal de aquel) no vestía de rojiblanco en los primeros años, sino una camisola mitad azul mitad blanca, en sendas franjas verticales desde el hombro hasta la cintura. Así fue hasta 1910. En las navidades de 1909, Juanito Elorduy, uno de los jugadores del club en la sucursal de Madrid, hizo un viaje a Londres. Aprovecharon para encargarle que se aprovisionara de camisetas, que allí se hacían de la mejor calidad: no desteñían y estaban revestidas por dentro con una felpilla que las hacía más agradables. Las del Athletic coincidían, además, con las del Blackburn Rovers, de manera que pensaron que serían fáciles de encontrar. Pero Juanito Elorduy lo fue dejando para el último día y cuando las buscó no encontró en número suficiente. Ya en Southampton, donde fue a tomar el barco, siguió buscando, pero no había. Lo que sí había por todas partes eran camisetas del Southampton, de rayas rojas y blancas, así que decidió comprarlas, aun a riesgo de que las rechazaran sus compañeros. Compró cincuenta, el número acordado. Hay que tener en cuenta que había que aprovisionar a dos equipos, el de Bilbao y el de Madrid.

Las nuevas camisetas gustaron sobre todo por su calidad, tan diferenciada de las que se podían elaborar aquí, y por su atrevido colorido. Además, los colores coincidían con los de la Villa de Don Diego. Hubo sus discusiones entre la «línea clásica», que aconsejaba seguir con la camiseta azul y blanca que vestía el club desde 1902, y la nueva. Esta se estrenó por fin poco después, en un partido jugado en Irún tal día como hoy, frente al Sporting de aquella ciudad, contra el que perdieron por 2-0. No obstante, no la adoptaron como definitiva hasta el 13 de noviembre, ya en la temporada siguiente, que fue cuando desecharon las otras. Más tarde, el 1 de enero de 1911, jugaron un partido los dos Athletic, el de Bilbao y el de Madrid, cuyos jugadores, vizcaínos todos, pasaban las vacaciones esos días en Bilbao. Los del equipo de Madrid se habían quedado admirados de las camisetas de los bilbaínos. Ellos habían vestido la antigua. Salió a relucir el asunto, y entonces Juanito Elorduy dijo que había traído cincuenta y que aún tenía veinticinco guardadas. Y los madrileños decidieron pagárselas, llevárselas y vestirlas. El Athletic Sucursal, como se le llamaba entonces, las estrenó en su partido de la Copa Rodríguez Arzuaga, contra la Gimnástica de Madrid, el 22 de enero de 1911, y las adoptó ya de forma permanente.

Aquel año el Athletic alcanzó la final de Copa, y fue la última vez que en la misma alineó, mezclados, a jugadores de la sección de Bilbao y de la de Madrid. Hay que aclarar que en aquellos años era, en esencia, un mismo club, y cada jugador tenía una ficha que le permitía alinearse indistintamente en el equipo de cualquiera de las dos ciudades. Estaba previsto que si les tocaba emparejarse en la Copa no habría enfrentamiento, sino que seguiría adelante un solo Athletic. Ese año, el club bilbaíno alcanzó la final, que ganó al Espanyol de Barcelona. En ella jugaron seis jugadores de la sección de Bilbao y cinco de la de Madrid. La final se jugó con las camisetas rojiblancas.

Llaudet contrata un chófer negro (1967)

En nuestro fútbol no siempre ha sido posible la contratación de extranjeros. En este país, como en algunos otros, ha estado prohibida en algunos períodos. En 1962, tras el fracaso del Mundial de Chile, se decidió cerrarla. Era el ocaso de los fabulosos Di Stéfano, Kubala, Puskás y demás, y nuestra Liga había salido de aquel período de oro arruinada. El Barça tuvo que vender a Suárez, el Madrid a Del Sol y el Atlético a Peiró para restablecer sus finanzas. Se decía, además, que junto a aquellas gloriosas figuras se había contratado a mucho mediocre que cerraba el paso a los jugadores españoles, así que la Delegación de Deportes decidió prohibir la importación de jugadores.

Y prohibida seguía tras el Mundial de 1966. Pero Enrique Llaudet, presidente del Barça, presionaba para abrirla. El Barça no había conseguido hacer un buen equipo con jugadores nacionales y el Madrid, que por entonces tuvo una buena cosecha de cantera (los «yeyés»), le sacaba ventaja. Al Barça el mercado español le resultaba caro, puesto que no tenía alternativa, y no le rendía. En un momento dado, Llaudet se sintió optimista tras una conversación con Juan Antonio Samaranch, delegado nacional de Deportes, y, con ánimo de presionar, fichó a Silva, un buen delantero brasileño que había jugado en el reciente Mundial. Era «el sucesor de Pelé», uno de tantos que aparecieron en la estela del genio. Los negros eran llamados «el sucesor de Pelé» y los blancos «el Pelé blanco». Walter Machado da Silva era delantero en punta, técnico y muy ágil. Se parecía mucho a Pelé en la potencia de salto y de tiro, aunque no alcanzaba la misma excelencia en el regate y en la velocidad de salida. En todo caso, era un jugador emergente y espectacular. Llaudet pagó por él al Flamengo la cantidad de 180 000 dólares, una gran suma para entonces. Se armó cierto revuelo, pues se pensaba que, en efecto, no podría jugar. Y entonces Llaudet soltó una machada: «Si no puede jugar lo utilizaré como chófer. Siempre he querido tener un chófer negro». Aunque eran otros tiempos y otra sociedad, Llaudet tuvo que rectificar a los pocos días y decir: «Estoy dispuesto a hacer de chófer del señor Silva siempre que me lo pida».

El caso es que fichó a Silva, que se quedó en América esperando a que el Barça fuera a Venezuela, a jugar la Pequeña Copa del Mundo. Allí debutó. Luego jugó unos cuantos amistosos, preparados ex profeso para él. Su presentación en el Camp Nou fue el 28 de febrero, ante el Feyenoord. Jugó un total de catorce amistosos, pero la expectación fue decayendo, y más a medida que se comprobaba que no sería posible su incorporación en los partidos «de verdad». Llaudet lo cedió una temporada al Santos, mientras seguía a la espera. Después lo vendió al Bangu, por 100 000 dólares, 80 000 menos de lo que le había costado, completando una operación ruinosa además de bufa. Silva volvió al Camp Nou al poco tiempo en un Gamper, en el que marcó un gol en la semifinal ante el Athletic (un golazo de tijera a Iribar) y dos en la final al Barça, que no obstante ganó el partido, 5-4. Era un buen jugador.

Beckham ficha por los Galaxy (2007)

La temporada 2006-2007 era la cuarta de Beckham en el Madrid. No le habían ido bien las cosas. Nada más llegar ganó la Supercopa de España, ante el Mallorca, pero ahí terminó todo. Y eso que la primera temporada empezó fenomenal y el Madrid llegó a pensar en el triplete. Pero tras caer en la final de Copa ante el Zaragoza, se derrumbó. De ahí en adelante, el proyecto galáctico se vino abajo. Muchos señalaron precisamente el fichaje de Beckham, que habría sido hecho sin razones futbolísticas, sino solo de *marketing*, como el principio del fin de aquel gran proyecto. La cuarta temporada la inició Beckham con nuevo presidente, Calderón, y nuevo entrenador, Capello, el sexto que tenía en el club desde su llegada. Capello no confió mucho en él a partir de cierto momento. La banda derecha la solía ocupar Reyes. Incluso en un partido de vuelta de Copa, ante el Betis, Beckham no fue convocado ni como suplente. En su lugar llamó a Nieto, extremo derecha del Castilla, que jugó los últimos minutos del partido, con Beckham en su palco privado. El Madrid fue eliminado.

Era el último año de su contrato, así que a nadie pudo extrañarle que hiciera uso de su derecho a negociar su futuro a partir del 1 de enero. Lo que extrañó más fue lo pronto que lo resolvió: el día 11 se anunció su fichaje por Los Angeles Galaxy, por 250 millones de dólares. Beckham, una vez más, lo hace todo a lo grande y anuncia su fichaje en una videoconferencia en la que habla con sus futuros compañeros: «No iré allí como una estrella, sino como uno más…». Pero su fichaje forma parte de un plan para reactivar la Liga norteamericana, la MSL, y el anuncio es todo un estallido. «Galáxico», titula *The Sun* a toda página. Se sabe que Adidas, Motorola, Volkswagen y Pepsi arriman lo suyo para que el jugador anime la MSL. Se sabe también entonces que Philip Anschutz, propietario de los Galaxy y del Staples Center (donde juegan los Lakers), es la trigésimo primera fortuna del país. Se sabe que los Galaxy venden cuatrocientos abonos de toda la temporada el mismo día del anuncio. Se sabe igualmente que Vicky, la esposa del astro, ya tiene su gran mansión, junto a la de Tom Cruise, en las colinas de Hollywood. Los aficionados la acusarán de haber sacado a su marido del «fútbol serio» para darse el capricho de vivir donde y como siempre había querido ella. Beckham lanza palabras de cariño y agradecimiento al Madrid, pero la reacción en el club es mala. Calderón dice que se siente engañado, que el jugador ya llevaba tiempo negociando este acuerdo a espaldas de todos, y Capello anuncia que no le pondrá más.

Pero no será así. La presencia de Beckham, digno y sin una mala palabra, en su palco VIP del Bernabéu, grande y muy visible en una de las esquinas, resulta inquietante. Necesidades del juego obligan a Capello a echarse atrás, y le saca. Y Beckham juega bien. Y el Madrid también. Y persigue al Barça, y remonta y remonta hasta que gana la Liga en la última jornada, con Beckham de titular, ante el Mallorca. Cuando se retira lesionado el público le ovaciona. Beckham se va, al fin, con un gran título, la Liga. Se va en triunfo, dejando un buen recuerdo.

Lo que no dará tanto de sí será su paso por los Galaxy. Su llegada no reactivó al equipo, ni las taquillas ni los derechos de televisión ni nada. El primer año ni se clasificó para los *play offs*. Aprovechó el parón para fichar por el Milán, con disgusto de sus compañeros. Pero se trataba de volver a la Selección inglesa, a la que, por fin, le llama el seleccionador: curiosamente, el mismo que le arrumbó en el Madrid, Capello. Luego vuelve a los Galaxy, donde alcanza por fin la final del campeonato, que pierde. Allí ya todo es indiferencia, nada sale como se pretendió. Y Beckham vuelve al Milán, y pensando en el Mundial de Sudáfrica. En el fútbol grande. Lo suyo.

Grosso echa una mano al Atlético

(1964)

La temporada 1963-1964 no empezó bien para el Atlético, que estaba metido en los gastos de la construcción de su nuevo campo. Sus refuerzos no fueron notables. Trallero, Olalde, Zamanillo, José Luis, Loma… Además, algunos de sus hombres importantes estaban descontentos con lo que cobraban, singularmente Chuzo y Collar. Chuzo fue traspasado al Málaga. Collar se quedó disconforme, porque se le había hecho la promesa de que cobraría tanto como el que más en la plantilla, y era consciente de que Ramiro, buen medio brasileño, cobraba más que él. Con todo eso, no fue raro que el Atlético empezara mal la temporada. Tinte, el entrenador, tenía dificultades para hacerse con la situación, y eso que el Atlético había sido el curso anterior finalista de la Recopa, ante el Tottenham. Había una fuerza de fondo en la plantilla, pero el ambiente en el club era malo. Tan malo como que en la jornada novena del campeonato el Atlético era el último.

El Madrid tenía entonces en el Plus Ultra un buen delantero centro, llamado Ramón Moreno Grosso, y conocido por su segundo apellido. Un jugador de ataque, fino, ágil, buen cabeceador y con habilidad para el regate y el remate con las dos piernas. Javier Barroso, presidente del Atlético, que había sido portero del club en los años anteriores a la guerra, recurrió a Bernabéu para que le cediera este jugador a fin de darle ilusión y capacidad de remate a la línea delantera. Simultáneamente, incorpora como vicepresidente a Vicente Calderón, a favor del cual dimitirá en los primeros días de enero. Pero antes de que se produzca el cambio en la presidencia tiene lugar la aparición de Grosso en el ataque del Atlético.

Fue el 12 de enero, primer partido de la segunda vuelta, ante el Murcia. El partido fue televisado en directo. El Murcia era un recién ascendido esa temporada, un equipo llamado a pasar penurias, pero a pesar de eso estaba empatando en el Metropolitano en el minuto 84. Fue entonces cuando Grosso cazó un remate en chilena que valió el 2-1. Esa victoria sacaba al Atlético de la zona baja de la tabla y el gol fue comentadísimo, por lo que tenía de favor del Madrid al Atlético y por la singularidad del remate y su dramatismo, ya que quedaba muy poco tiempo para el final. De entonces hasta el término de la temporada Grosso solo marcaría dos goles más para el Atlético, pero en la memoria colectiva ha quedado fijado el recuerdo de que fue decisivo para que el Atlético sacara esa temporada adelante. Y en parte fue verdad, porque aquel gol ante el Murcia marcó un punto de inflexión en la marcha del equipo rojiblanco, que acabaría clasificado en el séptimo puesto.

Grosso, hecha esa mili en el Atlético, pasaría luego al Madrid, donde seguiría con éxito doce temporadas. Las necesidades del equipo le harían retrasarse para jugar en la media, junto a Pirri y Velázquez, lo que le apartaría del gol. No obstante, hizo una brillante carrera, con siete títulos de Liga, tres de Copa y una Copa de Europa, y fue catorce veces internacional. Le cupo el honor de hacer el relevo a Di Stéfano el día del homenaje a este (véase el 13 de septiembre), y el compromiso de cargar con el número nueve. Cuando se retiró, dejó la estela de jugador esforzado y digno. Y siempre se recordó el auxilio que le había hecho al Atlético en un momento difícil.

Franco no quería rusos en Madrid

(1960)

La primera edición de la Eurocopa se celebró en la temporada 1959-1960, después del Mundial de Suecia. España tenía un fenomenal grupo. Se había quedado sin ir al Mundial de 1958 por un absurdo empate ante Suiza, en Chamartín, pero bien podría resarcirse en este campeonato. Di Stéfano está en su plenitud. Pero el presidente de la Federación española, De la Fuente Chaos, tiene sus problemas para inscribirse en la competición. Más que eso: se lo prohíbe la superioridad, y la superioridad eran la Delegación de Deportes y el Ministerio de Asuntos Exteriores. Pero De la Fuente Chaos se hace el loco e inscribe a España entre las diecisiete Selecciones que se apuntan, de las que quedan dieciséis tras la eliminatoria previa en la que Checoslovaquia dejó fuera a Irlanda. En octavos nos tocó Polonia, a la que ganamos 2-4 allí y 3-0 en Chamartín. Para hacernos una idea del equipo que tenía España en esos días, véase la alineación del partido de vuelta: Ramallets; Olivella, Garay, Gracia; Segarra, Gensana; Tejada, Kubala, Di Stéfano, Suárez y Gento.

El sorteo para cuartos nos enfrenta a la URSS, y esto ya es demasiado para el régimen, que cuando el día 12 de enero recibe, oficialmente, la comunicación de fechas, delegados y árbitros para sus partidos contra la URSS decide ponerse en marcha. No se puede jugar contra la URSS, ese país al que Serrano Suñer anatematizó años antes con su célebre: «¡Rusia es culpable!». No todo el mundo está de acuerdo en eso, y los hay que pugnan por cambiar la idea de los más radicales, que son Camilo Alonso Vega y Carrero Blanco. Hay tensiones, dimes y diretes y serio miedo a que una retirada provoque la expulsión de nuestros equipos de la Copa de Europa, en la que el Real Madrid consigue glorias esos años y en la que el Barça también aspira a consagrarse, como ha hecho en la Copa de Ferias. ¿Expulsarían a nuestros clubes de Europa?

Los partidos están en principio concertados para los días 29 de mayo, en Moscú, y 9 de junio, en Madrid. Las fechas avanzan en un ambiente espeso. La Federación, que quiere jugar, comunica incluso la lista de los veinte seleccionados para los dos partidos: Ramallets, Vicente, Carmelo, Rivilla, Marquitos, Garay, Gracia, Segarra, Pachín, Vergés, Gensana, Herrera, Pereda, Del Sol, Eulogio Martínez, Di Stéfano, Luis Suárez, Peiró, Gento y Collar. Pero la presión no sirve. El régimen decide que si acaso se puede jugar en Moscú, pero en ningún caso recibir a los soviéticos en nuestro suelo, así que lanza a la UEFA una triple propuesta: jugar los dos partidos en Moscú, jugar el partido de ida en Moscú y el de vuelta en terreno neutral (se propone Fráncfort) y repartir la taquilla, o jugar los dos partidos en campo neutral. El asunto es censurado en la prensa española y se llega al punto de prohibir por unos días la entrada en España de *L'Équipe*, que trata el caso. La UEFA rechaza las tres propuestas, da a España por eliminada pero no toma ninguna represalia contra nuestros equipos, en atención a que España estaba dispuesta a jugar, aunque no a recibir en su suelo a los rivales. La Eurocopa seguirá su curso y la acabará ganando precisamente la URSS, que en semifinales derrota a Checoslovaquia y en la final a Yugoslavia.

Curioso: cuatro años después, España recibirá a la URSS en la fase final de la Eurocopa, y hasta jugará la final contra ella, ganándola con gol de Marcelino. Pero esa es otra historia. (Véase el día 21 de junio.)

Cae Miguel Muñoz después de trece años

(1974)

Durante los primeros años de su mandato, y aun los no tan primeros, Santiago Bernabéu había sido un devorador de entrenadores. Pocos le duraban más de un año, casi ninguno más de dos. Pero en 1959 encontró por fin en Miguel Muñoz a un hombre de quien fiarse. Muñoz, madrileño, había sido jugador del club durante muchos años. Él fue el capitán que recogió las dos primeras copas de Europa. Luego, un jovencísimo Santisteban le fue discutiendo el puesto. En 1958, Muñoz ya tenía treinta y seis años y un día se vio en el cine, en el NO-DO, y eso le decidió a retirarse, según contaba siempre. «Me vi viejo y culón, con ese pantalonazo blanco, en esa pantalla en blanco y negro tan grande… Pensé: estoy haciendo el ridículo». En la temporada 1959-1960 entrenó al Plus Ultra, filial del Madrid, y a mediados de la siguiente, en abril, Bernabéu le elevó al primer equipo para sustituir a Fleitas Solich, entrenador paraguayo, con el que se fue Didí. El Madrid fichó a Del Sol y ganó ya con Muñoz su quinta Copa de Europa, con aquel 7-3 al Eintracht, y su primera Intercontinental, con el 5-1 en el partido de vuelta, al Peñarol.

Luego, Muñoz administró la digna decadencia de la «generación Di Stéfano» (dos finales europeas perdidas) y renovó con éxito el equipo, tirando de gente joven de la cantera o de buenos fichajes españoles. Ganó otra Copa de Europa con ellos. Pero la segunda renovación se le atascó un poco. Para la 1973-1974 se admitieron de nuevo los extranjeros. El Madrid fichó a Netzer y a Pinino Mas, que anduvieron regular, tirando a mal. El Barça, a Cruyff, al que había que echarle un galgo. En la plantilla del Madrid había descontento, porque Netzer era perezoso y egoísta en su juego y Mas no aportaba nada. El Barça se iba en la tabla y el público, harto de ver a Muñoz tantos años (ya catorce temporadas) hizo clásico el grito de «¡Fuera Muñoz, fuera Muñoz!» en los partidos de casa. En el primer partido de la segunda vuelta el Madrid pierde en casa del colista, el Castellón, y el Barça se va a ocho puntos, cuatro partidos, porque entonces las victorias solo valían dos puntos. El Madrid ratifica esa misma noche en nota pública a Muñoz, pero...

Pero al día siguiente cae. De ahí viene aquello de que la ratificación es destitución segura. En realidad, Muñoz se había presentado a Bernabéu ofreciendo su dimisión. El patriarca blanco declararía después: «A mí no me gusta ver sufrir a la gente y Miguel Muñoz lleva sufriendo mucho tiempo; no hay más que ver su aspecto. No he tenido más remedio que aceptar su dimisión. Esto no podía prolongarse, pero deja entre nosotros un recuerdo imborrable». Muñoz se iba tras veinticinco años, en los que había ganado como jugador tres copas de Europa y dos Ligas, y como entrenador, nueve Ligas, dos copas de Europa, dos copas de España y una Intercontinental. Le sustituyó Molowny, en su primera tarea como entrenador. Se comió un 0-5 del Barça de Cruyff en el Bernabéu, pero ganó la Copa, con un 4-0 en la final sobre el propio Barça. Muñoz, por su parte, seguiría su carrera como entrenador en el Granada (donde descubrió que los árbitros ayudaban al Madrid), en el Sevilla y en la Selección, en la que vivió un buen período, con una final de la Eurocopa y un buen Mundial de México, en el que, con una Selección que gustó mucho, cayó en cuartos ante Bélgica en los penaltis.

¡Breitner es maoísta!

(1975)

Paul Breitner era un jugador alemán que fichó el Madrid tras el Mundial de 1974, en el que la RFA había salido campeona. El año anterior se habían abierto las fronteras a la contratación de extranjeros y el Madrid había fichado a Netzer, cerebral interior alemán, y a Pinino Mas, un extremo de violento disparo que debía suceder a Gento. Aunque procedía del River Plate y era una celebridad internacional, no cuajó. Así que el Madrid le dio la baja y contrató a Breitner, fichaje que sorprendió. Porque Breitner era el lateral izquierdo de la RFA y del Bayern de Múnich, y aunque no se discutía su categoría para tal puesto, extrañó que se invirtiera un gran dinero y una de las dos plazas de extranjero en esa posición. Pero Miljanic, el entrenador, tenía otros planes. Había pensado que Breitner podía ser un centrocampista de amplio despliegue, que podría servir de gran apoyo a Netzer, y acertó. Llenó el medio campo y cumplió perfectamente. De hecho, cuando regresó del Madrid a Alemania (en el Madrid estuvo tres temporadas, ganó dos Ligas y jugó cien partidos con diez goles) siguió actuando en esa posición.

Tenía un aspecto singular, con cara zorruna y una gran melena escarolada, que llamaba la atención, más bigote y algo de perilla. Todo eso le confería un cierto aire revolucionario. Había estudiado pedagogía y tenía curiosidad por los filósofos de izquierdas, a los que leía en los viajes y las concentraciones. Llamó mucho la atención en una España que estaba en los últimos tiempos de vida de Franco, en la que empezaban a detectarse agitaciones políticas que unos años atrás apenas habían existido y en la que la mayoría de los futbolistas siempre se habían limitado a dedicarse a lo suyo. Por eso no fue extraño que unos trabajadores en huelga de la Standard se acercaran a él para pedirle que cooperara económicamente a su caja de resistencia. Y Breitner cooperó, en efecto, con algún dinero. El asunto trascendió, aunque él no hizo nada porque se hiciera público, y causó cierta sensación. «Breitner es maoísta», se decía. Ser maoísta, seguidor de Mao, significaba estar en el ala más izquierdista del comunismo. Mao tachaba por entonces de revisionistas a los líderes soviéticos.

Con el tiempo, Breitner explicó que nunca fue maoísta ni nada que se le pareciera, sino simplemente un hombre con ciertas inquietudes e inclinación hacia las ideas de izquierdas, pero su compromiso no iba más allá. A Breitner nunca le gustaba que las cosas se quedaran por hacer. En la final de la Copa del Mundo de 1974 había vivido una situación curiosa. En partidos anteriores, todas las estrellas del equipo habían fallado penaltis y antes de la final no estaba claro quién lanzaría en caso de haber alguno. Pero lo hubo, y las estrellas se inhibieron. Breitner, lateral y un mero meritorio entre tanta estrella, se avergonzó de tanta pasividad, dio el paso al frente y lo tiró. Y lo marcó. Fue el empate. A la mañana siguiente, cuando tras el festejo se despertó, ya tarde, en el hotel, puso la tele. Estaban repitiendo el partido. De golpe, vio la escena del penalti y sintió pánico, tanto que apagó la tele, como si pudiera aún fallarlo. Se duchó y salió a pasear, agitado, presa de un extraño terror. No se explicaba cómo se había atrevido a tirar ese penalti y le angustiaba la idea de haberlo podido fallar.

El Manchester pierde bajo la nieve en San Mamés

(1957)

Aquel día Bilbao amaneció emocionada por dos motivos. Jugaba el Athletic un partido de Copa de Europa, ante el Manchester. Y además nevaba, hecho poco usual en la ciudad. Era la segunda Copa de Europa, la primera en la que participaban los ingleses. El Chelsea rehusó hacerlo en la primera edición por esas cosas de la soberbia británica. El Athletic había ganado la Liga anterior en la que había hecho doblete, con la Copa. (El Real Madrid también participaba, ganado su derecho como campeón de la primera edición.) El Manchester traía todo el prestigio del fútbol inglés, más el eco de un 10-0 que le había metido al Anderlecht en la primera eliminatoria, para luego deshacerse del Borussia de Dortmund en la segunda. Pero el Athletic venía, a su vez, de eliminar al Oporto y al Honved, este tenido por el gran equipo del momento, con Puskás y sus demás estrellas. (Si bien el partido de vuelta se jugó en campo neutral, Bruselas, por la invasión de Hungría por las tropas soviéticas en el invierno de 1956.)

Eran dos grandes fuerzas enfrentadas en un escenario solemne, bendecido por ese pequeño milagro de la nieve, que fue cuajando en el campo. El Athletic salió con: Carmelo; Orúe, Garay, Canito; Mauri, Etura; Arteche, Marcaida, Uribe, Merodio y Gaínza. De la alineación de gala solo faltó el delantero centro, Arieta I, lo que corrió a Uribe al centro y dio entrada a Merodio como interior izquierda. Y Etura, alternativamente central o medio, ocupó el puesto que solía ser de Maguregui. Un gran equipo, todos ellos vizcaínos. Enfrente, el Manchester tiene a todas sus estrellas, particularmente un jovencísimo medio, un prodigio técnico y físico, llamado Duncan Edwards. Años después, Maguregui, que jugaría el partido de vuelta, aún recordaba: «Choqué con él y salí despedido por encima de la valla, hasta el público».

El partido es una maravilla. Al descanso se llega con 3-0 para el Athletic, con San Mamés frotándose los ojos. Después reacciona el United con dos tantos, marca otros dos el Athletic (el quinto, de Arteche, de cabeza, provoca el delirio) y ya muy cerca del final, el Manchester descuenta de nuevo. Final, 5-3. A pesar de la nieve, el campo echa humo. El público despide en pie a los dos equipos admirado por aquella exhibición de fútbol de ataque. El partido de vuelta se juega en el campo del Manchester City, en un ambiente tremendo. El Athletic caerá 3-0, en parte porque el gran Carmelo juega lastimado desde el 1-0, en parte porque Daučik tuvo miedo y alineó al medio defensivo Etura de delantero centro. El Athletic vuelve derrotado, pero el recuerdo de aquel 5-3 sobre la nieve quedó en la ciudad para siempre. El United, a su vez, caerá en semifinales ante el gran Madrid de Di Stéfano (3-1 y 2-2) y un año más tarde se estrellará el avión en el que viajaban (véase el día 6 de febrero) en Múnich, lo que le dejó deshecho para diez años. Entre los fallecidos estuvo Duncan Edwards, que murió tras varios días de agonía. Entre los supervivientes, Bobby Charlton, que luego sería uno de los más grandes jugadores de la historia.

Doblete de oro de Alexia Putellas

(2022)

El 29 de noviembre previo había ganado el Balón de Oro, que otorga *France Football*. Este día hizo doblete con The Best, el premio creado por la FIFA con la pretensión fallida de desplazar al anterior, de larga tradición. Ese doblete proclamaba a esta catalana de Mollet del Vallès como mejor jugadora del mundo sin apelación posible. En la afición española causó cierta sorpresa, porque aún no existe entre nosotros un seguimiento intenso del fútbol femenino salvo en Barcelona. Allí sí lo hay, por la potencia del Barça, insistente ganador de la Liga española y campeón de la última Champions, que tiene en TV3 y en el Canal Barça magníficos altavoces. Hasta llegar ahí, Alexia Putellas había corrido un largo camino, que empezó a los cinco años, cuando jugaba en la calle y los días de partido del Barça iba con la peña barcelonista de Mollet —junto a su padre y un animoso grupo de vecinos— al Camp Nou. Allí le fascinaron, en esos años, Figo y Ronaldinho, sus primeros modelos futbolísticos. Empezó en serio en las categorías inferiores del Sabadell y de ahí saltó al Espanyol, donde alcanzó, con dieciséis años, la condición de titular en el primer equipo. El Levante, que estuvo entre los primeros clubes que apostaron fuerte por el fútbol femenino, la fichó ya como figura emergente. Pero solo duró un curso, el 2011-2012, en el que marcó 15 goles en 34 partidos y adquirió conciencia de jugadora profesional. En julio de 2012 llegó al equipo de su alma, el Barça, otro club pionero en el fútbol femenino, donde cuajó su juego en otra posición, el centro del campo.

Su consagración como mejor futbolista del mundo vino a darle pareja a Luis Suárez Miramontes, a día de hoy el único jugador español ganador del Balón de Oro, en el lejano 1960, que celebró su compañía. (El premio *The Best* tiene su origen en el FIFA World Player, creado en 1991, y no lo ha ganado aún ningún español.) Jorge Valdano entrevistó a Alexia en su programa *Universo Valdano*, de Movistar, y le lanzó un informe que sobre ella había elaborado el seleccionador nacional, Jorge Vilda. Una perfecta definición de sus condiciones: «Jugadora de seda, de gran calidad técnica y finura en sus movimientos. Inteligencia superior a la media y gran entendimiento del juego. No destaca por su velocidad, pero sí es muy rápida futbolísticamente gracias a su buena colocación y a adoptar correctas orientaciones corporales. Potente y eficaz en el juego aéreo. Entra muy bien al segundo palo y sale victoriosa habitualmente en los duelos aéreos. Su disparo es más de intención y colocación que de fuerza. Comprometida en defensa y eficaz en la presión».

Jugar en el cruce de caminos no la alejó del gol. En el momento del premio llevaba 151 goles en 355 partidos con el Barça, algo extraordinario para una jugadora con obligaciones tácticas. Con la Selección ha marcado 17 en 57 encuentros. Pero su fuerte es su visión panorámica del juego, su liderazgo, su manejo de los partidos. Y por encima de todo eso, su entrega apasionada al fútbol, del que lo disfruta todo: las compañeras, los viajes, los entrenamientos, los partidos. Dedicó estos premios personales, además de a sus compañeras, a su padre, prematuramente desaparecido. Y celebró que puedan servir para animar a más niñas a practicar un deporte que no hace mucho parecía vedado a la mujer. En ambas clasificaciones la segunda fue su compañera de club Jenni Hermoso, lo que habla del nivel alcanzado por el fútbol femenino español.

Siete del Valladolid a la Selección

(1951)

Por aquellos años el Valladolid tenía un buen equipo, que había ascendido en dos temporadas de Tercera a Primera División. En el mes de enero ocupaba el tercer puesto en la clasificación, que encabezaba el Atlético de Madrid. España tenía en perspectiva un partido contra Suiza, y para prepararlo organizó un amistoso contra el Plus Ultra. El trío seleccionador, formado por Félix Quesada (ex jugador del Madrid), Juan Iceta (ex del Athletic de Bilbao) y Paulino Alcántara (ex del Barça) se sienten sensibles con la gran campaña del Valladolid y para ese encuentro preparatorio convocan nada menos que a siete jugadores del club pucelano: los tres defensas, Lesmes I, Babot y Lesmes II, los dos medios, Ortega y Lasala, y los dos interiores, Coque y Aldecoa. Sorprendentemente, en la lista solo hay un jugador del Atlético de Madrid, campeón la campaña anterior y líder en esta. Ese único convocado es Silva, fino medio canario. El Atlético está entonces entrenado por un brillante y prometedor Helenio Herrera, que luego dará mucho que hablar, y que antes había entrenado al Valladolid, precisamente.

Los días siguientes hay una agria polémica. Los hinchas del Atlético se sienten despreciados, y más cuando Félix Quesada declara que él nunca se acerca al Metropolitano, que no le interesa el fútbol que se ve ahí. Quesada, defensa del Madrid antes de la guerra y jugador que había tenido mucho peso en el club, había sido muchos años atrás uno de los protagonistas de una fea jornada en la que el Madrid se dejó ganar un partido para que el Atlético no se clasificara en el Campeonato Regional para la Copa de

España. Los atléticos de alguna edad aún recordaban eso. Tenían a Quesada por un furibundo antiatlético, y posiblemente lo fuera.

Para enredar más las cosas, a los tres días, el 21, el Valladolid tiene que visitar al Atlético en el Metropolitano. Helenio Herrera, gran psicólogo, sabe tocar la fibra sensible de sus jugadores, a los que insta a vengar ese desprecio. Y les pone un objetivo: siete goles, uno por cada internacional del Valladolid. El Atlético sale con Domingo; Mencía, Aparicio, Lozano; Silva, Hernández; Juncosa, Ben Barek, Pérez-Payá, Carlsson y Escudero. El Valladolid se presenta con sus siete internacionales, a los que acompañan el portero, Saso, los extremos Clemades y Pepín y el delantero centro, Mora. Motivadísimo y con el aliento del público, el Atlético lo borda y va marcando los goles, hasta siete, con tres de Juncosa, dos de Carlsson, uno de Escudero y otro de Ben Barek. El contratiempo es que Juncosa se rompe el peroné. Pero los aficionados del Atlético están eufóricos: su equipo ha puesto las cosas en su sitio y Félix Quesada ha quedado en evidencia.

Y para el partido «de verdad», contra Suiza, se acaba el experimento y no se cita a ninguno de los siete internacionales del Valladolid, y al atlético Silva se añade su compañero, el lateral Mencía. España ganará el 18 de febrero a Suiza por 6-3. Justo un mes después del partido experimental.

Descalificado el Preston North End por profesionalismo

(1884)

Como todos los deportes, el fútbol rendía en sus inicios culto al *amateurismo*. Un principio ético por el cual no se debía cobrar por hacer deporte, desde el entendimiento de que el dinero lo envilecía. El cobro de cualquier cantidad por parte de deportistas estaba perseguido con descalificación. Pero no podía ser por mucho tiempo, a medida que el deporte crecía en interés e iba atrayendo espectadores dispuestos a pagar. Y eso ya ocurría en el norte de Inglaterra en los años ochenta del siglo XIX, solo veinte años después de la creación del fútbol. Mientras los clubes de Londres seguían fieles al viejo principio del *amateurismo*, más al norte, equipos como el Preston North End, el Blackburn, el Bolton o el Darwen pagaban ya a sus jugadores gracias a la asistencia de público de que gozaban sus partidos, primera gran diversión para las masas trabajadoras. De hecho, era frecuente que reclutaran a las figuras emergentes del fútbol escocés, que se enrolaban en sus equipos.

La situación estalló con ocasión de una eliminatoria de Copa, cuartos de final, entre el Preston North End y el Upton Park, de Londres. El partido de ida, en la capital, acabó 1-1. Antes del partido de vuelta, el Upton Park denunció ante la Football Association (FA) que el Preston alineaba a profesionales. Se abrió una investigación y se comprobó lo que era un secreto a voces: el Preston tenía profesionales, hasta el punto de que en el curso del último año había gastado mil libras en ello. No solo eso, sino que a algunos jugadores se les buscaban empleos exageradamente bien remunerados en diversas empresas en las que apenas desempeñaban una función real. El Preston North End fue descalificado por un año, decisión muy dura en la época, pues era uno de los clubes más prestigiosos del momento.

La FA decidió crear un sistema de vigilancia para los cambios de residencia a fin de frenar el flujo de jugadores, particularmente entre Escocia y el norte de Inglaterra. La reacción de una gran mayoría de los clubes de esa zona, rotundamente contrarios a esa iniciativa, dejó ver que la cuestión estaba mucho más extendida de lo que se había pensado en principio, que no era cosa solo del Preston. De hecho, se iniciaron conversaciones para organizar una federación aparte, que agrupara el norte de Inglaterra y Escocia, en la que se aceptaría el profesionalismo. Tras un intenso año de debates, la FA entendió que el profesionalismo tenía un avance imparable y el resultado de todo aquello fue que al cabo de poco más de un año, el 20 de julio de 1885, se aceptó que los jugadores pudieran cobrar. No todo el mundo estuvo de acuerdo, y aquello produjo una escisión que dio lugar a una segunda federación, de carácter *amateur*, que dura hasta nuestros días. Desde entonces, los clubes de una y otra federación han ido jugando por separado.

Nos deja Garrincha, la «Alegria do Povo» (1983)

Pau Grande es un pueblo que hoy tendrá unos 5000 habitantes, a hora y media en coche desde Río de Janeiro, por carreteras empe-dradas y empinadas, entre montañas y vegetación selvática. Allá está enterrado Manuel dos Santos, *Garrincha*, porque allá fue donde nació, el 23 de marzo de 1933. Fue un niño atacado de una poliomielitis leve, que le dejó una pierna algo más corta que otra, y con la rodilla metida un poco hacia dentro. Garrincha tenía la pierna derecha de *cowboy*, arqueada y sana, pero la izquierda era extraña, de curva paralela a la de la otra, en lugar de hacer el paréntesis común. ¿Cómo pudo jugar al fútbol así? Pues jugó, y lo hizo extraordinariamente bien. Tras pasar por Vasco da Gama, Fluminense y San Cristóbal llegó al Botafogo, el equipo de su vida, con el que se le vio ya en España, en el viejo Metropolitano, el día en que se presentaba el fichaje de Pazos por el Atlético. Pero fue una celebridad mundial sobre todo por sus proezas en los mundiales de Suecia y de Chile, los cuales ganó con Brasil.

Al primero había ido como suplente de Joel, igual que Pelé había ido como suplente de Altafini. Pero el equipo no respondía, y al tercer partido, ante Gales, el seleccionador los sacó a los dos y quedó conformada una gran delantera: Garrincha, Didí, Vavá, Pelé y Zagallo. En el de Chile, Pelé se lesionó pronto y Garrincha cargó con el peso del equipo, al que hizo campeón. Nunca sabía contra quién jugaba. Para él, todos sus marcadores se llaman João, porque así se llamaba el primero que le marcó en un partido oficial. Cuando acabó el Mundial de Suecia se apenó, porque creía que había una segunda vuelta, como en la Liga, en la que había que volver a jugar contra todos.

Para Inglaterra-66 ya estaba en leve decadencia, y le discutía el puesto Jairzinho. Pronto entró en barrena, y empezó a correr de club en club (Corinthians, Portuguesa, Flamengo y Atlético Junior de Barranquilla, en Colombia) y de barra en barra. Cambió la vida de deportista por la de la farándula, en compañía de la cantante Elsa Soares, a la que se unió tras abandonar a su esposa, de la que solo consiguió tener hijas, pero ningún varón.

Sin embargo, el pueblo le siguió adorando, más que a Pelé, que se fue al Cosmos y se hizo un hombre grande del *business system* norteamericano. Garrincha, apodado así por el nombre de un pajarillo de la selva, había salido del pueblo y volvió a él. Se convirtió en un desheredado más. Años después le cantaría Zitarrosa: «¿Quién se llevó de pronto la multitud? ¿Quién le llenó su vaso en la soledad?». De Garrincha se sabe de cuando en cuando, cada vez que se le ingresa para una cura de desintoxicación. En los carnavales de Río de 1980, una imagen patética da la vuelta al mundo: una carroza celebra los títulos de Brasil, y a su frente, sentado, va un Garrincha delgadísimo, depauperado, que mueve mecánicamente la mano para saludar a la gente.

Meses después fallece. Aparece en el suelo con un golpe en el ojo. Su hermana y alguna de sus hijas acusan a su última mujer, Vanderleia, de asesinato, pero la autopsia desvela que ha fallecido por un cuadro clínico de alcoholismo crónico: congestión pulmonar, degeneración del hígado, pancreatitis y pericarditis. Llevaba veinte días seguidos bebiendo, incluso colonia, y tres sin comer. Su modesta tumba en Pau Grande siempre tiene siete velas, homenaje al siete más grande de la historia.

Nace Ricardo Zamora
(1901)

Hoy está medio olvidado, pero quizá haya sido el mejor jugador de fútbol de la historia de España. Repasando libros antiguos se encuentran elogios a él en cualquier país. Nació en Barcelona, oficialmente hijo de un médico gaditano y una valenciana, aunque existen dudas sobre la verdadera figura paterna. Según algunas versiones, la madre fue abandonada por el progenitor y el médico que la atendió en el parto se hizo cargo de la familia. Él hubiera querido que fuese médico, pero el fútbol le atrapó. Comenzó a jugar en el Universitary, y pronto pasó al Espanyol, donde con quince años ya jugaba con los mayores. Muchos años después Bernabéu me contaba que la primera vez que jugó contra él, a todos los delanteros del Madrid les pareció imbatible. Fue el portero de la primera Selección española que se formó, la de 1920, para los JJ OO de Amberes, de donde regresó con la plata y convertido en una celebridad mundial. «El Divino», le apodaron.

Para entonces ya jugaba en el Barcelona, como profesional encubierto. En 1922 volvió al Espanyol, con el que hizo una gira por América que aumentó su celebridad. Tanto, que un periódico ofreció una medalla de oro al primero que le marcara un gol. Lo consiguió, después de varios partidos, Piendibene, del Peñarol. Piendibene se casaría pronto y un mecenas le regaló un piso, y de ahí salió la versión deformada del hecho de que el premio por batir a Zamora era una casa, lo que incrementó su leyenda. En 1930, ya aprobado el profesionalismo, pasó al Madrid, que pagó un traspaso de 150 000 pesetas, que se consideró escandaloso, y un sueldo de

3000 al mes. Su último partido (descontados algunos que jugó en Francia durante la guerra española) fue la final de Copa de 1936, ganada por el Madrid al Barça (2-1), con una tremenda parada final a tiro de Escolà. Cuentan que aquel remate era igual que el que le había marcado Piendibene (véase el día 18 de julio) diez años antes en Montevideo, y que se lo tenía aprendido.

En la guerra estuvo preso en Madrid, por «señorito de derechas». Consiguió escapar y embarcarse en Valencia, hasta Francia. Al regreso fue entrenador y obtuvo algunos éxitos. El 27 de septiembre de 1967 se le hizo un homenaje mundial, con un partido entre España y el Resto del Mundo en el Bernabéu, al que acudieron los mejores jugadores de la época. Tuvo un hijo, Ricardo Zamora, que fue portero de categoría. Jugó en el Salamanca, Atlético de Madrid, Málaga, Sabadell, Espanyol, Mallorca y Valencia, club en el que más éxito tuvo y en el que ganó dos copas de Ferias. Pero nunca fue internacional.

Zamora fue un Jordan de la época, una celebridad que hizo películas y prestó su imagen para anuncios, cosas raras en esos años. Se mantuvo en la Selección desde 1920 hasta 1936, con pocas ausencias, siempre por lesión. Fue el portero de España ante Inglaterra el día de la primera derrota de los ingleses en el continente, 4-3 para España en el Metropolitano, y tuvo mucho que ver en ello. Su récord de 46 partidos internacionales estuvo vigente durante muchísimos años, hasta que la mayor intensidad de partidos internacionales permitió que le adelantaran bastantes jugadores.

Su celebridad fue tal que cuentan que cuando Stalin supo que se había proclamado la República española, preguntó: «¿Y a quién han puesto al frente?». Le contestaron que Alcalá-Zamora, y él entonces dijo: «¡Ah, el portero de fútbol!».

Arsenal-Sheffield, la radio entra en el fútbol (1927)

Poco antes la BBC había alcanzado «la Carta Real», que la convertía en corporación pública. La radio empezaba a estar extendida y a ser considerada un elemento de utilidad pública y de cohesión de la sociedad. Por entonces figuraba en el *staff* del Arsenal un tipo espabilado, periodista de oficio, llamado George Allison. Había sido contratado por el club para hacer el «programa del partido», pequeña publicación que ya entonces se entregaba (y aún hoy se entrega) a los espectadores a la llegada a los campos. Él fue quien concibió la idea y habló con la BBC para hacer el experimento de la primera transmisión radiada de un partido de fútbol.

Se escogió el encuentro de Liga contra el Sheffield United. Allison renunció al privilegio de transmitir ese primer encuentro, honor que trasladó a Henry *Teddy* Wakelam, popular jugador de rugby de los Harlequins. Wakelam estuvo acompañado para la transmisión por un auxiliar, C. A. Lewis, que tenía como tarea ir precisando la zona del campo en la que sucedía la acción, según un sistema ideado previamente por el productor estrella de la BBC, Lance Sieveking, que consistía en dividir el campo en una retícula ideal, cada uno de cuyos cuadros era designado con un número. A fin de que la transmisión fuera seguida con más facilidad por el gran público, el suplemento *Radio Times*, del prestigioso diario, y varios otros periódicos publicaron en sus páginas la división acordada del campo de juego con el número correspondiente a cada cuadro.

La transmisión pudo ser seguida solo en la región de Londres, y por los aún no demasiados ciudadanos que tenían un aparato de radio, pero se consideró un logro. De hecho, una semana más tarde se repetiría la prueba, con el Corinthians-Newcastle, partido este de Copa. Y ese mismo año se radiaría igualmente el partido más solemne del año, la final de Copa, disputada entre el Arsenal y el Cardiff City. Para esta importante ocasión sí se reservó el derecho a transmitirlo George Allison, el autor de la idea. Nunca lo hubiera hecho. No dio suerte a los suyos: ganó el Cardiff City y la Copa se marchó a Gales gracias a un solitario gol del delantero centro galés, Ferguson, en fallo grave del meta del Arsenal, Dan Lewis, también galés, y que por serlo vivió la derrota como un gran drama personal.

El innovador Allison no pararía ahí. En la década de los treinta, con el fallecimiento de Champan, heredaría el puesto de mánager del Arsenal, con el que consiguió varios títulos de Liga y de Copa para olvidar aquel disgusto. En el banquillo dio más suerte que en la cabina.

Aparece muerto Matthias Sindelar

(1939)

A Matthias Sindelar se le conoció como el «Mozart del fútbol». También como «el hombre de papel», porque a pesar de su 1,80 pesaba apenas 60 kilos. Había nacido en 1903 en Moravia, se crio en Viena y fue el alma del *wunderteam* (equipo maravilla), la Selección austriaca que a caballo entre los años veinte y los treinta había maravillado al fútbol. El de aquel equipo era, decían, un fútbol hermoso, una traslación del vals al nuevo juego inglés. Lo dirigía Hugo Meisl y era un equipo deseado en todas partes. No obstante, no tuvo suerte en los mundiales de la época. Para el primero, el de 1930, la Federación austriaca prefirió no inscribirse, como hicieron todas las de Europa, salvo Francia, Yugoslavia, Rumanía y Bélgica, únicas que asistieron. En 1934, en Italia, cayó en semifinales ante los italianos (como nosotros en cuartos), con un arbitraje muy parcial, a mayor gloria de Mussolini. Y para 1938, en Francia, ya se había producido el *anchsluss*, la anexión de Austria por parte de Alemania, y lo que quedaba del *wunderteam* pasó a fundirse con la Selección alemana. A mayor gloria de Hitler.

Para entonces, Sindelar ya era mayor. No obstante, fue reclutado para un «partido de la paz», entre Alemania y un «XI de Austria», que pretendía destensar las relaciones en Austria entre germanófilos y patriotas. Según las crónicas, el XI de Austria jugó mejor y Sindelar falló algunos goles, se entendía que por cumplir órdenes. Pero en el segundo tiempo marcó, y lo mismo hizo su compañero y amigo Sesta, que puso el 2-0. Y ambos lo celebraron de forma que entonces se consideró excesiva y burlona frente a la tribuna de las autoridades, en la que había varios nazis.

Desde entonces Sindelar sufrió cierto vacío. No ocultaba sus simpatías por el partido socialdemócrata. Se dijo que era judío. Su equipo había sido el Austria de Viena, el club de la burguesía judía, y su familia procedía de Moravia, región con muchos judíos, pero él practicaba la religión católica. El día 23 de enero, cuando acudió a visitarle su amigo Gustav Hartmann, se encontró la puerta cerrada y olor a gas. Cuando se forzó la entrada se le encontró muerto, en la cama, junto a Camilla Castagnola, su novia desde hacía diez días, que agonizaba y moriría poco después que él. En ambos casos se debió a inhalación de monóxido de carbono.

Causó conmoción en Viena. Se supuso que fue un suicidio, romántico gesto de un patriota en una Austria vencida y entregada al nazismo. Se dijo también que su novia era judía, o que los dos lo eran. Se especuló con un asesinato ordenado por las autoridades nazis. Hubo quien sugirió que se trató de un accidente, frecuente en los tiempos de los braserillos de carbón. La encuesta se cerró a los seis meses, sin conclusiones. El asunto ha sido tema permanente desde entonces en Austria. En 2003 la BBC hizo un documental sobre el caso, en el que hablaba algún amigo de Sindelar de la época. Su muerte sigue siendo un mito y un misterio, pero los más se inclinan a pensar que se trató de un simple accidente.

Clemente salta por el caso Sarabia

(1986)

Javier Clemente había llegado al banquillo del Athletic después de una breve carrera como jugador del club, frustrada por una lesión, y tras pasar por los juveniles y el filial, el Bilbao Athletic, es nombrado entrenador del Athletic en 1981. En 1983 le hace campeón de Liga, y en 1984, de Liga y Copa. El Athletic siente revivir sus períodos más gloriosos. Es un equipo áspero, conjuntado, defensivo y luchador, con un jugador exquisito: Sarabia, al que Clemente prefiere utilizar en los segundos tiempos. Sarabia también tiene su historia. La familia era de Jaén, afincada en Gallarta. Su hermano mayor jugaba muy bien. Probó por el Athletic y le cogieron. Pero al saber que era de Jaén le descartaron. Fue un gran disgusto en la familia. El pequeño Sarabia se arrancó: «No te preocupes, yo he nacido en Gallarta, a mí no me podrán decir que no. Yo jugaré en el Athletic por los dos».

Las suplencias de Sarabia, que entraba siempre en el segundo tiempo, eran muy comentadas. Clemente explicaba que el equipo mejor no tiene por qué ser el que sale al principio, sino que a veces es preferible esperar a que el rival esté cansado. Que el equipo titular en su caso puede ser el que cierre el partido, no el que lo abra. Pero tantas preguntas sobre Sarabia le irritan y empieza a hacerle de menos cuando puede en sus declaraciones. O a señalarle con frases como que a tal hora y en tal sitio «tienen que presentarse toda la plantilla y Sarabia». La afición del Athletic, que es devota de ambos personajes, sufre con esta cuestión. En el resto de España se tiende a tener más simpatía por Sarabia, el artista y el débil, frente al autoritario y desafiante Clemente, cuyo juego, además, no gusta.

La tensión entre ambos crece hasta que, tras un partido en Las Palmas, Clemente anuncia que Sarabia no va a jugar más, que queda definitivamente apartado del equipo. Se desliza que no ha cumplido órdenes tácticas, que no ha obstaculizado el inicio del juego del equipo canario, según las órdenes que había recibido de su entrenador. El presidente, Pedro Aurtenetxe, con el que Clemente tiene muy buena relación (pasaban muchas tardes de mus juntos, con otros directivos), le pide explicaciones y él no se las da: «Hay razones que ni el presidente puede saber por las que Sarabia no puede jugar».

El pleito alcanza grados inconcebibles hasta convertirse en una gran cuestión nacional. Luis del Olmo, uno de los hombres más escuchados de la época, conductor de un magacín de mañana no deportivo, llega a afirmar que se trata de un asunto de faldas y cuernos, lo que añade más polvareda al caso. (La información no tenía base, y Luis del Olmo perdería un pleito con Clemente por ella.) Clemente cita en su casa a toda la plantilla, menos a Sarabia, más el obispo auxiliar de Bilbao, Juan María Uriarte, y el influyente jefe de prensa del PNV, Kepa Bordegarai, a fin de adquirir más respaldo. Aurtenetxe, que entiende que Javier Clemente está usurpando sus funciones, se decide por fin a despedirle. Los jugadores amenazan con un plante ante el partido del domingo siguiente, nada menos que la visita al Camp Nou. «Que yo me tenga que ir de Euskadi es horroroso», dice un Clemente lloroso en la conferencia de prensa del día siguiente. Pero no le echaban de Euskadi, le echaban del Athletic.

Antúnez rompe el cerco de los béticos en la plaza de Armas

(1945)

Hay tensión en la plaza de Armas. Es viernes y el Sevilla va a coger el tren para viajar a Madrid, y en el grupo está Antúnez, el espigado medio que acaba de ser traspasado por el Betis. ¿O no había sido traspasado? ¿Valía o no valía el traspaso? Pues según a quién se preguntara. La operación relámpago había tenido lugar dos días antes, y en ella estaban implicados algunos directivos del Betis, pero no todos, porque varios se oponían. El acuerdo final se hizo en la mismísima casa del presidente del Betis, Eduardo Benjumea, pero finalmente este no firmó, dando lugar al tremendo malentendido posterior. Benjumea se retrajo a última hora, quizá intuyendo la que se iba a armar, y por eso su firma no estaba en el documento del traspaso, lo que era utilizado por no pocos para sostener que la operación no tenía validez. Para más inri, Antúnez había comenzado su carrera en el Sevilla, que había abandonado por el Betis (entonces en Segunda División) porque no veía clara su titularidad. Y en el Betis le adoraban. Antúnez era un jugador de estampa, fútbol limpio, buena disposición, deportivo, rendidor. El clásico jugador que toda afición considera un orgullo tener en las filas de su equipo.

Así que en la plaza de Armas casi hubo un motín, con millares de béticos, gritos y desmayos. Mientras se discutía la validez o no del contrato se apelaba al desprendimiento de los béticos para recaudar el dinero que había pagado ya el Sevilla, y devolverlo, a fin de enmendar así el desastroso paso dado por una directiva desunida y confusa, que trataba de compensar las malas cuentas del Betis, pero que había adoptado una decisión demasiado peligrosa. Su salida se resolvió llevándole en coche hasta Córdoba, donde se montaría en el tren para completar el viaje hasta Madrid con sus nuevos compañeros. Hasta la hora del partido la Federación dudó sobre si dar por válido o no el contrato, ya que faltaba la firma de Benjumea. Finalmente lo autorizó, Antúnez jugó y el Sevilla empató a uno en Chamartín. El mismo día, en un ambiente caldeadísimo, el Betis ganaba 6-1 al Tarragona en Heliópolis, en cuyas galerías se habían colocado grandes barreños para que los aficionados depositasen su aportación y recaudar el dinero necesario para pagarle al Sevilla lo que este había entregado al Betis por la ficha del jugador. El lío fue tal que hasta Radio Moscú se hizo eco de ello, cargando las tintas sobre la opresión de clases y el abuso de los ricos sobre los débiles. La propia Dolores Ibárruri, *Pasionaria*, hizo un retrato del Sevilla como el equipo de la oligarquía aristócrata y terrateniente, y del Betis como el equipo del pueblo.

El asunto no paró ahí. Antúnez completó la temporada en el Sevilla, que salió campeón de Liga, pero mientras el litigio siguió rebotando por despachos y he aquí que finalmente la Delegación Nacional de Deportes da la razón al Betis y anula el traspaso. ¡Qué lío! ¿Y qué pasa entonces con la Liga que ha ganado el Sevilla? ¿Han sido ilegales todas las alineaciones de Antúnez con el Sevilla? Se decide que no, que como Antúnez había sido autorizado a jugar por el Sevilla, las alineaciones valen. Solo que ahora se cambia el criterio sobre la validez del contrato, así que debe volver al Betis. Y Antúnez regresa y juega algún amistoso con el Betis, pero en el verano, tras la dimisión de dos presidentes del Betis (Benjumea y su sucesor), se completa el traspaso con todas las formalidades precisas. Antúnez ya es del Sevilla. ¿Todo terminado? No. De aquella herida viene la terrible rivalidad que aún hoy mantienen Betis y Sevilla, sin parangón en nuestro país.

El propio Manchester suspende a Cantona

(1995)

Éric Cantona, *Éric el Rojo, Loco Cantona, Rey Éric*... Estos eran los apodos con que los hinchas del Manchester United conocían a su genial delantero francés, un tipo grandón y fuerte, casi con físico de jugador de rugby, pero al tiempo de una calidad exquisita, que no cabía asociar con su físico. Un grande del fútbol. Pero era también jugador de conductas explosivas que procuraban buen material a la prensa amarilla. Llegó al Manchester procedente del Leeds tras haber dejado en Francia una larga estela de expulsiones, desafíos al seleccionador o a los árbitros y peleas en el campo. En el Auxerre se había liado a puñetazos con un compañero de equipo, Martini. En el Olympique de Marsella había sido sancionado un mes por tirar la camiseta al suelo y el balón al público, y todo porque el entrenador le sustituyó en un partido amistoso. Al seleccionador, Henri Míchel, le insultó en televisión. Pero ninguna de sus fechorías anteriores alcanzó el eco de la de aquel día en Selhurst Park, el campo del Crystal Palace.

Tras sufrir varias entradas bruscas, Cantona se revuelve y agrede a Richard Shaw. El árbitro, con justicia, le expulsa. Cantona comprende que no hay nada que hacer y se marcha, abucheado por el público. Cuando recorre la banda camino de la salida de los vestuarios, un espectador de la fila diez de la tribuna, llamado Matthew Simon, baja hasta la valla que separa al público del campo y le increpa. La reacción de Cantona es tremenda: pega un salto acrobático y le descarga una patada de kung-fu en el rostro. Los policías le detienen y se lo llevan, mientras los servicios de asistencia atienden al espectador imprudente y lenguaraz. Ante la prensa, Cantona se limita a decir crípticamente que «cuando las gaviotas persiguen al barco pesquero es porque saben que de este van a caer sardinas», y se marcha. Se interpreta tal declaración como que siempre se ve rodeado de periodistas porque siempre provoca noticias. Al día siguiente la prensa inglesa no tiene desperdicio: «Un genio con mentalidad de hombre de las cavernas», «Cantona Brutus Bastardum», «Cuidado, perro peligroso», «¡Que le descalifiquen a perpetuidad!», «Debe ser declarado fuera de la ley para siempre», «Que lo metan en un avión y lo devuelvan a Francia», «Cantona, la vergüenza. ¿Es el fin del jugador loco?».

El Manchester United da ejemplo. Frente a la práctica común de defender al jugador propio contra toda razón, le suspende hasta nueva orden, dando un ejemplo universal, antes incluso de que se reúna el comité de castigos de la Football Association. Cantona no volverá a jugar hasta octubre. El Manchester United fichó a Andy Cole para cubrir su puesto, que en la última jornada del campeonato falló dos goles claros ante el West Ham. Eso permitiría que el título fuera para el Blackburn, con un solo punto de ventaja sobre el Manchester.

La mala cabeza le creó bastantes problemas a Cantona, y es lo que explica que solo haya jugado con su Selección una gran fase final, que fue la de Suecia. Pero contribuyó a darle una popularidad que, una vez abandonado el fútbol, le ha permitido hacerse una carrera en el cine, frecuentemente en papeles de duro o de malo.

Kubala se fuga de Hungría en un camión militar vestido de soldado ruso

(1948)

Ladislao Kubala estaba predestinado a cambiar el fútbol español, pero para eso tenía que abandonar antes el «paraíso comunista», del que no era muy devoto. Nació en Budapest el 10 de junio de 1927, hijo de húngaro y checoslovaca. Alcanzó gran fama desde muy joven, en el Slovan de Bratislava y el Vasas de Budapest, y fue internacional con Checoslovaquia y con Hungría. Más adelante lo sería también con España, con lo que es el único jugador de la historia que ha jugado en tres selecciones distintas partidos oficiales. Su vida fue una novela.

Harto de un sistema en el que no podía desarrollar una carrera futbolística profesional como las de Occidente, acudió a una de las organizaciones que programaban salidas furtivas de gentes que, como él, querían escapar de allí. Junto a otros, fue transportado en un camión militar, vestido de soldado ruso, hasta muy cerca de la frontera con Austria. En algún momento pasó un control, muerto de miedo por la posibilidad de que le reconocieran, pues era una celebridad nacional. El final del trayecto hubo que hacerlo andando, hasta Austria. Una vez allí, fichó por el Pro Patria, hasta que le impidieron jugar por las presiones de Hungría a la FIFA. Entonces colaboró en la fundación de un equipo llamado Hungaria, que entrenaba su propio cuñado, Fernando Daučik, y del que él era la gran estrella. Hacían exhibiciones por toda Europa. Bernabéu los contrató para un partido en Madrid, donde llamó enormemente la atención. Trató de ficharle, pero Ricardo Cabot, secretario de la Federación, le dijo que era imposible, dado que se había fugado y no era posible obtener el tránsfer de su club de origen. Meses más tarde lo intentó el Barça... y lo consiguió.

El 16 de junio de 1950 firmó por el Barça, con ficha de aficionado. Pronto fue nacionalizado con estatus de refugiado político, previo discreto bautizo en Águilas, localidad natal de Muñoz Calero, presidente de la Federación. Y a jugar. Su presencia cambió el fútbol español, que nunca había visto un jugador con su técnica, su control, sus pases con efecto, sus lanzamientos de falta. Encabezó la delantera que cantó Serrat: Basora, César, Kubala, Moreno y Manchón. Nada más llegar, ganó ininterrumpidamente Copa, Liga, Copa, Liga y Copa. Su aparición fue como el salto del cine mudo al sonoro. Fue pionero de una serie de genios que le acompañarían luego en el Madrid o en el propio Barça, como Di Stéfano, Kopa, Puskás, Kocsis, Czibor, Eulogio Martínez, Evaristo... dando lugar al gran período clásico del fútbol español. A primeros de los sesenta pasó, mediante un fichaje bomba, al Espanyol, donde fue entrenador-jugador y se reunió con Di Stéfano. En 1969 fue nombrado seleccionador. Su primer partido sirvió como despedida de Gento de la Selección (véase el día 15 de octubre). Estuvo en el cargo durante once años, sin gran éxito, pero creando una agitación muy positiva. Los seleccionados pasaron a llamarse los «Kubala boys» y fue entonces cuando se acuñó la expresión «jugador número doce» para la afición sevillana, por el gran ambiente con que acogía al equipo nacional.

Su muerte, el 17 de mayo de 2002, produjo enorme duelo en toda España y particularmente en Barcelona, donde su entierro fue multitudinario. Su recuerdo queda en las mentes de los viejos aficionados y en la propia existencia material del Camp Nou, construido a mediados de los años cincuenta porque en el viejo Les Corts no cabían todos los que querían ver a Kubala.

La Vanguardia da noticia de un pre-Barcelona (1885)

¿Existía el Barça antes que Gamper? Esto es lo que puede deducirse de un suelto titulado «Crónica de Sport» y publicado este día en *La Vanguardia*, cuyo texto íntegro es este: «A pesar del adverso concurso que la naturaleza prestó al partido de ayer, se inauguró con él en el Velódromo de la Bonanova por los jugadores que componen la Sociedad de Football de Barcelona. Diez y seis se presentaron a disputar las partidas, correspondiendo al bando azul los señores Joggon, Reewes (capitán), Barrie, Heather, W. Parsons, H. Morris, Hichs y Sané; y el encarnado por los señores Brown, Powell (capitán), J. Parsons, S. Morris, Heucke, Richardson y Serra. La *pelouse*, húmeda y fangosa, no favoreció las luchas y pases propios del juego, sin embargo, se hicieron aplaudir algunos jugadores, por su buena táctica en conducir la pelota, y en especial los guardadores de la puerta al defender la entrada del *ballon*. Son dignos de mención por el acierto con que condujeron su bando los dos capitanes; y por los *goals* que lograron los señores W. Parsons y H. Morris que lograron tres y uno respectivamente, por lo que al bando azul se refiere y del bando encarnado, Samuel Morris, que logró uno. Para el sábado próximo se prepara un gran partido de desafío, del que daré a conocer los detalles en la próxima crónica».

Esta reseña, rescatada por el historiador del Barça J. Elías i Juncosa, sugiere que ya existía «un» Barça antes de Gamper, que llegaría a Barcelona después, en octubre de 1898, y publicó su célebre suelto el 22 de octubre del año siguiente. Entre los que acudieron a su llamada y fueron jugadores o directivos en el Barça con Gamper están algunos de los citados en esa «Crónica de Sport»: Williams y John Parsons o Samuel y Henry Morris. Pero la cuestión que plantea el hallazgo es: ¿existía un Barça antes de Gamper? La explicación sería que existía ese grupo de amigos aficionados al fútbol (la mayoría ingleses, como se deduce por sus apellidos, pero entre ellos algún local) que jugarían entre sí, más o menos desordenadamente (el partido es de ocho contra ocho) y que se autodenominarían Sociedad de Football Barcelona, pero que no se habrían registrado ni habían dado formalidad a su agrupación. La llamada de Gamper les puso en contacto con este hombre, emprendedor y organizado, que sobre esta base y algunos añadidos de otras iniciativas parecidas en la ciudad creó el Barcelona.

Es también curioso que los equipos enfrentados ese día de enero en terrenos del Velódromo de la Bonanova vistieran el uno de azul y el otro de rojo. ¿Casualidad? Esos fueron los colores que el Barça escogió en su fundación formal. Se ha pensado que se eligieron porque eran los colores del cantón de Zúrich, de donde procedía Gamper, o simplemente que en las reuniones se utilizó algún lápiz de aquellos, tan frecuentes en la época, azules por un lado y rojos por el otro, y que la combinación gustó. Pero el hecho de que los antecesores del Barça «formal» utilizaran ya esos colores para sus partidos entre sí da que pensar. Ninguna de las primeras actas del Barça, ni de las informaciones de la época, precisa por qué se escogieron los colores *blaugrana* para el club, lo que hace plausibles las tres hipótesis.

El Madrid sobrevive en el hielo de Belgrado (1956)

Era la primera Copa de Europa, y el Madrid se vio con un pie fuera, lo que hubiera truncado toda su racha posterior. Había eliminado en la primera ronda al Servette, un rival suizo que no planteó problemas ni en la ida ni en la vuelta, cuando se enfrentó en cuartos al Partizan. El partido de ida se disputó en Madrid el día de Navidad con un ambiente extraño, porque nos visitaban «comunistas». (Saporta tuvo que hacer gestiones con mucho tacto para que la eliminatoria no se suspendiera.) Fue muy pronto, a las tres de la tarde (el Bernabéu no tenía aún iluminación artificial), por lo que los espectadores tuvieron que adelantar mucho la comida de Navidad. El partido acabó con un rotundo 4-0. Magnífico. Se suponía que el de vuelta podría ser tranquilo. Pero un mes y cuatro días más tarde el Madrid se encuentra en Belgrado un campo totalmente helado. Los jugadores piden la suspensión, el árbitro estaría de acuerdo, pero Bernabéu prefiere acceder al deseo de los yugoslavos y jugar. Teme que no haya facilidad para encontrar una nueva fecha. Bernabéu es uno de los grandes valedores de la nueva competición y siente que el Madrid está obligado a hacer cualquier sacrificio por completar la eliminatoria en el plazo previsto. Así que pide a sus jugadores el esfuerzo, y salen a jugar sobre un campo helado.

Los yugoslavos, claro, están más adaptados y dominan. Años después, hablé con el portero del Madrid, Juanito Alonso, en su cafetería Albany, en Conde de Peñalver: «Nada más empezar el partido estrellaron un tiro en el larguero y me cayeron en los hombros seis kilos de nieve», me decía. Me aseguró que le habían estrellado entre ocho o doce tiros en los postes, que perdió la cuenta. «La suerte que tuvimos ese día no es para ser creída.» Al descanso el Madrid perdía solo por uno a cero, milagrosamente, y eso que Rial había fallado un penalti. Alguien se avivó y supo que los yugoslavos mojaban las suelas en gasóleo, y que así se desprendía la nieve de ellas y se agarraban mejor los tacos. A los jugadores del Madrid se les formaba una capa de nieve-hielo entre los tacos, lo que les hacía patinar. Cada poco paraban a limpiarlo con las manos, pero no había tiempo. Enterados del truco, el Madrid también mojó sus suelas en gasóleo, pero encajó el segundo gol nada más volver al campo, en un penalti pitado por mano de Miguel Muñoz. Luego aguantó como pudo, incluso marcó dos goles, anulados por fuera de juego, y encajó el tercero en el minuto 86. El final fue un suplicio, pero acabó así. Becerril regresó con un dedo del pie roto. Había completado el partido, porque entonces no había cambios. Posiblemente el frío le había hecho más tolerable el dolor. Cómo el Madrid consiguió salir de allí con solo tres goles en contra es algo que al cabo de los años no terminó de explicarse nunca ninguno de los protagonistas de aquella primera gesta, que fueron: Alonso; Becerril, Marquitos, Lesmes II; Muñoz, Zárraga; Castaño, Olsen, Di Stéfano, Rial y Gento.

Días después, llegó a los cines españoles la imagen del partido, en el NO-DO. Ahí se ven las estiradas de Alonso (que fue el héroe del partido), los resbalones de todos, el penalti fallado por Rial, al que le resbala el pie izquierdo cuando golpea con el derecho. Toda España pudo ver aquello y lo valoró como una proeza. La leyenda de heroicidad del Madrid en la Copa de Europa nació sobre aquella pista de hielo del estadio de la Armada de Belgrado. A partir de ahí, todo le parecería fácil a aquella extraordinaria generación de jugadores.

Hoddle se pasa cuatro pueblos (1999)

Glenn Hoddle fue un gran jugador inglés a finales de los setenta y a lo largo de los ochenta, pero también un jugador discutido. Alto, elegante, con un magnífico pase largo con ambas piernas, un gran lanzador de tiros libres, peligroso por las dos bandas, atacante de lujo. Pero descuidado absolutamente en las obligaciones defensivas y propenso a declaraciones rebeldes, casi desafiantes, contra los técnicos que le exigían más. Jugó casi toda su carrera en el Tottenham Hotspur, donde fue apodado «The King of White Hart Line» (White Hart Lane es el estadio del Tottenham). Una vez declaró: «El balón es un diamante, por eso hay que tenerlo y tratarlo con cuidado». Los hinchas de los Spurs se quejaban amargamente cada vez que era pospuesto en la Selección, cosa que ocurrió con alguna frecuencia tanto con Ron Greenwood como con Bobby Robson, a pesar de lo cual acumuló 53 internacionalidades. Concluyó su carrera, ya pasados los treinta, en el Mónaco, donde ganó el campeonato francés. Una lesión de rodilla le sacó abruptamente de allí. De regreso a Inglaterra, el Swindon le contrató como entrenador-jugador y aún jugó algunos partidos. Después fue entrenador del Chelsea, donde se hizo un cartel en esta función.

Pese a sus antecedentes, la Football Association le contrató como seleccionador nacional, puesto en el que clasificó al equipo inglés para el Mundial de Francia, en el que alcanzó los octavos. Inglaterra fue eliminada por Argentina, en los penaltis, en aquel partido en el que Owen marcó un gol que le valdría el Balón de Oro y Beckham fue expulsado por responder a una provocación de Simeone. La prensa inglesa sacudió a Beckham, a cuya reacción se culpó de la eliminación. Pero Hoddle salió bien prestigiado del campeonato.

De repente, la bomba. Hoddle hace unas declaraciones en *The Times* en las que afirma que los discapacitados físicos o mentales lo son porque tuvieron malas conductas en vidas anteriores, y su castigo ha sido ser reencarnados así, para pagar sus culpas anteriores. A la estupefacción sigue la indignación. La naturaleza del periódico en que salen las declaraciones no deja lugar a dudas. Hoddle ha dicho eso. El propio primer ministro, Tony Blair, manifestó que debía irse, y el ministro de Deportes, Tony Banks, admitió que su situación era insostenible. La crisis solo duró un día. El 1 de febrero el director técnico de la Federación inglesa leyó un escueto comunicado en la sala de prensa de Lancaster Gate: «Después de veinticuatro horas de intensas reuniones, ambas partes hemos acordado dar por terminada nuestra relación contractual. Sentimos mucho lo ocurrido, pero no es nada comparado con el dolor que se ha hecho a toda esa gente. No ha sido fácil tomar esta decisión. Estamos seguros de que Glenn Hoddle no quería hacer daño a nadie». No se admitieron preguntas, pero un joven vestido con una camiseta del Liverpool, presente en la sala, intentó subir al estrado a golpear al lector del comunicado. Una hora más tarde, restablecida la calma, Hoddle leía a su vez una nota con aire contrito: «Les comunico que mi contrato ha terminado con la Federación por mutuo acuerdo. Todo esto ha ocurrido tras un malentendido en una entrevista con un diario. Públicamente pido disculpas si he hecho daño a alguien. No era mi intención. Me gustaría agradecer el apoyo de familiares, amigos, colegas y, sobre todo, de los jugadores con los que he trabajado durante estos dos años. Le deseo lo mejor a Howard Wilkinson [su sucesor] para el partido contra Francia».

Costa de Marfil, internada en un campo militar (2000)

Para la Copa de África de 2000, Costa de Marfil, con un buen equipo, tenía muchas ilusiones, pero todo se le complicó con un empate a uno con Togo en el partido inaugural. Ese partido comprometía su discurrir por el grupo, porque se presentaba a priori como una victoria segura y necesaria. Luego perdió 3-0 con la fortísima Camerún, que jugaba de local. Con eso se contaba, pero no con el empate contra Togo, dichoso empate. El tercer partido, el día 30 de enero, contra Ghana, no bastaba con ganarlo, sino que debía hacerlo por una diferencia de al menos tres goles para seguir adelante, e hizo lo que pudo. Kalou marcó antes del descanso, siguió la presión, Olivier Sié consiguió el segundo a seis minutos del final, el equipo apretó más y más en esos últimos minutos... pero el tercero no entró. Los jugadores de Costa de Marfil regresaron al vestuario cansados y desilusionados, aunque también con ciertas buenas sensaciones, porque lo habían intentado. Habían manejado el partido, habían atacado de continuo, no habían tenido desatenciones defensivas, les había faltado solamente un gol. Pensaban que al menos quedaban eliminados de una manera digna. Pero lo verdaderamente malo estaba por llegar.

La mañana siguiente salió el avión, hacia Abiyán, la capital del país. Pero la nave tomó repentinamente otro rumbo. Algunos lo advirtieron, y cuando preguntaron les dijeron que el avión iba a tomar tierra en Yamusukro, porque el aeropuerto de Abiyán estaba temporalmente cerrado por «una tragedia aérea», y que luego serían trasladados a Abiyán, o bien por carretera o bien en un nuevo vuelo, si es que el aeropuerto tenía ya restablecido el tráfico. Pero al aterrizar en Yamusukro se encontraron con una sorpresa: fueron introducidos en camiones militares y trasladados a un centro militar situado en Zambrako, a unos treinta kilómetros de la capital. Allí, los soldados les requisaron los teléfonos móviles para que no pudieran informar de su situación, y las autoridades del centro les anunciaron que quedaban retenidos «para aprender civismo y disciplina».

Durante tres días fueron tratados como un pelotón de novatos a cargo directo de Robert Guéi, el mismísimo líder de la Junta militar del país africano que había tomado el poder en la Navidad anterior. Fueron obligados a hacer instrucción militar, grandes y duras marchas, posar en formación y hasta leer libros sobre patriotismo. El asunto trascendió y se conoció fuera del país, lo que provocó muchos movimientos a favor de la liberación de los jugadores. A los tres días, y debido a la presión internacional, el gobierno decidió liberarlos y elaboró una versión pública del suceso según la cual no se habría tratado de un castigo, sino lo contrario. La finalidad del operativo habría sido tenerlos aislados de la supuesta ira popular desatada por su fracaso en el campeonato.

Seis años más tarde, Kalou, uno de los castigados, sería elevado a la categoría de héroe nacional por su gol a Serbia, el 3-2 que permitiría a Costa de Marfil clasificarse para el Mundial por primera vez en su historia. Para entonces, Robert Guéi, el hombre que se había dado el gusto de humillarles en su día de aquella manera, ya llevaba cuatro años muerto, víctima, a su vez, de otro golpe militar.

FEBRERO

Stanley Matthews cumple los cincuenta en activo (1965)

He ahí uno de los jugadores más prodigiosos que nunca han existido: Stanley Matthews, sir Stanley Matthews, que se mantuvo en activo hasta los cincuenta años en la Primera División inglesa. Nacido en Hanley, en el corazón de Potteries, fue un extremo hábil y astuto, rara avis en el fútbol inglés, siempre partidario del pase largo, la pierna fuerte, la carga, la carrera y el salto. Matthews era lo contrario, un mago del *dribling*, como le bautizaron. Y su carrera fue verdaderamente singular por la forma en que se prolongó en el tiempo.

Empezó a los diecisiete, en el Stoke City; debutó con su Selección a los diecinueve, hecho muy notable en aquellos años, en los que se consideraba esa edad todavía como parte del aprendizaje; después de la guerra, con treinta y dos años, pasó al Blackpool por el traspaso récord de 11 500 libras; en 1956, ya con cuarenta y uno, ganó el Balón de Oro de *France Football*, justo el año que se instauró; jugó el último de sus 54 partidos con la Selección con los cuarenta y dos años cumplidos, ante Dinamarca; a los cuarenta y seis años le recuperó el Stoke, entonces descendido a Segunda División, en lo que se consideró en su día como un ejercicio inútil de nostalgia; pero dos después, en 1963, es votado mejor jugador inglés del año tras su contribución al soñado retorno del Stoke a la máxima categoría; por fin, el 8 de febrero de 1965, con cincuenta años y una semana, juega su último partido, un Stoke 3, Fulham 1. Las gradas están abarrotadas en su capacidad máxima de 25 000 espectadores, mientras otras 40 000 personas se quedan fuera, frustradas en su deseo de asistir al fenómeno único de un hombre de cincuenta años disputando un partido de la Primera División inglesa.

Con todo, su día más celebrado no fue ese, sino el de la final de la FA Cup de 1953, la del «Año de la Coronación» (coronación de la reina Isabel II), partido que pasaría a la historia como «La final de Matthews». La jugaron el Blackpool y el Bolton Wanderers. Para entonces ya había quien le consideraba viejo, recibía algunas agrias críticas por haberse marchado del Stoke y se decía que el Blackpool había hecho una mala operación. El Bolton Wanderers se puso por delante con facilidad, 3-1. En la segunda mitad, Matthews tuvo una actuación grandiosa, luciendo la facilidad de su regate y la precisión de sus centros, de la que se favorecieron con sus goles sus compañeros de línea Mortensen y Perry, que dieron la vuelta al marcador en un final mágico de partido. Matthews no marcó, pero fue el alma de la remontada hasta ese 4-3 que sorprendió a todos.

Unas cuantas semanas después de su último partido ante el Fulham, el 28 de abril del mismo año, Matthews recibió un merecido homenaje mundial, en un partido entre el Stoke City y una selección mundial. La foto de Matthews a hombros de Puskás y Yashin, portada el día siguiente en los periódicos de medio mundo, refleja el profundo respeto que este hombre se había ganado por parte de sus compañeros de profesión.

Catania-Palermo: el *calcio* para por un policía muerto (2007)

La peor fama del fútbol mundial la tienen los *hooligans* ingleses por sus algaradas masivas, algunas de consecuencias terribles, como aquella de Heysel (véase el día 29 de mayo). Pero Italia ha sufrido un problema parecido, que periódicamente ha salpicado de crímenes el *calcio*, tan controlado y científico sobre el campo, tan pasional fuera. Los causantes de los más graves incidentes son los llamados *tepisti*, jóvenes armados dispuestos a todo, que se citan por Internet para atacarse mutuamente en encuentros violentos, pero que se unen ante lo que consideran un enemigo común: la policía. El mismo día en que se producían los hechos que más adelante se relatan, sendas pancartas en Livorno y en Perugia pedían todavía «Vendetta por Spagnolo». Spagnolo era un joven ultra fallecido en un incidente con la policía tras un Génova-Milán doce años antes, en 1995.

El día de Santa Ágata, patrona de Sicilia, se enfrentaron los dos equipos principales de la isla, el Catania y el Palermo. Hay color, humo, pancartas, agitación y violencia, mucha violencia. De resultas de la misma fallece un policía, de nombre Filippo Raciti, de treinta y ocho años, víctima de una atrocidad que en Italia se llama «bomba carta». Es una especie de bomba de mano casera, consistente en un petardo de grandes dimensiones rodeado de pólvora y a su vez envuelto en un papel de gran grosor rociado de gasolina. Se le enciende la mecha y se arroja. Uno de estos fue arrojado por la ventanilla del coche de policía en el que estaba Filippo Raciti, que falleció en el acto. Según los primeros síntomas, por asfixia, según la autopsia, por trauma abdominal y fractura múltiple del hígado.

Algunos primeros testimonios señalaron que la bomba carta habría entrado por la ventanilla del coche por casualidad, lanzada desde la grada del campo hacia la calle, sin más objeto que provocar ruido. Pero se daba una coincidencia siniestra y sospechosa: el policía fallecido había testificado una semana antes en un juicio contra dos *ultras*, lo que hizo pensar en una *vendetta*. Un compañero del fallecido denunció: «Nos tendieron una emboscada. Íbamos persiguiendo a un pequeño grupo cuando aparecieron *ultras* del Catania por todos lados. El humo hizo la atmósfera irrespirable. Yo me desmayé». Tras su testimonio hay veintidós detenidos y se buscan conexiones entre los grupos ultras y la mafia.

El escándalo en Italia es mayúsculo. Romano Prodi, primer ministro, anuncia medidas «enérgicas y rotundas», el comisario interventor de la Federación, Luca Pancalli, informa de que «hasta que no haya garantías no volverá a haber fútbol», Sergio Campana, presidente del sindicato de futbolistas, pide un año de paralización del *calcio* y el ya ex presidente del Catania, Antonino Pulvirenti, destituido por los hechos, señala que «lo que debería hacerse es prohibir el fútbol en Sicilia».

Pero todo se quedará en una jornada de interrupción del campeonato. Y siguieron por aquí y por allá las pancartas contra la policía.

La final del agua

(1929)

Fue aquel el primer año en que se jugó en España el campeonato de Liga, lo que hizo adelantar la Copa. Esta se desarrolló antes y su final fue el 3 de febrero, en pleno invierno. Una semana después empezaría la Liga, con diez equipos, que iba a consumir sus dieciocho jornadas hasta llegar a las puertas del verano. A la final de la Copa llegaron el Madrid y el Espanyol, con un gran desarrollo previo del torneo. El Madrid había ganado sus ocho partidos, el Espanyol, siete y empatado uno. La final era en Valencia, escenario que se suponía más propicio en invierno que otros. Pero todo se iba a complicar bastante.

Porque por aquellos días llovió fuerte en Valencia. Hubo lo que ahora llamaríamos la «gota fría». Y además se produjo un grave incidente político: a primeras horas de la mañana llegó a Valencia, procedente de Sette, en Francia, un vapor (de nombre *Onsala*) a bordo del cual iba uno de los políticos más célebres de la época: José Sánchez Guerra.

Para hacernos idea de quién estamos hablando, digamos que Sánchez Guerra había sido jefe del Partido Conservador, presidente del Congreso, presidente del Consejo de Ministros, dos veces ministro de Gobernación y una vez ministro de Fomento. Sánchez Guerra se oponía a la dictadura de Primo de Rivera, por la cual se había exiliado en París, y su viaje a Valencia tenía como fin encabezar desde esta ciudad un movimiento para derribarla. Pero el intento fue detectado y él detenido nada más llegar a la ciudad, justo el día de la final. Quedaría recluido durante meses en el cañonero *Dato*.

Eso produjo cierta agitación en la ciudad, donde además había bastantes aficionados de uno y otro equipo que habían viajado a ver el partido. (Entonces, una final de Copa era lo más de lo más. La Liga iría vampirizando luego poco a poco su valor, al compás de los años.) A la vista de la lluvia, se pensó en el aplazamiento del partido hasta el día siguiente, pero el gobernador civil citó por la mañana al árbitro y a los delegados de los equipos: «Ustedes deciden ahora mismo si se juega o no. No quiero alteraciones del orden. Bien entendido que si se suspende no se jugará ya en toda la semana aquí. No quiero que Valencia siga abarrotada de forasteros entre los que podrían colarse alborotadores». A la vista de que el domingo siguiente empezaría la Liga, lo que presionaba de forma inusual en el calendario, y confiando en una aparente mejoría del tiempo, decidieron jugar.

Pero entre la una y las tres el cielo soltó una catarata. El campo quedó impracticable, pero hubo que jugar. Las fotos de los equipos formados sobre una laguna aún son llamativas hoy. De aquel chapoteo salió ganador el Espanyol, cuyo marco custodiaba Zamora (que pronto iría al Madrid, en 1930), que fue una vez más providencial. Marcaron Padrón y Bosch (el ala izquierda) para los catalanes y Lazcano para el Madrid. Fue la primera vez que el Espanyol alzó la copa.

Y una curiosidad: Rafael Sánchez Guerra, hijo del detenido José Sánchez Guerra, y que le acompañó en el viaje, sería más tarde presidente del Madrid (véase el día 5 de noviembre). Lo era cuando estalló la Guerra Civil, y hacía pocos meses que también tenía el cargo de secretario general de la Presidencia de la República.

Jesús Gil toma una decisión desastrosa

(1991)

Hacia finales de la primavera de 1991 Jesús Gil compareció en un magacín de tarde de televisión, de Nieves Herrero, ufano, al frente de su equipo Cadete B. «Estos chicos han ganado el campeonato con 127 goles, y aquí hay uno que ha marcado 44.» Y entresacó del grupo a un chavalín, pequeño y escurrido como una trucha. «¡Dile a Nieves cómo te llamas!» «Raúl González», contestó el chaval. «Eso es, ¡Raúl González! Acuérdate, Nieves, porque este chico será un fenómeno.» Y lo fue, pero resulta que no lo disfrutó el Atlético, sino el Real Madrid. Y eso que el chaval era rabiosamente atlético y antimadridista desde niño según cuenta en su propia autobiografía. ¿Cómo pudo ser eso?

Pues porque Gil tomó la mala decisión de cerrar casi por completo la cantera, según comunicó este día a sus colaboradores, dentro de la maraña de estudios económicos que hacía para la reconversión del club en sociedad anónima. La cantera costaba entonces ochenta millones de pesetas al Atlético. Tenía en funcionamiento ocho equipos, en juveniles, cadetes, infantiles y alevines, con dos por categoría, A y B. Ya en enero había pensado en dar de baja al Juvenil B, cosa que hizo finalmente este día, retirándolo bruscamente del campeonato. La situación en el club era entonces delicada para la gente del fútbol base, con impagos de sueldos a los técnicos y de ayudas a los chicos de fuera de Madrid, a los que se les venían dando 30 000 pesetas al mes para pagar la pensión. Gil decidió tirar por la calle de en medio y dejó la cantera reducida de forma testimonial a dos equipos: un Juvenil y un Cadete, al que llamó Atlético Chopera, porque jugaba en las instalaciones de este nombre que hay en el parque del Retiro. Decenas de niños quedaron libres, sin equipo en el que jugar. Los mejores de ellos fueron captados por el Madrid. Entre ellos está Raúl, con quince años recién cumplidos, flamante campeón de España de su categoría. (Ganó el título de España en Tenerife, y nada más acabar el partido se fue a la tele, a ver cómo el Atlético le ganaba la final de Copa al Madrid en el Bernabéu, con goles de Futre y Schuster. En su autobiografía lo recuerda como el día más feliz de su infancia.) Tote, que también llegó al Madrid (el de la célebre rabona en Huelva), formó parte igualmente de esa desbandada.

Y Raúl dará quince años de goles y éxitos al Madrid. Fue una pérdida tremenda, que no obstante la casualidad pudo remediar. En el verano de 1994 Raúl se enfadó porque no le pusieron en la final de Copa de juveniles y regresó al Atlético con la idea de fichar. Le ofrecían ficha en el filial para esa temporada, y para la siguiente en el primer equipo. Pero antes de formalizar el contrato, Valdano, entonces entrenador del Madrid, le convenció para que se quedara y él accedió. Comenzó jugando en Tercera División, pero pronto Valdano empezó a subirle en amistosos y finalmente le hizo debutar, a los tres meses de eso, en Zaragoza (véase el día 29 de octubre). Los años le harían una gloria del Madrid. Cuando el Atlético rehízo su cantera ya era tarde. La «generación Raúl» se había perdido. Pero una nueva figura confirmó la conveniencia de tener equipos inferiores: el *Niño* Torres. Incorporado al primer equipo con diecisiete años, contribuyó al ascenso, jugó en el eje del ataque seis temporadas, mantuvo viva la llama del club (todos los niños que en los años del Madrid galáctico se han hecho del Atlético lo han escogido como su ídolo y llevan su camiseta) y cuando se fue dejó en caja 36 millones de euros, con lo que quedó pagada la cantera para varias decenas de años. Eso confirma que de todas las decisiones catastróficas de Gil, la de cerrar la cantera fue la peor de todas.

El Benfica esconde a Eusébio en el Algarve

(1961)

Eusébio da Silva Ferreira, Eusébio a secas para el fútbol, fue un grande, grande, grande. Un delantero demoledor, con tremenda aceleración y terrible disparo, además de gran inteligencia. Había nacido en Mozambique, donde jugaba en el Sporting de Lourenço Marques. Mozambique era entonces provincia portuguesa y las proezas del joven delantero llegaron hasta Lisboa. El Benfica decidió incorporarlo y el 15 de diciembre el jugador se presentó en Lisboa, dispuesto a fichar. Pasó la prueba con Béla Guttmann, el célebre entrenador de los lisboetas entonces, y el Benfica se dispuso a legalizar su ficha antes de la fecha límite, el 31 de diciembre. Pero algo no andaba bien: el Sporting de Lourenço Marques no estaba de acuerdo con los términos de la transferencia (en realidad, el Benfica estaba tratando de abusar de ellos) y negaba el tránsfer. En eso, el Sporting de Portugal (al que solemos llamar coloquial y equivocadamente Sporting de Lisboa, porque es de Lisboa), el gran rival del Benfica, anunció su intención de hacerse con el jugador, se puso de acuerdo con sus homónimos de Mozambique y presentó la ficha. La noticia partió de Mozambique, donde el club de origen de Eusébio anunció oficialmente el traspaso.

El caso ocupó las navidades y mucho más tiempo en Portugal, donde la Federación tomó primero la decisión de reconocer los derechos del Sporting para después echarse atrás y avenirse a estudiar un recurso del Benfica, presentado el 5 de febrero. Simultáneamente, Eusébio desaparece. El jugador, que se había entrenado a la espera de la solución del conflicto, y que era frecuente objeto de aparición en la prensa, desapareció de un día para otro sin dejar rastro. Mientras, la Federación se tomaba aún tres meses largos para llegar a la decisión definitiva, que alumbrará con fecha 14 de mayo: decide que el jugador es del Benfica y lo inscribe como tal.

Entonces reaparece Eusébio y se descubre el pastel: el Benfica le ha tenido todo ese tiempo escondido en un hostal del Algarve, lejos de la curiosidad pública y lejos también de los directivos del Sporting. El 23 de mayo, en una noche lluviosa, el Benfica, con su equipo reserva engalanado por Eusébio, juega un amistoso con el Atlético de Lisboa, que saca a los titulares. Gana el Benfica por 4-2, con tres goles del fenomenal Eusébio. Su presentación en Primera División tendrá lugar el 8 de junio, ante Os Belenenses, con un gol de Eusébio y victoria por 4-0.

Para el Benfica fue un salto fabuloso, que le permitió convertirse en uno de los grandes equipos europeos (ganó las copas de Europa de 1961 y 1962) y en el mejor de Portugal durante un decenio largo. Eusébio estuvo en el Benfica hasta avanzados los setenta, cuando una lesión en la rodilla le hizo descender de nivel y se marchó al fútbol norteamericano, donde jugó en el Toronto Metros, entre otros. En el Benfica dejó 383 goles en 365 partidos de Liga, más 44 goles en la Copa de Europa. Para el Sporting significó ver cómo su vecino le desplazaba de la posición de primer equipo lisboeta que hasta entonces había ostentado.

Se estrella el avión en el que viaja el Manchester United

(1958)

A la primera edición de la Copa de Europa no acudieron los ingleses. El Chelsea, campeón inglés, desdeñó la oferta. Cuestiones del or-gullo británico. Para la segunda edición, visto el éxito de la primera, y contra el criterio del presidente de la Liga, el célebre y polémico míster Hardaker, sí se apuntó el Manchester United, con el que nos habríamos de topar dos veces. Primero jugó con el Athletic de Bilbao dos partidos magníficos: 5-3 en Bilbao (como se ha visto el día 16 de enero), bajo la nieve, y 3-0 a la vuelta, en Main Road (Old Trafford estaba en obras). Luego, en semifinales, contra el Madrid: 3-1 para los blancos en Chamartín y 2-2 en Old Trafford. Pero aquel equipo había dejado un gran sello. Volvió a ganar la Liga inglesa y se inscribió para la tercera edición, en la que contaba entre los favoritos. Eran los *Busby's babes*, los chicos de Matt Busby, un gran mánager que estaba formando un equipo joven y magnífico. Un equipo con pinta de tener un gran recorrido de mejora.

Eliminó sucesivamente al Shamrock Rovers, Dukla de Praga y Estrella Roja: 2-1 en Manchester y 3-3 la vuelta, en Belgrado. De regreso, el avión hizo escala en Múnich. A la hora de despegar, las alas del Elizabethan Class G-ALZU AS-57, bimotor de la BEA, habían cargado demasiado hielo. El avión aborta dos intentos de despegue. En el tercero se levanta, pero no supera la altura de los árboles del bosque que cierra la pista.

De los cuarenta y tres pasajeros mueren veintitrés, entre ellos siete jugadores del Manchester: Geoff Bent, Roger Byrne, Eddie Colman, Mark Jones, David Pegg, Tommy Taylor y Liam Whelan. Duncan Edwards, de veintiun años, con dieciocho partidos internacionales ya (había debutado con dieciocho años), lucha durante dos semanas entre la vida y la muerte. Iba para ser uno de los jugadores más grandes de todos los tiempos. Un jovencísimo Bobby Charlton se cuenta entre los supervivientes, como Matt Busby, el gran mánager, que poco a poco rehará el equipo y lo hará, por fin, campeón de Europa diez años más tarde, en una inolvidable noche en Wembley, ante el Benfica. Fue la final más emotiva en la larga historia de esta competición.

Bobby Charlton, uno de los supervivientes de la catástrofe, recogió aquella copa con una emoción inimaginable. En su recuerdo estaban todos sus compañeros perdidos diez años atrás, particularmente Duncan Edwards, del que una vez le escuché comentar: «Tenía físico, velocidad, desplazaba perfectamente el balón en largo con cualquiera de las dos piernas, veía la jugada a la perfección. Nunca me he sentido tan inferior a alguien en un campo de fútbol como junto a él». Duncan Edwards todavía tenía edad de juvenil cuando se estrelló el avión. Era de la misma quinta que el gran Charlton. Solo que había debutado ya con Inglaterra a los dieciocho años, el más joven hasta entonces. Charlton siempre pensó que quien debería haber recogido esa copa era Duncan Edwards, y que con él hubieran ganado otras antes de esa.

Gol de Iniesta en Manchester y España cambia de rumbo

(2007)

Después del Mundial de Alemania, Luis tuvo problemas. Su anuncio de que se marcharía si no pasaba de cuartos de final le fue muy recordado. A la vuelta del verano, Puyol y Xavi fueron reclamados por el Barça en vísperas de la Supercopa contra el Espanyol y Luis se plegó a ello. Sus dudas con Raúl empezaron a ser públicas. El equipo entró en una larga dinámica de malos resultados (singularmente una derrota en Irlanda, que comprometía el camino a la Eurocopa, y otra, en un amistoso contra Rumanía en Cádiz) y empezó a verse al seleccionador nervioso y cuestionado. A raíz de dejar de aparecer Raúl en las convocatorias, la polémica se centró en eso y se olvidó el juego del equipo. Todo el debate era Raúl sí, Raúl no, Luis sí, Luis no. No había Selección en el ánimo de la gente, sino un duelo entre dos personajes. (Véase el día 7 de septiembre.)

Todo eso terminó en Manchester, en la victoria a domicilio contra Inglaterra, que fue donde por primera vez el equipo se encontró. Era nada más que un amistoso, pero una victoria en la Isla todavía tiene un efecto benéfico sobre cualquier Selección. España era la segunda vez que lo conseguía en toda su historia. (La primera, por cierto, coincidió con la liberación de Quini.) Pero fue además el día en que se definió para tiempo el nuevo juego de la Selección, el *tiqui-taca*, el triunfo de los bajitos jugones. Iniesta no estaba en la alineación inicial. Ya había rondado por ella, pero siempre de meritorio. Solo a partir de ese encuentro quedaría instalado como fijo. Cuando entró, en el minuto 55, por Angulo, el equipo quedaba de media para arriba configurado así: Albelda por delante de los cuatro defensas, Iniesta, Xavi y Silva elaborando el juego, y Villa y Torres (que en el descanso entró por Morientes) delante. ¿Les suena? Pongan a Senna por Albelda, al que el apartamiento de la plantilla en su club le hizo perder el puesto, y tendrán el equipo de la Eurocopa. Luis había encontrado por fin el fútbol que buscaba. Fue la decisión de darle peso a Iniesta lo que terminó de completar el puzle.

Simbólicamente, el gol del partido lo marcó Iniesta al recoger un centro de Villa desde la izquierda que había rozado la cabeza de Ferdinand. Iniesta apareció por la derecha, controló y lanzó a la escuadra contraria. Un gol mucho menos célebre que el de Johannesburgo, pero con carácter fundacional. Porque allí arrancó el gran ciclo de la Selección, aquel periodo fértil del *tiqui-taca*, ciclo inolvidable que dejó como frutos la Eurocopa de 2008 de Austria-Suiza, el Mundial 2010 de Sudáfrica y la Eurocopa 2012 de Polonia y Ucrania. El mejor tiempo de nunca en la historia de la Selección.

El Athletic le mete doce goles al Barça

(1931)

Aquella iba a ser una gran temporada para el Athletic, que vivía días felices bajo el mando de míster Pentland, un gran innovador del fútbol español. Tenía una delantera magnífica, llamada «las Maravillas», formada por Lafuente, Iraragorri, Bata, Chirri II y Gorostiza. Lafuente era un extremo de concepción clásica, con desborde y centro, y también certero goleador; Iraragorri era entonces un genio precoz; le apodaban el «Chato de Galdácano», por lo extraño de alguien de nariz corta en una tierra de narices fuertes, y era un interior de talento inmenso, constructor y goleador; Bata, natural de Baracaldo, quizá la población de España con más capacidad para crear futbolistas en proporción a sus habitantes, era delantero centro de gran remate; Chirri II (Aguirrezabala) era arquitecto en la vida civil, y en el fútbol, el cerebro del equipo; Gorostiza, extremo izquierda apodado «Bala Roja», era un diestro colocado como extremo izquierda, rareza en la época. Tenía una tremenda velocidad y un violento disparo con la derecha, por lo que solía escoger la diagonal hacia la portería mejor que el desborde, si bien no desdeñaba este. Pentland había introducido además la variante de que los dos interiores se retrasaran algo para enlazar con los medios y dominar más el medio campo. Así que aquella delantera, además de reunir excelentes jugadores, aportaba un avance táctico.

El equipo ya da una campanada sonora en Chamartín, donde gana por 0-6 al Madrid, en tarde estrepitosa de Gorostiza, que, aunque solo marca un gol (le anulan dos), vuelve locos a Bonet, Torregrosa y a cuantos le salen al paso. El Madrid había pagado ese año 150 000 pesetas por Zamora, pero se le había lesionado al segundo partido, todavía en octubre, y Vidal cubrió su meta durante varios meses. Entre otras ocasiones, en ese partido. El Athletic gusta tanto que se despide ovacionado por el público madrileño, gesto que días después agradece en carta oficial la directiva del club.

Pero eso no iba a quedar ahí. En el primer partido de la segunda vuelta, el Athletic recibe al Barça en San Mamés y por primera vez en la Liga española se produce un resultado con dos dígitos en el marcador: 12-1. Bata, desatado, marca siete goles. Cuatro se los reparten sus compañeros de delantera. El otro lo marca Sastre en propia meta. El gol del Barça lo conseguirá Goiburu. José María Mateo, en su crónica en *La Gaceta del Norte*, escribiría: «Nosotros tuvimos un doble deseo que no puede ser más antagónico. El que no se marcasen más *goals*, en obsequio a los vencidos, y el de que marcase el Athletic cuantos más pudiese, porque no hay nada más odioso en el fútbol que el "perdonar la vida". Fueron demasiados goles para que paladeásemos un divertido match. Pero el Athletic puede estar satisfecho de su rotunda victoria. Evidenció desde el primer momento su superioridad de ataque, insistiendo con gran habilidad científica sobre la meta del Barcelona».

Aquellas goleadas le sirvieron al Athletic, porque la Liga acabó con triple empate a 22 puntos entre él, el Racing y la Real, y el título fue para el Athletic por el *goal average*. Terminó la Liga con 73 goles marcados (33 encajados), y las Ligas eran entonces de 18 partidos. Bata fue el máximo goleador, ¡con 29 goles en 18 partidos! Gorostiza marcó 15, Iraragorri 10… Ese año el Athletic de Pentland también ganaría la Copa en la final que jugó contra el Betis.

La semana de la «Cruyffcifixión» (1977)

El Barça recibía al Málaga en casa, en lo que se presentaba como un partido más de Liga. Era el 6 de febrero. **Cruyff está en su cuarta** temporada en el club y puede decirse que en ninguna rindió como en la primera. Retrasó su posición, sacó faltas, sacó mucho de banda, se puso el brazalete de capitán con los colores de la *senyera* y bautizó Jordi a su hijo. Era un símbolo, pero ya no era un jugador tan decisivo. Ese día, no obstante, marcó por delante, encarrilando el partido para los suyos. Pero todo se iba a alterar con el arbitraje del madrileño Ricardo Melero, que concedió un gol con la mano al malaguista Esteban, anuló uno a Neeskens y pasó por alto, a juicio del Barça, dos penaltis en el área del Málaga. El Barça, no obstante, ganaba 2-1 cuando a un cuarto de hora del final Ricardo Melero expulsó a Cruyff, con amarilla y roja consecutivas, quien le protestaba unas manos en el área del Málaga. En el acta consigna que le ha insultado llamándole: «Marica, que eres un marica». Cruyff explica que en realidad estaba diciendo: «¡Manolo, marca allá...!», refiriéndose a una orden a su compañero Manolo Clares.

Se arma la gorda. Saltan espectadores y pegan al árbitro. Alguno presumirá luego en la prensa: «Yo le acerté el puñetazo mejor dado». En la calle no se habla de otra cosa, y la pregunta es cuántos partidos le caerán a Cruyff y por cuánto será el cierre del Camp Nou. En esas, sale a la calle *Don Balón*, que en aquella época tenía circulación e influencia muy importantes y estaba dirigido por el celebérrimo radiofonista José María García, con una portada que provoca aún más escándalo: «La semana de la Cruyffcifixión». Y la ilustra con el *Cristo* de Velázquez, en el que mete en fotomontaje la cara de Cruyff. El escándalo aumenta, dimite del puesto de director José María García, aduciendo que sus compañeros de Barcelona le han metido un gol. En la revista se reciben decenas de miles de cartas de la España católica, indignada por el uso de la imagen sagrada y artística para un pleito tan mundano.

Al día siguiente el Comité de Competición falla, tibiamente. Un partido a Cruyff (que luego ampliará a tres), multa al Barça e investigación a Ricardo Melero. Los ánimos se van calmando. No habrá cierre del Camp Nou y, dado que se hace por entregas la suspensión a Cruyff, todo vuelve a su cauce.

Y la semana siguiente *Don Balón* se excusa: «Perdón, nos hemos equivocado», era el titular de portada, en letras amarillas sobre fondo morado-penitente. Y en el editorial se excusa sin reservas. Y hasta *El Alcázar*, periódico de la ultraderecha golpista que había atizado mucho el caso, les perdona en su editorial: «La juventud es impulsiva, pero también generosa, y si lo primero lleva a equivocaciones, lo segundo permite reconocerlas». *Ego te absolvo*, pues. El que no vuelve a la revista es José María García. Y, a consecuencia de estos hechos, la Federación impone que en todos los campos se coloquen vallas que impidan saltar al público.

Empieza nuestro campeonato de Liga

(1929)

Desde la temporada 1888-1889 se estaba jugando en Inglaterra el campeonato de Liga, según el sistema de todos contra todos, una respuesta a la creciente expectación que producía el fútbol, y a la también creciente necesidad de encontrar fuentes de ingresos para pagar el profesionalismo galopante en el mismo. El camino que Inglaterra había recorrido antes, lo recorrieron más tarde todos los demás países. España también, por supuesto. En España, el fútbol ya tenía una gran potencia de imagen cuando avanzaban los años veinte. La organización del primer campeonato dio lugar a largas discusiones. Primero, entre los que lo veían conveniente y los que no. Luego, entre los llamados «minimalistas», que consideraban que solo debían participar en el campeonato los que hubieran ganado alguna vez la Copa (Barcelona, Athletic de Bilbao, Real Madrid, Real Sociedad, Arenas de Guecho y Real Unión de Irún), y los llamados «maximalistas» que aspiraban a que entraran también otros equipos, singularmente los que, aun sin haber alcanzado nunca el título, al menos hubieran jugado una final de Copa.

Se llegó a un divorcio en toda regla y ambas agrupaciones intentaron hacer una Liga por su lado. Hubo una Liga «minimalista», en la que participaron los citados, y otra «maximalista», con Atlético de Madrid, Celta, Espanyol, Iberia (de Zaragoza), Murcia, Racing de Santander, Sevilla, Sporting y Valencia. Ninguna de las dos facciones consiguió completar el calendario, de forma que las dos iniciativas fracasaron, si bien dejaron la idea de organizarse en dos divisiones, entre las que podría haber ascensos y descensos, como sugirieron algunos. Después de más conversaciones se llegó por fin a un acuerdo por el que en el campeonato participarían diez equipos: los seis «minimalistas» más los tres que habían sido finalistas de Copa alguna vez (Espanyol, Europa de Barcelona y Atlético de Madrid), más un décimo equipo X, que salió de entre un torneo de eliminatorias que acabó ganando el Racing de Santander.

Por fin, una semana después de la final de Copa de ese año, la reseñada «final del agua», que sería ganada por el Espanyol, el 10 de febrero echó a andar el nuevo campeonato, con los diez equipos fijados. Fue, desde su primera edición, un éxito. El primer gol lo marcó el extremo derecha del Espanyol, precisamente, José Prat, y lo encajó el portero del Real Unión de Irún, Antonio Emery, abuelo del que en estos tiempos es un conocido entrenador. La primera jornada fue esta: Arenas de Guecho 2, Atlético de Madrid 3; Espanyol 3, Real Unión 2; Real Sociedad 1, Athletic de Bilbao 1; Real Madrid 5, Europa 0; Racing de Santander 0, Barcelona 2. Aquel primer campeonato acabaría ganándolo el Barcelona, gracias a vencer en su último partido, en jornada aplazada desde semanas antes, y que se jugó una semana después de acabado el campeonato, en Guecho. Estaba igualado a puntos con el Madrid y con un *goal average* mejor, pero por tan corto margen que una derrota por un solo gol en Guecho le haría perder el título. Para ser campeón tenía al menos que empatar. Ganó 0-2 y fue el primer campeón.

Nace en Sevilla el «jugador número doce» (1970)

Después del fracaso en la fase de clasificación para el Mundial de 1970 (fracaso del seleccionador Toba y estrambote vergonzoso con una caída en Finlandia con el trío Muñoz-Molowny-Artigas) (véase el día 25 de junio), la Federación decidió nombrar técnico a Ladislao Kubala. Con algunos reparos, porque era extranjero. Pero ¿lo era de verdad? Llevaba casi veinte años entre nosotros, se había nacionalizado español, había fijado aquí su residencia para siempre (aquí moriría y aquí está enterrado) y aquí hizo una familia. Así que no cabían prejuicios. Se le nombró seleccionador y debutó en un partido patriótico, el que liquidaba el grupo de clasificación (de no clasificación, mejor) ante Finlandia. Por entonces se había decidido cerrar el paso con Gibraltar, como presión para recuperar su soberanía. Se mejoró el campo de La Línea, a la vista del Peñón, y allí jugamos ante Finlandia. Aquel partido fue el último de Gento en la Selección y se ganó por 6-0, en medio de una gran exaltación nacional.

Pero había sido un comienzo muy fácil. Para buscar una piedra mejor de toque, la Federación concertó un amistoso con Alemania. Kubala pidió Sevilla, consciente de que ahí la Selección siempre había tenido un gran respaldo. Kubala resultó ser un seleccionador muy animoso, capaz de contagiar un optimismo muy necesario siempre para el equipo nacional, al que la afición ha tendido a mirar en general con desconfianza. Habló del Club España, reclamando para la Selección el mismo aprecio que cada cual sentía por su propio club, cosa que entonces no existía, y creó un gran ambiente en torno al equipo, un ambiente desconocido desde antes de la guerra. A la larga los resultados no le acompañarían, pero este comienzo fue muy prometedor.

Y aquella noche el Sánchez Pizjuán estaba a reventar. Kubala había dicho: «Quiero que juguemos con doce, quiero que el público sevillano sea el jugador número doce». Y, efectivamente, España jugó con doce. El entusiasmo llevó en volandas a nuestros jugadores frente a un equipo en el que había monstruos como Netzer, Seeler, Müller, Schnellinger... Kubala sacó un equipo bastante renovado y joven, con un debutante, el pequeño jugador local Lora. Un extremo cuando atacaba su equipo, pero que alternaba esta función con la de bullicioso centrocampista cuando había que replegarse y recuperar la pelota. Tenía un fondo tremendo. Agobió a Netzer, al que anuló cuando Alemania tenía el balón, cegando así la mejor salida de los alemanes, y fue capaz de desdoblarse y escapar por la banda cuando fue preciso. En la punta de ataque debutó Antón Arieta, *Arieta II*, hermano de Eneko Arieta y sucesor del mismo en el eje de la delantera del Athletic. Hizo los dos goles.

Las palmas echaban humo, tocando por sevillanas. Entonces no era tan conocida la Feria fuera de Sevilla, y gran parte de los españoles conoció (conocimos) en esa transmisión la innata habilidad de los sevillanos para cortar las palmas. Aquello fue una fiesta y dejó para muchos años la condición de número doce para el público sevillano. De hecho, la Selección jugó a partir de allí muchísimo en Sevilla, casi como sede oficial, alternando los campos de los clubes sevillanos. Con los seleccionadores Miguel Muñoz, Luis Suárez y Miera, todos los partidos oficiales de las fases de clasificación que se jugaron en suelo español se disputaron en Sevilla. Solo los amistosos se repartían por toda la geografía. La costumbre duró hasta el mandato de Clemente, que no conectó con el público sevillano. Luis se replanteó la idea de tener una sede oficial, para lo que dudó entre Sevilla y Valencia, pero Villar ya no era partidario de ello. Siempre prefirió utilizar los partidos de la Selección para llevarlos aquí o allá en apoyo a su estrategia para tener siempre los votos de las federaciones regionales, y no quiso perder esa baza.

El fútbol tal y como era en el siglo XVII

(1683)

Cada año, en Ashbourne, se celebra el partido de fútbol más grande del mundo. El referente más antiguo data de 1683. Se juega entre el martes y miércoles segundos de febrero, en Carnaval. Dura dos días, y participan cientos de competidores en un campo de cuatro kilómetros y medio por tres, con el pueblo entre medias. Su origen es tan antiguo que hay quien asegura que se ha jugado allí durante mil años. Un fuego en la oficina del comité organizador a finales del siglo XIX se tragó el registro del partido y ahora la referencia más antigua procede de 1683, en que se jugó en este día. Participan en él todos los habitantes del pueblo que quieren hacerlo, hombres, mujeres y niños, y cuenta con la aprobación real y hasta el príncipe Carlos intervino una vez en él, en 2003. Desde que cuenta con la aprobación real lleva el nombre de The Royal Shrovetide Football. Ashbourne está prácticamente en el centro geométrico de Inglaterra, rodeado de ciudades como Derby, Nottingham, Sheffield, Manchester y Newcastle.

Los dos bandos en liza son los nacidos a uno u otro lado del río que atraviesa el pueblo, el Henmore. Los Up'ards, que son los del norte, contra los Down'ards, los nacidos al sur. Si hay un gol entre la seis y las diez de la noche termina el partido. Si a las diez de la noche no ha habido ningún gol, se interrumpe el partido y se sigue al día siguiente. Vale todo. Se llama *football*, pero se puede coger el balón con la mano, aunque retenerlo es muy peligroso, por lo que lo aconsejable es patearlo hacia delante en cuanto se puede. Las porterías, que antes eran sendas ruedas de molino, ahora son simplemente un palo, en el que hay que golpear el balón tres veces para cobrar un *goal*. El que lo hace tiene derecho a llevarse el balón a casa. Las normas exigen mantener el balón alejado de las iglesias y del cementerio, no entrar en propiedades privadas, no ocultar el balón en bolsas y mucho menos trasladarlo en un vehículo mecanizado, y, norma muy antigua, no matar a un contrincante «voluntariamente». Por lo demás, todo está autorizado con respecto al balón, que se puede desplazar como se quiera, transportándolo, o a patadas o a puñetazos, y con respecto al contrario, al que se puede agarrar, zancadillear, golpear o hacer cualquier cosa (ahogadillas, por ejemplo) salvo, insisto, matarle «voluntariamente». El balón es de corcho, por si se cae al río. Los jugadores es mejor que sepan nadar, o, en caso contrario, que se abstengan de acercarse al río. La tradición cuenta que el primer balón fue la cabeza de un decapitado, que cada parte del pueblo quiso llevar al otro lado del río.

Este tipo de juegos fue muy frecuente en Inglaterra en la Edad Media. Se practicó tanto y en tantas comarcas, y con tanta peligrosidad, que con alguna frecuencia hubo edictos de los reyes prohibiéndolo. Los estudiosos sugieren que procede del *harpastum*, juego de pelota con el que se pretendía mantener en forma a las legiones, y del cual se habría derivado también el *calcio* florentino, que fue resucitado por Mussolini en 1930 y que se juega anualmente en Carnaval y el día de San Juan, en la Piazza della Signoria de Florencia, como atractivo turístico.

Aquel fatal gol de Katalinski en Fráncfort

(1974)

Estamos en plena época de Kubala como seleccionador. El que fuera genial jugador húngaro había cogido la Selección tras el fracaso de esta para clasificarse para el Mundial de México de 1970, y había mostrado una gran capacidad para generar entusiasmo. Sin embargo, tras unos buenos resultados en amistosos (bonita victoria sobre Alemania en Sevilla y más bonita aún sobre Italia en Cagliari), fracasó en el primer compromiso oficial, la Eurocopa de 1972. Nos tocó eliminarnos contra la URSS, y perdimos allí por un gol (era la primera vez que España jugaba en Moscú) y empatamos a la vuelta en Sevilla. Fue una decepción. Kubala habló entonces del «pecado latino», consistente en presentar primero a nuestro equipo como un monstruo de dos cabezas y cuatro colas antes del partido, y luego echarlo por tierra si no ganaba. Y tenía razón.

El siguiente desafío es clasificarnos para el Mundial de 1974 en Alemania. El grupo nos enfrenta a Grecia y Yugoslavia, por sistema de liguilla entre las tres. España tiene buenos jugadores por esos tiempos: Iribar, Sol, Benito, Gallego, Pirri, Asensi, Amancio, Gárate, Valdez… Hay cierta confianza, pero el grupo se tuerce desde el primer partido, cuando Yugoslavia nos empata (2-2) en Las Palmas, lo que nos va a obligar a ir cuesta arriba. Luego todo se arregla: ganamos los dos partidos a Grecia y empatamos en la visita a Yugoslavia. Queda pendiente la visita de Yugoslavia a Grecia. Si pierden, empatan o ganan por un gol, pasamos. Si ganan por dos, habrá que desempatar con los yugoslavos. Si ganan por más de dos, pasan ellos por diferencia de goles. El partido se televisa en directo para España, a la hora de comer, y ganan los yugoslavos, entre sospechas de tongo. Grecia no se jugaba nada y su portero (el partido acaba 2-4) no estuvo lucido.

El caso es que hay que ir a un desempate, a partido único, en Fráncfort. La expectación es bárbara. España no ha ido al Mundial anterior y desespera la idea de fallar por segunda vez. Antes de viajar a Fráncfort se juega un partido amistoso contra el Atlético, en el Manzanares, y para darle más verosimilitud al ensayo el Atlético viste de azul. España viaja a Fráncfort cargada de esperanza. Miles de emigrantes (entonces nosotros buscábamos trabajo fuera, en lugar de dar trabajo a los de fuera, como ahora) acuden al partido. España juega con Iribar; Sol, Benito, Jesús Martínez, Uría; Juan Carlos, Claramunt, Asensi; Amancio, Gárate y Valdez. El partido se tuerce pronto: en el minuto 13 (¡también es día 13, mecachis!), Yugoslavia lanza una falta desde la derecha de su ataque. El balón cruza por alto el área española y en el pico del área chica del segundo palo salta Katalinski, que gana a Benito, y cabecea a placer. Iribar rechaza el balón como puede, con la desgracia de que le vuelve a Katalinski, que remata con el pie, con Iribar aún en el suelo. De ahí en adelante, el partido se pone cuesta arriba. España no puede arañar el muro yugoslavo. En el minuto 73 entraron Marcial y Quini por Juan Carlos y Amancio. En ese mismo minuto es expulsado Miljanic, seleccionador yugoslavo, que pronto será entrenador del Madrid. Pero nada mejoró. Katalinski, el potente líbero del Željezničar de Sarajevo, ha resuelto el partido con su única incorporación al ataque. Nos quedamos sin Mundial, y con un nuevo nombre en nuestra leyenda negra: Katalinski.

El Arsenal no convoca a ningún inglés

(2005)

Fue la consecuencia más estrepitosa de la llamada «sentencia Bosman» (véase el día 15 de diciembre), que permitirá la libre circula-ción de jugadores en el ámbito comunitario, levantando las restricciones de las federaciones, que solían hasta entonces prohibir o, más frecuentemente, limitar el número de jugadores extranjeros en las plantillas de los clubes a fin de proteger a los jugadores nacionales. Para situar la cuestión hay que adelantar que el Arsenal es el gran clásico del fútbol inglés, el club desde el que Herbert Chapman lanzó la WM a los cuatro puntos cardinales. En los años treinta fue probablemente el mejor equipo del mundo. Tenía un sello de club castizo inglés, puro Londres, puro sur de Londres, barrio de Highbury, barrio obrero, origen en la fábrica de armas, y su escudo es un cañoncito: los *gunners*. Flor y nata de las viejas y entrañables tradiciones del fútbol de los inventores.

Ese día se enfrentaba al Crystal Palace y no tenía ni sobre el campo ni tampoco sentado en el banquillo de los suplentes ni un solo jugador inglés. Daba una vuelta de tuerca más a lo ocurrido el Boxing Day del año anterior, cuando el Chelsea salió con once «no ingleses», si bien tenía cuatro que sí lo eran en el banquillo, alguno de los cuales intervino luego. El Chelsea, además, era para entonces un producto un poco artificial, una elaboración de Abramóvich, un guiri que había llegado cargado de millones y huérfano del conocimiento de las grandes tradiciones inglesas. Pero el Arsenal... Este día, Arsène Wenger, el técnico francés del club, citó para el partido a seis franceses, tres españoles, dos holandeses, un camerunés, un alemán, un costamarfileño, un brasileño y un suizo. Los españoles eran Reyes, el único de los tres que salió como titular, Almunia, el portero suplente, y Cesc, entonces aún un prometedor juvenil. El segundo entrenador era irlandés del norte y el técnico ayudante, bosnio. En el banquillo había cuatro ingleses, en tareas secundarias: el entrenador de porteros, el preparador físico y los dos masajistas.

Bien es verdad que la plantilla del Arsenal contaba con algunos ingleses de peso en el equipo titular y que se tuvieron que dar algunas circunstancias excepcionales para que sucediera esto: Andy Cole estaba enfermo y Sol Campbell y Justin Hoyte se encontraban lesionados. Arsène Wenger no le dio importancia, no se dio cuenta hasta que se lo dijeron después del partido y notó el consiguiente revuelo: «En cualquier caso no hay que fijarse en la nacionalidad de los jugadores, sino en su calidad y su actitud». Y hasta bromeó con la presencia del seleccionador Sven-Göran Eriksson, que había acudido al partido: «¿Y qué vino a ver? ¿Se ha cambiado de Selección?». Al que no le hizo tanta gracia fue a un histórico del club, Paul Merson, que se quejó amargamente: «Me parece un chiste de mal gusto. ¿Qué pensarán los chicos de dieciséis o diecisiete años que trabajan en las categorías inferiores del club, sabiendo que no llegarán jamás a debutar en el primer equipo?». Al menos fue para bien: el Arsenal le ganó 5-1 al Crystal Palace.

El árbitro Hoyzer ingresa en prisión

(2005)

Es, quizá, el sueño de millones de hinchas del fútbol de todo el mundo: ver a un árbitro ingresando en la cárcel. Tal cosa se dio este día en Alemania, cuando Robert Hoyzer entró en la prisión de Moabit-Berlin, acusado de cooperar con una red de apuestas para el amaño de partidos. El caso Hoyzer estalló tras su sospechoso arbitraje en un partido de Copa entre el Hamburgo y el Paderborn, de Segunda B, disputado el 21 de agosto del año anterior. El partido iba 0-2 para el Hamburgo cuando Hoyzer señaló dos penaltis extravagantes que acabaron por provocar un vuelco en el marcador hasta el 4-2. Los apostantes a favor del Paderborn, muy pocos, ganaron una fortuna. Eso movió a las autoridades a investigar el caso.

Hoyzer, que entonces tenía veintiséis años y era un tipo de carácter débil, resistió poco y acabó confesando que había sido captado por tres hermanos serbios, de apellido Sapina, que regentaban el Café King, en Berlín, y habían montado una trama de apuestas y trucaje de resultados. Durante algunas semanas Hoyzer vivió una popularidad impostada, convertido en figura mediática, jugando a medias a arrepentido y a medias a inquietante poseedor de grandes secretos, insinuando que muchos partidos de muchas competiciones, también fuera de Alemania, estaban trucados. El escándalo fue tomado muy en serio por la Fiscalía de Berlín, dado que Alemania iba a acoger de forma inminente el Mundial 2006. Así que van saliendo más casos en el país. Otro árbitro es detenido: Dominik Marks, acusado de amañar un partido entre filiales. Algunos jugadores son investigados, uno de Tercera División es detenido. La Federación alemana indemniza al Hamburgo y repite algunos partidos de Liga que se sabe positivamente que han sido amañados.

Tras trece días en prisión provisional, Hoyzer sale, a la espera de juicio, y da muestras de arrepentimiento en varios medios de comunicación. Señala que perdió la cabeza, que se dejó envolver por el aura de lujo y vida fácil que le proponían. Bueno, pues claro que sí. El juicio concluye el 18 de noviembre y condena a Hoyzer y a Ante Sapina, el mayor de los hermanos, a dos años y medio de cárcel por sendos delitos de fraude. Y a dieciocho meses de prisión en régimen abierto al árbitro Dominik Marks y a los dos hermanos menores de Ante Sapina, llamados Milan y Flip.

Hoyzer, que recibía las instrucciones por sms, obtuvo de los hermanos Sapina un total de 67 000 euros, el usufructo de coches de lujo y la frecuente compañía de profesionales del amor, negocio este en el que los hermanos tenían también buena mano. Cuando salió de la cárcel se enroló en los Águilas de Berlín, equipo de fútbol americano, como pateador, y ahora de cuando en cuando es solicitado por programas de telebasura. Durante algún tiempo los jugadores utilizaron la palabra «hoyzer» para hacer reproches a los árbitros en Alemania. El asunto llegó a tal extremo que la Federación alemana tomó un acuerdo drástico: todo jugador que citara a Hoyzer en presencia de un árbitro sería expulsado.

Dooley: suprema declaración de amor al fútbol

(1953)

Ha habido bastantes frases enaltecedoras del fútbol, algunas más conocidas que otras. Por ejemplo, la de Bill Shankly: «El fútbol no es una cosa de vida o muerte, es algo mucho más serio que eso». George Orwell, el autor de *Rebelión en la granja* o *1984*, escribió: «Durante los años de entreguerras el fútbol hizo más que ninguna otra cosa por hacer soportable la vida de los desempleados». Otro escritor, Albert Camus, dejó dicho: «Todo lo que sé de la moralidad de los hombres lo aprendí jugando al fútbol». Más sencillo, Keegan declaró una vez: «El asunto más difícil es encontrar algo para reemplazar el fútbol, porque no hay nada». El fútbol llegó a poner poético incluso al propio Di Stéfano, habitualmente huraño y lacónico, que en un artículo de introducción de un bonito libro argentino sobre fútbol escribió: «Un partido sin goles es como un domingo sin sol».

Pero ninguna de estas frases se equipara a la profunda declaración de amor a este juego de Derek Dooley cuando, en la plenitud de su juego, su carrera se vio interrumpida por una siniestra lesión. Dooley había nacido en Sheffield, que muchos consideran la verdadera cuna del fútbol, en 1929. Se acreditó pronto como un grandísimo goleador, primero en el YMCA, luego en el Lincolns y finalmente en el Sheffield Wednesday, al que se incorporó en un mal momento, cuando estaba en Segunda División. Sus 46 goles contribuyeron decisivamente al ascenso del equipo a Primera División. En esta categoría jugaba su segunda temporada, con veinticuatro años y convertido en un gran ídolo local, del que se empezaba a hablar para la Selección, cuando el 14 de febrero un choque con el portero del Preston North End, George Thompson, cambió su vida. Su pierna sufrió doble fractura de tibia y peroné, según reflejó una exploración de rayos X, y fue operado rápidamente. Pero a los dos días una enfermera notó que no respondía cuando le tocaba con las manos el dedo gordo del pie. Había perdido la sensibilidad. Una exploración inmediata descubrió que se le había iniciado una gangrena, contra la que no había curación posible, y no hubo más remedio que amputarle una pierna. Lo que en principio parecía una lesión grave y lenta, pero curable, le iba a apartar definitivamente del fútbol. O no, porque entonces Dooley soltó esa frase que el día siguiente recorrió todos los periódicos de la Isla: «Da igual, corten la pierna. Seguiré en el fútbol. Si no puedo servir para otra cosa, ni siquiera me importará que me utilicen para banderín de córner».

Se le ofreció un gran homenaje, en el que se enfrentó un combinado de los dos equipos de Sheffield (el United y el Wednesday) y un combinado de internacionales ingleses. Acudieron 55 000 personas y se recaudaron 7500 libras, a las que se pudieron unir 2700 más, procedentes de los periódicos locales y nacionales, y otras 15 000 de una colecta. Su frase había calado hondo. Y siguió en el fútbol, pero no tuvo que emplearse como banderín de córner. Pronto fue entrenador de los juveniles del Wednesday y en 1971 ascendió a mánager del primer equipo, al que cogió en Segunda División en muy mala posición, con dieciséis derrotas y en riesgo de descenso, y tras estabilizarlo y salvarlo logró ascenderlo a la segunda temporada de nuevo con los grandes. Siguió algún tiempo en el Wednesday, en el que ocupó el puesto de *commercial manager* y más adelante incluso fue *chairman*; y, finalmente, vicepresidente del otro equipo de la ciudad, el United. Retirado y tras algunos años sin acudir al fútbol, asistió en Hillsborough a un derbi entre ambos equipos, y las dos aficiones le ovacionaron largamente. Su declaración de amor al fútbol nunca fue olvidada en su ciudad, donde se redactaron algunas de las primeras reglas, y su figura de amable anciano con pierna ortopédica se convirtió en una imagen adorada por todos. Cuando falleció, ya muy mayor, se le dedicó una calle en la ciudad de toda su vida.

Año *mil-novecientos-cero-cinco* del calendario *culé*

(1974)

Aquella temporada volvieron a admitirse los extranjeros en la Liga española. Se habían cerrado las fronteras desde el fiasco del Mundial de Chile, en 1962. Pero no nos había ido mejor en los mundiales sucesivos (para el de 1970 ni nos clasificamos), así que se decidió abrirlas de nuevo y los equipos se reforzaron. El Madrid apostó por un cerebro alemán, Netzer, y un extremo goleador argentino, Pinino Mas, que se pretendía que cubriera la nostalgia de Gento. El Barça trajo a un interior goleador peruano, Hugo *Cholo* Sotil, y al mejor jugador del momento, uno de los grandísimos de la historia: Johan Cruyff. Pero el fichaje de este costó no solo dinero (cien millones, récord mundial en la época), sino tiempo. La Liga ya avanzaba cuando apareció Cruyff, y a los *culés* se les empezaba a llamar ranas porque siempre decían «cruyff, cruyff», como si croaran.

Pero llegó Cruyff y fue un vendaval. Atacante pleno, con tendencia a echarse a la izquierda, técnica exquisita, arrancada, anticipación mental. Lo agitó todo a su alrededor. Con él, el barcelonista, que llevaba catorce años sin ganar la Liga, pudo por fin decir aquello de «aquest any, sí». Al Madrid, sin embargo, le iba mal. El equipo no rodaba, Netzer, con toda su clase, no superó a Velázquez, y Mas se limitó a dejar algunos remates espectaculares, de volea, a balón pasado en córneres lanzados desde la derecha. Eso y nada más. Tan fue así, que Miguel Muñoz había caído después de catorce años como entrenador del Madrid, en el que había conseguido un feliz tránsito del imperial Madrid de Di Stéfano al Madrid «yeyé». Pero este segundo tránsito ya no lo pudo dar.

Le sustituyó Molowny, tantas veces talismán. Pero esa noche ni eso sirvió. El Barça jugó con: Mora; Rifé, Costas, Torres, De la Cruz; Juan Carlos, Asensi, Marcial (Tomé, 72'); Rexach, Cruyff y Sotil. Por el Madrid: García Remón; Morgado, Benito, Zoco, Rubiñán; Pirri, Netzer, Velázquez; Aguilar (Santillana, 46'), Amancio y Macanás. No hubo partido: fue una ejecución. Asensi (31'), Cruyff (39'), Asensi (53'), Juan Carlos (65') y Sotil (71') fueron traduciendo esa superioridad en una cómoda goleada. El mundo *culé* lo festejó como nunca había festejado nada antes y rebautizó el año 1974 como el año de *mil-novecientos-cero-cinco.*

El madridismo baja la cabeza, humillado. Zoco, ya veterano, visita a Bernabéu y le dice que ya no está para jugar, que quiere rescindir el contrato y retirarse. Bernabéu le contesta: «Mira, ahora estás bajo un impacto. Cógete tres días, vete con María (María Ostiz, su mujer, célebre cantante de la época) por ahí, lo habláis, lo pensáis y vuelves y me dices». Y Zoco lo hizo: «Me fui tres días con María, lo hablamos, lo pensamos, volví y le dije: "Don Santiago, me retiro"». Y Zoco no volverá a jugar hasta la final de Copa, en la que el Madrid se toma la revancha, justamente ante el Barça (4-0), y a Zoco le hacen salir los últimos minutos para que coja la copa, como capitán. «Al menos me quité el mal sabor de boca, me retiré con esa foto.»

Claro que en aquellos años la Copa no la podían jugar los extranjeros, así que no estuvo Cruyff…

Cuatro de Lineker a la Quinta del Buitre

(1987)

Ahora vemos la Selección como algo de todos, particularmente después del glorioso ciclo de La Roja del *tiqui-taca*, pero no siempre fue así. Lo clásico en el aficionado español era mirar a la Selección a través de su equipo. Mirarla en principio con desconfianza, y celebrar solo los éxitos de los jugadores propios, y hasta tomar con cierta satisfacción las derrotas si de ellas se podía culpar a los jugadores del rival. Visto así, por cierto, y así era, no deberían extrañarnos nada tantos años de fracasos continuados.

Ese era el sentir general cuando se enfrentaron, en el Santiago Bernabéu, España e Inglaterra en partido amistoso. Eran los grandes años de la Quinta del Buitre, que ocupaba mayoritariamente la Selección, junto con algún madridista más. Enfrente, el ataque inglés lo dirigía Lineker, un habilísimo goleador. No era un jugador pleno, pero sí un escurridizo atacante con un excelente olfato de gol. Jugaba en el Barça. España empieza ganando con gol del Buitre (al que al final se añadirá el de Ramón, buen delantero del Sevilla al que malogró una lesión), pero entre uno y otro goles de España, Lineker, de forma implacable, va desgranando cuatro. Y el partido acaba en paliza: 2-4.

«Lineker, una ametralladora», titula la prensa a la mañana siguiente. Pero lo que sigue es cierta rechifla por parte del mundo *culé*: un solo delantero suyo ha barrido a una Selección sostenida por la Quinta del Buitre, que por consiguiente habría quedado en evidencia. En el partido habían jugado Chendo, Gallego, Gordillo, Míchel, Sanchís (que entró como suplente) y Butragueño. El seleccionador era Miguel Muñoz, que había pertenecido muchísimos años al Madrid como jugador y como entrenador, y al que se seguía considerando carne y sangre del Madrid. El escenario había sido el propio estadio Santiago Bernabéu, la casa solariega del madridismo. El público que había acudido, escasísimo, muy pocos miles de personas, era madridista en su inmensa mayoría salvo unos quinientos ingleses, muy identificables, que lo pasaron en grande. Todo tuvo, en definitiva, un cierto aire de derrota institucional del Real Madrid, por su peso tan contundente en el fracaso integral que significó el partido, desde la asistencia hasta el resultado, esa goleada adversa. Incluso el holandés Leo Beenhakker, entrenador del Madrid en ese momento, tiene que defenderse en la conferencia de prensa tras el primer entrenamiento del Madrid después del partido: «A que voy a tener yo la culpa, por haber habido tantos madridistas en el equipo…».

Al madridista, sin embargo, le quedaba al menos un consuelo, o un derecho de réplica, si se puede decir así: la «Quinta» era mayoritaria en el grupo, pero el portero que encajó los cuatro de Lineker era el del Barça, Zubizarreta, aunque hasta aquello se le volvió en contra, porque a partir del tercer gol el meta del Barça fue abucheado por el escaso público en cada intervención, particularmente cuando iba a sacar de puerta.

Mensaje doliente de Matt Busby (1958)

Trece días después del desastre de Múnich (véase el día 6 de febrero), el Manchester United volvió a jugar. La vida tenía que seguir. Ocho de sus jugadores habían muerto en la catástrofe, junto a algunos miembros más del club, otros habían sobrevivido, pero muy pocos estaban repuestos. Duncan Edwards, la perla del equipo, el fabuloso medio que había llegado a estrella internacional antes de cumplir los veinte años, era el que peor se encontraba. Para aquel partido de Copa ante el Sheffield Wednesday, solo dos de los que viajaban en el avión se hallaban disponibles: Gregg, el portero, y Bill Foulkes. Una masa de 60 000 espectadores se concentró en el campo. Antes del partido los altavoces emitieron un mensaje previamente grabado por el mánager Matt Busby, aún convaleciente en el hospital de Múnich, lo mismo que Bobby Charlton y unos cuantos más. El mensaje, escuchado en un silencio sepulcral, significó quizá el momento más emotivo en la historia del fútbol. Con voz ronca y apagada, Busby enviaba su testimonio de dolor a las familias de los fallecidos, expresaba la confianza en que el resto se recuperara bien, incluido él mismo, lanzaba un mensaje de ánimo a los jugadores que iban a afrontar el partido y también un abrazo a la afición. Así empezaba su alocución: «Damas y caballeros: les hablo desde una cama en el hospital de Múnich. Después del accidente sufrido hace aproximadamente un mes, les gustará saber que los jugadores que quedan y yo mismo nos vamos reponiendo poco a poco».

El Manchester, recompuesto con suplentes, juveniles y algún fichaje de urgencia, ganó aquel partido por 3-0 ante una multitud emocionada.

Uno de los goles lo marcó el entonces veinteañero Shay Brennan, debutante aquel día, y que diez años más tarde habría de ganar, ya como titular consagrado y con Bobby Charlton como líder del equipo, la Copa de Europa en la final disputada en Wembley ante el Benfica. La victoria sirvió de algún consuelo, pero Gregg y Foulkes declararon haber vivido una sensación extraña. Tres días después fallecía Duncan Edwards, al cabo de dos semanas luchando entre la vida y la muerte. Con él perdía el Manchester al que podría haber sido, junto a Bobby Charlton, el gran soporte del equipo y de la Selección inglesa durante más de una década.

El futuro inmediato iba a ser difícil para el United, que cuando ocurrió el accidente iba tercero en la Liga. De los catorce partidos que quedaban hasta el final perdió ocho, ganó uno y empató cinco. Terminó noveno. En la Copa consiguió alcanzar la final, como había ocurrido el año anterior. Esta vez, ante el Bolton. Y, como el año anterior, la perdió por una decisión polémica del árbitro, que concedió el segundo gol del Bolton cuando una carga de Lofthouse mandó a Gregg dentro de la portería, con el balón atrapado. Lo mismo había ocurrido un año antes, contra el Aston Villa, cuando el delantero Peter McParland había metido en la portería, con el balón igualmente atrapado, a Ray Wood, que había sido el meta del United en aquella otra final.

Berlusconi compra el Milán (1986)

A finales de 1985 las cosas no iban bien para el Milán, que no tenía el nivel necesario para aspirar al *Scudetto* y acababa de ser eliminado de la Copa de la UEFA por el modesto Zulte-Waregem belga. Un cataclismo para un equipo que cada año aspira a dominar en Europa. Para empeorar las cosas, su presidente, Giovanni Nardi, se fugó a Sudáfrica para evitar su ingreso en prisión por impago de impuestos. La mala posición de Nardi en los negocios había contribuido notablemente al hundimiento del Milán. Entró un presidente provisional, un hombre muy mayor llamado Rosario Lo Verde. Una solución de paso. En eso, se anuncia algo sensacional: Silvio Berlusconi pretende comprar el club. No era muy conocido en esa época para el gran público, pero sí ya un hombre célebre en el mundo de los negocios. Había construido una ciudad residencial de gran estilo, Milano Due, en las afueras, y había puesto en marcha Canale Cinque, la gran cadena privada de aquel momento en Italia, cuya pantalla estaba llena de espectaculares bellezas a todas horas.

Su intención resultó polémica. Para algunos era una gran posibilidad para el Milán. Para otros, más clásicos, su figura ruidosa y atrevida contrastaba con los usos propios del deporte y con la seriedad que siempre había acompañado al Milán. Puso incluso anuncios en la prensa, lo que algunos vieron como una ordinariez de nuevo rico, entre otros, Gianni Rivera, celebérrima gloria del club, retirado pocos años antes y que para esas fechas era vicepresidente. Pero Berlusconi, a quien ya se conocía en la época como «Sua Emittenza», va aunando voluntades y finalmente consigue hacerse con la colaboración del que hasta entonces había sido máximo accionista del club, y que ocupaba una de las vicepresidencias, llamado Giuseppe Farina, que tras muchas dudas y presiones en uno y otro sentido decide venderle su parte del club. El culebrón, que tiene en suspenso a toda Italia, termina este día, que todavía se celebra anualmente en el Milán como fecha de una especie de refundación del club. Aunque no será hasta el 24 de marzo cuando Berlusconi tome posesión oficial del cargo.

A Rivera, *Il Bambino d'Oro*, hombre fuerte del club en los años anteriores, su oposición le costará salir del mismo un poco por la puerta de atrás. Giuseppe Farina, *Giusy*, será, por el contrario, reconocido para siempre por Berlusconi, que aún hoy le mantiene como vicepresidente, aunque con carácter ya solo honorífico. Berlusconi sorprende a todos al contratar enseguida a Arrigo Sacchi, modesto técnico del Parma. Pero con él y con los holandeses Van Basten, Gullit y Rijkaard el equipo alcanzará la perfección. En poco tiempo, el Milán escalará hasta la cumbre del fútbol mundial, no solo por los resultados, sino por la belleza y elegancia de su fútbol. El culebrón había merecido la pena.

Y más le mereció la pena al propio Berlusconi, que se apoyó en su popularidad al frente del Milán para crear su partido, Forza Italia, desde el que alcanzó el poder en el país.

Duncan Edwards, el James Dean del fútbol (1958)

Bobby Charlton siempre dijo que jamás vio a un jugador como él. Ni Di Stéfano ni Pelé, contra los que se enfrentó y a los que tanto admiró. «Tenía estatura, visión, técnica. Sabía parar el balón con el pecho y enviarlo con precisión a sesenta metros, con una pierna o con otra. Y eso con los balones pesados y mojados de la época. Nunca me sentí inferior a ningún futbolista salvo a él.» Duncan Edwards sobrevivió quince días al accidente aéreo del Manchester en Múnich, días en los cuales tuvo a toda Inglaterra en vilo. Se informaba al detalle sobre su estado, sobre sus raros ratos de conciencia, en uno de los cuales recibió el regalo de un reloj de oro que le envió el Real Madrid. En otros, preguntaba a su compañero de cama sobre el próximo partido: «¿A qué hora empieza el partido con los Wolves, Jimmy? Hay que estar preparados».

Su muerte aplazada fue el peor epílogo posible a la catástrofe del Manchester, porque había sido el jugador más querido de Inglaterra. Su posición preferida era la de medio izquierda, en la tradicional WM. Desde allí cortaba y repartía, en corto y en largo, y acudía al remate o disparaba desde lejos. Pero jugó ocasionalmente en varios puestos más, incluidos los de defensa central y delantero centro, cuando hubo necesidad de ello. Tenía una estatura y una fuerza privilegiadas, además de un dominio de balón propio de los superclases.

Nadie había debutado tan joven como él en la Selección hasta entonces. Tenía dieciocho años y 183 días cuando se produjo la sensacional noticia de su debut con Inglaterra, en un sonado encuentro ante Escocia, ganado por los ingleses por 7-2. La precocidad era su divisa: con once años juega en la categoría de los de quince, con dieciséis debuta en Primera División, con el Manchester United, el mismo día que cumple los diecisiete firma su contrato profesional. Con veinte años ya ha ganado dos campeonatos de Liga y su exhibición en el Alemania-Inglaterra es comentada en toda Europa. Alemania había ganado la Copa del Mundo de 1954, en Suiza. Inglaterra la visitó, en Berlín, en mayo de 1956. Duncan Edwards fue la estrella del partido, que ganaron los ingleses por 1-3, con el primer gol marcado por el propio Edwards. La prensa alemana le apodó «Boom-bomm»: «Lleva un Gran Berta en cada una de sus botas», publicó un periódico. Su entusiasmo por el fútbol no tenía límites. En la temporada 1956-1957 jugó 95 partidos, entre el United, la Selección y el equipo del Ejército. «Podría jugar todos los días del año si hubiera partidos suficientes», decía de él Jimmy Murphy, el ayudante de Busby. Billy Wright destacaba de él su entusiasmo contagioso en el túnel, antes de salir al campo.

Su muerte desoló a Inglaterra. Frank Taylor, un periodista de los que viajaron con el equipo, que resultó herido pero sobrevivió, hizo amistad con un íntimo amigo de Edwards, que les visitó en el hospital de Múnich, y publicó unas declaraciones de este: «Quizá haya sido mejor así. Los médicos me habían dicho que ya no podría jugar más si hubiera sobrevivido, y él no hubiese resistido eso». Cinco mil personas atestaron los alrededores de la pequeña iglesia de Dudley, su ciudad natal, el día del funeral, y lo mismo ocurrió tres años después, cuando se celebró un memorial al que acudieron todos los supervivientes. Aun en 1993, treinta y cinco años después del accidente, su madre, ya anciana, declaró que cada semana recibía visitas de personas que venían a interesarse por los recuerdos de «mi pequeño Duncan».

Puskás decide exiliarse y no regresar a Hungría

(1957)

El 4 de noviembre de 1956 se produce la irrupción de los tanques soviéticos en Budapest. Fue algo así como un adelanto de aquello de la Primavera de Praga. Algunos movimientos surgidos en Hungría para liberarse del control de la URSS provocaron que Kruschov decidiera cortar aquello por lo sano. Por entonces, Hungría tenía una fabulosa Selección, basada en el Honved y el Vörös Lobogó (luego MTK). Pero sobre todo en el Honved, cuya perla era Puskás. Probablemente el mejor jugador del mundo en la primera mitad de los cincuenta. Puskás llevaba marcados 85 goles en 84 partidos con la Selección húngara, que había ganado los JJ OO de 1952 y había perdido la final del Mundial 1954 ante Alemania, en una de las grandes sorpresas de la historia del fútbol. La invasión pilló al Honved fuera de Hungría, en Viena, camino de Bilbao, donde tenía que jugar un partido de ida de la Copa de Europa.

Los jugadores húngaros esperan acontecimientos. Su peripecia empieza a adquirir dimensión internacional cuando una radio húngara anuncia que Puskás ha muerto luchando junto a los patriotas en los tiroteos que se producen por las calles, y le eleva a la condición de mártir de la revuelta. Pero no, Puskás no ha regresado, ni el Honved tampoco. Siguen fuera a la espera de ver cómo se resuelve finalmente la situación. El Honved juega un amistoso en Madrid, organizado por la Asociación de la Prensa, contra un combinado Real Madrid-Atlético (la delantera es Miguel, Kopa, Di Stéfano, Peiró, Gento) que acaba empate a cinco y maravilla al público. Es la primera vez que en Madrid se ve a un portero, Farago, que saca con la mano, en lugar de al voleón usual de la época, a fin de que el equipo salga jugando desde la defensa. El Honved juega el partido de vuelta con el Athletic de Bilbao en Bruselas y queda eliminado.

La mayoría de los jugadores resuelven volver entonces, pero no así Puskás, que, como Kocsis y Czibor, prefiere quedarse fuera. Puskás ha hecho gestiones mientras para que su mujer, Elizabeth, y su pequeña hija, Aniko, puedan salir hasta Viena, y allí se reúne con ellas. El bar Munchenenhorr, en la Mariahilfestrasse, se convierte en su cuartel general, donde se reúne con otros exiliados, recibe a periodistas y medita sobre su futuro. Intenta mantenerse en forma entrenándose con el Rapid de Viena. Pero la situación en Budapest no mejora, la revuelta local es definitivamente aplastada y finalmente el día 22 Puskás anuncia que no regresará a Hungría. Aunque es mayor del Ejército (los jugadores del este de Europa figuraban como *amateurs* y se les pagaban sueldos por empleos simulados en el Estado), no está para guerras. Su guerra es el fútbol. Intenta fichar por el Rapid de Viena, el Milán le hace una oferta descomunal, pero su fuga provoca que la Federación húngara solicite para él una sanción de la FIFA, que le suspende hasta el 15 de agosto de 1958. Kocsis y Czibor, que le han seguido en su estrategia a la espera de los acontecimientos, se encuentran en el mismo caso. Puskás se traslada entonces a Bordighera, en la Riviera italiana, donde pasa ese tiempo escribiendo para periódicos y contratándose para partidos amistosos, con cierta dificultad, porque ni la FIFA ni el entonces fuerte Partido Comunista italiano veían bien que jugase. Por fin, cumplida la suspensión, ficha por el Real Madrid en el verano de 1958 (véase el día 11 de agosto), pese a las reticencias del entrenador, Carniglia. Kocsis y Czibor ficharán por el Barcelona. El régimen de Franco les concedió la nacionalización rápidamente, por su estatus de apátridas y por su valioso papel en la propaganda anticomunista de la época.

La tribu se siente agredida en el Schlessin de Lieja

(1969)

Eran años oscuros para la Selección. Después de ganar la Eurocopa de 1964 estuvimos flojos en el Mundial de 1966, del camino de la Eurocopa de 1968 (cuya fase final se jugó en Italia) nos apartó Inglaterra, y ahora estábamos en el empeño de clasificarnos para el Mundial de México, en 1970. No había malos jugadores, pero no se contaba con un buen seleccionador. Balmanya había dejado el cargo tras la caída ante Inglaterra en el camino hacia la Eurocopa anterior, y a alguien se le ocurrió la poco esclarecida idea de colocar como seleccionador al doctor Toba, uno de los peores que hemos tenido. Gallego de origen, era casi desconocido en España. Había tenido una corta carrera aquí y después algunos éxitos en la Selección de Costa Rica, eso era todo.

Empezó bien, con un 1-3 en un amistoso celebrado en Francia, basado en el contraataque. Al gran público no le gustaba su juego, porque lo veía defensivo y traicionero, y se discutía la elección de jugadores más incluso de lo habitual. Para la fase de clasificación del Mundial de México nos tocó un grupo con Bélgica, Yugoslavia y Finlandia, del que había que salir campeón para clasificarse. Empezamos con un empate a cero en Belgrado. Seguimos con un empate a uno ante Bélgica, en un Bernabéu desangelado y aburrido, con 11 000 espectadores. Es un encuentro bronco, en el que los belgas sufren la expulsión de Hanon, que les deja «sangre en el ojo». El tercer partido hay que jugarlo en el estadio Schlessin de Lieja, y, echando cuentas, España comprueba con horror que si pierde ese partido estará eliminada, justo a la mitad de la fase de grupo, con tres partidos aún por jugar.

La prensa belga agita, el ambiente es malo, se acusa a España de dureza en el partido de ida, se cargan las tintas con la dictadura franquista y sale a relucir la leyenda negra. La afición española está de mal humor, y más al ver que la alineación que sale es una vez más muy defensiva, sin extremos: Iribar; Martín II, Gallego, Zoco, Eladio; Claramunt, Glaría, Velázquez, Grosso; Amancio y Vavá. (Luego, con el partido en marcha, entrarían Torres por Martín II y Asensi por Claramunt.) El partido es duro, todos pegan, pero quizá Eladio pega más que otros. Bélgica tiene un equipo que mezcla un ala izquierda exquisita (Van Himst y Puis) con verdaderos maleantes desde la línea media para atrás. Y un buen delantero centro, Devrindt, que marca en el minuto 33. En el descanso nos sentimos fuera del Mundial. La dureza arrecia en la segunda mitad y el danés Sörensen expulsa a Eladio, que se resiste a marcharse. La policía le sacude, y también a Zoco y a algunos más que se acercan a defenderle. España, ante el televisor, se siente irritada y humillada. El partido sigue, con otro gol de Devrindt y uno posterior de Asensi, que ya no sirve para nada. En el túnel hay gestos desafiantes entre los jugadores de uno y otro lado y la policía nos pega más, nos pega hasta cebarse. Volvemos fracasados, humillados, apaleados y sin Mundial. Queda toda una vuelta del grupo y estamos fuera, sin siquiera haber jugado ni en casa ni fuera con Finlandia, la cenicienta del grupo, que se supone garantizaría dos victorias. Claro que el día que les visitemos será aún peor, pero esa será otra historia.

Boca Juniors llega a España (1925)

En el verano de 1922, y al hilo del éxito del fútbol español en Amberes, un tipo avispado llamado Mariano Hermoso organizó una gira de un combinado de jugadores vascos por Argentina, Uruguay y Brasil. En ese grupo figuraban casi todos los héroes de Amberes, porque el fútbol vasco dominaba, con mucho, el fútbol español por entonces. Pero aquella gira no salió del todo bien. El equipo se encontró con que en Argentina se jugaba al fútbol mucho mejor de lo que pensaban. Ya el primer partido, ante una selección de jugadores porteños, se perdió 4-0. Se achacó al cansancio, pero la gira siguió con resultados mediocres, hasta saldarse con cinco derrotas, dos empates y solo tres victorias. Las recaudaciones menguaron por ello, Mariano Hermoso tuvo dificultades para pagar y regresaron todos con malas caras.

Pero tres empresarios españoles, llamados Zapater, Isasmendi e Ibáñez, pensaron a su vez que si los vascos, en realidad un equipo formidable, habían pinchado en América, un buen equipo americano sí que sería un suceso en España y en Europa. Costó preparar una larga *tournée*, como se decía entonces, pero al fin, en el verano argentino, invierno europeo, Boca Juniors emprendió la aventura. El juego del Río de la Plata había sido mientras tanto engrandecido por la victoria olímpica de Uruguay en los JJ OO de 1924, en París. Así que cuando el 24 de febrero el vapor *Formosa* aparece en la bocana del puerto de Vigo se disparan salvas y cohetes de bienvenida. La marea baja le impide atracar, pero cuando fondea en el centro de la ría numerosas embarcaciones salen a su encuentro. Les recibe un gentío, pese a la lluvia, y tocan la banda municipal y la del Regimiento Murcia. Boca Juniors agradece el recibimiento con un telegrama a la Federación: «Al pisar tierra hispana, madre de nuestra estirpe gloriosa, saludámosles con efusión, y en ustedes a los deportistas españoles en nombre de nuestra patria y de los deportistas argentinos. Boca Juniors». A lo que la Federación responde: «Agradecemos efusivo saludo de los brillantes representantes del deporte argentino, no dudando de que su visita servirá para aunar más firmemente los lazos con la madre España. RFEF». El hotel de Boca estuvo rodeado durante su estancia de gente entusiasta y curiosa, que ovacionaba cada vez que algún jugador se asomaba al balcón. Entre ellos estaba Tarasconi, un interior de gran disparo, especialmente célebre porque su nombre salía en el tango *Patadura*, de Gardel: «Hacer como Tarasca, de media cancha un gol...».

¿Era para tanto? Sí, fue para tanto. Boca Juniors, que empezó ganando al Celta por 1-3 (hubo treinta y cinco heridos por la caída de un tenderete montado fuera del campo, para asomarse por encima de la grada y poder verlo los que se quedaban fuera), jugó un total de diecienueve partidos en Europa, de los que ganó quince, empató uno y solo perdió tres. Además de en España jugó en Alemania (cuatro victorias y un empate) y en Francia, donde ganó su único partido. Las derrotas se produjeron en España, una en la repetición del partido con el Celta, y luego ante el Real Unión de Irún y el Athletic, siempre con el barro como enemigo. (Los vascos se desquitaban así, en parte, de su mala gira.) Tarasca, por cierto, le marcó un gol a Zamora desde veinticinco metros, jugando este para el Espanyol. «¡El gol del tango, el gol del tango!», gritaba la gente.

Guruceta se estrella con el coche cuando iba a arbitrar al Real Madrid

(1987)

Ese día se iba a jugar un Osasuna-Real Madrid de Copa, y el árbitro designado era Emilio Carlos Guruceta Muro, que acudía desde El-che, donde tenía su domicilio. Le acompañaban sus dos linieres, Eduardo Vidal Torres y Antonio Covés Antón. Guruceta, nacido en San Sebastián en 1941, era el árbitro más célebre de la época y se trataba de un partido de cierta tensión, porque por aquellos años un sector del público de Pamplona se encendía mucho con las visitas del Madrid de la Quinta del Buitre. Claro que la mayor parte de su popularidad la había conseguido el árbitro guipuzcoano por la vía de grandes polémicas, como la que provocó cuando pitó un penalti a favor del Real Madrid fuera del área nada menos que en el Camp Nou o cuando expulsó a Rojo en el mismísimo San Mamés, donde era el gran ídolo local. Pero también es cierto que junto a eso tenía grandes condiciones para el arbitraje, por autoridad, conocimiento del juego y zancada, que le permitía seguir muy de cerca la jugada.

Era la una y media de la tarde del mismo día del partido cuando el vehículo en que viajaban los tres, un BMW matrícula A-6530-AG, y que conducía el propio Guruceta, se estrelló contra la trasera del camión Ebro matrícula B-2085-AJ, que estaba detenido en el kilómetro 150 de la autopista A-2, Zaragoza-Barcelona. Se trataba de un camión utilizado para las obras de mantenimiento de la autopista. Estaba debidamente señalizado, según comentó la Guardia Civil después. Guruceta y Eduardo Vidal, que viajaba a su derecha, en el asiento delantero, resultaron muertos en el acto. Antonio Covés, que iba en el asiento de atrás, sufrió heridas de consideración, de las que se repuso. Posteriormente declararía que el coche cogió un charco de agua, hizo *aquaplaning*, dio varios giros sobre sí mismo y se fue a estrellar contra el camión detenido. «Yo me agaché, y creo que eso me salvó.» La noticia corrió rápidamente y fue conocida por el público a través de las radios y los telediarios.

Curiosamente, el partido se jugó, con el cuerpo del árbitro aún caliente. La Federación no tuvo reflejos o no quiso suspenderlo, y se llamó a Donato Pes Pérez, domiciliado en Zaragoza, para arbitrarlo. Pes Pérez había sido de los primeros en enterarse de la noticia, por una emisora de Huesca, y llamó al presidente de los árbitros, José Plaza, para comunicárselo. Al no obtener de la Federación el aplazamiento y dado que Pes Pérez vivía a dos horas de autopista del lugar del partido, Plaza decidió designarle a él, y Pes Pérez accedió a arbitrarlo, aunque luego declaró que hubiera sido partidario de la suspensión. Zariquiegui, delegado de campo del Osasuna, había sido célebre árbitro pocos años antes, y justo él había hecho debutar como internacional a Guruceta, como juez de línea suyo en un partido de Copa de Europa en Cagliari. «Él nunca hubiera querido que suspendiéramos el encuentro», declaró entre lágrimas. El partido se jugó en un ambiente extraño primero pero tenso después, como ocurría con todas las visitas del Madrid a El Sadar, y acabaron ganándolo los blancos por 1-2, con tanto final de Hugo Sánchez.

Bernabéu se marcha del palco
(1978)

El fútbol no tiene memoria, suele decirse, y eso es verdad, aunque lo que no tiene es memoria reciente, pero sí a largo plazo. Quiero decir con esto que cualquiera que haya hecho mucho por un club está expuesto, ante sus primeros fracasos, a sentir el rechazo de la gente. Luego, en la distancia del tiempo, solo se recordará lo bueno.

En la temporada 1977-1978 el madridismo no estaba de buen humor. Miljanic había hecho un equipo aburrido, eficaz en principio, pero luego ni eso. En la Liga anterior el Madrid había sido noveno y por primera vez no participaba en un torneo europeo. Pese a ello, Bernabéu, y contra el parecer de la directiva, decidió mantener a Miljanic en el puesto. El primer partido de Liga lo perdió el Madrid en Salamanca, lo que dio lugar a que entrara en su lugar Molowny, que ya había acudido al rescate cuatro años antes, cuando cayó Muñoz. Pero sin participación en Europa y con varios jugadores quemados para el gusto de la afición, el ambiente en el Bernabéu no se arreglaba, a pesar de que el Madrid estaba haciendo un buen campeonato. Santiago Bernabéu tenía además la salud quebrantada. Víctima de un cáncer intestinal, había superado una intervención muy dura para alguien que ya era octogenario. Le implantaron un ano artificial. Llevaba consigo un dispositivo en el que quedaban depositadas sus heces, que luego vaciaba al final de cada jornada. El detalle no era de dominio público, porque el club y sus médicos guardaron la reserva propia sobre el caso.

Aquel día visitó el Bernabéu el Sporting de Gijón, un Sporting creciente que había dejado la Segunda División pocos años antes y que cada temporada tenía mejor equipo. De hecho, pronto llegaría incluso a disputar el campeonato. Era el Sporting de Maceda, Quini y Ferrero. Pronto se pone 0-2, con goles de Ferrero y Quini, lo que encoleriza al Bernabéu. Antes del descanso descuenta Santillana, pero el ambiente sigue crispado y cuando se retiran los equipos, 1-2, hay gritos contra el palco. Un jovencísimo Vega-Arango, el presidente artífice de aquel gran Sporting, sufría junto a Bernabéu, al que admiraba y que le había cogido gran cariño. «Me daba muy buenos consejos. Me dijo que no me fiara de los futbolistas, que son como los gatos: se dejan acariciar y parecen suaves, pero de repente sacan las uñas.» Bernabéu se puso de pie y le dio la mano a Vega-Arango: «Adiós, no me lo tome como una descortesía, pero no soporto esto». Y se marchó.

El Madrid dio la vuelta al partido, hasta ganar 3-2, con goles de Stielike y Pirri. Incluso ganaría finalmente aquel título, con lo que Molowny, que ya había conseguido ganar la Copa el año que entró por Muñoz, empezó a labrarse esa fama de talismán infalible que siempre le acompañó y que luego alimentaría con nuevos títulos. Bernabéu fallecería el 2 de junio (véase más adelante), poco después del decimoctavo título de Liga de su equipo, de nuevo clasificado para la Copa de Europa. Será recordado, para siempre, como el gran patriarca del madridismo.

Pero aquel día no pudo soportar la ingratitud de los socios de «su» Madrid.

La triste aventura de Johan Cruyff en el Levante (1981)

Para 1981, Cruyff era ya un jugador de vuelta, aunque después conseguiría alargar su carrera más que dignamente en su regreso a Países Bajos. Cruyff había sido el mejor jugador del mundo la década anterior. Criado en la cantera del Ajax (nació y creció en la frutería de su padre, al lado del campo), protagonizó el estallido del fútbol holandés, ganó tres copas de Europa con el Ajax y fichó por el Barça en la temporada 1973-1974 por una cantidad récord. En el Barça solo jugó realmente bien el primer año, luego fue a menos. A las cinco temporadas dejó el club y se marchó a jugar a Estados Unidos, donde militó en Los Angeles Aztecs y los Washington Diplomats. Parecía que no tenía nada más que hacer en el fútbol (había ganado tres veces el Balón de Oro y tenía ya treinta y cuatro años) cuando se anunció algo sensacional: fichaba por el Levante.

El Levante militaba entonces en Segunda División y nunca quiso hacer oficiales las condiciones de su contrato. Se sabía, sí, que Cruyff había hecho unas malas inversiones y que necesitaba dinero. El Levante le ofrecía, además del fijo, un porcentaje sobre la taquilla que se produjera en cada partido. Previamente, el club tuvo que liquidar con la Asociación de Futbolistas Españoles la deuda atrasada con algunos de sus jugadores, porque sin hacerlo no le era permitido fichar a nadie. Por ese concepto, el club tiene que desembolsar diez millones de pesetas, pero se las promete felices. El presidente asegura que el incremento de las taquillas será de tal orden que compensará todo el esfuerzo. Pachín, el entrenador, tuerce el gesto, y hasta se especula con que podría abandonar el cargo, pero finalmente no es así y sigue. Cruyff debuta, entre gran expectación, ante el Palencia en Vallejo, en campo propio, el 1 de marzo. Gana el Levante, 1-0, pero él hace poco. Algunas pinceladas de clase y muchas órdenes a todos. El asunto deja entre el público una sensación como de ya veremos.

El problema surge en los desplazamientos. Cruyff no quiere ir en el autobús con sus compañeros, lo que no deja de desagradar a Pachín. Va en coche privado, por su cuenta, con el presidente Paco Aznar o con algún directivo, y pretende ir el mismo día del partido. Luego reclama que el Levante cobre un plus al equipo al que visita si él se alinea, y que ese plus se lo entreguen a él. La situación se va enrareciendo cada vez más y hace crisis en la visita al campo del Alavés. El equipo viaja por delante y el viernes duerme en Tudela. Se espera a Cruyff para el entrenamiento de la mañana del sábado, pero no aparece hasta la noche y le dice a Pachín que si no le pagan un extra no jugará. Pachín, harto, le manda de vuelta para su casa. Cruyff vuelve a Valencia en el coche de unos reporteros de televisión franceses que habían viajado a Vitoria para hacer una información sobre su aventura. Se improvisa desde el club la explicación de que la esposa del jugador está enferma y que se ha agravado, y que por eso ha tenido que regresar. Sin él, el Levante pierde uno a cero, y el presidente echa a Pachín, al que sustituye Rifé.

Pero la situación estaba podrida sin remedio, aunque Cruyff jugó hasta la penúltima jornada, en la que se borró definitivamente. Cuando llegó, el Levante era segundo, con aspiraciones de ascenso. Con él, se obtuvieron nueve puntos de veinticuatro posibles, y el ascenso se esfumó. Solo marcaría dos goles en sus doce partidos. El Levante, que había construido un castillo en el aire, no subió, y el jugador no obtuvo, ni de lejos, los ingresos que había pretendido.

La FIFA excluye a Rusia del Mundial de Qatar (2022)

En la madrugada del 24 de febrero las tropas rusas irrumpieron en Ucrania sin previa declaración de guerra. Desde hacía bastantes semanas se temía un hecho así dadas las reivindicaciones de Vladimir Putin, presidente ruso, sobre ciertas zonas del país y la concentración de tropas en la frontera. Esta agresión provocó una repulsa general en la comunidad internacional, salvo en Bielorrusia, que fue cómplice (Rusia utilizó su territorio para entrar en Ucrania por el norte, acortando la distancia con Kiev), y en China, que se mostró indiferente.

La invasión removió las conciencias en el resto del mundo, y de forma singular en la del deporte, en el que Rusia había ido adquiriendo en este siglo un papel relevante gracias a la estrategia trazada por Putin para ganar importancia en la esfera internacional. Desde los JJ OO de Moscú en 1980 no había vuelto a organizar ningún evento relevante hasta la final de la Liga de Campeones en 2008. Pero bruscamente la presencia se acelera: Mundiales de Atletismo en 2013, JJ OO de Invierno en 2014, Mundial de Natación en 2015, Mundial de Fútbol en 2018 y la organización anual de una carrera de Fórmula 1 desde 2014. Para 2022 tenía concedida la organización de la final de la Champions League precisamente en San Petersburgo, la ciudad de la que Putin fue alcalde.

El mismo día de la invasión, la UEFA, pese a tener un fuerte patrocinio de la petrolera rusa Gazprom (y al presidente de la misma entre sus directivos), condenó el acto y al día siguiente reunió a su comité ejecutivo para trasladar el escenario de la final a París, recogiendo un ofrecimiento del presidente francés, Emmanuel Macron. El mismo día, la Fórmula 1 anunció que suspendía la carrera prevista en Rusia para septiembre, y la Euroliga de baloncesto y la propia UEFA anunciaban que los clubes rusos presentes en competiciones europeas no podrían recibir a sus rivales en casa, sino en campo neutral. Pocos días después fueron directamente apartados. Más tardó en reaccionar la FIFA, que se encontraba un elefante en la habitación: Rusia no estaba clasificada para el Mundial de Qatar (quedó clasificada segunda en el Grupo H, que ganó Croacia), pero tenía derecho a la repesca, a la que accedían doce subcampeones de grupo para tres plazas. El sorteo había emparejado a Rusia con Polonia, que a los dos días de la invasión anunció que no se presentaría. El ganador de esa eliminatoria debería jugar después con el de la que enfrentaba a Suecia con la República Checa, que primero una y luego la otra dijeron, como Polonia, que se negaban a jugar contra Rusia aun a costa de renunciar al Mundial si se daba el caso.

Ante ese hecho y dada la presión de la opinión pública internacional, y pese a la conocida amistad entre el presidente de la FIFA Gianni Infantino y Putin, la organización decidió excluir de la repesca a Rusia, organizadora de la edición anterior, no lo olvidemos. Una decisión extrema, aunque con precedentes. Tras la Segunda Guerra Mundial la FIFA expulsó a Alemania y a Japón, que no pudieron inscribirse para las eliminatorias de Brasil-50. Y en 1963 expulsó a Sudáfrica por el *apartheid*, por lo que no pudo luchar por estar en Inglaterra-66. Alemania y Japón, bajo administración de las potencias aliadas tras la guerra, regresaron para la siguiente edición, Suiza-54, donde Alemania sería campeona. Sudáfrica no regresaría hasta 1992, cuando abandonó el *apartheid*.

Alsúa marca con la mano el día metido de clavo
(1948)

Este es un día de clavo, un día que se mete en el calendario cada cuatro años para corregir un mal cálculo del calendario gregoriano, en el que algo se nos quedó colgado y hubo que compensarlo así: metiendo un día de más. Conozco gente que se considera con derecho a no trabajar ese día, puesto que se supone que no existe. Bueno, pues ni este día fantasma perdona el fútbol, que tiene esta fecha ocupada por una de las más estruendosas polémicas de toda la historia de la rivalidad madrileña: el gol de Alsúa al Atlético de Madrid, con la mano. Sobra decir que Alsúa era del Real Madrid, de ahí que la polémica durara tanto.

Antonio Alsúa había nacido en Irún. Su hermano Rafael también jugó en el Madrid. Antonio Alsúa fue un extremo veloz, dicen que con buen centro y nada desdeñable remate si se piensa que en 134 partidos marcó 34 goles, buenos números para un extremo. Llegó al Madrid procedente del Alavés y se mantuvo siete temporadas en el club. Esta de la que hablamos es la última y el Madrid no iba bien en la tabla. Bernabéu acababa de construir el nuevo campo de Chamartín y todo el dinero se había ido en eso. No había apenas para refuerzos. Cuando se produjo el encuentro «de la máxima rivalidad» como se decía entonces, el Madrid penaba en la parte baja de la tabla mientras que el Atlético aún aspiraba a ganar el título. Al final, el Atlético sería tercero y el Madrid undécimo, sobre un total de catorce.

El día de autos era la primera visita del Atlético al nuevo campo de Chamartín. El Madrid jugó con: Bañón, Azcárate, Corona; Moleiro, Pont,

Ipiña; Molowny, Chus Alonso, Pruden, Barinaga y Alsúa. Y por el Atlético: Saso, Riera, Aparicio; Mencía, Arnau, Cuenca; Juncosa, Vidal, Jorge, Silva y Escudero. El Atlético es mejor, sale con todo y marca pronto por medio de Escudero, en un gran cabezazo. Luego contemporiza. El Madrid saca fuerza y orgullo y nivela la superior clase del rival. Y a tres minutos del descanso llega la jugada de la que se hablaría durante tantos años: un avance rápido, un remate de Barinaga al larguero, un pequeño barullo en el área chica y manotazo de Alsúa que mete la pelota en la red. Azón, el árbitro, concede el gol, entre protestas de los jugadores del Atlético, que tienen claro que el gol ha sido con la mano. El público, mayoritariamente madridista, lo da por bueno, en parte porque le conviene y en parte porque la rapidez de la jugada no ha permitido verlo bien. Así lo consignan algunas críticas. Pero al día siguiente aparece una foto inequívoca: Alsúa está manoteando el balón, ante unos sorprendidos Saso y Riera. El testimonio gráfico refuerza la indignación de los atléticos, que agitan la página del periódico ante las caras de los madridistas en los bares y en las oficinas. Durante muchos años esta jugada fue el pilar sobre el que los atléticos asentaron su teoría del apoyo de los árbitros al Madrid. Hoy está bastante olvidada, porque después ha habido otras. Pero ninguna de las que han venido desde entonces hizo correr tanta tinta como aquella.

MARZO

Rafael Moreno, *Pichichi*, se convierte en mito (1922)

Rafael Moreno Aranzadi, para el mundo del fútbol «Pichichi», era un bilbaíno nacido el 23 de mayo de 1892 en una familia impor-tante. Tanto, que su padre llegó a ser alcalde de la ciudad. Un señorón de esos que hubieran querido para su hijo una gran carrera y una gran posición, pero el joven Rafael no pensaba más que en el fútbol. En los estudios fue un fracaso, su padre se hartó de decirle que no servía para nada, pero para algo sí servía: para el fútbol. Aquel extraño deporte apareció en Bilbao justo cuando Rafael Moreno tenía edad de corretear por las calles y dar patadas en las campas.

Así que llegó a jugador del Athletic, popular y famoso, en la primera década del pasado siglo, cuando el fútbol empezaba a ser poco a poco una pasión naciente en la ciudad. Como lo era él, con su apodo Pichichi, que le vino por ser muy delgado. En 1913 está en el estreno de San Mamés, donde marcará el primer gol (según algunos autores, otros se lo adjudican a Zuazo), y en 1915 marca tres goles en la final de Copa. Tiene un noviazgo sonado con una chica de una de las familias notables de Bilbao, los Merodio. La boda es un acontecimiento social en la ciudad. En 1920 acude a Amberes con la primera Selección española que se forma, en la que es titular. Pero al regreso el público le exige más, le tiene muy visto y empiezan las broncas. En un amistoso internacional del día de Navidad, el Sparta de Praga golea al Athletic en San Mamés y el público la toma tanto con él que decide que sus días de fútbol han pasado. Deja de jugar para hacerse árbitro, porque su afición le impedía alejarse definitivamente de este juego.

Una epidemia de tifus que ataca Bilbao en 1922 se lleva a Pichichi en dos días. La consternación es tremenda, la gente se arrepiente de las broncas finales, se le erige un busto en San Mamés, ante el que aún es costumbre que ofrezcan flores todos los equipos que visitan por primera vez aquel sagrado recinto. La memoria popular transforma un bonito cuadro de Aurelio Arteta, llamado *Idilio en los campos de sport de San Mamés*, en el que Belauste hace la corte a una chica, apoyados ambos en la valla, en «El cuadro de Pichichi y su novia», como aún se le conoce.

Pero el mayor impulso a su popularidad se lo dará el periodista Lucio del Álamo, que había sido admirador suyo en la infancia. Cuando fue director de *Marca* estableció unos premios en distintas categorías para los mejores de la Liga. De ellos solo han subsistido dos, los que se atenían a criterios objetivos. El premio Zamora, al portero menos goleado, y el premio Pichichi, nombre que escogió para el máximo goleador, llevado posiblemente por la añoranza de sus tiempos de joven admirador del genio bilbaíno. Pichichi fue un gran jugador, ingenioso y hábil, al que hizo más popular un cierto halo romántico que destiló de su vida y de su muerte prematura. Marcaba bastantes goles, pero no era estrictamente un «máximo goleador». Sin embargo, su nombre ha quedado asociado a esa suerte suprema. El escritor Juan Antonio de Zunzunegui tiene una novela, *Chiripi*, en la que es fácil reconocer en muchos pasajes la figura del magnífico interior bilbaíno.

Nace la idea de la Liga, todos contra todos (1888)

El fútbol inglés había reconocido el profesionalismo en julio de 1885, instado por los clubes del norte industrial, los primeros que habían empezado a pagar, principalmente a jugadores traídos de Escocia. Ellos consiguieron imponer su criterio a los de Londres, la mayoría de los cuales estaba formado por equipos de estudiantes, con espíritu *amateur*. Pero el profesionalismo trajo nuevos problemas: hacía falta más dinero para pagar más y mejor a los profesionales, que cada vez tenían mayores exigencias. Con las únicas taquillas de la Copa, en la que una eliminación prematura siempre es posible, y de los amistosos que se concertaban un poco por aquí y por allá, era difícil que crecieran los ingresos hasta los niveles deseados.

La solución la concibió William McGregor, un escocés que dirigía al Aston Villa. En una carta fechada en este día y dirigida a los mánagers de varios otros clubes, planteó el problema y la solución: «Cada año es más difícil vivir con las recaudaciones de los partidos amistosos, e incluso es más difícil concertarlos. Quiero hacerle una propuesta para resolver esas dificultades. Si los doce clubes más importantes organizamos un calendario para disputar partidos de ida y vuelta (...). Esta combinación podría conocerse como Association Football Union (...). Mi objeto al escribirle es llamar su atención sobre la idea y sugerirle un encuentro entre todos para estudiar el asunto con más detalle (...). ¿Qué tal el viernes 23 de marzo de 1888 en el Anderton's Hotel de Londres?». La misiva fue dirigida a los mánagers del Blackburn, Bolton, Preston y West Bromwich Albion.

La reunión tuvo lugar en la fecha y el lugar previstos, y a ella se incorporaron también Accrington, Burnley, Derby, Everton, Notts County, Stoke y Wolverhampton Wanderers, informados sobre la marcha e interesados en estar en el grupo de pioneros. La idea fue acogida por todos como la solución a sus problemas, se acordó llamar a la nueva organización Football League y no English Football League, a fin de dejarla abierta para una eventual incorporación en el futuro de equipos escoceses, y en una segunda reunión, ya el 17 de abril, se formalizó la nueva organización. Cinco meses después empezaba el campeonato de Liga, plasmando la idea de McGregor, que se vio en cierto modo premiado por su iniciativa: aunque en el primer campeonato solo pudo ser segundo (los dos primeros los ganó el Preston North End), al llegar el fin del siglo su Aston Villa había ganado cinco campeonatos.

En el resto de los países el fútbol siguió un camino idéntico, solo que con treinta o cuarenta años de diferencia: los mismos inicios *amateurs*, el mismo modelo de Copa y amistosos en principio, las mismas discusiones sobre el pago o no a los futbolistas, la aprobación del profesionalismo, la falta de dinero para mantenerlo, y, finalmente, el campeonato de Liga, la fórmula de «todos contra todos», que en España comenzaría en la temporada 1929 (véase el día 10 de febrero).

A la Real Academia Española llega una nueva palabra: «fútbol» (1916)

***Foot-ball*. Así llamaban los ingleses al maravilloso juego que inventaron, y con ese nombre nos llegó. *Foot*, de pie, *ball*, de pelota, en** principio aquellas vejigas inflables que se utilizaban en los bárbaros encuentros entre poblaciones vecinas que están en el origen de nuestro juego favorito. *Ball* procede de la raíz indoeuropea *b'ol*, que significa inflar, de donde se derivan las españolas fuelle o falo. O el *ballon* francés. La primera vez que en España apareció la palabra *foot-ball*, que entonces se escribía con guión, fue en la revista valenciana *El Panorama*, en un artículo titulado «Foot-Ball en Inglaterra». Y la primera vez que hay constancia de que se juegue a tal cosa en España es cuando aparece en el *Eco Republicano de Compostela*, el 10 de diciembre de 1873, una curiosa reseña en la que el autor de un artículo titulado «Puerto Villagarcía» se muestra sorprendido porque unos bárbaros ingleses se divirtieran «dando patadas a una pelota enorme, con comparación con la de la pelota vasca». En la noticia utiliza dos veces la palabra *foot-ball*.

Y como tal llega a España. El 1 de agosto de 1908, el profesor Mariano de Cavia propone en un artículo publicado en *El Imparcial* el nombre de balompié para este deporte, en traducción calcada del término inglés. El artículo en sí se titula «El Balompié». Desata una cierta polémica. En el mismo periódico le rebate unos días más tarde Carlos Miranda, que apunta que «balón» es palabra francesa, por lo que el calco castellano de *foot-ball* no sería balompié, que continuaría, según él, siendo un barbarismo. A este le replica, en *Blanco y Negro*, Felipe Pérez, que señala que desde 1726 la palabra balón estaba aceptada en España. Hoy sabemos que el «balón» español procede de la *palla* o *pallone* italiana, que viene de la misma raíz indoeuropea, *b'ol*.

Así, hasta que el 3 de marzo de 1916 la Federación Centro, a propuesta del entonces presidente del Real Madrid, Pedro Parages, envía a la Real Academia Española una propuesta para la españolización de la grafía de las palabras de este deporte, respetando su sonido, que ya había hecho costumbre entre nosotros. La que «limpia, fija y da esplendor» se tomó el asunto con calma, como hace siempre, y fue solo en 1922 cuando, ante la insistencia de Gabriel Maura Gamazo, conde de la Mortera, que había sido presidente de la Federación española de 1916 a 1920, se acepta la palabra «futbol», en principio sin tilde, aunque su uso no se generaliza tan rápidamente como hubieran deseado sus padrinos. Los periódicos siguen escribiendo *Foot-ball* o *Football*, y así aparece aún en la base del trofeo donado por el presidente de la República en 1933 al campeón de España. La grafía inglesa morirá definitivamente solo con la ley del 20-12-1940, en la que se prohíben los nombres extranjeros, lo que obligó a los Athletic a ser Atlético e hizo desaparecer las palabras Racing y Sporting, hasta que el tiempo nos las devolvió. Pero la palabra fútbol quedó legitimada para siempre. El balompié de Mariano de Cavia solo tuvo un seguidor de tronío: el Betis, cuyo nombre completo es Real Betis Balompié. Y el Albacete y la Balompédica Linense, la popular «Balona».

El caso Bolonia y su pleito con el Inter

(1964)

Italia se convulsiona este día: las radios y la televisión anuncian que cinco jugadores del Bolonia son sospechosos de dopaje. El Bolonia está en cabeza del campeonato, que disputa con el célebre Inter de Helenio Herrera, campeón del año anterior. El día siguiente se conocen más detalles: los nombres de los cinco jugadores (entre ellos, Pascutti y Fogli, las estrellas del equipo) y el partido en el que se habría detectado el dopaje: el 2 de febrero, con ocasión de la victoria por 4-1 sobre el Torino. La Federación reacciona dándole la victoria al Torino y suspendiendo por dieciocho meses a los jugadores implicados y al entrenador. El Bolonia se ve de pronto a tres puntos del Inter y con la mitad de los jugadores titulares suspendidos.

El escándalo es tremendo y la prensa de Bolonia y la de Milán se cruzan acusaciones graves. En Bolonia se produce casi una insurrección popular. El asunto es tanto más grave por cuanto en toda Italia se consideraba precisamente al Inter como el equipo más inclinado a esas prácticas. Fueron bloqueadas las autopistas de salida de la ciudad hacia Milán y fueron asaltados y quemados los coches con matrícula de aquella ciudad. Para los *tifosi* boloñeses, los análisis estaban trucados, todo era un engaño mafioso para favorecer al Inter. Una agrupación de abogados de Bolonia plantea un pleito a la Federación (el Bolonia no podía, según las reglas federativas) atacando el modo en que fueron hechos los análisis. Provisionalmente se suspenden las sanciones, se reponen los puntos y vuelven a jugar los sancionados. A todo esto, el Inter y el Bolonia se tienen que enfrentar en la segunda vuelta el Domingo de Resurrección, en lo que algunos aventuran que será «una Pascua sangrienta». Pero gana el Inter 3-1 y no pasa nada. Poco después llega el fallo definitivo y se exonera al Bolonia, porque el procedimiento para tomar y guardar las pruebas de orina no había gozado de las garantías debidas. En Bolonia hay manifestaciones de júbilo y los hinchas se ratifican en que todo ha sido un engaño urdido por el Inter, que han conseguido echar para atrás con su reacción popular.

Para más drama, el legendario presidente del Bolonia, Renato Dall'Ara, con el que el club había vivido una edad de oro en los años treinta, viaja a Milán, en contra del consejo de los médicos, a una reunión de la Federación. Allí fallece de un infarto que le sobreviene mientras discute con el presidente del Inter, Angelo Moratti, en cuyos brazos pierde la vida.

Y aún hay una última vuelta de tuerca a la situación: Inter y Bolonia terminan la Liga empatados y se juega un partido de desempate, según las normas de la competición. (El primer y único caso que se ha dado.) En Roma, el 7 de junio, se juega el partido final ante 60 000 espectadores. Todos los hinchas del Bolonia llevan un brazalete de luto en memoria de Dall'Ara. El Inter ha ganado la Copa de Europa al Real Madrid diez días antes. El Bolonia es mejor y gana el partido (2-0) y el título.

El asunto dejó escozores. Aun en 1982 Helenio Herrera escribió que el entrenador del Bolonia, Bernardini, le había prometido que contaría todo antes de morir, pero no fue así. El caso quedó sin aclarar. Lo que sí está claro es que en el fútbol italiano se estaba extendiendo el dopaje en aquellos años, y que sus consecuencias fatales han aparecido después, en forma de enfermedades graves en algunos jugadores de aquella época.

El «gol de la placa» de Pelé
(1961)

Estamos en Maracaná, donde el Santos visita al Fluminense, por el antiguo torneo Río-São Paulo, que más tarde dará origen al actual campeonato brasileño. Se jugaba el minuto cuarenta y ganaba ya el Santos 0-1 cuando se produjo una jugada excepcional, que Albio Castro Filho, periodista de O'*Globo*, asistente al partido, describió así:

> A los 40 minutos del primer tiempo Pelé recibió un pase del marcador lateral izquierdo, Dalmo, muy cerca de su propia área. Dominó la pelota, levantó la cabeza y comenzó a correr hacia el arco del Fluminense. Su inseparable compañero de paredes, Coutinho, lo acompañó. Pelé fue amagando, zigzagueando... Superó al primero, el artillero Valdo, y siguió... Quedó frente al mediocampista Edmilson: lo gambeteó fácilmente. Continuó. Surgieron Clovis y Altair, los dos zagueros, por el flanco izquierdo: pasó entre los dos. Cara a cara con el brillante Pinheiro. Un amague y Pinheiro quedó en el piso. Clovis y Altair, que habían sido eludidos, fueron detrás de Pelé. Y Pelé, nada... Solo corriendo, gambeteando. En la entrada al área del Fluminense apareció el violento Jair Marinho. Llegó para derribarlo de cualquier forma. Pero, con una finta de cuerpo, Pelé lo dejó a un lado y simultáneamente se dispuso a rematar... Es el momento de la definición. Castilho abandonó el arco y cerró el ángulo. Pelé tocó suavemente y con efecto. La pelota engañó al buen arquero y fue entrando mansamente sobre su derecha. Entrando,

entrando... La *torcida* del Fluminense no se lo podía creer. La pelota penetró, rebotó en el parante y volvió para morir antes de la línea de gol. Castilho quedó en el suelo.

Pelé, perseguido por Coutinho, corrió para celebrarlo. Cerró su mano derecha y dio un puñetazo al aire. Los compañeros se apresuraron para sumarse al festejo. Cayó. Los compañeros le cayeron encima. En la cabina de Radio Continental, Waldir Amaral gritaba: «¡Gooooool! ¡Gooooooool! Este gol debe tener una placa...».

Pelé hizo también el tercer gol del Santos y el partido terminó 1-3. El Santos no fue campeón de ese Río-São Paulo (el título fue para el Flamengo), pero nadie jamás volvió a hacer un gol en el Maracaná de semejante dificultad y belleza. Tiempo después, un diario deportivo de São Paulo, O *Esporte*, ya desaparecido, colocó una placa en el Maracaná para que aquel gol nunca más fuese olvidado. Aunque todo el mundo dice que, aun sin la existencia de esa placa, ningún brasileño sería capaz de ignorar el «gol de la placa». Con excepción de Pelé: «¿Bonito? Nada de eso. Es gentileza de ustedes...».

El texto de la placa, que aún puede verse en Maracaná, es este:

Neste campo no dia 5-3-1961
Pelé marcou o tento mais bonito na história do Maracanã.
O Esporte, São Paulo.

El «Centenariazo» (2002)

Aquel día el Madrid cumplía cien años y la Federación había decidido que la final de Copa se celebrara ese día y en el Bernabéu, en homenaje al cumpleaños. (El nacimiento del club, por cierto, había sido iniciativa de un catalán, Carles Padrós Rubió, natural de Mataró, y que regentaba con su hermano Juan, que fue el primer presidente, una tienda de ropa llamada Al Capricho, en la calle Cedaceros.) El Madrid tenía en sus filas a Figo y Zidane, dos balones de oro, y se había propuesto ganarlo todo ese año. Incluso la Copa, por la que no siempre estuvo dispuesto a hacer sus mejores esfuerzos. Pero cien años no se cumplen todos los días, y el Madrid llegó a la final, a «su» final. Por el otro lado llegó un rival prestigioso, el Depor, en sus años grandes. Un magnífico Depor, obra personal de Lendoiro, y con Valerón en plenitud. Pero el Madrid era claro favorito.

El Madrid salió con César; Míchel Salgado, Hierro, Pavón, Roberto Carlos; Figo, Makélélé, Helguera, Zidane; Raúl y Morientes. (Luego entrarán Solari, Guti y McManaman.) Hay dos elementos discutidos en la alineación: César en vez de Casillas porque era «el portero de la Copa», pero no había jugado las semifinales, por lesión, sino Casillas. Y Figo, con un tobillo muy mal. Pero ambos, César y Figo, eran del «núcleo duro» y quisieron estar en la foto. Por su parte, el Depor alinea a Molina; Scaloni, César, Naybet, Romero; Víctor, Sergio, Mauro Silva, Fran; Valerón; Tristán. También participaron Capdevila, Duscher y Djalminha. El Bernabéu, por supuesto, abarrotado, y todo preparado para que ganara el Madrid, lo que produce unas declaraciones lastimeras de Irureta, entrenador del Depor, en la víspera. Antes del partido canta Café Quijano y actúan los ganadores de *Operación Triunfo*, célebre concurso de televisión que busca talentos musicales.

Pero el que gana es el Depor. Gana porque juega mejor. Arma un gran fútbol con una media compacta y segura y con Valerón y Tristán inspiradísimos. Sergio (6') y Tristán (38') llevan el partido ganado al descanso. Raúl descontará en el 56', pero el Madrid no tiene juego ni fuerza para imponerse al Depor, cuyos hinchas se van creciendo, cantan y bailan. La copa se va a La Coruña y el Madrid se siente anonadado ante una derrota que no esperaba. El exceso de responsabilidad atenazó a los jugadores, fue la explicación posterior. La verdad es que había otra razón de más peso: que el Depor era muy bueno y que ese día jugó muy bien. Florentino pide perdón a la afición propia y felicita al Depor, mientras Valdano anuncia que «el luto en el Madrid dura veinticuatro horas», adelantando la intención del equipo de seguir en la lucha por los otros títulos.

Tampoco ganará ese año la Liga, que será para el Valencia. Entonces Valdano dirá: «Nos queda una bala, pero es de cañón». Y efectivamente: en Glasgow, el Madrid ganó la Copa de Europa, con aquella sensacional volea de Zidane (véase el día 16 de junio), lo que abrirá el camino a la Supercopa y a la Intercontinental. Así que el Madrid cerrará el año de su centenario con un triplete internacional. Pero la copa se fue a La Coruña. España ya tiene desde ese día su propio «Maracanazo»: el «Centenariazo».

La Stasi asesina al prófugo Eigendorf (1983)

Lutz Eigendorf era un jugador del Dinamo de Berlín a principios de los ochenta. El Dinamo de Berlín era a su vez el equipo favorito del severo régimen de la República Democrática Alemana, que utilizaba el deporte como uno de sus grandes elementos de propaganda. De hecho, el régimen comunista había trasladado en bloque al Dinamo de Dresde, el mejor equipo de la RDA, a Berlín, para redenominarlo como Dinamo de Berlín, bajo el estricto control del secretario general de la Stasi (la temidísima policía política de la RDA), un tal Erich Mielke (véase también el día 19 de marzo), un tipo al que le gustaban tanto el poder como el fútbol, y que carecía de escrúpulos. En Dresde quedó un equipo menor, que se recompuso con los suplentes del Dinamo y sus juveniles.

No hay nada que temiera más el régimen de la RDA que la fuga de alguna de sus estrellas deportivas, de forma que entre sus campeones olímpicos, entre los jugadores del Dinamo (o de la Selección) o en cualquier equipo notable, siempre había miembros de la Stasi infiltrados, que acompañaban con especial atención sus salidas al otro lado del Telón de Acero. Todos aquellos a los que se descubría en alguna maniobra para quedarse fuera cuando se programaba algún viaje eran ingresados en prisión o sufrían algún accidente que les inhabilitaba para seguir en el deporte.

En 1979, el Dinamo de Berlín viajó a Alemania Occidental para jugar un amistoso con el Kaiserslautern. Eigendorf consiguió burlar la vigilancia, escaparse del hotel y esconderse. El Dinamo tuvo que regresar sin él. Eigendorf estuvo primero en tratos con el Eintracht Braunschweig, pero finalmente fichó por el Kaiserslautern, donde empezó a desarrollar su carrera con tranquilidad durante algún tiempo.

Pero Mielke no perdonaba fácilmente. En su opinión, el régimen de la RDA no podía permitirse ninguna derrota moral, y todo este tipo de casos tenían que ser resueltos de manera que el fugado no se saliese con la suya, así que desde que se escapó Eigendorf, le envió cuatro agentes de la Stasi a plena dedicación, desplazados a la RFA para seguirle en busca de una oportunidad. Un día aparece estrellado el coche de Eigendorf y él gravemente herido en su interior. Cuando le recogen y le examinan, encuentran que tiene altas cotas de alcohol en la sangre, lo que extraña a todos porque no es bebedor. A los dos días fallece a consecuencia de las múltiples heridas. En la RFA se cierra el caso en principio como un accidente más, aunque en los círculos bien informados no dejan de producirse suspicacias.

Cuando en 1991, tras la caída del Muro, se abren los archivos de la Stasi, se comprueba lo que ya se sospechaba: el accidente fue un simulacro preparado por los agentes. Una venganza de Mielke, que no podía consentir que nadie se escapara.

Jesús Gil la emprende con el gerente del Compostela (1996)

Jesús Gil era el estruendoso presidente del Atlético de aquellos años, famoso por su voz tronante y sus intempestivas salidas de tono, tanto como por su facilidad para despedir entrenadores. Manuel Caneda era presidente del Compostela y estaba en esa misma línea. Podría decirse que era una fotocopia del presidente del Atlético, aunque con la desventaja en exposición mediática propia de quien preside el Compostela en lugar del Atlético de Madrid. Por aquel entonces los clubes explotaban un contrato de televisión firmado en 1990 por ocho años, que repartía los derechos entre las autonómicas y Canal+. Con la proximidad del final del contrato empieza a haber movimientos de operadores y de presidentes en busca de obtener ventajas para el próximo. En el seno de la Liga late una discusión: cómo repartir el dinero. Los más grandes quieren la mayor parte de la tajada. Los menores admiten que los grandes cobren más (algunos, ni eso: exigen un reparto igualitario), pero discuten las proporciones. Se sospecha que hay cuatro (Compostela, Depor, Tenerife y Valencia) que han roto la disciplina de la organización y que están en marcha para sacar ventaja de un nuevo contrato con Antena 3 en detrimento del Madrid, el Barça y el Atlético. Hay un fuego graneado general en las declaraciones en la prensa, en el curso del cual se distinguen los que siempre se distinguían en esas cosas, sobre todo Gil y Caneda. Este llega a atacar a Gil como alcalde de Marbella, lo que pareció enfurecer particularmente a aquel.

Este día estaba convocada una reunión en la Liga, cuya sede está en la zona de Arturo Soria de Madrid. Vienen los presidentes de todos los clubes. En la puerta hay media docena de cámaras de televisión, una docena de fotógrafos de prensa y un buen puñado de periodistas, muchos de ellos con sus grabadoras para las radios. Gil, que llega con dos guardaespaldas, y Caneda, que lo hace acompañado por el gerente del club, José González Fidalgo, coinciden desgraciadamente en el segundo justo del minuto justo de la hora justa de aparecer en la puerta. Entre la nube de periodistas se forma una escena tabernaria.

Gil saluda a Caneda con un exaltado: «¡Eres un hijoputa y un cabrón!». Caneda le contesta con palabras parecidas y se va hacia él. Los guardaespaldas de Gil le contienen. Pero entonces es Fidalgo quien se encara con Gil, que carga el puño y le suelta un gancho de derecha en la cara que el gerente recibe como un buen encajador. Los guardaespaldas intervienen de nuevo y la escena se prolonga ante las cámaras durante bastante tiempo más. Hijoputa y cabrón salen a relucir más de una docena de veces. Gil acusa a Caneda de chorizo, de que cobra del club, «mientras yo pongo dinero». Caneda le acusa de cobarde por protegerse tras los guardaespaldas para actuar así. Gil le ofrece quedarse los dos solos en la calle. Las cámaras y los micrófonos lo graban todo.

La espantosa imagen colma los telediarios. Al día siguiente una nítida foto es portada en los periódicos. Es quizá la peor escena que ha provocado el fútbol español en su historia. Gil es sancionado por la Federación hasta el 15 de junio, pero no le importa: su equipo ganará el doblete esa temporada, produciéndole la mayor alegría que nunca le dio el fútbol.

Un antecedente de la tragedia de Hillsborough

(1946)

Mucha gente tiene aún presentes las imágenes de la tragedia de Hillsborough, ocurrida en 1989. Pero no podemos decir que no estuviésemos avisados. Algo parecido había sucedido ya en 1946, en Burnden Park, el campo del Bolton Wanderers. El partido enfrentaba a los locales con el Stoke City, en cuyas filas militaba Stanley Matthews, el gran fenómeno inglés de la época. Era la sexta ronda de la FA Cup, y aquella fue la única temporada en la historia de la competición en que esta se celebró a ida y vuelta. Aunque el partido de ida lo había ganado ya el Bolton por 0-2 (o quizá precisamente por eso), el partido apasionaba en las vísperas y se anunciaba un llenazo máximo. El *Bolton Evening News* escribía el día anterior que «se trata de un partido irresistible para los amantes del fútbol. Hay todos los signos de un estallido de entusiasmo y un espíritu de gran felicidad».

Pero iba a tornarse en todo lo contrario. Aunque la capacidad del campo era de 60 000 personas, a la hora del comienzo se presentaron 85 000. Cuando los equipos saltaban al campo, muchos pugnaban todavía por entrar en el estadio, aplastándose unos a otros. Cedieron vallas, se formaron terribles montoneras y fallecieron treinta y tres personas por asfixia o aplastamiento. Otras quinientas resultaron heridas. La serenidad de un hombre que iba con su hijo pequeño y que encontró la manera de forzar una puerta para escapar por allí alivió la presión y salvó a muchos. Pese a la tragedia, el partido se jugó, tras una leve interrupción. Las autoridades señalaron que suspenderlo solo hubiera servido para agravar el caos.

La opinión pública inglesa se mostró avergonzada. Lo que se esperaba como un «día glorioso» se había convertido en la mayor catástrofe en la historia del fútbol inglés hasta aquel momento. Aunque en principio se culpó del hecho a la multitud que había pretendido entrar sin localidad, la consiguiente investigación gubernamental llevó a la conclusión de que ese había sido uno de los factores, pero no el único, y se culpó al Bolton de haber vendido 2000 localidades por encima de su capacidad. También se reveló que no todas las entradas estuvieron abiertas, lo que facilitó la catástrofe. R. Moelwyn Hughes, que dirigió la investigación parlamentaria, sugirió ya entonces que las entradas de los hinchas a los estadios deberían estar controladas por sistemas mecánicos a fin de saber con seguridad cuántos entran, impedir la venta de papel por encima de la capacidad de los campos y garantizar el orden en el acceso a los mismos. Eso dio lugar a los tornos que hoy vemos en los campos, y que fueron instalando algunos clubes poco a poco, pero que tardaron mucho en ser obligatorios. La tragedia de Burnden Park se repitió, desgraciadamente, en Hillsborough, que fue casi un calco, más de cuarenta años después. Solo entonces adaptaría el fútbol inglés medidas decisivas para evitar que esto se repitiera: tornos obligatorios y estadios sin localidades de pie.

Ese empate con Suiza nos dejó sin Mundial (1957)

Estamos en la fase de clasificación del Mundial de Suecia, el de 1958. España ha caído en un grupo con Escocia y Suiza. Se trata de ganar esa liguilla. El plan es ganar los dos partidos a Suiza, y a Escocia al menos el de casa. Si se puede empatar o ganar allí, mejor. Si no, por si acaso, conviene golear a Suiza, sobre todo en el Bernabéu. No parece difícil con esta delantera: Miguel, Kubala, Di Stéfano, Suárez y Gento. Nada menos. Hablamos del año de la segunda Copa de Europa, con Di Stéfano y Gento en su apogeo. Hablamos de Kubala, el genio que había obligado al Barça a mudarse de Les Corts para hacer un estadio más grande, el Camp Nou, en el que más gente pudiera verle, y que había sido estrenado el año anterior. Hablamos de Luis Suárez, estrella emergente que cuatro años más tarde romperá el mercado mundial con su traspaso del Barça al Inter. Y hablamos de Miguel, extremo derecha canario de exquisita técnica e inteligencia, que agita una de las mejores delanteras que ha tenido el Atlético en toda su historia, con Collar en el otro extremo.

Así que hay un lleno reventón en Chamartín. El mismísimo Caudillo se ha acercado a ver el partido. Pero todo es diferente a lo previsto. Llueve y el campo se pone pesado. A Suiza la entrena Karl Rappan, el verdadero inventor del cerrojo. Luego se lo adjudicaría Helenio Herrera como creación propia, pero fue Rappan, un mediocre jugador austriaco criado en los años grandes del *wunderteam*, el verdadero inventor. Lejos de sentirse estimulado por las maravillas del fútbol austriaco de la época, que él no podía compartir por su incapacitación técnica, como entrenador se dedicó a combatir el buen juego. Modificó la WM de la época bajando a uno de los medios a reforzar la defensa. Aquello se conoció como el *béton*, *verrou*, *bolt*, *catenaccio* o *cerrojo*, según el idioma. Y con eso nos topamos esa infausta tarde.

Y quizá con un equipo mal hecho. Dos buenos extremos, pero la tripleta central, con los mejores, sí, difícilmente podía combinar. Suárez era centrocampista, pero Meana le hizo jugar en punta, porque Kubala se echaba hacia atrás y Di Stéfano jugaba por todo el campo. Así que Suárez, jugador cerebral de medio campo, con llegada y gol, se veía obligado a jugar estático, arriba, rodeado de defensas, en un papel que no le iba. Kubala y Di Stéfano, en cierto modo, se estorbaban. Total, primero una escapada suiza, 0-1, luego insistencia española hasta el 2-1 y cuando estábamos apretando para golear, con ataques inútiles, otro contraataque y 2-2. En vez de goleada, un solo punto. Como luego perdimos en Escocia (4-2, aunque más tarde les ganamos aquí por 4-1) y Escocia ganó sus dos partidos a Suiza, nos quedamos fuera, por más que también ganáramos después en la visita a Suiza.

Aquel fue el Mundial en el que apareció Pelé. Nunca España había tenido tan grandes jugadores, ni los ha vuelto a tener, ya que contábamos con los nacionalizados Di Stéfano y Kubala. Pero la verdad es que estos, aun amigos personales, nunca rindieron del todo bien juntos, nunca se armó una delantera en la que encajaran, y aquel tren se perdió. Esa generación de genios se quedó sin ir a Suecia. Di Stéfano sí alcanzaría a ir a Chile, en 1962, pero lesionado de la espalda. No jugó ni un minuto. Alfredo Di Stéfano nunca jugó en el Mundial. Por culpa de aquel maldito empate…

Debuta Iribar con la Selección

(1964)

Después del Mundial de 1962, en Chile, España andaba en búsqueda de un nuevo equipo. A aquel Mundial habían ido bastantes veteranos, entre ellos algunos importados: Di Stéfano, Puskás, Eulogio Martínez y Santamaría. Y también algunos españoles que estaban ya en la treintena. Para renovar ese equipo la Federación contrató como seleccionador a José Villalonga, militar de carrera, que se había formado en la Escuela de Mandos del Ejército de Toledo. Ahora sonará extraño, pero tiempo atrás el vivero en España de los primitivos estudios de preparación física era esa institución. José Villalonga, formado ahí, fue entrenador de éxito en el Real Madrid, con el que ganó dos copas de Europa, y con el Atlético, con el que ganó la Recopa. Ahora se trataba de cambiar la Selección, prescindiendo entre otros de Di Stéfano. Y de Puskás. Y con Luis Suárez, Del Sol y Peiró jugando en Italia, lo que en aquellos tiempos hacía muy difícil contar con ellos, por dificultad de viajes y de armonización de calendarios. Y era casi una cuestión de principio en muchos países: ya que se han ido, no contamos con ellos; en la Selección solo juegan los que se quedan aquí.

Había que renovar todo y también la portería, en la que la búsqueda era difícil desde que decayó Ramallets, que había guardado bien la portería durante todos los cincuenta. Por ahí pasaron tras él Vicente, Araquistáin, Carmelo (el más veterano de todos), Sadurní y Pepín, pero ninguno se imponía. Lo mismo ocurría en otros puestos, en los que Villalonga probó distintos jugadores en lo que se llamó la «selección de la esperanza», pero que recibió muchas críticas, sobre todo a raíz de un amistoso en el Bernabéu, en el que perdió 2-6 con Escocia. Mientras, se iban pasando mal que bien las eliminatorias en la Eurocopa, aunque para los octavos, ante Irlanda, Villalonga llamó para el partido de vuelta a Del Sol y Luis Suárez. Consiguió pasar aquel partido con un gol de Gento. O sea, con veteranos. Eso ahondó más la polémica.

La siguiente eliminatoria fue con la otra Irlanda, la del Norte. El partido de ida se disputó en Sevilla, y Villalonga empezaba a tenerlo todo más claro. Para entonces ya se había impuesto como titular en el Athletic de Bilbao el joven Iribar, un portero de un físico perfecto. Muy tierno para lo que en la época se llevaba, porque había jugado muy pocos partidos en Primera División y entonces existía la firme convicción de que los porteros necesitaban más años que los jugadores de campo para madurar, del mismo modo que luego tardaban más en envejecer. «Un buen portero no se hace hasta que no se ha comido cuatrocientos goles», había dicho una vez Carrizo, célebre meta argentino. Iribar llevaba todavía muy pocos goles en sus costillas. Pero jugó. Y delante de él jugaron Rivilla, Olivella, Calleja; Zoco Fusté; Amancio, Pereda, Marcelino, Villa y Lapetra. Estos mismos jugadores, sin otra inclusión que la de Luis Suárez por Villa, serán los que ganen la semifinal y la final de la Eurocopa unos pocos meses más tarde. Villalonga había dado por fin con el equipo (España ganó por 5-1) y con un portero que se iba a mantener en el puesto 49 partidos. El destino le eligió a él para que batiera el eterno récord de 46 internacionalidades que estableció Zamora ya antes de la guerra.

Warthon en el «Jubilee Festival of Football» (1887)

Estábamos en plenas discusiones por la aprobación del profesionalismo cuando se celebró el Jubileo de la reina Victoria, que cumplía cincuenta años en el trono de Inglaterra. La ocasión fue aprovechada para hacer una paz entre las dos facciones, los profesionales y los aficionados, mediante el que se llamó el «Jubilee Festival of Football». Además de ser un acto de paz, significó el primer reconocimiento del fútbol como hecho social relevante. El propio príncipe de Gales, que más adelante subiría al trono con el nombre de Eduardo VII, acudió al partido y saludó en el descanso a los capitanes de los dos equipos. El partido enfrentó al Preston North End, profesional, tenido por el mejor equipo del momento, y al Corinthians, que durante muchos años sostendría aún en alto la bandera del fútbol *amateur*. El partido terminó en empate a uno. Asistieron 10 000 personas y el encuentro constituyó el bautismo de respetabilidad del fútbol.

Y ofreció otra singularidad: la meta del Preston North End estaba ocupada por el primer futbolista profesional de raza negra, Arthur Warthon. Warthon era natural de Ghana, donde había nacido en 1865 en el seno de una familia muy acomodada que le había enviado a Londres a fin de estudiar para pastor metodista. Pero una vez en Londres, el fútbol le capturó y olvidó los estudios. Saltando de equipo en equipo alcanzó la portería del Preston North End y se convirtió en una celebridad. Era un portero ágil y espectacular, pero extravagante, que gustaba de alardes como colgarse del larguero o dar saltos con el balón comprimido entre los muslos. También fueron célebres sus despejes de puños, en los que enviaba los pesados balones de la época a distancias entonces inimaginables. Eso le hizo el favorito de algunos públicos, pero al tiempo le provocó el rechazo de las capas biempensantes del fútbol. En más de una ocasión se discutió si debía ser seleccionado para el tradicional partido anual Inglaterra-Escocia (el único partido internacional que se jugaba por aquellas fechas), pero finalmente era descartado una y otra vez por sus maneras extravagantes.

Warthon, un superdotado para el deporte, también fue profesional en el críquet y según algunas informaciones habría corrido la prueba de las 100 yardas en 10 segundos, en los campeonatos atléticos nacionales disputados en julio de 1886.

Con el Preston North End disputó bastantes partidos de Copa, pero no llegó a figurar en la Liga, porque dejó el club justo en 1888, cuando empezó el campeonato. Luego jugó en varios equipos de segunda línea de Yorkshire y de Lancashire, que se disputaban su presencia para elevar la asistencia de público y le pagaban bien: Rotterdam Town, Stalybridge Rovers (equipo que fue conocido como la «Warthon's Brigade»), Aston, North End y Stockport Rovers, donde se hizo célebre el cántico en su honor *Good Old Warthon*. Su única aparición en un partido de Liga se produjo ya en 1895, con el Sheffield United, donde llegó ya veterano y chocó con el gigante Bill *Fatty* Foulke, que le ganó en la pelea por la titularidad. A la vista de ello, decidió regresar al Rotterdam Town, en Segunda División, donde se mantuvo hasta el final de su carrera. Luego trabajó de minero, empujando vagonetas. Murió de cáncer a los sesenta y cinco años, en 1930, y fue enterrado en una tumba de tercera clase. Pero en 1997 sobre su tumba se edificó un memorial en homenaje a un hombre que ocupó una posición singular en el fútbol de los primeros tiempos de este deporte.

La UEFA para el fútbol por la COVID-19

(2020)

A primeros de 2020 empezaron los rumores sobre un nuevo virus procedente de China. Al principio se hablaba de una modalidad de gripe con mayor poder contagioso, pero sin especial letalidad. En Europa irrumpió con fuerza en el norte de Italia y a España llegó la primera alarma tras el partido de Champions Atalanta-Valencia (ida de los octavos de final), jugado el 19 de febrero en Milán por falta de condiciones del campo del Atalanta, en Bérgamo. De allí volvieron contagiados un conocido periodista y varios aficionados. Vivíamos aún sin precauciones (ni siquiera mascarillas) y pronto el virus fue apareciendo por aquí y por allá, en proporción creciente. El partido de vuelta, el 10 de marzo, se disputó a puerta cerrada por decisión de las autoridades, lo que provocó malestar entre los aficionados valencianistas porque en esas fechas se celebraban *mascletás* diarias en la plaza del Ayuntamiento, abarrotada de gente. Más de mil hinchas esperaron en la puerta del estadio el autobús del Valencia para aclamar a los jugadores y varios centenares de *tifosi* del Atalanta pulularon por la ciudad, a la que acudieron con la esperanza del ver el partido.

El día siguiente, 11 de marzo, el Atlético de Madrid devolvía visita al Liverpool, también en los octavos de la Champions. Aunque la alarma ya se extendía por todas partes, Anfield no se cerró y tres mil aficionados acompañaron al equipo madrileño. El Liverpool era el campeón vigente, el Atlético había ganado la ida 1-0 y la euforia era incontenible. Con el tiempo se vería como un acto de irresponsabilidad colectiva (las cabinas de avión son un espacio ideal para el contagio), pero los viajeros vivieron una jornada dichosa. El Atlético, que sufrió horrores, terminó ganando 2-3 con una actuación sensacional de Marcos Llorente. Semanas más tarde, el *Sunday Times* informó que Edge Health, una institución que analiza datos del Servicio Nacional de Salud británico, estimaba que ese viaje masivo de madrileños había provocado en Liverpool «41 muertes adicionales», producidas entre 25 y 35 días después. El informe provocó revuelo en Inglaterra. El Imperial College de Londres y la Universidad de Oxford aportaron que el 11 de marzo el número de contagios en España era de 600 000 y en Inglaterra solo de 100 000. Matthew Ashton, director de salud pública de Liverpool, había advertido el 3 de abril que se debía jugar a puerta cerrada, mientras que el alcalde, Steve Rotheram, solicitó desde la BBC una investigación. Los futboleros argüían que en esas mismas fechas se había tolerado el festival anual de Cheltenham, con 250 000 personas, al que el mismo informe atribuyó otras «37 muertes adicionales».

El día 13, solo dos después de aquel partido, la UEFA decidió interrumpir la Champions, la Europa League y aplazar la Eurocopa. Para entonces ya muchos países cerraban sus competiciones. La Liga francesa no se reanudaría. Otras sí, ya cerca del verano, y tras ellas se disputó lo que quedaba de Champions en un único escenario, Lisboa, que se consideró seguro, y en eliminatorias a un solo partido. La Eurocopa no se jugó hasta el verano de 2021. El Liverpool-Atlético había sido, así, el último partido de alto nivel disputado en suelo europeo antes del parón. Fue también el último encuentro comentado por el llorado Michael Robinson, que fallecería poco después. Ese día se despidió del fútbol en el estadio del equipo que más amó y con el que fue campeón de Europa en 1984.

Brasil estrena el amarillo
(1954)

Uno ve a Brasil con la *verdeamarelha* y piensa que siempre ha sido así, pero no. Brasil jugaba de blanco completo hasta la final de la Copa del Mundo de 1950, que esperaba ganar. Aquel día perdió ante Uruguay en lo que quedó para la historia como el «Maracanazo» y eso decidió a la Federación a suprimir esa equipación blanca, que fue aborrecida, como todo lo relacionado con aquel día, que dejó maldito para toda la vida al portero, Barbosa. Y el seleccionador, Flávio Costa, tardó dos días en salir del campo, y disfrazado de señora de la limpieza (véase el día 16 de julio). Hasta ese grado llegó la desesperación. Durante algún tiempo Brasil jugó de azul completo, aunque las cosas no le fueron mucho mejor. También se estrelló en la Copa América de Selecciones, jugada en Lima, en la que perdió el desempate final ante Paraguay.

Entonces el diario *Correio da Manhã* (Correo de la Mañana) organizó un concurso de ideas para una nueva equipación del equipo nacional, con la condición de que combinara los colores que aparecen en la bandera de Brasil: el amarillo, el verde, el blanco y el azul. Uno de los aspirantes fue el autor del cartel del Mundial de 1950, pero su propuesta (camiseta verde, pantalón blanco y medias amarillas) fue desestimada en la final. Ganó un joven de diecinueve años, dibujante de periódicos del sur de Brasil, llamado Aldyr Garcia Schlee, con su camiseta amarilla adornada con ribetes verdes en el cuello y los puños, su calzón azul y sus medias blancas. Brasil estrenó su uniforme este día con buena suerte, pues ganó a Chile en un partido de clasificación para el Mundial, por 1-0. Baltazar da Silva marcó el primer gol con la *verdeamarelha*.

Y con esa equipación compareció Brasil en el Mundial de 1954, el siguiente al del «Maracanazo», que tampoco pudo ganar. Cayó eliminada en cuartos por Hungría, en la llamada «batalla de Berna». Pero Hungría era considerada por entonces la mejor Selección del mundo y la derrota no se consideró un fracaso, envuelto como estuvo el partido en quejas contra el árbitro y en una pelea descomunal. Brasil sí ganaría por fin el Mundial de 1958, que jugó vestida de amarillo... menos en la final, en la que por jugar contra Suecia, que era local y a su vez viste también de amarillo, salió con camiseta azul. Sus sucesivos mundiales (cuatro más) sí los ganaría con la camiseta amarilla con sus ribetes verdes, la *verdeamarelha* que tan popular la ha hecho entre las aficiones de todo el mundo como la Selección favorita en cada Mundial, el enemigo a batir. Brasil no solo es la Selección que más mundiales ha ganado, sino también la única que ha participado en todas las fases finales desde la creación del mismo, en 1930. De cuando en cuando utiliza el azul en amistosos de poca importancia.

Curiosidad: Aldyr Garcia Schlee, que vivía en la frontera con Uruguay, era en realidad partidario de la «Celeste» y había celebrado el resultado del «Maracanazo». Y eso que no sabía que aquel resultado le iba a dar la ocasión de entrar, no mucho más tarde, en la pequeña historia del fútbol.

El Everton deja Anfield y nace el Liverpool (1891)

Desde 1878 había un club en Liverpool, cuyo nombre inicial fue St. Domingo's, porque había sido creado por la parroquia así lla-mada del norte de la ciudad con la intención de hacer mejores a los muchachos del barrio mediante los valores deportivos. Ese fenómeno de creación de equipos por la Iglesia era muy frecuente en aquellos primeros tiempos. Pronto cambió el nombre por el de Everton, según se fue haciendo un club «de verdad». Jugaba en los terrenos del Stanley Park, donde acudían en masa los seguidores a verle. Eso planteó pronto la necesidad de encontrar otros terrenos donde tener mejor acomodo, y al presidente del club, un hombre que veía un chelín detrás de una pared, llamado John Houlding, se le ocurrió comprar unos terrenos al sur del parque, junto a Anfield Road, y decidió alquilárselos a su propio club.

Allí todo funcionó bastante bien hasta que la codicia de Houlding empezó a escamar a muchos de sus compañeros de directiva. El presidente también tenía el único pub próximo al campo, y hacía grandes recaudaciones los días de partido porque, además, se reservaba el derecho de ventas en el campo. El negocio era redondo, porque ya en el primer año de jugar en Anfield el Everton cuadruplicó las asistencias. Houlding justificaba sus ventajas en las ayudas que daba al club para fichajes y otros gastos, pero sus contabilidades no convencían del todo. La cuestión hizo crisis en 1889, cuando pretendió subir de las 100 libras de alquiler que cobraba anualmente al club a 250. Sus compañeros de junta protestaron y trataron de pactar un precio intermedio de 180, con un compromiso de tres años sin revisar el alquiler. Houlding no quiere, anuncia que prefiere marcharse y ofrece vender los terrenos al club por 6000 libras. Los miembros del club, que están hartos de los manejos de Houlding, deciden darle la espalda y hacerse con unos nuevos terrenos cercanos, junto a Goodison Park. Les costaron más, 8090 libras, pero habían llegado a estar así de hartos de Houlding.

Los terrenos de Anfield quedaron, pues, libres. Houlding, picado a su vez con sus antiguos compañeros de club, y poseedor de un campo sin nadie que lo ocupase, decidió crear un nuevo equipo, al que llamó Liverpool, después de fracasar en un pleito para retener en su poder el nombre de Everton. Como no tenía demasiados amigos ya en el ambiente futbolístico de la ciudad, basó su nuevo equipo en la importación de jugadores escoceses, que trajo en buen número, gracias al apoyo de uno de los pocos miembros del *staff* del Everton que no le habían dejado, un escocés llamado John McKenna. Tantos escoceses tuvo al principio que era conocido como «el equipo de todos los Macs». Pero la iniciativa prosperó y en 1893 se inscribió en la Liga, en Segunda División. En su primer año logró ganar la promoción de ascenso. La primera vez que los dos rivales se enfrentaron fue el 3 de octubre de 1894 y ganó el Everton por un contundente 3-0. Hasta septiembre de 1897 (3-1 en Anfield) no lograría el Liverpool ganar al Everton. Durante un largo período dominaron los azules, que tuvieron una época especialmente feliz en los años de *Dixie* Dean. Pero avanzado el tiempo, y particularmente gracias a la influencia de Bill Shankly, el Liverpool impondría un sello especial en el fútbol, primero, inglés y luego europeo, hasta arrebatarle por completo el protagonismo.

El Madrid «galáctico» viaja alegre y confiado (2004)

Casi puede decirse que nunca el Madrid había viajado tan seguro de ganar un partido. Estaba lanzado en la Liga, lanzado en la Cham-pions, iba a jugar la final de Copa, incrustada en medio del calendario principal por no ocupar fechas entre la Liga y la Eurocopa, que serán necesarias para el descanso de los internacionales. El Madrid no suele prestar gran atención a la Copa, pero está dispuesto a ganar esta, porque aún le escuece lo de dos años antes, cuando la final del «Centenariazo». Y quiere ganarlo todo, habla del triplete, todo el mundo habla del triplete y casi nadie lo duda. Tiene a Zidane, a Ronaldo, a Figo, a Beckham, a Roberto Carlos, a un Raúl espléndido, a un Casillas que lo para todo. Es el Madrid «galáctico» en su plenitud. Se va a jugar el miércoles 17, en Montjuïc. El Zaragoza está allí desde el domingo, concentrado, estudiando, entrenándose, manejando todas las posibles variantes del partido. El Madrid viaja la víspera, despreocupado. Llega muy avanzada la tarde, feliz y confiado. Demasiado feliz y confiado. Algunas voces advierten: así no se encara una final. Tampoco se entiende bien que en una final se prescinda de Casillas para darle a César la satisfacción de jugar, «porque es el portero de la Copa». Otros suplentes han jugado en la Copa y no están este día. Tampoco va a estar Ronaldo, con molestias. Ya es dar dos ventajas.

Porque resulta que el Zaragoza es un equipo que lleva la Copa en sus genes. Nunca ha ganado una Liga, pero en la Copa es otra cosa. Es su competición favorita, la que moviliza a la ciudad cada año. Y tiene arriba a un tal Villa, un asturianín que pinta fenómeno. Y a Milito, Sávio y Dani, los tres despreciados por el Madrid, y con ánimo de revancha. Y a Movilla, un medio todoterreno, atlético de alma, que contra el Madrid siempre es una furia. Con todo, el Madrid se adelanta en un precioso tiro libre de Beckham (24'). El Zaragoza reacciona y llega al descanso delante, con goles de Dani (30') y Villa (45', de penalti). Pero a la vuelta del descanso (48') Roberto Carlos marca, con un formidable tiro libre desde 32 metros. En el 67', el árbitro, Carmona Méndez, expulsa a Cani, por doble amarilla. El Madrid juega contra diez, pero aun así no marca más goles y llega la prórroga. Y a los cinco minutos, Guti es expulsado por una niñería de las suyas. El Madrid ya no tiene ventaja de número. Y en el 112', un zambombazo de Galletti desde lejos bate a un César que no tuvo su mejor noche. Es el tres a dos. El Madrid ya no tiene fuerza ni fe para remontar eso. Cuando se da cuenta, ha perdido. Y a esa derrota seguirán otras.

Porque la siguiente eliminatoria de Champions es contra el Mónaco, en cuyas filas está un viejo querido jugador de la casa, Morientes. El partido del Bernabéu estaba 4-1 cuando Morientes marcó el 4-2 y el público le ovacionó, tan seguro estaba. Y Beckham forzó una tarjeta, dando por sentado que podía faltar en Mónaco y pasar limpio a la siguiente ronda. Pero el aplaudido gol de Morientes le iba a costar al Madrid la eliminación, porque en la vuelta, en Mónaco, perdió 3-1. También ese día marcó Morientes. También se escapaba la Champions. Quedaba la Liga. Pero al final de la misma el Madrid encadena una racha increíble de cinco derrotas consecutivas, sin precedentes en su historia, y pierde el título. El gran proyecto «galáctico» queda en una temporada en blanco. El Madrid había aprendido a perder en esa final, a la que se presentó tan confiado. Fue el fracaso de Queiroz, que no supo reponer moralmente al equipo, y el fin de un modelo. La temporada siguiente la iniciaría Camacho, que se rindió pronto, y empezó un carrusel de entrenadores que acabó con la salida del propio presidente, Florentino Pérez.

El *bambino* nos parte por el eje en Roma (1954)

Para ir al Mundial de 1954 el camino no parecía difícil en principio: se trataba de eliminar a Turquía a dos partidos, ida y vuelta. Es verdad que a los españoles siempre nos ha impuesto mucho eso de los turcos (aún se habla, injustamente, de «infierno turco» cada vez que algún equipo nuestro tiene que jugar allá), pero nos sentíamos con fuerzas sobradas. En el último Mundial habíamos sido cuartos y teníamos algunos jugadores de verdad notables, entre ellos Gaínza. Y sobre todo Kubala, que ya había debutado con nuestra Selección. La cosa empieza bien, con un 4-1 en Chamartín, y eso que ese día (día de Reyes) faltó Kubala. Pero de repente todo se complica en la vuelta el 14 de marzo, en Estambul, porque, con Kubala y todo, jugamos mal y perdemos 1-0 en un campo seco y pelado. Entonces no se contaban los goles, sino las victorias o los empates, así que hay que desempatar. Y se fija la cita para tres días después, en Roma. Viajamos con confianza. Nos sabemos superiores, y en campo neutral, con un buen césped y noventa minutos por delante no podemos fallar. O eso pensamos.

Pero algo se tuerce justo antes del partido. Ya en el vestuario, con Kubala vestido, llega un telegrama de la FIFA en el que se advierte: «Llamamos la atención a Federación española alineación Kubala». Kubala se había fugado de Hungría, había sido nacionalizado español, jugaba en el Barcelona y había disputado ya algunos partidos con España, entre otros, el de Estambul. Pero posiblemente la FIFA había decidido atender las quejas de Hungría (que entonces tenía el mejor equipo del mundo), que según algunas versiones había amenazado con no acudir al Mundial de Suiza si Kubala jugaba con España. El caso es que tras debatir rápidamente el asunto, y dentro de la confianza que reinaba en la delegación española, se decidió que no merecía la pena correr ningún riesgo. Podíamos ganar sin Kubala.

Kubala no salió y empatamos a dos. Algo de desconcierto, descuido ante los contraataques turcos, mala suerte y dos goles anulados a Escudero, uno por fuera de juego que dimos por bien anulado, y otro porque el árbitro creyó ver que Escudero se llevaba la pelota con la mano. El caso es que, al final, 2-2. Entonces, según las previsiones del Reglamento, hubo que acudir al sorteo. Las posibilidades de un nuevo partido de desempate (había tiempo) fueron rechazadas por los turcos, que se acogieron al Reglamento. Se introdujeron en una copa dos papelitos, con los nombres de España y Turquía. Sancho Dávila, presidente de la Federación, puso una cruz junto a la palabra España. Por allí andaba un arrapiezo de catorce años, llamado Franco Gemma, que se había colado, y alguien le propuso como mano inocente. Se le vendaron los ojos, metió la mano en la copa, sacó uno de los papelitos y allí ponía... Turquía. Así que nos quedamos sin Mundial y fue el llanto y el crujir de dientes. Franco Gemma pasó de golpe a ser tan célebre en España como Kubala.

Mirado con perspectiva, quizá no fuera tan malo. Turquía, que fue en nuestro lugar, cayó en el mismo grupo que Alemania y Hungría, que resultarían ser las dos finalistas. Hubiéramos tenido poco que hacer.

Día Mundial del pelotazo a lo que salga

(1950)

Tendemos a pensar que el fútbol de voleón y a lo que salga es de siempre, y quizá así haya sido. Pero hubo una fecha y hora concretas en que alguien le dio algo así como una legimitidad científica, hizo escuela de ello y lo extendió. Los estudiosos datan tal hecho en este día, cuando en el descanso de un partido de Tercera División inglesa, entre el Swindon Town y el Blackburn Rovers, un ex comandante de la RAF, llamado Charles Reep, sacó papel y libreta dispuesto a establecer conclusiones científicas sobre la forma más conveniente de jugar al fútbol para obtener buenos resultados, y empezó a anotar datos que le parecieron relevantes para un estudio posterior.

Tras seguir así varios partidos, Reep llegó a la conclusión de que el 85 por ciento de los goles llegaban tras series muy cortas de pases, tres o menos, y que un tercio de los goles se producían cuando se recuperaba el balón en la mitad del campo contrario. De ahí extendió la idea de que lo más conveniente era el fútbol de patadón largo y el ataque al rechace de la defensa contraria. Y que cuando se tenía el balón lo mejor era tratar de jugarlo apresuradamente hacia el área contraria, porque solo en ella podrían producirse las ocasiones de gol. Su teoría convenció a Stan Cullis, mánager de los Wolverhampton Wanderers, que obtuvo éxitos con el método. Luego se alineó en la misma teoría, y hasta la desarrolló más allá, Charles Hughes, director de la escuela de entrenadores de Inglaterra, que acuñó la expresión *Pomo* (Position of Maximum Oportunity) como objetivo central de todo el operativo. Graham Taylor y Egil Olsen, el seleccionador de aquella Noruega de gigantones de los noventa, eran también devotos de esta escuela, la misma en la que bebió todos sus saberes Javier Clemente, que completó su formación como entrenador en Inglaterra.

Pero allí mismo hubo voces en contra. «No se trata de abrumar al contrario a pelotazos, sino de ganarle con estilo», sugirió Danny Blanchflower, gran jugador irlandés de la época, que militaba en el Tottenham. Este equipo defendió en aquellos duros años una escuela radicalmente distinta. Frente al *kick and run* (patea y corre) que proponía la escuela Reep-Cullis-Hughes, el mánager del Tottenham, Arthur Rowe, que había tenido alguna experiencia en la gran Hungría de principios de los cincuenta, contraponía el *putch and run*, o empuja (o toca) y trota. Rowe sostenía que tres pases de quince metros llegaban donde un pase de cuarenta y cinco, y era más seguro. Su Tottenham alcanzó éxitos y sirvió de contrapeso a la fórmula troglodita de Reep, pero esta ha seguido teniendo adeptos hasta nuestros días.

Aquel lápiz y aquel bloc de Reep enviaron al fútbol por un camino abrupto, del que muchos se resisten todavía a sacarlo. Y tan marcada ha quedado la idea de que jugar así es la mejor fórmula para obtener buenos resultados, que hay que repetir una y otra vez que la historia del fútbol no demuestra eso, sino lo contrario. Que se ha ganado más jugando bien, jugando artísticamente. El estudio de Reep tenía un defecto de partida: se basó sobre todo en partidos de Tercera División, donde la ausencia de jugadores de calidad hacía más útil la propuesta del patadón a lo que salga.

El Dinamo de Dresde sospecha que le intoxicaron
(1986)

En 1954, el Dinamo de Dresde era el mejor equipo de la RDA. Hasta que el secretario general de la Stasi (la policía secreta, una terrible organización que llegó a integrar a 91 000 empleados y 300 000 informantes), Erich Mielke, decidió llevarse a los mejores jugadores a Berlín, cuyo equipo representativo estaba entonces en apuros, porque había decidido que el mejor equipo del país debía ser el de la capital. Así que lo llamó Dinamo de Berlín, lo mejoró con los jugadores del Dinamo de Dresde y lo subió a Primera. Y el Dinamo de Dresde hizo el viaje inverso, y descendió a Segunda, con un equipo de suplentes y de juveniles. Poco a poco se fue reconstruyendo y en 1962 alcanzó de nuevo la máxima categoría, e incluso después obtuvo cinco títulos entre 1971 y 1978. Demasiado para Mielke, que entonces reclutó jugadores de todo el país, incluida Dresde, y consiguió que el Dinamo de Berlín ganara de forma consecutiva todos los títulos entre 1979 y 1988. En la mayotía de esos años el Dinamo de Dresde fue segundo, lo que le permitió participar casi anualmente en competiciones europeas, en las que era frecuente que llegara más lejos que su homónimo berlinés, que fuera del país no contaba con los arbitrajes «políticos» de los que gozaba en casa.

Pero el Dinamo de Dresde viajaba rodeado de una nubecilla de espías y sicarios de Mielke, con lo que puede decirse que tenía el enemigo dentro. Ya en 1981 había sufrido un buen disgusto, cuando tres de sus jugadores, Matthias Müller, Peter Kotte y Gerd Weber, habían sido detenidos el 23 de enero en el aeropuerto de Berlín-Schönefeld, justo antes de un viaje a Argentina en el que iban a participar en un torneo amistoso. Algunos de los espías infiltrados en la expedición se habían enterado de que esos jugadores tenían ofertas del Colonia, y que planearían fugarse. Eran los que se calificaban como *republikflutchlinger*, desleales a la República, lo que acarreaba deshonra y prisión.

En la temporada 1985-1986 el Dinamo de Dresde jugaba los cuartos de final de la Recopa contra un equipo de Alemania Occidental, el Bayer Uerdingen. En Dresde ganó 2-0, buen resultado. El partido de vuelta lo llevaba bien, fenomenalmente bien: ganaba por 1-3 a falta de media hora. Estaba claro que era netamente superior, que tenía la eliminatoria en el bote. En eso, en un parón del juego, el masajista del equipo da de beber a varios de sus jugadores, cuya energía física se desploma inmediatamente. El Bayer Uerdingen se crece y en la media hora restante marca seis goles, lo que convierte el marcador final en un sorprendente 7-3, que en el agregado total de la eliminatoria es un 7-5. El Dinamo de Dresde está eliminado y los jugadores que han bebido sufren vómitos y dolores de cabeza en el viaje de regreso. No les cabe ninguna duda: les han dado de beber algo que les ha aturdido y eso ha provocado el derrumbe sin precedentes, que les llevó a encajar seis goles en solo media hora ante un equipo inferior. Mielke no podía consentir que ningún equipo de la RDA luciera más que el de la capital.

Un presidente le da un paraguazo a un árbitro

(1977)

Jugaba el Barça en El Plantío, campo del Burgos, que por esos tiempos estaba en Primera. Era el Barça de Cruyff, aunque no era el mismo Cruyff de su llegada. Jugaba menos, mandaba más, protestaba más. Se estaba haciendo impopular. El partido se televisaba, por lo cual el presidente del Burgos, José Luis Martínez Laredo, había decidido dar acceso gratis a las mujeres que acompañaran a un socio o a un aficionado con entrada, y también a los niños en las mismas circunstancias, a fin de que en la televisión no aparecieran gradas vacías. Y el partido se jugó con un gran aire de pasión local. Y más a partir de anulársele un gol al Burgos porque el árbitro, el andaluz Fernández Quirós, entendió que había existido falta previa de su autor, Quini. El propio Quini marcó para los locales, al principio del segundo tiempo, el único gol que campeaba en el marcador.

En el minuto 89 hay un lío en el área local que el árbitro sanciona con penalti a favor del Barça, lo que desata las iras. En el barullo de las protestas, un jugador le da una patada a Fernández Quirós, que expulsa a Palmer. (Luego la televisión aclarará que el agresor ha sido Ruiz Igartua, no Palmer.) En medio de una terrible tensión, Cruyff tira el penalti, que detiene Manzanedo. Muy poco después, Fernández Quirós pita el final del partido y trata de alcanzar el túnel como buenamente puede, pero se monta un revuelo en el que recibe agresiones, algunas de las cuales consigue devolver. (Había sido jugador de waterpolo y presumía de buena forma física.) En el barullo le pega un cate tremendo al utillero del Barça, que en realidad estaba tratando de protegerle. Uno de los agresores que caen sobre el árbitro blande un paraguas, con el que trata de golpearle, y un gorro de lana. En el tumulto pierde el gorro de lana y en la televisión se aprecia con claridad que se trata del propio presidente del Burgos, Martínez Laredo, de calva inconfundible. Al día siguiente el telediario muestra una y otra vez la imagen. Martínez Laredo se hace súbitamente popular.

El comité toma cartas en el asunto. Fernández Quirós justifica su error con Palmer por el tumulto ocurrido, y al verdadero culpable, Ruiz Igartua, le caen dos partidos. Él se excusa: «No le quise agredir, solo puse el pie y él tropezó». También se defiende el presidente, Martínez Laredo, que dice que saltó al campo blandiendo el paraguas para proteger al árbitro, pero las imágenes no amparan esta versión, ni mucho menos. Le suspenden por tres meses, a lo que reacciona declarando que: «Todo lo que ocurre en Alberto Bosch, desde la terraza al sótano, es un cachondeo». (Alberto Bosch era en aquellos años la sede de la Federación.) En vista de eso, se le duplica la suspensión, que pasa de tres a seis meses. Fernández Quirós se quejará más adelante de que una declaración impertinente tuviera a efectos federativos la misma sanción que una agresión a la persona de un árbitro.

Por su parte, Martínez Laredo, que era un significado madridista (ese verano traspasará a su mejor jugador, Juanito, que actuó brillantemente en el partido de autos, al Real Madrid, véase el 1 de noviembre), quedó marcado por aquellos hechos. En más de una ocasión manejó la posibilidad de presentarse a la presidencia del Madrid, pero el recuerdo siempre presente de aquella escena hizo que su entorno le disuadiera de la intención una y otra vez.

Nobby Stiles descubre su vocación

(1964)

Nobby Stiles era un muchachito del norte de Manchester tan fan de su equipo que ya con seis años, entusiasmado ante la tele en la final de Copa entre los suyos y el Blackpool, se cayó del sofá y se rompió dos dientes. Al menos ganó el Manchester. Su entusiasmo por el fútbol le llevó a practicarlo a todas horas y fue mejorando como futbolista colegial, hasta el punto de fichar por la cantera del United, su sueño. Fue un juvenil destacado, como interior de mucho trabajo en el medio campo, y hasta figuró en la Selección sub-23, donde llamaba la atención su avejentado aspecto: el pelo tendía a abandonarle pronto, le faltaban dos dientes y tenía una mirada miope. Pero era voluntarioso.

Subió a la primera plantilla como interior, pero no resultaba. Le faltaba nivel, técnicamente no progresaba. Estaba condenado a la suplencia y a una salida hacia un equipo menor cuando le llegó la oportunidad, en un partido de Liga ante el Tottenham Hotspur, donde jugaba el temible Jimmy Greaves, un goleador sutil y preciso. Al United le faltó ese día Maurice Setters, medio defensivo, y Busby se la jugó con Stiles. «Juega cerca de Foulkes [el central] y vigila continuamente a Greaves.» Así lo hizo, y descubrió su vocación. Greaves no marcó, el Manchester ganó 3-2 y Stiles encontró su papel en el fútbol.

Para desgracia, por cierto, de muchos otros, porque Stiles se pasaba los partidos haciendo faltas a la estrella del rival, llamárase esta Amancio, Eusébio, Greaves o como fuera. No existían las tarjetas (nacieron en 1970 [véase el día 31 de mayo], un poco por su causa) y reiteraba faltas y más faltas. En el Mundial de 1966 provocó incluso la reprobación de la FIFA por su actitud, pero Alf Ramsey, su seleccionador, le defendió contra viento y marea. Stiles tenía un problema añadido: una feroz miopía. Lo pretendió disimular durante un tiempo, hasta que Gregg, el portero del equipo, advirtió un día que no era capaz ni de identificar las cartas cuando jugaban una partida. Asustado, temiendo que tuviera algo malo, se lo dijo a Busby. Este habló con Stiles, que le confesó su miopía. Busby le buscó la solución, que usara unas lentillas, que por aquel entonces empezaban a utilizarse. Stiles las llevó el resto de su carrera, aunque se quejaba de que le irritaban los ojos, y se le hacían insufribles cuando a los partidos había que añadirles una prórroga.

A la Selección llegó en un partido contra Escocia, en 1965, con Banks de portero, Cohen y Wilson en los laterales, Jackie Charlton de central y Bobby Moore al lado de este. Delante de ellos jugó Stiles, y ese sexteto defensivo quedó ya como fijo y le daría su hasta ahora único Mundial a Inglaterra. Stiles se hizo una especie de anticristo para todas las aficiones del mundo, pero sacó adelante una carrera que le permitió ser, junto a Bobby Charlton, el único futbolista inglés ganador de la Copa del Mundo (1966) y la Copa de Europa (1968, con el United), logros alcanzados ambos en Wembley. Pero muy pronto, a los veintiocho años, en 1971, tuvo que dejar el United. Las tarjetas le borraron del mapa. Al Mundial de 1970 había ido, pero ya como suplente. Se marchó al Preston North End, un glorioso venido a menos, donde completó su carrera.

Se empieza a hablar de un tal Iribar

(1962)

A la Copa de 1961-1962, el Atlético se presentaba con una credencial formidable: había ganado las dos ediciones anteriores, batiendo en ambas finales nada menos que al campeonísimo Real Madrid de Di Stéfano, Puskás y Gento, y ambas disputadas en el Bernabéu. El Atlético tenía un equipo bueno de verdad, coronado por la que se llamó el «ala infernal», Peiró y Collar. Así que cuando en aquella eliminatoria le tocó con el Basconia, colista del grupo norte de Segunda División, nadie pensó que tuviera problema para pasar. El partido de ida, en el Metropolitano, finalizó con un 3-0 no estrepitoso, pero tranquilizador. No había habido más goles porque un espigado muchacho que salió en la portería había tenido su tarde, pero no había nada que temer. Tanto es así, que el Atlético, que entonces andaba apretado de dinero, decide unir su partido de vuelta al viaje de Liga en San Mamés. El 18 jugará en la Catedral y el día siguiente, lunes, fiesta de San José, en Basoselay. Pero el domingo sale mal, el Atlético pierde 5-1 bajo una tormenta, y todavía tiene la cabeza en ese partido cuando salta a defender sus tres goles ante el Basconia. Y resulta que pierde también, 3-0, ante un equipo entusiasta en el que destacan el extremo Otiñano (que luego fichará por el Madrid y después pasará al Málaga, en la «operación Pipi») y el delantero centro Menchaca, más adelante jugador del Athletic. Ellos dos y Maguregui III marcan los goles. De nuevo, cuando quiere reaccionar, el Atlético se encuentra con el larguirucho portero, que tiene buena pinta.

El desempate es en Valladolid tres días después, el 22. Ya no hay excusas. Y es la bomba: el Basconia elimina a los dobles campeones de

España, que, por cierto, ese año habrían de ganar la Recopa. El Atlético no juega como debe, se deja cazar en dos contraataques y ahí está otra vez ese tal Iribar, al que no conocía nadie, aguándoles la fiesta. Gana el Basconia 2-1, con goles de Menchaca y Maguregui III, contra el de Peiró. Para entonces, esas caídas de los grandes equipos ante los pequeños en la Copa, que ahora son relativamente frecuentes (en parte por desdén a la competición), eran inauditas, así que se forma el correspondiente revuelo. Los atléticos aluden tímidamente a las proezas de un chico desconocido en la portería del Basconia, pero no es excusa. Y menos cuando en la siguiente eliminatoria el Barça le marca a ese mismo portero dos goles en Basoselay y ¡diez! a la vuelta en el Camp Nou.

Pero realmente había portero. La temporada siguiente la empezará en el Athletic, de suplente del mítico Carmelo. El 23 de septiembre, solo medio año después de la eliminatoria contra el Atlético, debutará en Málaga, por lesión de Carmelo. Al final de esa temporada Carmelo tendrá que coger la bolsa y marcharse al Espanyol. El jovencito que amargó la Copa de 1962 al Atlético se había hecho con la mítica portería que habían defendido tantos años Blasco, Lezama y el propio Carmelo. Ahora le tocaba defenderla a él, que se mantendría en ella también muchísimos años.

Estalla el escándalo del Totonero (1980)

Es domingo, jornada de Liga en Italia. ¿Una jornada más? No del todo. Hace tiempo que hay informaciones en la prensa sobre una supuesta red de jugadores comprometida con los apostantes del Totonero, la apuesta clandestina, rival opaco del Totocalcio, la quiniela estatal. Rumores creíbles, sí, investigaciones, aunque solo eso hasta ese día. Pero el escándalo va a estallar con fuerza en plena jornada. La policía interviene brusca y simultáneamente en distintos campos y detiene a 33 jugadores, los que no jugaban, en el descanso. A los sustituidos, nada más retirarse del campo. A los que completaron el partido, al final del mismo, permitiéndoles el tiempo justo para ducharse. En el Milán, además de los jugadores Albertosi (una celebridad nacional, que había sido portero de la Selección durante muchos años) y Morini, fue arrestado también el presidente, Felice Colombo. Otros jugadores detenidos son también internacionales célebres, como Giordano, Wilson o Rossi. La detención se hace así, en simultáneo, para que no puedan tener tiempo de ponerse en contacto unos con otros e improvisar estrategias de defensa en común.

Entonces se conoce con mayores detalles el caso. Dos golfantes de Roma, propietario de un restaurante el uno y de una frutería el otro, y que frecuentaban a los jugadores del Lazio, habían puesto en marcha una cadena para trucar partidos y ganar dinero con el Totonero. Pedían prestado a inversores y adelantaban dinero a los futbolistas que debían condicionar los marcadores. Como no siempre salían los resultados esperados se les fue montando una pelota de deuda con sus prestamistas y acabaron volviéndose contra los jugadores, a los que reclaman, sin conseguirlo, la devolución del dinero. Por eso, por no cobrar, iban a ser ellos mismos los que destaparan el escándalo, primero en filtraciones a la prensa y luego a la policía.

La encuesta final señala 38 culpables, 33 de ellos jugadores. El Milán y el Lazio son descendidos a Segunda. El presidente del Milán es suspendido de por vida. Los jugadores acumulan cincuenta años de suspensión, y entre varios clubes se reparten 25 puntos de sanción. Entre los acusados está el «juez deportivo» De Biase, al que se da por conocedor de la situación sin haberla atajado. Para enredar más la situación, De Biase aporta ahora, tarde y mal, el nombre de dos nuevos equipos presuntamente implicados, el Bolonia y la Juventus, que habrían pactado su partido, pero ambos escapan sin sanción. Para la opinión pública italiana, fue el infinito poder de la Juve lo que le permitió salir indemne. Y, a su sombra, el Bolonia.

Solo Giordano, Manfredonia y Rossi volverían a jugar tras la sanción. Rossi fue héroe nacional dos años después, en el Mundial celebrado en 1982 en España, en el que su participación fue decisiva para conquistar el título. Siempre negó su implicación en el asunto.

Villar le pega una bofetada a Cruyff

(1974)

Ángel María Villar Llona llegó a ser conocido como presidente de la Federación casi vitalicio, pues estuvo en el cargo casi treinta años. Pero antes de eso fue jugador, estimable jugador. Figuró muchas temporadas en el Athletic como titular en el medio campo, donde se distinguía por su trabajo, su inteligencia táctica y buen toque. Frecuentó la Selección en sus mejores años. Era jugador de brega, pero limpio, poco dado a incorrecciones. Pero aquel día perdió los nervios.

Visitaba San Mamés el Barça. Era el Barça del primer año de Cruyff, el Barça del 0-5 en el Bernabéu, el Barça que ganaría su primera Liga en catorce años, los que hacía de la salida de Helenio Herrera. Esa temporada se había autorizado de nuevo la importación de extranjeros y el Barça incorporó a Cruff y Sotil. La apertura de las fronteras había sido muy criticada en Bilbao, por razones obvias, así que el partido se disputó entre alguna tensión. Cruyff, por otra parte, era un jugador genial pero de aire arrogante, tenido un poco por provocador. En parte porque lo era, en parte también porque la excelencia de su juego hacía en ocasiones sentirse en ridículo a sus marcadores. Además Cruyff era, a los ojos de San Mamés, el mayor símbolo de lo que no querían: el jugador venido de fuera, por mucho dinero, competencia desleal a juicio de un club que tiene como ley de bronce trabajar solo con gente de la tierra. Villar, que jugaba en el medio campo junto a Zabalza y Uriarte, tenía la misión de marcar a Cruyff cuando este retrocediera para arrancar la jugada desde atrás. Así lo hizo, y tuvieron algún roce, particularmente en una acción dura de Cruyff contra él cerca del banquillo del Barça. El caso es que en el minuto 36, cuando llegaban al borde del área del Athletic para esperar el saque de un córner, Villar le soltó una tremenda bofetada a Cruyff, que previamente le había provocado de palabra. Al instante comprendió que había obrado mal y se dirigió al vestuario sin llegar ni siquiera a ver cómo el árbitro, Soto Montesinos, le enseñaba la tarjeta roja. Buena parte de San Mamés aplaudió a Villar. El partido, que finalizó sin goles, era televisado en directo, lo que dio más dimensión todavía al asunto.

El miércoles se conocieron las sanciones y la de Villar fue dura: cuatro partidos de suspensión. El jugador se escondió de la prensa los días siguientes, rehuyendo hacer declaraciones. Incluso en lugar de dormir en su casa, muy próxima a San Mamés, prefirió recluirse en Lezama a fin de estar más apartado. Su hermano sí habló por él en la prensa: «Cruyff le estuvo insultando todo el tiempo, buscando su respuesta». También trascendió a la prensa que los restantes jugadores del Athletic se hacían solidarios con Villar en el pago de la correspondiente multa. Por su parte, Villar solo rompió su silencio unos días después: «Quiero olvidarlo todo y pronto. No quiero que se desorbiten las cosas y por eso no voy a hacer declaraciones». Sobre la sanción se limitó a decir. «Me parece excesiva, pero como deportista la acepto. Ya tengo bastante problema con haber agredido al famoso Cruyff. Lo peor es que para quienes no me conozcan tal como soy, dentro y fuera del terreno de juego, voy a quedar señalado para siempre por esta jugada.»

La verdad es que el lance despertó más bien un movimiento de simpatía hacia Villar en toda España, salvo, lógicamente, entre los barcelonistas. Tanto por la irritación que producían algunas de las actitudes de Cruyff como por la reacción espontánea del vasco, al «expulsarse» a sí mismo sin esperar ni siquiera a que el árbitro le enseñara la tarjeta roja.

Quini está libre, ¡y ganamos en Wembley! (1981)

El Barça no había empezado bien la temporada. Se retrasó en la Liga y en la Copa de la UEFA el Colonia le eliminó con un lacerante 0-4 en el Camp Nou, que supuso la caída del entrenador, Kubala. En una controvertida decisión, el Barça contrató a Helenio Herrera, que había sido su gran entrenador veinte años atrás, pero al que ya se consideraba demasiado mayor. Y, sin embargo, el equipo reaccionó. Fue remontando puestos y, tras ganar el 1 de marzo en casa al Hércules, se puso a solo dos puntos del líder, el Atlético, que se iba desinflando. Pero algo iba a pasar.

Y pasó que Quini fue secuestrado. Al acabar el partido se marchó a su casa para hacer tiempo antes de ir al aeropuerto a recoger a su esposa, que venía de un fin de semana en la tierra de ambos, Asturias. Dos tipos se presentaron en su casa y se lo llevaron a punta de pistola. Cuando su mujer llegó al aeropuerto se extrañó de no verle. Llamó a casa y no obtuvo respuesta. Más extraño. Fue a casa y vio luces encendidas y aire revuelto, más extraño aún. Llamó al club y de allí llamaron a la policía. A la mañana siguiente se pone denuncia formal por secuestro.

La noticia paraliza a España. Quini, gran goleador, era jugador de la Selección, había ganado ya el Pichichi más de una vez con el Sporting y había sido adquirido ese año por el Barça por 80 millones. Empiezan a llegar reivindicaciones que lían más la cosa: un supuesto Batallón Catalano-Español, otro supuesto Partido Revolucionario Español, que pretenderían, según sus reivindicadores, castigar la identificación catalanista del

Barça. Pura fantasía. Los verdaderos secuestradores son otros, y lo que piden es dinero en una cuenta en Suiza.

La policía consigue levantar el secreto bancario, identifica al titular y el día 25 de marzo lo detiene en Suiza cuando acudía a comprobar si el dinero había llegado. Esa misma noche, al tiempo que España juega (y gana por primera vez) en Wembley contra Inglaterra, con goles de Satrústegui y Zamora, la policía rescata a Quini en un taller mecánico de la calle Jerónimo Vicens, de Zaragoza, donde detiene al resto de los secuestradores. Quini está en precario, delgado, barbudo y desarreglado, pero en buenas condiciones. España entera respira feliz. Quini era un tipo muy querido, jugador noble, deportivo, que no se quejaba de los golpes, valiente y con el don del gol. Uno de esos futbolistas sin enemigo alguno, ni aun entre los peores rivales de su equipo de turno. La coincidencia de su rescate con la victoria de España en Wembley hizo de esta una fecha especialmente feliz. España estaba en fase de preparación del Mundial que se iba a jugar en nuestro suelo, y aquello era muy buen augurio. Luego no se cumpliría, pero eso es otra cosa.

Pronto vuelve a jugar y terminará la Liga nuevamente como *pichichi*, con veinte goles. Pero durante su ausencia el Barça perdió sus dos salidas, al Manzanares y a Salamanca, y empató en casa con el Zaragoza. Un punto sobre seis posibles, con lo que quedó fuera de la carrera por el campeonato, que terminará quinto, a cuatro puntos de la Real Sociedad, campeona aquel año por primera vez en su historia.

España juega en Malta sin Luis Enrique

(2019)

El 26 de marzo España juega en Malta un partido de clasificación para la Eurocopa 2020. La víspera, Luis Enrique, el seleccionador, regresó repentinamente a su domicilio en Barcelona «por un problema familiar». Su segundo, Robert Moreno, que ya lo había sido en el Roma, el Celta y el Barça, se hizo cargo del equipo. España gana 0-2. Sobre la salida brusca de Luis Enrique se extendió desde el principio un severo pacto de silencio. La situación se prolongó. A los dos siguientes partidos (Islas Feroe 1-España 4, el 7 de junio, y España 3-Suecia 0, el 10 del mismo mes) no acudió ni a anunciar la lista de convocados, ni a la concentración previa, ni a los partidos. Le siguió sustituyendo Robert Moreno, aún como provisional. Se supone que Luis Enrique decidía desde fuera. Para entonces ya se sabe, aunque no se publica, que a su hija pequeña se le había detectado un osteosarcoma muy avanzado. El diagnóstico le llegó a la madre la víspera del partido de Malta, y Luis Enrique lo supo al conversar con ella tras el último entrenamiento. De ahí su precipitado regreso, decidido a mantenerse con la familia hasta la curación o el desenlace fatal.

Como la provisionalidad se alargaba en exceso, la Federación decidió, tras la pausa del verano, hacer el relevo oficial. Robert Moreno se estrenó con un Rumanía 1-España 2 el 5 de septiembre. En el acto del relevo, al que no compareció Luis Enrique, Luis Rubiales, presidente de la Federación, afirmó que el ya exseleccionador tendría las puertas siempre abiertas. La causa de su alejamiento sigue siendo un secreto oficial y se reitera a la prensa la petición de que se respete el deseo de silencio que ha pedido Luis Enrique, cosa que se cumple escrupulosamente. Tras su debut oficial, Robert Moreno encadenará cinco partidos más: España 4-Islas Feroe 0, el 8 de septiembre; Noruega 1-España 1, el 12 de octubre; Suecia 1-España 1, el 15 de octubre; España 7-Malta 0, el 15 de noviembre; y España 5-Rumanía 0, el 18 de noviembre. La Selección se clasifica para la Eurocopa (prevista para 2020, aunque se jugará en 2021 a causa de la pandemia de la COVID-19) como primera de grupo y cabeza de serie.

Pero algo ocurrió entre tanto: el 29 de agosto falleció con 9 años Xana, la hija enferma de Luis Enrique. Pasadas unas semanas, este le comentó a Rubiales que estaba en condiciones de regresar. También se lo dijo a Robert Moreno, en fecha imprecisa, pero antes del España-Malta. Moreno le pidió una cosa: que le permitiese quedarse hasta la Eurocopa, y que después se hiciera el relevo. Lo estimaba justo, puesto que había dirigido al grupo en la clasificación y quería explotar esa oportunidad. A Luis Enrique no le gustó su pretensión y la vieja y entrañable amistad entre ambos se quebró. Rubiales se puso del lado de Luis Enrique y la misma mañana del España 5-Rumanía 0 le comunicó a Robert Moreno su destitución. Moreno dirigió el encuentro sabiéndose ya cesado. Ni siquiera acudió a la conferencia de prensa posterior. Un día feliz por la brillante clasificación se transformó en una fea polémica. Robert Moreno dejó cuatro victorias y dos empates. O, si se cuentan sus tres partidos como interino, siete victorias y dos empates. Veinticuatro horas después se hizo público el regreso de Luis Enrique. Las explicaciones convencieron a medias, pero el respeto por el dolor reciente del técnico atemperó los ánimos de los partidarios de haber prolongado la tarea de Robert Moreno.

Fowler, a favor de los trabajadores del puerto

(1997)

En 1995 hubo un largo pleito de los descargadores de muelles de Liverpool con su empresa, la Mersey Docks and Harbour Com-pany. El conflicto ocupó a la opinión pública, con una larga huelga, fruto de la cual fueron despedidos unos quinientos trabajadores acusados de huelga salvaje. Por la presión social, muchos fueron readmitidos, pero en peores condiciones laborales que las de antes. Liverpool, ciudad que vivía circunstancias difíciles y cuya principal industria es el puerto (casi su razón de ser como ciudad durante muchos años), fue muy sensible al conflicto. Dos de los jugadores del equipo *red*, McManaman y Fowler, decidieron hacer algo a favor de los trabajadores. En vísperas del partido de Copa de Europa contra el SK Brann, ambos resolvieron llevar debajo de su camiseta otra con una leyenda en apoyo a los trabajadores de los muelles. McManaman sugirió a su compañero que no deberían mostrar la camiseta hasta el final del partido, cuando el gesto tendría el mismo alcance, pero no sería tan fácilmente perseguible por las autoridades futbolísticas como si se producía durante el juego. Y en eso quedaron.

Pero cuando Fowler marcó su segundo gol de la tarde, que colocaba al Liverpool con un cómodo 3-0 y daba por prácticamente cerrado el partido, olvidó lo acordado con su compañero McManaman y levantó su camiseta, debajo de la cual apareció la otra, en la que ponía «Support the 500 sacked doCKers». La CK de *doCKers* correspondía al anagrama de Calvin Klein, que les había proporcionado la camiseta a ambos, con lo que la reivindicación se convertía también en equívoco acto publicitario.

Fowler se plantó, bien visible, ante los fotógrafos, concediéndoles un tiempo para que tomaran a su gusto la imagen, que provocó gran escándalo. La prensa debatió sobre el asunto. A algunos les pareció bien que un jugador se pronunciara así en respaldo de los desfavorecidos. Para otros, se había tratado de un acto inoportuno y publicitario.

La polémica seguía abierta cuando a los cuatro días el Liverpool visitó al Arsenal en Highbury. En el curso del encuentro, Fowler, que era un delantero menudo, rápido, oportunista y habilidoso, se coló en el área y Seaman se tiró a sus pies. Fowler fingió penalti, pero inmediatamente se arrepintió y le dijo al árbitro que no había sido. Pero el árbitro ya lo había pitado y no quiso volverse atrás, así que el propio Fowler fue el encargado de lanzarlo, y fallarlo. Dos días después, 26 de marzo, recibió un telegrama de Sepp Blatter, presidente de la FIFA: «Quiero felicitarle por la actitud deportiva que usted ha demostrado». Pero justo un día más tarde, el 27, recibía una comunicación muy distinta por parte de la UEFA, que en esos días había estudiado el caso de la segunda camiseta en apoyo a los huelguistas de los muelles: «Resultó extraño y algo antideportivo…», empezaba la carta. Y terminaba imponiendo a Fowler una multa de novecientas libras. En dos días consecutivos había sido héroe para la FIFA y villano para la UEFA.

Di Stéfano le hace un gol de tacón a Saso (1954)

Di Stéfano dejó a su paso por el fútbol, entre otras cosas, un manejo del tacón que le distinguió. Lo mismo lo utilizaba como recurso para entregar en corto que, en ocasiones, para marcar goles que se hicieron célebres. Nunca le gustó presumir de eso: «Primero hay que aprender a darle de puntera, luego, de tacón». En realidad, lo utilizaba como último recurso. Así le hizo un gol celebérrimo al Valladolid en el viejo Zorrilla, cuya foto todavía circula mucho. Se le ve, lanzado hacia delante, nada más golpear el balón, frente a un Saso sorprendido, que levanta las manos. «Tanta gente me ha dicho que vio ese gol que parece que en Zorrilla cupiera más gente que en Maracaná.» Era la primera temporada de Di Stéfano en el Madrid y todo sorprendía en él. Jugaba con el nueve pero se movía por todo el campo, lo que hacía que se le hicieran frecuentes críticas por abandonar su sitio natural. Pero al tiempo marcaba todos los goles que se le pudieran pedir al mejor de los delanteros centro (en su primera temporada ya fue *pichichi*, con 29 goles en 28 partidos), y así acababa con las críticas.

Aquel gol terminó de presentarle ante la opinión pública como un jugador fabuloso, que aunaba al trabajo incansable la capacidad de magia de los más grandes. Fue, además, un partido singular, que el Madrid llegó a tener muy de cara, con 1-3 en el 37' (el tercero fue el gol de tacón de Di Stéfano), pero acabó perdiendo por 4-3, en una mala tarde de Pazos. Ese partido le costó definitivamente el puesto al portero gallego, que hasta entonces alternaba con Juanito Alonso.

Di Stéfano marcaría otros goles de tacón, siempre porque no podía alcanzar el balón de otra manera. El mejor de todos en su tercer partido con la Selección española, ante Bélgica, 0-5 para España. Un amistoso tras un frustrante 2-2 con Suiza en Chamartín que nos costaría no ir al Mundial de 1958. Miguel, extremo derecha, se fue por la banda y centró. Era una jugada rápida y Di Stéfano había acompañado el ataque. Estaba entrando en el área cuando le llegó el centro, un poco retrasado, y a media altura: volcó el cuerpo hacia delante, y en vuelo horizontal enganchó el balón con el tacón derecho, mandándolo a la escuadra del meta belga. El estadio se vino abajo. Goyvaerts, entonces un mozo y años más tarde jugador en España en el Barça y el Madrid, lo vio como un espectador más y lo contaba una y otra vez con una admiración sin límites a su llegada a España. Años más tarde, Hugo Sánchez practicaba esta suerte en los entrenamientos, pretendiendo bautizarla como *huguina*, pero nunca logró un gol así en un partido. Di Stéfano sí, algunos, sobre todo este, tan internacional, que le abrió las puertas de la admiración en toda Europa. Ese año el Real Madrid ganaría su segunda Copa de Europa y Di Stéfano sería premiado con el Balón de Oro. La lástima es que el gol no está filmado, o al menos nunca he conseguido encontrarlo. Años más tarde, unos periodistas de *L'Équipe* vinieron a Madrid y le pidieron hacer una simulación de la jugada, cosa que el jugador aceptó. Se sacaron las fotos, y con ellas el prestigioso diario francés hizo un magnífico reportaje.

Más recientemente, un equipo de diseñadores gráficos, asesorados por Luis Suárez, y dirigidos por el periodista italiano Nando Sanvito, recrearon para Mediaset el mítico tanto de Di Stéfano. Es fácilmente encontrable en internet.

Un perrito llamado *Pickles* se convierte en héroe nacional (1966)

El Mundial de 1966 le fue concedido a Inglaterra, un honor que se les debía a los inventores. El fútbol había cumplido cien años en 1963, con ocasión de lo cual se celebró un Inglaterra-Resto del Mundo en Wembley, del que tienen noticia en otro lado de este libro. Pero el homenaje a los inventores, justo y necesario, se completó con la concesión de este Mundial de 1966, según se acordó en el Congreso de Roma en 1960. España, por cierto, había optado a este Mundial, pero se retiró tras serle concedida la fase final de la Eurocopa en 1964, que ganamos con aquel célebre gol de Marcelino. Quedó Alemania frente a Inglaterra. Ganó Inglaterra por 34 votos a 27. Curioso, esos dos mismos países fueron finalistas, y la final la ganó Inglaterra.

Pero antes de ganar la Copa, Inglaterra la perdió. La compañía Stanley Gibbons, especializada en el comercio de sellos, solicitó su alquiler para mostrarla como atractivo especial en una exposición de sellos raros que organizó en Westminster's Central Hall. Y allá que fue. La exposición se inauguró con gran éxito el día 19, pero al amanecer del día 20 había desaparecido. Consternación y noticia mundial. En Scotland Yard se recibe una carta solicitando 15 000 libras por el rescate, en billetes usados de una y de cinco libras. Mientras se medita qué hacer, llega una nueva carta, esta firmada por un tal Jackson, rectificando: mejor que la entrega sea en billetes de cinco y de diez. Esta segunda carta y el nombre Jackson dan una pista que se sigue y concluye con la detención de un trabajador de los muelles, de cuarenta y siete años. La noticia trae felicidad. Pero luego resulta que el que dice ser y llamarse Jackson es un simple caradura que no tiene la copa ni tiene nada, y que solo quería aprovechar la situación para enriquecerse. Tristeza de nuevo.

Pasan los días sin noticias y con inquietud, hasta que tal día como hoy un vecino de Beuhall Hill, al sur de Londres, llamado David Corbett, sacó a pasear a su perrillo *Pickles*, un simpático chucho sin raza definida, terciadito, lanudo y de pelo blanco con manchas negras. *Pickles* se entretuvo en un seto, muy curioso, olisqueando un paquete envuelto en papeles de periódico. Corbett, incapaz de convencer al chuchillo de que se desentendiera de ello, al final se agachó, cogió el paquete que tanta curiosidad despertaba en su mascota, lo abrió y allí apareció la estatuilla en oro de Abel Lafleur, esa victoria alada portando un recipiente que fue, durante tantos años, el trofeo de la Copa del Mundo, la Jules Rimet. Fue a Scotland Yard, la entregó y su perrillo se convirtió de golpe en un héroe mundial. Apareció en todos los noticiarios, robó notoriedad a sus congéneres *Laika* (la primera perrita que viajó al espacio) y *Rin-Tin-Tin* (héroe de la televisión), fue condecorado por la Liga de Defensa de los Animales, y una marca de comida para perros le proveyó de comida gratis hasta el fin de sus días.

Y para que todo terminara aún mejor, cuatro meses más tarde el capitán inglés, Bobby Moore, recogía de manos de la Reina esa copa y la mostraba a un Wembley enfervorecido. Sí, Inglatetrra tenía la copa. Gracias a *Pickles*.

El clásico femenino bate un récord mundial

(2022)

En sus inicios, allá por los años setenta, el fútbol femenino español fue ridiculizado con dos iniciativas degradantes: un partido en Vallecas entre «Folklóricas» y «Finolis» (cantantes de éxito, rama cañí unas, canción ligera las otras) y una película titulada *Las Ibéricas* F. C., desfile de explosivas de la época que forman un equipo y discuten de novios. En la época, el presidente de la Federación rechazaba el fútbol femenino con el argumento de que otras indumentarias favorecen más a la mujer. Pero el tiempo trajo su desarrollo, los grandes clubes tradicionales le fueron dando entrada y en ocasiones señaladas abrieron su estadio principal, a poco precio o gratis, como forma de difundirlo. El Athletic dio un campanazo serio al reunir 48 121 espectadores en San Mamés para un partido de Copa contra el Atlético, en enero de 2019. En marzo, el Atlético abrió el Metropolitano para recibir al Barça en partido de Liga con la idea de mejorar aquella marca. Atlético y Barça encabezaban el campeonato. El club madrileño hizo una gran operación de *marketing* para llenar el campo: dedicó tres placas en el paseo de las leyendas a las tres jugadoras que ya habían pasado de cien partidos y agotó el papel a tres días del choque. Aunque a última hora falló un pequeño porcentaje de aficionados, la iniciativa elevó el récord a 60 739. Esa cifra rebasaba la mayor registrada hasta entonces en Europa, la final de la Champions de 2012 entre el Olympique de Lyon y el Frankfurt (50 212 espectadores en Múnich). Era, pues, récord de Europa, aunque lejos del mundial, registrado en 1999 en el Rose Bowl de Pasadena con ocasión de la final de la Copa del Mundo entre EE UU y China (90 185). Palabras mayores. Sonaba inalcanzable.

Pero el 16 de mayo de 2021 el Barça se apuntaba el éxito sensacional de ganar la Champions, hito que marcaba la mayoría de edad de nuestro fútbol femenino. Ya en 2019 había llegado a la final, pero cayó 4-1 ante el Olympique de Lyon. Las jugadoras le pidieron al entrenador que las forzase más, que se sentían capaces de volver y ganar, y resultó: dos años después batieron al Chelsea en la final por 4-0. En ambas finales jugó Alexia Putellas, llamada a ganar el Balón de Oro (véase el día 17 de enero). En la Champions 2021-2022 el Barça se cruzó en octavos con el Real Madrid, de creación mucho más reciente que el Barça, pues el Madrid fue el último gran club en sumarse a esta causa. Esa eliminatoria era la oportunidad. Champions, Clásico, Alexia con el Balón de Oro... El partido de ida, en el Di Stéfano, registró un 1-3, lo que quizá, unido al tiempo inesperadamente frío del partido de vuelta, podría haber hecho retraerse a algunos. Pero el club hizo un gran lanzamiento, se extendió la ilusión de batir el récord mundial, cada socio pudo comprar cuatro entradas al precio de cinco euros, se puso el partido a las siete, horario familiar, y el Camp Nou presentó un aspecto colosal, con 91 533 espectadores, lo que batía por 1348 la marca del Rose Bowl. Ganó el Barça 5-2, con lo que pasó por un agregado de 8-3, pero el partido tuvo un desarrollo emocionante: 1-0, 1-1, 1-2, 2-2, 3-2, 4-2, 5-2. El palco estuvo repleto de autoridades y el público difirió del tradicional, con gente muy joven entre cuyas camisetas del equipo abundaban las que lucían la publicidad del patrocinador del equipo femenino, y la mayoría con el nombre de Alexia Putellas en la espalda.

Pocas semanas después se volvió a batir el récord con 91 648 espectadores en un Barça-Wolfsburgo de Champions en el Camp Nou.

Inglaterra 1, Escocia 5. El primer jugador mediático (1928)

Alex James fue una verdadera estrella, en el concepto integral de la palabra. Y uno de los protagonistas del gran Arsenal de los años treinta. Cuando llegó al club de Londres, en 1929, este no había ganado nada. Cuando lo dejó, siete años más tarde, habían ganado cuatro veces el campeonato de Liga y tres veces la Copa. James, escocés, fue adquirido al Preston North End por 8750 libras, y, desde luego, resultó muy rentable. Fue, además, el primer futbolista cuidadoso de su imagen, el primero que buscó la forma de explotarla fuera del campo. James, de corta estatura, jugaba, en una época de calzones largos, con calzones aún más largos, que le llegaban hasta debajo de la rodilla, justo hasta el borde superior de las medias. «Quiero mantener mis rodillas calientes», explicaba. En realidad, se hacía un *look*. Escribió una columna en prensa mientras jugaba, hecho inusual en Inglaterra, e invirtió en un almacén de ropa, vinculando su estilo a la campaña de publicidad del mismo.

Con el balón era un exquisito. Interior en la clásica WM, jugaba con un estilo pausado para lo que se utilizaba entonces. Ahorraba carreras («Dejemos que el trabajo lo haga la pelota», decía) y choques. Un Xavi de la época. Lanzaba bien a los extremos y de cuando en cuando se infiltraba hacia el gol. Fue un jugador admirado por muchos, a veces discutido por salirse de la norma, cosa que hacía con cierta frecuencia. Chapman le toleraba mucho. Le toleraba que se levantara más tarde que los otros los días de partido, hacía la vista gorda con algunas salidas nocturnas suyas. Eso sí: perdió la capitanía porque una vez dejó de asistir a una cena del grupo para irse a una celebración. Otra vez fue sancionado severamente por negarse a viajar a Belfast para un partido amistoso. Buscaba continuamente fuentes de ingresos, lo que a sus compañeros les dolía, porque entendían que con eso faltaba a compromisos con el entrenamiento. «Las reglas de la vida no las han fijado los futbolistas profesionales», decía. Y también: «Cada uno ha de cuidar de sí mismo». También le acusaban de no terciar nunca a favor de sus compañeros más desfavorecidos, cosa que por su posición podría haber hecho.

Ya era muy célebre antes de llegar al Arsenal (de ahí que pagaran tanto por él), sobre todo por un partido de estruendoso resultado, un 1-5 de Escocia en Wembley. Ya entonces se discutía entre el estilo escocés y el estilo inglés, según se atuviera el juego más al pase corto o al pase largo. James aglutinó una Selección escocesa que jugó a su estilo, estilo escocés, estilo James, y dio un baile en Wembley. Y eso que en Escocia muchas voces se habían opuesto a que fuera seleccionado, ya que había abandonado el país para fichar por el Preston North End. «¿No se ha llevado su fútbol a Inglaterra? Pues que juegue para Inglaterra», escribió un editorialista. Pero jugó, marcó dos goles (uno en un preciso bombeo sobre el portero desde treinta metros, otro en un disparo duro y seco) y alimentó a sus compañeros en los otros tres.

Curiosamente, a este hombre tan preocupado por el dinero las inversiones le fueron mal. Cuando dejó el fútbol se fue arruinando, y en el momento de su muerte, en 1953, estaba sin un penique.

ABRIL

Juanito se estrella al regreso de un Madrid-Torino

(1992)

Aquella noche el Madrid jugó con el Torino, partido de la Copa de Europa. Partido con un interés especial, porque en el Torino jugaba Rafael Martín Vázquez, el miembro de la Quinta del Buitre que tenía nombre de torero y que no llegó a cuajar en el equipo según sus condiciones. Para entonces, Juanito, Juanito Gómez, era entrenador del Mérida. Juanito había hecho una singular carrera en el fútbol. Bernardino Matallanas, un viejo y sabio técnico del Atlético, lo había descubierto en las playas de Fuengirola. Llegó al club rojiblanco como fulgurante juvenil. Apenas apareció en el primer equipo cuando sus lesiones y su descontrol le hicieron estrellarse. Se fue al Burgos, primero cedido, después traspasado. Que el Atlético se desprendiera de él le hizo reaccionar, se aplicó y sacó de su interior la estrella que llevaba dentro. Triunfó, fichó por el Madrid, fue internacional… Su forma apasionada de vivir el fútbol arrebató a la afición madridista, que hizo de él un gran ídolo. A caballo entre la época inmediatamente anterior (la de Stielike y Santillana) y la de la Quinta del Buitre, vivió días gloriosos con el Madrid. Quedó para la historia su imagen dando saltos de incontenible alegría cuando le cambiaron el día del Madrid 4, Borussia 0, la más imposible de las remontadas de la Copa de la UEFA en aquellos días.

Cuando los años le pesaron se fue a terminar su carrera futbolística a su tierra, en el Málaga, donde aún rindió buenos partidos. Al final hasta jugó algunos partidos en Los Boliches, junto a Fuengirola. Pronto empezó su carrera de entrenador, de la que se esperaba mucho. Había sido un jugador intuitivo, pero también analítico. Tenía pasión por el fútbol, de modo que se creía que haría una gran carrera como entrenador. José Fouto le confió la dirección del Mérida, en Segunda. Allí, su primer gran acierto había sido rescatar a Cañizares, prometedor meta del Castilla, que se estaba perdiendo en el fútbol menor. Juanito le devolvió la confianza y eso le permitió completar una gran carrera, con paso por el Celta, Real Madrid, Valencia y hasta la Selección nacional.

Aquel día, Juanito, que llevaba al Madrid y al fútbol en el alma, viajó desde Mérida para ver el partido de Copa de Europa ante el Torino. Le acompañó el preparador físico del equipo, Miguel Ángel Jiménez. En otro coche también acudieron al partido tres jugadores del equipo, Ricardo, Echevarría y Pepe Pla. Al regreso, los jugadores iban en su coche delante del que conducía Miguel Ángel Jiménez, a cuyo lado iba Juanito, dormido. Vieron unos troncos en la carretera, que se le habían caído a un camión, los esquivaron como pudieron y pensaron en los que venían detrás. Justo un poco más allá de los troncos (que luego se supo que se le habían caído a un camión que iba en dirección a Madrid) había un camión parado en el arcén, con los intermitentes encendidos. El coche en el que venía Juanito no tuvo tanta suerte: Miguel Ángel Jiménez perdió el control al encontrarse con los troncos y se fue a estrellar en la trasera del camión detenido. Juanito murió en el acto, con el cráneo destrozado. El conductor resultó conmocionado, pero sobrevivió. La noticia provocó un impacto imponente. Juanito, con su forma sincera, generosa y descuidada de vivir, había llegado al corazón de todos los españoles. Sus errores habían sido notorios (pisar la cabeza de Matthäus, dar un cabezazo a un árbitro, escupir a Stielike…), pero, como me dijo una vez Valdano, todas sus maldades juntas no sumaban ni un minuto de su vida. El resto del tiempo hizo el bien. Vivió deprisa, se entregó a todos. Por eso su muerte provocó aquella conmoción.

Manchester United y Liverpool acuerdan un 2-0

(1915)

El caso Hoyzer (véase el día 15 de febrero), árbitro eje de una trama de adulteración de resultados para enriquecerse con las apuestas, o el más reciente que hemos tenido en España con ocasión de un Las Palmas-Rayo, no son grandes novedades en el fútbol. Codiciosos ha habido siempre, en el fútbol como en todas partes, y de cuando en cuando han salpicado este bello juego con sus desgraciados chanchullos.

Ya en tan lejano año como 1915, cuando nuestro fútbol aún estaba en mantillas, se dio un caso sonadísimo en Inglaterra, que ya tenía su campeonato de Liga. Fue con ocasión de un Manchester United-Liverpool. El Liverpool estaba en la zona media de la tabla, sin problemas. El Manchester United vivía en la zona baja, con riesgo de descenso. El partido lo ganó el United por 2-0, goles ambos de George Anderson. Pero una sensación de incomodidad quedó entre los espectadores, especialmente por la forma, descarada hasta lo grotesco, en que Jackie Sheldon había fallado un penalti. *The Guardian* decía: «El partido fue horroroso, nadie jugó bien (…). Pareció no haber un solo buen delantero sobre el campo».

La explicación apareció poco después: siete jugadores habían apostado en la víspera por el 2-0 a favor del United, que se pagaba «siete a uno»: se trataba de Sandy Turnbull, Enoch *Knocker* West y Arthur Whalley del United, y Tom Fairfoul, Tom Miller, Bob Purcell y Jackie Sheldon (el del penalti fallado) del Liverpool. Hay que aclarar que, frente a lo que ocurre en España, donde las apuestas son un fenómeno relativamente reciente, en Inglaterra son costumbre antigua, y ya entonces no había barrio que no tuviera su propia casa de apuestas, como existían aquí los establecimientos de las quinielas. Tras la correspondiente investigación todos ellos fueron suspendidos a perpetuidad, aunque el asunto colearía durante algún tiempo todavía. Uno de ellos, Turnbull, murió en la Primera Guerra Mundial. Cinco de los restantes fueron rehabilitados al final del conflicto y pudieron volver a jugar a partir de 1919. Quizá influyó en ello el ambiente especial que se creó al final de la terrible contienda. Solo se le mantuvo la suspensión a uno de ellos, West, cuya imagen quedó marcada por la forma descarada con que había estado mandando a las gradas el balón durante todo el partido. Él sostenía que lo hizo para mantener el 2-0 de los suyos. Fue a la justicia ordinaria, donde peleó años y años. Finalmente, en 1945, consiguió ganar el caso, cuando ya tenía 59 años, y declaró que así su nombre quedaba limpio.

Curioso: el Manchester United se salvó del descenso por un punto de ventaja sobre el Chelsea, que no reclamó. La propia guerra hizo que se suspendiera el fútbol; al regreso, hubo una reestructuración, se amplió la Liga de 20 a 22 clubes, y el Chelsea volvió a Primera, con lo que no hubo caso.

«Váyanse a la calle, pibes». Y fundaron Boca Juniors en un parque

(1905)

Eran tres amigos, tres muchachos llamados Alfredo Scarpatti, Santiago Pedro Sana y Esteban Baglietto, tres amigos que vivían en la Boca y estudiaban juntos en la Escuela Nacional de Comercio, donde un profesor irlandés, llamado Paddy McCarthy les había aficionado al fútbol. El fútbol se extendía en esos tiempos por el mundo, a caballo entre los dos siglos, empujado por el prestigio del Imperio británico, cuyo alcance era inmenso. El imperio era sinónimo de fuerza y progreso y todo el mundo quería parecerse a ellos. Así que el fútbol gozaba de los mejores valedores. Los tres muchachos empezaron a darle vueltas a la creación de un club propio, en la Boca, donde ya existía otro, el River Plate, y para tratar sus planes se reunieron en casa de Baglietto. A ellos se les unieron los hermanos Juan Antonio y Teodoro Farenga. Los cinco estaban en casa cuando llegaron los padres de Baglietto con unos amigos. «¿Qué hacen aquí, pibes?» «Estamos fundando un club de fútbol», contestó enfáticamente Esteban. «Anden, no estén acá encerrados, anden a la calle». Y a la calle fueron.

Pero no cambiaron de tema. Sentados en un banco de la plaza Solís, en la manzana que forman las calles de Olavarría, Suárez, Caboto y Ministro Brin, siguieron hablando de lo suyo. A ellos se añadió el hermano menor de Sana y la reunión siguió hasta tomar la determinación: harían un club. Juntaron a más chicos, pero pronto vieron que eran pocos, así que fueron a hablar con los de Independencia, otro club del barrio, que se las tenía ya tiesas con River. Hablaron con el alma máter del Independencia, un tal Pedro Moltedo, al que convencieron de una fusión para crear un equipo con un nuevo nombre.

—¿Y qué nombre es ese?

—Boca Juniors.

—¿Y por qué Juniors?

—No sé, pero suena bien. Boca a solas no suena tan bien.

Moltedo aceptó porque le gustó el nombre. Los fundadores habían dado vueltas a ideas como «Hijos de Italia», «Defensores de Italia», o «Defensores de la Boca», hasta que Sana, que se manejaba bien en idiomas, había propuesto el nombre definitivo. Les había dicho a todos que Juniors significaba en inglés jóvenes, ellos eran jóvenes, y meter una palabra inglesa le daba distinción al nombre, y era un homenaje a los inventores, los ingleses. No le iban a dejar esa ventaja a River Plate. Ya el 21 de abril jugaron su primer partido, contra el Mariano Moreno, en la Dársena Sud, y ganaron 4-0. Un gran estreno. Para la ocasión vistieron camiseta azul celeste, que no convenció mucho. El color de la camiseta fue objeto de discusiones, hasta que en una de esas apareció en el puerto un barco sueco, con su bandera azul y cruz amarilla. La combinación gustó. Se utilizó primero con una banda amarilla sobre la camiseta azul, pero pronto se pasó a la banda horizontal, aunque los colores no siempre se combinaron de la misma manera. Cuando Boca hizo su célebre gira por Europa, en 1925 (véase el día 24 de febrero), vestía de amarillo con la banda horizontal azul.

La FIFA entra en la International Board

(1913)

La International Board es el organismo encargado de velar por las reglas del fútbol. Su primera reunión como organismo independiente de la Football Association tuvo lugar el 2 de junio de 1882. Estaba compuesto por dos representantes de cada una de las federaciones de Inglaterra, Irlanda, Escocia y Gales, y se reunía una vez al año para discutir sobre posibles modificaciones, que venían aconsejadas por sucesos ocurridos en partidos, situaciones no previstas en tiempos anteriores, y que sugerían la conveniencia de introducir tales o cuales cambios en las reglas originales. La existencia de la FIFA a partir de 1904 da lugar poco a poco a que las federaciones del otro lado del canal de la Mancha se interesen por opinar sobre la evolución de las reglas del juego. Las cuatro federaciones de las Islas británicas se mostraron renuentes durante algún tiempo a la incorporación de «los continentales», hasta que en 1913 aceptaron la presencia de dos miembros de la FIFA en el sumo sanedrín, si bien reservándose la prerrogativa de que cualquier cambio en las reglas debería estar aprobado por las tres cuartas partes de los votos, lo cual hacía que, en la práctica, conservaran el control del asunto.

Las relaciones entre la FIFA y la International Board fueron siempre cordiales, incluso cuando los británicos se retiraron de la organización en 1920 porque pretendieron que fueran expulsados de la FIFA los países derrotados en la Primera Guerra Mundial, singularmente Alemania. Los británicos no regresarían hasta después de la Segunda Guerra Mundial, pero entre tanto siguió habiendo una entente entre la FIFA y la International Board que permitió mantener las reglas bajo unificación. En ese sentido, la FIFA creó en 1923 su propio Comité Consultivo de las Reglas del Juego y Arbitraje, que hizo una gran labor para que acataran un Reglamento único todos los países que se iban incorporando al fútbol. Este comité tenía la función de estudiar y aconsejar cómo debían organizar a sus árbitros todas las federaciones de fútbol que se iban asociando a la FIFA, y cómo tenían que ser designados para dirigir partidos internacionales. Sus integrantes estaban también preparados para resolver las cuestiones que les presentasen las asociaciones nacionales respecto al Reglamento y su funcionamiento. Cada nueva federación asociada era autorizada a designar hasta seis árbitros para partidos internacionales, y desde el principio se hizo hincapié en que los partidos entre países fueran arbitrados por colegiados neutrales. En ausencia de los británicos, este comité consultivo tuvo la inmensa utilidad de lograr una interpretación uniforme de las reglas del fútbol, siempre invocando, para los casos de duda, el espíritu de las mismas.

Resuelto el regreso de los británicos en 1947, la International Board cambió en su composición de voto. Las cuatro federaciones británicas envían cada una de ellas un representante con voz y voto. La FIFA manda dieciséis, todos con voz, pero solo cuatro con voto. De modo que aunque hay veinte miembros con voz, solo hay ocho con voto, de los que la mitad corresponden a la FIFA y la otra mitad a las cuatro federaciones británicas, con la salvedad de que los cuatro votos de la FIFA son un mismo sufragio, no pueden votar de forma separada. Para que una moción de cambio de Reglamento sea aceptada se requieren seis votos favorables, lo que le dio una estabilidad de la que algunos se quejaban, pero que resultó muy provechosa a la larga para el fútbol. La International Board se reúne dos veces al año. La primera, entre febrero y marzo, tras haber dado un plazo de cuatro semanas para recibir propuestas para cambios en las reglas. La segunda reunión anual, entre septiembre y octubre, llamada «de negocios», es solo para el seguimiento de la marcha económica y administrativa del organismo.

Álvarez Margüenda irrita al Manzanares

(1981)

Aquella Liga la estaba llevando bien el Atlético, líder escapado durante muchas jornadas. El entrenador era García Traid. A ocho fechas del final ganó al Barça (que por esos días sufría el secuestro de Quini), y se le dio como claro favorito. Pero no vivía con paz interior, ni mucho menos exterior. Su estrepitoso presidente, Alfonso Cabeza, una especie de precursor de Jesús Gil, lo tenía todo alborotado con sus declaraciones desafiantes. Era una mezcla de *clown* y rebelde antisistema. Le dimitió gran parte de la junta directiva, que le aconsejaba sosiego, le relevaron de su puesto de director del hospital La Paz y la Federación le suspendió por un mes. Los atléticos más sensatos temían que la forma de comportarse de su presidente Cabeza se volviera contra el club, particularmente a través de los arbitrajes. Y los temores empezaron a tomar cuerpo con la actuación de Guruceta en el partido de Sarriá, que perdió el Atlético.

Después de eso, el Atlético empata en casa ante el Salamanca y pierde en Gijón, con arbitrajes de Condón Uriz y Fandos que irritaron a los atléticos. A cuatro jornadas del final el cuadro rojiblanco recibió al Zaragoza, con Álvarez Margüenda como árbitro y un clima de sospecha generalizada, después de tres partidos sin ganar y con buena parte de la ventaja fundida. Y allí se armó la de San Quintín. Empezó marcando Ruiz para los locales, pero pronto el público se indignó por la violencia consentida del central aragonés Casajús. Rubén Cano salió lesionado a los tres minutos. Margüenda ignoró dos penaltis en el área del Zaragoza, pitó uno en la del Atlético, anuló un gol a Dirceu, expulsó a Marcos por una reacción airada de este, y finalmente expulsó también a Robi, ya en el 90'. Ganó el Zaragoza por los goles de Pichi Alonso (el citado penalti) y Valdano. El público estalló, cayó parte de la valla, un linier fue agredido, y una señora saltó al campo con un zapato en la mano a pegar al árbitro. Luego tuvo que ser atendida por un ataque de histeria.

Las declaraciones al final del partido son tremendas: «Un robo descarado», «Con la mafia en contra nunca podremos ser campeones», «Nos atacan como a Mazinger Z, hasta que nos destruyan no pararán». «Esto es un ataque personal de Porta y Plaza hacia Cabeza.» Alfonso Cabeza dobla su apuesta: «Esto es una conspiración, pero no voy a irme del fútbol. Voy a desenmascarar a los muchos sinvergüenzas que hay, con nombres y apellidos».

Al Atlético le quedan las salidas a Valencia (donde le faltarán seis jugadores, entre expulsados y lesionados) y el Bernabéu, más un partido en casa, ante Osasuna, que tendrá que jugar en campo neutral, en Albacete, por cierre de su campo. El día del Bernabéu Alfonso Cabeza convocó a su afición a pasar la tarde en el Manzanares, comiendo tortilla de patatas, «porque no merece la pena ir allí para que nos roben». En definitiva, el Atlético no ganó ninguno de sus siete últimos partidos, en los que solo sacó tres puntos. Sería tercero en esa Liga, que ganó in extremis la Real, con un gol de Zamora en Gijón (véase el día 26 de abril) en los últimos instantes. El Madrid fue segundo.

La muerte de Julio César Benítez (1968)

Julio César Benítez era un jugador uruguayo bueno, realmente bueno. Había venido a España a través del Valladolid, en una especie de embarque masivo de uruguayos que había adquirido Saso, antes portero del equipo (el que encajó el más célebre gol de tacón marcado por Di Stéfano en España), convertido para entonces en secretario técnico. Saso trajo a España a Aramendi, Endériz, Benítez y Solé, todos los cuales triunfaron nada más llegar. Benítez era un mulato recio, buen jugador para varias posiciones. Podía ser interior, medio o lateral. Tenía colocación, sentido del juego y un magnífico golpeo con la pierna derecha, que le llevó incluso a marcar goles en perfectos tiros libres. Así que no fue extraño que el Valladolid se le quedara pronto pequeño, y que pasara sucesivamente al Zaragoza, que en aquellos años tuvo un gran equipo, y luego al Barça.

Y en el Barça estaba en la temporada 1967-1968, en la que una vez más la Liga estaba en disputa entre los azulgranas y el Madrid. El 7 de abril tenían que disputar en el Camp Nou la vigésimo séptima jornada, de las treinta previstas. El Madrid, que es líder con tres puntos de ventaja, viaja, como era costumbre entonces, en coche cama la noche del viernes al sábado. Se hospeda en el hotel Manila, en la Rambla de Cataluña, lo mejor de la ciudad. Ahí están, velando armas, cuando llega una noticia inesperada: ha fallecido Benítez. ¿Benítez? Benítez, sí, Benítez. El jugador uruguayo se había asentado en el Barça como lateral derecho indiscutible y entre sus méritos más reconocidos tenía el de haberse especializado en anular a Gento, que no era poca cosa. Desde años atrás, el Barça había tenido problemas con el gran extremo cántabro. El Barça y todos los equipos, claro, pero se habla del Barça por su importancia como rival del Madrid. En esos tiempos se hizo clásico el rumor en los cines cuando, en los partidos entre el Madrid y el Barça que mostraba el NO-DO, se veía el repliegue del equipo azulgrana cada vez que cogía el balón Gento. Con eso acabó Benítez, que se hizo con el gran extremo cántabro, cosa que nadie había conseguido antes. Benítez se plantaba de perfil ante Gento, dando la cara un poco a la banda, casi con los brazos en jarras, desafiándole. Y Gento renunciaba a atacarle: entregaba el balón en corto, a Velázquez o al que fuera, y se desentendía. Eso, repetido varias temporadas, en Madrid o en Barcelona, hizo muy popular a Benítez, como hizo especialmente esperados sus duelos con Gento.

Pero esta vez no lo hubo. Benítez murió el sábado, en vísperas del gran clásico. El veredicto médico es que había fallecido por la ingesta de mejillones en mal estado, explicación que entonces resultó chocante, y aún hoy lo es. La noticia sacudió a toda España y el partido, por supuesto, fue aplazado. El domingo tuvo lugar el entierro, al que asistieron los jugadores de ambos equipos, atónitos aún por el fallecimiento inesperado de un compañero rebosante de salud y felicidad hasta muy poco antes. El encuentro queda pospuesto para el martes, con un día de duelo de por medio. Acabará en empate a uno, goles de Zaldúa y Pirri. Gento no se las vio con Benítez, sino con Torres, pero estuvo como ausente durante todo el partido. El empate le vale al Madrid para mantener sus tres puntos de ventaja. Tras batir en la penúltima jornada, en el Bernabéu, al otro gran rival, Las Palmas, ganará el título. Pero la final de Copa de ese año (final de las botellas) se la ganará el Barça al Madrid. Benítez no estuvo, pero seguía en el recuerdo.

Míster Pentland viene para cambiar nuestro fútbol
(1921)

Para el fútbol español, la llegada de Frederick Beaconsfield Pentland, míster Pentland, será como para la Humanidad el descubrimiento de la imprenta. Había jugado de extremo derecha en varios equipos ingleses (fue cinco veces internacional) y después se dedicó a entrenar. Trabó contacto en los JJ OO de Amberes con René Petit, que jugó en ellos para la Selección francesa, y a través de él con Pagaza, que habló de él al Racing de Santander, por el que a su vez había fichado el propio Pagaza, antes jugador del Arenas. Hubo acuerdo y allá fue. Para entonces tenía treinta y ocho años y aportó conceptos a nuestro fútbol que le permitieron dar un gran salto. Si todavía hoy en España se llama «míster» a los entrenadores es por una costumbre que nació con él.

Pentland resultó simpático por su sombrero de hongo y su inseparable pipa, que luego sustituiría por puros. Y por su media lengua al hablar el español, con esfuerzos cómicos. Pero sobre todo por la eficacia de su trabajo. Buen centrador, mejoró mucho el golpeo de sus dirigidos, en particular la colocación: «Jugador que necesita más de un regate es que está mal colocado». En sus equipos hacía retrasarse a los interiores, para ganar gente en el medio campo, lo que llamó «el método» (1-2-3-2-3), modificación de lo que hasta entonces se hacía, «la pirámide» (1-2-3-5). Tenía curiosas ocurrencias, como mantener al equipo, cuando lo veía mal, entrenándose una semana entera sin la pelota, para que cogieran «hambre de balón». El Racing, que lo trajo, solo pudo retenerle un año. Luego se iría al Athletic, al que ha quedado ligada su figura, por mil pesetas al mes y un partido en beneficio suyo. También entrenó al Oviedo, Arenas de Guecho y al Atlético de Madrid.

Pero es el Athletic de Bilbao el club con el que más se le relaciona. Y es justo, porque en él estuvo en dos etapas (de 1922 a 1926 y de 1929 a 1933), tiempo en el que dejó dos títulos de Liga y cinco de Copa. Los dos títulos de Liga coincidieron con títulos de Copa, de manera que hubo dos dobletes. Obtuvo resultados tan extraordinarios como un 12-1 sobre el Barça en San Mamés y un 0-6 sobre el Madrid en Chamartín, tanteos descomunales incluso para la época, y que desde luego nunca se repitieron. Los éxitos eran celebrados por sus jugadores rompiéndole el bombín, ceremonia a la que él asistía con simpática resignación. Su lema siempre fue: «El partido más difícil es el del domingo que viene». Aconsejó al seleccionador español, José María Mateos, en aquel célebre 4-3 contra Inglaterra (véase el día 15 de mayo) de 1929, primera derrota de los ingleses en el continente. Él mismo actuó como seleccionador ocasional en dos ocasiones. Su magisterio cambió el fútbol español.

Se marchó de España poco antes de la Guerra Civil, tras ser despedido del Atlético de Madrid en noviembre de 1935, y ya no regresó a entrenar aquí, aunque mantuvo intensa relación epistolar con muchos amigos, particularmente de Bilbao. El Athletic le invitó en 1959 a un homenaje. Para entonces había enviudado, vivía con una hija casada, tenía setenta y seis años y estaba enfermo de misantropía. Le costó decidirse, pero vino. De aquella su última visita a San Mamés queda alguna entrañable foto. Tres años después fallecía. Pero su recuerdo pervive, sobre todo en Bilbao.

Juanito pisa la cabeza a Matthäus

(1987)

Esa temporada el Madrid había vuelto a la Copa de Europa después de dos en las que no la había jugado, pero que había aprovechado bien: ganó de forma consecutiva dos copas de la UEFA, con aquellas célebres remontadas de la Quinta del Buitre. Pero ahora se trataba de ir más allá, de recuperar por fin la Copa de Europa, que el club no ganaba desde 1966. Ya era hora. Era un gran Madrid. Contaba entre los favoritos. En dieciseisavos eliminó al Young Boys. En octavos superó a la Juventus de Platini en una tanda de penaltis en la que Buyo fue el héroe. (Luego contaría su secreto: rezaba el padrenuestro según el delantero se preparaba para lanzar.) En cuartos cae el Estrella Roja, aunque el Madrid tiene una baja seria: a Valdano se le descubre tras el partido de ida una hepatitis que, a la larga, le va a obligar a dejar el fútbol.

En semifinales tocó el Bayern de Múnich, auténtica bestia negra del Madrid, que ha vivido muchas de sus escenas más tensas y desagradables con este equipo. El partido de ida es en Múnich y en el equipo figura Juanito, ya veterano. El partido sale mal, el arbitraje del escocés Robert Valentine es considerado parcial por el Madrid. Señala dos penaltis a favor del Bayern, si bien uno de ellos viene por unas manos absurdas, en una jugada sin peligro. El Bayern llegó a ponerse 3-0 en poco más de media hora con un ataque desatado, Butragueño descuenta al borde del descanso, pero en el 53' Matthäus marca de penalti el 4-1. Juanito está fuera de sí. De repente hay una entrada dura del propio Matthäus a Chendo, al que sacude fuerte por abajo. Antes de que el alemán llegue a levantarse del suelo, Juanito va sobre él y le pisotea la cabeza. La escena es terrible, nunca vista, hace temer que el alemán se quede sordo, o ciego, o algo así. El árbitro expulsa inmediatamente a Juanito, al que la UEFA sancionará por cinco años. Ese fue su último partido en Europa. Como le sucedió en su día a Amancio, cuyo último encuentro internacional también fue en Múnich, y también acabó en expulsión.

Juanito se arrepiente y pide perdón, y el alemán, con enorme nobleza, lo acepta. Visita a Juanito en Madrid, en la sede del diario *As*, y le acepta como regalo de desagravio un estoque y una muleta. La imagen compensa el horror de la escena del pisotón. Eso sí: como lo cortés no quita lo valiente, el Bayern plantea un partido muy guerrero en el Bernabéu, de donde escapará con un empate 1-1 gracias sobre todo a su portero Pfaff, que estuvo sembrado. El líbero Augenthaler fue expulsado por agredir a Hugo Sánchez. Camino de los vestuarios, se puso los dos índices a los lados de las sienes, en ademán de invocar al diablo según algunos, de poner los cuernos al público, según otros. La foto fue un elemento más para alimentar la eterna discordia entre los dos equipos, que quizá mantienen entre sí las más arduas y desagradables de las grandes rivalidades europeas.

Hacia la creación de otro Athletic (1903)

Primera final de Copa del Rey, que ya es tal, después del feliz experimento del año anterior, avalado por el alcalde de Madrid, Alberto Aguilera. Pero esta vez es el Rey el que dona la copa, y ya se puede llamar a la competición Campeonato de España. Los partidos se juegan de nuevo en el campo del Hipódromo (ahora ese espacio lo ocupan los Nuevos Ministerios), donde fueron los del año anterior, y a la final llegan el Madrid y el Athletic, que ya ha absorbido al Bilbao. Hay un ambiente formidable, con cinco mil espectadores, a veinticinco céntimos los de la primera fila y a diez céntimos los de las siguientes. El Madrid se adelanta con goles de Valdeterrazo y Neyra, y así se llega al descanso. Pero en la segunda mitad remonta el Athletic, con goles de Cazeaux, Montejo y, finalmente, de Sota. El juego es duro, sobre todo en la segunda mitad. Aquel día se produjo quizá el primer estallido de pasión futbolística. La mayor parte de la afición, claro, va con el Madrid e increpa a los «athleticos», a los que reprocha su dureza.

Tras el partido, un grupo de bilbaínos, la mayoría de ellos estudiantes en la Escuela de Minas de Ríos Rosas, regresan entre eufóricos e indignados. Eufóricos por el triunfo, indignados por los insultos que han escuchado contra el equipo de su tierra. Alguno de ellos está enrolado en alguno de los varios equipos de la capital, incluso en el Madrid, además del cual existen ya por entonces el Español, el Moderno, el Iberia, el Hispania, el Moncloa, el Retiro ya hasta un Amicale, de estudiantes franceses. Después de un largo paseo se reúnen a cenar en la Sociedad Vasco-Navarra, donde surge la decisión de crear ellos su propio equipo, un equipo formado por los estudiantes vascos residentes en Madrid, que los había en suficiente número. Se decide pedirle al Athletic sus estatutos para redactar los del nuevo club a su imagen y semejanza.

Pero en los contactos con el Athletic surge otra idea: ¿por qué hacer un club nuevo? ¿Por qué no constituirse en una sucursal del Athletic en Madrid? Sería el mismo club, una misma ficha, y el jugador que viajara con frecuencia de una ciudad a otra podría alinearse, indistintamente, en el Athletic de una ciudad o en el de la otra. Así se hace, y tras una reunión celebrada el 25 de abril, y completada ya pasada la medianoche, se redacta una nota oficial que se envía a la prensa dando noticia de la creación de la nueva sociedad, «sucursal del Athletic Club existente en Bilbao». El 2 de mayo se juega el primer partido, entre miembros de la propia sociedad, en un solar contiguo al Retiro, en lo que hoy ocupa el Hospital del Niño Jesús, que fue el primer campo del Athletic en Madrid. Entre los jugadores había alguno procedente del Madrid (como Valdeterrazo, autor de uno de los goles de la final) y figuraba también Raimundo Moreno Aranzadi, el hermano mayor de Pichichi, que estudiaba en la capital.

En los periódicos se les solía citar como «Athletic Sucursal», o bien se hacía distingo entre Athletic (B) y Athletic (M), según se hablara del de Bilbao o del de Madrid, lo que dio pronto lugar a la broma de que se tradujera por Athletic Bueno o Athletic Malo. Con el tiempo, los lazos de dependencia del Athletic madrileño con Bilbao se fueron aflojando. El Athletic fue madrileñizándose, progresivamente ocupado por náufragos de la disolución de otros clubes de la ciudad, víctimas del profesionalismo que permitía que el más fuerte, el Madrid, se llevara sus mejores jugadores. Bajo el paraguas bilbaíno el Athletic resistió ese envite, y sobrevivió. En 1921 jugó su primera final, precisamente contra el propio Athletic de Bilbao. Y para 1923 rompió definitivamente los lazos con su progenitor.

Babacan deja al Atlético con ocho

(1974)

Aquel año el Atlético pisaba fuerte en la Copa de Europa. Se había abierto de nuevo la posibilidad de fichar extranjeros (fue entonces cuando vino Cruyff) y había reforzado su equipo, ya de por sí bueno (campeón de Liga del año anterior), con dos internacionales argentinos: el líbero Heredia, de magnífica salida de balón, y un velocísimo delantero, Ayala, que lucía melena de mosquetero. El entrenador, Juan Carlos *Toto* Lorenzo reunió un ataque de tronío, Ayala-Gárate-Bezerra, que fue bautizado como «los tres puñales». No fue raro que el Atlético eliminara sucesivamente a Galatasaray, Dinamo de Bucarest y Estrella Roja, hasta llegar a las semifinales frente al Celtic de Glasgow. La ida se jugó allí, el Miércoles Santo, en un ambiente previamente enrarecido.

Porque por aquellos años los equipos suramericanos se habían hecho muy mala fama en Europa, y particularmente en Gran Bretaña, por su tremenda dureza en la Intercontinental. El Atlético tenía una gran mayoría de jugadores suramericanos, así que fue esperado de uñas, con campaña de prensa previa. Encima, la víspera ocurrió lo que faltaba: en el entrenamiento se produce una agresión de Ovejero a Panadero Díaz (argentinos los dos) en respuesta a una dura entrada del segundo. Es gasolina en la llama que había encendido la prensa escocesa.

El partido se juega bajo una enorme tensión, arbitrado por Babacan, muy influenciable. Además, el Celtic de Glasgow tenía un pequeñísimo extremo, Johnstone, extremadamente habilidoso, cuyos regates crispan a los defensas atléticos, que le entran con dureza. Panadero Díaz, primero, y

Quique, después, van a la calle por este motivo. Más tarde ocurre lo mismo con Ayala. Otros jugadores se cargan de tarjetas. Johnstone se retira lesionado y es sustituido. El Atlético resiste como puede, con siete jugadores protegiendo a Reina, sin alejarse de su área, lanzando el balón lo más lejos que puede cuando lo coge. Otra cosa no se podía hacer. Por fin alcanza la orilla: 0-0. Los jugadores se retiran entre peleas, la policía interviene para separarlos y para frenar un intento de invasión del público. El partido deja una gran polvareda, convertido casi en un escándalo europeo. La UEFA decidirá después suspender por tres partidos a los jugadores expulsados, y por uno a Melo, Ovejero y Alberto. Seis bajas para el partido de vuelta, tres para la previsible final, si se alcanza. Además, multa con dos millones de pesetas al club, al que se culpa de la mala conducta del equipo. Babacan queda en la memoria del Atlético como una especie de enemigo público.

La vuelta se juega el día 24 en el Manzanares en un ambiente de desagravio al equipo, que juega fenomenalmente bien a pesar de las seis ausencias (la plantilla era buena, la alineación de ese día no desmerece) y gana por dos a cero, con goles de Gárate y Adelardo. ¡A la final! Será la final doble frente al Bayern, la del tiro libre de Luis, el empate in extremis de Schwarzenbeck y el dichoso desempate. Pero esa es otra historia.

Jornada de huelga en nuestro fútbol

(1982)

En los años de la Transición también los futbolistas cambiaron su forma de ver las cosas. Por entonces estaban sometidos a un régimen laboral difícil de calificar, que les dejaba bastante a expensas del capricho de los directivos, que no siempre actuaban correctamente. Uno de los grandes caballos de batalla era el derecho de retención, consistente en que ningún jugador podía abandonar su club si este no accedía al traspaso, aun en la extinción del contrato. La norma fijaba que con un simple aumento del 10 por ciento el club podía renovarlo unilateralmente. La única forma de ganar la libertad por parte del jugador al término de su contrato era actuar una temporada entera sin cobrar. Solo así podía irse. Otro caballo de batalla fue la disposición por aquellos años, por parte de la Federación española, de la limitación a veintitrés años de la edad para jugar en Tercera División, medida que se pretendía protectora de las canteras, o destinada a evitar que la Tercera fuera un cementerio de elefantes. Pero los futbolistas, constituidos en sindicato (AFE), la veían como un cierre de posibles puestos de trabajo, una provocación, una medida de chantaje para que aflojaran en otras peticiones.

La tensión duró varias temporadas. En realidad, desde la misma constitución de la AFE, el 25 de enero de 1978. Hubo largas reuniones, negociaciones, rupturas, amenazas de huelga. Porta, presidente de la Federación, y los clubes hicieron un frente común muy duro contra la AFE, cuyas cabezas visibles eran los ex jugadores Quino y Cabrera Bazán. Finalmente, tras más de una huelga convocada y finalmente retirada, la situación llegó a su extremo y se convocó formalmente una huelga (por el límite de edad en Tercera) para la jornada de Liga.

El Barça anunció desde el principio que no iría. Los jugadores del Barça cobraban entonces buena parte de su contrato en negro y no estaban en condiciones de hacerlo. En los demás clubes hubo mayoría a favor. El Barça era primero, a un punto de la Real y a tres del Madrid, de modo que cabe imaginar las presiones que en sus clubes recibieron Arconada y Del Bosque (los respectivos cabecillas sindicales de sus plantillas) para que jugaran. En realidad, todas las plantillas fueron presionadas. El viernes por la noche, para máximo disgusto de Del Bosque y de la AFE, la Real se echó para atrás. Y le siguieron varios equipos en cascada. Finalmente solo harían la huelga cuatro plantillas: Real Madrid, Castellón (que ya estaba descendido), Valencia y Zaragoza. Esos equipos jugaron con sus filiales o juveniles, que no eran profesionales. En el Madrid debutó por esa razón Míchel, entonces aún jugador del Castilla, que formó en un sedicente Real Madrid junto a sus compañeros del filial. A su vez debutó ese día en el Castilla Butragueño, ascendido un peldaño, junto a sus compañeros de la Tercera, por ese mismo motivo. El «Madrid-Castilla» ganó 1-2 al Castellón, y uno de los dos goles lo hizo Míchel. Finalmente, el Madrid acabaría la Liga tercero. El título sería para la Real Sociedad.

Nacen las quinielas

(1946)

Ya en 1924 se había manejado la idea de unas apuestas mutuas sobre el campeonato de fútbol. Vicente Narbona Jiménez se la pre-sentó a Miguel Primo de Rivera, que la desestimó. El proyecto guardó el sueño de los justos hasta pasada la guerra y reapareció por fin en 1946, con unos boletos de siete apuestas y una primera jornada que constó de estos partidos: Athletic de Bilbao-Espanyol; Murcia-Castellón; Oviedo-Real Madrid; Atlético Aviación-Real Gijón; Valencia-Sabadell; Barcelona-Celta; Coruña-Sevilla. Se trataba de acertar los resultados. La fórmula del 1-X-2 sobre catorce partidos aparecería después, en 1948. En aquella primera jornada se sellaron 38 350 boletos, con una recaudación de 77 060 pesetas. Dos máximos acertantes cobraron 9603 pesetas cada uno.

En realidad, las quinielas han tenido que ver mucho con el desarrollo de nuestro fútbol, porque le permitieron saltar las paredes del estadio. El fútbol pasó de ser cosa de los aficionados a un bien de Estado, un camino para comprar ilusiones que usaban las modistillas, los curas (¡ay, si me diera para arreglar la torre de la iglesia!), los campesinos, que nunca habían pisado ni pisarían un campo de fútbol… Todo el mundo. Por muy poco dinero se podía soñar con una lluvia de millones que resolviese la vida solo con acertar una combinación de unos, equis y doses, para lo cual no hacía falta ni siquiera saber de fútbol. Es más: casi era conveniente no saber de fútbol, porque el verdadero dinero estaba en las sorpresas, en los resultados que ningún aficionado sensato se atrevería a pronosticar. Como ahora, aunque hoy los sistemas probabilísticos y las grandes peñas han amortiguado quizá demasiado la vieja emoción de las quinielas, arrebatándoles aquel aire romántico de los cincuenta y los sesenta.

Francisco Franco ganó una quiniela, por cierto. Usted quizá crea que fue con trampa, pero quienes pueden saberlo me aseguran que no. Ganó una quiniela de catorce, y eso que era relativamente aficionado al fútbol: ningún domingo se perdía el partido televisado a partir de los sesenta, cuando empezó a darse uno casi cada fin de semana, a las ocho de la noche, todavía en blanco y negro. Pero la quiniela que ganó Franco, exactamente el 28 de mayo de 1967, no llevaba partidos de la Primera División española, sino de la italiana y algunos de Segunda. Se hacía así cuando, por compromiso de la Selección nacional, paraba el campeonato, lo que fue el caso: aquel domingo cayó entre dos partidos de la Selección, un amistoso en Wembley y uno de clasificación para el europeo ante Turquía, en San Mamés. La sexta columna de las ocho del boleto sellado con la clave MM 0034719 alcanzó doce aciertos, el pleno de aquel día, porque hubo cuatro encuentros suspendidos y dos reservas. Franco ganó por esa quiniela 900 131,10 pesetas, bastante dinero para la época. Para entendernos, por aquellos años consiguió cobrar El Cordobés un millón de pesetas por corrida. Con ese dinero uno se podía comprar tres buenos pisos en la mejor zona de Madrid o Barcelona, para seguir estableciendo referencias. Pero no fue un premio extraordinario. Por los mismos años se hizo célebre un agricultor vallisoletano llamado Gabino, que obtuvo 30 207 744 pesetas, una verdadera fortuna, por un pleno de catorce. La quiniela de Franco no llegó a tanto porque hubo algún pleno más y porque sin los equipos españoles las recaudaciones bajaban.

Empate a seis y primera gran bronca Madrid-Barça
(1916)

Por entonces la Copa la jugaban los campeones regionales, que luego se iban enfrentando entre sí en partidos de ida y vuelta. Aquel año, Madrid y Barcelona se veían en semifinales y se iba a armar parda. Se puede decir que si hasta entonces se miraban con desconfianza, a partir de ese momento el sentimiento fue algo peor. La eliminatoria empezó el 26 de abril, en Barcelona, curiosamente en el campo del Espanyol, donde ganó el Barça 2-1. En la vuelta, el 2 de abril, el Madrid gana 4-1, curiosamente también, en el campo del Atlético, entonces en la calle de O'Donnell, frente al suyo propio. Uno de los tantos lo hace Bernabéu, de penalti, lo que a la larga tendrá su importancia. Entonces no se tenían en cuenta los goles, sino las victorias, así que había que desempatar.

El partido se concierta para once días después y resulta tremendo, con un resultado de empate a seis después de la prórroga. El ritmo es trepidante: 1-0 Belaunde, Bernabéu falla un penalti, 2-0 Bernabéu, 2-1 Alcántara, 2-2 Alcántara, descanso, Bru le para otro penalti al Madrid, este a Aranguren, 3-2 Belaunde, 3-3 Bau, 3-4 Mallorquí, 4-4 Belaunde, en el 88'. El árbitro, Berraondo, pita el final, entre ovaciones del público a todos, y se llega a la prórroga. Y ahí sigue el festival de goles: 5-4 Bernabéu, 5-5 Alcántara, 5-6 Martínez. Cuando todo está a punto de acabar, un jugadón de René Petit acaba en disparo que vence a Bru y el defensa Massana lo saca con la mano. Penalti. Bernabéu lo tira y es el 6-6. Final. Pero el Madrid ha dispuesto de tres penaltis, aunque solo transformó uno, y el Barça está mosca. Pese a ello, y de acuerdo entre ambos equipos, se decide que

Berraondo arbitre el nuevo desempate, dos días después. (Berraondo había sido jugador de ambos equipos, pero más años del Madrid.)

Y el último partido no acaba. Ya antes de comenzar, el Barcelona protesta por la alineación de Zabala, que a juicio de los *blaugrana* pertenece al Real Unión, pero se rechaza la protesta. Y se juega: Martínez 0-1, Alcántara 0-2, Bernabéu 1-2, descanso, René Petit 2-2 y ya muy cerca del final Bru le para otro penalti a Bernabéu, protestadísimo. Es el quinto penalti del que dispone el Madrid en la eliminatoria. Prórroga: 3-2 Aranguren y 4-2 de nuevo Aranguren. El Barça, que estaba jugando mejor, protesta este gol por fuera de juego. Berraondo no atiende la protesta y el Barça se retira entre un escándalo monumental.

El asunto deja heridas graves, y para siempre. En Madrid se critica al Barça por antideportivo, en Barcelona se señala a Berraondo como directamente cómplice del Madrid, se recuerda la lluvia de penaltis, se insiste en Zabala y en el gol en fuera de juego. Para más inri, la final será el 7 de mayo en Barcelona, donde el Madrid se enfrenta al Athletic de Bilbao en un ambiente caldeadísimo. Pierde 4-0, lo que no impide que al final del partido tenga que ser protegido al retirarse por la Guardia Civil y los propios jugadores vascos. El autobús es apedreado de regreso al hotel. Los demás clubes de la ciudad, Espanyol, Europa e Hispania, enviarán luego a la sede del Madrid telegramas de solidaridad y cariño. La brecha entre el Madrid y el Barça quedó abierta para los restos.

Goleada a Francia con aparición de las primas (1929)

España recibe hoy a Francia en Zaragoza, en el viejo campo de El Torrero. España tiene un buen equipo, que acaba de ganar 5-0 a Portugal en Sevilla, aunque el seleccionador, José María Mateos, ha observado algo que no le había gustado del todo: los cinco goles se marcaron en el primer tiempo, en el segundo el equipo se dedicó a sestear, con cierto enfado del público, que lo notó. Cuando Mateos lo comentó con los jugadores, vio que eso solo tendría arreglo con más dinero, pagando una prima por cada gol de diferencia. Y habló en ese sentido con la Federación, que accedió a la idea y propuso a Mateos una fórmula que a este le pareció bien: cien pesetas por cabeza por la victoria, más cincuenta pesetas por cabeza por cada gol de diferencia. A los jugadores les pareció de perlas. Mateos ya sabía que se emplearían en la segunda parte.

El equipo ante Francia lo formaron Zamora (Espanyol), Quesada (Madrid), Quincoces (Alavés); Prats (Madrid), Marculeta (Real Sociedad), Peña (Madrid); Lazcano (Madrid), Goiburu (Osasuna), Gaspar Rubio (Madrid), Bienzobas (Real Sociedad) y Yurrita (Real Sociedad). Buen primer tiempo, que España termina ganando por dos a cero. Pero Quesada tira un penalti fuera. ¡Cincuenta pesetas fuera! En el descanso, el defensa madridista tiene que aguantar las bromas por ello, o no tan bromas, y en el segundo tiempo el equipo sale decidido a «hacer caja». Y la hace. Juega estupendamente y marca seis goles más, con un furor que sorprende a los franceses. Cuando el partido ya estaba ocho a cero, Mateos se situó tras la portería de Zamora. Este la abandonó por un momento para bromear con él: «Si me da cincuenta duros me dejo meter un gol. Salen ustedes ganando, porque aun así se ahorrarán sesenta duros». En esa broma estaban, que sí que no, cuando un ataque rápido de Francia por el ala derecha anuncia peligro. Mientras Zamora recupera su posición correcta, la jugada culmina con el «gol de la honrilla» para los franceses. Acabado el partido se organizó un tumulto, según cuenta el propio seleccionador en sus memorias. Todos se echaban sobre Zamora y Quesada, a los que reclamaban cincuenta pesetas por cabeza. Estos, a su vez, acudían a Mateos, medio en broma, medio no, para pedirle participación en las 550 pesetas que cada uno de ellos, con sus errores, le habían ahorrado a la Selección. Mateos les mandó a todos a paseo y salió, donde el seleccionador francés, aún impresionado, le felicitó: «Ha hecho usted una gran Selección. Su juego me recuerda el juego escocés. Son ustedes el mejor equipo del continente».

Y tenía razón. Un mes y un día después (véase el día 15 de mayo), esa misma alineación, sin más cambio que el interior izquierda (jugó el españolista Padrón), batía a Inglaterra por 4-3. Era la primera derrota de los ingleses en el continente, la primera derrota que sufrían contra alguna Selección distinta de Escocia, contra la que venían jugando regularmente desde hacía tiempo y con la que habían perdido alguna vez. Pero los escoceses eran, en el fondo, tan inventores como ellos. Nosotros, no. Y aquel grupo que jugó contra Francia con una caja registradora en la cabeza les ganó. Lástima que nos diera pereza acudir el verano siguiente al primer Mundial, que se celebró en Uruguay. Quizá con aquel equipo lo hubiéramos podido ganar y nuestra historia hubiese sido muy otra.

Hillsborough: el final de las vallas

(1989)

Desde la final de Heysel (véase el día 29 de mayo) había empezado a cuestionarse la utilidad de las vallas en los campos, que ya se habían instalado en Suramérica a finales de los años veinte a fin de evitar que los exaltados saltasen al terreno de juego. Pero Heysel había producido una matanza de treinta y nueve personas por la presión de la masa, movida por el pánico de las pacíficas familias juventinas ante una carga de bárbaros *hooligans* del Liverpool. Se habían empezado a experimentar modelos de vallas fácilmente desmontables por la policía en casos de emergencia, o con escapatorias sencillas de abrir para aliviar la presión.

En eso sobrevino una segunda tragedia, esta vez en plena isla de los inventores. Fue en el estadio Hillsborough, en Sheffield, y televisada en directo. Se trataba de un partido de desempate de semifinal de la FA Cup, en campo neutral, entre el Liverpool y el Nottingham. Había acudido una gran masa de aficionados del Liverpool, muchos de ellos con la hora muy justa por problemas de tráfico. El lugar que les estaba destinado era el fondo oeste, conocido como Leppings Lane, donde ya había habido incidentes menores, por exceso de presión, en años anteriores. En uno de ellos, treinta y ocho hinchas del Tottenham habían necesitado asistencia médica. Pero esta vez fue demasiado. Una turba de hinchas del Liverpool que habían llegado con la hora justa por un problema de tráfico se agolpó a la entrada y, en previsión de disturbios, el jefe de Policía ordenó que se diera paso libre, sin tornos, en la puerta del fondo, lo que se demostró equivocado. El partido estaba empezando ya. La entrada daba paso a un túnel hacia la grada del fondo; esta se encontraba dividida en cinco sectores, separados por vallas perpendiculares a la línea de fondo. Mientras cuatro sectores aún no estaban llenos, el del centro sí lo estaba, y hacia él se encaminó la masa apresurada de los que entraron en tropel, desestimando las bocas laterales del túnel que encaminaban hacia los sectores laterales.

Una inmensa riada de hinchas presionó sobre los que ya se hallaban dentro. Los de las primeras filas se vieron comprimidos contra la valla, y, ante sus gritos, Grobelaar, portero del Liverpool, que ocupaba esa portería, avisó a los policías, que le dijeron que sin órdenes no podían abrir las vallas. Entonces corrió hacia el árbitro, que paró el partido en el minuto seis. Cuando se consiguió despejar la zona, el balance fue desolador: 96 muertos y 766 heridos, todos ellos esta vez del Liverpool, por la presión de sus propios correligionarios. Cuatro días después, Milán y Madrid juegan un partido de la Copa de Europa en San Siro. Se guarda un minuto de silencio antes del encuentro. El público milanés empieza a cantar, de forma espontánea, el *You'll never walk alone*.

El incidente dará lugar a que se acelere la retirada de las vallas, trampa mortal en tantas ocasiones.

Egipto gana la primera Copa de África

(1957)

La Confederación Africana de Fútbol (CAF) se creó en 1956, en Sudán, e inmediatamente dispuso la creación de su propio campeo-nato continental, a celebrar igualmente en Sudán. No puede decirse que fuera un éxito de participación, porque solo se inscribieron Egipto y Etiopía, además de la propia Sudán. El título fue para Egipto, que tenía el fútbol más desarrollado del continente por entonces. Egipto ya se había atrevido a apuntarse para el Mundial de 1934, en el que se enfrentó a Hungría, a la que tuvo en jaque hasta caer, en la segunda parte, por 4-2. Dejó gran recuerdo uno de sus jugadores, Fawzi. No fue un éxito de participación, pero la primera piedra estaba puesta y la Copa fue cuajando poco a poco. Se estableció una frecuencia bienal que pasó a los años pares en 1968, y aunque en principio fueron dominadores los países del norte, donde el fútbol apareció bastante antes que en el resto del continente, pronto Ghana (en 1963) iba a dejar constancia de la fuerza del fútbol subsahariano, con dos títulos consecutivos. Desde entonces se ha establecido una cierta rivalidad entre el fútbol del norte o el sur del Sáhara, dos grandes áreas con notables diferencias culturales y étnicas. Esa rivalidad animó la Copa, que fue continuamente a más en participación. De unas simples eiminatorias, cuando había pocos participantes, se pasó a fases de clasificación por grupos. Y de unas cortas fases finales de solo cuatro clasificados se saltó, ya en 1992, a doce finalistas, y desde 1996 a dieciséis, como es ahora.

La presencia de jugadores africanos en el fútbol europeo ha ido creciendo a su vez durante todo este tiempo, y eso ha fijado la atención de

Europa en los últimos años en la Copa. Si en los años cincuenta o los sesenta eran muy pocos (algo más en Francia, de fútbol siempre más africanizado, muy poco en el resto), luego ha crecido mucho. De casos aislados como Ben Barek en España, luego los Eusébio y Coluna en Portugal, o Riahi, Keïta o Zaki Badou en España de nuevo, se ha saltado a decenas de jugadores de aquel continente en cualquier gran campeonato europeo. Eso creó al principio problemas a la Copa de África, hasta que esta decidió instalarse en enero, mes en el que hacen pausa invernal más o menos prolongada muchos países europeos, con lo que los jugadores pueden acudir sin demasiados problemas, aunque en el caso de España, donde no paramos en enero (no solo eso, sino que en ese mes incluso comprimimos entre semana dos eliminatorias de Copa, los octavos y los cuartos), sí produce una alteración seria a algunos equipos. Pero la condición de figuras en el gran fútbol de clubes europeos de muchos de los jugadores participantes hace que sus partidos cobren un interés para las televisiones, lo que produce estupendos ingresos a la CAF.

Aquel campeonato tan penosamente puesto en marcha en 1957 es ahora una de las competiciones más seguidas en el planeta, y singularmente en Francia, donde el número de jugadores africanos es enorme. Pero inevitablemente arrastra alguno de los problemas del continente. Al regreso de una de las ediciones, el dictador de Costa de Marfil hizo ingresar (como ya se ha visto el día 31 de enero) a sus jugadores en un campo militar por estimar que no se habían empleado suficientemente. Y el último celebrado (2010), empezó con una tragedia: el ataque terrorista de los independentistas de Cabinda a la Selección de Togo, que tuvo que retirarse por ello.

Superbronca por una tercera final Celtic-Rangers

(1909)

Solemos creer que los grandes conflictos en los estadios son cosa de la segunda mitad del siglo XX, quizá más duros en Suramérica que en Europa, hasta la aparición de los *hooligans* ingleses en los sesenta. Solemos imaginarnos al público de hace cien años como pacíficos ciudadanos, imbuidos de los valores deportivos y de un gran control cívico. Pero no es exacto. Tan temprano como en 1909, un doble empate en la final de la Copa de Escocia, entre el Celtic y el Rangers, provocó una terrible revuelta social, de la que aún se habla en aquel país. Fue en Glasgow, por supuesto, en el Hampden Park, que para entonces ya podía albergar a más de sesenta mil espectadores.

Aquel año había ganado la Liga el Celtic, y sus hinchas esperaban el doblete. Por su parte, los Rangers aspiraban a evitar tal cosa, «empatando» la temporada con el título de Copa. Por aquella época ya era firme la división entre los dos equipos de la capital escocesa, una larga rivalidad que los años irán contaminando con una especie de guerra religiosa: los católicos Celtics contra los protestantes Rangers. Pero en este tremendo conflicto iban a estar de acuerdo, curiosamente. Ocurrió que la final terminó en 2-2, lo que en cierto modo decepcionó a todos. Habría que jugar un desempate, que se concertó para el 17 de abril. Corrió el rumor, que pronto hizo fortuna, de que se trataba de un apaño para hacer una segunda taquilla, así que los aficionados de uno y otro equipo acudieron un poco moscas. Cuando el desempate acabó 1-1, todo el mundo esperaba una prórroga que decidiese, pero las normas de la competición establecían entonces un tercer desempate, solo al final del cual, y si persistía el empate, se jugaría una prórroga. No todos los jugadores lo sabían, y algunos, que ya habían oído hablar de las sospechas de tongo, temían la reacción, de modo que permanecieron indecisos en el campo. Pero el árbitro, tras algunas dudas, les dijo que se retiraran. La multitud, que seguía expectante, se enfureció cuando vio que se empezaban a retirar los banderines de las esquinas, señal inequívoca de que el partido no seguía.

No menos de 9000 hinchas saltaron al campo, indignados, hicieron retroceder a la policía y asaltaron las dependencias del estadio, que incendiaron con ayuda del whisky que aún les quedaba. Los jugadores huyeron como pudieron. Se ofreció a la turba desatada devolver el dinero de la entrada. «¡No queremos que nos devuelvan nuestro dinero, queremos que nuestro dinero trabaje!» Cuando llegaron los bomberos fueron atacados con violencia y no pudieron intervenir. Numerosos policías resultaron heridos, así como sus caballos. Las porterías fueron arrancadas y se hizo fuego con ellas, al igual que ocurrió con toda madera que se encontró, en asientos, vigas o vallas. La turba tardó más de dos horas en disolverse, más por agotamiento de su ira que por la persuasión de la policía, que se vio desbordada. La bronca acabó con 130 hospitalizados, entre ellos muchos policías, y varios cientos de contusionados. El tercer partido no se jugó, porque no le pareció prudente a ninguno de los dos clubes ni a la Federación escocesa intentarlo, ni siquiera gratis. Tampoco el estadio podía ser puesto en marcha en unos pocos días, ni mucho menos. Así que el año 1909 se quedó sin campeón de Copa de Escocia. Y, por un día, o mejor, por dos horas de furia, los hinchas del Celtic y del Rangers habían ido de la mano.

El Valencia pierde en Sarriá y gana la Liga (1971)

Aquel domingo terminaba la Liga, con tres aspirantes a ganarla en la última jornada. Dos de ellos jugaban entre sí: Atlético y Barça, en el Manzanares. El otro, el Valencia, jugaba en Sarriá, como visitante del Espanyol. En cierto modo tenía la sartén por el mango: si ganaba era campeón, si empataba era campeón… Pero si perdía en Sarriá, el equipo que saliese ganador del partido del Manzanares se haría con la Liga. En ese caso, el Valencia solo ganaría el título si el partido del Manzanares finalizaba en empate, cosa que al final fue lo que ocurrió.

Los dos partidos se jugaron simultáneamente para que nadie tuviera ventaja. La tarde fue de esas en las que los transistores echan humo. Di Stéfano se sienta en el banquillo del Valencia. La tarde arranca con un gol rápido de Lamata para el Espanyol, con la curiosidad añadida de que Lamata había sido jugador del Atlético. ¿Trabajaba para sus ex compañeros? Trabajaba para los tres: para el Espanyol, que le paga, para el Atlético y para el Barça, que les han ofrecido a los «periquitos» una gran prima por ganar el partido. Al descanso se llega sin más goles. El Valencia pierde, pero todavía es líder, porque los contendientes del Manzanares están empatando. Se siente a una hora de proclamarse campeón.

Pero empieza la segunda mitad (las dos segundas mitades) y pronto llega un gol del Barça: Martí Filosía, de cabeza, aunque parece que el balón ha golpeado en Dueñas y se ha desviado. Ahora el campeón es el Barcelona. El Valencia, que lo sabe, juega nervioso ante un Espanyol que se encajona en su área y se mata en la lucha por cada balón, que manda a la grada como puede según avanza el tiempo. Poco después, gol de Luis, empate a uno. El Valencia vuelve a ser campeón, aunque siga perdiendo, y el Atlético vuelve a tener posibilidades. El Atlético ataca, el Barcelona se repliega, el Valencia juega nervioso, allí no pasa nada. En el Manzanares unos hablan con otros: «Le estamos haciendo un favor al Valencia...». Sí, pero ¿qué hacer? ¿Parar el partido y echarlo a cara o cruz? El Manzanares reclama un penalti a Salcedo, pero no se concede. La tarde va hacia su final. En Sarriá hay un murmullo, gritos, Di Stéfano se vuelve a la primera fila, con los dos índices levantados y las cejas arqueadas, como preguntando: ¿ha acabado uno a uno? Sí, había acabado uno a uno. En Sarriá quedan dos minutos que se consumen en una fiesta, con los españolistas felicitando a los valencianistas. Ellos han cumplido, por ellos no ha quedado. En el Manzanares todos se miran entre sí, con expresión vacía. ¿Qué ha pasado? Ha pasado que el Valencia es campeón, después de veinticuatro años, y se abraza en Sarriá.

Y los jugadores del Espanyol tan felices. Cobraron tres primas: la de su club, la del Atlético y la del Barcelona. Y no tuvieron que soportar reproches por haber contribuido a un título del Barça, lo que hubiera resultado insoportable para su afición.

Escobal y Quesada no pueden salir a la calle

(1926)

Escobal y Quesada formaban en los años veinte la pareja de defensas del Madrid, precursora de la más célebre Ciriaco y Quincoces, en-tonces aún en el Alavés. Los llamaban «los Pericos», o también «los fakires». Tenían una fuerte personalidad. Y mando. A veces excesivo. Aquel verano el Madrid había hecho una gira por Inglaterra, Francia y Dinamarca. Justo ese año había cambiado la regla del *offside*. Hasta entonces eran necesarios tres defensores entre el último atacante y la línea de fondo; con la reforma, pasaron a ser necesarios solo dos. Eso había hecho que en Inglaterra se empezaran a manejar fórmulas para contrarrestar los efectos de la nueva norma, que favorecía al atacante. Una posibilidad era adelantarse simultáneamente los dos defensas (como hace ahora la línea de cuatro) para dejar en fuera de juego al delantero centro. A «los Pericos» les llamó la atención esa fórmula, que guardaron en su memoria. Además, se encapricharon del uniforme del Corinthians de Londres, que llevaba el pantalón negro.

Así que vinieron a Madrid y, contra el criterio del presidente, Pedro Parages, impusieron el pantalón negro, con el que el Madrid jugó toda la temporada. Y después de hablarlo varias veces y practicarlo algunas menos en los entrenamientos, se decidieron a utilizar la trampa del fuera de juego en mala hora: en los cuartos de final de Copa, ante el Barcelona. Los dos equipos no se enfrentaban desde 1916 (como ya se ha dicho en el día 13 de abril), cuando hubo una tremenda semifinal, con doble desempate y abandono final del campo por parte del Barça. El partido de ida fue en

Madrid. Samitier, quizá el tipo más listo que nunca ha dado el fútbol español, era el delantero centro de un gran Barça, que tenía entre otros a Plattko, Piera, Alcántara, Sancho, Sagi-Barba...

El Madrid empieza dominando, pero los contraataques del Barça son mortales. «Los Pericos» se hacen guiños para adelantarse y dejar al ataque barcelonista en fuera de juego, pero Samitier y Sancho les cogen el truco y el gran Sami ya ha metido tres goles en el descanso. Luego marcará otro y hay un quinto de Piera. Antes de eso, descontará Monjardín. El partido acaba 1-5.

Era el día 18. El día 19 la gente estaba tan indignada que Escobal y Quesada no pudieron ni salir de casa. No eran para nada jugadores científicos, particularmente Escobal, cuyos despejes a la grada eran legendarios. Aún en los sesenta había quien gritaba en Chamartín «¡Viva El Escorial!» cuando un defensa pegaba un patadón, expresión acuñada en los tiempos de Perico Escobal, que vivía allí, por sus legendarios patadones a la grada. Al partido de vuelta va el Madrid sin posibilidades, y pierde por tres a cero. Al final, Pedro Parages baja al vestuario y anuncia que se ha acabado lo del pantalón negro, que quedó circunscrito a aquella temporada. El poder de «los Pericos» en el Madrid había finalizado. Pronto empezarían las gestiones para fichar a Ciriaco y Quincoces, que harían un celebérrimo trío defensivo con Zamora.

El definitivo desengaño de Kubala

(1964)

Kubala había sido hasta la fecha el más importante jugador en la historia del Barça. Para algunos veteranos aficionados aún lo es, a despecho de Cruyff, Maradona o Messi. Terminada su carrera fue entrenador del club, aunque duró poco y salió mal. Y al principio de la temporada 1963-1964 dio la campanada, al fichar por el Espanyol, nada menos, el eterno rival del Barça. Ya hacía cuatro años que el presidente del club blanquiazul, Oliveras de la Riva, había pretendido fichar a Kubala, en una operación carambola bastante complicada, que hubiera incluido utilizar Les Corts, que para entonces aún se mantenía en pie. Pero no lo consiguió.

Sí lo hizo, al fin, a principos de esa temporada, un nuevo y audaz presidente, Vilá Reyes, dentro de un plan de jugadores veteranos, quizá demasiados, que tendían a darle al equipo solidez, aunque al final la operación se revelaría falta del necesario aporte del brío de jugadores más jóvenes. Junto a Kubala fichó a Tejada, que había agotado sus mejores días en el Barça y aun después pasó por el Madrid, un Maguregui ya de vuelta, y algunos veteranos más. Director técnico era Scopelli, que contrató como entrenador a Areso, que se había ido de España cuando la guerra, y, tras regresar en 1946 y jugar todavía algo en el Racing, había entrenado luego en España y Portugal. La temporada españolista era un fracaso y, tras un cónclave con periodistas destacados de la ciudad, Vilá Reyes decidió darle todo el poder a Kubala, con un entrenador aparente, Perico Solé. La situación no se enderezó y el Espanyol vivió la temporada entera en riesgo de descenso. Pero el día más amargo fue la visita al Barça, al Camp Nou, donde era esperado Kubala como un traidor. El partido se rodeó de una expectación máxima y Kubala tuvo que escuchar una bronca monumental cuando salió al campo con los suyos, bronca que se recrudeció cada vez que tocaba el balón. El Barça, muy superior, ganó por 5-0, con goles de Ré (tres), Kocsis y Gracia. Al final del partido, buscando una reconciliación difícil entre ambos clubes, Kubala pide a los suyos que hagan pasillo al Barça y le aplaudan.

A Kubala le pareció un gesto positivo, pero fue muy mal tomado por ambas partes, según pudo comprobar inequívocamente al día siguiente en la prensa, en la calle, en los corrillos. Nunca se sintió tan ridículo Kubala como ese lunes, según me contó al cabo del tiempo: «Hubiera querido borrar ese lunes de mi vida». Los *culés* lo tomaron como una demostración de sentimiento de culpabilidad; los españolistas, como una humillación, un gesto de pleitesía al Barcelona que indicaba que Kubala no estaba realmente con ellos.

El Espanyol acabó jugando la promoción. Perdió el partido de ida, en Gijón, 1-0, pero a la vuelta ganó por 3-0, en Sarriá, en el que fue el último partido de Kubala. Gran encuentro, por cierto. Marcó un gol y fue la estrella del partido. Al menos se llevó de su carrera como jugador ese último buen sabor de boca. Y, siguiendo en su línea de veteranos, el Espanyol fichó ese verano a Alfredo Di Stéfano.

Didí patenta la *folha seca*
(1957)

Waldyr Pereira, *Didí,* fue un gran interior brasileño, pieza esencial del Brasil campeón del mundo en 1958 y 1962. Militó en el Fluminense y en el Botafogo, al que regresó tras una breve estancia en el Real Madrid. Tenía un gran pase en largo, de precisión milimétrica difícil de alcanzar con los balones de la época, que parecían gualtrapas. Pero se le recuerda sobre todo por su forma de lanzar los tiros libres, conocida como *folha seca,* consistente en pegarle al balón de tal forma que ascendía mucho, tomando una trayectoria que parecía que le iba a hacer salir muy alto, para luego cambiar y bajar bruscamente, en un trazado dificilísimo de interceptar para los porteros.

Para el Mundial de 1958, Brasil tuvo que eliminarse a ida y vuelta con Perú. En Lima empató a uno; en el partido de vuelta, en Río, todo iba encaminado al empate a cero cuando, a poco del final, Didí marcó con un tiro libre que se hizo célebre, y que daría lugar al bautizo periodístico de *folha seca,* que a veces se ha escrito también *folha morta,* porque alude a cómo caen del árbol las hojas secas o muertas. Con el tiempo, Didí explicaría que tras una grave lesión de tobillo no podía golpear el balón como antes en los tiros libres, porque le dolía, y se dio cuenta de que si lanzaba con el pie horizontal, golpeaba de punta con la zona de los tres últimos dedos del pie, por el medio del balón, girando un poco hacia arriba el pie según lo metía, el balón tomaba esa trayectoria. De aquel defecto del golpeo surgió esa forma de tiro, que le hizo célebre.

Didí pasó por el Madrid la temporada 1959-1960, pero no cuajó. Era un jugador de enorme clase, pero sin el espíritu de trabajo que pedía

Di Stéfano. «Yo era el delantero centro, él era el interior, y resulta que yo tenía que alimentarle a él de balones.» El gran Madrid de aquellos años se basó en el movimiento constante y solo Puskás, por su tremenda capacidad goleadora, pudo actuar en espacios más cortos. Didí estuvo solo un año, en el que jugó dieciocho de los treinta partidos de Liga y ninguno de la Copa de Europa. Tampoco de Copa, en la que no podían jugar extranjeros. Su situación empeoró aún más cuando su esposa, doña Guiomar, que escribía en un periódico brasileño, mandó una crónica diciendo nada menos que a su marido le hacía la guerra la prensa madrileña porque estaba pagada por todos los jugadores del Madrid menos, precisamente, por él. Aquello colmó la paciencia del club y Didí regresó a Brasil.

Pero en España quedó el recuerdo de sus *folhas secas*, la primera de las cuales la marcó en el Trofeo Carranza nada más llegar. Y poco más tarde en partido de Liga ante el Espanyol, en el Bernabéu, celebradísimo, con Vicente como portero, que luego vendría al Madrid. Di Stéfano le preguntó el secreto de su pegada, pero no quiso revelárselo. A base de fijarse en los entrenamientos, llegó el momento en que trató de imitar ese tipo de disparo, pero solo consiguió una versión aproximada con la que le hizo un gran gol al Milán en la Copa de Europa de 1964.

Ramallets reúne a «los Cinco Magníficos» (1964)

Ramallets había sido un gran portero del Barça, equipo en el que fue titular durante la década de los cincuenta completa, los grandes años barcelonistas, también de Kubala. Fue asimismo meta prácticamente fijo en la Selección nacional, con la que alcanzó el cuarto puesto en el Mundial de 1950, durante esos mismos diez años. Tras retirarse se hizo entrenador. La temporada 1963-1964 lo era del Zaragoza, que iba superando eliminatorias en la Copa de Ferias, antecedente de la Copa de la UEFA, hoy Europa League. Era un buen Zaragoza, que fue eliminando sucesivamente al Iraklis, Lausana, Juventus... En semifinales tenía que jugar ante el Royal Lieja. Partido de ida, en el estadio Rocourt de Lieja. Aquel día Ramallets alineó juntos por primera vez a Canario, Santos, Marcelino, Villa y Lapetra, que pasarían a la historia como «los Cinco Magníficos». El apodo les cayó resbalando, con facilidad, del título de un *western* de gran éxito en la época: *Los siete magníficos*. La primera vez que se utilizó el apelativo fue a raíz de un Zaragoza 4, Atlético 1, jugado el 4 de octubre de ese mismo año.

Canario, Santos, Marcelino, Villa y Lapetra. Brasileño, canario, gallego, madrileño y aragonés, respectivamente. Sus cualidades eran complementarias. Canario era un extremo de desborde, potencia y tiro, que había jugado en el Madrid grandioso, y, tras pasar por el Sevilla, recaló en el Zaragoza; Santos, un interior de trabajo y talento, procedente del Tenerife; Marcelino un delantero versátil, buen cabeceador, y con movilidad, había llegado de El Ferrol; Villa, un interior de finísimo regate, se había hecho en la cantera del Madrid; y Lapetra, novedad para la época, un extremo que se retrasaba, apoyaba en la media y construía, que aunque era de Huesca, procedía del Guadalajara, donde estudió Derecho y jugó en el equipo de la ciudad. Zaragoza vivió una larga fiesta con esta delantera, a la que respaldaba un buen equipo en el que se contaban internacionales como el lateral Reija o el medio Violeta. En aquellas semifinales eliminó al Royal Lieja, y en la final el Zaragoza alcanzaría su primer título de importancia al batir al Valencia. Once días más tarde de conseguir ese título, el Zaragoza ganaría también la Copa de España, Copa del Generalísimo entonces, al batir en la final al Atlético por 2-1. Y aun antes de esas dos finales hubo un partido trascendente, la final de la Eurocopa, España-URSS, ganada por los españoles con dos «magníficos» en la delantera, Marcelino y Lapetra. Así que ellos dos ganaron tres competiciones de gran importancia en solo catorce días. Otros dos zaragocistas, Reija y Villa, fueron suplentes en la final España-URSS.

Aquella delantera mereció el respeto de todo el fútbol español por su juego alegre, ingenioso y combinativo. No siempre podían estar los cinco juntos, claro, porque con alguna frecuencia faltaba este o aquel por lesión, de manera que fueron frecuentes las inclusiones ocasionales de algunos otros nombres, como Duca, Murillo, Sigi, Encontra, País, Endériz... Con todo, aquella delantera jugó 61 partidos, que pueden parecer pocos, pero que son muchos más que los de otras delanteras célebres de la historia. La última vez que se les vio a los cinco formando el ataque del Zaragoza fue el 24 de septiembre de 1967, en partido de Liga en La Romareda, ante el Real Madrid. El partido acabó empate a cero. Junquera, gigantesco meta asturiano, ocupó el marco del Madrid aquel día, así que fue el último portero en enfrentarse a aquella delantera. Precisamente, Junquera ficharía poco más adelante por el Zaragoza.

El gato *Trixie* le da la Copa al Cardiff City (1927)

Esta iba a ser la primera final de Copa de Inglaterra radiada en la historia, pero también iba a pasar a la historia por otro motivo: fue la primera, y todavía la única, Copa de Inglaterra que no ganó un equipo inglés. La ganó un galés, el Cardiff City, y eso que se disputó el día de San Jorge, patrón de Inglaterra. Y el rival del Cardiff City era el poderosísimo Arsenal de Herbert Chapman, el primer equipo que había sabido sacar ventajas del último cambio del Reglamento (dos defensores en vez de tres para impedir el fuera de juego) con su célebre WM, que después se extendería por todo el mundo. Y, además de todo ello, el Cardiff City era un equipo menor que había llegado a esa final un poco de rebote. Y no aspiraba, de ninguna manera, a ganarla, se conformaba con el lujazo de jugar la final en Wembley, el mítico estadio estrenado cuatro años antes, y que nunca se utilizaba más que por la Selección inglesa o para la final de Copa. Jugar ahí ya era un mérito.

Asi que la víspera los jugadores del Cardiff la pasaron la mar de tranquilos, jugando al golf en Royal Birkdale, como unos veraneantes de vacaciones sin ninguna preocupación. Pronto les incomodó un gatito negro que andaba por allí, propiedad de los cuidadores del campo, y al que temían dañar de un bolazo. Lo quisieron apartar, pero volvía y volvía, cariñoso, como si quisiera juntarse con ellos. Entonces el delantero centro del equipo, Ferguson, pensó que era una buena señal, encariñó a todos con él y se lo compró a los propietarios a cambio de una entrada para la final. Se enteraron de que se llamaba *Trixie* y, tras litigar con el entrenador, que lo consideraba una tontería, cargaron con él hasta el hotel donde estaban alojados. Y al día siguiente lo llevaron consigo a Wembley, convencidos de que les daría suerte.

Y así fue. A pesar del superior juego del Arsenal, el gol de los londinenses no llegaba. Y en el minuto 74 una jugada rápida la finaliza Ferguson con un remate que pilla al meta de los *gunners* bien colocado, pero se le cuela inexplicablemente: lo espera rodilla en tierra, pero se le escurre entre las manos, se revuelve, le pasa por debajo del brazo y en su último esfuerzo por alcanzarlo acaba por introducirlo en su portería. La desesperación del meta, Lewis, fue aún mayor cuando el partido acabó con ese solitario gol que mandaba la sagrada copa a Gales, porque además él mismo era galés (era el meta de la Selección galesa) y eso dio lugar a no pocos comentarios.

En el Cardiff, todos salieron convencidos de que era el gatito *Trixie* el que les había dado la victoria, convicción reforzada por el hecho de que había sido el propio Ferguson el que tuvo la idea y se encariñó con el gato, el que marcó el gol, que en realidad había llegado como provocado por una fuerza mágica superior. Por su parte, el meta Lewis culpó al jersey que estrenaba ese día, y que no volvió a utilizar más en su carrera.

Xavi nos hace ganar la Copa del Mundo sub-20 (1999)

Por aquellos años estábamos en plena depresión en lo que se refiere a la Selección nacional. Lo de los cuartos de final había llegado a ser una obsesión. Había habido algunas campanadas en las categorías inferiores, pero la verdad es que toda la atención la centraban el Madrid y el Barça. La Selección echaba para atrás. Así que cuando empezó aquel Mundial sub-20 en Nigeria nadie le prestó demasiada atención. Ni siquiera los jugadores, que se vieron tan incómodos allí (mala comida, peores alojamientos) que casi estaban deseando acabar pronto. Si acaso, llegar hasta cuartos, para no ser menos que los mayores, y a casa. El torneo lo empezaron en Calabar, una ciudad sin calles ni aceras y con una humedad insoportable. Luego fueron a Port Harcourt, donde, tras un larguísimo viaje a través de la selva, presenciaron un tiroteo a la puerta del hotel nada más llegar…

Pero aquel grupo tenía algunos jugadores muy buenos, sobre todo tres: Xavi, Casillas y Marchena, que con el tiempo ganarían la Eurocopa. Casillas no jugó todos los partidos, porque se alternó con Aranzubia, pero fue decisivo el día clave. El seleccionador, Iñaki Sáez, y su ayudante físico, Carlos Lorenzana, tuvieron trabajo mentalizando a los chicos. Echaron mano de un argumento: acababa de conocerse la sentencia Bosman, que levantaba fronteras para los jugadores en Europa. «Ahora habrá más competencia por los puestos en España; y al mismo tiempo habrá más oportunidades fuera. Ahora tenéis la ocasión de dejaros ver, porque esto está lleno de ojeadores de todas partes…» Eso y una victoria sobre el Brasil de

Ronaldinho les animó y fueron superando partidos. Campeones de grupo contra Brasil, Zambia y Honduras. Octavos frente a Estados Unidos. Y llegaron los fatídicos cuartos, contra Ghana, de la que se sospechaba, por su aspecto, que colaba jugadores mayores. Fue el partido más difícil, y acabó en empate, prórroga incluida. A los penaltis. Y ahí es cuando Iker Casillas, un muchacho del que ya se hablaba muy bien en los círculos bien informados, salva la situación. Semifinal ante Malí y final con Japón, que ya es un paseo: 4-0. Fue en la capital, Lagos, donde ya las condiciones fueron otras y se sintieron los reyes del mundo.

Xavi movía los hilos de todo aquello. La noche anterior a la final se dejó hacer una foto, en la cama, con la luz de la mesilla encendida, y el balón junto a su pecho. «Sueños de fútbol», se tituló el reportaje. Aún hoy emociona. Fue elegido mejor jugador del torneo. Pablo Couñago, con cinco goles, fue máximo goleador. De aquel equipo se asentaron muchos en el fútbol de Primera: Casillas, Aranzubia, Marchena, Xavi, Orbaiz, Colsa, Varela, Rubio, Gabri, Barkero, Yeste, Aganzo, Pablo Couñago… Otros, como Coira, Jusué, Bermudo, Álex o Rubén no tuvieron tanta suerte y quedaron en categorías menores, en algunos casos por culpa de las lesiones. Pero todos ellos levantaron el orgullo de la afición y consiguieron abrir un fuerte debate sobre la inconveniencia de fichar tantos extranjeros cuando el producto nacional era tan bueno. «Estos están destinados a dejar el sitio a los jugadores de las selecciones que han derrotado», se escuchaba con frecuencia. El movimiento cuajó, se hicieron respetar, y desde entonces, y a pesar de la sentencia Bosman, se ha notado mayor presencia de jugadores nacionales en un fútbol en el que ya había ocurrido que el Depor llegara un día a salir al campo con once extranjeros.

Pocos y cobardes
(2000)

La foto del día en toda la prensa es tremenda: diez jugadores del Barça en un campo semivacío, correctamente alineados. El titular de *As* ese día es: «Pocos y cobardes». ¿Qué había pasado?

Era el partido de vuelta de semifinales de Copa, en las que el Barça había sido emparejado con el Atlético. En la ida, en el Manzanares, había ganado el Atlético por 3-0. La semana reservada para los partidos de vuelta coincidía con una semana de partidos de Selección, aunque partidos amistosos. Ese verano se jugaba la Eurocopa de Inglaterra y ya se habían cerrado los grupos de clasificación. Pero el Barça tenía muchos holandeses en sus filas: seis. Su propio entrenador era holandés, Van Gaal. Además, tiene algún jugador lesionado y trata de forzar un difícil aplazamiento del partido, que se le niega. Las vísperas son polémicas, porque el Barça insiste en que no tiene más que diez jugadores y el portero suplente. No es del todo cierto, porque Amunike ya está curado y entrenando con el alta médica, aunque aún no ha reaparecido. Se le sugiere que obtenga permiso para que los internacionales holandeses se incoporen un día más tarde, como ocurre en otros casos en esa misma jornada, pero dice que Rijkaard, seleccionador holandés, niega el permiso. Se recuerda entonces que el 28 de abril del año anterior, con ocasión del partido del Centenari del Barça, Van Gaal había obtenido de Países Bajos permiso para que todos sus jugadores fueran rebajados de un amistoso, y que ahora podría hacer lo mismo. Pero no hay manera. (El partido del Centenari, Barça-Brasil, lo organizó Nike, marca que tenía contratados al Barça, a Van Gaal y a varios de sus holandeses.)

El día del partido, Núñez decide hacer una escena bufa. Dado que la Federación no aplaza el choque, abre el campo. El Atlético y el árbitro Díaz Vega acuden a su hora. El Barça también, y se visten diez jugadores y el portero suplente: Hesp, Déhu, Guardiola, Abelardo, Sergi, Dani, Simão, Xavi, Gabri y Puyol se alinean en la banda, tras ellos queda Arnau, el otro portero. En un momento dado, Guardiola, el capitán, abandona la fila y se acerca al medio del campo, donde esperan Díaz Vega y Santi Denia, capitán del Atlético, para el sorteo. Guardiola le dice al árbitro que no pueden jugar porque no son suficientes. Díaz Vega le recuerda que un partido puede empezar con que haya siete, cuanto más con diez, que en realidad son once, con Arnau. Guardiola le insiste en que no van a jugar, y regresa con sus compañeros, que se retiran. Díaz Vega deja pasar prudentemente unos minutos y al final decide indicarles a los jugadores del Atlético, que esperan aburridos, impecablemente equipados también, que se retiren. El Atlético es finalista.

La imagen es esperpéntica, con todos los jugadores del Barça alineados, con sus relucientes camisetas, diseño centenario, año en el que en lugar de las rayas llevó un formato como el de sus primeros tiempos, mitad azul y mitad grana, en dos grandes franjas verticales. La terquedad de Núñez, que quizá pretendía forzar un aplazamiento para recuperar algún lesionado o, más probablemente, encontrar una gatera por la que escapar de una eliminación segura (la ida había sido 3-0), puso al Barça en una pésima situación. La sanción por la retirada de la Copa suponía, según los reglamentos, la prohibición de inscribirse en la siguiente edición.

Pero no hubo consecuencia alguna: el 14 de julio la Federación, que ya dirigía Villar, dictó unas medidas de gracia por su reelección al cargo, con lo que el Barcelona fue inscrito en la siguiente edición de Copa.

El gol de Zamora le da el título a la Real

(1981)

Aquella fue una Liga tremenda. El Atlético estuvo muchas jornadas escapado, pero perdió su ventaja tras un desquiciante arbitraje de Álvarez Margüenda en su propio campo del Manzanares, que le sacó de quicio. El Barcelona, que le perseguía con posibilidades, sufrió en marzo el secuestro de su delantero Quini y eso le afectó seriamente. Así que al final llegaron en carrera el Madrid, campeón, y la Real, segunda el año anterior. El Madrid visitaba al Valladolid y necesitaba ganar y que la Real perdiera en su visita al Sporting de Gijón. Era el Madrid de «los Garcías», con Boškov, y la Real de Arconada, Zamora, Satrústegui y López Ufarte, con Ormaechea en el banquillo. Los dos equipos habían tenido ya una agarrada tremenda en la Liga anterior, en la que la Real fue el equipo revelación. Se mantuvo invicta durante 32 jornadas, incluida su visita al Bernabéu, donde tras ir 0-2 ganando se tuvo que conformar con un 2-2 final, tras protestar mucho un penalti favorable al Madrid. En la penúltima jornada, en Sevilla, perdió su único partido por 2-1, ante un Sevilla primadísimo por el Madrid, tanto que, cuando se adelantó la Real, dos sevillistas fueron expulsados por protestar el gol. Pero nueve contra once, y ante una Real demasiado echada atrás, dos goles de Bertoni dieron la vuelta al marcador. La jornada siguiente el Madrid fue campeón de Liga.

Así que aquel final de campeonato se esperó con un interés tremendo. Los dos partidos se jugaron al tiempo y el Madrid fue resolviendo el suyo con cierta solvencia, hasta ganar por 1-3. En El Molinón, la Real ha salido con su equipo de perfecta gala: Arconada; Celayeta, Kortabarria,

Górriz, Olaizola; Diego, Alonso, Zamora; Idígoras, Satrústegui y López Ufarte. Hay millares de realistas en El Molinón, donde hasta el público local va con el equipo donostiarra. Aún se recuerda que dos años antes el propio Real Madrid ha privado al Sporting de su primer posible título de Liga. Y fue allí, en El Molinón, donde el 25 de noviembre de 1979 había nacido el grito de «¡Así, así, así gana el Madrid!» con ocasión de la expulsión de Ferrero por un rifirrafe con San José.

En el 7', gol de Kortabarria, de penalti, y clamor general. Pero en el 44' y el 46', justo antes de ir al vestuario y justo después de salir de él, Mesa marca los dos goles menos aplaudidos en toda su larga y feliz carrera como *sportinguista*, que dejan clavada a la Real en los 44 puntos que tenía antes del partido. Mientras, el Madrid, que ya gana en Valladolid, tiene los 45 que necesita. La segunda mitad transcurre angustiosa para la Real, que ataca pero no puede con el Sporting, cuyos contraataques también debe controlar. Ormaechea mete al jovencísimo Bakero por el fatigado Idígoras, luego a Larrañaga, medio, por Celayeta, lateral. Los minutos caen como ladrillos. El partido de Valladolid acaba un poco antes. El Madrid se queda en el campo, como todo el público de Zorrilla, atento al marcador simultáneo y a los transistores. Juanito está de rodillas, con los brazos en cruz, porque ha hecho la promesa de bajar a los vestuarios en esa actitud penitente si su equipo se proclama campeón.

En eso, en un último intento, Zamora por fin encuentra un resquicio, se mete por el callejón del ocho y dispara cruzado, por abajo. Castro mete el pie y pega al balón, pero este se eleva seguido por millares de ojos, curva su trayectoria y cae... ¡dentro! Estallan el júbilo y las bengalas. No hay tiempo para más. La Real ha ganado, por fin, la primera Liga de su historia, que festeja toda la España antimadridista. Y que el propio Madrid reconoce. Boškov, en Zorrilla, le dice a Juanito: «Levanta, Juan, levanta. Se lo han merecido».

El tanto que no celebró Law
(1974)

Denis Law fue un interior en punta de máxima categoría, una verdadera estrella en la segunda mitad de los años sesenta, que jugó en los mejores momentos de la historia del Manchester United, en el que formó parte de un genial trío de ataque con Bobby Charlton y George Best. Nacido en Escocia, Law había empezado como profesional en el Huddersfield, donde en principio dudaron de sus posibilidades por el leve físico de sus diecisiete años. Pero pronto triunfó, con dieciocho debutó en la Selección, marcando en su debut ante Gales, en Cardiff. Salta al Manchester City por 55 000 libras, récord de traspaso británico hasta la fecha, pero fue un gran negocio, porque al año es vendido al Torino por 110 000. Como tantos otros británicos antes y después, se aburre en el *calcio*, entonces ultradefensivo, y ficha por el Manchester United en 1962, por 115 000 libras.

Ahí encuentra su mejor época, junto a los citados Best y Charlton y unos cuantos grandes jugadores más. Con ellos, el United gana por fin su primera Copa de Europa, en 1968, si bien Law no puede jugar la final por una lesión en la rodilla. Antes, en 1963, forma parte de la delantera de la selección del Resto del Mundo (Kopa, Law, Di Stéfano, Eusébio y Gento) ante Inglaterra, en el centenario de la creación del fútbol. Gana el Balón de Oro en 1964. Y acumula partidos y goles con la Selección escocesa. Durante años es un favorito para la afición del United, que le apoda «The King», y está orgullosa de él, de su porte elegante, de su juego sutil, de sus numerosos goles.

Pero su carrera iba a tener un final sonado este día. Con treinta y tres años, el Manchester United decide no renovarle el contrato y él ficha, con la carta de libertad, por el Manchester City, para el que va a marcar en el segundo año de su regreso el último gol de su carrera, el que menos hubiera deseado. Sucedió en la jornada final del campeonato, cuando se enfrentaron los dos equipos de la ciudad. El United, en clara decadencia, metido en una reconversión del viejo y glorioso equipo que no le termina de salir, estaba en riesgo serio de descenso. El partido transcurrre entre nervios y emoción y, cuando se acerca el final, Law caza un balón suelto en el borde del área chica del United; aunque está de espaldas, resuelve con un taconazo que entra limpiamente en la portería. Es el 1-0. Law se queda paralizado, no lo celebra, sus compañeros le miran con comprensión, él pide el cambio y es relevado. Será su último gol. Aún jugará un partido con la Selección escocesa antes de retirarse definitivamente, dejando una estela de 585 partidos en los que marcó 300 goles, que él bien hubiera querido que se quedaran en 299.

Acabado el partido, supo al menos que la victoria ese mismo día del Birmingham City hubiera provocado igualmente el descenso del United aun en el caso de que el derbi hubiera terminado en empate. O sea: su gol no descendió al United. Pero él eso no lo sabía en el momento de marcarlo y no pudo evitar su sensación de dolor.

Nace el Empire Stadium. El héroe del caballo blanco (1923)

Para los años veinte, el fútbol ya se está convirtiendo en un formidable espectáculo de masas. En España, gracias a la plata conseguida en los JJ OO de Amberes, empiezan a crecer los viejos estadios, o a aparecer alguno nuevo, como el Stadium, popularmente conocido como el Metropolitano, con 35 000 espectadores, inaugurado en 1923. Pero nada que ver con Inglaterra, donde ese mismo año se inaugura, con ocasión de la final de la FA Cup (la Copa inglesa, para entendernos), el formidable Empire Stadium, en el barrio de Wembley, que siempre será conocido por este nombre: Wembley. Su capacidad el día del estreno era de 126 047 espectadores. Aquella inauguración fue uno de los días más sonados en la historia del fútbol.

La final la jugarían el Bolton Wanderers y el West Ham. Un gran partido, sin duda, pero la verdadera curiosidad popular estaba en acudir al estreno del monumental estadio, definido por sus dos orgullosas torres gemelas rematadas por banderas, capaz para tantísimos espectadores. Un símbolo del progreso de los nuevos tiempos. Nadie se lo quería perder. Y tanta fue la curiosidad que el gigante se quedó chico el primer día. El partido tenía que iniciarse a las 15.00, pero a las 13.45 ya se decidió cerrar las puertas del estadio cuando una masa de hasta 230 000 personas había entrado, con entrada o sin ella, a pura fuerza. Los organizadores estaban desesperados. Mientras se esperaba la llegada del rey, una masa compacta de chaquetas negras cubría hasta el último centímetro del césped, tan atestado como las gradas. Y era imposible sacar a la gente de allí.

Hasta que apareció el héroe del día, un *bobby* llamado George Scorey, montado en un corcel blanco. Con cuidado, y muy eDuckadamente, condujo su caballo hasta el centro del campo. Allí empezó a pedir a las gentes que se echaran hacia atrás. Moviendo a su caballo en círculos y apelando a la solidaridad de todos, fue abriendo un espacio libre, poco a poco, con calma. Los de la primera fila se agarraban de las manos e iban presionando suavemente hacia atrás, intercalando más y más gente entre ellos. La manchita verde pronto creció hasta completar el círculo central, luego más y más hasta las áreas, y a los cuarenta minutos el campo estaba limpio. Cien mil personas se apelotonaban tras las líneas que lo delimitaban, pero se podía jugar. Y se jugó, aunque los futbolistas entraron a duras penas y tuvieron que pasar el descanso sobre el césped, incapaces de alcanzar el vestuario en el intervalo.

Ganó el Bolton, dos a cero, y el rey Jorge entregó la Copa. Pero al día siguiente nadie habló del ganador, ni su foto ocupó la portada de los periódicos. El héroe del día había sido George Scorey, a lomos de su corcel blanco, de nombre *Billy*. Ellos habían salvado la inauguración.

Pelé en la delantera de los cinco dieces

(1970)

Brasil estaba concentrado para disputar unos amistosos preparatorios del Mundial de México. Tres días antes había jugado un en-cuentro, el último en que lo dirigió João Saldanha, un personaje un tanto polémico, que había sido anteriormente periodista. No era muy bien aceptado ni por los jugadores ni por el gran público, pero tenía el respaldo de los dirigentes... hasta ese partido. Porque João Saldanha, que tenía el puesto número diez bien cubierto con jugadores como Rivelino, de tremendo disparo, o Gerson, gran chutador, o incluso Tostão, que podía alternar este puesto con el de delantero centro, estaba decidido a apartar a Pelé. O Rei tenía todavía una muy buena edad, veintinueve años, pero las dos últimas temporadas no habían sido demasiado buenas. El Santos explotaba su figura en continuas giras que le tenían agotado y le dejaban poco tiempo para recuperarse de las lesiones. Pelé era golpeadísimo en todos los partidos que jugaba, falto, como estaba, de la protección de las tarjetas amarillas, que no aparecieron hasta 1970. Saldanha sostenía además que Pelé tenía la vista deteriorada.

Así que el día 26, en el amistoso de preparación que se disputaba en São Paulo frente a Bulgaria, Saldanha decidió dejar como suplente a Pelé, que empezó el partido en el banquillo. Jugó, sí, un rato en la segunda parte, en la que salió ¡con el trece a la espalda! para reemplazar a Tostão. El partido acaba en empate a cero. Aquello fue mucho. Ver a Pelé con el trece era más de lo que podía soportar Brasil, y cayó Saldanha. Le reemplazó Zagallo, que había hecho ala con Pelé muchas veces en la Selección nacional, entre otras, en dos mundiales ganados, el de 1958 y el de 1962, si bien en este último Pelé se lesionó y solo pudo jugar los dos primeros partidos de la fase de grupo.

Zagallo, que no quería líos, pidió a los jugadores que la solución saliera de ellos mismos. Esa tarde del día 29 tenían que jugar contra Austria, esta vez en Río. La concentración era en el hotel Das Palmeiras, de Río. En la habitación de Pelé se reúnen los mandamases del grupo: Clodoaldo, Gerson, Tostão y Rivelino, más el propio Pelé. Clodoaldo, que era el tipo de más personalidad del grupo, y los cuatro dieces. El acuerdo es que jueguen todos. Rivelino será extremo izquierda, Gerson interior derecha, Tostão delantero centro, y el diez es, claro, para O Rei. El otro puesto de la delantera será para Jairzinho, extremo derecha puro, aunque había empezado también de diez, y acabó su carrera también como diez, ya veterano. Por eso con los años se conocerá como «la delantera de los cinco dieces». Brasil sale ante Austria con Pelé rehabilitado, en posesión de su número diez, y gana, uno a cero, con gol de Rivelino. La situación está restablecida.

Luego, en México, será un festival. Con su delantera de tantos dieces, Brasil saca un diez. Gana el campeonato venciendo en todos los partidos, todos juegan bien, Pelé hace algunas de las maravillas más sonadas de su carrera y en la final marca el primer gol y da el último. El planeta entero asiste embelesado al juego de este equipo, el mejor de un campeonato hermoso que vino a redimir las malas sensaciones que dejó el anterior, el de 1966, Mundial defensivo, duro, gazpachado por los árbitros y resuelto por un gol fantasma que no entró. Brasil, con Pelé a la cabeza, redimió el fútbol.

Y la foto del Pelé con el número trece quedó para la historia universal del absurdo.

Día Mundial del Miedo Escénico (1986)

Estamos en los años de la Quinta del Buitre, una generación de jugadores que ilusionó al madridismo. Cuatro chicos madrileños (Bu-tragueño, Míchel, Martín Vázquez y Sanchís) rodeados de jugadores de empaque, con cierta veteranía, como Hugo Sánchez, Gordillo, Gallego, Juanito, Santillana y Valdano. Este último, hombre muy cultivado gracias, en especial, a su afición a la novela mágica hispanoamericana. Aquel era un equipo de fútbol alegre y ofensivo, tanto como desordenado. Así que marcaba muchos goles, aunque también solía recibirlos. De sus salidas europeas era frecuente que volviera con goleadas en contra. Pero cuanto mayor era la goleada en contra, con más interés esperaba el público el partido de vuelta, seguro de que habría remontada. Fue un hecho recurrente sobre todo en las copas de la UEFA de 1985 y 1986.

Aquella noche era quizá la más difícil de todas. El Madrid se había especializado en remontadas, de las que fue especialmente legendaria una ante el Borussia de Monchengladbach, invirtiendo un 5-1 gracias a un agónico e inolvidable 4-0, que daba paso al Madrid gracias al valor preferente del gol marcado en la ida. Fue la noche en que Valdano definió la sensación que paralizaba a los rivales como «miedo escénico». Pero esta vez se trataba de algo más: había que golear «antes de». No se trataba de remontar, no había el combustible del objetivo heroico pero fijable en un número concreto de goles, no se contaba con el viento a favor de esa ansiedad. Y no se sabía cuántos goles había que meter. El Madrid de esos años tenía un ritual para las remontadas: gritar a los rivales en el túnel antes de salir; las tres primeras jugadas, tirar a puerta como fuera, para inflamar el estadio; las tres primeras jugadas del rival, cortarlas en falta muy dura; a la primera falta de uno de ellos, cinco a increparle a él y cinco a increpar al árbitro. Pero aquel día todo se hizo con menos convicción. El público no se enardeció tanto. Los minutos pasaban y en eso, a la media hora, gol de Klaus Allofs, en doble autopase. Cero a uno para el Colonia. Aquello fue la señal.

Se desencadenó un pandemónium: el Madrid dejó dos defensas, Solana y Salguero, y atacó con el resto. Al descanso había hecho dos goles. A la vuelta siguió la locura, que produjo pronto un tercer gol. Cuando el impulso parecía detenerse, Molowny hizo ingresar a Santillana por Martín Vázquez, con lo que tuvo en línea a cinco delanteros puros: Juanito, Butragueño, Santillana, Hugo Sánchez y Valdano. El estadio es una caldera enloquecida, el Colonia parece aterrorizado, no se da cuenta de que a las espaldas del Madrid no hay nada, y que cualquier balón mandado al otro campo y perseguido en él puede ser gol, que vale doble. Se acobarda en torno a Schumacher, echando el balón fuera, con las piernas de mantequilla, y encaja dos tantos más en los últimos diez minutos. Cinco a uno. Buena renta para Colonia, donde el Madrid perderá por 2-0. Era la segunda Copa de la UEFA consecutiva que ganaba el Madrid. Pero aquel fue, sobre todo, el Día Mundial del Miedo Escénico, el día en que un rival en principio fuerte y seguro se hundió más que ningún otro ante esa formidable olla en que era capaz de convertirse el Bernabéu en determinadas condiciones.

MAYO

El Barça despide a HH
(1960)

Por aquellos años el Madrid y el Barça tenían sendos equipos fabulosos. El Madrid contaba con una gran alineación, coronada por Di Stéfano, Puskás y Gento. El Barça acumulaba genios en la delantera. Tejada, Kubala, Suárez, Evaristo, Eulogio Martínez, Kocsis, Villaverde, Czibor... Pero sobre todo destacaba su entrenador, un hombre que reinventó esa función: Helenio Herrera. Hijo de sevillanos emigrados primero a Argentina (donde nació, aunque apenas vivió) y luego al Marruecos francés (donde se crio), había sido jugador malo, como él mismo reconocía. Como entrenador alcanzó celebridad máxima. Estuvo en el Valladolid, el Atlético, el Málaga, el Deportivo, el Sevilla y Os Belenenses antes de llegar al Barça, donde lo revolucionó todo.

El Barça había ganado la Liga de 1958-1959 y estaba en camino de conseguir la de 1959-1960, pero su reto era la Copa de Europa, en la que el Madrid había ganado las cuatro primeras ediciones, todas las disputadas hasta la fecha. Esta vez les iba a tocar enfrentarse en las semifinales. Herrera, siempre lenguaraz y provocador («Que hablen de mí, aunque sea bien»), anunció que esa semifinal sería la demolición del Madrid, cuyas figuras avanzaban ya en la treintena. No cedió ni cuando perdió 3-1 en la ida, en el Santiago Bernabéu, y anunció una goleada para la vuelta. Pero otra vez ganó el Madrid, 1-3, con exhibición de Puskás. El público *culé* se irritó.

La mañana siguiente, Helenio Herrera había quedado con un periodista francés para hacer un reportaje. Pasaron en coche por la Rambla de

Cataluña y, ante el desafío del periodista, aparcaron frente a la fuente de Canaletas, donde entonces siempre, cualquier día del año, se reunían espontáneamente aficionados a hablar de fútbol. Herrera se acercó a ellos, ante la sorpresa de todos, y empezó a discutir y a razonar el porqué de la eliminación. Algunos aceptaban sus argumentos mejor que otros. El periodista tomaba fotos. En una de esas, pidió que le cogieran a hombros. Algunos lo hicieron, otros se enfadaron y empezaron a increparle. En vista de eso, se suspendió la escena y Herrera y el periodista entraron en el hotel más próximo, que resultó ser el que había ocupado el Madrid esa misma noche. Eso aumentó la bronca: «¡Ve a cobrar el soborno!» «¡Vendido!» «¡Si ya estás contratado por ellos!» (Porque se sabía del interés de Bernabéu por ficharle desde tiempo atrás.) La policía tuvo que disolver a los revoltosos. En vista de eso, el presidente del Barça, Miró-Sans, que también sospechaba de un acuerdo con el Madrid porque llevaba tiempo presentándole al entrenador un contrato en blanco que él rehusaba firmar, decidió prescindir de él.

A Helenio Herrera no le importó, porque sí, ya tenía un contrato previamente firmado. Pero no con el Madrid, sino con el Inter de Milán, al que haría vivir sus días más grandes. Y allí se las volvería a tener tiesas con el Madrid, al que nunca llegó a entrenar.

Reina se mete un gol imposible
(1973)

Aquel era el tercer partido que jugábamos en nuestra historia contra Países Bajos, y los dos anteriores habían sido sonados. En 1920 ganamos 3-1 y supuso la plata de Amberes; en 1957 debutaron Di Stéfano (tres goles) y Luis Suárez, y España ganó 5-1. Pero esta vez no iba a ser tan fácil. Emergía el gran Ajax, emergía el gran Feyenoord (más fugaz), emergía, en fin, todo el nuevo gran fútbol holandés, cuya Selección, encabezada por Cruyff, pasaría a llamarse la «naranja mecánica». Aquel partido era un amistoso que nuestro seleccionador, Kubala, había programado dentro de sus planes para cuajar el equipo que pretendía clasificarse para el Mundial-74, cosa que al final no conseguiría por culpa de un tal Katalinski (véase el día 13 de febrero), de infausto recuerdo.

El partido es en el Olympic de Ámsterdam, y esta vez no está en la portería el habitual de aquellos años, Iribar, lesionado por un resbalón en la ducha. Está Reina. Como suplente viaja un jovencísimo García Remón, que está destacando en el Madrid. El partido empieza con gol de Rep, mala señal. Pero Valdez, extremo hispanoargentino del Valencia, gran goleador, empata. Así discurre el partido hacia el descanso cuando a tres minutos de este se da la jugada más tonta en la historia de nuestra Selección. Países Bajos ha disparado fuera. Violeta se dispone a hacer el saque de puerta desde el área chica, hacia Reina, que lo espera fuera del área por el lateral derecho de esta, muy cerca de la línea de fondo, con la intención de recoger el balón con el pie, meterlo en el área y allí cogerlo con la mano y sacar más en largo. (Y de paso perder algo de tiempo.) Entonces era usual esa maniobra, hoy prohibida.

Así que Violeta le envía el balón, manso, rodando por el suelo. Cruyff, siempre pendiente de todo, va a acosar a Reina. Este se pone nervioso y, en lugar de entrar en el área y anular el saque, cosa que no hubiera sido falta, espera. Cruyff y el balón le llegan casi al tiempo. Reina se inclina hacia su derecha, para obstaculizar con el hombro a Cruyff, que le viene por ese lado, y con la pierna izquierda, mal equilibrado, golpea para devolverle el balón a Violeta. Entre que le da más fuerte de lo previsto y que este se queda como desconcertado, el balón pasa por la derecha del líbero y se cuela en la portería, con una trayectoria casi inverosímil. Gol, dos a uno, y al descanso.

Kubala quitará a Reina, al que cambia por García Remón, que debuta en la Selección en ese segundo tiempo, lo mismo que Planelles y Galán. Valdez marca otro gol en el segundo tiempo, García Remón las para todas, pero ya fuera de hora, en un córner tonto, el balón rebota en la espalda de Israël, el líbero del Feyenoord y se cuela. Los holandeses nos ganan por primera vez. No era nuestra noche. Pero sobre todo no era la noche de Reina, al que esta jugada dejó marcado por algunos años.

Una gabarra por el río Nervión
(1983)

Desde 1956, el Athletic no había vuelto a ganar la Liga. Pero este año lo consiguió de nuevo, con Clemente de entrenador, Zubiza-rreta y Meléndez en la portería, Urquiaga, Goikoetxea, Liceranzu, De la Fuente, Núñez, Guisasola, Patxi Salinas y Bolaños en la defensa, De Andrés, Gallego, Urtubi, Sola y Elguezábal en la media, y Dani, Sarabia, Argote, Endika, Noriega y Julio Salinas en la delantera. Fue un equipo sólido, sin demasiado encanto en los partidos fuera de casa, pero sin fisuras tampoco. En casa hacía un fútbol más alegre y marcaba muchos goles. Fue la primera Liga de Maradona en España, aquella en la que una hepatitis le apartó del juego durante varias semanas. El campeonato tuvo un final emocionantísimo. A tres jornadas de acabar, el Athletic perdió en el Bernabéu, y eso dejó en ventaja al Madrid, que en la última jornada visitaba al Valencia, donde le bastaba con empatar para ser campeón. El Athletic jugaba en Las Palmas, donde necesitaba ganar y al mismo tiempo que el Madrid perdiera. Para más dramatismo, los dos rivales de los equipos aspirantes se jugaban el descenso en esa misma última jornada. Los dos partidos fueron simultáneos, en una de esas tardes de calor preveraniego. El Madrid perdió, con un solitario gol de Tendillo. El Atheltic goleó (1-5) y salió campeón de Liga tantos años después. Al tiempo, el Valencia se salvaba y Las Palmas descendía a Segunda.

Cinco mil hinchas habían viajado a Las Palmas. Todo Bilbao salió a la calle e inundó el casco viejo. El lunes, la tela rojiblanca se agotó en la ciudad. Para hacer un festejo especial, Fernando Ochoa, gerente del club (que había sido jugador del juvenil, campeón de España), tiene una idea gloriosa inspirada en una de las canciones populares más cantadas en España en el siglo pasado: «Por el río Nervión, bajaba una gabarra…». Y propone en el club que el equipo pasee por el río Nervión en una gabarra. La idea es aceptada con entusiasmo y la ciudad acoge la sorpresa con un éxito sin igual. Y los campeones hacen un trayecto de siete kilómetros entre el Puente Colgante y el de San Antón. Precedida por las traineras de los clubes deportivos, seguida por barcos pesqueros, *gasolinos* y motoras, la vieja gabarra, bautizada para la ocasión *Athletic*, no lleva esta vez carbón, sino gloria. A ambas orillas, miles, miles y más miles de hinchas agitan sus colores rojiblancos y aclaman a unos héroes que se sienten empequeñecidos ante la magnitud del acontecimiento. Nunca hubo celebración de tal grandiosidad en victoria de fútbol alguna.

Aquel Athletic repetiría al año siguiente, en el que hizo doblete. La gabarra volvió a salir, con la misma emoción que el año anterior, aunque ya sin aquel efecto novedad. Luego, el enfrentamiento de Clemente con Sarabia (véase el día 24 de enero) aceleró el final de aquel ciclo, del que Clemente era el líder natural. Desde aquello, el Athletic ha ganado la Supercopa en 2015 y 2021, títulos que no consideró suficientemente importantes para botarla de nuevo. Se pensó en la idea de sacar la gabarra cuando el año del centenario el club fue segundo y se clasificó, por ello, para la Champions, pero se desestimó. Con ocasión de la final de Copa contra el Barça, en Valencia, en 2009 volvió a estar preparada. Y preparada sigue. Ochoa tuvo una gran idea.

Se estrella «Il Grande Torino» (1949)

A finales de los cuarenta, el Torino era posiblemente el mejor equipo del mundo. Había ganado sucesivamente el Scudetto los años 1946, 1947, 1948 y estaba a punto de ganar el de 1949. A cuatro jornadas del final llevaba cuatro puntos de ventaja al segundo. A esa racha podríamos sumar el de 1943, dado que en 1944 y 1945 la Segunda Guerra Mundial interrumpió el campeonato italiano. Aquel equipo era base de la Selección italiana, a la que aportó seis jugadores para el amistoso que jugó en marzo de ese mismo año en Chamartín, en el que ganó 1-3 con una gran exhibición. Todo el mundo alababa y quería ver en aquel tiempo al «Grande Torino», que tenía su máxima estrella en su interior izquierda, Valentino Mazzola, alto, bello y rubio. Así que no es extraño que nada más ganar su título de Liga de 1949 volara a Lisboa, contratado para un amistoso, homenaje a Francisco Ferreira, capitán del Benfica. En el regreso sucedió la catástrofe.

Cuando el avión, un Fiat G-212, llegaba a Turín, había niebla. Algo se complicó en el descenso, el piloto tomó la ruta equivocada y el avión fue a estrellarse contra el formidable muro de piedra de la basílica de Superga, que remata una colina justo al lado de la ciudad. Nadie sobrevivió al terrible impacto. Fallecieron los cinco miembros de la tripulación, tres periodistas que acompañaron al equipo como enviados especiales, dos directivos, dos técnicos, el masajista y dieciocho jugadores, la flor y nata del fútbol italiano. Una lápida con sus nombres puede verse hoy en el muro contra el que se estrelló el avión. Todavía es lugar de peregrinación de hinchas del Torino, que jamás pudo recobrarse de aquello. Desde entonces solo ha ganado un Scudetto, el de 1976, aunque sigue siendo el equipo favorito de los turineses, por delante de la Juve, el gran equipo de Italia, pero mirado con cierta desconfianza en su propia ciudad. El impacto fue tal que al Mundial de 1950, en Brasil, Italia no se atrevió a viajar en avión, sino que lo hizo por mar, durante una larga travesía de dos semanas, entrenándose en carreras sobre la cubierta del barco. Italia hizo poco en aquel Mundial, que muy bien podría haber ganado si hubiese contado con las estrellas del Torino, trágicamente desaparecidas.

Kubala había sido invitado a reforzar al Torino en aquel partido de exhibición. Y había aceptado. Kubala se había fugado de Hungría no mucho antes, y estaba en Italia a la espera de resolver su vida y contratándose para partidos amistosos cuando podía. Pero justo cuando iba a reunirse con el Torino supo que su mujer y su hijo habían conseguido también salir de Hungría, y fue a reunirse con ellos a Udine, donde se estaba gestando el Hungaria, un equipo de exiliados en el que jugaría él mismo, con su cuñado, Daučik, de entrenador. Eso salvó su vida.

El recuerdo de Valentino Mazzola revivió años más tarde en la persona de su hijo Sandro, gran estrella mundial en las filas del Inter e Italia. La viuda se había trasladado a vivir a Milán, de ahí que el nuevo Mazzola no llegara a jugar en el Torino. Que quizá hubiese podido, en torno a él, reconstruir aquel gran equipo desaparecido.

Dixie Dean alcanza los sesenta goles

(1928)

William Ralph Dean, *Dixie* Dean, fue el mejor jugador del mundo a caballo entre los veinte y los treinta. Lo había adquirido el Everton, aún con diecisiete años, procedente de un equipo de Tercera, el Tranmere Rovers, por la increíble cantidad, para un jugador de esa categoría, de 3000 libras. Luego nunca quiso abandonar el Everton, ni por el Arsenal, que hubiera pagado por él lo que le hubiesen pedido, ni por ir a Estados Unidos, donde le triplicaban los ingresos. Fue tan célebre que la familia real inglesa procuraba cultivar su trato. Con ocasión de un viaje por Inglaterra, Babe Ruth, figura cumbre del béisbol en Estados Unidos, modificó su itinerario para conocerle. Bill Shankly dijo de él que perteneció a la estirpe de los hombres más grandes, «como Beethoven, Shakespeare y Rembrandt».

Aquel día jugaban el Everton y el Arsenal en Goodison Park. Partido de Liga. El Everton ya era campeón, pero quedaba algo por dilucidar: si *Dixie* Dean conseguiría tres goles, con lo que alcanzaría el número total de sesenta marcados en el campeonato, lo que batiría el récord anterior, establecido en cincuenta y nueve. El Arsenal, un gran equipo en la época, estaba decidido a impedirlo. Pero a los quince minutos ya llevaba dos: el primero, en un cabezazo; el segundo, en un penalti que le habían hecho a él mismo, y que lanzó defectuosamente, aunque pasó entre las piernas del portero. «No ha sido mi mejor tiro», reconocería luego. Ya en el 75' alcanzaría su tercer gol, en zurdazo a la salida de un córner. Era el récord, eran los sesenta goles en una sola Liga, marca que aún nadie ha podido batir en el fútbol inglés. El partido acabó 3-3, pero el suceso, del que todavía se habla en Inglaterra de cuando en cuando, fue el *hat trick* de Dean, que había superado el desafío.

Aunque su talla apenas llegaba al 1,75, su potencia de salto le permitía ganar a muchos defensas y sus remates de cabeza fueron legendarios. De aquellos sesenta goles, marcó veinte con la cabeza. Su carrera se vio interrumpida a veces por lesiones (pasó hasta quince operaciones) porque los defensas le perseguían con saña. Uno le hizo perder un testículo de una patada que Dean siempre denunció como voluntaria. El Everton llegó a descender a Segunda en la temporada 1929-1930, en la que le faltó Dean por grave lesión. Cuando lo recuperó, volvió a subir. Antes de eso, antes incluso del récord, había sufrido en 1926 un accidente de moto. Los médicos temieron por su vida y anunciaron que, en todo caso, nunca más jugaría, por sus numerosas fracturas. Pero jugó, a la decimosexta semana, y a su reaparición, con el equipo reserva, acudieron 30 000 espectadores.

Se retiró con 473 goles en 502 partidos oficiales, entre Liga, Copa y Selección. Fue el primer jugador en llevar la camiseta con el número nueve en Wembley, con ocasión de la final de Copa de 1933, la primera que se jugó con números. El Everton numeró del 1 al 11 (Dean, delantero centro, fue el nueve) y el Manchester City, su rival, del 12 (que fue el extremo izquierdo) al 22 (el portero).

Dejó el club en 1938, expulsado por unos directivos desagradecidos. Para entonces era jugador-entrenador. Se apartó discretamente. En 1964 se recuperó su figura en un gran homenaje. Falleció en 1980, a los setenta y tres años. En 2001 se le erigió una estatua en Goodison Park.

Nace la Copa de España. O así (1902)

En la primavera de 1902, Madrid se dispone a arder en fiestas: alcanzada su mayoría de edad, va a ser coronado Alfonso XIII, tras la regencia de su madre, la reina Cristina. Carles Padrós, creador del Madrid y uno de los grandes impulsores del fútbol español en su primera época, concibe la idea de celebrar un campeonato nacional de fútbol para celebrarlo. En Barcelona ya se había celebrado la Copa Macaya, luego reconocida como campeonato catalán, y en Madrid un llamado «concurso de bandas», con participación de muchos equipos. Padrós, un catalán ingenioso, emprendedor y activo (curioso que el Madrid lo fundara un catalán), mueve voluntades y consigue que el Ayuntamiento de Madrid done una gran copa, que labra el famoso orfebre Marabini. Redacta un Reglamento del torneo y pone el día 5 de mayo como fecha límite para la inscripción.

Se apuntan, por Madrid, el Madrid y el New, por Barcelona, el Barcelona y el Espanyol, y por Bilbao, el Bilbao y el Athletic, que envían una sola formación, denominada Vizcaya, como solían hacer cuando se desplazaban, pues les era más fácil reunir once entre los dos equipos y les daba más fuerza. El día siguiente, día 6, queda formalizada la competición. Como son impares, hay una eliminatoria previa, que el sorteo señala que sea entre el Espanyol y el Vizcaya. Los partidos se disputarán en el hipódromo, donde ahora está el edificio de los Nuevos Ministerios, que reunía mejores condiciones que el campo del Madrid (junto a la actual plaza de toros) o del New (cerca del Retiro).

El día 13, el Vizcaya gana por 5-1 al Espanyol. El día 14, el Vizcaya juega de nuevo, batiendo por 8-1, nada menos, al New, y después se disputa el primer Madrid-Barcelona de la historia, que ganan los catalanes por 3-1, goles de Steinberg, dos, y Hans Gamper, de penalti, contra el solitario de Johnson. Goles de gente de fuera, como se ve: un alemán, un suizo y un inglés, aunque en ambos equipos había autóctonos. La final se juega al día siguiente, 15 de mayo, festividad de San Isidro en Madrid. Es el tercer partido consecutivo del Vizcaya, que saca este equipo: Arana (Bilbao), Careaga (Bilbao), Larrañaga (Athletic); Silva (Athletic), Amado (Athletic), Goiri (Athletic); Cazeaux (Athletic), Astorquia (Athletic), Dyer (Bilbao), Silva (Athletic) y Evans (Bilbao). El Barça le opone a: S. Morris, Pamies, Meyer; J. Morris, Witty, Valdés; Parsons, Gamper, Steinberg, Albéniz y E. Morris. El Vizcaya viste de blanco, el Barcelona con sus colores *blaugrana*. Arbitra Joan Padrós, presidente del Madrid y hermano del alma del torneo. El Vizcaya gana su tercer partido consecutivo en otros tantos días, por 2-1. Marcan Astorquia y Cazeau en el primer tiempo, en el segundo, a quince minutos del final, descuenta Parsons, de cabeza. Los últimos minutos son de agobio para los vizcaínos, a los que se les nota el cansancio. Pero ganan y se llevan la copa.

No era Copa de España, sino Copa del Excelentísimo Ayuntamiento de Madrid, donada por Alberto Aguilera, el alcalde de la capital. Pero casi puede decirse que era la Copa de España, pues la jugaron los mejores equipos del momento. No era el Athletic, pero casi, porque era una fusión del Athletic y el Bilbao, que antes de un año se haría definitiva, al ser absorbido el Bilbao por el Athletic y convertirse ya en un solo club. De ahí que el Athletic insista en considerar esta como la primera de su larga serie de copas conquistadas.

Duckadamazo en Sevilla
(1986)

Aquella fue la primera Copa de Europa después de la tragedia de Heysel. Nuestro representante era el Barça, que fue eliminando sucesivamente a Sparta de Praga, Oporto, Juventus (campeón vigente) y en la semifinal al Gotemburgo. Una semifinal emocionantísima, porque el Barça perdió 3-0 en la ida y dio la vuelta a la eliminatoria en un inolvidable partido en el Camp Nou: ganó por 3-0 (*hat trick* de Pichi Alonso) y pasó en los penaltis. Por el otro lado se clasificó el Steaua de Bucarest, tenido por un equipo menor que llegaba ahí por una buena racha. La final iba a disputarse en Sevilla, en el Sánchez Pizjuán. Se daba por seguro el título del Barça, que aún no tenía esta copa en sus vitrinas. Había además cierto ambiente de euforia en el fútbol español, porque ese año el Atlético también alcanzaría la final de la Recopa y el Madrid la de la Copa de la UEFA.

Tan claro lo tenía el Steaua que alguien llamó al gerente del Barça, Antón Parera, para ofrecer, lisa y llanamente, la venta del partido. Parera se lo comentó al presidente, Josep Lluís Núñez, que, por supuesto, rehusó. Se trataba de ganar en el campo, ganar de verdad, y además nadie lo veía difícil. Hinchas del Barça inundaron el Sánchez Pizjuán, con una coqueta entrada en la que aparecían los escudos de los dos finalistas, la Giralda y un mapa de Europa. Una entrada que pensaban conservar asociada al día más feliz del barcelonismo hasta la fecha, la conquista de una copa que en su día había sido patrimonio del Madrid, pero que hacía ya por entonces veinte años que no conseguía. Desde que el mundo era en blanco y negro.

Pero fue un fiasco. El partido resultó lento y espeso, llevado al ritmo que le convenía al Steaua, que tenía algunos jugadores estimables (Belodedici, Balint, Lacatus...). Junto a ellos, medianías. Entre otros un tal Iordănescu, al que el hijo del dictador Ceausescu llamó a la convocatoria. Y, por si las moscas, el entrenador le hizo entrar en juego en el 72'. El partido va transcurriendo sin goles, sin jugadas de peligro, encaminado a la prórroga. Cuando quedan seis minutos para el final, Venables retira a Schuster, que se enfada, se ducha, se va, coge un taxi y se dirige al aeropuerto, en gesto que fue muy comentado luego. La prórroga discurre en el mismo son, sin nada destacable, y el partido tiene que resolverse en los penaltis. Y ahí es donde ocurre lo inesperado.

Urruti para los dos primeros del Steaua, con lo que puede decirse que cumplió. Pero es que Duckadam, el meta rumano, paró sucesivamente los de Alexanko, Pedraza, Pichi Alonso y Marcos. Lobo Carrasco, que estaba para tirar el quinto, ni siquiera pudo hacerlo, porque mientras tanto Lacatus y Balint habían transformado los lanzamientos tercero y cuarto de los rumanos, que así salieron campeones. La gesta de Duckadam le elevó a la categoría de celebridad internacional, pero le sirvió de poco. La dictadura rumana no le dejó salir del país, por lo que no pudo aprovechar las ofertas. Con los años tendría que dejar el fútbol por una flebitis.

También el Atlético perdería su final europea, en la Recopa, 3-0, ante un gran Dinamo de Kiev. Solo el Madrid ganó su título, la UEFA, en la final ante el Colonia. Schuster fue apartado del equipo y se le retiró la ficha federativa para toda la temporada siguiente. Los jugadores rumanos recibieron primas extravagantes, diferentes según quiso cada cual, o según su grado de enchufe en el régimen de Ceausescu: Belodedici disfrutó de un viaje a Egipto, Balint recibió 100 dólares (cuando la moneda estadounidense estaba prohibida en el país), Lacatus escogió un vídeo, todo un lujo asiático en la Rumanía de aquellos días.

El primer Scudetto se resolvió en un solo día (1898)

Un médico inglés, llamado James Spensley, fue el gran impulsor del fútbol en Italia. El fútbol había llegado antes que él al país transal-pino, pero como una diversión de ingleses, que lo jugaban entre sí, sin dar entrada en sus encuentros a los locales. Cuando llegó Spensley a Génova (trabajaba como médico en travesías marítimas) todo cambió. El fútbol se abrió a los italianos, aunque con un cupo máximo de cinco por equipo, y se organizó el primer partido serio, entre el Génova, en el que él mismo se alistó de portero, y el Torinese. Fue el 6 de enero de 1898. Se vendieron 154 entradas al precio de una lira, 23 a media lira y otras 84 más con un recargo por los asientos numerados, que proporcionaron otras cien liras. El árbitro, el reverendo Richard Douglas, cobró 2,50 liras. El cuidador del campo, una lira. El partido, que ganó el Torinese, resultó ser un éxito en todos los sentidos.

Eso animó a organizar algo más serio: un campeonato de Italia, al que la Federación italiana, nacida solo tres meses antes de celebrarse el torneo, invitó a todos los equipos del país. La inscripción no fue un gran éxito, pues se apuntaron solo tres equipos de Turín (el Torinese, el Internazionale de Torino y la Ginnastica di Torino) y el Génova del entusiasta Spensley. (¿Y la Juve? La Juve había nacido en 1887 como club deportivo del prestigioso liceo Massimo d'Azeglio, pero no se transformaría en club de fútbol hasta el año siguiente.) Los partidos se jugaron en Turín, en un campo de la periferia, invadido hoy hace ya muchísimos años por la expansión de la ciudad. Se acordó disputar el torneo en un solo día. A las nueve de la mañana jugaron el Internazionale y el Torinese, con triunfo del primero (1-0, gol de su capitán, John Savage). A continuación, el Génova se deshacía de la Ginnastica por 2-1. A las tres de la tarde, tras un descanso y un breve refrigerio, se jugó la final, que ganó el Génova por el mismo resultado, 2-1, con el segundo gol marcado en los últimos instantes del partido. Acudieron cincuenta personas a las semifinales, y cien a la final, lo que dejó en caja un total de 197 liras.

No era mucho, pero la primera piedra estaba puesta. La corta inscripción de equipos bien pudo tener relación con los disturbios que esos días vivía Italia, con Milán sumida en el caos, tomada por el ejército, que se movía entre barricadas levantadas en lo que se llamó «el motín del pan». Se calcula que al menos cuatrocientas personas fallecieron esos días en Milán, que concentró la atención del país. Pero ese inicio hizo del Génova el equipo más fuerte de Italia durante bastantes años. Ganó, siempre con Spensley en la portería, los títulos de 1899, 1900, 1902, 1903 y 1904. Y siguió entre los más fuertes del fútbol italiano hasta 1925. Había ganado también en 1915, 1923 y 1924, cuando se enfrentó en la final al Bolonia, en pleno ascenso del fascismo. El gran líder fascista Leandro Arpiati, hincha del Bolonia, manipuló la final, cuando se veía con un 2-0 en contra. Con sus «camisas negras» obligó al árbitro a conceder un gol al Bolonia, y de ahí siguió el empate. Hubo desempate, con nueva igualada, y un tercer partido, a las siete de la mañana, sin público, que por fin ganó el Bolonia por 2-0. El Genova aún lamenta que por culpa de Arpiati no pueda lucir en la camiseta la estrella dorada que se concede en Italia a los que han ganado diez títulos.

El «loco del Bernabéu» descarga su conciencia (2001)

He aquí, de nuevo, uno de los secretos mejor guardados por el fútbol durante algunos años. ¿Quién fue el loco del Bernabéu? Una figura anónima que saltó al campo, le pegó un cate al árbitro del partido Real Madrid-Bayern de Múnich, semifinales de Copa de Europa de la temporada 1975-1976. El árbitro agredido fue el austriaco Linemayer. El agresor fue capturado por Sepp Maier, el meta alemán, que se echó sobre él y le inmovilizó. Luego salió detenido por la policía, pero se escurrió, se escapó, con el pretexto de que había perdido un zapato en el forcejeo. O es que unos policías tan madridistas como él fueron benévolos y le dejaron escapar. Cuando regresó entre el público unos le dijeron: «¡Olé tus huevos!», mientras otros le increpaban. El caso es que se difuminó entre la masa.

Era el 31 de marzo de 1976. En las radios de esa noche y las sucesivas aparecieron diversos personajes haciéndose responsables del hecho. El partido acabó en empate, 1-1. En la vuelta, el Madrid fue eliminado, 2-0. Amancio fue expulsado ese día, en su último partido europeo. Al Madrid aquello le costó jugar las dos primeras eliminatorias de la temporada siguiente lejos de casa: se enfrentó al Stal Mielec en el Luis Casanova (Mestalla) y la siguiente, ante el Brujas, en La Rosaleda (Málaga). Fue eliminado en esta segunda. El coliseo madridista fue rodeado de vallas tras aquello, para ludibrio del hombre que daba nombre al campo, Santiago Bernabéu.

Veinticinco años más tarde, el que desde entonces fue conocido como el «loco del Bernabéu», se confiesa en el diario *As*. Se trata de un aficionado más, que ese día ha asistido al campo junto a su mujer, embarazada por entonces de seis meses. Cuenta que estaba en el segundo anfiteatro, y que, indignado por un penalti que ha sufrido Santillana y que no ha sido pitado, le dice a su mujer que va al baño, lo que aprovecha para ir deslizándose por el estadio hasta abajo, donde salta y agrede al árbitro. La foto muestra un descomunal puñetazo propinado por un hombre joven y saludable, con la cabeza cubierta por un gorro de lana con los colores del Madrid. El árbitro, Linemayer, recibe el impacto de lleno, a pesar de la pretendida protección de Hoeness, el número diez del Bayern. Maier está cerca, pero no llega a tiempo. Él será quien reduzca al agresor. Le tira al suelo y se ceba con él, hasta que llegan los policías para llevárselo.

«Lo que hice fue un disparate», confiesa el agresor veinticinco años después. Se deja retratar solo de espaldas y permite que se publiquen sus siglas, pero pide que se reserve el nombre. «Mi padre se pasó dos años sin hablarme.» Y más: tuvo la oferta de escribir un libro, que rechazó. Se arrepintió. Su comparecencia en el periódico *As* tenía sobre todo esa intención. Mostrar su arrepentimiento, explicar que se equivocó, proteger, aún, su anonimato. Lo suyo fue un error, sí. Lo pagó su club. Sirva para que otros sepan qué es lo que no se puede hacer.

Aquel golazo imposible de Nayim (1995)

El Zaragoza nunca ha ganado la Liga, pero en los llamados torneos del KO se ha defendido generalmente mejor. Ha ganado cinco veces la Copa, una la Copa de Ferias y, sobre todo, una vez la Recopa, el más valioso trofeo que guarda en sus vitrinas. No ha dado equipos machacones y de regularidad, pero sí ha soltado cada pocos años equipos alegres, artísticos, de ataque, capaces de ganar a cualquiera en esfuerzos concentrados. Así fueron el Zaragoza de «los Cinco Magníficos», el de los «Zaraguayos» (llamado así porque lo definían la calidad de sus paraguayos Arrúa y Diarte), el de Beenhakker, en el que destacaban Barbas, Señor, Valdano y Amarilla, entre otros, y el de Víctor Fernández, el gran entrenador de la casa. Con él se ganó el Zaragoza el derecho a jugar la Recopa de la temporada 1994-1995, por haber conquistado la Copa el año anterior en la final ante el Celta.

Hizo un buen torneo, y eso que las dos primeras eliminatorias tuvo que jugar en Valencia como campo propio, por una suspensión de la UEFA. En 1992, al término de un Zaragoza-Borussia, una moneda de 25 pesetas había impactado en el árbitro, Ruber Forstinger, y eso motivó la sanción. En esas dos primeras eliminatorias despachó al Gloria Bistrita y al Tatran Prešov. Ya en cuartos dispuso de La Romareda y eliminó al Feyenoord gracias a un 2-0 en el partido de vuelta, tras perder 1-0 en la ida. En semifinales, 3-0 al Chelsea en casa, para sufrir allí y perder 3-1. La final va a ser en un campo de ensueño, el Parque de los Príncipes de París, y ante un rival de tronío, el Arsenal.

Víctor Fernández saca ese día a Cedrún; Belsué, Cáceres, Aguado, Solana; Nayim, Aragón, Poyet; Pardeza, Esnáider e Higuera. El Parque de los Príncipes está abarrotado, con miles de aficionados de ambos finalistas. El partido tiene ritmo y brío. Llega el descanso y 0-0. Segunda mitad: en el 68', Esnáider hace una fenomenal maniobra y lanza un chutazo desde 25 metros al que no llega Seaman, el meta inglés. Estallido. Pero en el 76' buena jugada de Parlour por la derecha, centro a Merson, que cede a Hartson, y este fusila a Cedrún: 1-1. Sale Sanjuán por Higuera para refrescar el equipo. Final sin más goles. Prórroga. Primer tiempo de la prórroga sin goles. Segundo tiempo y todo sigue igual. En el 111', Sanjuán deja paso a Geli. Todo se da casi por terminado cuando a un minuto del final de la prórroga Nayim caza un balón a dos cuartas del suelo, pegado a la banda derecha y a cuarenta metros del marco. Un pensamiento rápido le asalta la cabeza: en Ceuta, cuando empezaba, marcó dos goles pegándole al balón de aire, un poco con el exterior, con lo que coge un vuelo especial. El pensamiento es un relámpago, la acción, otro. Le pega con toda el alma, el balón vuela, se retuerce y cae, llovido, justo por detrás de la mano de Seaman, en la única rendija posible entre esta y el larguero. Quizá el más prodigioso gol que se haya marcado en final europea alguna.

Nayim, ceutí, se había criado en la cantera del Barça, era jugador de la mejor escuela. Su gol se convirtió en una pesadilla para Seaman, y a él le marcó la vida: «No hay día en el que no lo tenga que contar al menos una vez», suele decir. Y es que fue para contarlo.

Los «yeyés» ganan la sexta
(1966)

Estábamos en la undécima Copa de Europa. El Madrid había ganado las cinco primeras y había sido finalista derrotado en la séptima (por el Benfica) y la novena (por el Inter). Y ya era otro Madrid. Aquella derrota ante el Inter le costó la salida a Di Stéfano. Santamaría y Puskás siguieron aún dos temporadas más, pero en esta de que hablamos pasaron a ser suplentes en los primeros meses de la misma. Estaba cerrada además la importación de extranjeros, así que el Madrid se recompuso con jugadores nacionales, varios de ellos de la cantera. En la Liga no iba bien, acusaba la renovación, pero en la Copa de Europa fue saliendo adelante: Feyenoord (al que Puskás marcó cuatro en el Bernabéu, su canto del cisne), Kilmarnock, Anderlecht... Hasta llegar a las semifinales con el Inter, campeón de las dos últimas ediciones. El equipo había ido madurando durante la temporada, con la inclusión de Velázquez como cerebro, el retraso de Grosso a la media, pasando Amancio a interior en punta y dejando la banda derecha a Serena. Se veía un buen equipo, pero ¡el Inter...! El Inter de esos años era el demonio: cerrojo, fútbol egoísta, pase largo de Suárez, gran velocidad de Jair y Mazzola y tiros libres de Corso. Eso, más la detestada figura de Helenio Herrera. Bueno, pues el Madrid les eliminó: 1-0 y 1-1, y eso fue el *boom*. Un reportero, Félix Lázaro, tuvo la idea de hacer un reportaje fotográfico en el que Betancort, Velázquez, De Felipe, Pirri, Grosso y Sanchís se colocaron pelucas de *beatles*. El Madrid lo supo y pretendió frenar el reportaje. Al menos llegó a un compromiso con el periodista: que no se publicara hasta después de la final.

Se jugó la final ante el Partizan, que a su vez había eliminado al Manchester en semifinales. Un buen equipo, representante de la gran fortaleza del fútbol yugoslavo por aquellos años. (Para los más jóvenes, conviene aclarar que Yugoslavia englobaba entonces lo que hoy son los Estados de Eslovenia, Croacia, Serbia, Montenegro, Bosnia-Herzegovina, Macedonia y Kosovo.) El Madrid se presenta en una final por primera vez (y única) con once españoles. El choque ante el Inter le ha dejado sin Betancort (canario) y Calpe (valenciano) por lesión. Juegan: Araquistáin (guipuzcoano); Pachín (cántabro), De Felipe (madrileño), Sanchís (valenciano); Pirri (ceutí), Zoco (navarro); Serena (madrileño), Amancio (gallego), Grosso (madrileño), Velázquez (madrileño) y Gento (cántabro). Gento, que ganará su sexta Copa, es el gran enlace con el Madrid imperial, aunque también está Pachín, que cabalgó a lomos de las dos generaciones: ya fue campeón en 1960.

Empieza el partido (ya había televisores en España en muchísimas casas, y se siguió masivamente) y se ve que el Partizan es mejor. Fútbol más moderno, mejor combinado. Y se adelanta, ya entrada la segunda parte, a la salida de un córner. Pero el Madrid corre, corre y corre horrores. De repente, un pase luminoso de Velázquez a Amancio, que se va, recorta dos veces a su defensa y cruza el balón. Una maravilla de gol. Poco después, Serena alcanza un remate colosal, desde treinta metros, a la escuadra. El Partizan baja la cabeza, agotado. No puede más ante esos chicos que corren y corren y no paran. Al pitido final, el campo, Heysel, se llena de emigrantes eufóricos. El regreso a Madrid es triunfal, porque esta copa no la esperaba nadie.

El Alcázar publica el reportaje de Félix Lázaro y el equipo queda inmortalizado para siempre con el mote de Madrid «yeyé». (La expresión «yeyé» se asociaba entonces a la juventud partidaria de la revolución cultural y musical que nos venía de Inglaterra.) A Bernabéu y su gerente, Antonio Calderón, ya no les pareció tan sacrílego. Incluso les cayó en gracia.

El Orense completa la Liga perfecta
(1968)

El Orense había sido fundado en 1952 como una transformación de la Unión Deportiva Orensana. Había llegado a militar tres temporadas en Segunda, pero para la presente estaba en Tercera. El año anterior también, aunque había rozado el ascenso. Se le había escapado el puesto en la liguilla entre campeones y subcampeones de grupo por una derrota en desempate con el Xerez, en Madrid, sobrevenida en la segunda prórroga. Pero para este año venía con fuerza, y de hecho batió un récord del que se habló en toda España: ganó, uno tras otro, los treinta partidos del campeonato en el Grupo I de la Tercera División. El campeonato empezó con una asistencia de apenas cuatro mil personas, por la desilusión de la temporada anterior, pero fue *in crescendo*, y para los últimos partidos se quedaban pequeñas las 17 000 localidades del campo.

El último de ellos lo jugó fuera, en el campo del segundo clasificado, el Compostela, entre una gran expectación nacional y buen sentido del humor por parte de sus aficionados, que llevaron, al campo de Santa Isabel, de Santiago, una pancarta que rezaba: «Si no ganamos en Santiaguinho, quedamos tan amiguinhos». Pero ganaron, 0-1, con gol de Carballeda, el número 38 de los que marcaba el delantero centro. Con eso completaban un increíble registro de treinta victorias, cero empates y cero derrotas, 98 goles a favor y solo siete en contra. El equipo-tipo, que merece ser recordado, era este: Roca; Varela, Astigarraga, Lozano; Ángel, Pito; Cortés, Seara, Carballeda, Pataco y Túnez. El entrenador era Fernando Bouso, madrileño de origen gallego, que había jugado en los juveniles del

Atlético de Madrid con Enrique Collar, y más tarde en el Orense. Nada más acabar el partido de Santiago, el equipo recibió, aún en los vestuarios de Santa Isabel, un telegrama del delegado nacional de Deportes, Juan Antonio Samaranch, felicitándole por la hazaña y anunciando la concesión de la placa de plata al mérito deportivo.

En torno al equipo se creó un gran revuelo y todos los grandes miraron qué se podía fichar de él. El Atlético incluso les invitó a jugar un amistoso entre semana en el Manzanares, tres jornadas antes de terminar la Liga, contra su equipo reserva, a fin de ver más de cerca a sus jugadores más interesantes. Su interior izquierda, Pataco, será fichado por el club madrileño, aunque no consiguió tener éxito.

Curiosamente, ninguno de los futbolistas de aquel equipo hizo una carrera brillante. Y no solo eso: el Orense ni siquiera consiguió ascender. Para hacerlo tenía que superar dos eliminatorias, en disputa con otros campeones de grupo. Había quince grupos y solo subían cuatro equipos, y promocionaban otros cuatro, que salían de eliminatorias entre los subcampeones. El Orense eliminó bien al Condal, con dos nuevas victorias, 2-0 en casa y 1-2 fuera. Pero a la siguiente cayó ante el Ilicitano, con 0-0 en casa y derrota 2-1 en Altabix, el 16 de junio, con lo que se quedó en Tercera. Su fabulosa temporada no había tenido premio, pero queda en el recuerdo.

Estallido de odio entre Dinamo y Estrella Roja (1990)

En 1990, Yugoslavia era todavía un solo país, pero la caída del comunismo hacía aflorar los nacionalismos que el mariscal Tito había sabido templar desde el final de la Segunda Guerra Mundial. Hoy, lo que fue Yugoslavia se ha dividido en siete Estados: Eslovenia, Croacia, Serbia, Montenegro, Bosnia-Herzegovina, Macedonia y Kosovo. La situación presagiaba lo que luego ocurrió: guerras violentas y atomización del país. El Estrella Roja de Belgrado (el del Ejército) era un equipo de gran poder deportivo, pero asociado simbólicamente al poder central. Por ser de Belgrado y por ser del Ejército. Tenía además terribles bandas de *ultras*, bandas de nacionalistas serbios empeñados en hacer valer el dominio de esta parte del país sobre las «venalidades» nacionalistas del resto. («¡Hachas en mano, el puñal en los dientes, esta noche habrá sangre!», era su canción favorita en los campos.)

Dos semanas antes del partido los croatas habían elegido como su presidente autónomo a Franjo Tudjman, ex general (y ex presidente del Partizan de Belgrado, el gran rival del Estrella Roja), que era un ultranacionalista croata. Su adopción de los símbolos *ustachas* (los fascistas croatas que colaboraron con los nazis en el exterminio de cientos de miles de serbios) exacerbó viejas pasiones de su pueblo, largo tiempo dormidas. Sus declaraciones eran continuas llamadas a la violencia política, gasolina en el fuego de aquellos días. En esas condiciones visitó el Estrella Roja al Dinamo de Zagreb, el gran equipo de la capital croata. Tres mil *ultras* del Estrella Roja acudieron dispuestos a todo, y de hecho el partido sería la primera ocasión en cincuenta años para ver combatir abiertamente, sin disimulos, a dos de los grupos étnicos que formaban el país. Los hinchas del Estrella Roja arrancaron los tablones de publicidad y gritaron: «¡Mataremos a Tudjman!». Les llovieron piedras, previamente introducidas en el estadio, que ellos frenaban con los tablones. Las vallas que separaban a las masas de uno y otro equipo desaparecieron misteriosamente y la batalla se generalizó. Algunos saltaron al campo, huyendo o persiguiendo. La batalla duró setenta minutos.

Mientras varios helicópteros descendían sobre el terreno para rescatar a los jugadores del Estrella Roja, Boban, jugador del Dinamo, vio a un hincha propio que estaba siendo golpeado por un policía y agredió a este con una tremenda patada en el estómago, lo que permitió al hincha liberarse. El gesto, captado en directo por la televisión (el partido, o más bien, la reyerta que lo sustituyó, contó con televisión en directo), convirtió a Boban a su vez en un héroe de las aspiraciones nacionalistas croatas, y del gesto se hizo un símbolo de la lucha contra la opresión serbia.

Aunque, paradoja, más tarde se supo que el policía agredido no era serbio, como todo el mundo suponía, sino un musulmán bosnio.

El Día del Futbolista en Argentina

(1953)

Por aquellos tiempos mandaba en Argentina Juan Domingo Perón, que había declarado el boicot a la FIFA. Perón estimaba que Ar-gentina hubiera merecido organizar el primer Mundial que volviera a América después de la guerra. Puesto que el primero de todos, el de 1930, se había celebrado en Uruguay, campeona olímpica en 1928, veía justo que al regreso a América (tras Italia-34 y Francia-38) se jugara en Argentina, que había sido subcampeona olímpica en 1928 y subcampeona mundial en 1930, ambas frente a Uruguay. Como no fue así, Argentina renunció a participar en los mundiales de 1950 y 1954. No volvería a participar en el Mundial hasta 1958

Pero Argentina tenía al comienzo de los años cincuenta un gran fútbol y quería lucirlo, así que desafió a los ingleses, a los que rindió visita con ánimo de ser la primera Selección no británica que ganara en Wembley. Así, Perón llama al ministro de Hacienda, Cereijo, su hombre de confianza (como él, hincha de Racing, lo que favorecerá mucho a este club durante algunos años), y le pide que monte una Selección para ir a Wembley a «quitarles el invicto a esos carne de gallina». Así sabría el mundo cuál era la capacidad del fútbol argentino. Se arma un equipo un poco a toda prisa, se viaja a Wembley y allí al menos dan la cara. Juegan el 9 de mayo de 1951 y pierden por 2-1. Pero hasta el minuto 80 ganaba Argentina, con gol de Boyé. El meta Rugilo para y para y para, aunque al final cede y encaja dos goles. El partido es radiado en directo para toda Argentina, donde se sigue con pasión. Rugilo queda bautizado como el «león de

Wembley» para los restos, y se decide que el segundo gol de los ingleses es en *offside*. Se acuerda una revancha para dos años después: el 14 de mayo de 1953.

El partido es en la cancha del River, abarrotada, y esta vez Argentina sí gana, por 3-1, entre el júbilo popular. El segundo gol de Grillo es de antología. Grillo es un fino interior, que hizo carrera en Independiente y Boca y también en el Milán, con el que disputó contra el Madrid la final de la tercera Copa de Europa. «El gol de Grillo», como luego se le conocerá, es una maniobra por la izquierda, dejando atrás a dos defensas ingleses para, cuando se esperaba el centro, disparar por alto, a la escuadra, batiendo al meta inglés, al que el remate pilla completamente por sorpresa. Hasta los dos de Maradona en el Mundial de México-86, también a Inglaterra, el de Ernesto Grillo fue el gol más querido por los argentinos, que consagraron aquel día como el Día del Futbolista, casi con carácter de fiesta nacional.

Por cierto, Argentina iría por fin al Mundial de 1958, convencida de un poder que no tenía. Solo ganó a Irlanda. Perdió con Alemania, 3-1, y con Checoslovaquia, ¡6-1! Carrizo, el fenomenal meta del River Plate, un héroe nacional, un adelantado a la época, volvió convertido en un villano. Él particularmente, pero también todos los demás, que al regreso fueron recibidos a monedazos. Las autoridades llegaron hasta el extremo de requisar los recuerdos que los futbolistas traían para sus familias.

Los ingleses caen por primera vez... y en Madrid
(1929)

Por aquellos años, a los ingleses aún se les llamaba los *pross*, los profesionales. Ya había profesionales en otros países, particular-mente en Europa, pero nadie como ellos. Descender a jugar con una selección del continente era ya un acto de generosidad. Nadie les había ganado aún, salvo Escocia, donde el fútbol era igual de antiguo que entre ellos. Aquella primavera bajaron al continente y golearon (1-4) en Francia y (1-5) en Bélgica. El día de San Isidro tenían concertado un partido en Madrid, en el viejo Stadium Metropolitano, que se llenó a reventar con 30 000 espectadores. Este fue durante muchos años el campo del Atlético, pero desde aquel lejano San Isidro quedó inscrito también para siempre en la historia del fútbol inglés, porque esa iba a ser la primera derrota en el continente de su orgullosa Selección.

España salió con Zamora (Espanyol), Quesada (Real Madrid), Quincoces (Alavés); Prats (Real Madrid), Marculeta (Real Sociedad), Peña (Real Madrid); Lazcano (Real Madrid), Goiburu (Osasuna), Gaspar Rubio (Real Madrid), Padrón (Espanyol) y Yurrita (Real Sociedad). El desarrollo del partido fue intensísimo: Inglaterra se adelantó, 0-2. Empató España a 2, pero Inglaterra se adelantó de nuevo, 2-3. Luego remontarían los españoles hasta el 4-3 final. Zamora hizo proezas, Quincoces dictó un curso, el pequeño Marculeta se elevaba sobre su estatura para despejar de cabeza los saques del meta inglés, todos rayaron a gran altura, pero el hombre del día fue Gaspar Rubio, el delantero centro del Madrid. Rubio era un valenciano genial, de juego imprevisible, con tremendas caídas y partidos gloriosos. Inventó las primas, a base de exigir en los descansos un incentivo para jugar mejor. Se fugó del Madrid a La Habana, donde fichó por el Asturias. Allí le rompieron una pierna. Después pasó a México, al España, de donde volvió para jugar en el Atlético, pero ya no era lo mismo. Su temperamento hizo un pequeño estropicio de su carrera, pero los ingleses le pillaron en su mejor forma, aún con veintiún años, y se comieron su mejor tarde, en la que marcó dos goles y animó el juego de toda la delantera.

Los ingleses se quejaron del calor, de la dureza del campo, de lo temprano de la hora (las cinco de la tarde), de la pasión del público y de la ausencia de *Dixie* Dean (véase el día 5 de mayo), su formidable delantero centro, el gran goleador de la época, que no pudo estar. Y de que míster Pentland, entrenador inglés que por aquellos años dirigió a varios equipos españoles (Racing, Athletic y Atlético), había asesorado al seleccionador español, José María Mateos, con lo que recuperaban en parte para el equipo victorioso la patente británica. Pero el verdadero desquite se lo tomaron en la vuelta. Se concertó un partido de revancha, que se jugó el 9 de diciembre de 1931, en Highbury. En otras condiciones, con frío, niebla, campo húmedo... Y ahí nos dieron para el pelo: 7-1. Claro que nosotros también nos trajimos nuestra explicación: Zamora había tenido que jugar enfermo, si no, ¿de qué le iban a haber metido siete?

El Barça vive una fiesta en Basilea

(1979)

Aquellos eran años de gran exaltación del catalanismo, y del papel que el Barça hacía en él. Eran los años de la Transición, de la recuperación de determinados derechos y se recordaba que el Camp Nou había sido refugio de la *senyera* en tiempos en que estaba prohibida. El Barça, campeón de Copa en 1977-1978, en la final ante Las Palmas («Ja tenim la copa, ara volem l'estatut», se decía), jugó la Recopa al año siguiente. La empezó con el Shaktar Donetsk, al que ganó sin problemas. Pero en octavos le tocó hacer una proeza: había perdido por 3-0 en la ida, ante el Anderlecht, y el partido de vuelta se presentaba como una montaña. El Camp Nou se llenó de un público ilusionado, que tuvo el premio de una noche mágica. Sobre la hora, Zuviría, con un gol inolvidable, hizo el 3-0. Tras una prórroga sin goles, el Barça pasó en los penaltis. En cuartos eliminó al Ipswich Town, con un Migueli enorme que no solo secó a Paul Mariner, el inglés que había costado un millón de libras, sino que marcó uno de los goles de la eliminatoria. En semifinales, doble victoria por 1-0 sobre el Beveren, donde empezaba a aparecer un joven meta belga llamado Pfaff. Pero el héroe fue Artola, con su actuación prodigiosa en Beveren.

Y a la final, en Basilea, contra el Fortuna de Dusseldorf, en el que la estrella era el temidísimo delantero Klaus Allofs. Diez años antes, en el mismo estadio, el Barça había perdido una final de Recopa con el Slovan de Bratislava, hecho sonado, pues aquella era la primera vez que la Europa del Este conseguía un título europeo de clubes. Pero nadie pensó en el mal presagio. Una ola de 30 000 *culés*, algo sin precedentes hasta la fecha, se desplazó a Basilea cargada de *senyeras*, banderas *blaugrana* e ilusión.

El Barça sale con: Artola; Zuviría, Migueli, Costas, Albaladejo; Sánchez, Neeskens, Asensi; Rexach, Krankl y Lobo Carrasco. De la Cruz (57') y Martínez (66') entrarían después por Albaladejo y Sánchez. Krankl, estrella austriaca del Barça, ha sufrido un serio accidente de coche pocos días antes y su mujer está todavía malherida en el hospital, pero hace de tripas corazón y juega el partido. El primer tiempo es trepidante. Sánchez, 1-0; Klaus Allofs, 1-1; Asensi, 2-1; Seel, 2-2. Entre el 1-1 y el 2-1 Rexach falla un penalti, cometido sobre Lobo Carrasco, casi un debutante, que sale esa noche convertido en estrella. La suya cuenta entre las mejores actuaciones individuales en una final europea. En la segunda mitad no hay más goles. Prórroga. Como siempre, se teme que los duros alemanes noten menos la fatiga. Pero Carrasco, en una jugada mejor que todas las anteriores, sirve a Krankl un gol hecho, sin portero, que es el 3-2. Poco después, Rexach caza un balón suelto y enmienda el fallo del penalti: 4-2. Aún los alemanes descuentan, por medio de Seel, a seis minutos del final de la prórroga. Pero el Barça aguanta y es campeón, con Núñez deshecho en una llantina. Es el primer trofeo europeo serio del Barça, descontadas las primeras copas de Ferias, de valor relativo.

Treinta mil *culés* vuelven felices de Basilea, tras ver la victoria de lo que Vázquez Montalbán llamó por entonces «ejército simbólico desarmado de Cataluña». Es cuando se acuña aquello de «las copas del Madrid son en blanco y negro, la nuestra es en color».

Las fatales consecuencias del gol de Schwarzenbeck (1974)

San Isidro, santo madrileño, se fue a la cama un poquito antes de lo previsto dos días antes de esta fecha. Porque el día de su santo, el 15 de mayo, el Atlético había jugado su primera final de la Copa de Europa. Enfrente estaba el Bayern de Múnich y aquel era un buen Atlético, con sus «tres puñales» en punta. Había llegado a ese partido después de una dura trayectoria, sobre todo una semifinal en la que se quedó con ocho en el encuentro de ida, en Glasgow. Pasó, aunque con algunas bajas para esta final: Panadero, Quique y Ayala (uno de los puñales) todavía estaban sancionados. Pero el entrenador, Juan Carlos Lorenzo (un tipo simpático, que en las conferencias de prensa decía aquello de «¡Ché! ¡Entre bomberos no vamos a pisarnos la manguera!»), alineó un gran equipo: Reina; Melo, Heredia, Eusebio, Capón; Adelardo, Luis, Irureta, Salcedo (Alberto, 88'); Ufarte (Becerra, 68') y Gárate. Enfrente está el Bayern, en su primera final de Copa de Europa, a punto de inaugurar su serie de tres títulos consecutivos. Aún no es tan temido, pero ya están ahí Maier, Beckenbauer, Breitner, Müller y Hoeness, que harán historia.

Pero el Bayern no es superior al Atlético, el partido es de dominio alterno y termina sin goles. Y se va a la prórroga. Ya en el segundo tiempo de la misma, cuando quedan seis minutos para el final, Luis lanza el mejor tiro libre de su vida, desde el callejón del diez, con la derecha, que vuela sobre la barrera y se le cuela a un estupefacto Maier, inmóvil. España salta ante el televisor. Solo queda encajarse atrás y aguantar las arremetidas de un fatigado Bayern. Hasta san Isidro lo ve tan hecho que se va a dormir.

Entonces, cuando quedan veinte segundos, el central Schwarzenbeck (que jamás marcaba un gol) aprovecha que Gárate está caído en el suelo para avanzar. Nadie le sale al paso, tampoco ve a quién entregar y, a unos diez metros del área, lanza un disparo que le sale perfecto, fuerte y al palo derecho de Reina, que no llega. Nadie lo puede creer. Empate. Hay que repetir el partido dos días después, allí mismo, en el viejo Heysel de Bruselas.

Y aquello es una matanza. El Atlético no supera el golpe moral, ni el agotamiento físico. Para los alemanes, al revés, el desempate es una bendición. Sus jóvenes jugadores, con mejor asistencia farmacológica además, se sienten felices ante la nueva oportunidad. El Atlético sale con Reina; Melo, Heredia, Eusebio, Capón; Adelardo (Benegas, 61'), Luis, Alberto (Ufarte, 65'), Salcedo; Bezerra y Gárate. No hay nada que hacer. El Atlético es arrollado con dos goles de Hoeness y dos de *Torpedo* Müller. El Bayern empieza su serie de tres títulos consecutivos, todos los cuales estarán marcados por un patrón común: bastante suerte y una firme resistencia a la derrota, una fe casi fanática en sus posibilidades que le hace recuperarse de situaciones difíciles.

Al regreso, el gran público culpa a Reina, pero aquel gol no fue ni tan de lejos ni tan parable como se ha dicho. Fue una fatalidad. Y el presidente del club, Vicente Calderón, lanza la expresión que tantas vueltas ha dado luego: «Somos el Pupas F. C.».

Real Madrid 7, Eintracht de Fráncfort, 3

(1960)

Este partido fue pasado durante muchas navidades por la BBC, hasta hacerse una tradición. Se tuvo por el partido perfecto y fue la culminación de la tremenda serie de títulos europeos del Madrid, que ganó las cinco primeras copas de Europa. Las anteriores finales fueron ante el Stade de Reims (1956, en París, 4-3), Fiorentina (1957, en Madrid, 2-0), Milán (1958, Bruselas, 3-2), Stade de Reims de nuevo (1959, Fráncfort, 2-0). En esta edición tocaba el Eintracht de Fráncfort y la final era en Glasgow, en el colosal Hampden Park. El Madrid llega tras eliminar a la Juventus, el Niza y el Barcelona, que echará a su mítico entrenador, Helenio Herrera, por perder esas semifinales. El Eintracht ha apartado de su camino al Petrolul, Odense, Wiener y Glasgow Rangers, a este por un colosal 12-4 en el agregado de los dos partidos. El público de Glasgow tiene aún reciente el 3-6 del partido de vuelta. Entre eso y el prestigio del Madrid abarrota el campo. Entonces apenas se desplazaban aficionados de uno u otro equipo, de manera que los 127 000 espectadores (récord de asistencia en Copa de Europa) eran, en su inmensa mayoría, de allí.

Miguel Muñoz, el entrenador madridista, alinea a: Domínguez; Marquitos, Santamaría, Pachín; Vidal, Zárraga; Canario, Del Sol, Di Stéfano, Puskás y Gento. El partido no empieza bien para el Madrid, que no se encuentra sobre el campo, y en el 10' el rapidísimo extremo Kress se cuela y marca. Era la cuarta llegada de los alemanes. Di Stéfano le pide a Del Sol que se atrase algo más y el Madrid ocupa mejor el medio campo. Di Stéfano marca en el 27' y en el 30', rematando dos jugadas de Canario, en acciones de oportunista. (Di Stéfano jugaba por todo el campo, pero llegaba a puerta y metía todos los goles que quepa esperar de un gran delantero centro.) El Eintracht encaja bien la vuelta al marcador en esos tres minutos, pero ya el que llega con más facilidad a puerta es el Madrid. Y, justo antes del descanso, gol de Puskás, tras escapada de Del Sol. El Eintracht se va hundido. No ha podido hacer más y pierde 3-1. En la segunda mitad, Puskás, en el 56' y el 60' (el primero de penalti), pone el marcador en 5-1. Ya es exhibición. Puskás hace su cuarto gol (71'), marca Stein (74'), hace Di Stéfano su tercero en el 75', y Stein cierra el 7-3 tres minutos más tarde.

Lo que no fueron goles fue una exhibición de taconazos, maravillas y remates, entre ellos seis a los postes, cuatro en tiros del Madrid y dos del Eintracht. Los dos porteros pararon lo suyo. Fue la fiesta del gol, la mejor tarde de fútbol jamás vista hasta la fecha, situada por muchos incluso por encima de aquel mítico partido del siglo, el 3-6 de Hungría en Wembley. Puskás, por cierto, participó en los dos encuentros, fue quizá el único jugador del mundo que puede mostrar dos carreras, de casi diez años cada una, en sendos equipos gloriosos: el Honved-Selección húngara (que casi era lo mismo) y el Real Madrid. Puskás marcaría dos años después tres goles en otra final, ante el Benfica, pero esa la perdió el Madrid, 5-3. Por su parte, Di Stéfano marcó al menos un gol en las cinco finales consecutivas ganadas por el Madrid. El equipo regresó victorioso, con su quinta copa, y fue recibido en Barajas y escoltado por numerosos hinchas, en coche o moto, como había ocurrido ya en ocasiones anteriores. Solo que esta vez hubo una diferencia: Marquitos, el racial defensa, apareció vestido con faldas. Vino vestido de pies a cabeza de escocés, con gaita y gorra incluidas.

El Chelsea de Abramóvich gana la Champions

(2012)

Cuentan que Román Abramóvich, uno de los grandes millonarios rusos surgidos tras la caída de comunismo, se quedó fascinado cuando vio en la tele de su yate aquel gran partido entre el Manchester United y el Real Madrid, con David Beckham aún en el Manchester y Ronaldo Nazario como estrella del Madrid. Ese día se propuso comprar un equipo, meterlo en la Champions y ganarla. Después de informarse, se decidió por el Chelsea, representante de una de las zonas nobles de Londres. En 2003 pagó por el club 140 millones, de los que cien fueron destinados a fichajes. El mundo del fútbol lo vio como la intrusión de un forastero en un espacio íntimo del fútbol inglés con voluntad de construir un equipo artificial a toda prisa con fichajes millonarios. El primer entrenador fue Claudio Ranieri, despedido por no ganar nada. En el verano de 2004 se jugó la Eurocopa en Lisboa. Abramóvich fondeó su descomunal yate *Pelorus* en el estuario y allí tuvo una oficina de contrataciones por la que fueron pasando intermediarios, técnicos y jugadores. Eligió a José Mourinho, de reciente éxito en el Oporto, que con el Chelsea ganaría dos Ligas, una FA Cup y dos Copas de la Liga, pero la Champions se le resistía, y en septiembre de 2007 le sustituyó por el israelí Avram Grant, con el que por fin llegó a la final esa misma temporada, en Moscú. La perdió en los penaltis ante el Manchester United de Cristiano Ronaldo. El capitán John Terry falló el lanzamiento decisivo.

Se sucedieron entrenadores (Guus Hiddink y Carlo Ancelotti) y fichajes caros hasta que llegó el triunfo con Roberto Di Matteo, un italiano *amarrete*. Fue en la temporada 2011-2012, en Múnich y nada menos que ante el Bayern. Di Matteo entró con la temporada en marcha, en sustitución de André Villas-Boas. No fue una Champions brillante. El Chelsea sufrió mucho en octavos ante el Nápoles y muchísimo más en semifinales con el Barça, al que eliminó milagrosamente en la prórroga del partido de vuelta con un gol del *Niño* Torres. Fichado por 56,5 millones, récord en su día de traspaso entre clubes ingleses, era más bien suplente, lo que da idea de lo poco que reparaba en gastos Abramóvich. En la final le faltaron cuatro titulares, Terry, Ramires, Meireles e Ivanović. El equipo jugó muy cerrado y muy mal. Perdía 1-0 en el 89' cuando Didier Drogba marcó el empate. No hubo goles en la prórroga y esta vez le sonrió la suerte en los penaltis.

Abramóvich lo había conseguido, para disgusto del macizo de la afición europea, puesto que su éxito podría animar al proselitismo. Ya había casos previos, pero, a partir de él, proliferaron sobre todo en Inglaterra, donde irrumpieron grandes jeques y algún millonario norteamericano. Llegaron a responder a este modelo los seis clubes más célebres de Inglaterra (el Big Six) y también el PSG. La UEFA ideó un modelo de control financiero para adecuar los gastos a los ingresos, pero no lo aplica. Los clubes de la vieja aristocracia europea combaten en desventaja en un mercado en el que estos competidores crean una inflación que les resulta agobiante. Su presencia en el Chelsea se cortó bruscamente el 12 de marzo de 2022 cuando, a consecuencia de la irrupción de las fuerzas rusas en Ucrania (Abramóvich es uno de los soportes de Putin) (véase el día 28 de febrero) el gobierno británico decidió expropiarle el club.

Joan Gaspart lanza lo de *dream team* y se baña en el Támesis (1992)

Aquel era un buen Barça. Entrenado por Cruyff, regresaba a la Copa de Europa después de cinco años de ausencia, por las otras tantas Ligas consecutivas ganadas por la Quinta del Buitre. Aquel año cambiaba el formato y se empezó a probar la fórmula de las liguillas, en busca de más partidos. Tras los dieciseisavos y los octavos se formarían dos grupos, de cuatro equipos cada uno, y los campeones de esas liguillas disputarían la final. El Barça se enfrenta primero al Hansa Rostock, último campeón de la Alemania del Este (está próxima la reunificación en el plano deportivo), al que elimina. En octavos, le toca el alemán del otro lado, el Kaiserslautern. En casa gana 2-0, pero fuera se ve en principio desbordado. El partido entra en el descuento y pierde 3-0. Está fuera. En eso, Koeman mete desde el medio campo un último balón al área alemana, repleta de gente. Ahí salta Bakero, en el callejón del diez, al borde del área chica, y mete como puede la cabeza. El balón sale bombeado, superando al meta alemán, y cae, llovido, en la segunda escuadra. Es el 3-1, que mete al Barça en la liguilla. Era el 6 de noviembre de 1991, una nueva fecha para el santoral azulgrana. Pero lo mejor estaba por llegar.

La liguilla, con el Sparta de Praga, el Benfica y el Dinamo de Kiev, se da mejor: cuatro victorias, un empate, una derrota, diez goles marcados, cuatro encajados. Gusta ese Barça en el que Guardiola toca rápido y simple, como hoy Xavi, Laudrup mete pases profundos de gran elegancia, Stoitchkov es un demonio en el ataque y Bakero juega para atrás cuando es preciso volver a empezar, cosa que la gente solo comienza a perdonarle desde su gol en Kaiserslautern. Por la otra liguilla pasa la Sampdoria, cuyas estrellas son el brasileño Cerezo y los dos atacantes italianos, Vialli y Mancini, percutidor y rápido el primero, exquisito el segundo. Ante ese equipo se va a medir el Barça. Es el año de los JJ OO de Barcelona, cuando por primera vez Estados Unidos va a presentar en baloncesto a sus profesionales de la NBA, con el añadido de que la generación de entonces era de ensueño. Por eso se les llamó el *dream team*, el equipo soñado. Nunca habían jugado juntos. Pero, la noche anterior, Joan Gaspart, singular vicepresidente del club, protesta en unas declaraciones en la radio. «Este es el verdadero *dream team*, el Barça», retomando una expresión creada por el periodista Lluís Canut. De paso, Gaspart anuncia que si el Barça gana se bañará en el Támesis.

Porque el partido se juega en Londres, en Wembley. Cruyff alinea a Zubizarreta; Ferrer, Koeman, Nando, Juan Carlos; Eusebio, Guardiola, Bakero, Laudrup; Salinas y Stoitchkov. Luego saldría Goikoetxea (64') por Salinas y, ya en la prórroga y para perder tiempo, Alexanko (113') por Guardiola. Porque el partido, espeso, fue a la prórroga. No fue la mejor versión del *dream team*, que solía jugar con tres defensas. Fue un partido cauteloso, más aún por parte de los italianos. Llegó la prórroga, y en ella *Tintín* Koeman, el líbero holandés de tremenda pegada, dispuso de una falta a unos veinticinco metros de puerta. Para mejorar el ángulo de tiro, Stoitchkov tocó para Bakero, que pisó el balón y se lo dejó a Koeman, a un metro del punto inicial. El obús de Koeman entra por el palo de Pagliuca y es gol. El Barça gana su primera Copa de Europa. Y en color, cosa que le lució mucho porque las del Madrid eran aún todas «en blanco y negro».

Y, por la noche, un Gaspart feliz se bañó en el Támesis, junto a unos amigos. Hay testimonio gráfico de ello.

La mayor de las convocatorias madridistas en Cibeles

(1998)

Desde 1966 el Madrid no había vuelto a ganar la Copa de Europa, su competición favorita. Había ganado las cinco primeras y luego la que hacía la sexta, pero desde entonces entró en un largo túnel. Nunca dejó de creerse algo así como el poseedor moral de ese trofeo, aunque hubiera pasado de constante ganador a eterno aspirante. La relación del Madrid con la Copa de Europa fue para mí, durante tantos años, comparable con eso que se cuenta de las familias sefardíes que guardan la llave de su vieja casa de Toledo, de la que se fueron hace siglos, con la esperanza de volver un día a ella, meter la llave en la cerradura, abrirla y ocuparla. En algún momento tuvo el Madrid equipo para intentarlo. El llamado de «los Garcías» llegó a la final de la edición número XXV, pero perdió ante el Liverpool. En realidad, demasiado había hecho. No tenía nivel para tanto. Más adelante, el Madrid de la Quinta del Buitre ganó dos veces la Copa de la UEFA y después hizo una gran campaña en la Copa de Europa, eliminando sucesivamente al Oporto, el Nápoles y el Bayern, para caer en semifinales, con verdadera mala suerte, ante el PSV Eindhoven, por un 1-1 en el Bernabéu y un 0-0 en la vuelta. Inmediatamente apareció el gran Milán, que fue mejor equipo, y esa generación se quedó sin su Copa de Europa.

El milagro por fin llegó, el 20 de mayo de 1998, traído por un equipo inconstante, muy poco del estilo histórico del Madrid. Un equipo de jugadores buenos, pero sin la ética del trabajo que requiere la Liga, en la que el Madrid se retrasó mucho aquel año, hasta acabar cuarto, puesto que no le hubiera entonces permitido clasificarse para la Copa de Europa siguiente. Pero en Europa llevó una buena marcha, pasando primero un grupo con el Rosenborg, el Oporto y el Olympiacos para eliminar luego sucesivamente al Bayer Leverkusen y al Borussia de Dortmund. La final es en Ámsterdam, en el precioso Arena, el campo más moderno de Europa en ese tiempo, y ante un clásico, la Juve. Juegan Illgner; Panucci, Hierro, Sanchís, Roberto Carlos; Seedorf, Karembeu, Redondo, Raúl (Amavisca, 90'); Mijatovic (Šuker, 89') y Morientes (Jaime, 81'). El partido se resuelve con un solitario gol de Mijatovic, que no había marcado en toda la competición, aunque sí bastantes veces en la Liga. Cuando lo marca, corre a abrazarse con Fernando Sanz, el hijo del presidente. Luego se sabrá que este le había dicho que la noche anterior había soñado que ganarían, y que el gol lo marcaría Mijatovic.

El equipo vuelve en triunfo con la Copa, y medio millón de madridistas abarrotan Cibeles, la diosa adoptada por los hinchas del club blanco como patrona de sus triunfos. Es la primera Copa de Europa «en color», lo que le permite al Madrid quitarse de encima el remoquete de equipo que vive solo del pasado, de la memoria. Luego trasciende un detalle: en la víspera, el entrenador, Heynckes, le ha dicho al presidente Sanz que está hundido, que no puede con la plantilla. Sanz se lo dice al grupo, que se autogestiona. Luego se irá Heynckes y Sanz emprenderá una renovación del equipo, conocido como la «Quinta de los Ferraris». Con otro grupo, en el que ya no estarán ni Seedorf ni Mijatovic ni Šuker, Sanz ganará la Champions dos años después. Y ahora la cuenta ya va por trece. El Madrid había roto el maleficio del pasado y se había reencontrado con «su» Copa. De ahí aquella grandiosa manifestación en Cibeles.

Zamora, encarcelado por los dos bandos de la Guerra Civil

(1940)

Cuando comenzó la Guerra Civil, Zamora estaba en Madrid. Acaba-ba de ganar la Copa de España, 2-1 del Madrid sobre el Barça en Valencia, con su última gran parada, a tiro de Escolà, en los trances finales del partido. Tenía fama de señorito de derechas, así que por precaución se escondió en casa de unos amigos. Pero un día los milicianos registraron esa casa y se lo llevaron. Pasó bastantes semanas en la Cárcel Modelo, más bien porque a los encargados les gustaba hablar con él. Le citaban tantas veces para salir, que prisioneros que salían libres contaban que le habían fusilado, pues muchas veces cuando se llamaba a alguien era para eso. El propio Queipo de Llano llegó a decirlo en algunas de sus célebres alocuciones en radio desde Sevilla. Hubo cierta campaña internacional para que le liberaran, y finalmente así fue. Durante un tiempo estuvo en la Embajada Argentina, y finalmente fue evacuado, vía Valencia, en el *Tucumán* hasta Marsella. Allí se quedó un tiempo, jugó algunos partidos con Samitier en el Niza y finalmente regresó a España, a la «zona nacional», por San Sebastián. Allí fue contratado por Manuel Fernández Cuesta para escribir en el naciente semanario *Marca* artículos deportivos, que firmaba como «Amoraz», su apellido descompuesto al revés.

Finalizada la guerra regresó a Madrid, donde encontró su casa saqueada. Había perdido todos sus recuerdos. El Aviación le contrató como entrenador, y como tal fue entrenador de la fusión del Aviación con el Atlético de Madrid y ganó el primer título de Liga de la posguerra, así que ante él se presentaba una nueva y feliz vida, aún en el fútbol, aunque ya no pudiera ponerse bajo los palos. Lógico, puesto que estaba llegando a los cuarenta.

Pero de golpe se ve sorprendido por una nueva detención, esta vez por los nacionales, y procesado por faltar a la Ley de Responsabilidades Políticas de 6 de febrero de 1939. La acusación se basaba en que Zamora estaba incurso en el artículo 4, apartado n, de dicha ley: «Haber salido de la zona roja después del Movimiento y permanecido en el Extranjero más de dos meses, retrasando indebidamente su entrada en el territorio nacional, salvo que concurriese alguna de las causas de justificación expresadas en el apartado anterior». Zamora había estado más de dos meses fuera, no había cumplido con lo que se entendía como obligación de presentarse a la «zona nacional» en cuanto fuera posible. Para complicar más las cosas, el *Diario de Burgos* reproduce una entrevista publicada en plena guerra en *Euskadi Rojo*, real, inventada o exagerada, titulada «Zamora es rojo». En ella, el portero dice que él es una figura del pueblo, que siempre vivió por y para el pueblo, habla de que le trataron bien en la cárcel y viene a deslizar que quizá le internaron más para protegerle que para perjudicarle. En el clima fanático de los primeros meses de la posguerra cualquier cosa era posible, y Zamora se vio en la cárcel de Porlier, recordando cómo cuatro años antes, en la Modelo, los milicianos se hacían fotos con él y le llamaban cada poco para presumir de que le tenían ahí, o para presentárselo al amigo de la prima del vecino de un cuñado.

La prensa informa discretamente de que Zamora deja el cargo de entrenador del Atlético, que pasa a ocupar Lafuente. Saldrá de la cárcel a los tres días, pero la broma le costó seis meses de suspensión. No volvió a hacerse cargo del equipo hasta el 4 de diciembre. Así trataron los dos bandos enfrentados en la guerra a la máxima gloria nacional del momento.

Nace la FIFA sin los ingleses
(1904)

Nacida oficialmente el 23 de octubre de 1863 la Football Association, la Federación inglesa, pronto van surgiendo otras federacio- nes a su imagen y semejanza. Escocia la funda en 1873, Gales, en 1876, e Irlanda (que entonces era una sola y dependía del Reino Unido) en 1880. Luego, la afición por el fútbol salta al continente y se van creando sucesivamente federaciones a este lado del canal de la Mancha: Francia, Holanda, Dinamarca, Italia, Suiza... Hasta que surge un movimiento para agruparse en una federación internacional que vele por la unidad del Reglamento y establezca relaciones entre clubes o equipos nacionales de los distintos países. Entre los promotores está Carles Padrós, fundador del Madrid, que actúa en nombre de la Asociación Madrileña de Clubes. En el momento de la reunión definitiva ya no preside este organismo, por lo que no encuentra correcto acudir y delega su voto en uno de los dos respresentantes franceses, monsieur Espir. Las reuniones son fructíferas y se crea la Federacion Internacional de Fútbol Asociación (FIFA), en la que se inscriben Francia, Bélgica, Dinamarca, Holanda, Suecia, Suiza y España, si bien nuestra entrada tendrá sus avatares hasta 1913, cuando por fin se unifica nuestro fútbol. Uno de los aciertos fundacionales de la FIFA es, precisamente, no aceptar más que una organización por país. Se fija la sede en París, rue de Saint-Honoré, 229, y se nombra presidente a Robert Guérin.

Quienes no entran son los ingleses, que miran aquello un poco por encima del hombro. Luego se apuntarán, en 1906, en parte porque vieron que eso iba en serio y en parte también porque en 1908 los JJ OO iban a celebrarse en Londres, y su integración en la FIFA daría más importancia al fútbol en los juegos, y estos tendrían más éxito porque animaría la participación. Robert Guérin, el presidente, cede el cargo a un inglés, Daniel Woolfall, y se admite que las cuatro federaciones británicas ya existentes se inscriban por separado, no como una sola del Reino Unido, en atención a que las cuatro ya existían como entes separados desde bastantes años antes.

Luego aún se irían dos veces más. En 1920, porque exigían la expulsión de las potencias perdedoras en la Primera Guerra Mundial, lo que no consiguieron. Regresaron en 1926, pero se marcharon otra vez en 1928 porque no se aceptaba su definición de profesionalismo, cosa en la que tenían razón, porque llevaban más terreno recorrido que el resto en esa materia. Finalmente retornaron en 1946, dentro de la reconciliación general tras la Segunda Guerra Mundial, y no han vuelto a irse. De modo que el primer Mundial al que acudieron fue el de 1950, en el que no les iría nada bien. Para entonces su fútbol ya no era el mejor, ni uno de los mejores, sino solo uno más entre la decena de los más desarrollados.

Sergio Ramos fue Schwarzenbeck en Lisboa

(2014)

La final de la Champions 2014 enfrentó por primera vez a dos equipos de una misma ciudad: Madrid y Atlético. Los dos estaban en un momento espléndido. El Madrid, bajo el mando tranquilo de Carlo Ancelotti, tenía a Cristiano Ronaldo en plenitud, peleando a Messi el trono mundial. El Atlético contraponía un sólido juego colectivo inspirado por el «Cholo» Simeone, cuya prédica del trabajo y la constancia (partido a partido era su divisa) le elevó a modelo social. Ambos equipos habían sido campeones en la fase de grupo. El Madrid, frente a Galatasaray, Copenhague y Juventus. El Atlético, frente al Zenit de San Petersburgo, Austria Viena y Oporto. En octavos eliminaron respectivamente a Schalke y Milán. En cuartos, a Borussia de Dortmund y Barça. En semifinales, a Bayern de Múnich y Chelsea. El Madrid ya había jugado 12 finales, ganando 9. El Atlético había perdido cruelmente la única que disputó, en un partido de desempate, tras sufrir dos días antes el gol en el último instante de Schwarzenbeck, jugador del Bayern de Múnich. Ahora venía de ganar la Liga. El escenario era el Estadio da Luz, de Lisboa, con capacidad para 60 976 espectadores. La UEFA se reservó el cuarenta y tres por ciento de las entradas para compromisos y patrocinadores, un pequeño porcentaje se puso a la venta en la ciudad o por internet y 35 000 se destinaron, a partes iguales, para las dos aficiones finalistas. Resultaban pocas y muchos reclamaron que se jugara en Madrid.

La distancia entre Madrid y Lisboa, 624 kilómetros, inclinó a la mayoría de aficionados a hacer el viaje por carretera. Fueron unos 50 000, pues al menos otros 15 000 viajaron sin entrada, confiando en encontrar alguna en Lisboa, como así sería. El desplazamiento masivo de las dos aficiones, obligadas a coincidir en restaurantes, cafeterías y estaciones de servicio, preocupó a las autoridades, pero la conducta fue modélica tanto a la ida como a la vuelta.

Por lo que respecta al partido, Simeone tomó una mala decisión: alineó a Diego Costa, que arrastraba una lesión muscular. Lo tuvo que sustituir en el minuto 9, perdiendo un cambio que luego echaría de menos. El partido fue espeso en la primera mitad, en la que se adelantó el Atlético en el 36' con un cabezazo de Diego Godín que pilló a Casillas a media salida. La segunda parte se jugó con presión creciente del Madrid, sobre todo al entrar Marcelo por Coentrão e Isco por Khedira en el 59'. Junto a Di María, coparon la banda izquierda y crearon un continuo peligro. El Atlético se encajó en el área. El gol, ante una ansiedad nunca sufrida antes por ninguna de las dos aficiones, se mascaba, pero no llegaba. Cuando se indicó el tiempo que había que recuperar, cinco minutos, hubo clamor entre los madridistas y desencanto entre los atléticos. Antes de pasar tres, en el 92'48", Sergio Ramos marcaba el gol más importante de su carrera al cabecear un córner. Florentino Pérez rompió la cautela del palco, se levantó eufórico y chocó la mano con José María Aznar. Hundido tras perder de nuevo la Copa después de tenerla en la mano, el Atlético fue barrido en la prórroga, con goles de Bale, Marcelo y Cristiano Ronaldo, este de penalti, que celebró quitándose la camiseta de forma improcedente. Curiosamente, la final entre madrileños se repetiría solo dos años después en Milán, y de nuevo la ganaría el Madrid, esta vez en la tanda de penaltis. Por tercera vez el Atlético se ahogaba en la orilla.

Luis Suárez ficha por el Inter
(1961)

Luis Suárez es hasta la fecha el único jugador español (masculino) que ha conseguido el Balón de Oro (véase el día 17 de enero). Fue en 1960, año en que su equipo, el Barça, ganó la Liga y la Copa de Ferias, y alcanzó las semifinales de la Copa de Europa, en las que cayó ante el Madrid. La eliminatoria Barça-Wolverhampton de aquel campeonato resultó mítica. Pero Luis Suárez no fue feliz en el Barça. Llegó joven, procedente de La Coruña, y parte de la afición se volvió contra él porque desplazaba a Kubala de las alineaciones, sobre todo fuera de casa. Kubala había sido un dios para el barcelonismo y muchos consideraron a Suárez un intruso. Helenio Herrera, que veía al húngaro mayor, lento y poco dispuesto al trabajo, alimentó no poco esa tensión. Suárez era un interior cerebral, con una rara precisión para el pase largo, que ejecutaba de una forma muy personal, y bastante capacidad de gol. Uno de los fenómenos de la época.

Herrera se fue al Inter al comienzo de la temporada 1960-1961, y desde su llegada su ilusión fue contratar a Luis Suárez. Y al fin lo consiguió. Convenció a Moratti de que hiciera una oferta realmente escandalosa, 25 millones de pesetas de la época, algo sin precedentes. La cantidad resultó alucinante para esos tiempos y provocó un gran debate nacional. El Barça estaba económicamente arruinado, había dimitido su presidente, Miró-Sans, y la junta gestora que se hizo cargo del club obtuvo permiso de los dos candidatos a las elecciones (Enrique Llaudet y Jaime Fuset) para llevar a cabo la venta. Para darle más picante al asunto, el Barça, que en las demás competiciones había estado mal, alcanzó ese año la final de la

Copa de Europa, que tenía que disputar en Berna ante el Benfica. El Barça obtuvo del Inter el compromiso de que el jugador podría actuar en la final, como así fue.

El 1 de junio el Barça y el Benfica se enfrentaron en el Walkdorf Stadion de Berna, en una de las tardes más desgraciadas de la historia del Barça, que jugó mucho mejor pero perdió por 3-2. Estrelló hasta cuatro remates en los palos; un tiro de Kubala fue de un poste a otro, sobre la línea de meta, sin traspasarla. Para más desgracia, Gensana se marcó un gol en propia meta y Ramallets falló estrepitosamente en otro tanto, deslumbrado por el sol. Fue el último partido de Suárez en el Barça, y al tiempo fue el partido que marcó el relevo de una gran generación de jugadores (entre los que habría que incluir a Ramallets y Kubala) que dio paso a una generación más joven.

Suárez triunfaría clamorosamente en el Inter, con el que ganó en dos años consecutivos la Copa de Europa y la Intercontinental. Era el referente del equipo, en el que Helenio Herrera puso a su alcance jugadores velocísimos para explotar los lanzamientos del gallego: Facchetti, Mazzola, Jair, Peiró, Domenghini... Su salida marcó el fin de una época de oro del fútbol español, que había estirado durante unos años más el brazo que la manga y tuvo que hacer economías. Tras Suárez se marcharon también al *calcio* Luis del Sol (22 millones, a la Juve) y Joaquín Peiró (15 millones, al Torino, del que luego saltaría al Inter). Eran, como Suárez, jóvenes y prometedores interiores, uno del Real Madrid, el otro de Atlético de Madrid. La vanguardia de nuestro fútbol se había arruinado en una alegre y despreocupada edad de oro, y tenía que recuperarse de aquello.

Manchester United-Bayern de Múnich: el minuto del siglo (1999)

Aquella fue una buena Champions, sí. Participaron tres españoles, por cierto: el Madrid, que defendía el título (su séptima copa), el Barça, como campeón de Liga, y el Athletic, subcampeón. El Barça celebraba su centenario y no tuvo suerte: le cayeron en la fase de grupo el Bayern y el Manchester United, que serían los finalistas, además del Brondby, y fue tercero, así que quedó fuera. El Athletic pasó bien una ronda previa, pero cayó en la fase de grupo aun jugando un buen fútbol, con la Juve, el Galatasaray y el Rosenborg. El Madrid salvó su grupo, del que fue segundo, con el Inter, el Spartak y el Sturm Graz. Pero luego caería en octavos ante el Dinamo de Kiev, con un gran Shevchenko. Mientras, Bayern y United, que habían compartido grupo con el Barcelona, seguían caminos separados. En cuartos, el Bayern elimina al Kaiserslautern y el United al Inter. En semifinales, los ingleses echan a la Juventus (con Zidane) y los alemanes, al Dinamo de Kiev. Por cierto, en la ida del partido de Manchester, Rafa Guerrero, el polémico linier (véase el día 29 de septiembre), tiene un acierto al señalar fuera de juego en un gol de Sheringham. Díaz Vega le hace caso, lo anula y la televisión mostrará que efectivamente hay fuera de juego.

Aquella hubiera sido la cuarta final consecutiva de la Juve, pero se la amargó un Manchester en el que Beckham era la gran estrella emergente y Giggs estaba en su plenitud. Por parte del otro finalista, el Bayern de Múnich, destacaban el meta Kahn, Matthäus, ya talludito, y sobre todo Effenberg, que era el coloso del equipo. El partido se juega en el Camp

Nou, que luce espléndido, con millares de hinchas de los dos equipos. El Manchester sale de rojo y el Bayern de gris, con mangas granates. Una final con tronío y tradición.

El partido lo condiciona el rápido gol del Bayern, que en el minuto 6 marca en un tiro libre por medio de Basler. El tiro no parece ser para tanto, pero coge despistado a Schmeichel, el meta danés de gran prestigio internacional, que juega ese día su último partido con los *reds*. Así que el Bayern empantana el partido, especula, se echa atrás, juega con el reloj a favor. El Manchester United no encuentra los caminos. Buenos intentos de Giggs, un Beckham muy activo que distribuye desde la derecha y que es una amenaza por su precisión al sacar las faltas y nada más. Avanza el segundo tiempo y todo sigue igual. En el Manchester entran Sheringham (67') y Solskjaer (81'), jugadores de remate, a ver si cae la breva.

Llega el minuto 90, el árbitro Collina mira el reloj, el cartelón muestra dos minutos de descuento, el banquillo del Bayern se está abrazando, los hinchas del Bayern cantan y cantan, los ingleses callan. Pero en eso estallan: un tiro de Giggs ha sido rechazado por Kahn en corto y Sheringham marca de cerca. Es el 91', todos pensamos en la prórroga. Se saca de centro, la pierde el Bayern y el Manchester aún cuela otra jugada, que acaba en córner. Sheringham remata el saque de Giggs, rechaza Khan y Solskjaer marca el segundo. ¡Dos-uno! No hay tiempo ni para sacar de centro. En un minuto: «Ha sido el minuto del siglo», dirá Valdano, el Manchester ha ganado la Copa, que pasea en triunfo ante un Bayern atónito. Han marcado los dos suplentes salidos a última hora.

Poco después, con las luces ya apagadas, Bobby Charlton baja al campo, pisa el área de los dos goles finales. Solo, en silencio, masticando sus recuerdos. Aquel accidente de 1958, del que se salvó, aquella Copa de 1968, que levantó...

Estalla el FIFA Gate
(2015)

En mayo de 2015, Joseph Blatter preparaba su reelección a la presidencia de la FIFA en el 65.° Congreso de la institución, que se celebraba en el Palacio de Congresos de Zúrich. Los congresistas se alojaban en el Hotel Baur au Lac, en la misma ciudad. Blatter tenía un competidor: el príncipe jordano Ali bin Hussein. En la mañana del 27 de mayo la calma del Baur au Lac se vio alterada por la irrupción de la Policía suiza, que detuvo a siete dirigentes de la FIFA, todos ellos representantes del fútbol centro-sudamericano. La orden partía de la fiscal general de Estados Unidos Loretta Lynch, que les acusaba de sobornos, fraude y corrupción. Desde tiempo atrás había constancia de prácticas corruptas por parte de la FIFA y sus distintas confederaciones. Era notorio que existían sobornos en torno a los derechos de televisión y la elección de sede para las competiciones de selecciones. Abundaban las informaciones en este sentido y fue notable un libro-denuncia del periodista británico Andrew Jennings. Consciente del problema de imagen, la FIFA contrató a un exfiscal de Nueva York, Michael J. García, para dirigir una investigación interna, pero su trabajo encontró enormes obstáculos y su informe fue censurado.

Estados Unidos entró de lleno en el asunto a raíz de que la FIFA otorgara a la Rusia de Vladimir Putin la organización del Mundial de 2018. Aquella concesión se hizo al mismo tiempo que la del Mundial 2022 a Qatar (Mundial al que aspiró Estados Unidos), que resultó extraña por las condiciones climáticas y la ausencia de tradición futbolística de aquel país. Putin aspiraba a recuperar el viejo poder soviético: ahí estaban la toma de

Crimea, las revueltas de Ucrania, las amenazas con el gas y sus actos de desestabilización en Occidente. La organización de un Mundial contribuiría a darle prestigio y a envalentonarle. El FBI consiguió pruebas gracias a un 'arrepentido', Chuck Blazer, exmiembro del Comité Ejecutivo de la FIFA. Blazer había sido secretario general de la Concacaf y vicepresidente de la Federación estadounidense. Enfermo de cáncer y ante la posibilidad de ir a la cárcel colaboró a cambio de su libertad. El FBI le proporcionó un sofisticado llavero-grabadora con el que obtuvo las pruebas necesarias. La justicia norteamericana se sintió autorizada para lanzar la causa porque muchos de los movimientos ilegales se habían hecho mediante bancos americanos con sede en Miami o New Jersey.

Pese al golpe, Blatter mantuvo el Congreso. El 29, día de la reelección, hubo una amenaza de bomba que obligó a desalojar el Palacio de Congresos durante hora y media. Aun así, Blatter persistió, ganó la elección por 133 a 73 votos y manifestó su decisión de seguir. Pero una ola de críticas, más el goteo interminable de detenciones y órdenes internacionales de búsqueda contra otros miembros de la FIFA, le hicieron sentirse desamparado. Solo Putin habló a su favor. El 2 de junio Blatter dimitió, aunque con la intención de mantenerse en el cargo hasta el 26 de febrero, fecha en la que había convocado un Congreso Extraordinario. Sin embargo, el 7 de octubre el Comité de Ética de la FIFA le inhabilitó. Le sucedió a título provisional el camerunés Issa Hayatou hasta el Congreso Extraordinario, en el que accedió al cargo Gianni Infantino. El FIFA Gate trajo consigo una renovación drástica en la FIFA —más aún en la Conmebol y la Concacaf—, el encarcelamiento de algunos de los viejos cargos y la inhabilitación de muchos más.

Streltsov es enviado al gulag (1958)

Eran las vísperas de la Copa del Mundo de Suecia, la que consagró a Pelé. Igualmente podría haber consagrado al joven delantero ruso Eduard Streltsov, al que con el tiempo se conocerá como «el Pelé ruso», una maravilla de jugador cuya incipiente carrera sufrió un corte de varios años por un extraño incidente. Había sido el primer jugador en la historia de la Liga rusa en marcar un gol con dieciséis años. Con diecisiete, fue máximo goleador de la competición desde las filas del Torpedo de Moscú. En sus dos primeras apariciones con su Selección (contra Suecia y contra India) consiguió sendos *hat tricks*. Y fue decisivo para que su Selección consiguiera el oro en los JJ OO de 1956. Se extendía ante él una brillante carrera.

En mayo de 1958 su Selección estaba concentrada con vistas a la Copa del Mundo de Suecia. Muy cerca del lugar de concentración tenía su *dacha* un general, Eduard Karahanov, que el último día de concentración, la víspera ya del viaje para Suecia, invitó a Streltsov a una fiesta. Le acompañaron otros dos jugadores. Lo que ocurrió en aquella *dacha* aún es un secreto sin desvelar, pero el caso es que Streltsov fue apartado del equipo y a los dos días enviado a un gulag bajo la acusación de secuestro y violación de una joven. Muchos testimonios negaron que tal cosa ocurriera, defendieron la inocencia de Streltsov y afirmaron que si este había confesado el delito fue obligado por el general, que habría sido el verdadero culpable, y que a cambio le habría ofrecido una inmunidad que luego no le consiguió, porque no quiso o porque no pudo. Según otros, se le habría exigido que dejara el Torpedo de Moscú por el CSKA o el Dinamo de Moscú, equipos mejor vistos por las autoridades comunistas, y él se habría negado. El caso es que desapareció en el «archipiélago gulag». La URSS fue al Mundial sin él. Pasaría el grupo y caería en cuartos.

Seis años más tarde, en 1964, ya en la época de Breznev, se revisa el caso Streltsov. Ha sufrido una paliza tremenda en el campo de Lesnoi, por enfrentarse a unos guardias. Luego es trasladado a otro, en el que tiene más suerte. Se hace popular, juega algún partido, los demás prisioneros le adoran y llegan a la mesa de Breznev miles de cartas de sus compañeros pidiendo su liberación, que por fin obtiene. Tras un año para reponerse, se reincorpora al Torpedo de Moscú. A pesar de ese tremendo parón y de las escaseces que ha sufrido en el gulag, de nuevo es el mejor jugador del país. En 1965, el Torpedo gana la segunda Liga de su vida, con solo dos derrotas y Streltsov de estrella. Vuelve a la Selección, en la que marcará 35 goles en 38 partidos, es nombrado «jugador del año» en 1967 y 1968 y forma parte de la Selección de la URSS que juega la fase final de la Eurocopa de 1968, en Italia.

Por fin se retira, dejando una carrera brillantísima en su inicio y en su ocaso, pero tras haber pasado sus mejores años en el gulag. Y, hasta hoy, la causa de ello sigue siendo un gran misterio en Rusia.

Crimen colectivo en el viejo Heysel

(1985)

Heysel era hasta entonces un viejo y querido estadio, emparentado en nuestro recuerdo con la silueta del Atomium, símbolo del pro-greso. En él se habían jugado varias importantes finales europeas, entre ellas dos ganadas por el Madrid. Pero a partir de este día su nombre iba a ingresar en la historia universal de la infamia, hasta el punto de que cuando se remodeló pasó a llamarse estadio Rey Balduino para borrar su viejo nombre. Y eso que aquel tenía que haber sido un día de fiesta más. Era la final de la trigésima edición de la Copa de Europa, a la que llegaban dos grandes: Liverpool y Juventus. Decenas de miles de aficionados de cada bando se desplazan al partido. Pero los italianos son un público familiar, abuelos, padres, hijos, nietos, abuelas, madres, hijas, nietas… Los del Liverpool son en su mayoría *hooligans*, bárbaros del norte, bebedores y pendencieros. Una imprevisión coloca a dos grandes masas de seguidores una junto a otra en la curva de uno de los fondos del estadio.

Tres cuartos de hora antes del partido la horda del norte carga contra las familias pacíficas del sur, que tratan de escapar y se estrellan contra la valla que les separa del terreno de juego. Unos policías de mentalidad obtusa les impiden allí la salida, negándose a abrir los escapes. Y cuando reaccionan es tarde. El saldo final es de 39 muertos y 117 heridos, todos ellos del mismo bando. Cuando conectan las televisiones, el gran público asiste horrorizado al espectáculo de la retirada de cuerpos y más cuerpos. A pesar de eso se decide jugar, en previsión de males mayores, según explican luego las autoridades, que no veían conveniente suspender el partido, lo que podría dar lugar a una batalla campal en la calle. Los capitanes salen y leen un comunicado. Ellos saben que ha pasado algo tremendo, aunque hasta el final del partido no conocerán la dimensión de la tragedia.

Y se juega. Y gana la Juve con un penalti que señala el suizo Daina a favor de la Juve, por zancadilla de Gillespie a Boniek fuera del área. Lo transforma Platini y lo celebra con una alegría que resulta siniestra. Aún hoy avergüenza ver esa foto. El partido acaba sin más gol que ese. Entonces se conoce el recuento de fallecidos y estallan en mayor medida el dolor y la vergüenza.

Algo hay que hacer. La UEFA decide expulsar a todos los clubes ingleses de las competiciones europeas durante cinco temporadas. Y se comienza a estudiar la conveniencia de retirar las vallas, concebidas como protección a los protagonistas del juego, pero convertidas ya en varias ocasiones en trampa mortal para los espectadores en casos de avalanchas. Se hará, por fin, en 1989, con ocasión de otra tragedia similar en el estadio Hillsborough, de Sheffield, donde en un desempate de Copa entre el Nottingham y el propio Liverpool otra avalancha ocasionó 96 muertos y 766 heridos (véase el día 15 de abril).

Di Bartolomei se suicida a los diez años de una derrota (1994)

Justo diez años antes, el Roma había jugado su única final de Copa de Europa, después de ganar su primer Scudetto en cuarenta años. El partido lo jugó en el propio Olímpico de Roma, cuestión de suerte, pues estaba designado muy de antemano, como se suele hacer. Quizá no debía haberlo jugado, porque en las semifinales el presidente del club, Dino Viola, había pretendido sobornar al Dundee. Pero eso se supo más tarde. Y ahí estaba el Roma, con Agostino Di Bartolomei, *Ago* para los *tifosi*, como capitán, ante el Liverpool. Un buen Liverpool, que atravesaba los mejores años de su historia y en cuya delantera jugaba entre otros Michael Robinson, tan conocido luego entre nosotros como popular figura de la televisión.

Di Bartolomei era un centrocampista de clase, aunque algo frío. Un chico de Roma cuya ilusión de niño se había cumplido: jugar en el Roma. Había empezado su carrera como media punta, con bastante facilidad para el último pase y para el gol, pero en esos años el entrenador de su equipo, Liedholm, había retrasado algo su posición, lo que le alejaba del gol, aunque servía para aprovechar la precisión de sus pases largos. Ese día, sin embargo, no estuvo bien. El partido acabó en empate, 1-1, no hubo goles en la prórroga y en los penaltis se impuso el Liverpool. Fue aquel día en que Grobelaar hacía como que temblaba, moviéndose como borracho sobre la línea de gol, para desconcertar a los rivales. Di Bartolomei tiró el primero de los suyos y marcó, no obstante. Pero la tanda de penaltis la ganó el Liverpool, que fue el campeón. Robinson y sus compañeros (los Dalglish, Souness, McDermott y demás) se retrataron felices con la copa.

Y ya nada fue igual en su vida. Un nuevo entrenador, Eriksson, decidió prescindir de él en el club en el que llevaba quince años, desde los catorce. Fue al Milán, a un gran proyecto, con Wilkins y Hateley, pero no resultó. El ambiente le excedió. Además, se echó en contra a sus viejos fieles aficionados del Roma y hasta polemizó con otros compañeros. Dejó el fútbol y las inversiones no le fueron bien. Los préstamos solicitados para montar una escuela de futbolistas le agobiaban. Y el día exacto en que se cumplían los diez años de aquella final con derrota, salió descalzo a la terraza de su villa. Eran las 10.50 de la mañana. Apuntó su Smith & Wesson del 38, recién comprada, y se disparó al corazón. Su hijastro oyó el disparo, acudió a reanimarle, pero no se podía hacer nada. Pronto apareció una carta en la que razonaba su decisión porque se sentía desesperado al no ser capaz de encontrar un hueco en el mundo del fútbol. «Me siento encerrado en un agujero.»

Los *tifosi* que no le habían olvidado le despidieron con una esquela en los periódicos: «Niente parole… solo un posto in fondo al cuore. Ciao Ago».

La primera tarjeta es para un ruso (1970)

Aunque ahora son tan comunes, las tarjetas amarillas y rojas no han existido desde siempre. Existía, sí, la recomendación a los árbitros de advertir de expulsión a los jugadores especialmente incorrectos, a los que hacían faltas muy peligrosas, o a los que reiteraban las faltas o las protestas. Existía la indicación de que debían ser amonestados verbalmente y, en caso de insistir, expulsados. Pero se hacía poco, cada vez menos, y los jugadores de clase estaban poco protegidos. El Mundial de 1966, en Inglaterra, llevó la situación a lo insostenible. Pelé fue masacrado a patadas, por los búlgaros primero y después por los portugueses. Salió lesionado y nadie fue expulsado. Stiles (véase el día 21 de marzo), el medio inglés, se pasó el Mundial haciendo faltas, siempre al jugador estrella del equipo rival, de cuyo marcaje (también en el sentido visual del término) se encargaba. Rattín, capitán de Argentina, fue expulsado por protestar a Kreitlein, árbitro alemán, en el partido contra Inglaterra. No hubo constancia de que hubiera sido avisado previamente. Tras el campeonato quedó la sensación de que había que hacer algo, de que la cuestión de las amonestaciones y las suspensiones, aunque bien prevista en el Reglamento, no se estaba aplicando adecuadamente. Había que ayudar a los árbitros, empujarles a que hicieran esto mejor.

Así que se decidió introducir un nuevo sistema: dotar a los árbitros de una tarjeta amarilla y una roja. La amarilla para advertir, la roja, para expulsar, bien por reiterar las conductas que merecían tarjeta amarilla, bien para castigar directamente conductas especialmente violentas o antideportivas. La innovación se presentó en sociedad en el partido inaugural del Mundial de México de 1970, un México-URSS. El árbitro era el alemán Tschenscher. Una multitud colmó el gigantesco estadio Azteca, primero para ver la ceremonia inaugural y luego para presenciar el partido de los «chamacos» contra los soviéticos (entonces todavía era la URSS, en ruso, CCCP, que algún periodista chusco mexicano tradujo por «cucurrucucú... paloma»). No vieron un gran partido, no vieron ningún gol, pero vieron algo histórico: la primera tarjeta amarilla que fue, claro, para un visitante, Asatiani, por una entrada dura sobre el local Velarde a los 27 minutos de juego. Había visto la luz la tarjeta amarilla.

Asatiani era un hombre marcado negativamente por el destino. Años más tarde, un breve teletipo informaba a las redacciones de todo el mundo que Kaji Asatiani, de cincuenta y cinco años, y primer hombre que había visto una tarjeta amarilla, había muerto violentamente en Tbilisi, donde se dedicaba a diversos negocios tras haber sido director del Departamento de Deportes de Georgia. Según informó la policía, Asatiani fue ametrallado por unos desconocidos que le esperaban en un coche aparcado y que se dieron a la fuga tras cometer el crimen.

JUNIO

Con el Barça reventó el profesionalismo

(1925)

En los alegres y despreocupados años veinte el fútbol crecía y ya movía dinero. En España fue un estallido la medalla de plata de la Selección en los JJ OO de Amberes, que multiplicó la asistencia a los campos y la presencia del fútbol en los periódicos. Se vivía una apariencia de *amateurismo*, porque en aquellos tiempos (y hasta mucho después) existía la idea de que el dinero encanallaba el deporte. Pero ese pretendido *amateurismo* ya era claramente mentira, en España y en casi todas partes. En Inglaterra se había superado el debate con la separación entre fútbol profesional y *amateur* muchos años antes, pero toda Europa estaba en la misma trampa. Los clubes pagaban y justificaban los gastos en obras ficticias de mejora del campo, o inflando gastos de viaje o de cualquier tipo. Por esos años fue llamativo el paso de Zamora, de ida y vuelta, del Espanyol al Barça y viceversa, ambas veces por buenas cantidades de dinero.

El asunto se disimula como se puede en todos los países de Europa hasta que la revista parisina *Sporting*, de gran influencia continental, publica un completo y documentado informe sobre la extensión del profesionalismo, en el que lo más relevante es la relación, con pelos y señales, de los sueldos y primas que cobraban los jugadores del Barça. La revista había conseguido sacar del club español la más confidencial de sus informaciones: lo que cobraban sus futbolistas. La relación era esta: Plattko, Scarone y Samitier, 1500 pesetas al mes; Alcántara, 1300; Piera, Sagi-Barba y Sancho, 1000; Planas, Walter, Arnau, Torralba y Carulla, 800. Además, 1500 pesetas por cabeza por ganar el Campeonato de Cataluña y 3000 por ganar el Campeonato de España, la Copa. Aquel informe fue decisivo en el Congreso de Roma, donde todos los asistentes asumieron por fin que el profesionalismo era imparable, que se estaba viviendo una situación ficticia al pretender ignorarlo y que era mejor aprobarlo.

El Comité Olímpico Internacional reaccionó admitiendo a regañadientes y con carácter solo *amateur* al fútbol para los JJ OO de 1928. Luego, ante la evidencia de que varios países habían burlado la norma y enviado profesionales (no España, que fue con un equipo realmente *amateur* que resultó goleado por Italia), expulsó al fútbol para la edición de 1932. Esas convulsiones dieron lugar a la creación de la Copa del Mundo, ya con carácter profesional, cuya primera edición se disputaría en 1930, inspirada por Jules Rimet, el presidente de la FIFA. En 1936 el fútbol volvería a los JJ OO, en Berlín, ya sí con carácter *amateur*, que se mantuvo hasta que el propio COI, en tiempos de Samaranch y con vistas a los JJ OO de Barcelona, en 1992, superó el debate del *amateurismo*, casi setenta años después que el fútbol. Durante los años de la Guerra Fría los países del bloque comunista tuvieron gran ventaja en los JJ OO, pues ellos no reconocían el profesionalismo (compensaban a sus futbolistas con altos sueldos del Estado por ocupaciones figuradas) y así acudían a las citas olímpicas con los mejores.

El profesionalismo será decisivo en la creación del campeonato de Liga, que nacerá para cubrir la necesidad de conseguir más ingresos. Lo mismo que ya había hecho Inglaterra (siempre por delante de todos en aquella época) en 1888 se hizo después, poco a poco, en todas partes. En España la primera Liga se jugó en 1929.

Fallece Santiago Bernabéu
(1978)

Es la primera jornada de la Copa del Mundo de Argentina y ha empezado con polémica. Son los años duros de la dictadura militar, que habla de «guerra civil restringida» y combate con extrema dureza a la disidencia izquierdista del interior del país. La policía y el ejército «chupan» opositores de la universidad, de los cafés, de sus propios pisos. Muchos de ellos desaparecerán. El número de víctimas de aquella barbarie se ha fijado, con el tiempo, en 30 000 personas. La Escuela Técnica de la Armada, el principal centro del aparato represivo, está situada a muy poca distancia del estadio Monumental de River Plate, donde se jugarán los principales partidos de la Copa del Mundo. Muchos se preguntan si la familia del fútbol hace bien en permitir un Mundial ahí, en esas circunstancias. Pero se juega. El primer partido se disputa el día 1 de junio, RFA-Polonia. El día 2 se juegan otros de la primera jornada, precedidos de un minuto de silencio. Igual ocurre el día siguiente, según van entrando otros equipos y otros campos en competición. ¿Por qué? ¿Por las víctimas? No, es por el fallecimiento de don Santiago Bernabéu de Yeste, presidente del Real Madrid durante los cuarenta y cinco años anteriores, inspirador de la gigantesca idea que acabaría por elevar al Madrid a la indiscutida condición de Mejor Club del Siglo XX.

Como alguien escribió esos días: «En el fútbol, Santiago Bernabéu lo fue todo menos balón». Se aficionó al fútbol cuando era un escolar en los agustinos de El Escorial, para combatir el frío en los recreos. Había nacido en Almansa, en una familia acomodada que envió a sus hijos a Madrid a formarse. Coincidió con el estallido del fútbol, que le captó. En el Madrid fue jugador, delegado, entrenador ocasional, secretario general y, finalmente, presidente. Concibió y construyó el gran estadio que lleva su nombre y fichó a los mejores jugadores del mundo, lo que hizo del club una leyenda universal gracias a los títulos que estos consiguieron y al estilo que exhibieron.

El 23 agosto de 1977 se le habían detectado los primeros síntomas en Santa Pola, donde vivía por entonces de forma casi permanente. Contra el consejo de los médicos tomó el avión para asistir al homenaje a Velázquez, jugador al que nunca tuvo en gran estima, pero entendió que era su obligación estar ahí. El día siguiente al partido tuvo que ser intervenido de una obstrucción intestinal. La intervención descubre que tiene un cáncer bastante extendido. El 8 de septiembre se le hace una intervención más en profundidad. Reaparece en público el 4 de noviembre, cuando se reincorpora a su despacho no sin antes agradecer las muestras de simpatía en conferencia de prensa multitudinaria. Dos días después acude al estadio, a ocupar su sillón presidencial el día del Real Madrid-Valencia, y es recibido con una tremenda ovación.

Tenía ya ochenta y dos años, y la enfermedad siguió avanzando silenciosamente, a pesar del esfuerzo de los médicos. No obstante, vivió con relativa normalidad hasta el mes de mayo, cuando sobrevino la crisis final. El día 28 recibió la extremaunción. El día 2 fallecía, a las seis de la mañana, cuando el balón empezaba a rodar por las canchas argentinas.

Dejó viuda, la popular doña María, con la que no tuvo hijos. Doña María se había casado con él en segundas nupcias. Era viuda de un viejo compañero de Bernabéu en el club, muerto en la Guerra Civil. Todos sus bienes se reducían a algo menos de un millón de pesetas en su cuenta corriente, un piso pequeño en la calle Jericó de Madrid y una casita en el pueblo costero alicantino de Santa Pola. Y su pequeña barca, que tiempo atrás se había llamado *Saeta Rubia* en homenaje a Di Stéfano, pero que luego llamó *Marizápalos*, en homenaje a su mujer, pues así era como la llamaban de niña.

El gol de Zico no valió por milésimas de segundo (1978)

Una de árbitros. Estamos en el Mundial de 1978, en Argentina. Conviene, claro, que Argentina llegue lo más lejos posible. Este Mundial traía aparejado un bochorno: estábamos en plena dictadura argentina, que «chupaba» opositores de las aulas, de las cafeterías, de las casas. Los torturaba y los hacía desaparecer, como ya se ha dicho anteriormente. En esas circunstancias se jugó el Mundial, cuyos principales partidos se disputaron en el Monumental de River, a poca distancia de la Escuela Técnica de la Armada, centro de las peores sevicias.

Brasil podía ser un obstáculo para Argentina, y bien que lo notó desde el primer partido, ante Suecia. Iba empate a uno cuando, en el minuto 90, hay un córner a favor de Brasil. Lo lanza Dirceu desde la derecha del ataque, lo cabecea limpiamente Zico a gol y el árbitro, el galés Clive Thomas, pita... fin del partido. ¿Y el gol? No, no es gol. Según él, el partido había concluido cuando el balón volaba entre el pie de Dirceu y la cabeza de Zico, y el gol se había producido antes de que él pitara porque justo en ese momento iba a hacerlo. Por así decirlo, el cabezazo se produce en el instante justo entre el fin del partido y el acto del árbitro de llevar el pito a la boca para darlo por terminado. No atiende a las protestas, no hay gol. Brasil se queda con el empate.

Después, Brasil empató también con España. Ese fue el día del «no gol» de Cardeñosa, que cazó un balón suelto en el área, sin portero. Santillana le había ganado en el salto a Leão, el meta brasileño, y le había bajado el balón a Cardeñosa. Este se entretuvo algo en controlarlo y cuando remató lo hizo al único espacio de la portería que cubría el defensa Amaral, que había corrido apresuradamente a la raya ante la ausencia en ella del meta Leão. Con esos dos empates y la victoria sobre Austria, Brasil pasó a la segunda fase, que también se jugaba en grupo, en el que cayó con Argentina. Ambas Selecciones empataron su partido y ganaron el anterior. Todo quedaba supeditado a la última jornada, Brasil-Polonia y Argentina-Perú, la del día 21. Si las dos Selecciones ganan, decidirá la diferencia de goles. Lo que se juegan es el paso directo a la final. Contra todo criterio previo, la organización decide que juegue primero Brasil y luego Argentina, que así, al salir, ya conocerá el resultado previo. Brasil gana 3-1 a Polonia. Argentina necesita entonces ganar por cuatro o más, y lo consigue, entre sospechas generalizadas de tongo. Para más morbo, el portero de Perú es un argentino nacionalizado peruano, Quiroga. El partido acaba en 6-0, con dos goles de Kempes, dos de Luque, uno de Houseman y otro de Tarantini.

Luego Argentina jugará y ganará bien, tras la prórroga, la final ante Holanda. Y Videla le entregó, feliz, la copa a Passarella. Pero todos tuvimos la sensación de que algo olía a podrido en aquel Mundial. Thomas nos había dado una primera pista en aquel gol anulado a Zico.

La final de Copa más madridista
(1980)

El Castilla, creado el 21 de julio de 1972, era heredero directo del Plus Ultra, clásico equipo de la Segunda o Tercera División, que había sido frecuentemente utilizado por el Madrid como filial para completar la formación de sus juveniles. La Federación prohibió por entonces los nombres comerciales y el Madrid creó el Castilla como una especie de segunda marca del club, y pasó a jugar sus partidos en la Ciudad Deportiva. (Plus Ultra era una empresa de seguros, por eso no se podía seguir con ese nombre.) El Castilla comenzó en Tercera División, pero para 1978 ya había ascendido a Segunda. Eran años en los que la cantera del Madrid producía con regularidad grandes jugadores para el club, en parte porque se trabajaba muy bien (Molowny era el secreto), en parte porque no se había dado aún la «sentencia Bosman», y eso producía más oportunidades para todos.

De aquel Castilla habían salido ya Camacho, San José, Rincón, Magdaleno, García Cortés, Sabido, Isidro, Vitoria, García Hernández... Núcleo de lo que se llamaría generación de «los Garcías», el equipo que llegaría a jugar la final de la Copa de Europa de 1981. Pero se estaba gestando otro grupo estupendo, un equipo de jugadores altos, rápidos, inteligentes, buenos chutadores de lejos, y que alcanzaron un nivel de compenetración magnífico. La Copa de aquella temporada les permitió lucir en todo su esplendor. Empezaron eliminando al Extremadura (1-4 fuera y 6-1 en casa), luego al Alcorcón (1-0 en casa y 1-4 fuera) y al Racing de Santander (3-0 en casa y 0-0 fuera). Entonces llegaron las corridas duras. El

Athletic de Bilbao fue el rival en octavos, y todo el mundo pensó que ahí acabaría la aventura. Era un Athletic con Dani, Argote, Goikoetxea, Villar... Fue 0-0 en el Bernabéu y, ¡campanada!, 1-2 en San Mamés. Aquello se acogió como algo extraordinario y dio paso a un choque de cuartos contra la Real Sociedad, que entonces disputaba las Ligas con el Madrid. Era líder invicto, tras 27 jornadas disputadas. Otra bomba: derrota del Castilla por 2-1 en Atocha y sensacional victoria por 2-0 en el Bernabéu. (La Real perderá el domingo siguiente su único partido de esa Liga, en Sevilla, lo que le costará el campeonato.) Eso ya es tremendo. Y en semifinales, con el sorteo condicionado porque se entendía que no podía cruzarse con el Madrid, que también iba pasando eleminatorias, le toca con el Sporting, el otro gran equipo canterista de España, otro rival duro del Madrid en esos tiempos pues atravesaba los mejores años de su historia. En la ida pierde el Castilla 2-0. No habrá nada que hacer esta vez, piensan muchos. Pero la vuelta es un tremendo 4-0. ¡A la final! Mientras, el Madrid «mayor» gana a su vez en la semifinal al Atlético. Final, pues, Madrid contra Madrid, Madrid grande contra Madrid chico.

La final fue jugada con enorme nervio por el Madrid grande, muchos de cuyos jugadores estaban picados con «los mocosos», que tantos elogios habían recibido. Estos, a su vez, se arrugaron y perdieron la final por 6-1. Los mayores celebraban los goles como si el rival fuera el Barcelona o el Atlético, hartos de comparaciones que les han desagradado. Los «peques» ni se atreven a meter el pie.

Pero la gesta tuvo premio. Quedó en el recuerdo y permitió al Castilla jugar la Recopa el año siguiente, pues el Madrid ganó también la Liga. Curiosamente, de aquel equipo solo Gallego llegaría a asentarse como titular duradero en el Madrid durante varias temporadas. Agustín y Pineda pasaron por el primer equipo, pero no triunfaron, aunque sí fueron jugadores de éxito en Primera, como la mayoría de sus compañeros. Pero el Madrid se les cerró a casi todos.

Di Stéfano rompe con el Madrid (1964)

Después de once años en los que contribuyó a ganar cinco copas de Europa y una Intercontinental, Di Stéfano salió mal del Madrid. Y eso que aquel año el equipo había alcanzado la Liga con cinco jornadas de antelación y había llegado a la final de la Copa de Europa, que se jugaría el 27 de mayo, en Viena. Pero este sería el último partido en el club de Di Stéfano, que pasó la víspera malhumorado. No le gustaba la táctica dispuesta por Muñoz, que quería mantener a Isidro fijo, en su puesto de lateral derecho, en lugar de enviarle al medio campo a perseguir a Corso, extremo que se retrasaba y jugaba en el medio campo. Muñoz temía las subidas del lateral de ese lado, Facchetti. Di Stéfano sostenía que perder la mayoría en el medio campo era perder el partido, y que bastante tendría Facchetti con preocuparse de Amancio.

El caso es que el partido lo perdió el Madrid, 3-1. El regreso fue un funeral. El Madrid seguía en la Copa y estaba enzarzado con el Atlético en los cuartos de final. El partido de ida se había jugado tres días antes de la final de Viena, y en él había presentado el Madrid a sus once suplentes a fin de tener descansados a los finalistas. Acabó 2-2. Hay que jugar la vuelta en el Metropolitano el día 31. Se supone que saldrán los titulares, salvo alguno que esté lesionado. Cuando, el 30, Miguel Muñoz escribe en la pizarra la lista de los convocados, no pone a Di Stéfano. Enseguida todos piensan que se va a liar. Cuando Di Stéfano lo ve, le pregunta a Miguel Muñoz (su compañero de habitación muchos años, como jugador) por qué no está. Muñoz le dice que suba a las oficinas.

Lo hace ya endemoniado. Se encuentra con Calderón y Saporta, que le explican que está llegando a los treinta y ocho, que hay que renovar el equipo y que él debe ser quien pilote la renovación… desde el despacho. El sueldo habrá que pactarlo, pero será claramente menor. Pero Di Stéfano se sigue sintiendo futbolista. En su fuero interno confía en que el Madrid supere la eliminatoria y alcance la final de Copa, trofeo que solo ha ganado una vez en esos once años. El partido acaba con 1-1, hay que jugar un desempate. Se sortea y es en el Metropolitano. Di Stéfano aún tiene una esperanza de que Miguel Muñoz le convoque, pero de nuevo le deja fuera. El Madrid juega el día 3, y pierde 2-1. Está fuera de la Copa. Ya no hay más partidos que jugar. En las oficinas le insisten en que firme como secretario técnico, pero se resiste a dejar el fútbol. Recibe ofertas del Celtic y del Espanyol, donde entrena su amigo Kubala. El día 5 decide que quiere seguir jugando y así lo dice en el Madrid.

Más adelante, el 23 de julio, le enviará un telegrama a Bernabéu, que este conservaría siempre: «DON SANTIAGO ME VOY A MI TIERRA. NO SÉ SI VOLVERÉ PRONTO O NUNCA. EN ESTOS AÑOS SE HABLÓ MUCHO DE NOSOTROS. YO LLEVÉ SIEMPRE LA PEOR PARTE. FUI UN FENÓMENO O UN GAMBERRO. SI NO ME ACERQUÉ MÁS A USTED FUE PORQUE NO QUERÍA QUE CREYERA QUE BUSCABA UN PUESTO REGALADO. POR LO MENOS ESO NO ME LO PUEDE QUITAR NADIE. LO QUE GANÉ FUE SIEMPRE CON ESFUERZO. OBSERVÉ QUE PARA ESTAR BIEN CON USTED HABÍA QUE SER FALSO. TUVE MUCHAS DESILUSIONES Y NADIE ME DIO MORAL. USTED COMO PADRE ME FALLÓ. AHÍ SE VE QUE NUNCA TUVO HIJOS PORQUE LOS PADRES SIEMPRE PERDONAN. SI NO VUELVO MÁS LE LLEGUE A USTED MI FELICITACIÓN Y MI RECUERDO CARIÑOSO. UN ABRAZO. ALFREDO».

Guruceta pita un penalti fuera del área

(1970)

Estamos en los cuartos de final de la Copa, que enfrenta al Madrid y al Barça. La ida es en el Bernabéu y gana el Madrid por 2-0, goles de Grosso y Amancio, el segundo muy protestado por los barcelonistas, que reclaman fuera de juego. La vuelta en el Camp Nou es tal día como hoy. El Madrid hace una muy buena primera parte, pero no culmina el gol. Al filo del descanso, a la salida de un córner y tras dos rebotes, tirazo cruzado de Rexach, que pega en un poste, recorre la línea hasta el otro y entra. Uno a cero al descanso.

En la reanudación el Barça ataca, en pos del gol que le iguale. En el minuto 15, rápido contraataque con lanzamiento de Amancio a Velázquez (solía ser al revés), que corre con ventaja. Pero Rifé, más rápido, llega al cruce y le derriba, aún un metro fuera del área. Por la velocidad de la jugada los dos caen dentro y Guruceta pita penalti. Follón, almohadillas. Cuatro minutos de interrupción, y, por fin, Amancio tira el penalti y lo marca. Más almohadillas. Mientras se retiran, Eladio se acerca a Guruceta, le insulta y este le expulsa. Muchísimas más almohadillas. El partido sigue a trancas y barrancas, con continuo lanzamiento de almohadillas y largos parones para despejar el campo. Velázquez marca un gol que Guruceta no se atreve a conceder y lo anula por fuera de juego. Faltan cuatro minutos para el final cuando hay invasión de campo y Guruceta da por terminado el partido. Miguel Muñoz, entrenador del Madrid, es alcanzado por un botellazo. El autobús del Real Madrid tarda cuatro horas en salir del estadio.

El día 9 se reúne el Comité de Competición, tras una encendidísima polémica, en la que destaca un comunicado de Montal, presidente del Barça, en el que expone una larga lista de agravios, reales o supuestos. Se especula con cuántos partidos de cierre sufrirá el Camp Nou. Pero no hay tal: se decide suspender a Guruceta por seis meses. A Eladio le caen dos partidos, al Barça, 90 000 pesetas de multa, y a Montal se le abre un expediente que acabará en nada. José Plaza, presidente del Colegio de Árbitros, dimite en solidaridad con el colegiado y declara que el fallo es un atropello. Los desagravios al Barça no paran ahí, sino que poco más tarde el gerente del club, Juan Gich i Bech de Careda, es elevado a delegado nacional de Educación Física y Deportes, puesto equivalente al actual secretario de Estado para el Deporte. Guruceta es recusado de por vida por el Barça. Incluso años más tarde, cuando se retire la figura de la recusación (consistente en el derecho de los clubes de vetar a determinados árbitros para sus partidos), se tuvo buen cuidado en que nunca más volviera a arbitrarlo. La jugada quedó para siempre en el imaginario azulgrana como el más claro reflejo del favoritismo arbitral al Madrid.

Curioso: el Madrid superó al Athletic de Bilbao en la semifinal y hubo de regresar al Camp Nou a jugar la final contra el Valencia. Allí tuvo al público muy en contra, lo que animó al Valencia a emplearse con dureza. Pirri y Grosso fueron retirados en camilla, pero fueron precisamente sus sustitutos, Planelles y Fleitas, quienes hicieron los goles que dieron la victoria al Madrid, que alzó esa copa, entre gritos e insultos, precisamente en el Camp Nou.

Banks le hace una parada mágica a Pelé
(1970)

Inglaterra fue a México como campeona del mundo y mantenía en muy buen estado a los hombres principales de su equipo de cuatro años antes. Brasil, que en Inglaterra había sufrido la lesión temprana de Pelé, tenía un equipo refulgente, renovado, con una delantera de fábula: Jair, Gerson, Tostão, Pelé y Rivelino, cinco genios, y aires de eterno favorito. Así que no fue extraño que cuando el sorteo les reunió en la fase de grupo junto a Rumanía y Checoslovaquia se creara la máxima expectación. El que les enfrentase iba a ser el gran partido de la primera fase.

Pelé andaba ya por los veintinueve, había perdido algo de explosividad pero era más sabio que nunca e hizo prodigios en ese Mundial. Inglaterra tenía el mejor portero del momento, para muchos el mejor portero de la historia, Gordon Banks, apodado el «Chino» por sus ojos algo oblicuos. Era un mocetón de Sheffield que alcanzó gloria con el Leicester y completó su carrera en el Stoke City, al que pasó en 1967, ya campeón del mundo, por 52 000 libras, cantidad extraordinaria para tratarse de un portero. Sus últimos partidos los jugó en el Fort Lauderdale, en la entonces emergente Liga norteamericana, lanzada precisamente por Pelé a través del Cosmos. Aunque ninguno de los dos clubes de su carrera puede contarse entre los grandes, alcanzó fama mundial por su rendimiento en la Selección inglesa, con la que jugó 73 partidos.

Aquella tarde haría su gran parada. Iban diez minutos cuando Jairzinho, el formidable extremo derecha, se escapó de Cooper, corrió en diagonal hacia la línea de fondo y lanzó un centro medido, hacia el segundo palo, por donde apareció Pelé con todo su ímpetu. Banks trataba de recuperar la posición cuando Pelé saltó y le pegó al balón un frentazo limpio, potentísimo, proyectándolo contra el suelo para que botara en él antes de ir a la portería. Imparable. Pero Banks, que se ha rehecho milagrosamente, vuela y consigue conectar con el balón cuando este ya ha botado en el suelo y tiene trayectoria ascendente. Con recurso de genio, le basta llegar con las yemas de tres dedos para desviar tenuemente su trayectoria y hacerla algo más vertical, de manera que el balón pasa justo por encima de la escuadra y se va a córner. Pelé se queda estupefacto. Millones y millones de personas vieron esa parada en directo, por televisión. Fue la parada del siglo.

Las dos Selecciones, Brasil e Inglaterra, siguieron adelante. Inglaterra se cruzó con Alemania, con la infausta suerte de que Banks tuvo fiebre aquel día. Le sustituyó Bonetti, que no era lo mismo, y Alemania ganó por 3-2, con un inverosímil gol de cabeza, de espaldas, de Uwe Seeler, una de las grandes maniobras de la historia. Brasil superó a Perú y Uruguay hasta llegar a la final, con Italia, que ganó. Pelé abrió el marcador con un gol de cabeza, un frentazo limpio, al suelo, en el otro palo, pero en remate muy parecido. Ese sí entró. Enfrente no estaba Banks…

Camerún gana a los campeones del mundo (1990)

¡Quién nos lo iba a decir! El Mundial de Italia lo inauguró Argentina, ante Camerún. Argentina era campeona del mundo y se presentaba en este Mundial con un equipo cuya esencia recordaba al que había salido campeón cuatro años antes, en México. Con Maradona como estrella, a cuyo servicio se movía un equipo obrero, en el que quedaban varios de los que habían sido campeones cuatro años antes: el meta Pumpido, Ruggeri, Burruchaga... Otros eran nuevos, pero el concepto, el mismo: equipo esforzado, repliegue, corte y balones a Maradona. Esa fórmula había dado el Mundial cuatro años antes. El partido inaugural fue ante Camerún, que se presentaba en el Mundial tras haber dejado atrás, en la fase de clasificación, a Nigeria, Angola y Gabón. Camerún había pasado con solvencia, cuatro victorias, un empate y una derrota, pero nadie pensaba que pudiera ser un serio rival para Argentina, país de vieja tradición, dos veces campeón del mundo, entre ellas la última. Y con Maradona como perla de su ataque. Camerún solo tenía un jugador notable, el veteranísimo Roger Milla, ya con treinta y ocho años.

Y sin embargo, ganó Camerún. La exultante salud de sus elásticos jugadores frenó el juego de Argentina. Y también su dureza, bien administrada. Las faltas sobre Maradona se sucedieron, pero se fueron relevando los jugadores encargados de hacerlas. A pesar de eso, Camerún acabó con nueve, por las expulsiones de Kana (75') y Masing (88'). Pero su juego pegajoso frenó a Argentina y además les produjo un gol, marcado por Omam-Biyik en el 67', elevándose con un salto prodigioso para cabecear un centro alto. Poco después de este gol Camerún hizo ingresar en el terreno de juego a Roger Milla, en busca de enfriar el partido. Y lo consiguió.

Milla fue una sorpresa en este Mundial, tanto como el propio Camerún. Tras la victoria sobre los argentinos, la Selección africana venció también a la de Rumanía, por 2-1, goles ambos de Roger Milla. Se supo entonces que la presencia de este jugador, muy veterano, había sido impuesta por el presidente del país, que en este caso tuvo razón. Del grupo de cuatro equipos se clasificaron los tres primeros, y Camerún aún tendría que dar más campanadas. En octavos venció por 2-1 a Colombia, en la prórroga, tras llegar con empate a cero al final del tiempo reglamentario. Los dos goles de Camerún fueron marcados de nuevo por Roger Milla, en los primeros tres minutos al inicio de la segunda parte de la prórroga. Y todavía en cuartos Camerún le daría el gran susto a Inglaterra, a la que llevó a la prórroga en partido disputado el 1 de julio, y que tuvo en vilo a la afición de todo el mundo. ¿Sería posible que una advenediza Selección africana echara del Mundial al país de los inventores? Platt adelantó a Inglaterra (25'), pero Kundé empató de penalti (63') y enseguida Ekéké (65') hizo el gol que puso por delante a Camerún. Milla había entrado tras el descanso y se había apoderado del balón. Inglaterra llegó a verse fuera. Pero consiguió empatar con un penalti marcado por Lineker (83') y llegar a la prórroga. Y ahí ganó, gracias a otro penalti marcado por Lineker (105'), que sometería por fin la rebelión camerunesa. Pero el fútbol de África había avisado de su poder de la mano del científico juego del viejo y sabio Roger Milla y de sus enormes, veloces y ágiles compañeros de equipo.

Fernández lesiona de gravedad a Amancio

(1974)

Por aquellos años el Granada era el terror. Sobre todo en su estadio de Los Cármenes. Candi, que había sido portero del equipo, era el presidente. Fichó a Aguirre Suárez (véase el día 23 de octubre), un tremendo central argentino al que habían suspendido treinta partidos en su país por patearle la cara en el suelo a Combin, en un partido de la Intercontinental jugado entre su equipo, el Estudiantes, y el Milán. A su lado, como medio defensivo, colocó al paraguayo Fernández, que había pasado fugazmente por el Barça, donde se espantaron de su brutalidad. A su alrededor se asilvestraron algunos jugadores españoles. El ambiente allí era terrible. Algunos delanteros visitantes trataban de confraternizar antes del partido, saludando cordialmente a los dos terribles, pero estos contestaban invariablemente señalando la línea divisoria de los campos: «Está bien. Pero recordá que de ahí para allá comen tus hijos, pero de ahí para acá comen los míos». El que pasaba la raya sabía a lo que se exponía.

Amancio llevaba dos temporadas sin ir por Granada. Había tenido un rifirrafe con Fernández en el Bernabéu (le dejó un planchazo en represalia por una entrada anterior y Fernández se retiró lesionado) y este se la tenía jurada. Pero el Madrid había hecho un mal año en la Liga, se estaba jugando la Copa y había que echar el resto. Y Amancio fue. Y en el minuto 16 atravesó la línea prohibida con el balón controlado, colándose rápidamente hacia el campo contrario. Fernández le salió al encuentro, de frente, levantó la pierna y descargó los tacos con toda su fuerza brutal sobre el muslo derecho del atacante, mientras dejaba pasar mansamente el balón, que rodaba por el suelo. Amancio cayó hecho un grito y su muslo se hinchó inmediatamente. Tenía partido en dos el cuádriceps, el músculo más fuerte del cuerpo. Al día siguiente circularon las imágenes por televisión y crearon escándalo nacional.

Amancio no se recató en sus declaraciones. «Gente como Fernández no debería entrar en el fútbol español. Yo quizá no vuelva a jugar, pero ya tengo treinta y cuatro años, pero, ¿y si le hace algo así a uno de los chicos que empiezan?» En Granada se esforzaban en defender a Fernández, pero la indignación fue tal que prendió hasta en Barcelona, donde el árbitro, el catalán Oliva, tuvo que defenderse porque ni siquiera había mostrado la tarjeta blanca. (Entonces se utilizaba de ese color en España, en vez de la amarilla, por una mala decisión tomada tras ver en blanco y negro los primeros partidos televisados en que se sacó). A Fernández le cayeron quince partidos de suspensión, lo que en parte calmó algo la alarma social. Amancio fue operado y aún pudo jugar, pese a todo, dos temporadas más. Para el Granada fue el fin de una inexplicable tolerancia de que habían gozado por parte de los árbitros y un desprestigio enorme. Jugadores de uno y otro lado fueron contando por aquí y por allá lo que ocurría en Los Cármenes, hasta qué punto utilizaban allí la violencia y la intimidación. Poco a poco, el Granada fue perdiendo plano en el fútbol nacional y hace ya muchos años que naufraga en las categorías bajas.

El sacrificio de Amancio mereció la pena. El Madrid alcanzó la final de Copa, que ganaría, en el Manzanares, por 4-0, ante el Barcelona. Por supuesto, Amancio no pudo jugarla. Pero el Madrid se sintió desagraviado del 0-5 que había encajado esa misma temporada en el Bernabéu por parte del Barça. No fueron cinco, solo cuatro, pero era una final. Y Zoco, que no había jugado desde el día del 0-5, entró en el equipo los minutos finales para, como capitán, recoger la copa. Aquella fue su última foto como futbolista.

Pelé deja Brasil para jugar en el Cosmos (1975)

Edson Arantes do Nascimento, *Pelé*, fue el más grande, según la opinión más extendida. Su aparición con diecisiete años en el Mun-dial de Suecia resultó estelar. Entraron él y Garrincha por Altafini y Joel, en una delantera que no funcionaba del todo, y el equipo despegó. Y Brasil fue campeón del mundo, con dos goles de Pelé para el 2-5 de la final, ante Suecia. Luego desarrollaría una prodigiosa carrera en su equipo, el Santos, y en Brasil, con la que ganó dos mundiales más: en Chile-62 (si bien solo jugó dos partidos de la primera fase, luego no pudo hacerlo más, por lesión) y en México-70, donde dejó sus últimas maravillas. Por en medio, en Inglaterra-66, le cosieron a patadas hasta que les sacaron del Mundial, a él y a Brasil. Tras el Mundial de México renunció a la Selección.

Pelé era idolatrado por todo Brasil, pero dio un golpe muy duro a toda su gente cuando anunció que dejaba el país para fichar por un club de nueva creación, en una Liga que apenas tenía siete años: hablo del Cosmos de Nueva York y la NASL, la North American Soccer League, un intento de relanzamiento del fútbol profesional en Estados Unidos, una iniciativa con aires muy de hoy: *show*, las mejores estrellas, agitación, *marketing*, fuertes inversiones de las que se esperaba obtener retorno... Todo un poquito artificial. La afición de Henry Kissinger al fútbol estuvo detrás de aquel empujón. El Cosmos era una creación de la Warner Communications, formidable empresa de comunicación propietaria, entre otras cosas, de los derechos de las universalísimas películas de Walt Disney. Para el aficionado brasileño fue una traición en toda regla que Pelé les dejara para saltar al mundo rico, a lucrarse en la tierra de los gringos, siempre acusados de abusos en la mitad sur del Nuevo Continente.

A Pelé le dieron cuatro millones y medio de dólares libres de impuestos, una fortuna en la época, para que jugara y para utilizar su nombre asociado a la marca Warner. «Vengo para extender el fútbol en un país que todavía no lo conoce.» ¿Y el dinero? «Tengo que pensar en mi familia.» La verdad es que Pelé jugó honradamente tres temporadas para el Cosmos y ganó dos veces el título. Sucesivamente, el club le fue acompañando con otras viejas glorias, procedentes de Europa o de Brasil: Beckenbauer, Chinaglia, Carlos Alberto... Él abrió el camino a otros varios, entre ellos a Cruyff, que jugó en los Washington Diplomats. Finalmente se retiró allí, en un emotivo partido final Cosmos-Santos (véase el día 1 de octubre), en el que jugó un tiempo en cada equipo y marcó el último de sus 1283 goles. Pero aquella llamarada se apagó tan bruscamente como había empezado. Retirada aquella gran generación, pasada la moda, el público se retrajo de nuevo, los grandes clubes siguieron cerrando y el fútbol languideció otra vez en Estados Unidos como espectáculo. Eso sí: se fortaleció su práctica como deporte escolar, según había deseado siempre el reverendo Louis Mayer, que desde la YMCA había predicado durante muchos años las virtudes del fútbol para fortalecer los cuerpos y las almas.

Presidente del Torino treinta y tres años después de matar a Meroni
(2000)

En la segunda mitad de los sesenta el Torino parecía rehacerse por fin de la catástrofe de Superga, de la mano de un genial jugador, Gigi Meroni, una réplica del inglés George Best. Poeta, músico, amante de los Beatles y del jazz, melenudo, rebelde, icono social, gafas amarillas, ídolo de las masas. El seleccionador, Fabbri, le amenazó con no llevarle a la Selección si no se cortaba el pelo. No se lo cortó, pero aun así tuvo que llevarle. Antes de llegar al Torino había jugado en el Como y en el Génova. La Juventus trató de ficharlo, incluso llegó a un acuerdo con el presidente del Torino, pero se formó tal revuelo en la ciudad (una manifestación multitudinaria y amenaza de huelga de los numerosísimos hinchas del «Toro» que trabajaban en la FIAT de Turín) que el fichaje se deshizo. La «mariposa grana», como le apodaban, se quedó en el Torino.

Tras el cuarto partido (4-2 sobre la Sampdoria) del campeonato de 1967-1968, un 15 de octubre, Meroni paseaba por un bulevar del centro de Turín junto a su compañero Poletti. Cruzó imprudentemente, y un FIAT Coupé 124 le atropelló; salió rebotado contra una moto Aprilia que pasaba muy rápido, que le enganchó y le arrastró varios metros. La pequeña moto la conducía un muchacho llamado Attilio Romero, de diecinueve años, que resultó ser un tremendo fan de Meroni. Vivía a tres portales de él, tenía un gran póster suyo en la cabecera de su cama junto a una bandera del Torino y hasta una foto en el manillar de la moto. Llevaba el pelo como él y hasta imitaba su forma extravagante de vestir y sus gafas. Un coche trasladó rápidamente a Meroni al hospital, pero falleció antes de la medianoche, para desesperación del joven fan motorista.

El siguiente partido era justamente un clásico, ante la Juventus, y fue una extraordinaria demostración de duelo. Su número siete lo llevó el francoargentino Combin, a quien pareció inspirarle desde el más allá el espíritu del desaparecido, porque marcó tres fabulosos goles, los tres primeros de un partido que terminaría ganando el Torino por 4-0. Una noche emocionante, cargada de dedicatorias al genio desaparecido. Más adelante, Attilio Romero se enfrenta a un proceso del que sale absuelto. Meroni y Poletti habían cruzado fuera de la zona habilitada para ello, Romero tenía los papeles en regla, si bien su licencia era muy reciente. Con el tiempo, su nombre fue olvidado.

Hasta que treinta y tres años después alcanza la presidencia del Torino. Sí, el mismo Attilio Romero que un fatal día 15 de octubre había atropellado a Meroni y provocado su muerte, convertido ahora en importante ejecutivo de la FIAT, llega a presidente del club de sus amores. Una increíble pirueta del destino. Y puede comprobar que «aquello» no le ha sido perdonado del todo. La novia del jugador empieza a aparecer en programas de televisión, a quejarse de que Romero y el club tienen olvidada la tumba de su amado, en la que no obstante suelen aparecer cada poco siete rosas rojas (el siete era su número). Y en las malas tardes, cuando las cosas no salen bien, parte del público se encargaba de recordarle que fue él quien mató a Meroni. Así que lo tiene que dejar al cabo de un año. La sombra de Meroni le persiguió.

Lopetegui ficha por el Madrid y Rubiales le echa

(2018)

España llegó al Mundial de 2018, en Rusia, con Julen Lopetegui como seleccionador. Nombrado por Villar, fue ratificado por su sucesor, Luis Rubiales, si bien con un cabo suelto: una cláusula de rescisión de dos millones, muy asequible. Todo era optimismo cuando España llegó a Krasnodar, sede de la concentración. El equipo se había clasificado con nueve victorias y un empate en diez partidos (36-3 en goles). Impresionante. Lopetegui estaba renovando el equipo con jóvenes que con él habían ganado el europeo sub-21 de 2013. Pero algo había pasado: Lopetegui se había comprometido con Florentino Pérez a entrenar al Real Madrid al final del Mundial. La primera idea fue mantenerlo en secreto, pero luego temieron que el asunto trascendiera y convinieron, a propuesta de Florentino, que este se lo dijese a Rubiales y Lopetegui se lo comunicara a los jugadores.

El 12 de junio, tres días antes del primer partido, contra la Portugal de Cristiano Ronaldo, Rubiales asiste en Moscú a su primer Congreso de la FIFA. A mediodía recibe la llamada de Florentino, que le cuenta el asunto y le garantiza el pago de la cláusula. De primeras Rubiales se quedó estupefacto y pidió que no se comunicara nada hasta que él hablara con Lopetegui y que se hiciera un comunicado conjunto. Lo comentó con dos vicepresidentes que estaban con él, a los que no gustó nada el asunto. Rubiales se calentó y llamó a Lopetegui, pero encontró el teléfono apagado. Entonces llamó a Fernando Hierro, director deportivo, que le dijo que el seleccionador estaba explicando a los jugadores su fichaje por el Madrid y garantizándoles que eso no le impediría dirigirles adecuadamente durante el Mundial.

Rubiales se sintió impotente, aislado en Moscú, a 1400 kilómetros de Krasnodar, traicionado por todos, y se enfureció. Cogió el primer avión y llegó a las once de la noche hecho un basilisco. Tuvo una desagradable reunión con Hierro y Lopetegui y se fue a la cama con la decisión de sustituirle. A la mañana siguiente Hierro intentó que lo reconsiderara, pero solo consiguió que la conferencia de prensa se retrasara de las 10.30 a las 11.30. Se descartó dar el puesto a Albert Celades, entrenador de la sub-21, porque había pinchado en el intento de clasificar a la Selección para los JJ OO de Londres. Rubiales exigió a Hierro que cogiera el cargo y este tuvo que aceptar. Solo había entrenado un año, al Oviedo, con resultado plano. Lopetegui regresó a España esa misma tarde con su segundo, Pablo Sanz, y su preparador físico, Óscar Garro. Hierro comentó en la conferencia de prensa que había viajado con ropa de calle, que no traía ni botas de fútbol, pero asumió el cargo, a dos días del partido con Portugal. España estuvo mal, y fatal su portero, David de Gea. Pasamos el grupo con empates (3-3 y 2-2) ante Portugal y Marruecos y un raquítico 1-0 sobre Irán. En octavos caímos ante Rusia (véase el día 1 de julio). Volvimos en berrinche. A Lopetegui no le fue mejor en el Madrid. Llegó justo cuando se había ido Cristiano Ronaldo, con sus cincuenta goles anuales a cuestas. Cayó antes de finalizar octubre, tras la décima jornada de Liga.

Madrid 11, Barça 1. El desembarco de Bernabéu

(1943)

Aquellas semifinales de Copa dejarían una gran polvareda. El partido de ida, en Les Corts, lo ganó el Barça por 3-0, lo que pareció dejar las cosas relativamente resueltas. Pero entre partido y partido la prensa de Madrid agitó mucho el ambiente, particularmente Eduardo Teus, desde las páginas de *Ya*, periódico de la época. Teus, que había sido portero del Madrid antes de la guerra, se quejaba de que a Barinaga le había quitado el árbitro un gol porque pitó el descanso mientras el balón iba por el aire camino de la portería. Pero se quejaba sobre todo de que el Madrid había jugado intimidado por la actitud agresiva del público, inusual para aquella época, aún posguerra, en la que el régimen hacía una y otra vez apología de la hermandad entre los pueblos y las tierras de España, y se esperaba del fútbol que contribuyera a ello.

Las protestas de Teus desde el *Ya* van haciendo eco y en Madrid se organiza una campaña entre los dos partidos, invocando un necesario desagravio a los jugadores «maltratados» en el partido de ida. Las eternas desconfianzas entre Madrid y Barcelona son la leña que da fuego a esta hoguera. Para la vuelta se prepara un ambiente tremendo. La víspera del partido, en la verbena de San Antón y en la calle de la Victoria, se venden pitos a los aficionados del Madrid para que monten estruendo en el partido, y vaya si lo hacen. Cada vez que un *blaugrana* coge el balón más de 20 000 silbatos emiten un sonido insoportable. El Madrid se crece y antes de la media hora ya ha igualado la eliminatoria. Es entonces cuando el Barça parece desplomarse súbitamente, y en quince minutos le caen cinco goles más. Al descanso se llega 8-0. En la segunda mitad llegan más goles, en un ambiente festivo para los madridistas y lúgubre para el Barça, que al final pierde 11-1. Cuando la esposa del meta barcelonista, Miró, que había ido a un cine con unos amigos para pasar la tarde, sale del mismo y se entera de que a su marido le han metido once goles, se desmaya, cree que le ha pasado algo. Y algo le había pasado: abrumado, no jugó más al fútbol. Un jovencísimo Juan Antonio Samaranch, que con el tiempo llegará a ser el presidente del COI, escribe en el diario barcelonés *La Prensa* una encendida crónica, el reverso de la de Eduardo Teus en la ida, protestando por el ambiente que ha tenido que sufrir el Barça, y se le retira el carné de periodista durante muchos meses. Samaranch, curiosamente, no era *culé*, sino del Espanyol.

En Barcelona se dijo luego que un policía les había conminado antes del partido a dejarse ganar. No hubo nada de eso, sino una advertencia previa a los dos equipos de buena conducta. El Barça se derrumbó por el ambiente, sin más. El partido tuvo importantes consecuencias: los dos presidentes fueron obligados a dejar el cargo. Eran el marqués de la Mesa de Asta (Barcelona) y Santos Peralba (Madrid). Entraron dos nuevos presidentes, cuya primera misión fue organizar un partido de ida y vuelta, «por la paz». Los nuevos fueron José Antonio Albert i Muntadas y... Santiago Bernabéu.

Milans del Bosch cierra el Barça durante seis meses

(1925)

La identificación catalanista del Barça viene de muy antiguo y provocó su primer gran estallido en junio de 1925, bajo la dictadura de Primo de Rivera y cuando el gobernador militar de Cataluña era Joaquín Milans del Bosch, abuelo del general Jaime, que el 23-F de 1981 sacó los tanques en Valencia. Para junio de 1925, el ambientillo en el mundo *culé* ya estaba revuelto por unos incidentes ocurridos pocos meses antes en un partido entre el Barça y el Espanyol, el 23 de noviembre. La expulsión de Samitier provocó tal lluvia de monedas que aconsejó al árbitro suspenderlo. Aquel partido pasaría a ser conocido para los restos como «el partido de la calderilla». Las autoridades ordenaron que se repitiera a puerta cerrada, lo que el Barça consideró una ofensa.

En ese ambiente, que agravaba la agitación política propia de aquellos tiempos revueltos, el Barça decidió celebrar un encuentro contra el Júpiter en el marco de la serie de homenajes que se estaban ofreciendo al Orfeó Català, institución bandera del catalanismo, y que regresaba de una gira triunfal de conciertos en el extranjero. Antes del partido hubo sus dimes y diretes por si se autorizaba o no. Al final se autorizó. En el palco estaban las figuras máximas de la Lliga (agrupación de fuerzas catalanistas), Francesc Cambó y Lluís Ventosa, y el fundador del Orfeó Català, Lluís Millet Pagès. Había un gran aire de reivindicación catalanista. Fue invitada a participar en los prolegómenos la banda musical de la escuadra inglesa, anclada en el puerto, que no tuvo mejor idea que tocar los himnos de España e Inglaterra. Cuando arrancó con la *Marcha Real*, la pita fue escandalosa y duró toda la ejecución. Los personajes del palco permanecieron sentados. Después, cuando la banda acometió el himno inglés, la ovación fue estruendosa y duró toda la ejecución. El partido se celebró después como una gran fiesta y lo ganó el Barça al Júpiter por 3-0.

Milans del Bosch emitió el 24 de junio un comunicado durísimo en el que ordenaba el cierre de todas las actividades del Barça durante seis meses. El escrito, con cinco resultandos y otros tantos considerandos, acusa al Barça de no haber informado previamente de que el partido se disputaba en homenaje al Orfeó, se lamenta del «acto de incalificable desafecto a la Patria» que supuso la pita, señala la tendencia ya advertida en el Barça en los últimos tiempos, «muy especialmente con motivo de la victoria alcanzada en el campeonato, rehuyéndolo llamar de España y utilizando impropiamente campeonato peninsular» [se refería a la Copa, ganada un mes antes por el Barça en la final jugada contra el Arenas], y lamenta que entre los 13 000 asistentes no se hubieran producido muestras de reprobación alguna contra los que pitaban. Concluye: «He acordado, haciendo uso de las facultades que me están conferidas: Clausurar por término de seis meses el funcionamiento de esta sociedad, no pudiendo durante dicho tiempo dar espectáculo alguno, ni concurrir a otros como tal asociación, ni usar los emblemas o distintivos de la sociedad».

El Barça hace un pliego de descargos, protestando que sus fines siempre han sido deportivos y lamentando las consecuencias que el asunto podría tener: impago a empleados, imposibilidad de preparar la plantilla para la temporada siguiente o incluso de inscribirse en el campeonato. Gamper deja la presidencia y la ocupa Arcadi Balaguer, un aristócrata amigo de Alfonso XIII, y eso alivia la situación. La sanción se vio acortada, se aplazó el comienzo del Campeonato de Cataluña para que el Barça pudiera inscribirse, y un apoyo de la Banca Jover permitió pasar el vacío de la mejor manera posible. En 1926, el Barça será de nuevo campeón de España.

4 300 000 pesetas gracias a la «Fila cero» (1964)

Vicente Calderón, seguramente el mejor presidente en la historia del Atlético, llegó al cargo en la primavera de 1964, tras un bien urdido pacto de sucesión con su antecesor, Barroso. Calderón, que era consejero del Banco de Valladolid, le abría al club una nueva fuente de créditos, y de inmediato los aprovechó para reforzar al equipo, cara a la Copa, que se jugaba entonces después de la Liga. Compró cuatro jugadores al Betis: Colo, Matito, Martínez y Luis (el que luego haría leyenda en el club y llevaría a España a ganar la Eurocopa en 2008) y uno al Elche, el hondureño Cardona. Con el equipo así reforzado el Atlético llegó a la final de Copa, aunque la perdería ante el Zaragoza.

Martínez era un medio defensivo llamativo por su estatura, porque era pelirrojo y por la serenidad de su juego. Había nacido en Barcelona y había llevado una carrera en progresión, pasando por el Granollers, el Condal, el Sabadell y el San Fernando, hasta llegar al Betis. Una buena adquisición. Tras las vacaciones, el Atlético contrató una larga gira por América, que incluía partidos en Buenos Aires, Montevideo, Asunción, La Paz, Quito, Guayaquil y Caracas. El segundo partido, el de Montevideo, ante el Peñarol, ya no lo puede jugar. Ese día se siente bruscamente mal. Comparte la habitación 818 del hotel Columbia Palace con Colo, uno de los que le han acompañado del Betis al Atlético. Este avisa, y el doctor Garaizábal, que viajaba con la expedición, le traslada de inmediato al hospital Británico, donde se le diagnostica una mesencefalitis. Cae en coma. El equipo tiene que seguir su gira y él es trasladado en coma a

Madrid, donde llega el 2 de agosto para ser internado en la clínica de la Concepción.

Ya no saldrá hasta el 28 de septiembre de 1972, cuando fallezca sin haber recobrado la conciencia. El caso fue seguido con máxima atención al principio, cuando su joven esposa, llamada Conchita, aparecía una y otra vez en los noticiarios a la cabecera de la cama, en ocasiones junto a su niño, muy pequeño, al que el padre no llegó a conocer, pues no había nacido aún cuando cayó en coma. El club nunca abandonó al jugador y apoyó constantemente a su esposa. Poco a poco el caso fue perdiendo el primer plano en la atención pública, pero recuperó las primeras páginas a los tres años, cuando a fin de ayudar a la familia, tanto económica como moralmente, la directiva del club organizó un homenaje, un partido a disputar entre el Atlético de Madrid y un combinado nacional, en el que figuraron jugadores de todos los equipos de Primera. Se fijó para el 14 de junio de 1967 y se creó una entrada llamada de «Fila cero», que se compraba sin intención de acudir al partido, sino por el mero deseo de contribuir. Al hijo de Martínez se le entregó el carné de socio con el número 50 000. El combinado nacional, que preparó Balmanya, se presentó con: Iribar (Ñito); Benítez, Tonono, Reija; Llompart (Torrent), Violeta; Oliveros, Santos (Ramírez), Ansola (Vavá), Pellicer y Gento. Ganó este combinado por 0-2, goles ambos de Vavá, un ágil delantero del Elche. El partido se televisó y RTVE hizo su contribución económica a la causa. La taquilla fue de 1 200 000 pesetas, un éxito. Pero la sorpresa llegó el día siguiente al partido, cuando se supo que la «Fila cero» había recaudado 3 100 000 pesetas, una enormidad. El caso Martínez había desatado la solidaridad de la afición de toda España.

Casillas cambia su suerte en un mes y un día (2002)

El final de la temporada 2001-2002 no estaba siendo feliz para Casillas. Había perdido la titularidad a favor de César, al que tanto el entrenador, Del Bosque, como el «núcleo duro» de la plantilla veían más seguro. Casillas, con veinte años entonces, se vio relegado, justamente en la temporada del Centenario del Madrid. Durante algunos meses no jugó. Además, el Madrid perdió la final de Copa, la del «Centenariazo» (véase el día 6 de marzo), y tampoco pudo hacerse con la Liga aquel año tan simbólico. Fue entonces cuando Valdano dijo aquello de «Nos queda una bala, pero es de cañón». Se refería a la Champions, en la que el Madrid alcanzó la final ante el Bayer Leverkusen. César, por supuesto, era el titular. Pero con el Madrid ganando 2-1 y el Bayer Leverkusen presionando, se lesiona y pide el cambio. Le toca salir a Casillas, que aguanta el arreón final del Bayer. Hace tres paradas sensacionales en los últimos instantes y ocupa las portadas, abrazado a Zidane, el hombre del día.

Para entonces Casillas ya se había asomado a la Selección, pero podría decirse que el titular era Cañizares. Sin esos minutos finales ante el Bayer Leverkusen hubiera sido difícil llamar a Casillas para el Mundial, pero ese ratito exitoso le sirvió de excusa a Camacho, el seleccionador, para llevarle. Iba, en principio, de segundo, tras Cañizares y por delante de Ricardo. Pero en la concentración, en Jerez, Cañizares tuvo un extraño percance: se le cayó un frasco de colonia, puso el pie para amortiguarlo y resultó que el frasco se rompió y el cristal le seccionó el tendón extensor del dedo gordo. Quedaba incapacitado para jugar durante un mes. Camacho llamó a Contreras como tercer portero y fue al Mundial con Casillas como titular.

En España había algunas dudas. Muy joven, un físico aún sin rematar, mucha inseguridad en las salidas, la responsabilidad de un Mundial. Coincide en el equipo con Hierro, precisamente, del que se sabe que se siente inquieto con él. España pasa la primera fase con tres victorias y nueve goles marcados, pero con cuatro encajados, lo que alimenta algo la polémica. El cruce de octavos es contra Éire, que tenía una potente Selección. Hace justamente un mes y un día que Casillas había viajado a Glasgow como suplente, pensando quizá que su carrera se había detenido ahí. Pero esa tarde está prodigioso, en un partido cargado de dramatismo en el que España se vio jugando con diez por lesión de Albelda cuando ya se habían hecho los cambios. Le detuvo primero un penalti a Harte en la segunda mitad, lo que dio paso a la prórroga. Tras esta, en la tanda de penaltis, detuvo dos lanzamientos consecutivos, de Connolly y Kilbane, dando lugar a que Mendieta pudiera marcar el penalti definitivo. Durante todo el partido estuvo enorme y encajó solo un gol. Había sido el héroe del día, el salvador de España en un Mundial. Ya nadie más le discutiría el puesto, ni en el Madrid ni en la Selección, donde ya ha pasado de los cien partidos y es el capitán.

Luego, en cuartos, nos cruzamos con Corea y Al-Ghandour, y nos volvimos con berrinche, como ocurría antes casi siempre. Pero al menos regresamos con un portero consagrado, al que con el tiempo se reconocería como el mejor del mundo.

La fabulosa prórroga del Alemania-Italia

(1970)

Alemania tenía un buen equipo por aquellos días. Conservaba a varios de los veteranos que habían sido finalistas cuatro años an-tes, derrotados en Wembley con el gol fantasma de Hurst. Y habían incorporado algunos jugadores jóvenes nuevos, como el gran meta Maier, el feroz lateral Vogts y el implacable goleador *Torpedo* Müller. También Italia tenía un gran equipo, como casi siempre, aunque con una duda: Mazzola o Rivera. Los dos eran magníficos, pero no combinaban. Aquel fue un duelo que duró años y que dividió a Italia del mismo modo que España se dividía en el siglo XIX entre toreros rivales.

Estábamos en las semifinales del Mundial. El mismo día, por otro lado, jugaban Brasil y Uruguay. Brasil, el equipo espectáculo de ese campeonato (y de tantos otros) elimina a Uruguay con otro gran partido. Por contra, el Italia-Alemania no parece gran cosa. Boninsegna adelanta a los suyos en el minuto 8 e Italia, para qué más, se encierra. Alemania va y va. Le quitan dos penaltis. En uno de ellos, Beckenbauer, que cae al suelo de mala manera por la zancadilla del defensa italiano cuando está entrando en el área, sale con el hombro dislocado. Pero decide continuar, aunque tiene que hacerlo vendado, con la mano pegada al pecho. Alemania insiste con su fe de siempre y ya en el descuento el lateral Schnellinger anota el empate, lanzándose a la desesperada, tacos por delante, hacia un balón que se escapaba. Schnellinger jugaba en el Milán y muchos italianos le insultaron: «Por Italia no vuelvas», llegó a decirle alguno. La verdad es que ni antes ni después volvió a marcar otro gol en toda su carrera deportiva, aunque fue un jugador realmente importante en su época.

Prórroga. Y en ella todo cambia. Los dos equipos se atacan ferozmente, bajo el calor de México, sobre su altitud asfixiante. Parecen dos boxeadores plantados en el centro del ring, sacudiéndose sin piedad, sin la menor cautela defensiva, a ver cuál de los dos cae antes. La pizarra está hecha añicos y los jugadores van y vienen, en frecuentes jugadas de superioridad atacante, en las que entran goles o se escapan porque el rematador llega agotado y sin precisión, o sin fuerza. Pero otras veces sí que entra el gol. El carrusel lo empieza Müller, 1-2 (95'). Luego Burgnich, 2-2 (98'). Ahora Riva, 3-2 (104'). De nuevo Müller, 3-3 (110'), en el que fue su undécimo gol en el torneo. Y finalmente Rivera, 4-3 (111'). Aún hay galopadas, idas y venidas, pero acaba así. Al final los jugadores se desploman. Luego se abrazan, unos con otros, deportivos. Son conscientes de que acaban de escribir una de las páginas más emocionantes de toda la historia del fútbol. Italia es finalista con Brasil, que la vencerá con facilidad por 4-1, pero eso no borra el recuerdo de su colosal prórroga. Por cierto, en esa final volvería a jugar Mazzola en lugar de Rivera, pese al *gol vincente* de este ante los alemanes. En realidad, los turnaban.

Al día siguiente, junto a las noticias de la fabulosa prórroga, aparece una pequeña nota: veintitrés presos de la cárcel mexicana de Tixtla habían aprovechado que todos los vigilantes estaban absortos frente al televisor para darse a la fuga.

Cuatro del Buitre en Querétaro y todos a Cibeles (1986)

Aquel día hacía calor en Querétaro. Entrábamos en la segunda fase del Mundial de México después de superar con bastante buena cara un grupo en el que nos tocó con Brasil, Irlanda del Norte y Argelia. El primer partido lo perdimos con Brasil por un solitario gol de Sócrates, pero un poco por culpa de que no nos concedieron un gol de Míchel que entró, como las imágenes demostrarían luego. Fue un remate desde el borde del área que pegó en la parte inferior del travesaño, botó dentro de la portería y salió fuera. Bambridge, australiano, no dio el gol. Así que a remar río arriba. Pero luego todo va a mejor: ganamos a Irlanda del Norte por 2-1 y a Argelia por 3-0. De ese modo pasamos segundos de grupo, con solvencia. Era una Selección cuya personalidad estaba marcada por la Quinta del Buitre, aunque en realidad solo había dos de sus componentes: Míchel y Butragueño. Sanchís se había quedado en Madrid, lesionado, y Martín Vázquez y Pardeza no eran de la partida. Pero sí otros compañeros del equipo, como Gallego, Maceda (que fue medio lesionado y pudo jugar poco), Camacho o Gordillo.

El cruce es de aúpa: Dinamarca. Venía de ganar sus tres partidos del grupo a Alemania, Uruguay y Escocia, con nueve goles a favor y uno en contra. Era una Dinamarca con Laudrup y Elkjær Larsen en plenitud. El choque se disputó bajo el citado calor de Querétaro. Los partidos se jugaban a primera hora de la tarde para que coincidieran con el *prime time* en Europa, lo que equivalía a jugar en Sevilla, en pleno verano, a las tres de la tarde. El partido se espera con aprensión, se piensa que ellos son mejores. España no se encuentra y, efectivamente, marcan antes los daneses, gol de penalti de Jesper Olsen. Nos sentíamos liquidados cuando Butragueño, astuto, intercepta un mal pase cruzado entre los defensas daneses y marca el empate, en el 43'. Al menos nos vamos vivos al descanso.

Luego se desata Butragueño, con tres goles más, uno de penalti, más otro penalti que marca Goikoetxea, el potente central bilbaíno. Al final, 5-1. España ha reventado a una de las favoritas del torneo y Butragueño es elevado a la categoría de gloria nacional. En la capital era noche de verano, en plena movida, cuando había empezado la moda de tomar copas en las terrazas de todo el eje paseo del Prado-paseo de la Castellana de Madrid, cuatro kilómetros de bulevares. Ahí, en la templada noche madrileña, la ciudadanía se exalta. Hay unas elecciones próximas y el pueblo grita feliz: «¡Oa, oa, oa, el Buitre a La Moncloa!». «¡Se siente, se siente, el Buitre presidente!» Alguien tiene la idea feliz de refrescarse en la fuente de Cibeles y su ejemplo es imitado por muchos otros. Cibeles se convierte así en el altar de la gran ofrenda futbolística. Como aquella Selección era un poco el Real Madrid, y como aquellas proezas las hizo el Buitre, el reflejo de ir a Cibeles a festejar se trasladó a los éxitos del Madrid, y de ahí viene esta costumbre.

En cuartos no nos iría tan bien. Sin centrales (con Maceda lesionado y Goikoetxea con tarjetas), España encaja un gol rápido ante Bélgica. Luego ataca, ataca y ataca hasta que, muy al final, llega un gol de Señor. Prórroga sin goles y tanda de penaltis, en la que Eloy falla el decisivo. España se vuelve, pero esta vez ha dejado algo: cuatro goles del Buitre y la elección de Cibeles como lugar sagrado para el aficionado madridista.

El telegrama de Mussolini: «Vencer o morir» (1938)

Aquel Mundial de 1938 se jugó en una Europa en la que ya sonaban tambores de guerra. De hecho, en España ya había estallado la nuestra propia, antecedente de la otra. En Europa se desataría al cabo de un año. España no estuvo en este Mundial, claro, enfrascada en su guerra. Austria tampoco, su *wunderteam* había sido absorbido con el *anschluss*, sus jugadores incluidos en la Selección de la «Gran Alemania». Italia, campeona cuatro años antes en su propia casa, defendía su título en Francia, terreno del adversario político. Cuando las dos Selecciones se enfrentaron, en cuartos de final, e Italia tuvo que ceder el azul, color también de la anfitriona, vistió el color negro del partido fascista italiano, lo que fue considerado como una provocación. Italia saludaba antes de cada partido con el brazo en alto, igual que Alemania.

Pero además de todo eso, los italianos tenían un buen equipo, con un magnífico conductor desde el banquillo, Vittorio Pozzo, uno de los grandes estrategas de la historia del fútbol, un hombre cultivado, que había estudiado Comercio y había conocido mucho mundo antes de convertirse en el gran conductor de la *azzurra*. Y tenían un móvil: su Mundial anterior, en casa, había dejado una polvareda de críticas. Se les acusaba por haber utilizado a los *oriundi*, descendientes de italianos nacionalizados a toda prisa y conveniencia tras traerlos de Argentina o Brasil para reforzar artificialmente el equipo; se les acusaba de protección arbitral exagerada, de la que gozaron largamente en los cuartos de final, frente a España; se les acusaba de haber abusado del juego duro. Aquel primer título de Italia no gozó del reconocimiento que sus ganadores hubieran deseado.

Por eso era importante este Mundial, que Pozzo preparó a fondo. Remozó el equipo (del de una final a otra solo repitieron los dos interiores, Meazza y Ferrari) y cuidó cada detalle. Italia fue ganando: 2-1 a Noruega en octavos, 3-1 a Francia en cuartos, 2-1 a Brasil en semifinales gracias, en parte, a que los brasileños, arrogantes, decidieron reservar a Leônidas, Brandão y Tim para una final que no jugarían. Por fin, Hungría, en Colombes, con un ambiente local a favor de los húngaros. Antes del partido, en el vestuario italiano se recibe un telegrama de Mussolini: «Vincere o morire», es el texto escueto. No habría que tomarlo al pie de la letra, se supone, pero el telegrama daría lugar a muchos comentarios. El caso es que en una gran final los italianos ganarían, 4-2, con goles por pares de Colaussi y Piola. Misión cumplida. Podían regresar orgullosos ante el Duce y ante toda Italia, porque este Mundial, conseguido lejos de la protección que la exaltación fascista les otorgó en el que habían ganado en casa cuatro años antes, no se lo iba a discutir nadie. Y nadie se lo discutió.

Y cuentan que Szabó, el meta húngaro, conocedor del telegrama, comentó después: «Bueno, me han metido cuatro goles, me he quedado sin la copa, pero al menos he salvado once vidas».

Panenka inventa el penalti que no existe (1976)

Para aquella Eurocopa nos habíamos clasificado entre los ocho cuartofinalistas tras ganar con ciertos apuros en un grupo en el que coincidimos con Rumanía, Escocia y Dinamarca. Fue durante esa fase de clasificación cuando Iribar perdió el puesto en la Selección, a favor de Miguel Ángel. En cuartos, nos cayó Alemania y ahí terminó todo: empate en casa y derrota por dos a cero allí. Alemania entonces era todo un poder: había ganado la Eurocopa de 1972 y el Mundial de 1974, así que...

Así que nos quedamos sin ir a Yugoslavia, donde se jugaban las semifinales y la final. Nos quedamos a verlo por la tele, desde la que disfrutaríamos con uno de los grandes prodigios de la historia del fútbol. La verdad es que fueron dos semifinales animadas, ya que ambas acabaron tras prórroga, cosa que para el espectador neutral siempre es de agradecer. Se ve más fútbol pero no se sufre. Alemania, que perdía por 2-0 con Yugoslavia, la local, consiguió empatar casi sobre la hora y en la prórroga marcó dos más. Ese día se consagró Dieter Müller, con tres goles. Ocupaba el puesto del veterano Gerd *Torpedo* Müller, que estaba de retirada. Pero seguía el resto de la generación gloriosa: Maier, Vogts, Beckenbauer, Hoeness... Por su parte, Checoslovaquia dio la campanada ante Holanda, la «naranja mecánica», tenida por todos como la mejor Selección del momento: 1-1 al final y 3-1 en la prórroga. Uno de los grandes disgustos en la carrera de Cruyff, porque en caso de ganar aquel partido se podrían haber tomado la revancha sobre Alemania por la derrota en el Mundial de dos años antes. Aquella Checoslovaquia tenía algunos buenos jugadores.

Viktor, el portero (elegido mejor jugador del campeonato), el líbero Ondruš, el lateral Gögh, el atacante Nehoda y un interior, Panenka, que pasaría a la historia. Panenka había nacido en Praga el 2 de diciembre de 1948 y era jugador del Bohemians. Buena visión, buen toque, algo pesado. Buen jugador, aunque no extraordinario.

La final la tiene ganada Checoslovaquia por 2-1 cuando en el minuto 90 Hölzenbein empata in extremis. Otra vez la resistencia alemana a la derrota. La prórroga pasa sin goles y por primera vez se acude en un partido de estas características a las tandas de penaltis, sugerencia de un periodista gaditano (véase el día 2 de septiembre). Checoslovaquia marca sus cuatro primeros lanzamientos; Alemania marca los tres primeros y el cuarto lo lanza alto Hoeness. Panenka va a tirar el quinto. Si es gol, son campeones. El portero es Maier, el más reputado del momento. Panenka se acerca al balón y hace lo nunca visto hasta entonces: le pega suave, por debajo, de manera que el balón se eleva lentamente y cae, blando, por el centro de la portería, mientras Maier, como hacen todos los porteros, se ha lanzado hacia un lado. Checoslovaquia es campeona y Panenka da su nombre al modo más extraordinario de ejecutar penaltis, que muy pocos jugadores se atreven aún hoy a poner en práctica, incluso en circunstancias menos trascendentales que aquella.

Claro que Panenka pensaría que hacía falta algo de verdad extraordinario para apartar a aquella Alemania invencible del camino del título. Y lo hizo. Y pasó a la historia por ello.

Marcelino marca el gol más renombrado (1964)

Aquello fue sonado. En la Eurocopa anterior tuvimos que abandonar por no permitir que los soviéticos (que al final serían campeones) jugaran en nuestro suelo. Para la segunda edición teníamos concedida la fase final, que entonces era más sencilla que las de ahora: solo cuatro equipos, para jugar unas simples semifinales y la final. Nos clasificamos, después de haber eliminado a Rumanía y a las dos Irlandas. También se clasificaron Dinamarca, Hungría y… ¡la URSS! El régimen cruzó los dedos confiando en que no nos tocara jugar contra ella. Las bolas fueron sabias y dieron como semifinales España-Hungría y URSS-Dinamarca. Ganamos nosotros, ganaron los soviéticos («rusos», decíamos entonces, aunque eran mucho más que rusos), y hubo que jugar.

Las vísperas fueron tensas. En el Gobierno había quien proponía la retirada, con el ministro de Exteriores, Castiella, al frente de esa tendencia. Solís, ministro secretario general del Movimiento, lideró la facción contraria. A Solís se le conocía como «la sonrisa del régimen» y había abogado por una educación con «menos latín y más deporte». Ganó. Mientras, en los colegios de curas nos explicaban que el comunismo consistía en que trabajabas para el Estado y que cuando llegabas a la ancianidad, en lugar de jubilarte y dejarte tranquilo, te mataban y te convertían en pastillas de jabón. También nos explicaban que Yashin, el portero ruso, era en realidad uno de los niños vascos trasladados allí en la guerra, y que le habían hecho un lavado de cerebro y le obligaban a jugar contra su patria. La preocupación por Yashin se basaba en que era considerado por entonces como el mejor portero del mundo. De hecho, es el único que ha ganado el Balón de Oro.

Al final se jugó. Ganó Solís y se jugó, en una tarde de junio, con el Bernabéu abarrotado y el Caudillo allí. Se jugó y me figuro que se la jugó Solís, porque si llegamos a perder... Pero no perdimos. Ganamos. España salió con Iribar (Athletic); Rivilla (Atlético de Madrid), Olivella (Barça), Calleja (Atlético de Madrid); Zoco (Madrid), Fusté (Barça); Amancio (Madrid), Pereda (Barça), Marcelino (Zaragoza), Suárez (Inter de Milán) y Lapetra (Zaragoza). El seleccionador era José Villalonga, comandante del Ejército en la reserva, que como entrenador ya había ganado la Copa de Europa con el Madrid y la Recopa con el Atlético. Se jugó bajo una persistente llovizna y el partido no fue gran cosa, pero lo ganamos, con goles de Pereda, Khusainov y Marcelino. El de este fue sonado. Le llegó un centro de Pereda desde la derecha (suele verse una imagen trucada en la que centra Amancio, porque el NO-DO, que no tenía la jugada, la montó con ese truco), a media altura. Marcelino se agachó, giró el torso y el cuello y percutió fuerte el balón, desde unos doce metros, a la cepa del palo izquierdo de Yashin, que ni se movió. Francamente, Yashin hizo poco en ese partido. Nos fuimos todos a casa pensando que quizá los rusos se habían tomado demasiadas molestias por ese tipo, que no mejoraba en nada a nuestro Iribar.

Marcelino, por cierto, había sido seminarista. A base de seguir la doctrina Solís: «Menos latín y más deporte», se convirtió en delantero centro. España perdió un cura, pero ganó un campeonato.

El barrilete cósmico y la «mano de Dios» (1986)

Estamos en el Azteca de México, gigantesco coliseo. Abajo se enfrentan dos equipos que cuatro años antes mantuvieron una guerra absurda por las Malvinas, unos islotes del Atlántico Sur que pertenecen al Imperio británico y que la dictadura argentina reivindicó como forma de ganar un movimiento de respaldo en la población. La cosa acabó en derrota humillante para Argentina. Las vísperas están cargadas de morbo, aunque Valdano aclara, juicioso: «En este partido no se juega más que el prestigio futbolístico de los dos países».

Es mediodía, el sol está en lo alto, hace un calor asfixiante. (Se buscaba un horario conveniente para las televisiones europeas.) Argentina tiene al mejor jugador del momento, Maradona, que viene ganando los partidos casi solo, rodeado de un grupo eficaz, bien armonizado por Bilardo. Inglaterra tiene un equipo de entreguerras, sin más estrellas relevantes que el meta Shilton, el goleador Lineker y el extremo Barnes. Pero un equipo eficaz, en todo caso. El partido es peleado y llega al descanso con 0-0. En la segunda llegará lo extraordinario.

Porque en el minuto 51 hay un balón rebotado entre Valdano y Hodge que sale disparado hacia arriba; Shilton sale a por él, a despejarlo con el puño, pero se cuela Maradona y remata por encima de su salida. Tres o cuatro ingleses, entre ellos Shilton, reclaman, pero el público no sabe qué. La acción de Maradona fue tan rápida que en las gradas (yo estuve allí) no se percibió. Naceur, árbitro tunecino, da el gol. Seis minutos después llega otra jugada igual de célebre: Maradona recibe, aún en su propio campo, un pase de Enrique, arranca y va dejando rivales por el callejón del ocho, hasta burlar la salida de Shilton y marcar. Seis ingleses han quedado en el camino. Víctor Hugo Morales, el más célebre relator de fútbol de Argentina (y eso que es uruguayo), lanza su frase más célebre: «¡Barrilete cósmico! ¿De qué planeta viniste para dejar en el camino a tanto inglés, para que el país sea un puño apretado diciendo Argentina?». (Menotti había llamado a Maradona «barrilete» en unas declaraciones recientes. No por gordura, como se ha tendido a entender en España. En Argentina el barrilete es la cometa, y llamar a alguien barrilete es como llamarle en España «veleta», hacer ver que le lleva el viento, que no tiene criterio.)

Inglaterra da un apretón honorable, Lineker descuenta en el 81' y Argentina termina colgada del larguero, con Olarticoechea sacando con la chepa un balón imposible de Barnes, que entró en el último cuarto de hora y se salió. Pero el partido acabó 2-1. Argentina pasó a las semifinales. En los vestuarios se le preguntó a Maradona: «¿Con qué marcaste el gol, con la mano o con la cabeza?». Y él contestó su frase más célebre: «Con la cabeza de Maradona y la mano de Dios». Robson, seleccionador inglés (luego pasaría por el Barcelona), fue extremadamente deportivo: «Sí, el primer gol no debió valer. Pero el segundo que nos hizo debió valer por dos». Un señor.

Sparwaser es famoso en el mundo entero

(1974)

El hombre del día es Sparwaser y la foto y la imagen que dan la vuelta al mundo son las de su gol a Sepp Maier, el gran meta de la República Federal de Alemania. Ocurrió que estábamos en el Mundial de Alemania, de Alemania Occidental, se entiende, de la República Federal de Alemania. Y para esa fase final se clasificó esta vez «la otra» Alemania, la Oriental, la comunista, la República Democrática Alemana. Y el sorteo, juguetón, emparejó a las dos Alemanias en la fase de grupos. El partido, jugado en la noche del día 22, estaba cargado de un morbo evidente: la Alemania capitalista contra la Alemania comunista, las gloriosas estrellas del Bayern y compañía contra los oscuros jugadores de la RDA, que ni siquiera en su país eran celebridades, pues les robaban plano los atletas.

Fue en Hamburgo, con dos helicópteros sobrevolando el campo y tiradores de élite en las terrazas. Fue un mal partido. Los Maier, Vogts, Schwarzenbeck, Breitner, Beckenbauer, Hoeness, Overath, Müller y demás jugaron nerviosos frente al motivado y machacón equipo del Este, el equipo de los parientes pobres. En el 77' hay una jugada rápida por la izquierda del ataque de la RDA, un balón al área, y aparece Sparwaser, centrocampista de ataque, y, ante la salida vacilante de Maier, marca. Será el único gol del partido.

Sparwaser fue gloria mundial por un día. Ningún periódico del planeta dejó de publicar su nombre en la edición de la mañana siguiente, junto a una breve biografía, y fueron pocos los que no le dedicaron la foto de portada. Aquel gol fue uno de los hechos más relevantes de la llamada

Guerra Fría. Jürgen Sparwaser, nacido el 4 de junio de 1948, jugador del Magdeburgo… Sin embargo su felicidad duró un día. La RDA pasó a la siguiente fase, pero quedó la última. Aquella victoria sobre el hermano rico fue la única satisfacción que se dieron. Se publicó que le habían regalado un coche y una casa, pero no era cierto. Luego, vuelta a la rutina de la oscura Liga de la RDA. Tuvo una oferta del Bayern que rechazó, porque no se hacía a la idea de salir de su país y de alejarse de su familia. Tampoco está muy claro que le hubieran dejado. A los treinta y un años le retiró una lesión, con 53 partidos internacionales y un título de Recopa con su Magdeburgo, el equipo de toda su vida. Luego siguió una existencia oscura en las categorías inferiores del propio Magdeburgo. La caída del Muro, la mejora de las condiciones de vida en la parte oriental le han favorecido, como a todos, y al abrirse más la comunicación con el exterior ha descubierto con sorpresa que es un hombre célebre en todas partes, más que en su propia tierra, donde apenas le tienen en cuenta. Y sabe que todo se lo debe a aquel gol: «Si en mi lápida pusieran, simplemente, "Hamburgo, 1974", todos sabrían quién yace debajo», declaró hace poco.

Calcio in costume (1930)

En Florencia se practicaba, desde el siglo XVI hasta mediados del XVIII, un juego algo brutal que enfrentaba a cuatro barrios de la ciudad, y que se llamaba el *calcio*. Más parecido al rugby de hoy que al fútbol, pero casi carente de otras reglas que no fuera llevar la pelota y meterla al fondo del campo contrario, en una curiosa portería, tan ancha como esa línea de fondo, y de medio metro de alta, a una altura de un metro del suelo. Era un jolgorio en la ciudad, aunque acabó con frecuencia con heridos y hasta con fallecimientos, y desde luego dio muy frecuentemente motivo a peleas. El más célebre de todos se jugó el 17 de febrero de 1537.

Las tropas del emperador Carlos V sitiaron la ciudad y en esta, para hacer ver que se sentían seguros y no tenían miedo, organizaron un partido, con tono de burla a los sitiadores. Era, sin duda, un resto del viejo harpastum que utilizaban las legiones romanas para entrenarse y del que posiblemente también procedían los partidos masivos entre pueblos de la Edad Media de Inglaterra, de los que acabó por salir el fútbol.

De la existencia del *calcio*, olvidado en Italia, quedaba constancia en Inglaterra por una carta del conde de Aberdale al rey Carlos II, en la que le describía ese juego de pelota que había visto en Florencia, y que le llamó la atención por la proximidad con el juego rural inglés. Explicaba que tenía lugar en la Piazza della Signoria de Florencia, en determinadas fechas festivas. Hay también registro de un partido, organizado a su regreso, entre los criados del conde y los del rey, que ganaron los del conde. El asunto quedó olvidado hasta que, ya en tiempos de Mussolini, alguien de la Embajada italiana lo conoció y le fue con el cuento al Duce.

A Mussolini le pareció de perlas añadir el invento del fútbol a la larga lista de grandes realizaciones de su régimen fascista y decidió que se jugaran los partidos del *calcio* en Florencia. Estábamos, además, en vísperas del Mundial de 1934, en Italia, que se adjudicaría la Selección de este país. En 1930 se volvió a jugar el *calcio* florentino en la Piazza della Signoria, el día de San Juan (San Giovanni), patrón de la ciudad. De acuerdo a como se hacía en tiempos pasados, en el torneo participan cuatro equipos, que corresponden a otros tantos barrios antiguos de la ciudad: Santa Croce (azul), Santa Maria Novella (rojo), Santo Spirito (blanco) y San Giovanni (verde). Utilizan ropa de la época de los Médicis (de ahí lo de *in costume*) y los partidos constituyen ahora uno más de los atractivos turísticos de la ciudad, al estilo de la carrera del Palio en Siena. Siguen teniendo una gran brutalidad, porque no hay más regla que tirar para adelante a costa de lo que sea. Se puede agarrar, empujar y hasta golpear. Aunque se patea para alejar el balón, se puede jugar con las manos, y de hecho los tantos se suelen conseguir así. Los cánticos son ofensivos: «Azzurro, azzurro, vai a fan culo», o «San Giovanni, San Giovanni, figli di puttana».

Finlandia nos gana y es la recaraba

(1969)

Era la fase de clasificación para México-70 y España, increíblemente, ya no tenía nada que hacer. Los tres primeros de los seis partidos de la fase de clasificación nos habían dejado ya sin posibilidades matemáticas para clasificarnos, por extraño que parezca. Y aún nos quedaba jugar los dos partidos contra la cenicienta del grupo, Finlandia. El seleccionador del desastre, Eduardo Toba, fue cesado. En su lugar se nombró un triunvirato, fórmula de la que ya había echado mano el fútbol español en tiempos anteriores. Se escogió a los entrenadores de los tres grandes equipos del momento: Madrid, Barça y Las Palmas, Muñoz, Artigas y Molowny. (Las Palmas tenía en esos años un gran equipo, y esa temporada había disputado la Liga hasta el final.) Se estrenan con una victoria sobre Yugoslavia, aún de la fase de clasificación mundialista, en el Camp Nou. Sin brillo por 2-1, pero victoria.

Se viaja a Finlandia ya con la temporada acabada en España. Hace diez días que se ha disputado la final de Copa, ganada por el Athletic al Elche. Los jugadores seleccionados llevan ya algún tiempo sin actividad, pero lo que les espera no da ningún miedo. El fútbol finés entonces no tenía, como hoy, profesionales que jugaran fuera. Eran *amateurs* puros, carteros, bomberos, electricistas, fontaneros, algún estudiante, algún funcionario. Penúltima selección europea para *France Football*, con solo Luxemburgo detrás. España aterriza con contratiempos: a Iribar le pierden la maleta, Rexach está enfermo. Así que en sus puestos jugarán Sadurní y Bustillo.

El equipo que sale es bueno: Sadurní; Martín Marrero, Glaría, Tonono, Vidagany; Zabalza (Fusté, 46'), Grosso, Velázquez, Asensi; Amancio (Ballester, 74') y Bustillo. En el minuto siete se adelanta Finlandia por medio de Lindholm. Un accidente. En el veinte, un malentendido entre Glaría y Sadurní provoca el dos a cero. Otro accidente. Pero lo peor es que España no reacciona, no se hace con el control del partido, no crea, no llega, no remata, juega aplomada entre los vigorosos rubios finlandeses, que no se han visto en otra y se crecen. El partido acaba así, con esa increíble derrota. El resultado provoca estupor en España y aún puede ser considerado como el peor en noventa años de historia de nuestro equipo nacional. El seleccionador finés, Laaksonen, echa sin querer más sal en la herida: «Salimos con muchas precauciones defensivas, pero luego comprobamos que el equipo español es muy flojo. Les hemos superado en todos los órdenes tácticos y de potencia física».

Para Finlandia, fue el gran día de su historia futbolística. Para España, el peor bochorno. El «trío seleccionador» se disuelve discretamente. La Federación contrata entonces a Kubala, cuya primera misión será golear a Finlandia (ganaremos 6-0, véase el día 15 de octubre) en el último partido del grupo, en una jornada patriótica disputada en La Línea, al pie del Peñón de Gibraltar, poco después de cerrarse la verja con la colonia inglesa.

Gil presenta a Futre en la Sala Jácara (1987)

Aquel año había elecciones a la presidencia del Atlético, vacante desde el fallecimiento de Vicente Calderón. Su vicepresidente, Javier Cas-tedo, ocupó transitoriamente el cargo hasta esos comicios, a los que se presentarían Salvador Santos Campano (muchos años vicepresidente), Agustín Cotorruelo (de rancia raigambre atlética) y Enrique Sánchez de León (ex ministro) junto a un singular personaje, Jesús Gil y Gil, que ya había estado en la directiva. Gil, personaje extravagante y excesivo en todo (inventó la palabra «ostentóreo», que le cuadraba perfectamente a él), había estado en la cárcel por el derrumbe de un edificio construido por él, inaugurado temerariamente y cuya caída el mismo día de su estreno costó la vida a docenas de personas en una cena de empresa. No partía como favorito.

Pero la noche anterior a las elecciones dio un golpe genial: frente a la constante rumorología de jugadores y entrenadores de unos y otros candidatos, convocó a la afición a la Sala Jácara, una discoteca madrileña de la calle Príncipe de Vergara, en la que compareció con Paulo Futre, estrella del Oporto portugués, que acababa de ganar la Copa de Europa. El mejor jugador del momento, posiblemente. Gil lo había fichado y lo presentó en firme, ante unos seguidores entusiasmados, muy pocas horas antes de las elecciones, que ganó con 5219 votos frente a 3466 de Sánchez de León, 1885 de Cotorruelo y 907 de Santos Campano. Gil viajó ya elegido, aunque aún no investido, a la final de Copa, en Zaragoza, que el Atlético jugó ese año con la Real Sociedad, aclamado por todos los seguidores. El Alético perdió, mal arbitraje mediante, en los penaltis.

Gil tuvo un mandato polémico. A los pocos días echó a Luis de entrenador (luego echaría a muchísimos más) y contrató a Menotti, junto a otros fichajes prometedores: López Ufarte, Eusebio, Goikoetxea, Julio Salinas… Pero también le despidió antes del fin de temporada. Consumió entrenadores a una velocidad de vértigo, ganó dos copas, inundó los medios de declaraciones, maniobró para hacerse con el club cuando llegó la transformación en sociedades anónimas sin poner realmente el dinero, dio lugar a una vertiginosa sucesión de fichajes, acusó a Ramón Mendoza de robarle jamones, creó un partido político (el GIL) con el que se hizo alcalde de Marbella, ganó un histórico doblete, pegó en la puerta de la sede de la Liga al gerente del Compostela, pretendió que el GIL dominase varias ciudades del sur de España más Ceuta y Melilla, sufrió una intervención judicial y un increíble descenso a Segunda División después de sesenta temporadas ininterrumpidas en Primera, recuperó la categoría tras dos años, cedió el poder a su hijo Miguel Ángel y falleció no mucho después, a los setenta y un años, tras dieciséis años controlando al Atlético de Madrid.

Desde entonces, el tándem Enrique Cerezo-Miguel Ángel Gil ha llevado el club con serenidad y acierto.

Vigueras muere en una comisaría de Argel (1933)

Aquel verano, el Atlético de Madrid viajó a Argelia en gira de partidos amistosos. Embarcó en Alicante el día 13 de este mes. Dos días después debuta en Argel ante una selección local, a la que ganará 6-1. Después de eso jugará, en Orán, ante el Admira de Viena, frente al que pierde 2-0. Revancha el día 22 y nueva victoria de los austriacos. El día 25 se juega de nuevo en Argel, con el Racing Club como adversario. El resultado final es de empate a cuatro. Y después del partido sobrevendrá la tragedia.

Varios jugadores del Atlético salen por la noche. Tres son detenidos a la salida de una sala de fiestas: Castillo, Martínez y Vigueras. El tercero de ellos no regresará nunca. Los oscuros sucesos de aquella noche acabaron con su vida. Algunos periódicos de este día dan nota de un extraño accidente: Vigueras se habría caído por las escaleras de la comisaría produciéndose una conmoción cerebral que le habría ocasionado finalmente la muerte. Sus dos compañeros siguen unos días detenidos, mientras a España llegan noticias escalonadas, más rumores que certezas trágicas, que luego lo serán. El Atlético juega, sin los tres mencionados, otros dos partidos, en Melilla y Larache. También se ha quedado en Argel Enrique Ocerín, delegado de la expedición. Al regreso a España se conocen por fin los hechos.

Y los hechos son que después del partido del día 25 y la consiguiente cena en el hotel Cornualles, donde estaban alojados, los jugadores salieron a esparcirse, como era habitual. A la puerta de un cabaré llamado Le Perroquet intervinieron en una pelea entre dos mujeres y la policía, que llegó, entró a saco y se llevó, detenidos y esposados, a los tres jugadores citados. Según relataron los dos supervivientes, cuatro guardias que no eran nativos sino de nacionalidad francesa, y uno de ellos de origen español (descrito como el más sádico), apellidados Legrand, Saint André, Bourgeon y Lozano, les maltrataron con saña. Contra los cuatro puso querella el delegado del club, Enrique Ocerín. Otro jugador más, Mendaro, también había sido golpeado, aunque no llegó a ser detenido. Tras una paliza en la comisaría, Vigueras fue conducido al hospital, donde falleció algunas horas después, con fractura de los dos maxilares y pérdida de dientes y muelas, fractura del frontal sobre la ceja izquierda con casi vaciamiento del ojo del mismo lado, fractura del occipital y contusiones en todo el tronco, con hematomas y heridas. Demasiado para una caída por una escalera como pretendía justificar la explicación oficial de las autoridades. Castillo y Martínez declaran al regreso que creyeron entender que les confundieron con italianos.

El asunto provoca una gran conmoción y trasciende al Congreso de los Diputados, con interpelación del Partido Radical al ministro de Estado, Fernando de los Ríos, que a su vez pidió a la Embajada de la República en París y al cónsul en Argel que informaran sobre el asunto, según se comunicó en una ampulosa nota pública, impresa en toda la prensa nacional el día 8 de julio. Pero pocos días después, en un suelto aparecido en las páginas de internacional, se daba cuenta de que el juez de Argel retiraba los cargos de homicidio contra los policías acusados de apalear a Vigueras, cuya muerte quedó para siempre sin castigar. Vigueras, natural de Utrera, había fichado por el Atlético esa misma temporada, jugaba de medio ala (como se llamaba entonces) y había completado quince partidos en la Liga, cuatro en el campeonato regional y tres en la Copa.

El Barça gana la final que dura cinco semanas y Alberti canta a Plattko

(1928)

A aquella final de Copa llegaron la Real Sociedad y el Barça, y se dispuso que debía jugarse en El Sardinero. Y así fue. El partido se concierta para el 20 de mayo y resulta tremendo. Se juega bajo un vendaval y fuerte lluvia, y con enorme dureza. En la primera parte resulta lesionado Plattko, meta del Barça, que tiene que retirarse. El interior Arocha (entonces no se permitían cambios) tiene que ponerse de portero. Más tarde se lesiona Samitier, que debe retirarse también. El Barça se queda con nueve. En la segunda parte, salen los dos lesionados. Plattko, muy dañado, hace proezas inverosímiles. A Alberti, que presencia el partido, le produce una profunda emoción que estalla en el poema más bello escrito sobre fútbol en lengua española. La «Oda a Platko». El poema describe la emoción con que el poeta asiste al fragor de un partido jugado bajo el viento y la lluvia, entre un equipo mermado por las lesiones y otro brioso e íntegro, camisetas azules aladas, que atacan una y otra vez a la puerta tras la que salta, embravecido, el Cantábrico. Y canta sobre todo a un portero pararrayos, embadurnado de barro y sangre, venido de una tierra lejana. Una sola pega: Alberti escribió Plattko con una te, pero según consta en su firma en la ficha federativa, está escrito con dos.

El partido termina finalmente en empate a uno, tras prórroga en la que Plattko resiste el ataque de la Real y el dolor de sus lesiones. Se fija el desempate para dos días después. Por supuesto, Plattko no está. Le sustituye Llorens. De nuevo hay empate tras la prórroga. Se pretende resolver la final otros dos días más tarde, pero surge un problema: la proximidad de los

JJ OO de Ámsterdam. No afecta al Barça, pues todos sus jugadores son profesionales, y estamos justo en los años en que el COI ha plantado los pies en la pared y ha decidido ponerse serio con el profesionalismo, particularmente con el fútbol, que venía ignorando la norma. Pero varios jugadores de la Real (Amadeo, Marculeta Trino, Kiriki, Mariscal…), que mantienen su condición de *amateurs*, están convocados para la Selección olímpica. El primer partido está fijado para el día 30, así que no hay tiempo para otro desempate. Hay que esperar a que pasen los JJ OO. La tercera final se juega, por fin, tal día como hoy, un mes, una semana y un día después de la primera. Tampoco está Plattko, aún sin curar de sus lesiones de cinco semanas antes. Pero el tiempo es otro, el campo está seco y el fútbol más técnico del Barça se impone por fin. Gana por 3-1 y se proclama campeón de la final más larga de la historia. Y en España cobra popularidad un hermoso poema escrito por un poeta gaditano a un portero húngaro que, embarrado, ensangrentado y fracturado, frenó a las camisetas azules y blancas frente a un mar embravecido.

Plattko, que había sido fichado por el Barça para compensar la pérdida de Zamora cuando este regresó al Espanyol, se curó de sus lesiones y volvió a jugar con éxito en este equipo dos temporadas más. En la de 1930-1931 pasó al Recreativo de Huelva. Luego fue entrenador, entre otros equipos del Barça, en dos oportunidades, antes y después de la guerra (dos hermanos suyos también entrenaron en España), e hizo una larga carrera como técnico, sobre todo en Chile, donde fue seleccionador y entrenador de varios equipos importantes del país. También entrenó al River Plate de Buenos Aires, entre otros. Fue un gran hombre de fútbol, pero su figura quedó ligada a aquel primer partido en la final de Copa más larga, aquel partido en el que su bravura impresionó tanto al gran poeta gaditano.

España consigue su segunda Eurocopa (2008)

Esta vez fue sí. Luis había salido tocado del Mundial de Alemania, al que fue ya con una cierta idea de equipo, que alteró por incluir a Raúl. Había anunciado que si no pasaba de cuartos de final se marcharía, pero no lo hizo. En el fondo, sabía que se sabía el examen, y quería repetirlo. Así que decidió prescindir de Raúl (véase el día 7 de septiembre) y de algún veterano más y, tras un período de inestabilidad y de fuerte polémica, acabó por encontrar lo que quería. A partir de una victoria en Manchester (0-1), con gol de Iniesta, el equipo fue a mejor (véase el día 7 de febrero).

Y así llegó a la Eurocopa, en la que en la fase previa ganó los tres partidos (Rusia, Suecia y Grecia) con buen tono. La gente se iba encariñando con ese equipo singular, hecho de jugadores pequeños, muy hábiles para el toque. El *tiqui-taca*. La Cuatro televisaba los partidos y los arropaba con un aire de optimismo: «Podemos», era el eslogan. Los días de partido, el propio canal convoca a los aficionados madrileños a la plaza de Colón, con pantalla gigante y programas previo y pospartido en directo, generando una gran marea roja de aficionados. Pero se desconfía de que ese equipo dé la talla ante los verdaderamente grandes. El cruce con Italia en cuartos de final se espera con aprensión. «Pasará lo de siempre, mucho *tiqui-taca* y ya verás.» El partido transcurre apretado, aunque con dominio español. El árbitro nos niega dos penaltis. Hay prórroga y tiros finales desde los once metros. El fatalismo invade a toda la afición, pero Casillas, con dos paradas sensacionales, y Cesc, con gol final a Buffon, vencen el maleficio. «No tiraba un penalti desde los diecisiete años», confiesa después el catalán.

Ya es coser y cantar. En semifinales hay exhibición ante los rusos, que para este partido han recuperado a su estrella, Arshavin, que les faltó en la fase de grupos. El segundo tiempo es de ensueño. En la final ya nadie duda, aunque el rival es Alemania. A España le falta Villa, que se había lesionado en la semifinal, ante Rusia, al lanzar una falta. (No estar en este partido no le impedirá ser el máximo goleador de la competición.) Luis saca a Casillas; Ramos, Puyol, Marchena, Capdevila; Senna; Silva, Cesc, Xavi, Iniesta; y Torres. Ha sido el equipo titular durante la competición, salvo la presencia de Villa, generalmente por Cesc, con un dibujo 4-1-3-2. A la media hora, gol de Torres, que aprovechará un pase profundo de Xavi, rebasará a Lahm por velocidad y cruzará sobre la salida de Lehman. El partido es de pleno control español. En la última media hora entran Xabi Alonso, Cazorla y Güiza. España controla el juego de pe a pa, Alemania no tiene ninguna posibilidad. El Ernst Happel se entusiasma, Europa se entusiasma, España sale a la calle. El triunfo se festeja hasta en las fuentes públicas de las capitales del País Vasco.

Luis es elevado por los aires por sus jugadores. España había recuperado un título que ya ganó en el lejano 1964, y que volvería a conquistar en 2012. Y por fin tenía un estilo: el *tiqui-taca.*

Alemania, ¡quién si no!, inaugura el gol de oro (1996)

Estábamos en plena época de Clemente. España estuvo presente en aquella fase final de la Eurocopa, pero en medio de un ambiente desagradable por las malas relaciones entre el seleccionador y buena parte de la prensa. En la fase de grupos empatamos los dos primeros partidos (con Bulgaria y Francia) a última hora y el tercero lo ganamos, también muy a última hora, contra Rumanía. Así fuimos a cuartos, donde nos tocó el local, Inglaterra. Jugamos mejor, pero caímos en la tanda de penaltis, con aquel Zubizarreta que se desplomaba lánguidamente para un lado con aire de ser incapaz de alcanzar ninguno. Hierro estrelló el primero en el larguero, a Nadal le pararon el cuarto y los ingleses no tuvieron necesidad de tirar ni el quinto. Nos volvimos en cuartos. Estábamos en plena leyenda del maleficio de los cuartos.

Siguió la Copa. Semifinalistas fueron Inglaterra, Francia (que también pasó en los penaltis), Alemania y Checoslovaquia. Las semifinales se dilucidaron asimismo en los penaltis, y pasaron Alemania y Checoslovaquia. Se estaba extendiendo entonces cierto hartazgo de las series de penaltis y para evitarlas se había dispuesto que en caso de producirse algún gol en la prórroga acabaría la misma, dando vencedor en el mismo instante al equipo que lo consiguiera. Fue lo que se dio en llamar el «gol de oro». Pero tal cosa no pasó ni en los cuartos ni en la semifinal, entre los que se consumieron cuatro prórrogas. Llegados a la final, sí pasaría. Aquella final, por cierto, fue precedida por un hecho singular. Uno de los jugadores checoslovacos, poco optimista por lo que se ve, había fijado su boda para dos días antes de la misma, pensando que no conseguirían disputarla. Llegado el momento, aún estaban en competición. El seleccionador le dio permiso para faltar unas horas. Voló a Praga, se casó y volvió a la concentración. Empezó el partido como suplente y solo ingresaría en el minuto 86, ya de cara a la prórroga.

Fue un partido movido e intenso, entre una Checolosvaquia en la que lucían Nedvěd (que llegaría a ser Balón de Oro) y Poborský, gran extremo, y una Alemania de entreguerras, entrenada por Vogts, que no tenía jugadores tan notables como en otras épocas. Quizá Sammer, Hässler, Klinsmann... En la segunda mitad se adelanta Checoslovaquia, de penalti. Entonces ingresa un suplente, Bierhoff, un grandullón a quien se acusaba de haber sido seleccionado por la amistad de Vogts con su padre. Pero Bierhoff va a justificar largamente su presencia ahí. Primero, con el gol que dará el pase a la prórroga, al atacar en el saque de una falta el desguarnecido segundo palo de los checoslovacos para marcar de cabeza. Luego, en el minuto cuatro de la prórroga, se hizo con un balón en el área rival, se revolvió y tiró a la media vuelta; el balón pegó en el defensa Hornak y envenenó su trayectoria. Kouba quedó batido. Alemania era campeona, con gol de oro. El primero y el último, porque la experiencia no gustó tanto como se había pensado y pronto se decidió regresar a las tandas de penaltis, para júbilo de las televisiones, a las que esa solución da enormes audiencias.

JULIO

El partido de los 1137 pases
(2018)

Ocurrió en el estadio Luzhniki de Moscú y aún lo recuerdo como el partido más pelmazo que me ha tocado ver en la vida. España había sufrido una fuerte convulsión justo antes del comienzo del Mundial con el despido del seleccionador, Julen Lopetegui, sustituido por Hierro (véase el día 12 de junio). El equipo hizo una floja fase de grupos a pesar de tener solo un rival de peso, Portugal. Los otros fueron Irán y Marruecos. Un problema añadido al cambio del seleccionador fue que el meta David De Gea estuvo desastroso («escrutaba el vuelo de los balones con atención de ornitólogo», escribió David Gistau), pero España consiguió clasificarse gracias a empatar con Portugal y Marruecos y ganar por la mínima a Irán. Solo ante los portugueses dejamos buenas sensaciones en algunas fases. En los otros partidos se jugó mal.

Pero estaba en octavos y ante Rusia, que, aunque contaba con la ventaja de ser la selección local, era un equipo flojo que había demostrado muy poco en la primera fase. Así que podía esperarse una victoria que enmendara el rumbo. La Selección conservaba varios supervivientes del equipo campeón de 2010: Sergio Ramos, Piqué, Busquets, Iniesta, Silva... Una base a la que se iban sumando jugadores estimables. La afición no perdía la esperanza y el rey Felipe VI viajó para dar su apoyo y asistir al partido, en el que no estuvo Putin. Pero a Hierro se le veía inseguro. De hecho, sacó su cuarta alineación diferente, esta vez con una ausencia llamativa: Iniesta se quedó fuera en el que luego resultaría ser su último partido con la Selección. Su función fue encomendada a Isco, en muy buena forma. El equipo atacaba con Diego Costa, tras el que se situaba un trío de *jugones:* Asensio, Isco y Silva; de medios, Koke y Busquets, jugadores también con buen pie.

Pese a la ausencia de Iniesta, España se aseguró el domino del balón, pero sin profundidad. El partido terminó 1-1 con dos goles bastante fuleros: el de España llegó en el 11' marcado en propia meta por Ignashévich, tan obsesionado en agarrar a Sergio Ramos en un córner que se desentendió del balón, este le rebotó en el tobillo y entró. El empate llegó en el 41', en un penalti por una mano tonta de Piqué. Fueron los únicos picos de emoción en un encuentro en el que España paseaba el balón sin crear peligro frente a una defensa cerrada. En el 66' entró Iniesta por Silva y poco más tarde lo haría Iago Aspas por Diego Costa. Él sí le dio cierto brío al ataque. Pero el tono general fue plomizo, con un sobeteo del balón de un lado a otro sin nervio ni peligro, un insufrible tejer y destejer el velo de Penélope mientras los minutos pasaban. Se llegó a la inevitable tanda de penaltis, donde marcaron Iniesta, Piqué y Sergio Ramos, pero Koke falló el tercero y Aspas el quinto, con lo que no hizo falta ni que los rusos completaran sus lanzamientos, pues habían marcado los cuatro precedentes. Nadie esperaba a esas alturas que De Gea parara alguno. España se iba del Mundial mientras la afición renegaba del *tiqui-taca,* que tan buenos resultados había producido en el pasado, pero que ese día llevó el aburrimiento al paroxismo: España dio 1137 pases, de ellos, 1031 buenos, pero en general inútiles, al pie (Rusia empleó 285, de los cuales 202 fueron acertados, lo que da idea de la desproporción). Fue una triste despedida de Iniesta y Piqué de la Selección.

«Excelencia, hemos vencido a la pérfida Albión» (1950)

Al Mundial de 1950 fuimos tras eliminarnos con Portugal para la clasificación: 5-1 en casa y 2-2 allí. España tenía entonces una buena generación de jugadores, en especial el Athletic de Bilbao, con su célebre delantera a pleno rendimiento. Se trabaja la preselección a fondo, empezando con una lista de 53 jugadores. Incluso, mientras finaliza la Copa, se envía a jugar a México un equipo con los jugadores eliminados en esa competición. Los días 9 y 15 de junio se realizan los tests finales, ante el Hungaria, el equipo de apátridas, casi todos fugados de la Europa del Este, los más de Hungría. Lo entrena Daǔcik y la estrella es su cuñado, Laszlo Kubala. Al final del segundo partido, ganado por 6-3 por los españoles, se anuncia la lista oficial: Eizaguirre, Acuña y Ramallets, porteros; Asensi, Gabriel Alonso, Antúnez, Parra, Gonzalvo II y Lesmes II, defensas; Silva, Gonzalvo III, Puchades y Nando, medios; Basora, Juncosa, Igoa, Molowny, Zarra, César, Panizo, Rosendo Hernández y Gaínza, delanteros. Se consignan todos porque aquel equipo fue cuarto en el Mundial, la mejor clasificación hasta la fecha.

El sorteo nos coloca en un grupo junto a EE UU, Chile y los inventores, los ingleses, que van por primera vez a un Mundial, un poco como con condescendencia. El comienzo es peliagudo: a nueve minutos del final estamos perdiendo con Estados Unidos por uno a cero. España, pegada a la radio, no lo puede creer. Finalmente, la Selección se desmelena e Igoa (81'), Basora (83') y Zarra (89') dan la vuelta al marcador. El siguiente es Chile, ante el que debuta un jovencísimo Ramallets, que había sido la sorpresa de la lista. Victoria tranquila, 2-0, con goles de Basora y Zarra. Y ahora, a por los ingleses.

Que, la verdad sea dicha, venían de perder con Estados Unidos. Pero eran los ingleses, caramba, y quizá se tratara solo de un descuido. España entera está junto a las radios y escucha con temor reverencial los nombres de Matthews, Finney o Wright en la voz de Matías Prats, que glosa algunas grandes paradas de Ramallets, rebautizado al regreso como el «Gato de Río». Descanso con empate a cero, tertulias nerviosas en bares y familias. Empieza la segunda parte y, al poco, Matías Prats describe una subida por su banda del lateral Gabriel Alonso, con centro al área, pasado, que Gaínza devuelve de cabeza a la frontal del área chica, allí aparece Zarra, que se adelanta al meta Williams y «¡Gooooooooooool! ¡Gooooooooooooooool de Eeeeeespaaaaaña! ¡Goooooooooool de Telmo Farra...!». Porque Matías Prats, cordobés, no pronunciaba bien el sonido «zeta», y lo disimulaba en «efe», mejor que sesear. El truco le funcionó durante toda su brillantísima carrera porque consiguió que no se notara.

El marcador no se mueve más. Ramallets y sus escuderos no lo permitieron. Al final del partido todo es euforia. Matías Prats hace que acerquen a su micrófono al presidente de la Federación, Muñoz Calero, entusiasmado. «¿Algún recado para el Caudillo?», le pregunta Matías Prats al exaltado dirigente. «Claro que sí: Excelencia, hemos vencido a la pérfida Albión y le dedicamos gustosos la victoria.» El exceso provocó la protesta de la Embajada inglesa y le costó el cargo.

España pasó a la fase final, una liguilla de cuatro que acabó en el «Maracanazo», con Uruguay campeón. Empatamos con Uruguay, perdimos con Brasil y perdimos con Suecia. Al final, cuartos. No estaba nada mal, porque además nos traíamos un gol de Zarra a la pérfida Albión.

Italia-Argentina y Maradona la lía (1990)

Aquel Mundial se disputaba en Italia, donde Maradona estaba triunfando. Más concretamente, en Nápoles, que le colocaba al lado de san Genaro. «O mamma, ho visto Maradona, ho visto Maradona, eh, mamma, innamorato son», cantaban los napolitanos. El genial jugador solo se sintió de verdad a gusto en dos equipos, el Boca Juniors y el Nápoles, para el que obtuvo el primer Scudetto de su historia. Era una pasión en el sur de Italia, siempre receloso del norte rico y tenido por opresor, que les trataba como a ciudadanos de segunda clase. O al menos eso es lo que entendían ellos que ocurría, y seguramente con mucha razón.

El campeonato avanzó y pronto se advirtió que Italia y Argentina estaban en trayectoria de colisión. Italia era la Selección local y tenía un buen equipo, con un goleador revelación, Schillaci, un jugador modesto que tuvo un estallido tardío tras jugar bastantes años en categorías inferiores. «Está en tal estado de gracia que le bastaría con tocar a un enfermo para curarlo», comentó Baggio. Él a su vez declaró: «Ser delantero centro es un oficio duro, pero siempre resulta mejor que trabajar». Argentina era la campeona del mundo y mantenía a Bilardo como entrenador, con su estilo rácano y eficaz. Maradona estaba muy golpeado, vigiladísimo, pero todavía era Maradona. Un cierto revuelo se armó ya cuando, en vísperas de su partido de cuartos contra Yugoslavia, Maradona visitó la concentración de Italia para hacerse ver por el médico de la Selección italiana, que era el mismo que le cuidaba habitualmente la rodilla, poniéndole en un serio compromiso. El caso es que en cuartos de final pasan los dos, Italia y

Argentina. Argentina elimina en los penaltis a Yugoslavia, Italia gana a Éire con un solitario gol de Schillaci. Han de enfrentarse en las semifinales. Y para más inri, el partido ha de jugarse en el San Paolo de Nápoles, el templo de Maradona.

Y este se equivoca. Trata de dividir a los italianos. Exhorta a los napolitanos a que apoyen a Argentina, por él. Les recuerda que en el norte les llaman «terrones» (paletos, destripaterrones, diríamos en español), que no les quieren. Sus palabras crean conmoción. Al partido acuden algunos con pancartas «promaradona», pero la mayoría del público aprieta por Italia. Marcan Schillaci y Caniggia, hay prórroga y penaltis. Maradona marca el cuarto. Goycochea para el cuarto y el quinto, a Donadoni y Serena. Es la segunda tanda consecutiva de penaltis que pasa y cuenta un secreto, que suena a burla grosera: «Antes de todo, los compañeros me hacen corrillo; decimos que es para conjurarnos, pero yo orino en el césped. Me da suerte».

Italia es una furia contra Maradona cuando se llega a la final, en Roma, frente a Alemania. El himno argentino es abroncadísimo. La cámara enfoca a Maradona, en cuyos labios se lee «Hijos de puta, hijos de puta». Luego gana Alemania en un partido feo, resuelto por un penalti riguroso marcado por Brehme. Maradona llora de rabia con su medalla de plata entre una monumental bronca. Su relación con Italia está irremisiblemente rota.

Alemania 3, Hungría 2, el milagro de Berna

(1954)

Uno de los equipos más grandes de la historia fue el de Hungría de la primera mitad de los cincuenta, campeona olímpica en 1952 y vencedora de Inglaterra en Wembley, 3-6, en lo que se llamó el «partido del siglo», a finales de 1953. Era un equipo sensacional con el mayor Ferenc Puskás como estrella, capitán y goleador, y el diputado Bozsik como cerebro armador en el medio campo. Ese equipo era el indiscutible favorito para el Mundial de Suiza, al que concurrió sin lucha. El sorteo emparejó a Hungría y Polonia. Polonia se retiró para evitar una humillación. Hungría contaba sus partidos por goleadas. Aquel Mundial se celebraba en Suiza porque allí se había instalado cincuenta años atrás la FIFA, que aún tiene su residencia en aquel país.

Hungría demuele en la fase de grupos a Corea (9-0) y Alemania (8-3), que sin embargo pasa como segunda de grupo tras batir a la otra cabeza de serie del mismo (una era Hungría), Turquía, a doble partido. (Hungría y Turquía no jugaron porque los cabeza de serie no se enfrentaban entre sí, según un enredoso sistema de competición, que no resultó y que no se repetiría). En cuartos, bate a Brasil en un tremendo partido que se conoció como la «batalla de Berna», por 4-2. En semifinales se enfrenta a la leyenda de invencibilidad de Uruguay, campeona olímpica en 1924 y en 1928, campeona mundial en 1930 y en 1950 (con el célebre «Maracanazo»). No había jugado los mundiales de 1934 y 1938, así que estaba invicta en grandes competiciones. Ganó Hungría, 4-2 tras prórroga, dando por primera vez aire de fatiga. Por su parte, Alemania se coló sorprendentemente en la final, batiendo a Yugoslavia (2-0) y a Austria (6-1) en lo que constituyó una gran sorpresa.

Pero Hungría era la gran favorita para la final, en la que además recuperaba a Puskás, lesionado el día del 8-3 por un entradón del central Liebrich. Aunque el día de la fase de grupos Sepp Herberger había sacado un equipo «experimental», reservando varios titulares, y para la final era otra Alemania, nadie pensaba que pudiera darle guerra a Hungría. Y menos cuando el partido se pone, muy pronto, dos a cero, con goles de Puskás y Czibor. Pero luego la lluvia, el césped pesado, la fatiga de sus veteranos y el todavía mal estado del tobillo de Puskás van pesando a Hungría. Alemania juega con menos encanto, pero se va apoderando del terreno de juego y va desgranando sus goles hasta el 3-2, que alcanza en el minuto 84. Luego se parapeta. El arreón final de los húngaros da para un gol anulado a Puskás por fuera de juego dudoso, un tiro al palo y tres grandes paradas de Turek. Pero Alemania gana. Luego se supo que hizo uso de una invención de Adidas, que había creado unas botas de tacos recambiables, y en el descanso cambió los tacos por otros más largos, con mejor agarre al suelo húmedo.

Será el primer partido que pierda Hungría después de treinta y tres sin derrota. Luego estará otros dieciocho sin perder. Pero fue a caer el día que más le interesaba la victoria, el día que podría haber ganado la Copa del Mundo. Aquel equipo se disolvería a finales de 1956, cuando los tanques de Kruschov irrumpieron en Budapest para forzar a Hungría a seguir bajo el dominio soviético, que pretendía abandonar. Aquella Hungría fue un campeón sin corona. Tras haber ganado el «partido del siglo», su derrota en aquella final de Berna bien hubiera podido ser conocida como la «sorpresa del siglo».

Palermo falla tres penaltis ante Colombia (1999)

Estamos en la Copa América de Paraguay. Martín Palermo es el delantero centro de Boca Juniors, un jugador sin magia en su fútbol, pero alto, potente, con un cañón en la zurda y cierto encanto por su personalidad. Todos los chicos de Buenos Aires pretendían imitar su mechón de pelo teñido en la frente, lo que creaba no pocos problemas en las escuelas con los maestros más rígidos. Martín Palermo era muy popular y muy goleador. Alguien le definió como «un optimista del gol», un jugador que acudía alegre y confiado al remate, seguro de que cualquier balón imposible podía entrar si él lo tocaba. Ese día Argentina jugaba contra Colombia y Palermo iba a alcanzar una celebridad internacional no deseada. Porque en el encuentro ante el rival colombiano tuvo la oportunidad, que rara vez se le da a un jugador, de lanzar tres penaltis en el mismo partido. Y hecha esta introducción, paso la voz a Marcelo Araújo, relator del Canal 13 argentino, que transmitió aquel partido y contó así los tres penaltis de Palermo.

Minuto 5: «Señoras y señores... Amoroso es el goleador hasta el momento de la Copa América... A un gol está Martín Palermo... Llegará el zurdazo de Martín Palermo... Reza, implora Calero, el arquero de Colombia... Da la orden Aquino... El locoooooo, el loco... ¡Paaaalooooo...! ¡Le dio al palooooo...! Esto sigue empatado, cero a cero. ¡Lo quisiste matar, lo quisiste matar, Martín...!

Minuto 76: «Viene Martín... ¡Penal, penal para el equipo argentino! Argentina tiene la gran posibilidad... Bielsa lo llamó a Ibarra, también lo llamó a Ayala… Palermo, mientras tanto, fue el que acomodó la pelota… Cuarto penal de la noche… Busca el desquite Martín Palermo… Vamos, Martín, vamos, Martín… Ahí va Martín Palermo… ¡Falló! ¡Aaaaaah, por Dios, por favor, cómo puede ser…!».

Minuto 90: «Quinto penal de la noche… ¡Y lo dejaron a Palermo, no más! Quinto penal de la noche… Tercer penal para el equipo argentino… Ahí va Palermoooo… ¡Salva Calero…! Yo creo que cuando es tan importante un gol, más allá del resultado, porque significa la clasificación de un equipo, uno no está dependiente ni pendiente de una situación exclusivamente personal, como la que ha vivido Palermo…».

Como se puede colegir por el relato, entre el primero y el segundo penalti fallados por Martín Palermo, Colombia dispuso de dos, de los que solo marcó uno. Así que el árbitro, el paraguayo Ubaldo Aquino, señaló cinco penas máximas en el mismo partido, de los que solo se aprovechó uno. También expulsó a Zanetti, defensa argentino, y a Bielsa, seleccionador de este mismo país. Ganó Colombia por 3-0, pero el partido pasó a la historia por los tres penaltis fallados por Martín Palermo, el optimista del gol, que se sintió capaz de volver una y otra vez al punto de penalti, a pesar de los fallos anteriores.

Llega el fútbol de pago a España (1990)

La televisión de pago es hoy algo común en España, pero no lo era hace treinta y dos años. Cuando se concedieron por fin tres licencias para televisiones privadas, surgieron Antena 3, Telecinco y una tercera, Canal+, que era una traslación de la idea del canal con el mismo nombre ya existente en Francia, una televisión solo accesible a quienes pagaran un abono. En Canal+ Francia el verdadero éxito de la fórmula había llegado cuando se había incorporado el fútbol de pago. Los rectores del nuevo canal español pronto comprendieron que necesitarían el fútbol para alcanzar el éxito del país vecino.

Por entonces, el fútbol de la Liga española estaba vendido en exclusiva a las cadenas autonómicas, por un total de 18 000 millones de pesetas en cuatro años, para dar un partido cada sábado y los resúmenes de la jornada. Tras meses de negociaciones, el contrato se amplió a ocho años, dando entrada a Canal+ para un partido codificado cada domingo. Canal+ pondría en total 18 000 millones y la FORTA los otros 36 000 millones. La FORTA duplicaba la duración de su contrato, con el mismo coste los cuatro últimos años que los cuatro primeros. Canal+ obtenía un reclamo fuerte para hacer abonados, que enseguida se confirmaría que fue un acierto. La Liga obtenía más dinero.

El primer partido codificado fue el Valencia-Atlético de Madrid, de la primera jornada de Liga, disputado el domingo 2 de septiembre. A las cinco en punto, y tras un programa de una hora «en abierto» para calentar el interés, la pantalla se cubrió de rayas para todo aquel que no estuviera ya suscrito al canal de pago, con el consiguiente descodificador. Eloy, del Valencia, marcó el primer gol «codificado» del fútbol español, poco después de las seis de la tarde de ese día, cuando empezaba la segunda parte. Un cuarto de hora más tarde marcó Rodax para el Atlético. El partido acabó 1-1.

El fútbol de pago se convirtió en un gran bien para el fútbol español. Las transmisiones de Canal+, inspiradas en las de Canal+ Francia y haciendo honor a la necesidad de ofrecer algo mejor que lo que hasta ese momento se veía gratis, mejoraron mucho en medios y en técnicas de transmisión, arrastrando poco a poco a todas las demás. El fútbol tomó un tono más moderno, más avanzado, más tecnificado, más de producto de élite. Y, efectivamente, se probó que había muchos aficionados dispuestos a pagar. De los 4500 millones de pesetas al año del contrato previo a la aparición de Canal+, se ha pasado en treinta y dos años a los 2000 millones de euros anuales.

El pago fue incrementándose al compás de los nuevos avances tecnológicos. A partir de noviembre de 1997, y gracias a la digitalización de la señal, se consiguió televisar la jornada completa, la mayor parte de los partidos en el modelo PPV, consistente en el desembolso de una cantidad cada vez que se quisiera ver un partido. La jornada decimotercera de la temporada 1997-1998 se televisó completa. El sábado, Atlético de Madrid-Valencia por las Autonómicas y Athletic-Real Madrid en pago por visión; el domingo, Salamanca-Real Sociedad, Zaragoza-Tenerife, Mérida-Mallorca, Oviedo-Barcelona, Celta-Racing y Compostela-Valladolid en pago por visión, más el Betis-Deportivo en Canal+, para los abonados de este canal; y finalmente, el lunes, Espanyol-Sporting, en Antena 3, que entró en el juego algún tiempo con partidos en abierto los lunes. Desde entonces, la fórmula ha seguido multiplicándose, en forma de televisión por cable, canales restringidos al abono (Canal+ Liga o GOL TV) y presencia de partidos de Segunda también en la fórmula de pago.

Naranja mecánica, campeón sin corona

(1974)

Los holandeses fueron al Mundial de Alemania como favoritos. A pesar de ser en Alemania, y a pesar de ser Alemania lo que era. Pero se entendía que no se podía jugar mejor. Como Holanda vestía de naranja, a aquella Selección se la bautizó como la «naranja mecánica», título de una célebre novela de Anthonny Burgess que había dado lugar a una aún más célebre película de Stanley Kubrick, del mismo título. Se presenta en el Mundial tras ganar fácilmente en su grupo de clasificación frente a Bélgica, Noruega e Islandia y presenta una novedad revolucionaria: las mujeres viajan con los futbolistas, duermen con ellos. El equipo rompe el tabú de que el sexo es malo. El seleccionador, Rinus Míchels (entrenador del Barcelona), defiende que normalizar la vida del jugador es lo más positivo, así que las esposas o novias viajan con ellos al campeonato.

En la primera fase de grupos confirman las buenas impresiones, saliendo primeros por delante de Suecia (que consigue empatarles), Uruguay y Bulgaria. En la segunda fase, de nuevo en liguilla, ya con la *crème de la crème*, van a más y barren a Argentina, Brasil y la RDA, que había conseguido ganar a la RFA en la primera fase con un gol de Sparwaser que se hizo célebre (como hemos visto en el día 23 de junio). Otra vez campeones de grupo, así que finalistas, con cinco victorias y un empate, catorce goles marcados y uno encajado. Enfrente, eso sí, la RFA, el equipo local. Pero había transitado por un camino más fácil. Y había perdido un partido. Y su fútbol era eficaz, pero mucho menos brillante. Y no tenía ningún jugador como Cruyff.

La final empieza de una forma fulgurante. Holanda saca de centro, toca, toca, toca, toca y en eso arranca Cruyff, se mete en el área por el callejón del diez, perseguido por Vogts, y Hoeness sale al cruce y le derriba: penalti. Lo lanza Neeskens, con su estilo clásico: potente, al centro, alto, donde debería estar la cabeza del portero. Maier se ha echado a un lado y es gol. Van 87 segundos y Holanda gana por 1-0 cuando ningún jugador alemán ha conseguido tocar todavía la pelota. En España, los barcelonistas celebran el gol como propio: Cruyff es del Barça, Neeskens está fichado para incorporarse al final del verano.

A partir de ahí el partido es intenso, con esa determinación que solo los alemanes saben poner en el fútbol, y con un marcaje excesivo de Vogts a Cruyff por todo el campo. En el 25', una penetración de Hölzenbein termina en penalti, que transforma Breitner. En el 43', Müller recibe en el área, parece dejarse el balón atrás pero consigue rehacerse y a la media vuelta bate a Jongbloed, portero con un tic que le tenía siempre haciendo unos guiños. Portero menor. En realidad, la portería era el talón de Aquiles de aquel formidable equipo, tanto si la cubría él como el gordo Schrijvers, que era la alternativa. El segundo tiempo es Holanda luchando contra un frontón, pero no hay manera. El partido transcurre entre faltas y faltas de Vogts a Cruyff, firme defensa alemana, buenas paradas de Maier y remates que se escapan por poco. Gana la RFA, un gran grupo, pero un equipo sin encanto, entrenado por el juicioso y prudente Helmut Schön.

Cuatro años después, Holanda, ya sin Cruyff, también alcanzará la final, también se verá en ella ante el equipo local, Argentina. También perderá, en este caso en la prórroga, a la que se llega tras un desgraciado tiro al palo de Rensenbrink en el último instante. Allí terminó esa generación. La «naranja mecánica» fue un campeón sin corona.

España gana el Mundial Militar
(1965)

¿Quién dijo que hasta el de Sudáfrica España nunca había ganado un Mundial de fútbol? Sí había ganado uno... pero militar. ¿Y eso qué es? Pues eso era un campeonato que se jugaba en los años sesenta, y que España tomó relativamente en serio en algunas ediciones, hasta el punto de que en una de ellas alcanzamos la semifinal (abandonamos el campo de juego, en Marruecos, en protesta por el arbitraje) y en otra ganamos el título, el de 1965. Esa edición se resolvió en suelo español, en Asturias concretamente, en los campos de Avilés, Oviedo y Gijón. A la fase final concurrieron Bélgica, Turquía y Marruecos. Y nosotros, claro. Los jugadores eran futbolistas «de verdad», aunque en edad militar, y sujetos a la mili, aunque, en general, de aquella manera, como se dice en Valencia. Rebajados, escaqueados, enchufados... Ir de cuando en cuando por allí y hablar un poco de fútbol con el mando. Y jugar este Mundial. Eso es lo que se les pedía.

El 23 de junio, el general Sagardoy, jefe supremo del operativo, anuncia, con el seleccionador, Villalaín, a su lado, el grupo de jugadores convocados, casi todos ellos figuras ya conocidas en Primera División. Como porteros iban Rodri (Atlético), otro Rodri (Levante, para la ocasión Rodri II) y Badía (Mestalla, el filial del Valencia); los defensas eran Gallego (Barcelona), Rebellón (Sevilla), Echarri (Valladolid), Osorio (Espanyol) y De Felipe (Madrid); en la media, Tejada (Madrid), Martínez Jayo (Atlético), Guedes (Las Palmas) y Glaría (Atlético); en el ataque, Rogelio (Betis), Oliveros (Sevilla), Fusté (Barcelona), Vidal (Barcelona), Trallero

(Atlético), Ufarte (Atlético), Grosso (Madrid), José María (Oviedo), Rodilla (Espanyol), Martínez (Espanyol), Pintado (Sevilla), Germán (Las Palmas), Poli (Valencia) y Moya (Melilla). Varios de ellos habían sido ya, o lo serían después, internacionales absolutos. Fusté había sido incluso campeón de la Eurocopa un año antes. A los jugadores del Atlético, presentes en el acto, se les autoriza a regresar con su club para jugar la final de Copa, ante el Zaragoza, y reincorporarse después a la concentración.

El torneo es por liguilla y España lo gana en el tercer partido, tras batir bien a Bélgica (5-1) y empatar (1-1) con Turquía. Ese tercer partido es contra Marruecos, a la que ya había ganado Turquía. Los turcos, que llegan a esa jornada empatados a puntos con nosotros, necesitan golear a Bélgica, pero se quedan en 2-1. Así que España, que bate a Marruecos por 3-0 en esa última jornada, es la campeona del mundo... militar.

Este día jugaron ante los marroquíes Rodri; Echarri, De Felipe, Rebellón; Martínez Jayo, Gallego; Ufarte, Oliveros, Grosso, Fusté y José María. Oliveros se fracturó la clavícula y fue sustituido por Poli en el minuto 14. Era una alineación de tronío: un equipo así fácilmente hubiera estado entre los aspirantes al título de aquel año. Y ganó la final bien, con Ufarte en plan estrella. Él hizo el primer gol, tras saque de una falta por parte de José María, que entregó a Fusté, cuyo centro al área fue rematado por el extremo atlético. Era el 9'. En el 30', un tirazo de Gallego (que jugó en la media, el que se incrustó en la defensa fue Martínez Jayo) se le escapa al portero marroquí y se cuela. En el minuto 63, jugadón de Ufarte, con centro que Fusté remata. El partido fue televisado en directo para España y Marruecos, y la realización aprovechó para mostrar varias pancartas de fraternidad hispano-marroquí. La agencia oficial Alfil informa de que, «al finalizar el encuentro, jugadores españoles y marroquíes se fundieron en un fraternal abrazo, de júbilo los unos, de felicitación los otros, coreado por las ovaciones y los aplausos del público». Lo de Perejil quedaba muy lejos todavía.

Zidane topa bruscamente con Matterazzi
(2006)

Jugador extraordinario y elegante como pocos, Zidane ha dejado una estela inolvidable de su paso por el fútbol, singularmente desde su incorporación al Madrid galáctico. El día cumbre de ese período tan feliz en la vida del club madrileño fue el gol del francés, de volea, con la izquierda, recogiendo un pase bombeado de Roberto Carlos, en la final de la Champions de 2002, en el Hampden Park de Glasgow. El balón describió una parábola perfecta para colarse por la escuadra y el Madrid ganó ese título gracias a ese gol, y tras un final emocionantísimo en el que destacaron tres paradas de Casillas, que había entrado como suplente por lesión de César.

Zidane siempre fue un tipo humilde y tranquilo, al que algunas de las cosas que vio en la plantilla del Madrid le pesaron. Ya al primer mes de su llegada se quejó a Florentino Pérez de que Figo no le pasaba. Zidane jugaba al fútbol por disfrute, no tenía ningún colmillo afilado, no entendía el juego si no era entre buenos amigos. Por eso cuando en el Madrid las cosas empezaron a torcerse más de la cuenta anunció en el club que dejaría el fútbol un año antes de lo previsto, al final de la temporada 2005-2006, pese a que tenía firmada una temporada más. Perdonó la cantidad neta de mil millones de pesetas. Su última temporada terminaba con el Mundial, en el que Francia defendía el título de campeón. Una gran oportunidad para irse por la puerta grande.

Y Francia llegó a la final, en la que se enfrentó a Italia. Zidane fue de menos a más en el campeonato, en el que ninguna gran estrella llegó a hacerle sombra. Iba claramente para mejor jugador del Mundial. En la final marcó el gol de Francia, con un penalti a lo Panenka, o casi, y estuvo a punto de decidir el partido con un gran cabezazo al que replicó Buffon con la parada del campeonato. Se llegó a la prórroga y en ella ocurrió la escena que Zidane querría con todas sus fuerzas borrar de su pasado. Matterazzi, un gigantón duro y malencarado que justamente había marcado para Italia el gol del empate, le estaba agarrando continuamente de la camiseta. Zidane, harto, le dijo:

—Si quieres mi camiseta, pídemela y te la daré al final.

A lo que Matterazzi respondió:

—Prefiero que me dé la suya tu hermana.

En la cultura de Zidane una ofensa así es intolerable y la respuesta del italiano desencadenó en él un reflejo atávico. Le propinó un cabezazo tremendo a la altura del pecho, que dio con el gigante en tierra. Era el minuto 110 del partido, quedaban solo diez minutos para los penaltis, para el final de la carrera oficial de ese jugador tan grande. El árbitro, Horacio Elizondo, atento al juego, no lo vio, pero sí Medina Cantalejo, cuarto árbitro, que le avisó. Zidane fue expulsado. El final de su carrera se adelantó diez minutos. El premio a mejor jugador de la Copa del Mundo, quizá el Balón de Oro y el FIFA Player del año, como broches de su carrera, también. El partido llegó a los penaltis y ganó Italia, y todos los honores del partido y del año fueron para Cannavaro, capitán de la Italia vencedora. Fue un triste final para un jugador grandioso.

Desaparece el Atlético Tetuán (1956)

El Atlético Tetuán fue el gran club español del norte de África, el único que alcanzó la categoría de Primera División. Fue creación casi personal de Fuertes de Villavicencio, militar de carrera, que había sido jugador del Atlético de Madrid y que más adelante llegaría a ser intendente general de la Casa Civil de su Excelencia, el generalísimo Franco. Fuertes de Villavicencio encontró que el servicio militar llevaba a la plaza norteafricana a algunos jugadores de mérito y se le ocurrió crear un equipo «en serio», con esos futbolistas y con cuantos soldados hábiles para ese deporte pudiera enrolar. En recuerdo de sus raíces personales le llamó Atlético y lo vistió de camiseta a rayas rojas y blancas y pantalón azul. En el escudo, no obstante, se veían influencias de José Bacigalupe, uno de sus colaboradores, hincha del Athletic de Bilbao. El 12 de marzo de 1933 fue legalizado el Athletic Club de Tetuán y afiliado a la Federación Hispanomarroquí de Fútbol. El equipo empezó en Segunda Regional su largo peregrinar hacia la cumbre. En la temporada 1948-1949 conseguía el ascenso a Segunda División, al quedar campeón de un grupo en el que tras él se clasificaron: Córdoba, Balompédica Linense, Recreativo, Cádiz, Ceuta, Algeciras, Betis, España de Tánger, Jaén, Iliturgi, Melilla y Larache. Como se puede ver, en ese grupo había, además del Atlético Tetuán, otros tres clubes norteafricanos del Marruecos español como él: Ceuta, España de Tánger y Larache. Tras un año para tomarle el pulso a la categoría, alcanzaba el ascenso a la Primera División, de nuevo como líder de un grupo en el que ahora le seguían Salamanca, Las Palmas, Hércules, Córdoba, Granada, Plus Ultra, Mestalla, Balompédica Linense, Melilla, Cartagena, Mallorca, Levante, Ceuta y Albacete. De nuevo dos norteafricanos en la relación, además del Atlético Tetuán: Melilla y Ceuta. Este segundo ascenso vino acompañado del derecho a entrar en los cuartos de final de la Copa, en los que quedó emparejado nada menos que con el Barça, en el que aparecía entonces un fenómeno llamado Kubala. El partido de ida fue en Tetuán y supuso la mayor fiesta en la historia del club. Marcó primero Kubala pero pronto igualó Chicha, un delantero diminuto (cincuenta kilos) pero de exquisita clase. Luego, Kubala otra vez y César elevarían el marcador a 1-3. A la vuelta, 4-1, con nuevo gol de Chicha, de penalti, para salvar la honrilla. Chicha tiraba los penaltis muy suaves, colocados. Ramallets, portero del Barça, le quiso felicitar, pero él en principio salió huyendo porque creyó que le quería pegar. Chicha gustó tanto que el Barça hizo una oferta por él, pero a él le horrorizaba salir de su tierra y ni quiso oír hablar de ello.

La aventura en Primera duró solo un año, en el que el Atlético Tetuán ganó siete partidos y empató cinco. No mucho más tarde, el proceso de descolonización acabaría con su existencia. El 13 de enero de 1956 el Consejo de Ministros de España acordó la negociación con Marruecos, que se culminó en abril de ese año. El Marruecos español dejó de ser tal, lo mismo que el Marruecos francés. Y el 10 de julio de ese mismo año la directiva del Atlético Tetuán firmaba su disolución, fusionándose con el Ceuta, que pasó a llamarse Atlético Ceuta. Atrás quedaban veintitrés años felices en los que en el equipo llegaron a militar jugadores tan destacados luego en el fútbol nacional como los hermanos Lesmes y Matito, y un ascenso glorioso a Primera División, que dio lugar a que los mejores jugadores del país, los Kubala, César, Molowny, Zarra, Ben Barek, Arza, Puchades, Gaínza y demás, pasaran por el Sania Ramel, el campo de fútbol de los tetuanís.

¡España ha ganado la Copa del Mundo!

(2010)

España fue al Mundial de Sudáfrica bajo los mejores auspicios. Así que el primer partido, ante Suiza, se esperaba con máximo optimismo, pero... El equipo jugó bien, tuvo el balón (73 por ciento de posesión), remató veintitrés veces (seis a puerta, dieciséis fuera y una al palo), pero no pudo marcar. Suiza, en un balón largo de su portero seguido de una jugada desdichada en la que el balón rebotó en tres culos, sí marcó. Perdimos 1-0. Sorpresa mayúscula y Luis Aragonés, que llevaba dos años sin hablar con la prensa, se mete entre un corro de periodistas al salir de la cabina de Al Yazira, televisión para la que comentaba, y dice: «Esto se veía venir». Y desarrolla una larga crítica a Vicente del Bosque.

Todo es confusión. El equipo gustó pero perdió. ¿Qué hacer? Del Bosque cambia varias cosas, deja a Xavi como único verdadero especialista en el toque y afronta así el partido ante Honduras, que se gana 2-0, ambos goles de Villa. Esta vez es al revés: críticas al juego pero calma por el resultado. Ante Chile vuelve Iniesta y España gana por 2-1, goles de Villa e Iniesta. Mejor, pero sigue sin ser España. En octavos Portugal, con la amenaza de Cristiano Ronaldo. Pero se le anula bien, Portugal no muestra gran cosa y España gana 1-0, otra vez con gol de Villa. El juego no ha sido bueno, la insistencia en alinear a Torres, que llegó al Mundial tras salir del quirófano, empieza a crear debate. De hecho, España se hace con el partido cuando Llorente (magnífico) sustituye a Torres. Ya estamos en cuartos. El país respira.

En cuartos, un hueso, Paraguay. Es una Selección de tremenda fortaleza y disciplina, virtudes enriquecidas por la buena técnica sudamericana. España sufre, otra vez con Torres en el equipo titular. Paraguay es una roca. Marca con un gol que se anula por un fuera de juego muy ajustado. Luego dispone de un penalti, que para Casillas. Al final, llega el gol de España, con Cesc en el campo, asociándose con Xavi, Iniesta y Pedro. Son buenos minutos de España, que gana y sale vivificada de la tremenda prueba.

Semifinal: Alemania, día de San Fermín. Esta vez sin Torres; en su lugar, Pedro. El partido es un baile, los cinco buenos de la oficina chuleando a los cinco malos. Alemania queda borrada por esa avalancha de juego, que se queda sin más premio que un grandioso cabezazo de Puyol a la salida de un córner. Pero basta. España ya conquista y enamora. En la final, contra Holanda, somos favoritos.

Los elegidos para ese día son: Casillas; Sergio Ramos, Puyol, Piqué, Capdevila; Xabi Alonso, Busquets; Pedro, Xavi, Iniesta y Villa. Torres y Silva entrarán hacia el final del partido, por Villa y Pedro, como refrescos para la prórroga. Marchena entró ya al final de la misma, por Xabi Alonso. El partido es duro. Holanda pega mucho y el árbitro, Webb, lo consiente. España no termina de hilar su fútbol, aunque controla el partido. Dos escapadas de Robben crean pánico, pero Casillas, otra vez héroe, las resuelve. Aun así, el gol no llega y vamos a la prórroga. Y cuando estamos a cuatro minutos de los penaltis, por fin llega el gol. Iniesta, el mismo con cuyo gol comenzó este ciclo glorioso en Mánchester, caza una media volea en el área y marca cruzado. Es el éxtasis. Blatter entrega la copa a Casillas, que la alza emocionado mientras España baila en la calle. Luego le dará a su novia, Sara Carbonero, el beso más sonado de la historia del fútbol. El día siguiente, un millón de personas recibe a la Selección en Madrid. La explosión de alegría popular no admite comparación con nada. España ya está entre los grandes.

El triunfo de la Francia multicolor

(1998)

En la Selección francesa habían aparecido desde mucho tiempo atrás jugadores de varias razas, particularmente de origen magrebí o sub-saharianos, pero a mediados de los noventa ya llegaron a ser mayoría. La causa no era solo el aumento de la variedad racial del país, sino el hecho de que los muchachos de las razas desfavorecidas se criaban en barrios difíciles, donde había más tiempo para jugar al fútbol y más dificultades a superar, lo que forjaba sus voluntades. A eso habría que añadir la facilidad de la raza negra para el fútbol. El caso es que la Selección llegó a irritar al líder de la extrema derecha, Jean-Marie Le Pen, presidente del Frente Nacional, que en junio de 1996, en una fiesta de su partido, en Saint Gilles, sacó los pies por alto: «Es artificial que se haga venir a extranjeros y luego se les bautice como equipo de Francia». Calificó a esos jugadores como «representantes del papeleo» y prometió revisar su situación cuando llegara a la presidencia. Además se quejó de que no cantaban *La marsellesa* antes de los partidos, «no sé si porque no quieren o porque visiblemente la desconocen».

Aquello levantó polvareda, y la insistencia de Le Pen en los mismos conceptos hizo que los jugadores pidieran el voto contra él. Aunque había una gran variedad de orígenes entre los futbolistas, la verdad es que todos habían nacido en la metrópoli o en las colonias, con la única excepción de Desailly, nacido en Ghana y nacionalizado. Este grupo ya había ganado la Eurocopa de 1996, en Holanda y Bélgica, cuando abordó el Mundial de 1998, que se disputaba en el propio suelo francés. Para horror de Le Pen, en el grupo final de veintidós seleccionados solo había ocho jugadores que Le Pen pudiera considerar franceses puros, hijos de padre y madre franceses, y de raza blanca. El resto eran descendientes de árabes, caribeños, suramericanos, africanos, caucásicos y hasta uno procedía del sur del Pacífico, el canaco Christian Karembeu. Pero resultó ser una buena Selección, que fue superando rivales al compás del estupendo juego de su cerebro, Zinedine Zidane, marsellés del barrio de La Castellane, de padres argelinos. Uno de esos barrios en los que la policía no se atreve a entrar. El propio Zidane, tan comedido siempre en todo, llegó a tomar la palabra en el largo pleito entre Le Pen y la Selección: «Soy francés. Mi padre es argelino. Estoy orgulloso de ser francés y estoy orgulloso de que mi padre sea argelino».

La final fue ante Brasil. Y aquel fue el día en que Ronaldo sufrió unas extrañas convulsiones durante la mañana del partido que asustaron a Roberto Carlos, su compañero de habitación. Se le llevó a una clínica, se le observó con cierta profundidad y finalmente los médicos del equipo le dieron permiso para jugar, un poco por su insistencia. Al descanso llegó ya con dos a cero, tantos ambos marcados por Zidane, en una especialidad no muy suya: rematando de cabeza sendos córneres. Brasil atacó durante toda la segunda mitad, pero quien marcó, en el último minuto, fue Francia, por medio de Emmanuel Petit, blanco y rubio, uno de los que aprobaría Le Pen. Era la primera vez que los *bleus* ganaban esta Copa, inventada tantos años atrás por un visionario francés, Jules Rimet.

La victoria produjo en Francia un estallido de alegría sin precedentes, con millones de personas en los Campos Elíseos festejando el éxito de lo que Chirac llamó: «Esta Francia multicolor y ganadora...». Fue la mayor manifestación contemplada jamás en el país, a despecho de la falta de «pureza de sangre» de los héroes del balón. Francia se reconoció explícitamente a sí misma como una comunidad multirracial.

Echa a rodar la Copa del Mundo (1930)

Jules Rimet, presidente de la FIFA, asistía desde hacía tiempo al rechazo que en el mundo olímpico empezaba a tener la competición de fútbol por las acusaciones (fundamentadas) de profesionalismo que caían sobre este deporte. De hecho, a los de 1928 muchas selecciones (entre ellas España) ya no enviaron a su mejor equipo, sino uno realmente *amateur*, en el que no estaban los mejores. Otras fueron con profesionales encubiertos, lo que haría que para 1932 no se aceptara la inscripción del fútbol. Así que Jules Rimet concibió la idea de que este deporte tuviera su propia Copa del Mundo, al margen de los JJ OO. Sería también cada cuatro años, pero a contrapié con los Juegos, los años pares no bisiestos. En el Congreso de la FIFA de Barcelona, los días 18 y 19 de mayo de 1929, sacó adelante su idea. Como Uruguay había ganado los dos últimos torneos olímpicos, los de 1924 y 1928, con un fútbol que asombró a todos, consiguió que las otras aspirantes (España, Holanda, Italia y Hungría) retiraran su candidatura. La decisión era justa, pero penaría por ella.

Porque a la hora de la verdad Europa falló. Aunque Uruguay ofreció unas magníficas condiciones: pagaba el pasaje en primera clase, y el alojamiento y comida una vez en Uruguay para la expedición completa por los días precisos más ocho complementarios, más una dieta de dos pesos diarios por persona durante la travesía y cuatro durante el campeonato. Aun así, solo, y gracias a los esfuerzos de Rimet, asistieron cuatro equipos europeos: Francia, Bélgica, Rumanía y Yugoslavia. Uruguay, que celebraba su centenario como país, recibió el desplante general como una bofetada.

Sobre todo sentaron fatal las ausencias de España e Italia, países de procedencia de gran parte de su población. Sí fue masiva la presencia de Selecciones americanas: México, Argentina, Chile, Bolivia, Brasil, Perú, Paraguay, Estados Unidos y, por supuesto, Uruguay.

Así que todo siguió adelante. Uruguay construyó un gran estadio con capacidad para 80 000 espectadores, llamado Centenario, que desgraciadamente no se pudo utilizar en la jornada inaugural. Las fuertes lluvias de esos días tenían inundado el campo, recién sembrado, y tampoco habían dejado que se secase del todo el cemento. El partido inaugural, pues, fue trasladado al campo de Pocitos, también en Montevideo, y allí inauguraron la competición Francia y México. El primer saque lo hizo el mexicano Dionisio Mejía, entregando en corto a su compañero José Ruiz. El primer gol lo marcó el francés Laurent (que hasta pasados los ochenta seguía jugando al fútbol en un equipo formal, con amigos) en el 19'. Ganó Francia por 4-1. El Centenario podría por fin inaugurarse cinco días después, en el Uruguay-Perú (1-0).

A la postre, el torneo resultó bien. Lo ganó Uruguay, lo que venía a suponer, en puridad, su tercer título mundial consecutivo, pues hasta entonces el torneo olímpico había sido considerado como tal. Pero quedó muy herido por la ausencia de europeos y respondería no viajando a los de 1934 (Italia) y 1938 (Francia). Volvería en 1950, al de Brasil, que también ganó con el célebre «Maracanazo», lo que elevó al máximo su leyenda de invencibilidad.

Por cierto, en la final, Uruguay-Argentina, al árbitro, el belga Langenus, le volvieron loco en los prolegómenos. Cada equipo quería un balón distinto. Se decidió utilizar uno en cada tiempo. La primera parte, con balón uruguayo, la ganó Argentina, 1-2. En la segunda, con balón argentino, Uruguay le dio la vuelta hasta el 4-2 definitivo.

Honduras-El Salvador: la guerra del fútbol

(1969)

La fase de clasificación para el Mundial de 1970, que había de disputarse en México, enfrentó a Honduras (donde jugaba el atlético Cardona, un interior-extremo de mucha clase) y a El Salvador dentro de la zona de la Concacaf, la confederación que aglutina a las federaciones de Centro, Norteamérica y el Caribe. Era un momento delicado en las relaciones entre ambos países. En aquellos años trabajaban en Honduras unos 100 000 salvadoreños, generalmente en el campo, como peones muy mal pagados. Más necesitados, toleraban abusos de los terratenientes que los campesinos hondureños se resistían a permitir. Y los campesinos hondureños les acusaban de que les quitaban el trabajo o de que producían el efecto de que hubiera salarios muy bajos para los que lo conseguían. Así que no había relaciones de buena vecindad entre ambos países cuando les tocó enfrentarse a sus dos Selecciones, con la presencia en la próxima Copa del Mundo, a disputar en México, en juego. Los partidos de ida y vuelta se jugaron en sendas calderas apasionadas, pero no resolvieron la eliminatoria. Todo quedó pendiente de un desempate, que se jugó en México en esta fecha.

Se mascaba la tragedia, ganara quien ganara. Pero sobre todo si el que ganaba era El Salvador, como así fue, por 3-2. La alegría de los salvadoreños, particularmente la de los que vivían en penosas condiciones en Honduras, fue inmensa, pero les salió cara, porque al momento se produjo una tremenda persecución. En Honduras corrió un dicho popular: «Hondureño, toma un leño y mata a un salvadoreño». La policía hondureña hizo en muchas partes la vista gorda con la violencia. En otros lugares, zonas rurales sin gran presencia de fuerzas del orden, la situación se hizo incontrolable. En protección de sus ciudadanos desplazados en el país vecino, El Salvador desplegó sus fuerzas en la frontera, dispuesto a una invasión, y bombardeó el aeropuerto de Tegucigalpa. Comenzó una guerra en toda regla, con intervención de los dos ejércitos que, afortunadamente, duró poco. La Organización de Estados Americanos consiguió detenerla a los cuatro días de comenzar, pero para entonces el conflicto ya había producido 2000 muertos.

En definitiva, El Salvador jugó la fase final de México-70, pero el suyo no fue un gran desempeño. Cayó en el grupo de México, la URSS y Bélgica, y fue el primer equipo que se marchaba de una fase final de la Copa del Mundo sin haber conseguido ni un solo gol. Perdió los tres partidos, encajó nueve tantos y regresó. No tenía ningún jugador notable, no dejó nada para recordar de su paso por México. Pero al menos había dado a sus paisanos, particularmente a los trabajadores de los campos hondureños, la satisfacción de ser el primer equipo centroamericano que participaba en una fase final de la Copa del Mundo.

¡Envían a la Juventus a Segunda!

(2006)

El fiscal de Turín, Raffaelle Guariniello, implacable perseguidor del dopaje en Italia, se encontró, a través de unas escuchas telefónicas relacionadas con una de sus investigaciones en esa área, con algo que no buscaba: con una red de corrupción del arbitraje en el fútbol, centralizada en la inquietante figura de un tal Luciano Moggi, secretario general de la Juventus. Moggi era un revisor de tren que poco a poco, a base de desenvoltura y relaciones, había escalado a una alta posición en el fútbol, hasta hacerse con ese cargo en la Juventus. Tenía contactos en el mundo de la designación de los arbitrajes, en Italia e incluso en la UEFA, y recababa para su equipo los que entendía que más podían favorecerle.

El escándalo salta en mayo, muy próximos ya al comienzo de la Copa del Mundo. La investigación va implicando progresivamente a más árbitros, más equipos, más partidos. La Juventus ha sido campeona del Scudetto el año anterior, y lo repetirá este, pero se extiende la ominosa conciencia de que muchos de sus partidos están trucados. La prensa y la televisión informan un día y otro, mientras el caso se va agrandando como una bola de nieve. Por el camino surgen escuchas que implican al propio seleccionador, Lippi, que estaría al servicio de una poderosa agencia de representación de jugadores llamada GEA. Según indican algunas de las escuchas, Lippi habría presionado a jugadores para que firmaran por esa agencia. A cambio, les incluiría en la Selección.

La sentencia es dura. Se desciende a Segunda a la Juve, la Fiorentina y el Lazio, y el Milán pierde su puesto para la Champions por los puntos que le restan. Ocho dirigentes de clubes y dos de la Federcalcio sufren penas temporales de inhabilitación, entre otros, Galliani, el célebre brazo derecho de Berlusconi en el Milán. Cae todo el Comité de Designación, tres árbitros y dos asistentes. De rebote, el Inter gana la Liga. En Italia la noticia es una bomba porque nadie esperaba que se llegara tan lejos. La Juventus es el club favorito de Italia y jamás había jugado en Segunda. El día siguiente de la sentencia hay manifestaciones en toda Italia a favor de la Juve, que se entiende que ya se había redimido expulsando previamente, cuando estalló el escándalo, a Moggi, que según los más crédulos habría actuado por su cuenta.

Se presentan los consiguientes recursos y las penas son reducidas en una pequeña proporción. El 25 de julio se anuncia la sentencia definitiva del Comité de Apelación. A todos los equipos les quitan menos puntos y Fiorentina y Lazio salvan la categoría. Pero ni el Milán recupera su puesto para jugar la Champions ni la Juve es repuesta en la Primera. Se le dan por no ganados los dos últimos títulos y empezará en Segunda con una puntuación de menos diecisiete puntos. La Juve liquida buena parte de sus jugadores (Cannavaro, flamante campeón del mundo, y Emerson vienen al Madrid, junto a Capello, que también escapa de allí, Thuram y Zambrotta se van al Barça...), y con un equipo renovado logrará el ascenso a Primera, a pesar de ese hándicap de diecisiete puntos negativos de salida. Su paso de un año por la Segunda será una bendición para la categoría, porque llenará los campos y mejorará mucho los ingresos televisivos.

Maracanazo
(1950)

El primer Mundial tras la guerra se jugó en Brasil, que se lo tomó en serio. Levantó un fabuloso estadio, Maracaná, con 464 650 toneladas de cemento, 1275 metros cúbicos de arena, 3933 metros cúbicos de piedra, 10 597 toneladas de hierro, 55 250 metros cúbicos de madera y un ejército de obreros que tuvo que empezar por extraer, mover y nivelar 50 000 metros cúbicos de tierra. Todo era poco para preparar bien la mayor fiesta tras la más terrible de las guerras. Y también preparó un gran equipo. Fue contando los partidos por goleadas hasta llegar al último, ante Uruguay. No exactamente una final, pero como si lo fuera, porque el título se resolvía en una liguilla entre los cuatro que habían sobrevivido hasta ahí (entre ellos España, que al final fue cuarta) y al último día llegó Brasil con dos victorias y Uruguay con una victoria y un empate. De modo que Brasil era campeón con empatar o ganar. Uruguay, solo si ganaba. El día de la final los periódicos tenían preparadas las portadas, ¡Brasil Campeão do Mondo!, y los dedos sobre las rotativas para arrancar cuanto antes. Millones de objetos con esa leyenda atestaban cientos de almacenes, listos para ser vendidos nada más acabar el partido.

Pero Uruguay defendía una leyenda de invencibilidad. Había ganado el campeonato olímpico de 1924 y 1928, y el Mundial de 1930. A los de 1934 y 1938 no había acudido, en respuesta despechada a la ausencia de muchos equipos europeos a aquel primer Mundial de 1930, que se jugó en Uruguay.

Un rugido como de terremoto se percibía en el vestuario de Uruguay, donde los jugadores estaban atemorizados. Hasta que se levantó Obdulio Varela, *el Negro Jefe*, y les arengó: «Hay doscientos mil gritando allá arriba, pero son de palo. Abajo solo hay once, como nosotros. No miren arriba ni a los lados, miren solo al frente». Y salieron a jugar: Máspoli; Matías González, Tejera; Gambetta, Obdulio Varela, Rodríguez Andrade; Ghiggia, Pérez, Míguez, Schiaffino y Morán. En el primer tiempo cumplieron. Al descanso se llegó cero a cero. Los brasileños eran campeones con ese resultado, pero no estaban conformes: «Esa gente no ha venido a vernos empatar, ha venido a vernos golear». Salieron como furias y, a los dos minutos, gol de Brasil, y pareció abrirse la tierra. Ahí fue cuando el Negro Jefe cogió el balón bajo el brazo y fue despacio al linier, luego al árbitro, a reclamarles algo con gestos. La curiosidad enfrió el ambiente. Entonces les dijo a sus compañeros: «Ya los hemos calmado, ahora vamos a ganarlos». Se reanudó el juego. Brasil, anticipando el título, empieza con florituras. Uruguay juega serio, Ghiggia gana todas en su banda, donde se hace un *picnic* con Bigode. En una de sus escapadas, centro atrás y gol de Schiaffino. Era el minuto 65. Brasil trata de retomar el hilo de su mejor juego, pero no le sale. En el 83', otra jugada idéntica, Ghiggia que se va y cuando el meta Barbosa espera el centro atrás, escoge tirar raso y duro por el primer palo. Gol. Silencio en Maracaná. («Solo Sinatra, el papa Juan XXIII y yo hemos hecho callar a Maracaná», repite jocosamente Ghiggia desde entonces.) Brasil insiste, pero no hay manera. ¡Piiiii, piiiii, piiiii...! El partido termina 1-2, Uruguay es campeón.

Nadie se lo explica, nadie se remueve, nadie reacciona, nadie recuerda el protocolo. Jules Rimet baja al césped y le da la copa a Obdulio Varela, el gran capitán, al que entresaca del pequeño barullo de abrazos de la delegación uruguaya. La gente empieza a desfilar a la media hora. Flávio Costa, el seleccionador, quedó encerrado dos días en el campo. Solo entonces salió, disfrazado de mujer. Barbosa quedó maldito para los restos. En 1993 pretendió visitar a la Selección de Brasil en su lugar de concentración y no le dejaron entrar. «La pena máxima en Brasil es de 30 años, y yo llevo 43 pagando por un crimen que no cometí», se quejó. La vida fue dura con él. Hasta el final de sus días trabajó como cuidador del campo de Maracaná.

El primer campeón continental (1916)

«En fútbol, el Viejo Continente no es Europa, es América», dijo en cierta ocasión Blatter, en un viaje por allí. Y tenía su motivo y su razón. Aunque el fútbol nació en Inglaterra, llegó a América casi al mismo tiempo que a las costas europeas, y allí arraigó desde el primer momento con enorme fuerza. Tanto, que desde 1916 existe el Campeonato Suramericano de Fútbol, Copa América, como se llama la competición que enfrenta a las Selecciones americanas por el título continental. En las mismas fechas (el torneo empezó el día 2 y el acto de fundación tuvo lugar el día 9) se constituyó formalmente la Conmebol, o Confederación Sudamericana de Fútbol. La UEFA no nacería hasta mucho más tarde. La lejanía de la sede central de la FIFA impulsó a los suramericanos a organizarse mucho antes.

Aquel campeonato, que en tanto se adelantó a Europa (aquí no tuvimos nuestra Eurocopa hasta 1960), echó a andar con cuatro Selecciones: Chile, Argentina, Brasil y Uruguay, y se jugó por sistema de liguilla, todos contra todos, en Buenos Aires. En el primer partido, Uruguay ganó a Chile 4-0, y los chilenos pretendieron impugnar el partido porque Uruguay había alineado a «dos africanos». Se refería a Delgado y Gradín ambos de raza negra. El segundo de ellos había marcado dos de los goles (los otros dos los había hecho el célebre y ya mencionado Piendibene) y era un prodigio físico, que llegó a ser campeón suramericano de los 400 metros. El poeta peruano Juan Parra del Riego le dedicaría un bello poema titulado «Polirritmo dinámico». La delegación uruguaya acreditó que tanto Isabelo

Gradín como Juan Delgado eran naturales de Uruguay, y por tanto su alineación era correcta. El asunto, no obstante, despertó sus discusiones en un mundo aún absolutamente dominado por los blancos, en un período en el que solo hacían deporte las clases dominantes.

Uruguay ganó también a Brasil, 2-1. Argentina, por su lado, ganó a Chile (6-1) y empató con Brasil (1-1). A su vez, Chile y Brasil empataron (1-1). El último día, en un ambiente apasionado, Argentina, local, y Uruguay se jugaban el título. Argentina necesitaba ganar, a Uruguay le bastaría con empatar. El partido estaba concertado en las instalaciones de Gimnasia y Esgrima, pero ante el tumulto de gente que pretendía entrar se decidió aplazarlo un día. La multitud, enfurecida, quemó las tribunas. El partido se disputó, con extraordinarias medidas de orden público, el día siguiente, en el estadio del Racing Club, ante 17 000 espectadores. Terminó con empate a cero, lo que proclamaba a Uruguay como primer campeón suramericano, primer campeón continental de la historia.

Y a Isabelo Gradín, con tres goles, como máximo realizador. Y Juan Delgado, el otro jugador negro, fue, según todas las crónicas, el mejor del partido desde su posición de medio centro.

Aquella primera Copa fue un gran comienzo. Luego ha seguido disputándose con cierta regularidad, se fueron sumando los demás países y fue cambiando de escenario. Y cuando se disputó en Venezuela, en 2007, completó el recorrido por todos los países del subcontinente americano.

El gol más famoso de Piendibene (1926)

Mediados los años veinte, Zamora era una celebridad mundial a la que en todas partes querían ver, así que su club, el Espanyol, le sacaba el mejor rendimiento posible. En el verano de 1926, el club se fue de gira por Suramérica, no sin cierta polémica previa. No mucho antes, una buena Selección vasca había hecho lo mismo, con malos resultados. El fútbol en Suramérica, particularmente en las orillas del río de la Plata, se había desarrollado mucho y se temía una cadena de derrotas humillantes. Pero confiado en Ricardo Zamora, reforzado por algunos jugadores cedidos por otros equipos y tentado por la oferta económica, que era muy buena, el Espanyol fue hacia allá. Los refuerzos eran Esparza, del Tolosa, Cubells, del Valencia, Urquizu, de Osasuna, y Quesada, Escobal y Félix Pérez, del Madrid.

La cosa empezó en Buenos Aires con doble partido ante Boca Juniors. El primero lo gana el Espanyol, de nuevo por «uno a cero y Zamora de portero», como se decía entonces. La revancha deja un empate a uno, con penalti para los argentinos. Las recaudaciones son colosales. Zamora ha justificado largamente el mito. Luego de un empate a dos con la Selección argentina y una derrota en Rosario, consecuencia de la fatiga, el Espanyol salta a Montevideo para jugar sucesivamente con los dos grandes equipos de la ciudad, el Nacional y el Peñarol.

Ante el Nacional, que tenía a seis de los titulares del equipo campeón olímpico de 1924, gana el Espanyol por 1-0, gol de Yurrita, con Zamora otra vez prodigioso. El estadio estuvo repleto, con el presidente de la

República en el palco de honor. Para el siguiente partido, cuatro días después, ante el Peñarol, la expectación sube aún más de tono. ¿Podrá hacer el Peñarol lo que no pudo hacer el Nacional? ¿Podrá marcarle un gol a Zamora? La rivalidad entre ambos clubes en aquellos tiempos era terrible, hasta el punto de que habían dado lugar a una fractura en el fútbol del país. La Selección que viajó a los JJ OO de 1924 para ganar el oro estuvo formada en su gran mayoría por jugadores del Nacional y no tuvo ninguno del Peñarol como consecuencia de aquella escisión. Eso había robado la gloria a algunas de las grandes figuras del equipo aurinegro, particularmente a su delantero centro Piendibene, una estrella nacional que había marcado el primer gol en un Campeonato Suramericano, el de 1916. Piendibene, apodado el «Maestro», era un jugador señor, muy respetado, técnico, serio y deportivo. Había sido decisivo para que Uruguay conquistara los campeonatos suramericanos de 1916 y 1920.

Y Piendibene lo hizo. El Peñarol ganó por 1-0, con gol de Piendibene, que desató el júbilo entre su hinchada, que consideró este logro como un éxito internacional al nivel del que habían conseguido sus rivales del Nacional en los JJ OO de París. Piendibene fue alzado a hombros, el periódico *El País* le regaló la medalla de oro que se le había prometido a quien lo consiguiera y poco después un grupo de hinchas adinerados le compró una casa ante su inminente boda. La noticia llegó a España y rebotó por todo el mundo: un chalé como premio por haberle marcado un gol a Zamora. Aquel hecho alimentó aún más el mito y unió para siempre en las mentes de muchos los nombres de Piendibene y Ricardo Zamora.

Por su parte, el Espanyol volvió, después de dieciséis partidos, con ocho ganados, tres empatados y cinco perdidos, agotado pero satisfechísimo, y con 250 000 pesetas de ganancias. Un dineral para la época, si se piensa que el traspaso de Zamora al Real Madrid, cuatro años más tarde, se hizo por 150 000 pesetas.

¡Bombazo! Corea elimina a Italia (1966)

Fue la primera verdadera gran sorpresa de un Mundial, la primera victoria del tercer mundo futbolístico sobre el primero. Corea del Norte había llegado sin necesidad de hacer otra cosa que eliminar a Australia, porque solo se habían apuntado cinco equipos asiáticos. Israel y Siria fueron colocados en la zona europea, Filipinas fue rechazada por deudas en sus cuotas con la FIFA y Corea del Sur se retiró. Así que sin más enemigo que Australia, a la que ganó los dos partidos, Corea del Norte se plantó en Inglaterra. Le cayó el grupo de la URSS, Chile e Italia. Empezó con una derrota por 3-0 ante la URSS, pero impresionó su movilidad. El español Gardeazábal, que arbitró, hizo una broma a la que hoy se le verían tintes racistas: «No sé si es que cambian a los once en el descanso, ¡como todos parecen iguales!». El caso es que el segundo partido lo empataron con Chile, lo que ya fue una sorpresa. El tercero lo jugaban con Italia, que a su vez venía de ganar a Chile y perder con la URSS. Tenía un equipo con grandes figuras: Albertosi, Salvadore, Facchetti, Mazzola, Rivera…

Italia era favorita. Perder con la URSS cabía entre lo previsible: la URSS había sido campeona de la Eurocopa en 1960 y subcampeona en 1964, pero perder con Corea no se lo imaginaba nadie. Así que incluso reservó a algún jugador para que se recuperase de sus golpes. De todos modos, el equipo que saca no es ningún saldo: Albertosi; Landini, Guarneri, Janich, Facchetti; Bulgarelli, Fogli; Perani, Mazzola, Rivera y Barison. Corea tiene una alineación de puros desconocidos, entre los que uno, Pak

Doo Ik, está llamado a ser célebre en el mundo entero al día siguiente por su gol, el *gol partita*, como lo llaman en Italia, el único gol del partido. Un contraataque rápido, una llegada por el callejón del ocho y un tiro cruzado a la derecha de Albertosi, raso y duro, al que el portero no llega. Para entonces Italia ya jugaba con diez, por lesión de Bulgarelli, el capitán.

El segundo tiempo es un frontón. Italia va y va y no encuentra el gol. Los defensas coreanos ganan siempre el último balón por milímetros, o el remate se va por poco, o Lee Chang-Myung, un gato en la portería, salva lo imposible. Bajito, elástico, es la pesadilla italiana, sobre todo en un remate de Rivera que parece imparable. El resultado final resulta increíble: 0-1. Corea pasa como subcampeona de grupo, junto a la URSS. Italia y Chile se marchan. La prensa italiana clama: «¡Vergogna!». El viaje de regreso se hace por Génova, tratando de regatear a los *tifosi*, pero se sabe y se les recibe a tomatazos. Mientras, Corea, que no tenía reserva preparada, es hospedada por una orden religiosa para seguir en la competición.

En cuartos, Corea se enfrenta a Portugal y la bomba amenaza con hacerse aún mayor: en el minuto 24 resulta que los coreanos ganan ya por 0-3. ¿Será posible? Entonces surge Eusébio, el hombre al que Oliveira Salazar declaró dos años antes «Patrimonio del Estado» e impidió que se fuera a la Juventus. En el descanso, ya ha marcado dos goles. Dos a tres. Luego, otros dos, cuatro a tres. José Augusto, en el 79', cerrará el partido: 5-3. Corea se marchaba, pero rodeada de gloria, no como Italia. En su país fueron recibidos como héroes.

Aunque años después, cuando el Mundial de Corea (del Sur) y Japón, se supo que la vida no había tratado demasiado bien a Pak Doo Ik, el dentista que en aquel lejano 1966 alcanzó gloria universal al apartar del Mundial a la Selección italiana. A partir de aquello, Italia cerró durante algún tiempo la importación de extranjeros, como había hecho España a raíz de su fracaso en 1962.

Eusébio es declarado por Oliveira Salazar «Patrimonio del Estado»

(1964)

Al terminar la temporada 1963-1964, la Juventus estaba preocupada por el ascenso de nivel del Inter y del Milán, que la estaban desplazando del foco europeo. Los dos habían ganado ya la Copa de Europa: el Milán el año anterior, en la final ante el Benfica, y el Inter la última, en final ante el Real Madrid. El Milán tenía una gloriosa figura en Rivera, el Inter tenía dos, Luis Suárez y Mazzola, además de al polémico Helenio Herrera, que había armado un equipo defensivo y vencedor. En la Juventus, Omar Sívori envejecía, hacía falta una estrella para recuperar el primer plano. Para conseguir, por fin, la Copa de Europa que los rivales milaneses ya tenían.

Y la Juve pensó en Eusébio, el fabuloso jugador portugués. Procedente de Mozambique, entonces provincia portuguesa, había fichado por el Benfica tras un duro pleito con el Sporting de Lisboa, y había demolido al Madrid en la final de la Copa de Europa de 1962, con dos goles que le hicieron alcanzar celebridad máxima. Era, en realidad, el gran jugador europeo del momento, justo lo que necesitaba aquella Juve para reactivar la ilusión. La oferta al Benfica fue tremenda. El fútbol italiano era entonces el más rico con diferencia y se atrevía a todo. En esos mismos años se había llevado en dos temporadas a Luis Suárez, del Barcelona, a Luis del Sol, del Real Madrid, y a Joaquín Peiró, del Atlético.

La pretensión fue una bomba en Portugal. La oferta era tal que el Benfica no se decidía a rechazarla, y mucho menos dado que Eusébio quería irse, pues sus ingresos se multiplicaban por cuatro. En medio de una fuerte convulsión nacional, el presidente-dictador, António de Oliveira Salazar, invita a comer a Eusébio en su propia residencia oficial. Sin más preámbulos le espeta: «Usted no puede irse al extranjero. Entienda que usted es un patrimonio del Estado». Eusébio no se corta y replica: «¿Y cómo es que siendo patrimonio del Estado tengo que pagar impuestos?». Pero Oliveira Salazar rechaza la réplica con un movimiento suave de la mano y se pone a hablar con él de fútbol, como si el tema central estuviera consumido. Y, efectivamente, lo estaba. Eusébio no quiso hacer ninguna nueva reivindicación, admirado, según dijo luego, por la personalidad y por los conocimientos de fútbol del dictador.

Así que se quedó en Portugal y dos veranos después contribuyó a que el equipo nacional fuera tercero en la Copa del Mundo, con nueve goles suyos, que le hicieron máximo goleador. Entonces le llegó una oferta del Inter, que esta vez sí pudo aceptar. (El verdadero miedo de Oliveira Salazar era que Eusébio dejase de participar en la Copa del Mundo de 1966.) Sus méritos en aquel Mundial le abrieron el permiso. Eusébio firmó por el Inter, le encontraron casa, estaba dispuesto a irse… y, en eso, una disposición de la Federación Italiana de Fútbol cerró temporalmente la entrada de jugadores extranjeros y la operación se frustró.

Así que el genio portugués, la «pantera negra», se quedaría en Portugal hasta 1975, cuando se marchó al fútbol norteamericano. Con su Benfica ganaría el Balón de Oro de 1965 y la Bota de Oro en 1968 y 1973, con 43 y 40 goles respectivamente. Cuando por fin salió de Portugal para jugar en Norteamérica y en México, había sufrido seis operaciones en la rodilla izquierda y una en la derecha, tenía treinta y dos años y había sido, sí, como dijo Salazar, un «Patrimonio del Estado». Hoy, una estatua suya, apoyado sobre una rodilla, con un balón entre una mano y el suelo y una hoja de laurel elevada al cielo con la otra, adorna la entrada principal del campo del Benfica.

Primera apertura de extranjeros en la Liga (1933)

El Reglamento del profesionalismo aprobado en España en 1926 establecía en su artículo 23 que los jugadores extranjeros podrían actuar en los clubes españoles solo como aficionados. Para jugar como profesionales en los campeonatos oficiales tendrían que estar inscritos antes de la fecha de entrada en vigor de este Reglamento, y solo podrían alcanzar esa condición después de haber pasado dos años de residencia en nuestro país. Así estaban las cosas cuando empezó la Liga en la temporada 1928-1929 (si bien todos los partidos se jugaron en el año 1929). Así que el campeonato empezó casi sin extranjeros. Por supuesto, la norma no afectaba a los españoles nacidos fuera, como eran los casos de Sagi-Barba y Ordóñez, o nacionalizados, como René Petit. Al comenzar el campeonato solo había tres extranjeros que habían podido reunir las condiciones requeridas: Saprissa (costarricense), del Espanyol, y Walter, alemán, y Plattko, húngaro, en el Barça. En la primera jornada no jugó ninguno de ellos. Saprissa se alineó en la segunda. Los dos del Barça, más adelante, porque estaban lesionados. Plattko aún arrastraba, cuando comenzó la Liga, la lesión de aquella final de Copa de Santander el año antes, ante la Real, en aquella su tarde heroica que inspiró el poema de Alberti (véase el día 28 de junio). Plattko había llegado al Barça en 1922 en respuesta al regreso de Zamora al Espanyol. Durante los primeros años del campeonato se discutió mucho sobre el incremento de extranjeros. El Barcelona, que era muy partidario, presionó con la compra de dos brasileños, Jaguaré (portero) y Dos Santos, llegados del Vasco da Gama con una gran aureola, pero que solo pudo alinear en amistosos. Jaguaré pretendía suceder a Plattko, ya veterano. Dos Santos, *la araña negra*, había sido mundialista en Uruguay, donde dirigió el juego de Brasil desde el medio campo. Año tras año se rechazaba la apertura, hasta las reuniones habidas en el verano de 1933, en las cuales por fin la insistencia de los partidarios de ella tuvo su premio, y al cabo de tres discutidas y apretadas votaciones (hacían falta dos terceras partes a favor) la asamblea, reunida en la Sociedad Económica Matritense de Amigos del País, la aprobó. Cossío, presidente del Racing y autor de la monumental enciclopedia taurina *Los toros, tratado técnico e histórico*, fue uno de los partidarios más insistentes.

Así que para la temporada 1934-1935 se pudo traer extranjeros. El Madrid incorporó a un meta húngaro, Alberty, buscando el relevo de Zamora, que ya envejecía. El Barça, a otro húngaro, Berkessy, y a un costarricense, Morera. Del mismo país era Quesada, que vino al Espanyol. (Informes de Saprissa en ambos casos, sin duda.) Cossío trajo dos mexicanos a su Racing, Alonso y Fuente. Mexicano también fue el refuerzo del Oviedo, Laviada, y el Valencia completó la lista con un portero tan húngaro como Plattko y Alberty, llamado Acht. Solo ocho refuerzos, solo dos clubes, Barça y Racing, cubrieron el cupo máximo. Ninguno era una gran figura, no vino ninguna de las estrellas del reciente Mundial de Italia. España iba de cara a la Guerra Civil, empezaba a respirarse un ambiente de crisis. Cuando llegó la guerra, casi todos huyeron del conflicto. Al regreso solo quedaba Alberty, que jugó para el Ferrol, finalista de la primera Copa después de la guerra.

Con el tiempo, se han seguido produciendo aperturas y cierres. En la 1947-1948 se abrió (Domingo, Ben Barek, Kubala, Carlsson, Hon, Di Stéfano, Wilkes…), entre 1953 y 1956 estuvo cerrada, luego se abrió de nuevo (Kopa, Puskás, Kocsis, Czibor, Evaristo, Vavá, Mendonça…) hasta 1962. Nuevo cierre hasta 1974 y apertura desde entonces (Cruyff, Netzer, Ayala, Heredia, Pereira, Neeskens, Leivinha, Breitner, Arrúa, Keïta, Carnevali…). Las aperturas estaban limitadas a uno o dos jugadores por club hasta que el tiempo y la sentencia Bosman (véase el día 15 de diciembre) hicieron saltar los controles.

Kopa se convierte en figura publicitaria

(1959)

Raymond Kopa fue el primer gran jugador francés, precursor de Platini y Zidane. Su apellido real era Kopaszewsky y era hijo de emigrantes polacos, mineros en Noeux-les-Mines. Él mismo había sido minero desde los diez años, empujando vagonetas, y había perdido dos falanges del dedo índice de la mano derecha en un accidente en la mina. Fue jugador primero en su pueblo, poco después en el Angers y de ahí saltó al Stade de Reims. Este paso fue su primer choque con una realidad que no le gustaba nada: se enteró entonces de lo que era el derecho de retención, de que era propiedad del Angers de por vida, y de que solo por un gran traspaso podría irse. El traspaso hizo que el Stade de Reims le pudiera pagar mucho menos a él de lo que hubiera esperado.

Bernabéu le enroló para el Madrid en la temporada 1956-1957 y jugó tres años en el club blanco. En los tres ganó la Copa de Europa. Bernabéu le ofreció una renovación por cinco temporadas, pero Kopa tenía nostalgia de Francia, acrecentada cuando en el Mundial de 1958 el equipo del gallo fue tercero, con él en el eje del ataque, como animador e inspirador del juego de la delantera. En el Madrid, la presencia de Di Stéfano le obligaba a jugar de extremo, donde se defendía por su habilidad, pero no se sentía protagonista. El Madrid cargaba más el juego por la banda de Gento y acudía a él cuando el partido ya estaba ganado para que entretuviera el balón con su regate. En Francia, por otra parte, se le añoraba. El Anderlecht belga también se interesaba por él y pagaba mucho. El Stade de Reims deseaba repescarle, pero los ingresos que le proporcionaba el Madrid eran inalcanzables para el equipo de la región del champán.

El asunto fue tema de debate en Francia e incluso en España, hasta que finalmente apareció la manera de completar sus ingresos: un industrial de Angers le propuso dar su nombre a una bebida refrescante y un fabricante textil le ofreció lo mismo para una línea de ropa deportiva, a la que se añadirían botas. Así que había camiseta Kopa, calzón Kopa, medias Kopa, botas Kopa y un refresco para después del partido llamado también Kopa. La afición al fútbol, siempre tradicional, vio de forma desigual esta nueva actividad de su jugador, con el que los públicos se volvieron más exigentes. Ganó de nuevo dos campeonatos con el Stade de Reims, pero empezó a tener problemas con el seleccionador. Al tiempo, cobró un notable liderazgo entre los futbolistas franceses, en lucha contra el sistema excesivamente autoritario de la época. Provocó un gran estallido cuando el 4 de julio de 1963 publicó en *France Dimanche* un explosivo artículo titulado: «Los futbolistas franceses son esclavos». La Federación le cita, y como él se ratifica en todos sus conceptos, le suspende por seis meses. Algunos, por defenderle, tratan de explicar el estallido como producto del mal período que estaba pasando, por enfermedad grave de un hijo, lo que le encolerizó aún más. Kopa acude a la justicia ordinaria, pero los directivos de su club le convencen para que retire el pleito temerosos de que le suspendan de por vida. Cumple la sanción, durante la cual el Stade de Reims baja a Segunda. Ya no volverán al primer nivel ni él ni su club. Con los años, su lucha se entendió mejor, dio lugar a la creación del sindicato de jugadores franceses y su figura se fue agigantando. Su regreso a Francia había servido para abrir nuevas inquietudes y nuevas soluciones al jugador francés, hasta entonces acobardado por el sistema. Con el tiempo, y en un momento de apuros económicos, Kopa sacó a subasta algunos de sus premios y recuerdos, entre ellos el Balón de Oro que ganó en 1958. El Madrid compró algunos de esos objetos.

Dos arbitrajes enfrentan a Europa y América

(1966)

El Mundial de 1966 se jugó en Inglaterra, donde tres años antes se había celebrado el centenario del nacimiento del fútbol. El presi-dente de la FIFA era Stanley Rous (más adelante sir Stanley Rous), que se había propuesto que lo ganara Inglaterra por fin. Así que aunque en principio se estipuló que cada país finalista aportaría dos árbitros (Inglaterra designó a los suyos, Finney y Howley), en el curso del torneo fueron apareciendo, por arte de birlibirloque, cuatro árbitros ingleses más: McCabe, Taylor, Dagnall y Crawford, además del galés Callagham, el irlandés Adair y el escocés Phillips. Todos actuaron, en cada caso, de la forma que más convenía a la organización, como suele ocurrir en todos los mundiales, dicho sea de paso.

El 23 de julio se jugaban los cuartos de final: Inglaterra-Argentina, Alemania-Uruguay, Portugal-Corea y Hungría-URSS. Algo ya huele raro el día 20, según contó más tarde Pedro Escartín, que pertenecía al Comité de Designación, porque este no se reunió. Se fijó a una hora imposible, las diez de la mañana, a la que no podrían asistir algunos de los miembros que estaban fuera de Londres, en otras ciudades del campeonato, porque los trenes no llegaban a tiempo. Así que se lo cocinó solo Stanley Rous con el miembro coreano, al que trajinó fácilmente. Resultado: árbitro alemán para el Inglaterra-Argentina, Kreitlein, y árbitro inglés para el Alemania-Uruguay, Finney.

Y los dos la liaron. Kreitlein expulsó a Rattín, capitán de Argentina, por protestarle reiteradamente las duras entradas de Nobby Stiles (véase el día 21 de marzo), un miope dentón que jugaba en el medio campo y pegaba, pegaba y pegaba. La expulsión de Rattín fue sonada. Se negó a abandonar el campo, tuvo que intervenir un intérprete, Argentina amenazó con la retirada y el asunto se demoró ocho minutos. Rattín primero se sienta en la alfombra roja que conduce al palco, luego se va y de camino retuerce el banderín de córner, hecho con los colores de la bandera inglesa. Al final ganó Inglaterra por 1-0, un cabezazo de Hurst en el que los argentinos reclamaron fuera de juego. Eso sucedió en Wembley, televisado en directo para casi todo el mundo, porque fue este el partido que más televisiones escogieron. Mientras, en el Hillsborough de Sheffield, se enfrentaban Uruguay y Alemania, con árbitro inglés, Finney. Con 0-0, a Uruguay le roban un penalti de libro. La foto es sonrojante: el rubio Schnellinger salta bajo el larguero y conecta con el puño un balón que ya se colaba. Nada de penalti: córner. El lance irrita a los uruguayos, a los que Finney reprime. Le toma poco tiempo dejarles con nueve. Acaba ganando Alemania por 4-0.

Aquello levantó a toda América, que se sintió ultrajada y humillada y se hizo solidaria con sus dos representantes. Y es peor aún cuando el seleccionador inglés llama «¡Animals!» en la prensa a los jugadores argentinos, de los que dice que han estado provocando y escupiendo continuamente a los ingleses. El epíteto alcanza grandes titulares en los periódicos británicos. Ya antes de eso, en la fase de grupos, Brasil había caído por la permisividad de los árbitros con los rivales, que llegó hasta el punto de que Pelé no pudo completar ningún partido: en dos se retiró lesionado y el otro no lo jugó. La sensación de que Europa se lo cocinaba todo, desde el número de participantes hasta los arbitrajes, creó un enfado monumental en Suramérica, que se tradujo después en violentísimas escenas en los partidos de clubes de la Copa Intercontinental.

Florentino presenta a Figo, el primer «galáctico» (2000)

En el verano de 2000, Lorenzo Sanz, entonces presidente del Real Madrid, convocó elecciones anticipadas. Le quedaba un año de mandato, pero acababa de ganar su segunda Copa de Europa en tres temporadas y se sentía seguro para renovar en las urnas su presidencia por otros cuatro años, lo que le permitiría estar en el cargo durante el Centenario, el año 2002. Frente a él se presenta Florentino Pérez, candidato que había estado cerca de ganar ya a Ramón Mendoza en las anteriores elecciones. Hombre de aspecto neutro, ingeniero de caminos, gran gestor, importante empresario, pero en apariencia sin tirón. Lorenzo Sanz, que había llegado al cargo por la moción de censura a Mendoza, representaba una escuela opuesta: desenvuelto, populista, ingenioso, desordenado, con *feeling* para el fútbol. En principio, Sanz es el gran favorito.

Pero el 6 de julio, justo el día en que Lorenzo Sanz casa a una de sus hijas con Míchel Salgado, jugador de la plantilla, José Ramón de la Morena da una noticia bomba en la SER: Florentino tendría atado a Figo, a la sazón estrella máxima del Barça, soberana figura del fútbol europeo y mundial. En el banquete de boda no hay otro tema de conversación. Sanz, agarrado al teléfono, insiste en que es mentira. Los días siguientes, Florentino ni confirma ni desmiente y Figo, localizado por el diario *Sport*, afirma desde su retiro de vacaciones que el día de la presentación del Barça tras las vacaciones estará con el equipo. Sin embargo, el gran público tiende a creer que el compromiso es cierto. La calma de Florentino así lo hace pensar. Por el camino, para más culebrón, Núñez abandona voluntariamente la presidencia del Barça, lo que abre un proceso del que sale presidente su brazo derecho, Joan Gaspart. Figo, en una nueva entrevista, dice ahora que «si Gaspart quiere, aún se puede arreglar».

El día 16, Florentino gana las elecciones, que en realidad tiene ganadas desde la antevíspera, gracias a una activa recaudación de votos por correo. Una vez conseguida la presidencia se le vuelve a preguntar por Figo, y entonces afirma que vendrá al Madrid o, en caso contrario, se compromete a ofrecer el abono gratis durante una temporada a todos los socios del club. Y por fin el día 24, dos después de la toma de posesión de Gaspart en el Barça, Florentino presenta a Figo, que aparece con rostro serio en las fotos, entre el nuevo presidente y Di Stéfano, nombrado presidente de honor del club. Figo muestra la camiseta blanca con el número 10 y su nombre. Está serio y eso se achaca en principio a que el cambio de club supone para él un contratiempo, pero no es así. Su seriedad se debe a que cuando iba al acto, en un último intento de echarle para atrás, alguien le telefoneó para asegurarle que tenía unas fotos de su mujer desnuda, y que estaba dispuesto a ofrecerlas a *Interviú*. Resultó ser mentira, tales fotos no existían, pero consiguió amargarle el acto.

Figo, según sus próximos, se habría comprometido con Florentino a la espera de que no ganase las elecciones y forzar con ese «susto» una mejora de su contrato por el Barça, pero ganó Florentino y tuvo que hacer honor a su compromiso. Deshacerlo le hubiera costado una cantidad equivalente al cargo de abonos de una temporada, de ahí que Florentino asegurara que si Figo no fichaba los abonados irían gratis. Gaspart no pudo hacer nada frente a esa cantidad para deshacer la operación, que consistía en el pago de la cláusula de rescisión: 10 000 millones de pesetas, traspaso récord para la época. Figo, a su vez, cobraba 1000 millones limpios por temporada. El desembolso fue tremendo, pero compensó largamente. Figo fue la piedra angular del proyecto galáctico, al que se sumarían sucesivamente Zidane, Ronaldo y Beckham, y el Barça se sumió en un túnel de confusión que le mantuvo cinco años sin títulos.

Una medalla por frenar a Ferreyra, *la Fiera*

(1932)

Bernabé Ferreyra fue uno de los jugadores más célebres de Argentina en la preguerra, si no el más célebre. Había nacido en el pequeño pueblo santafesino de Rufino, por lo que uno de sus apodos fue el «Mortero de Rufino». Otro, la «Fiera». Con quince años ya jugaba en la primera del Jorge Newberry, el equipo de su pueblo. Fue progresando: Junín, Tigre, pruebas en Huracán y Vélez, hasta llegar a River Plate. Era un jugador primitivo pero con un disparo sensacional. Su torpeza había echado para atrás a los técnicos de Huracán y de Vélez, que lo habían incorporado para giras y partidos amistosos sin decidirse a ficharlo, e hizo dudar también a los de River. Pero el presidente, Antonio Vespucio Liberti, impuso su criterio tras ver cómo en cuatro minutos daba la vuelta a un partido de Tigre contra San Lorenzo de Almagro, convirtiendo un 0-2 en un 3-2 con sus tremendos disparos.

Y su aparición en River fue demoledora. Empezó la Liga (el mismo día que River se puso por primera vez la banda roja en partido oficial) con dos goles a Chacarita Juniors. En la segunda jornada marcó uno, en la tercera, dos, en la cuarta, otros dos... Luego siguió marcando de manera ininterrumpida en las quince primeras jornadas, varias veces más de un gol, alguna incluso tres. Sus cañonazos fueron el único tema de conversación en Buenos Aires en esos meses. La cancha de River (y las que visitaba River) se llenaron a reventar, de modo que pronto se recaudaron (cada entrada valía un peso) los 10 000 pesos que costó. Su único valor era la potencia descomunal de su disparo, pero de eso se hizo leyenda. Algunos decían que se metía una placa de metal entre la bota y el empeine. Otros, que tenía una deformidad en los huesos de este, de manera que formaba un ángulo recto. Se supo que era cierto que trucaba los balones para que pesaran más: los abría y les metía otra goma: con ese peso y la velocidad que les imprimía doblaban las manos a los porteros.

El periodista Hugo Marini, de *La Crítica*, le apodó la Fiera y desde la octava jornada anunció que el periódico regalaría una medalla de oro al primer portero que consiguiera salir imbatido ante él, lo que añadió emoción al caso. Cada partido era un suceso, y más cuando se enfrentaba a los porteros más acreditados del momento, como Bossio, de Talleres (décima jornada), o Bottaso, del Racing (duodécima). Para esas alturas ya llevaba 19 goles. En la jornada siguiente, ante Huracán, el partido va 1-1, no ha marcado, pero se suspende, así que no cuenta. Al fin, en la jornada decimosexta Sangiovanni, de Independiente, le para todos los taponazos y consigue la medalla. Independiente gana además por 5-0, resultado sorpresa. Después de eso, cuando se completa el partido contra Huracán, la Fiera tampoco consigue marcar ante De Nicola, de modo que este reclama a su vez su medalla. (El partido acabó después que el de Independiente, pero había empezado antes.) Y *La Crítica*, con buen sentido, le entrega también su medalla.

Fueron los únicos partidos en los que no marcó. Consiguió en ese campeonato un total de 43 goles, récord absoluto en el fútbol argentino hasta aquel momento. Baste señalar que el segundo en la tabla de goleadores, Francisco Varallo, se quedó en 23. Pero luego solo se mantuvo cuatro años en el primer plano. Algún descuido en su vida (fumaba mucho), los golpes que recibió y su resistencia a escuchar a los médicos acortaron su carrera. Su último año a buen nivel fue 1937, precisamente el mismo en que Arsenio Erico batió su récord, elevándolo a unos inconcebibles 49 goles. Pero rara vez se ha producido un suceso en el fútbol argentino como aquella demoledora aparición del primario goleador de Rufino.

Se ahoga heroicamente Jesús Castro

(1993)

Se llamaba, se llamó, Jesús Castro y fue portero del Sporting durante diecisiete temporadas, en las que disputó un total de 465 partidos oficiales, récord en la historia del club gijonés. Formó parte del mejor período de la larga vida de su querido Sporting, al que había llegado con dieciséis años, con el club todavía en Segunda, recomendado por Galarraga, técnico conocido en aquellos años, hombre de buen ojo para descubrir jugadores. Debutó con esa edad. No mucho más tarde llegaría su hermano, Enrique, Enrique Castro, *Quini*, uno de los mayores goleadores de la historia de España. Jugaron juntos en el club doce temporadas, que no fueron más porque en la carrera de Quini en el Sporting hay un paréntesis de cuatro años en los que juega en el Barcelona, para luego regresar y retirarse en el Sporting. En ese período en el Barça sufre un secuestro (véase el día 25 de marzo) que duró varios días y que tuvo a toda España en vilo. Eran dos hermanos muy queridos. Más brillante el delantero, pero eficaz y popular también el portero, apodado «Maizón» por su planta espigada coronada por un fuerte y rizado pelo pelirrojo. Con ellos, el Sporting subió a Primera División con un equipo inolvidable y luego hizo grandes temporadas en la categoría, en una de las cuales estuvo a punto de ganar la Liga. Castro se retiró a los treinta y tres años a causa de una hernia discal de la que tuvo que operarse. No quedó todo lo bien que hubiera esperado y no pudo jugar más a buen nivel. Optó por retirarse y planteó un pleito por invalidez permanente que ganó con la ayuda de su ex compañero de equipo Herrero II, abogado.

Ambos hermanos eran historia en el verano de 1993. Aquel día regresó el Barça a los entrenamientos ante 35 000 personas. Y volvió Induráin a su pueblo, Villava, a ofrecer a sus paisanos su maillot de nuevo ganador del Tour de Francia. Pero una noticia de más impacto que ambas se coló inesperadamente en los telediarios: Jesús Castro se había ahogado. Los detalles confirman su bonhomía, ese carácter de buena persona por el que siempre se le había conocido, y que hizo del último minuto de su vida un acto heroico. Estaba en la playa de Pechón, en Cantabria, con su familia, cuando vio que un niño inglés se hallaba en riesgo grave de ahogarse, agitándose desesperado en el agua. Se lanzó a rescatarle, cosa que hizo, pero él se quedó agotado y se ahogó, mientras otros completaban la tarea de sacar al niño sin percatarse de que ahora era él quien estaba en apuros. La noticia produjo conmoción en Asturias y en España, y resultó terriblemente dolorosa para su hermano, Quini, porque precisamente por esa época habían tenido el primer enfado de su vida y llevaban un tiempo distanciados por una cuestión de negocios. Jesús Castro estaba totalmente apartado del deporte, con el que no tenía otro contacto que acudir a los concursos de hípica en que participaba su hija Johanna, campeona de España. Dejó viuda y otros dos hijos, Jesús y Daniel. Su entierro, en el cementerio de La Carriona de Avilés, precedido por un sepelio en la iglesia parroquial de San Nicolás de Bari de la misma localidad, convocó a 6000 personas. Sus hermanos Quini y Falo, destrozados, cargaron con el ataúd.

El viejo luchador de la portería había muerto como un héroe.

España entra en la FIFA
(1914)

Cuando el fútbol español había dado ya sus primeros pasos, cuando ya se habían disputado con éxito varias ediciones del Campeonato de España, lo que llamamos la Copa, surgió la intención de crear, a imagen de otros países, un organismo nacional que agrupara a todas las «sociedades de football», que nos representara ante el extranjero y que pudiera organizar encuentros entre el equipo representativo de nuestro país y el de otros, como ya se hacía fuera de nuestras fronteras. La Federación se constituyó en principio el 14 de octubre de 1909 y se registró el 11 de noviembre de ese año. Pero su aparición no trajo la unidad, sino lo contrario. La nueva Federación incluía entre sus derechos y obligaciones la organización de la Copa, que para entonces correspondía al último equipo que la hubiera ganado. El Ciclista de San Sebastián (antecedente de la Real), último ganador, se negó. Con él se alinearon el fútbol vasco y el Real Madrid, que tenía estrechos lazos con San Sebastián a través de la figura de Berraondo. Frente a la Federación se creó una Unión de Clubes. Las dos organizaciones se dirigieron por separado a la FIFA, solicitando la inscripción. La FIFA, con buen juicio, negó la inscripción de cualquiera de las partes porque su norma era incorporar solo a países en los que el fútbol estuviera todo él acogido bajo un mismo mando.

La tensión dura tres años, en los que se produce incluso el traslado de bando del Barça. Hay dos años en los que hay un doble campeón de Copa, hay una temporada en que llega a no celebrarse la final, y el encono parece aumentar a pesar de las llamadas de la FIFA al acuerdo. La revista

Gran Vida escribe un artículo muy comentado llamando a la paz, y el propio rey Alfonso XIII media entre las partes, a petición de la Federación. Carles Padrós, fundador del Madrid, consigue al fin en el verano de 1913 (y el día de Santiago, patrón de España) una reunión en San Sebastián a la que asisten todas las partes salvo el Barça, que se muestra aún renuente. Se llega a un acuerdo, base para la unificación, que firman los presidentes de las dos entidades en disputa, Ricardo Ruiz Ferry y Julián Olave Videa. A su vez, en septiembre se produce en Barcelona una unificación también necesaria entre dos corrientes que había en Cataluña, la Federación Catalana y la Associació.

Y Padrós consigue por fin una reunión en Madrid a la que asisten todos los clubes. Ahí expone las ventajas de la unión, encarece la intervención real a favor de ella, sugiere un equipo formado por gente que no estuviera quemada en el conflicto y saca adelante la unión. La nueva Federación la preside Ricardo Ruiz Ferry, madrileño, periodista, republicano, pero que lo primero que hace es acudir a palacio a cumplimentar a Alfonso XIII y a darle nota de la unión. El Rey, presidente honorario, otorga al nuevo organismo el título de Real. Real Federación Española de Fútbol, y así queda inscrita en el registro de asociaciones el 23 de septiembre de 1913. Ya podemos inscribirnos en la FIFA. Se envía la correspondiente solicitud y por fin se recibe la respuesta de Daniel Burley Woolfall, presidente del máximo organismo, anunciando que el Congreso de Oslo (entonces Cristianía) había refrendado por unanimidad nuestra inscripción. Un poco tarde, porque se nos echó encima la Primera Guerra Mundial. De ahí que los primeros partidos de nuestra Selección no tuvieran lugar hasta 1920, en los JJ OO de Amberes.

Alemania decide crear la Bundesliga

(1962)

Aunque Alemania (hablamos aquí de Alemania Occidental, la RFA, una de las dos partes en que la actual Alemania quedó dividida tras la Segunda Guerra Mundial) ya había sido incluso campeona del mundo en 1954 (en Suiza, con aquella gran sorpresa ante Hungría en la final de Berna), semifinalista en 1958 y cuartofinalista en 1962, no tenía un verdadero campeonato de Liga. Era una potencia en el fútbol de selecciones, pero tenía una estructura de fútbol de clubes atrasada con respecto a otros países, en los que ya se jugaba el campeonato, todos contra todos, desde decenas de años atrás. Alemania, en parte quizá por una mentalidad aún un poco *amateur* y otro poco por responder a su no tan lejana estructura de estados independientes, tenía campeonatos locales o regionales. El campeón de Alemania salía de eliminatorias jugadas al término de ellos entre los campeones de los diferentes estados.

Se planteó entonces que quizá la debilidad comparativa de sus clubes en Europa obedecería a esa causa. Para esos años, solo un equipo, el Eintracht de Fráncfort, había llegado a una final europea, la de 1960, y cuando lo hizo fue para perderla estrepitosamente con el Madrid (7-3) (véase el día 18 de mayo). El fútbol menor que los equipos jugaban empezó a saber a poco, proponía demasiados partidos fáciles a los equipos fuertes de cada estado, en definitiva, faltaba una competitividad que se consideraba necesaria. Y así surgió la idea de crear un campeonato de Liga todos contra todos al estilo de otros países. Se llamó Bundesliga, y a su primera edición fueron invitados dieciséis equipos de acuerdo con los méritos anteriores. Como siempre, hubo polémica. Curiosamente, el Bayern de Múnich y el Borussia Monchengladbach no fueron inscritos. Quedaron relegados a una Segunda División, fundada al mismo tiempo. El Bayern era entonces el segundón de la ciudad, a la sombra del Múnich 1860. Los campeonatos regionales quedaron convertidos en una Tercera División.

Fue un éxito. Aunque en principio se pensaba que el Schalke, el Borussia de Dortmund y el Núremberg se repartirían el dominio, los siete primeros campeonatos fueron ganados por siete equipos distintos: Colonia, Werder Bremen, Múnich 1860, Eintracht Braunschweig, Núremberg, Bayern de Múnich y Borussia Monchengladbach, lo que dio lugar a gran agitación, a la sensación de que el título podía estar al alcance de cualquiera. El Bayern y el Borussia Monchengladbach subieron pronto y se convirtieron en agitadores del campeonato, particularmente el Bayern de Múnich, que juntó una gran promoción de jugadores, los Beckenbauer, Müller, Maier y demás. El asunto funcionó, y Alemania empezó a tener campeones en las competiciones europeas, fruto de la mayor capacidad de sus clubes, que hasta entonces solo jugaban al año unos pocos partidos de verdadera exigencia. Como institución moderna, además, fue más audaz que otras, y la Bundesliga fue el primer campeonato en el que se aprobó la publicidad en las camisetas, extendida luego a los demás países. Con la caída del Muro de Berlín, la Bundesliga se abrió a los equipos de la antigua Alemania Oriental, pero el papel de estos no ha resultado ni mucho menos brillante. Al cabo de tantos años, solo hay dos equipos del territorio de la extinta RDA en Primera División. Los problemas económicos de ese otro lado de Alemania se hacen visibles en la desigualdad entre los equipos de una y otra zona.

El Madrid gana la «Pequeña Copa del Mundo» contra Di Stéfano (1952)

En 1952 el Madrid celebró sus bodas de oro, para cuya celebración organizó entonces, entre muchas otras cosas, un triangular en el que participaron el Norrköping, campeón sueco, y el Millonarios de Bogotá, el «Ballet Azul», del que se hablaba maravillas. Su ataque estaba dirigido por un rubio de pelo rizado llamado Alfredo Di Stéfano, que llamó la atención del público por su excelente calidad y porque estaba por todas partes. «¿Quién es ese nueve?», preguntaba todo el mundo. Más adelante lo disfrutarían. Millonarios ganó el torneo y Bernabéu y Alfonso Senior, presidente del equipo colombiano, se hicieron muy amigos.

El Madrid fue invitado en verano a jugar dos amistosos con el Millonarios, en Bogotá, que enlazó en una gira por América en el curso de la cual también jugaría en Caracas, en un torneo llamado oficialmente Serie Mundial de Caracas y coloquialmente «Pequeña Copa del Mundo». Los dos amistosos en Bogotá los perdió el Madrid por la mínima y salió en ellos muy dolido por el desempeño del árbitro, un austriaco llamado Grill. En el segundo partido hubo sus más y sus menos, y acabó con expulsiones de Oliva y Zuloaga.

En la Pequeña Copa del Mundo se iban a ver otra vez, porque en ella participaban ellos dos más el Botafogo de Zizinho (una celebridad mundial entonces) y del extremo Paraguaio, y el La Salle, campeón local, que entrenaba Ricardo Zamora. El torneo, que se jugaba por sistema de liguilla a dos vueltas, todos contra todos, atraía máxima atención allí, hasta el punto de que el saque de honor del primer partido lo hizo el presidente del Gobierno, Suárez Flamerich. El Madrid ganó con solvencia los dos partidos al La Salle y empató los de la primera vuelta con el Botafogo y el Millonarios. El partido contra este fue tremendo, pero peor aún fue el de la segunda vuelta, en el que los dos equipos ya se tenían ganas. Era el quinto enfrentamiento en cinco meses, el cuarto en pocas semanas, y abundaban los piques por fricciones en los anteriores, tan recientes y aún sin olvidar. Los dos equipos se sacudieron y hubo un encontronazo entre Pahíño y Di Stéfano de resultas del cual el árbitro les expulsó a los dos. Pero no se quisieron ir («Si no se va ese no me voy yo tampoco») y al cuarto de hora el árbitro desistió y siguieron jugando. Empataron de nuevo. Para el último partido, con el cómputo de los resultados, al Madrid le bastaba empatar para salir campeón, con lo que Ipiña dispuso una táctica muy defensiva, a fin de ponerse a salvo del gran ataque del Botafogo, retrasando a Zárraga como cuarto defensa. En la práctica jugó un 4-3-3, inusual en la época. El Madrid salió ese día con Juanito Alonso; Gabriel Alonso, Oliva, Navarro; Muñoz, Zárraga; Olmedo, Olsen, Pahíño, Molowny y Cabrera. En la segunda mitad entraron Joseíto y Montalvo, relevando a los extremos. La idea poco heroica de Ipiña funcionó y el Madrid empató a cero, con lo que se hizo con el campeonato, que en España tuvo gran repercusión.

La gira incluyó otros partidos en Cuba y dio un saldo completo de cuatro victorias, cuatro empates y dos derrotas, con lo que el Madrid podía sentirse satisfecho. Su regreso a Barajas fue triunfal, acogido por miles de hinchas, por el eco que tuvo aquel título. De hecho, cuando años después algunos de los protagonistas de aquel viaje escuchaban que el gran Madrid empezó con Di Stéfano solían contestar, medio en broma medio en serio: «¡Eh, que nosotros ya ganamos la Pequeña Copa del Mundo precisamente contra Di Stéfano!».

Inglaterra es campeona con un «gol fantasma» (1966)

Aquella fue la primera final de la Copa del Mundo televisada por satélite a todo el planeta. A ella habían llegado la anfitriona, In-glaterra, y la RFA, ambas con paso sólido. Alemania cayó en nuestro grupo, o nosotros en el suyo, y nos ganó. También nos ganó Argentina, así que no pasamos de ese grupo, pese a una victoria sobre Suiza. Alemania (sería más correcto decir la RFA) tenía un buen equipo, en el que empezaba a destacar Beckenbauer, entonces medio de ataque. Tenía al gran goleador Uwe Seeler, tenía un magnífico cerebro, Overath, tenía al imponente lateral Schnellinger y tenía esa fiabilidad de todo equipo alemán. Inglaterra, por su parte, tenía a Bobby Charlton, como agitador de un equipo joven y dispuesto, que durante el campeonato resolvió bien un debate: Jimmy Greaves, su magnífico interior en punta, ya entrado en años pero una gloria nacional, tuvo que dejar paso al joven Hurst.

La final es intensa, aunque no tan bien jugada como se esperaba, porque Beckenbauer se emplea más en anular a Charlton que en favorecer la creación de fútbol de su equipo, como había hecho en los partidos anteriores con éxito (Beckenbauer había sido la gran aparición de aquel campeonato), y de ese modo los dos mejores jugadores sobre el campo apenas hacen nada. El joven alemán fue tan disciplinado en la persecución de Charlton que en la práctica resultó como si los dos se hubieran quedado fuera del partido y lo hubieran jugado diez contra diez. Pero a pesar de eso la final es muy intensa. En el minuto 12, remate de Haller, 0-1; en el 19', cabezazo de Hurst y 1-1; en el 77', el que marca es Peters, ahora Inglaterra se adelanta 2-1. Entonces Alemania desencadena una feroz ofensiva, como una marea que sube y sube, y que finalmente da como fruto un gol desesperado del líbero Weber, ya en el descuento. Prórroga.

Y ahí es cuando aparece el gol más fantasma de la historia. Fue a los diez minutos de la primera parte de esa prórroga. Una jugada de Ball por la derecha, centro al área, recoge Hurst, tira de media vuelta y el balón pega en la parte inferior del larguero, bota en el suelo y Weber, que llega a la carrera, lo despeja de cabeza a córner. El árbitro, el suizo Dienst, no está seguro de si el balón ha entrado o no y acude a consultar al linier, Bakhramov, armenio (de la URSS entonces). Este le dice que el balón sí ha entrado, y se da el gol por bueno. Luego, en el último instante de la prórroga, el propio Hurst marcará otro gol, en un contraataque que debió ser detenido, porque había espectadores impacientes que ya estaban sobre el césped para celebrar el título y para urgir el pitido final.

Posteriormente, las imágenes mostraron que el balón no había entrado. Botó en la raya. En la transmisión en directo no fue fácil apreciarlo, pero una película tomada desde el plano de la portería, y en color, que apareció tiempo después, muestra inequívocamente que el balón nunca traspasó la línea.

Pero valió. Y valió el título. Bobby Moore, el capitán, alzó orgulloso la Copa Jules Rimet. Hurst había sido el primer hombre, y aún único, en marcar tres goles en una final. Ambos, Moore y Hurst, habían nacido en el metro de Londres, durante los bombardeos de la Luftwaffe. Justicia poética.

Asesinato del presidente del Málaga (1971)

En el verano de 1971 el Málaga vivía días felices gracias a la gestión de un presidente que había hecho las cosas bien. Se trataba de An-tonio Rodríguez López, había nacido en Orense, en una familia sin dinero, y había trabajado muy duro hasta alcanzar una posición. Primero en su ciudad, luego en Avilés, luego en Bilbao, luego en Francia... Casi siempre en relación con la industria del metal. Con el *boom* turístico se desplazó a Torremolinos, donde hizo fortuna en la construcción y llegó a ser propietario de varios hoteles. Se hizo presidente del Málaga cuando este estaba en Segunda División y consiguió ascenderlo, con el célebre Viberti como su jugador emblema. El ascenso fue acogido con júbilo en la ciudad y muy agradecido su detalle de, una vez de haber regresado en avión tras el partido del ascenso, desplazarse a la estación con los jugadores para recibir a los aficionados que habían hecho el desplazamiento en tren. Tras el ascenso, reforzó aún más el equipo con jugadores como el meta Deusto, Vilanova, Macías o Roldán. La gente en Málaga le adoraba.

Por eso fue un bombazo su muerte, producida cuando le atacaron dos personas armadas de estiletes. Antonio Rodríguez se los encontró al salir de su casa y se bajó del coche a discutir con ellos porque los identificó como los mismos a los que había visto el día anterior subidos en un árbol desde el que vigilaban su casa y su jardín. Cuando bajó del coche, le atacaron con sus estiletes, alcanzándole en zonas letales. Él hizo uso de la pistola que siempre llevaba encima y uno de los dos agresores, llamado Manuel Cerezo Cerezo, falleció de los disparos. El otro se esfumó. Manuel

Cerezo Cerezo, natural de Murcia, resultó ser un delincuente de poca monta. El crimen adquirió un eco descomunal, con la circunstancia añadida de que esa misma mañana el gerente del club, José María Zárraga (capitán del Madrid en los años de Di Stéfano) y otros directivos se encontraban en Madrid para presentar la inminente edición del trofeo Costa del Sol, torneo de verano que se había instaurado en la ciudad, a semejanza de los más veteranos Carranza, de Cádiz, y Teresa Herrera, de La Coruña. Antonio Rodríguez había renunciado previamente a acudir al acto, lo que, a la luz de lo sucedido, hizo pensar que se veía sometido a algún tipo de presión extraña. De hecho, después se supo que estaba reuniendo dinero, hasta cinco millones de pesetas, de diversos bancos, se supone que para entregarlo a algún chantajista. El acto de presentación del Costa del Sol se quebró así abruptamente. La autopsia dio como resultado que la muerte se había producido por tres puñaladas en el corazón. La precisión del ataque hizo pensar en especialistas, contratados ex profeso.

El entierro fue un acto de duelo en Málaga como no se recordaba, con miles de personas en la calle acompañando el cortejo. El féretro lo portaron los jugadores más célebres de la plantilla: Viberti, Pons, Iglesias, Irles, Migueli... Asistieron todas las autoridades de la ciudad, personajes del fútbol de Andalucía y España, se recibieron cincuenta coronas y más de trescientos telegramas. Al pasar el cortejo frente a la sede del club, en la calle Trinidad, 25, se detuvo para rezar un padrenuestro y guardar un minuto de silencio. A las ocho de la tarde, y tras una misa de córpore insepulto, fue enterrado en el cementerio de San Miguel.

El caso dio lugar a una larga investigación de la que no salieron conclusiones, o al menos no fueron hechas públicas. Sí trascendieron informaciones que relacionaron al fallecido con alguno de los negocios fallidos en La Línea de la Concepción, cuando el Gobierno concedió créditos baratos para montar en esa ciudad una zona industrial que compensara a los linenses del cierre de la verja de Gibraltar.

AGOSTO

Mandan a Segunda B al Sevilla y al Celta, pero... (1995)

El estallido pilla por sorpresa a la opinión pública: el Sevilla y el Celta son descendidos a Segunda B. Media España está por las ca-rreteras, camino de las vacaciones, reina el desconcierto. ¿Qué ha pasado? Ha pasado que, según el artículo primero del Real Decreto 449/1995 de 24 de marzo, uno de los decretos que desarrollan la Ley del Deporte, los clubes profesionales están obligados, para su inscripción en el registro, a avalar el 5 por ciento del presupuesto de la temporada, para lo que la fecha límite es el 1 de agosto. Según ello, el Sevilla debería haber presentado un aval de 85 millones de pesetas, y el Celta de 45 millones. No lo habían hecho, a pesar de los insistentes requerimientos de los hombres que administraban la Liga, Antonio Baró, presidente, y Jesús Samper, director general. De modo que en aplicación del Real Decreto, la Liga resuelve que ambos clubes militarán en Segunda B, y que sus puestos serán ocupados por el Valladolid y el Albacete, descendidos esa temporada, y cuyos puestos en Segunda ocuparían a su vez el Getafe y el Leganés, que serían rescatados de la Segunda B.

Es el llanto y el crujir de dientes. A Luis Cuervas, presidente del Sevilla, el asunto le pilla de vacaciones en Grecia. Esa temporada había hecho un esfuerzo descomunal por fichar a Maradona, lo que había dejado vacías las arcas del club. Localizado por teléfono, solo acierta a decir que «esto es de locos». Su vicepresidente, José María del Nido, emergerá entonces y se convertirá en el hombre fuerte de la situación en el Sevilla, manejando bien la crisis. En Vigo, el presidente del club, Horacio Gómez, recibe el refuerzo del alcalde de la ciudad, el *popular* Manuel Pérez, que se echa al ruedo inmediatamente en apoyo del club. La defensa en Vigo es que tenían el aval, pero que «se ha traspapelado». El Celta había vivido unos últimos días muy convulsos, con destitución del anterior presidente, Ignacio Núñez, una semana antes. Este echa más pimienta al guiso, cargando contra quienes le derribaron.

Las sedes de los dos clubes se ven sitiadas por miles de aficionados que insultan y llaman ladrones a sus directivos. Pero dentro trabajan para restablecer la situación. Mientras, en Valladolid y Albacete se festeja el reingreso a Primera como una lotería de Navidad. Los días siguientes, los «descendidos» van filtrando sus argumentos, consiguen poner a las opiniones públicas de sus ciudades a su favor y, tras la primera reacción de cólera contra ellos, consiguen que se vuelvan contra la Liga y el CSD, cuyo rector máximo, el poco esclarecido Rafael Cortés Elvira, es un muñeco de la situación. Empujado por el ministro de Educación, Jerónimo Saavedra, canario, que había visto en el jaleo una rendija para que Las Palmas subiera de Segunda B a Segunda, Cortés Elvira se alinea con la liga desde el principio, y anuncia enfáticamente que dimitirá si no se cumple la ley.

Pero la ley no se cumple. Vigo y Sevilla asisten a manifestaciones tan multitudinarias que toda la sociedad española queda impresionada. Da la sensación de que ni cerrando todas las empresas de una ciudad se alcanzaría una reacción popular así. ¿Qué hacer? ¿Dar marcha atrás? Albacete y Valladolid se encrespan con la sola insinuación de tal cosa. De modo que no hay más que una salida: elevar la participación en el campeonato de Liga de Primera División a 22 clubes. Para entonces había 20, y la UEFA había recomendado un límite de 18 en todas las grandes ligas a fin de ajustar calendarios, pero no se encontró otra salida. A los diez días de la crisis se decide que se ampliará el campeonato a 22 equipos, se admiten fuera de plazo los avales del Celta y el Sevilla y se tira para adelante. El asunto se cobra una víctima, Luis Cuervas, presidente del Sevilla, y todos contentos. Cortés Elvira no dimitió, por supuesto. Dos años después, la Liga tendrá de nuevo 20 equipos, pero la reducción a 18 quedó pospuesta sine die.

Pelé y su «gol de los cuatro sombreros» (1959)

Edson Arantes do Nascimento, *Pelé*, tuvo una aparición fulgurante en el Mundial de Suecia. Tenía aún diecisiete años. Viajó como suplente del interior goleador Altafini (apodado «Mazzola», por un lejano parecido con el gran jugador del Torino fallecido en 1949) pero al tercer partido entró como titular y ya no saldría más. Ese día no marcó, pero sí luego, en cuartos, ante Gales (uno), semifinales ante Francia (tres) y final ante Suecia, que jugaba como local (dos). Uno de sus goles en la final fue una maravilla: situado en el centro del área, le llegó un centro de Zagallo desde la izquierda. Lo recibió con el pecho y en ese mismo control lo hizo pasar por encima de un defensa; lo dejó botar e inmediatamente le salió otro defensa, al que también hizo un sombrero; y según caía, ya en el punto de penalti, soltó un disparo imposible. Dos sombreros y un golazo.

Pero aún había de mejorarlo. Aunque en Maracaná figura una placa en homenaje a un gol que le marcó al Fluminense regateando a siete rivales (queda recordado como «gol de la placa» [véase el día 5 de marzo]), todos sus compañeros de la época coinciden en que el mejor se lo marcó al Juventus de Brasil en un partido del campeonato paulista. Hacía poco más de un año de su proclamación en el Mundial, ya le llamaban «la perla negra» y llenaba él solo todos los campos. Aquel día no estaba bien, acababa de lanzar muy mal una falta y la hinchada juventina se guaseó de él. Pelé hizo un gesto con la mano, como diciendo, «Esperad, que ya veréis». Al rato, Dorval, el extremo derecho de aquella delantera que se llamó el «ballet blanco» (Dorval, Mengalvio, Coutinho, Pelé y Pepe), se escapó por la derecha y envió un centro al borde del área, donde estaba Pelé, atosigado por su marcador, Julinho. Pelé lo recibió con un simple toque que le hizo pasar el balón por encima de la cabeza. Clovis y Homero cerraban el área, y Pelé les hizo pasar el balón sucesivamente por encima de la cabeza a uno y a otro. Solo le quedaba enfrente «Manos de Tigre», como se apodaba al meta juventino, que salió feroz hacia él. Pelé dejó botar el balón tras su último sombrero y de nuevo lo pasó sobre la cabeza de este último rival, para luego recogerlo y llevarlo a la red. Cuatro sombreros consecutivos hasta quedarse solo, frente al arco vacío.

La hinchada juventina se quemó las manos con sus aplausos y, olvidada la rechifla por la falta anterior, olvidado el resultado, 2-4, contrario a sus colores, coreó su nombre durante diez minutos, en agradecimiento a la obra de arte que acababan de ver. El gol no fue grabado, pero la tecnología ha permitido reconstruirlo con total fidelidad a través de los testimonios de los compañeros, rivales y público, y se puede disfrutar ahora en Internet con una imagen de calidad artística. Según los que lo vieron, entre otros, Coutinho, su compañero favorito para las *tabelinhas* (paredes), le hace pleno honor.

El PSG paga 222 millones por Neymar
(2017)

Neymar da Silva Santos Júnior, Neymar a secas para el fútbol, fichó por el Barcelona en mayo de 2013. Con el tiempo se sabría que el precio pagado por el Barça fue mucho mayor que el anunciado, debido a las tortuosas comisiones entregadas al padre. El asunto le costaría al Barcelona incluso una condena por evasión y fraude fiscal, pero el fichaje se dio por bueno. Con Messi y Luis Suárez formó una tripleta de ataque fabulosa. Su actuación personal el 8 de marzo de 2017 en el 6-1 al PSG, que remontaba el 4-0 de la ida, fue legendaria. Neymar parecía feliz en el Barça. El mes de octubre anterior había ampliado su contrato con el equipo catalán incluyendo una prima por renovación de 32 millones, de los que cobró seis en el acto, y una cláusula de rescisión de 222 millones. Para entonces, el récord por un traspaso lo había pagado el Manchester United por Paul Pogba, 105 millones, batiendo las dos marcas anteriores, ambas del Real Madrid, 97 por Gareth Bale y 95 por Cristiano Ronaldo. Aquellos 222 millones parecían disuasorios para cualquier club que tuviera la pretensión de contratarlo.

Pero aquel día del partido contra el PSG la foto de las portadas se la llevó Messi y muchos piensan que ahí empezó a planear su idea de alejarse del argentino para brillar con luz propia. Y la tentación le llegaría precisamente del equipo de París, que al ser propiedad del Estado qatarí carece de límites de tesorería. En las normas de la UEFA existe un *fair play* financiero por el que habrían de guardar relación los gastos del club con sus ingresos, pero no se cumple con rigor. Los 222 millones no asustaron a Nasser

Al-Khelaïfi, el jeque propietario del PSG empeñado en construir un equipo llamado a ganar la Champions, y en julio empezó a circular el rumor de que Neymar tenía un acuerdo con el PSG. La revelación coincidió con la pretemporada del Barça en Estados Unidos, donde el jugador se aisló para no hacer declaraciones. El asunto olía a verdad, aunque creó dudas un mensaje de Piqué, que tras pasar con Neymar un día libre en Nueva York tuiteó un escueto «Se queda», elevado a las portadas. Mientras, el padre del futbolista apareció por el club con la pretensión de cobrar los 26 millones de euros restantes de la prima de renovación firmada, cantidad que el club le negó.

Terminada la gira, Neymar no regresó con el grupo, sino que se fue a China por unos contratos publicitarios. Barcelona era un hervidero de rumores. Cuando por fin apareció en la ciudad, la tarde del 1 de agosto, fue sacado del aeropuerto por la sala de autoridades. El 2 compareció en el club, quince minutos después de la hora de cita para el entrenamiento, para anunciar que se iba. Empleó cuarenta y cinco minutos en despedirse y se marchó. Ese mismo día trascendió que el PSG había ofrecido al Barça a cuatro jugadores, Ángel di María, Blaise Matuidi, Lucas Moura y Julian Draxler, para abaratar la cláusula con alguno, algunos o todos, pero el club español lo desestimó. El 3 de agosto, los abogados del club francés se presentaron en LaLiga con 222 millones, que fueron rechazados por Javier Tebas, presidente del organismo, que consideró ilegal el fichaje porque el PSG incumplía el *fair play* financiero. Los abogados, impasibles, viajaron a Barcelona, donde sí les cogieron el cheque. Ese mismo día, Neymar dejó de ser jugador del Barça, donde disputó 186 partidos y marcó 105 goles. Los 222 millones entregados por él siguen siendo hoy récord absoluto.

Pues resulta que Guruceta vendió un partido

(1997)

Tal día como hoy, Constant Vanden Stock, que había sido presidente del Anderlecht hasta no mucho antes (ahora lo era su hijo, Roger) confiesa ante la justicia belga que ha sobornado a Guruceta con un millón de francos belgas (unos tres millones de pesetas de la época) para que ayudara a su equipo a eliminar de la Copa de la UEFA al Nottingham. Guruceta había sido el árbitro del partido de vuelta Anderlecht-Nottingham, el 25 de abril de 1984. En la ida habían ganado los ingleses por 2-0. El Anderlecht le dio la vuelta a la eliminatoria con un 3-0 que incluyó un penalti que no fue. (El meta Van Breukelen se quejó al final: «Hemos jugado contra doce».) Después de la confesión de Vanden Stock, la UEFA se hizo cargo del asunto y tras su propia investigación dejó establecido que existió soborno por parte del Anderlecht al árbitro, Guruceta, y el 22 de septiembre de ese mismo año suspendió al club belga por un año para las competiciones europeas y a Constant Vanden Stock de por vida.

El caso había sido destapado por un personaje turbio, de nombre Jan Elst, que se habría encargado de cerrar la operación con Guruceta por encargo del presidente del Anderlecht. Elst grabó las conversaciones y después estuvo tiempo haciendo chantaje a Vanden Stock, al que llegó a sacar 20 millones de francos belgas, unos 60 millones de pesetas, para no hacer público el asunto. Vanden Stock era un hombre de gran fortuna, propietario de la marca de cervezas más importante de Bélgica, y había dado su propio nombre al estadio del Anderlecht. En Bruselas se le consideraba el gran prócer de la historia del Anderlecht, el equipo belga que tradicionalmente ha tenido más peso en el fútbol europeo. Finalmente, Vanden Stock no pudo aguantar más la presión del chantajista, que no le dejaba vivir, y dimitió en su hijo, para retirarse discretamente y ver si así terminaba la persecución. Pero Jan Elst, tras tratar sin éxito de vender (cara) la historia en algún periódico, denunció los hechos en el juzgado, y la policía investigó el asunto. Vanden Stock, investigado e interrogado con toda la seriedad de la justicia ordinaria, acabó por confesar.

Para entonces Guruceta ya no vivía y no se pudo conocer su versión de los hechos. Había fallecido en accidente de tráfico en 1987 (véase el día 25 de febrero), tres años después del partido de autos y diez antes de que estallara este escándalo. El Colegio de Árbitros y quienes fueron sus linieres en el partido (Enríquez Negreira y Crespo Aurré) rechazaron el asunto como una fantasía. Pero las imágenes no ayudan. Comprobada la grabación del partido, el penalti no existe ni por asomo. El delantero Brylle pasa a medio metro del defensa inglés Swain y se tira al suelo. Guruceta está muy cerca y señala penalti.

«Más vale perder un partido por nueve...» (1980)

Al comienzo de la temporada 1980-1981 el Real Madrid tenía motivos para sentirse feliz. El año anterior había ganado el doblete, y en la Copa de Europa solo había caído en semifinales ante el Hamburgo, por una mala noche en el partido de vuelta. El equipo, de la mano de Boškov, cuajaba. Estaba en marcha la renovación hacia el equipo de «los Garcías» y había de dónde echar mano para hacer mejoras: el rival en la final de Copa había sido el propio filial, el Castilla, del que se subieron tres jugadores: Agustín (portero), Gallego y Pineda. Tan seguro se sintió el Madrid que aceptó, un tanto imprudentemente, un amistoso en Múnich cuando solo llevaba ocho días de preparación. El Bayern llevaba más de tres semanas y estaba a punto para empezar la Bundesliga nueve días después. Pero el dinero era interesante y...

Y el Madrid fue y resultó una debacle. Las víctimas fueron García Remón (Agustín); Pérez García (Pineda), Benito (Gallego), García Navajas (Sabido), Camacho; García Hernández (Portugal), Ángel, Stielike; Isidro, Santillana y Cunningham. Del Bosque y Juanito, que no viajaron por no estar a punto, se libraron del bochorno. Al descanso ya iba siete a cero. El Bayern se cebó, con Breitner (que había jugado en el Madrid y había regresado a su club de origen), Rummenigge, Hoeness y demás, desatados. Encima, el árbitro, alemán, parece tener algo contra el Madrid, al que pita tres penaltis de los que dos no son, y concede un gol a pesar de la falta previa de Hoeness a Sabido, falta tan violenta que el joven central tiene que ser retirado en camilla. Pero no hay excusa ni consuelo posible para una derrota, que resulta ser la mayor que ha sufrido el Madrid en toda su historia. Sale a relucir como único referente un 8-1 contra el Espanyol, encajado en los tiempos de Maricastaña.

El día siguiente, en el aeropuerto de Barajas, espera al Madrid un número inusual de periodistas, para tratarse de un amistoso. Se espera sobre todo la explicación de Boškov, el entrenador, que tenía tantas simpatías, por su modo desenfadado de ser y el buen manejo que había hecho del equipo, como antipatías, por su español de media lengua y por frases como aquella de «Fútbol es fútbol». Esta vez se supera: ante el coro de entrevistadores, tras hacer algún análisis del partido («Jugamos muy mal», no lo oculta) y sin escudarse en la falta de preparación, que bien podría haberlo hecho, y ante la insistencia de todos en el escandaloso monto de la derrota, suelta tan tranquilo: «Es mejor perder un partido por nueve goles que nueve partidos por un gol». Y todos nos quedamos pensando cuánta razón tenía.

Suñol muere fusilado en el Alto del León

(1936)

La muerte de Josep Suñol es una de las bases sobre las que el Barcelona monta su leyenda de víctima del franquismo. Josep Suñol i Garriga, diputado por Esquerra Republicana de Cataluña, fue fusilado por tropas rebeldes en el entonces llamado Alto del León, luego rebautizado como Alto de los Leones en honor precisamente a las tropas franquistas que rechazaron allí un contraataque de la República. Los mismos que fusilaron a Josep Suñol tal día como hoy en el primer verano de la Guerra Civil.

Pero Suñol ya no era presidente del Barça en esos momentos. Había dimitido el 10 de julio, según puede leerse en la edición del *Mundo Deportivo* de Barcelona del día siguiente, donde Suñol explica sus razones. Para primeros de agosto estaba en Madrid, hacia donde se acercaba el frente. Las tropas traídas por Franco desde África subían por Extremadura, por la ruta de la Plata con ánimo de, al llegar a Talavera, girar hacia la capital. Desde el norte, las tropas de Mola tenían tomada la carretera de La Coruña, por la que descendían a su vez hacia la capital. Una noticia falsa publicada en el periódico la mañana del día 6 fue fatal para Suñol. Según la misma, las tropas del llamado batallón Maciá-Companys habrían, en un contraataque, obligado a retirarse a las fuerzas rebeldes y habrían ocupado el Alto del León. (Noticias falsas de este tipo son muy frecuentes en todas las guerras con el fin de mejorar la moral de la retaguardia y de las tropas de otros escenarios de operaciones.) Suñol cogió a su chófer y 50 000 pesetas para las tropas y marchó hacia allá. Al pasar las últimas posiciones republicanas no atendió a las señales que le avisaban de que se detuviera, y siguió hacia arriba, convencido de que el puerto completo estaba despejado. Cuando descendió del coche oficial en el kilómetro 51 de la carretera de La Coruña, dando vivas a Cataluña y a la República, se encontró entre falangistas, que lo fusilaron, tras identificarle, sin más. Por republicano y por diputado de Esquerra Republicana, pero por nada que tuviera que ver con el Barça.

Un crimen desgraciado en una guerra desgraciada, pero sin ninguna relación con el fútbol ni con el Barça, como se trata de insistir con demasiada frecuencia. En alguna historia reciente del Barcelona se ha llegado a escribir que el dinero que llevaba Suñol era para fichar a Lángara, nada menos. Según eso, Suñol estaría viajando con la pretensión de cruzar cuatro veces el frente a la ida y otras cuatro a la vuelta (Oviedo, a cuyo equipo pertenecía Lángara, era ciudad franquista, bajo el mando del general Aranda, sitiada por fuerzas republicanas), y la de hacer cientos de kilómetros por zona nacional, con la pretensión de fichar al jugador y regresar con él.

El día que Noruega fue Owens (1936)

Los JJ OO de Berlín en 1936 son frecuentemente recordados por los disgustos que Jesse Owens le dio a Hitler, particularmente en la prueba de salto de longitud, en la que batió al favorito alemán, Lutz. Para Hitler, aquellos JJ OO deberían servir como exaltación de los atletas del Reich, cuyos éxitos deportivos servirían para confirmar sus teorías de superioridad racial y para elevar la moral y la cohesión de la nación alemana. Jesse Owens, el negro norteamericano que ganó las medallas de oro en 100, 200, longitud y el 4 x 100 de relevos, representaría ante la Historia su mayor frustración en esos JJ OO. Pero no fue la única.

En fútbol también tuvo una seria decepción. Alemania concurría con un gran equipo, que había sido tercero en el Mundial de 1934, en Francia. Alemania, contra lo que ya hacían otros países, no reconocía aún el profesionalismo, por lo que en su Selección olímpica presentaba a los mejores jugadores del país. En el partido inaugural, ante Noruega, estaban cinco de los que dos años antes habían alcanzado el tercer puesto en París. El partido, en el Poststadion de Berlín, convocó a 55 000 espectadores. El partido tenía además los honores de servir para una transmisión «experimental» por televisión, de poco alcance, pero que le daba mayor dimensión de acontecimiento nacional. Todo estaba dispuesto para que Alemania ganara este partido y los sucesivos. Todo estaba dispuesto para que Alemania ganara el mayor número posible de medallas de oro, incluida, claro, la del deporte más popular, el fútbol.

Pero ganó Noruega, con sus muchachos muy altos y muy rubios, más altos y más rubios que los alemanes. Marcó los dos goles Isaksen, en el minuto 7 y en el 83, goles capicúas, a siete minutos del comienzo y a otros siete del final del partido. Cuentan las crónicas que su cerebro, el veterano Tipen Johansen, manejó el partido y que el medio centro, antiguo delantero, Jørgen Juve, fue un titán en el medio campo. Entre eso y la confianza de los alemanes, el partido se decantó para los noruegos. La opinión oficial culpó al seleccionador, Otto Netz, que después penaría por esta derrota: cuando al final de la guerra fue capturado por los rusos no contó con nadie que hiciera gestiones por liberarle. Murió en el campo de concentración de Oraniemburgo, de meningitis, en febrero de 1949. Por su parte, el seleccionador noruego, Assi Halvorsen, también pagó las consecuencias por aquel partido. Cuando Alemania invadió Noruega, en abril de 1940, luchó y fue apresado. Los alemanes le enviaron primero al campo de concentración de Natzweiler y luego al de Vaihingen, de donde pudo ser rescatado por los suecos, tras negociación con Himmler e intercambio de prisioneros, el 5 de abril de 1945. Salió con la salud muy quebrantada y falleció solo diez años después.

España gana el mismo oro que Cacho

(1992)

Los JJ OO de Barcelona fueron una gran ocasión para el país, que se mostró al mundo como una democracia joven y próspera. Fueron quince días magníficos, de continuos éxitos deportivos y de superación de las desconfianzas entre Cataluña y el resto de España, al menos por un buen período de tiempo. En aquel festival no podía faltar el fútbol, el deporte favorito del país.

Y el fútbol cumplió. Con una Selección que movía Guardiola desde el centro del campo, con Kiko y Alfonso como perlas arriba, con un sensato Miera como entrenador, al que ni el incesante pulular por ahí de Javier Clemente (nombrado ya como seleccionador nacional) llegó a alterar. España fue superando rivales (Colombia, Egipto, Qatar, Italia, Ghana...) hasta llegar a la final, contra Polonia. Esos fueron los juegos en los que por fin se superó el debate del profesionalismo (llegaron a jugar en baloncesto incluso las estrellas de la NBA), pero el fútbol concurría con jugadores jóvenes, con el límite de veintitrés años, si bien todos ellos profesionales. Guardiola venía de ganar la Copa de Europa con el Barça, ante el Sampdoria, en Wembley.

El Camp Nou se llenó, con un ambiente febril y una mezcla feliz de banderas españolas y catalanas. Miera sacó a Toni; Ferrer, López, Abelardo, Solozábal, Lasa; Luis Enrique, Guardiola, Berges; Kiko y Alfonso. Era un 5-3-2 o 3-5-2, según se quisiera ver. Los laterales se incorporaban a la media y colaboraban en la construcción. El partido lo planteó Polonia trabado y difícil, cegando a Guardiola con un marcaje pegajosísimo de

Gęsior, con lo que España pierde fluidez. Mediado el primer tiempo, un cabezazo de Superlópez al larguero coincide con la noticia de que Cacho ha ganado el oro en 1500 en el estadio de Montjuïc, lo que enardece aún más al público. Pero a punto de ir al descanso marca Kowalczyk con un gran zurdazo. En el descanso hay nervios.

Empieza la segunda parte y al poco tiempo entra Amavisca por Lasa para darle a España más fuerza en el ataque. En eso, aparecen los Reyes, el Príncipe y las infantas, que vienen de lo de Cacho, y esa presencia de la familia real en pleno inflama de nuevo la pasión en las gradas. Pronto, un saque de falta de Guardiola es cabeceado por Abelardo, 1-1. En pleno arreón, un pase de Ferrer acaba en el 2-1, buen gol de Kiko. España se lanza al ataque arrebatada por el entusiasmo, pierde el orden y se come un contraataque de libro, 2-2. Pero España sigue y sigue, en un ambiente de locura, hasta que en el 90' Kiko controla un balón en el área, se desenvuelve entre rivales como si estuviera solo y marca el gol más importante de su carrera. Es el 3-2, sin tiempo para más. España, que ya había ganado la plata en Amberes en 1920, consigue esta vez el oro, que se viene a sumar a la riada de éxitos del deporte español en esos días. España acabaría los JJ OO de Barcelona con veintidós medallas, la última de las cuales fue la del fútbol. Los Juegos finalizarían el día siguiente. El sábado, con Cacho y el fútbol, habían puesto la traca de oro a aquel festival.

El drama que inspiró *Evasión o victoria* (1942)

El museo del Dinamo de Kiev guarda muchos recuerdos de aquellos días, de aquellos partidos. Una serie de diez en los que el Start, equipo formado por prisioneros de guerra ucranianos, especialmente aptos para el fútbol (jugadores profesionales en su mayoría, del Dinamo o del Lokomotiv, los dos grandes equipos de Kiev), se enfrentó victoriosamente a otros tantos rivales, en ocasiones las selecciones de países ocupados por los nazis, como Hungría o Rumanía. La Wehrmacht había arrollado con su *Blitzkrieg* al Ejército Rojo, al que tomó casi un millón de prisioneros en el verano de 1941, en sus maniobras de embolsamiento sobre Kiev. Entre ellos, claro, los mejores futbolistas del país. Como el fútbol se da a ver hasta en las circunstancias más terribles, alguien tuvo la idea de agruparlos en un equipo y someterlos a diferentes desafíos. Cada partido que ganaban resultaba una exaltación patriótica de la población local, y a las autoridades nazis el asunto cada vez les gustaba menos. Y presionaban a los chicos del Start para que se dejaran ganar.

El último, disputado contra un combinado de las fuerzas nazis de ocupación, sobre todo de la Luftwaffe (la aviación) fue conocido como «El partido de la muerte». Al final del mismo, los dos equipos se hicieron una foto juntos, que aún se conserva, con un aire de feliz confraternización. Pero los altos mandos del campo de concentración no lo tomaron con tanta deportividad. Los ya ancianos guardianes del museo del Dinamo de Kiev, testigos de los hechos, aún cuentan que aquella décima victoria de los suyos irritó de tal manera a los alemanes que no hubo más partidos y que sus héroes futbolísticos fueron arrojados a un destino fatal. Cinco murieron entre torturas y fusilamientos y otros cuatro quedaron incapacitados para la práctica del fútbol.

Esa es la historia que llegó a oídos de John Huston y que inspiró su película *Evasión o victoria*, en la que participan, entre otros, Pelé, Ardiles, Bobby Moore y Deyna, así como célebres actores como Michael Caine y Sylvester Stallone. En esencia, el principio es el mismo: los alemanes desafían a una selección de buenos jugadores, traídos de varios campos de concentración para enfrentarse al equipo de la Wehrmacht. El partido se concierta en Colombes, el gran estadio de París en aquellos años. Algunos aceptan con la idea de que puede ser una buena ocasión para organizar una fuga de gran efecto propagandístico. Desde el vestuario que van a utilizar se excava en los días previos un túnel hasta la estación de metro próxima, por donde podrían escaparse en el descanso. Llega el día del partido, juegan, los alemanes abusan de su fuerza y del arbitraje, les intimidan y, por supuesto, al descanso llegan con buena ventaja. Una vez en el vestuario, el amor propio de todos vence al deseo de fugarse. «Hay que salir y ganarles.» «Si les ganamos, nos fusilarán.» Pero puede el fuego deportivo, salen y ganan, con un gol sensacional de Pelé y un penalti parado por Stallone. Al pitido final, el público salta al campo, les rodea, les envuelve, les va prestando ropas y se fugan todos, mezclados con la muchedumbre entusiasta. Un final mejor que el que vivieron los muchachos del Start, pero un recuerdo al pundonor de aquellos jugadores que no se dejaron intimidar, que no se dejaron vencer, y cuyos nombres recuerda una lápida ante la que los aficionados de Kiev aún derraman de cuando en cuando una lágrima: Trusevich, Klimenko, Sviridovsky, Sukharev, Balakin, Gundarev, Goncharenko, Chernega, Komarov, Korotkikh, Putistin, Melnik, Timofeev y Tyntchev...

Una descomunal pelea entre Keegan y Billy Bremner (1974)

A primeros de los setenta, Kevin Keegan y Billy Bremner eran quizá los dos jugadores más célebres de Inglaterra, almas respectivas del Liverpool y el Leeds. Keegan fue un hallazgo de Shankly y llegó a ganar el Balón de Oro; se mantuvo durante nueve temporadas en la Selección. Era un atacante moderno, extremo de ambos lados, punta, mediapunta, veloz y goleador. Billy Bremner, escocés, fue, junto a su compañero, Johnny Giles, el secreto del gran Leeds de Don Revie, que en los años setenta alcanzó los mejores momentos de su historia. Bremner era un activo jugador de medio campo, con llegada y remate, y un fútbol que al tiempo que hábil y preciso era firme y duro. Liverpool y Leeds tenían que enfrentarse este día, en la Charity Shield, en el venerable Empire Stadium de Wembley. La Charity Shield es el partido que enfrenta cada año a los campeones de Liga y Copa, en el comienzo oficial de la temporada.

Keegan ya había pasado ese verano un mal trance, cuando Inglaterra jugó en Yugoslavia. Acusado de haber robado un juego de café en la tienda del aeropuerto, fue detenido en el control de pasaportes de mala manera, maltratado por la policía local y encerrado durante horas en una habitación, hasta que gestiones al más alto nivel culminaron con su liberación. El asunto fue la gran noticia en Inglaterra hasta que llegó el partido, que al tiempo significaba el debut en el banquillo del Leeds de Brian Clough, en sustitución de Don Revie. Pronto se advierte que el partido es violento. Se suceden las entradas, las caídas, los empujones, los golpes. Los jugadores del Leeds tienen como principal objetivo a Keegan. Giles ve una tarjeta amarilla y le sucede en la persecución Billy Bremner, que, sobre la hora de juego, le hace una entrada tremenda, a la que Keegan responde con una patada. El árbitro, míster Matthewson, acude a separarlos pero ellos siguen enzarzados. Les expulsa, lo que les convierte en los primeros jugadores británicos expulsados en la historia de Wembley, ese sagrado escenario que solo se utiliza para los partidos de la Selección, las finales de la FA Cup y la Charity Shield. La expulsión no les calma. Salen como gallos de pelea, se quitan las camisetas, tienen que ser acompañados por otros jugadores y por la policía. En el túnel reanudan la pelea. El escándalo es mayúsculo, en mayor medida porque se trata del partido que inaugura la temporada, es televisado en directo para todo el país y tradicionalmente se considera esa jornada como una fiesta de reencuentro del fútbol consigo mismo después de las vacaciones. El resultado final es de 1-1, no hay goles en la prórroga y en los penaltis gana el Liverpool. Pero a nadie le importa eso. El espectáculo ha sido embargado por la descomunal pelea entre los astros de los respectivos equipos.

La bronca les cuesta once partidos de suspensión a cada uno, que emplearán, por cierto, de muy diferente manera. Bremner se dedicará a conspiraciones dentro del club, que darán lugar a la salida de Brian Clough (con el que chocó). Clough duró solo 53 días como entrenador del Leeds. Luego triunfaría en el Nottingham Forest, al que haría campeón de la Copa de Europa. En cuanto a Keegan, empleó su tiempo de una manera más pacífica: se dedicó a jugar al golf y contrajo matrimonio.

Puskás ficha por el Real Madrid

(1958)

Ferenc Puskás bien podría haberse llamado Ferenc Purczfeld, que era el apellido de su padre. Pero este se cambió su apellido bajo la regencia del almirante Horty, que quiso magiarizar el país después de la disolución del Imperio austrohúngaro, y escogió para él y para su descendencia el apellido Puskás (escopeta en magiar). Quizá sin darse cuenta estaba fijando la vocación de su hijo, porque este le salió un chutador de rarísima precisión. Fue un portento desde muy joven, por su inteligente juego, por su *sprint* corto y por la extraordinaria puntería de sus disparos. Con eso llegó a capitán de la Selección húngara, el mejor equipo del mundo a mediados de los cincuenta. El equipo del 3-6 en Wembley, el partido del siglo. Cuando los tanques soviéticos entraron en Budapest, en el invierno de 1956, el Honved estaba en Viena, camino de Bilbao, para jugar un partido de la Copa de Europa. Él y algunos de sus compañeros prefirieron no regresar.

Se quedó en la Riviera italiana, contratándose para diversos partidos amistosos. Algo parecido hacían Kocsis y Czibor. Detrás dejaba una carrera con 83 goles en 84 partidos en la Selección húngara. Por delante tenía un futuro incierto, pero al menos estaba en Occidente. Jugaba y engordaba. Era más bien bajo y con tendencia a coger peso. Su régimen deportivo no era muy riguroso y sufría una tendencia natural al sobrepeso. No obstante, Bernabéu, que ya tenía a Kopa, Rial, Di Stéfano y Gento en su delantera, decidió incorporarle. Hizo algunas gestiones y se decidió. No todo el mundo en el club lo veía bien. Tenía ya treinta y un años, doce kilos de más y un año y medio sin jugar en serio. El Madrid había ganado ya las tres primeras copas de Europa. Ese año había ganado además la Liga y había sido finalista de Copa. ¿Para qué necesitaban a ese gordito? Carniglia, el entrenador, era de los que no lo querían. Cuando se decidió la operación, Antonio Calderón, el gerente, se lo comunicó: «Don Santiago me encarga que le diga que hemos fichado a Puskás». Carniglia se engalló: «¿Ah, sí? ¿Y qué hacemos con su barriga?». Calderón repuso firme: «La barriga se la quita usted, ese es su trabajo».

Puskás firmó ese día 11 y de inmediato se incorporó al entrenamiento. Muchos jugadores le esperaban con reservas. Mateos, muy querido en el grupo, veía su puesto en el aire. Varios murmuraban. Al acabar el entrenamiento todos esperaban el veredicto de Di Stéfano, y este fue terminante: «Este pancho maneja la bola con la izquierda mejor que yo con la mano». Y ya no hubo más cuestión. Puskás contaba con el beneplácito de Di Stéfano y Bernabéu pudo disfrutar de su delantera soñada. Kopa, Rial, Di Stéfano, Puskás y Gento. Carniglia torció el gesto, pero tuvo que tragar. Eso sí: a la final de la Copa de Europa (era la cuarta) no le llevó, pretextando que era en Stuttgart y que Puskás podría no ser bien visto en Alemania. Eso le costó el puesto.

Puskás fue jugador del Madrid durante nueve temporadas, hasta pocos meses antes de cumplir los cuarenta años. Ganó cinco Ligas, tres copas de Europa y una Intercontinental. Marcó cuatro goles en la final de 1960 (contra el Eintracht de Fránckfort) y tres en la de 1962 (contra el Benfica). Dejó en el Madrid 261 partidos oficiales con 236 goles. Mereció la pena quitarle la barriga.

España estrena el VAR en Marruecos

(2018)

Desde el siglo pasado se venía debatiendo la conveniencia de que el fútbol adoptara el apoyo tecnológico, implantado desde tiempo atrás en el fútbol americano profesional (NFL). La decisión del tenis de incorporar el «Ojo de halcón» fue un empujón decisivo. Ya no era un deporte americano, sino inglés, y nacido, como el fútbol, en el lejano siglo XIX. Así que la tecnología llegó al fútbol tras un largo debate interno, adoptando el nombre de Video Assistant Referee o VAR. Lo primero fueron, a título experimental, dos amistosos entre Italia y Francia, en septiembre y octubre de 2016. Aún bajo capa de experimento se llevó al Mundialito de Clubes disputado en diciembre de 2016, pero allí se iba a decidir un título oficial.

En la semifinal entre el Atlético Nacional y el Kashima se produjo un lío que instalaría para siempre dudas sobre el sistema. Con 0-0 hubo un saque de falta sobre el área del Nacional. Nasi, que acudía al remate, fue derribado por Barrio. El árbitro húngaro Viktor Kassai no lo vio, el VAR le avisó, acudió a la pantalla y, tras ver la jugada, pitó penalti. Tardó 2'21", que hubiera parecido un exceso, pero es que Nasi estaba en fuera de juego cuando se produjo la jugada. Si el colegiado dio el penalti fue porque el protocolo señala que el VAR solo interviene en cuatro supuestos, uno de los cuales es el penalti, pero ninguno contempla el fuera de juego. El Kashima transformó el penalti y encarriló un partido que acabó ganando por 3-0. El Nacional se indignó. En la otra semifinal, Real Madrid-América, el Madrid vencía 0-1 cuando en el 90+4' Cristiano materializó el 2-0. El árbitro paraguayo Enrique Cáceres lo concedió, sin embargo, a instancias del VAR, lo anuló por fuera de juego y tras un tiempo de confusión en el que el América llegó a reanudar el partido cambió de criterio y otorgó el gol. Una sombra de bochorno se extendió sobre el VAR en un torneo que proclamaba al Campeón Mundial de Clubes.

Pese a todo la FIFA insistió en su plan y urgió a las federaciones nacionales a implantarlo según sus posibilidades económicas. En nuestro caso, el estreno se produjo el 12 de agosto de 2018, curiosamente en Tánger, pues fue allí donde se disputó la Supercopa de aquel año entre el Barça y el Sevilla. Era el Barça de Messi, aunque ya no estaban ni Xavi ni Iniesta, frente al Sevilla de fútbol constante, fuerte y claro que venimos admirando desde que empezó el nuevo siglo. En España, el presidente del Comité de Árbitros, Velasco Carballo, llevaba tiempo organizando ensayos en torneos de verano, instruyendo a los árbitros en el manejo de la nueva herramienta e incluso ofreciendo sesiones informativas a los periodistas. Para el estreno oficial designó como árbitro de campo a Del Cerro Grande, y a Gil Manzano como jefe de la sala de operaciones de vídeo o sala VOR. A los 10' se produjo la primera intervención del VAR, feliz: el Sevilla marcó por medio de Sarabia, el linier Yuste Jiménez señaló fuera de juego, pero el VAR le rectificó rápida y acertadamente. Luego no hubo necesidad de ninguna intervención salvo un fallo muy al final del partido: en el 90', con 2-1 a favor del Barça en el marcador, se produjo penalti en el área culé, bien visto por Del Cerro Grande. Lo lanzó Ben Yedder y lo detuvo Ter Stegen, salvando el título para el Barça. Pero el VAR no advirtió que el meta se había adelantado, lo que habría supuesto repetir la pena máxima. Una mancha de la que se dolió mucho el Sevilla. Cuando Velasco Carballo dejó su cargo en diciembre de 2021 confesó que con el VAR hay menos injusticia pero más polémica.

La carcoma entra en International Board con Elleray (2016)

David Roland Elleray fue un prominente árbitro inglés a finales del siglo pasado. Nacido en 1954, llegó al máximo nivel del arbitraje en 1984 y estuvo entre los incluidos en la lista de la Premier en su fundación, en 1992, año en que también alcanzó la escarapela de árbitro FIFA. Se retiró en 2002, tras haber renunciado a la internacionalidad tres años antes, y lo hizo rodeado de buena fama general. Prematuramente calvo, algo atildado y con cierto aire de protagonismo, era, no obstante, considerado un buen árbitro. Contribuía a ello su sólida formación académica, pues era profesor titular de Geografía en Harrow School, donde más allá de tal condición ocupó altos puestos de responsabilidad. El mundo del fútbol le valoró por introducir ese deporte en Harrow, que desde 1927 había dado absoluta preponderancia al rugby y al críquet. Por supuesto, en su carrera no faltaron los errores y las polémicas. La más sonada fue un arbitraje calamitoso en un Manchester United-Liverpool (2-2) que provocó quejas de los mancunianos de un volumen extraordinario en Inglaterra. El presidente del United, Martin Edwards, llegó a declarar que el Arsenal, presunto beneficiario de ese error, debería acuñar una medalla con la cara de Elleray si ganaba aquella Liga.

Pero se retiró rodeado de prestigio, con 78 partidos internacionales dirigidos en 35 países y un buen paquete de finales importantes. Inmediatamente fue nombrado instructor de árbitros en Inglaterra, pronto presidente de honor de la Asociación de Árbitros, luego recibió el doctorado *honoris causa* de la Universidad de Sheffield Hallam y hasta se le concedió la Orden del Imperio Británico por sus servicios al fútbol. Todo bien hasta que, en la avalancha de entusiasmos que concitó su persona, le llegó el cargo de director técnico de la International Football Association Board, conocida por sus siglas en inglés IFAB, el ente que decide sobre las reglas del juego.

Ese día entró la carcoma en el fútbol, cuyo Reglamento había sido muy bien preservado hasta entonces. Creado en 1863 sobre unas cuantas bases (en su origen no había área, ni penalti, ni árbitro...), se fue perfeccionando según las necesidades y los problemas que iban surgiendo. Así hasta 1925, cuando tras sesenta años de mejoras, Stanley Rous (árbitro retirado y más adelante presidente de la FIFA) le dio una redacción simple y fácil de entender con la que el fútbol alcanzó su dimensión universal. Pero a raíz de la llegada de Elleray y gracias a (o por culpa de) su exagerado prestigio previo, unido a cierto adanismo y deseo de notoriedad, el Reglamento ha sufrido continuos retoques, algunos de quita y pon, innecesarios o absurdos, creando un desolador desconcierto entre aficionados y árbitros. Un magnífico artículo firmado en *The Telegraph* en octubre de 2020 explicaba cómo en cuatro años había introducido o supervisado 178 cambios en las reglas, muchos de ellos matizados al año siguiente. Desde tonterías como que el saque de centro sea hacia atrás al inmenso barullo de las manos, que ya ningún aficionado sabe cuándo son y cuándo no, pasando por la introducción del VAR, cuyo protocolo de intervención ha retocado once veces. Con él llegó al fútbol una desgraciada confusión.

Una mujer arbitra la Supercopa europea (2019)

Stéphanie Frappart nació en 1983 en Le Plessis-Bouchard, pequeña localidad del departamento de Val-d'Oise, cerca de París. Acudió a la escuela en la vecina Pierrelaye y allí conoció el fútbol en los recreos, donde niños y niñas coincidían en un campo de balonmano. A los diez años ya tenía ficha federativa con el AS Herblay, el club femenino más fuerte de la comarca, y fue escalando, siempre con el número 10, hasta jugar dos veces con el primer equipo, pero ya le había picado el arbitraje. Con trece años empezó a pitar a los alevines. Su padre había sido futbolista *amateur* y dos de sus hermanos jugaron al fútbol y arbitraron en juveniles. A los diecinueve ya arbitraba en la Primera División femenina y a los veintidós alcanzó la llamada División de Honor, la tercera categoría masculina. «La mujer que arbitra a hombres», era el comentario de prensa antes y después de cada partido. Cumplidos los veinticinco entró, con unas pocas compañeras, en el selecto grupo de árbitros convocados a la concentración de julio en Clairefontaine. «Nos sentíamos intimidadas ante aquellos hombres que arbitraban partidos televisados».

Empezó a ser seguida por la UEFA. Bien dotada por naturaleza (una velocidad máxima aeróbica de 21 y un umbral láctico de 16) y entrenándose muchísimo, conseguía, una vez tras otra, superar todas las pruebas físicas de sus compañeros masculinos. Su presencia física (1,64 y 52 kilos) nunca fue considerada un problema a la vista de la seguridad con que se movía y decidía en el campo, sin importar que arbitrara a hombres o mujeres. En agosto de 2014 arbitró en la Ligue 2 el Niort-Brest y se convirtió en una habitual de esa categoría simultaneándolo con la Primera Femenina y con partidos internacionales de mujeres. Pero cuando su nombre empieza a sonar más allá de Francia es cuando en abril de 2019 pitó en la Ligue 1 el Amiens-Racing de Estrasburgo (para entonces ya había arbitrado la final sub-20 femenina entre Japón y España y estaba designada para el Mundial Sénior femenino, donde llegaría a dirigir la final). El entrenador del Amiens reclamó un penalti no señalado y puso en duda que una mujer pudiera arbitrar a hombres. Su postura le acarreó las mayores críticas. La Federación francesa hizo oficial en junio de ese año su ascenso definitivo a la Ligue 1 para la temporada 2019-2020. Y eso vino acompañado de su designación por la UEFA para arbitrar tal día como hoy la Supercopa europea entre el Liverpool y el Chelsea en Estambul. Le acompañaron en las bandas la irlandesa Michelle O'Neill y la italiana Manuela Nicolosi. El único hombre fue el cuarto árbitro, Cüneyt Çakir.

Stéphanie Frappart mostró calma, buena movilidad de área a área, serenidad ante las protestas y juicio certero. Atinó al señalar un penalti en la prórroga, pitó veintidós faltas, mostró tres tarjetas y mereció el elogio general. Sus ayudantes, por otro lado, acertaron en los fueras de juego, certificados milimétricamente por el VAR. Ganó el Liverpool en la tanda de penaltis. En septiembre arbitró el Malta-Letonia y en diciembre el Juventus-Dinamo de Kiev, como pionera en arbitrar entre selecciones nacionales y en Champions League. Animada por su éxito, la Confederación Africana de Fútbol se decidió a introducir a la ruandesa Salima Rhadia Mukasanga en el grupo de árbitros de la Copa de África 2022. Debutó con éxito en el Zimbaue 2-Guinea 1. Se había roto un techo de cristal.

Tapie cae en desgracia
(1993)

Para el verano de 1993, los hinchas del Olympique de Marsella eran los más felices de la Tierra. Su equipo había ganado de forma consecutiva los últimos cinco títulos de Liga, y en mayo de ese 1993 ganaría también la Copa de Europa, la primera que obtenía jamás un equipo francés, en brillante final ante el Milán. Su presidente, Bernard Tapie, era uno de los tipos más célebres de Francia. Popular hombre de negocios, atrevido, diputado primero y luego ministro de la ciudad en el gobierno de Pierre Bérégovoy (que acabaría suicidándose). Pero no era un hombre exento de polémicas. Sus números eran frecuentemente investigados por su afición a los paraísos fiscales, a las dobles contabilidades y a pagar en dinero negro.

Y esta vez había ido demasiado lejos en sus maniobras. El 20 de junio, en la visita al Valenciennes, el Olympique había comprado el partido, pagando dinero a dos de sus jugadores, Christophe Robert y Jorge Burruchaga, campeón este del mundo con la Argentina de Maradona en México. El dinero cobrado por el primero de ellos había sido enterrado en el jardín de la casa de los suegros. Se lo había llevado un jugador del propio Olympique, Jean-Jacques Eydelie. La pista de ese dinero condujo al director general del club, Jean-Pierre Bernès, que en principio trató de ganar tiempo internándose, según unas noticias por una crisis cardíaca y según otras por una fuerte depresión. Pero la rueda de la justicia siguió y atrapó a Tapie, e incluso salpicó al alcalde de una ciudad del norte, Béthune, del que se habría servido como coartada para negar un encuentro con el entrenador del Valenciennes, Primorac, al que habría intentado sobornar, a posteriori, para que asumiera la responsabilidad del caso.

Pese a su resistencia, su poder y sus protestas de inocencia, Tapie fue encontrado culpable y obligado a dejar al Olympique, al que la UEFA reconoció como válida su Copa de Europa, pero le impidió defender su título de campeón en la siguiente edición. Tampoco se le permitió jugar la Supercopa. Aunque se resistió, Tapie tuvo que abandonar el club la primavera siguiente, no sin antes hacer liquidación de algunos de sus principales activos. Traspasó a Bokšić al Lazio, a Futre a la Reggiana y a Desailly al Milán, por un montante conjunto de unos 4000 millones de pesetas de la época. Cuando Tapie se marcha, lo hace diciendo que renuncia para relanzar su carrera política, pero en realidad sale seriamente tocado. Con el tiempo será acusado de corrupción, de haber malversado casi 3000 millones de pesetas en el club. El arrepentido Jean-Pierre Bernès, ex director general del club, colabora en la investigación, que es demoledora. En ella sale a relucir incluso un caso de soborno al árbitro del partido AEK-Olympique, de la Copa de Europa ganada, un austriaco llamado Kohl, muerto de cáncer poco antes de que la investigación revelara el soborno. Y también salen 60 millones de pesetas destinados a comprar la semifinal contra el Spartak de Moscú y otros 40 millones para una eliminatoria anterior frente al Brujas. Para más bochorno colectivo, en sucesivas declaraciones o libros de memorias, algunos jugadores (Desailly entre ellos) revelan que el equipo recurrió con frecuencia al dopaje. Y Eydelie, el mismo que había entregado el dinero en mano a uno de los sobornados del Valenciennes, confiesa, ya en enero de 2006, que, salvo Völler, que se negó, todos los integrantes del Marsella campeón de Europa jugaron dopados el día de la final ante el Milán.

En definitiva, la arrolladora campaña de Tapie al frente del Olympique de Marsella se había convertido, mirada desde la distancia, en una película de terror.

Pelé le tira a Maradona lo de Branco

(2005)

De las muchas cosas que Maradona hizo después de jugar al fútbol una fue un programa de televisión de bastante éxito, *La noche del 10*, cuyo estreno fue todo un acontecimiento en Argentina. Para darle mayor realce, Maradona invitó al primer programa a Pelé, con el que nunca había tenido una gran relación. Entre ambos jugadores siempre ha habido celos por quién fue mejor que quién, cuál de los dos fue el mejor de la historia. Además representan a dos países rivales, y Maradona siempre jugó a rebelde y Pelé a integrado. Pero a Pelé le pagaron 48 000 euros por asistir al programa (Maradona cobraba 40 000 por emisión, así que Pelé exigió un 20 por ciento más) y acudió.

Todo empezó con un largo intercambio de elogios y cortesías que sonaban bastante a falso. De repente Pelé cambió el juego. «Quiero hacer una pregunta y espero que seas sincero conmigo: ¿pusieron somníferos en el bidón de Branco?». Pelé sacaba a relucir un asunto conocido: con ocasión del Argentina-Brasil del Mundial de Italia, el masajista argentino, Galíndez, había aprovechado una salida al campo para atender a Troglio para darle agua intoxicada con somníferos a Branco. El masajista llevaba frascos con dos tapones distintos: azules (agua buena) para los argentinos y amarillos (agua con somníferos), que los argentinos sabían que no debían coger, y debían ofrecerse a los brasileños que pidieran agua. Y así fue. Branco bebió de un frasco con tapón amarillo y se sintió mal. Luego recordó que había notado con extrañeza que un argentino le quitaba a otro un bidón, para cambiárselo: «No, de esa no». En el resto del partido se sintió mal, y más adelante lo denunció. Maradona, meses antes, había confirmado el hecho en el programa de televisión *Mar de fondo:* «Alguien picó un Rophynol y se pudrió todo. Branco no me saludó nunca más después de haber bebido de ese bidón».

Maradona quedó visiblemente desconcertado con la pregunta de Pelé, que le comprometía ante su audiencia argentina. O quedaba como mentiroso, cosa que nunca fue, o reconocía una trampa de Argentina a Brasil. «Yo no fui... Algo hubo de eso...» Pelé insistía y él regateaba: «Se dice el pecado, pero no el pecador...». Hasta que zanjó con la frase que le permitió la escapatoria. «Yo nunca necesité dormir a nadie para ganar un partido», con lo que el estudio estalló en el mayor aplauso de la noche.

El partido, jugado el 24 de junio de 1990, lo había ganado Argentina por un solitario gol de Caniggia, en jugada célebre en la que toda la defensa brasileña se fue tras Maradona, que aprovechó para enviar el balón a su compañero, sin vigilancia. La denuncia de Branco hizo que Brasil pidiera una investigación que nunca se llevó a cabo. Otro jugador argentino, Basualdo, contó también la verdad, y Bilardo le amenazó con hacer públicas sus infidelidades matrimoniales si persistía. Bilardo ya había pretendido hacer esto en el Mundial de México, cuatro años antes, pero algunos de sus jugadores se lo quitaron de la cabeza.

El Parlamento holandés aprueba el traspaso de Cruyff (1973)

El 26 de mayo de 1973, la Delegación Nacional de Educación Física y Deportes aprobó de nuevo la importación de jugadores extranjeros, prohibida tras el fracaso de España en el Mundial de 1962. El principal argumento para reabrirla fue que no nos había ido mejor en los sucesivos mundiales. En el de 1966 también caímos a la primera, para el de 1970 ni siquiera nos clasificamos. Nuestros grandes clubes presionaban para poder hacerse más competitivos en las competiciones europeas. Con la aprobación, todos se dispusieron a reforzarse en la medida de sus posibilidades. El Barça apuntó más arriba que nadie: a Johan Cruyff, el mejor jugador del momento, sin discusión.

Fueron unas gestiones laboriosas, pilotadas por el gerente del club, Armando Carabén, un tipo sagaz y prudente que nunca se deslizó en una declaración y que tenía la ventaja de estar casado con una holandesa. Van Praag, ex jugador del club, era el presidente del Ajax. Cor Coster, un joyero adinerado, llevaba los intereses de Cruyff, de quien era el suegro. Las conversaciones, en las que también participó el entrenador, Rinus Míchels, se alargaron pero culminaron por fin el día 15 de este mes; a la salida de una de las interminables reuniones en el hotel Esso de Ámsterdam, Van Praag dijo lacónicamente a los periodistas: «Okay, Cruyff-Barcelona». Pero el asunto aún tuvo que pasar un trámite en el Parlamento, porque la Federación holandesa se oponía y creía tener derechos legales para hacerlo. El propio ministro de Asuntos Sociales del país, Boersma, hubo de conseguir la aprobación de la operación en el Parlamento, a instancias del diputado socialista Patijn, que le requirió con el fin de que levantara las dificultades para el acuerdo. El asunto creó un debate encendidísimo en los Países Bajos y provocó incluso la dimisión en pleno de la Comisión de Futbolistas Profesionales de la Federación holandesa. Finalmente, Cruyff firmó el día 18 por el Barça. El presidente del club era entonces Agustí Montal, cuyo padre, del mismo nombre, ya había presidido el club años antes. Montal pagó un millón de dólares al Ajax y otro millón a Cruyff por las tres temporadas de su primer contrato. Cruyff tuvo que enfrentarse en sus últimos días en el Ajax (para el que dejó tres copas de Europa en las vitrinas) con la ira de los aficionados, que llegaron a apedrearle cuando se desplazaba en coche con su mujer.

El retraso en la incorporación hizo que Cruyff no pudiese participar en el Gamper (en el que sí lució el otro fichaje extranjero, el peruano Sotil) ni en los primeros partidos de Liga. El club organizó una serie de amistosos, muy rentables, para que fuera cogiendo la forma y acoplándose con los compañeros. Así, jugó contra el Brujas, el Kickers Offenbach, el Arsenal y el Orense. El Barça ganó esos cuatro partidos, en los que Cruyff marcó un total de cinco goles. Con todo, el debut no se produjo hasta el 28 de octubre. Para entonces se hacía la broma de llamar a los *culés* ranas, porque siempre estaban clamando «cruyff, cruyff» para que apareciera el astro. El Barça empezó la Liga retrasándose respecto a los líderes, Atlético y Valencia, a los que llegó a tener a cuatro puntos. También cayó en la Copa de la UEFA, ante el Olympique de Niza. Pero Cruyff no quería jugar hasta que no estuviera a punto. Por fin, el 28 de octubre se produjo el debut, en un partido relativamente sencillo, en casa, ante el Granada. Cruyff marcó dos goles en un Barça que fue un vendaval y ganó el encuentro por 4-0. El público se marchó entusiasmado, con la convicción de que el Barça entraba en una nueva era. Había merecido la pena esperar. De hecho, el Barça seguiría a partir de entonces una marcha arrolladora, que le daría el título y que incluiría un sonoro 0-5 en el Bernabéu ante el Real Madrid. El Barça ganaría aquel año, gracias a Cruyff, su primera Liga desde 1960, tiempos todavía de Kubala, Ramallets y Helenio Herrera.

Brasil juega en Haití por la paz (2004)

Haití, que recientemente ha sido otra vez trágica noticia por el terrible terremoto que ha sufrido, con 200 000 víctimas mortales, es un país eternamente atormentado por convulsiones políticas sin fin que proceden del período de la emancipación de los esclavos. Enclavado en un paraíso natural, rara vez ha alcanzado la paz. En el verano de 2004 estaba en uno de tantos períodos difíciles, con luchas en las calles, cuando alguien tuvo la idea de acudir a Lula, figura emergente en el Tercer Mundo, como mediador entre las partes en conflicto. Y Lula creyó aportuno enviar, como gran embajada de paz, a la Selección de Brasil, la *verdeamarelha*, la pentacampeona del mundo, el equipo quizá con más partidarios del planeta. Brasil acababa de ganar el premio Príncipe de Asturias del Deporte por sus repetidos éxitos y por su permanente mensaje de alegría y excelencia en el deporte.

Fue una propuesta arriesgada. En la Selección de Brasil militaban (como casi siempre o incluso más que otras veces) estrellas descomunales, jugadores de valor extremo para sus clubes, hombres muy tentadores para un secuestro que sirviera como propaganda a cualquiera de las fuerzas enfrentadas, al modo que ocurrió con Di Stéfano en Venezuela (véase el día 27 de agosto) o, antes aún, con Fangio en Cuba. Pero, puestas todas las cosas en la balanza, se decidió que merecía la pena y finalmente se concertó un partido contra la selección local, Haití, en Puerto Príncipe. Haití había llegado a participar en la fase final del Mundial de Alemania-74, donde su mayor logro fue el gol que Sanon le marcó a Zoff, y que concluyó con los 1143 minutos de imbatibilidad del mítico portero italiano. Fuera de eso, no hizo más. Volvió con tres derrotas, dos goles marcados y catorce encajados.

Pero era una ilusión encarar a la pentacampeona. El partido, ante los 15 000 espectadores que reventaban el Sylvio Cator de Puerto Príncipe (muchos más se quedaron fuera), se jugó en un ambiente caótico, entre unas medidas extraordinarias de lo que se llamaba Misión de Estabilización de las Naciones Unidas en Haití, la MINUSTAH. Los jugadores llegaron a Haití procedentes de la República Dominicana una hora antes del partido y fueron trasladados en tanquetas al estadio. Allí, sobre un césped de hierba sintética y bajo un calor sofocante, fueron recibidos con un entusiasmo sin igual. El equipo lo formaron: Julio César; Belletti, Juan, Roque Júnior, Roberto Carlos; Edú, Gilberto Silva, Juninho Pernambucano, Ronaldinho; Roger y Ronaldo. Luego entrarían también Cris, F. Henrique, Pedrinho, Magrão, Renato, Adriano y Nilmar. Ganó Brasil por 0-6, porque lo cortés no quita lo valiente, con tres goles de Roger y tres de Ronaldinho, todos ellos aplaudidísimos. Lula asistió al partido, feliz. El fútbol, un signo distintivo de su país, había contribuido a llevar la paz a Haití. Y él reforzaba su papel de líder de un Tercer Mundo emergente resuelto a resolver sus problemas y sus diferencias.

Sánchez Mejías organiza la «Corrida del Betis» (1928)

Ignacio Sánchez Mejías, cuñado de Joselito y torero de tronío, fue presidente del Betis, condición que alcanzó en proclamación de la asamblea de socios el 29 de mayo de ese 1928. Significa, más que nadie, el abrazo entre el mundo del toro y el del fútbol, que se miraban con desconfianza en los primeros años del siglo. Para el toro, el fútbol era una intromisión extraña, entre esnob e inculta, cargada de tics arbitrarios representados por sus reglamentos absurdos, propios de gentes que necesitaban de normas extrañas para regir sus vidas vacías. Para los del *sport*, los toros representaban la España a superar, la España garbancera, de chulería, faja y faralaes. «La España de charanga y pandereta, cerrado y sacristía, devota de Frascuelo y de María.» En busca de la superación de esa diferencia, Sánchez Mejías, el torero-presidente del Betis, organizó en la plaza de la Real Maestranza de Sevilla una llamada «Corrida del Betis», en la que participaron él mismo, Alfredito Corrochano (hijo del ilustre crítico de *Abc* de la época), Juan Belmonte y, por último, el rejoneador cordobés Antonio Cañero.

Ignacio Sánchez Mejías fue un presidente del Betis imaginativo y progresista. Lo cogió en Segunda División y puso las bases para hacer del club algo mucho más serio. Organizó el traslado del viejo campo del Real Patronato Obrero a los nuevos terrenos de Heliópolis, en los que el equipo se estrena con un amistoso ante el Rampla Juniors de Uruguay. Mientras se acaba un campo y se abandona el otro, el equipo alterna los partidos en ambos, bajo el mando del presidente-torero. Durante su período al frente del club se produce también la inauguración por parte del Sevilla del estadio de Nervión, contiguo al actual Sánchez Pizjuán. Se trata de la final del Campeonato de Andalucía, y gana el Betis por 1-2, goles béticos de León y Carrasco.

Dejó el Betis en la temporada 1929-1930, con las bases firmes para que el equipo alcanzara no solo el ascenso a Primera en la temporada 1931-1932, sino el título de Liga en la temporada 1934-1935. Aunque ya no era presidente de facto cuando el ascenso, porque había dejado el cargo por falta de tiempo material, sí era presidente honorario de aquel Betis, y muchos le atribuyen el control a distancia de las cosas del club. El Betis que diseñó Sánchez Mejía ganó la Liga 1934-1935 con un brillante equipo, plagado de jugadores vascos, que obtuvo el título en la última jornada, en su salida a Santander. Pero el gran Sánchez Mejías se quedó sin verlo, porque el verano anterior, el 11 de agosto de 1934, el toro *Granadino*, de Ayala, le corneó gravemente en Manzanares. Trasladado a Madrid, falleció el 13 de agosto, con la pierna gangrenada. Su muerte inspiró a García Lorca, amigo suyo, el poema elegíaco más hermoso del castellano: «Llanto por la muerte de Ignacio Sánchez Mejías». Para entonces, cuentan, estaba cansado de torear y pensaba dejarlo y dedicarse enteramente al Betis. No pudo hacerlo. *Granadino* se lo impidió. Pero su empeño por superar las desconfianzas entre el mundo del fútbol y el de los toros no fue en vano. En su figura se dieron la mano las dos Españas.

Nace la mayor de las rivalidades

(1914)

Si usted, viendo cualquier partido de la Liga española, observa que hay dos jugadores que se persiguen mutuamente con saña y sin ra-zón aparente, dejándose la pierna, sacando el codo o metiendo los dedos en el ojo del rival, fíjese bien: seguramente uno es brasileño y el otro argentino. La rivalidad futbolística entre ambos países no tiene igual en el mundo. Argentinos y brasileños piensan que juegan mejor que nadie y se disputan esa consideración. Desde casi cien años atrás consideran que su fútbol es más técnico e inteligente que el que practican los europeos, no digamos ya respecto al que se practica en el resto del mundo. Pero se disputan el puesto honorífico de ser «el mejor». Su primer partido data de este día, un amistoso disputado en la cancha de Gimnasia y Esgrima de la Plata, en Buenos Aires, arbitrado por el uruguayo Peyrou. Lo ganó Argentina, por 3-0, pese a que en Brasil jugaba el célebre Friedenreich, el mulato de ojos azules, hijo de un ingeniero alemán y una lavandera negra, al que algunas fuentes adjudican, seguramente de forma exagerada, más goles que a Pelé. Era, en la práctica, el primer partido internacional de la Selección de Brasil, si bien ya había jugado uno antes, pero contra un equipo de club *amateur* inglés, el Exeter. Al cabo de una semana jugaron la revancha, también en Buenos Aires, y ganó Brasil por 0-1.

A aquel encuentro siguieron otros muchos, con frecuentes disputas. En 1920, el mismo día del partido concertado entre ambos, apareció un artículo despectivo por racista en un periódico bonaerense, y varios brasileños se negaron a jugar. Brasil compareció finalmente con siete y perdió

3-1 el simulacro de partido. En la Copa América de 1937, jugada por sistema de liguilla, los dos equipos acabaron empatados a puntos. Jugaron un desempate, en la cancha de San Lorenzo en Boedo, Buenos Aires, que empataron a cero. En la prórroga, De la Mata marcó dos goles para Argentina, pero poco antes del final los brasileños se retiraron en protesta por los insultos racistas. En 1939, en un partido de la Copa Roca, hubo penalti a favor de Brasil en el último minuto, con 2-2. Argentina se retiró y Brasil marcó, con la anuencia del árbitro, su penalti a puerta vacía.

Todo fue a peor todavía en 1945, cuando el goleador brasileño Ademir Menezes partió la pierna al argentino José Batagliero. El siguiente choque, en la Copa América de 1946 (10 de febrero), disputado en Buenos Aires, fue terrible. Empezó a las tres de la tarde y acabó a las diez de la noche. Salomón, argentino, salió también con la pierna rota, y todos contusionados de una u otra forma. Fueron expulsados Chico y De la Mata. Ganó Argentina y con aquella victoria obtuvo el título, pero las atrocidades aconsejaron que no jugaran más entre sí durante un tiempo. Pasaron diez años y un mes hasta que volvieron a enfrentarse, porque las relaciones entre ambas federaciones quedaron rotas. En ese período, una de las dos se abstuvo de participar en la Copa América, según donde fuera el escenario. El reencuentro se produjo en Montevideo, el 5 de febrero de 1956, otra vez en la Copa América. El gran Gilmar empezaba entonces en Brasil, y con Argentina debutaba en ese torneo Omar Sívori. Ganó Brasil 1-0, dentro de una normalidad relativa. Desde entonces han seguido jugando, pero siempre con chispas a la menor ocasión. En el Mundial se han enfrentado cuatro veces y se han producido hechos como la expulsión de Maradona en Sarriá, en el de España, o la intoxicación de Branco (como ya se ha visto, 16 de agosto) por tomar agua que le ofreció el masajista argentino en el de Italia.

Estreno de San Mamés, la «Catedral» (1913)

El Athletic jugó en sus primeros tiempos en las campas de Lamiako y de Josaleta, demasiado en las afueras de lo que entonces era la ciudad. Su sueño, según avanzaba la expectación, era estar más «en Bilbao» para gozar de más público. Por fin, bajo la presidencia de Alejandro Sota, el 10 de diciembre de 1912, se adopta la decisión de afrontar la construcción del nuevo campo. Tras desestimar los terrenos donde más adelante jugaría el Indauchu, se adquieren unos contiguos al edificio del Asilo de San Mamés y se abre una suscripción para poner en marcha la operación. Pronto se reúnen 50 000 pesetas y la primera piedra se coloca el 20 de enero de 1913. Y ya para agosto está terminado el campo, si bien muy distinto del que vemos ahora, y mucho más pequeño. En la preferencia tenía una airosa tribuna de madera de aire muy inglés. La lateral y los fondos tenían unas pocas filas. No se utilizó cemento hasta su ampliación años más tarde. La obra salió en total por 89 061 pesetas de la época.

El estreno fue con un triangular frente al Racing de Irún y el Shepherd's Buch, que al final se adjudicaría el torneo inaugural. El Athletic concurrió con esta alineación para el estreno: Ibarreche, Hurtado, Solaun; Iceta, Belauste, Eguía; Acedo, Pichichi, Zuazo, Cortadi y Pinillos. Zuazo puso el balón en juego y el primer gol lo marcó Pichichi, lo que seguramente le valió para que años más adelante el periodista bilbaíno Lucio del Álamo (entonces un niño) diera su nombre al trofeo de máximo goleador que instituyó en *Marca* cuando, muchos años más tarde, fue director del periódico. El partido acabó empate a uno, y el gol irunés lo marcó Patricio Arabolaza, que también daría su nombre a uno de los premios *Marca*, el de la «furia española», ya desaparecido.

El campo fue llamado San Mamés por estar contiguo al asilo de ese nombre, donde hay una capilla en la que se representa a este santo con un león. San Mamés fue un cristiano arrojado al circo para que le devorara un león, que, en lugar de hacerlo, se puso a su lado, de ahí que se le represente así. Años más tarde, ante un partido especial, el cronista del *Excelsior* tituló: «¿Rugirá hoy el león de San Mamés?». Eso dio lugar a que en lo sucesivo a los jugadores del Athletic se les conociera como «los leones de San Mamés». El campo gozó de sucesivas ampliaciones, al compás del mayor interés que iba adquiriendo el fútbol en nuestro país, y ya desde 1923 hay referencias a él como la «Catedral». Su silueta cambiará cuando se instale el arco del que cuelga la cubierta de la tribuna principal, en 1953, que será visible desde diversos altos en las proximidades de Bilbao. En 1961, con el producto del traspaso de Garay al Barça (5,5 millones de pesetas) se mejoró la capacidad de la hasta entonces llamada tribuna de Misercordia, la del fondo, tras la que se encuentra el asilo, que pasó a ser conocida coloquialmente como «la tribuna Garay». En 1926 se colocó en el estadio un busto de Pichichi. Desde hace mucho está junto al palco, y le ofrecen flores todos los equipos que visitan por primera vez ese campo, en bonita tradición.

San Mamés llegó a ser el terreno de juego más antiguo de España, en categoría nacional, pero no llegó a cumplir los cien años por pocos días. Su demolición empezó el 6 de junio de 2013 (su último partido, la víspera, enfrentó al Athletic y a una selección de Vizcaya en un trance muy emotivo) y se construyó uno nuevo (con el mismo nombre), en unos terrenos contiguos que antes ocupaba el ferial, separados del viejo San Mamés por una calle que precisamente lleva el nombre de Rafael Moreno Aranzadi, *Pichichi*.

Se crea la Asociación Nacional de Trabajadores del Foot-ball (1929)

Los años veinte trajeron el profesionalismo a nuestro fútbol, y con él empezaron ciertas tensiones entre los jugadores y los clubes, por la reglamentación laboral un poco sui géneris que siempre tuvo esta actividad. El profesionalismo se aprobó con carácter oficial el 28 de junio de 1926, y pronto el futbolista se quejaba sobre todo del «derecho de retención», que impedía a un futbolista cambiar de club a la finalización de su contrato. El club de origen lo podía retener con un aumento del 10 por ciento de sus ingresos. Había además otras tensiones laborales entre ambas partes, y los jugadores tampoco admitían que todo pleito tuviera que ser resuelto por el Comité Nacional, en el seno de la Federación. Esta organización, a su vez, rechazaba los llamados «Comités Paritarios», creados en la época para entender en los conflictos entre trabajadores y patronos en cualquier sector. Eran comités formados por cinco representantes de los empresarios y cinco de los obreros. (En los comités locales, y siete y siete respectivamente, en los interlocales.)

La situación se complicaba aún más porque todavía subsistían algunos jugadores *amateurs*, que seguían jugando por amor al arte, sin cobrar, que veían la compensación económica por hacer deporte como algo en cierto modo degradante y no miraban bien las pretensiones de sus compañeros. Por otra parte, estaban los vientos de revolución de la época, que desembocarían en la llegada de la República. Finalmente, tras intentos, discusiones, declaraciones, amenazas y debates, se crea en Madrid la Asociación de Trabajadores del Foot-ball. La reunión constituyente tiene lugar en el salón principal de la Casa del Pueblo de Madrid. Los tres puntos principales eran proteger a los futbolistas de los atropellos de los clubes, crear un montepío para ellos y que los contratos de trabajo fueran redactados por el tribunal paritario.

A la reunión constituyente faltaron varios de los que habían anunciado su asistencia, entre ellos algunos importantes, lo que sirvió a los enemigos de la iniciativa para desprestigiarla. Sí había algunas celebridades, como Quesada y Escobal, del Madrid (este último fue el primer presidente del sindicato de futbolistas), y Félix Pérez, también del Madrid, jugador muy notable en la época. Era un interior muy fino, del que se dice que nunca hizo una falta («La única que me pitaron fue por un error de Ramón Melcón: fue Samitier el que me empujaba a mí, no yo a él, pero Samitier era muy listo», contaba años después a sus parroquianos en el café que tenía frente al Retiro madrileño). Tuvo un pleito con Hernández Coronado, que le quería bajar el sueldo, y estuvo un año sin cobrar, como *amateur*, para poder marcharse luego libre, tras lo cual jugó en el Atlético y en el Racing. Félix Pérez declaró que el sindicato buscaba también la formación de los jugadores para ser en el futuro árbitros, entrenadores o dirigentes de los clubes.

El sindicato se afilió en principio al ya existente de Actores de la Escena, lo que no le añadió ningún crédito. Luego, al de Trabajadores del Espectáculo, de más amplio espectro, que incluía a los toreros. Tuvo un recorrido corto. Los jugadores solían ser amenazados por la Unión de Clubes y se retraían a la hora de apuntarse. El derecho de retención, principal caballo de batalla, no fue retirado. La Guerra Civil terminó con sus restos, aunque ya para entonces estaba débil. La opinión pública no terminaba de ver a los futbolistas como trabajadores. Tuvieron que pasar muchos años para que, ya en los años de la Transición democrática, se recuperara aquella iniciativa, esta vez bajo las siglas AFE, que sí consiguió levantar el derecho de retención.

Llegan a España los primeros *pross* (1935)

El fútbol inglés todavía era tenido por algo superior en los años treinta. En España aún se les llamaba los *pross*, de profesionales, porque era allí donde primero surgió el profesionalismo. Aunque España había ganado en 1929 a Inglaterra (4-3, véase el día 15 de mayo), aquello se consideró una proeza excepcional, fruto de un acierto máximo y del calor y la dureza del campo, el Metropolitano. Pero los ingleses se habían tomado venganza un año y poco más tarde, cuando les devolvimos la visita y nos ganaron por 7-1, poniendo las cosas en su sitio.

Así que cuando el Espanyol anunció en el verano de 1935 que fichaba a dos jugadores ingleses se armó bastante revuelo. Dos años antes se había aprobado la importación de jugadores extranjeros, dos por equipo, y el Espanyol cubrió sus plazas con dos mexicanos, Rojas y Quesada, a los que pudo nacionalizar a los dos años de estancia aquí, por convenio de doble nacionalidad con aquel país. El Espanyol tenía un entrenador inglés, míster Lowe, que sugirió el fichaje de jugadores de su tierra. «A mí nunca se me ocurriría ir a comprar naranjas a Suecia, ni té a España. Por eso mismo nunca se me ocurriría comprar futbolistas en un sitio que no fuera Inglaterra.» Con esas palabras había convencido a Damián Cañellas, el secretario técnico del Espanyol. Como los de Primera División eran demasiado caros, Cañellas pescó en Segunda División. Las informaciones de la época explicaron que no había tanta diferencia en el fútbol de aquel país entre las dos categorías como la que se ve en España, y que los jugadores eran de parecido nivel.

Los dos escogidos fueron un delantero centro, Green, procedente del Charlton Athletic, y un *back* izquierdo, Clipson, del Millwall. El precio conjunto se puso en 150 000 pesetas, que no estaba nada mal. La misma cantidad que en el año treinta había recibido el Espanyol del Real Madrid por el sensacional traspaso de Ricardo Zamora. Green era hijo del cuidador del campo del Chelsea, así que se había criado con un balón entre los pies, aunque se le reconocía que «aún estaba en formación». Clipson era un jugador expeditivo, de oficio. Los dos se estrenaron en el Campeonato de Cataluña, contra el Badalona, y agradaron. Pero pronto sale un suelto en la prensa en el que se anuncia que Clipson ha regresado a Inglaterra. «Se ha dicho que licenciado por el Espanyol, y no es totalmente cierto. Sin haberse hecho imprescindible, todavía puede ser necesario, y se cuenta con él para más adelante, si le conviene volver, según versión oficial. El Espanyol sigue con su contrato y su ficha para España. Según parece, ha vuelto a Inglaterra para asuntos particulares. De todas formas, si esto no es una baja es media, y ello demuestra que los extranjeros convienen si son terminante y absolutamente hombres de clase.» Todo sugiere falta de adaptación o bien que el tal Clipson era un petardo, o las dos cosas. No llegó a jugar en la Liga. En cuanto a Green, jugó catorce partidos y marcó un gol. Pobre registro para un delantero centro. Pero tenía madera, dicen. Lo que le sacó del Espanyol para no volver sería la Guerra Civil, que estalló al término de aquel campeonato. En todo caso, quedó claro que la Segunda División inglesa no tenía mejores jugadores que la Primera División española.

Messi envía un burofax al Barça
(2020)

Quizá haya sido el burofax más célebre de la historia. Aquello sobresaltó a todo el fútbol mundial y marcó el principio del fin de la presidencia de Josep Maria Bartomeu. A Messi aún le quedaba un año de contrato, pero trató de encontrar un resquicio para irse antes. En su última renovación, en la que se le garantizaron unos fabulosos emolumentos (555 237 619 millones de euros que cobraría en cuatro temporadas, desde la 2017-2018 a la 2020-2021), se dejaba la puerta abierta: podía quedar en libertad si lo comunicaba al club el 10 de junio, veinte días antes del final de la temporada. Sin embargo, la 2019-2020, tercera de su contrato, tuvo un desarrollo alterado a causa de la pandemia. Posteriormente se completó ocupando fechas muy posteriores al 30 de junio (véase el día 13 de marzo). La Liga acabó el 19 de julio. El Barça aún siguió en la Champions hasta su estrepitosa caída en Lisboa (8-2) ante el Bayern de Múnich, el 14 de agosto. De ahí se fueron de vacaciones. Aquel 8-2 dejó muy mal cuerpo a todos, también a Messi, que ya llevaba tiempo con mala cara. A mitad de la temporada había caído el entrenador Ernesto Valverde, que fue sustituido por Quique Setién, lo que resultó un fracaso. Club y plantilla se cruzaron imputaciones sobre el cese de Valverde. Al tiempo, trascendió el *Barçagate*, un contrato del Barça con una empresa de comunicación para hacer seguimiento informativo en torno al club, y que se convirtió en una fuente de noticias negativas en la red para los jugadores.

El enfado de Messi hizo crisis a los dos días del despido de Luis Suárez, su mejor amigo en el equipo, al que el día 22 Ronald Koeman le dijo que se buscara equipo. El 24 Messi envió al club un burofax dando por concluido el contrato. La noticia se conoció al día siguiente, cuando fue emitida por el canal argentino TyC Sports, lo que provocó un revuelo mayúsculo. El Barça le negó el derecho a irse arguyendo que lo debía haber comunicado el 10 de junio. Y aunque la duración de la temporada se había alargado, la notificación llegaba diez días después del final de la misma, no veinte días antes. Bartomeu tenía la obsesión de no ser el presidente con el que Messi se marchara del Barça y llegó a declarar que si el problema era él, dimitiría para que el jugador no se fuera. Los abogados de Messi insistían en que la rescisión era posible, todo ello entre rumores sobre si detrás de su salida estarían el Manchester City de Guardiola o el PSG qatarí. No faltó quien habló del Real Madrid. La tensión duró hasta que el 4 de septiembre Messi se echó atrás en una entrevista en *Goal.com*, donde declaró: «No voy a llevar a juicio al club que amo».

Aquello desmoronó la imagen de Bartomeu, que fue objeto de una moción de censura. Dimitió para no enfrentarse a ella. Las subsiguientes elecciones las ganó Joan Laporta, que ya había sido presidente en los primeros años exitosos de Messi, con el que tenía buena relación. Su principal tarea debía ser renovarle al final de su contrato, el 30 de junio de 2021. Ambas partes manifestaron su mejor voluntad, Messi ofreció bajarse el sueldo a la mitad, pero el agujero en las cuentas del Barça era tal que el 5 de agosto Laporta, que había vendido optimismo al respecto, admitió que era imposible, y así se hizo público al día siguiente. Messi se despidió entre lágrimas el día 8, pero el 11 fichaba por el PSG para formar un espectacular triplete de ataque con Kylian Mbappé y Neymar.

Aparecen los números, ocurrencia de Herbert Chapman (1928)

Herbert Chapman fue un genio del fútbol. Nacido en 1875, había sido jugador de discreto nivel. Luego pasó a ser mánager-entrenador y ahí fue cuando hizo historia. Tras algunas experiencias y algunos éxitos anteriores, llegó al Arsenal en 1925. Desde ese club cambiaría el fútbol. En aquel mismo año se modificó la regla del fuera de juego. Hasta entonces hacían falta tres jugadores entre él y la línea de fondo para que un atacante no estuviese en *offside*. Bill McCracken, un controvertidísimo defensa irlandés que jugó en el Newcastle y en el Distillery (y también en la Selección irlandesa), empezó a practicar el truco de adelantarse para dejar a los delanteros en *offside*, y eso recomendó el cambio de regla, y se decidió que bastarían dos jugadores entre el atacante y la línea de fondo para que no se considerara a aquel en fuera de juego.

Chapman reaccionó cambiando la colocación de su equipo. Hasta entonces se jugaba con la disposición que se llamaba «el método»: dos-tres-cinco, si bien de los cinco delanteros los dos interiores se retrasaban, así que en la práctica era dos-tres-dos-tres. Chapman retrasó al medio centro e hizo un 3-2-2-3, la WM, que también se llamó «el sistema». Roberts fue el medio centro retrasado, su primer defensa central. Posiblemente para disimular el truco, decidió poner números a sus jugadores, pero con el cuidado de que la numeración disimulase lo que estaba haciendo a fin de prolongar lo más posible el despiste de sus rivales. Así, en lugar de numerar a los defensas como 2-3-4 y a los medios como 5-6, numeró a los defensas como 2-5-3, y a los dos medios como 4-6. Es decir: como si Roberts, el central, siguiese jugando de medio centro, en lugar de en el centro de la defensa. El estreno tuvo lugar con ocasión del primer partido de Liga de la temporada 1928-1929, ante el Sheffield Wednesday, en el Hillsborough. El mismo día también numeró sus camisetas otro club de Londres, el Chelsea, entonces en Segunda, para su partido contra el Swansea.

La ocurrencia fue extendiéndose poco a poco. La primera final de Copa de Inglaterra que se jugó con números fue la de 1933, entre el Everton y el Manchester City, y se numeró del 1 al 22. El 1 era el portero del Everton, luego iba subiendo la numeración hasta el 11, el extremo izquierda del mismo equipo, el 12 lo llevaba el extremo izquierda del City y los números seguían subiendo hasta el portero de ese equipo, que era el 22. En España los estrenó el Real Madrid, ya en 1947, con una estruendosa derrota por 5-0 en su visita al Atlético. En la Liga del año siguiente la Federación los estableció como obligatorios. El primer Mundial con números fue el de 1950, en Brasil, el del «Maracanazo».

Chapman ganó varias Ligas y copas con su WM y sus números. Y pudo haber ganado más de no haber fallecido relativamente joven, en 1934, de una pulmonía mal cuidada. No se resistía a acudir una y otra vez a los campos de barrio a buscar promesas. Eso le mató. Pero dejó una influencia decisiva en la historia del fútbol.

El hombre que nunca quiso matar a Stalin

(1942)

Nicolái Starostin era el mayor de cuatro hermanos, muy deportistas todos. Por su impulso, todos fueron jugadores de fútbol y de hockey sobre hielo, y se convirtieron en el armazón del Spartak de Moscú, el gran equipo soviético. Alcanzaron fama, en los años treinta y los primeros cuarenta, en un equipo que dominaba a sus rivales. Los dominaba muy a pesar del número dos de Stalin, Laurenti Beria, jefe de la policía secreta y, en función de tal, presidente del Dinamo de Moscú, el equipo de la policía. Para complicar más las cosas, Beria, procedente de Georgia, había jugado contra Starostin en su juventud, y ambos habían tenido un rifirrafe en el partido. Beria era un tipo vengativo, que, además, a aquella afrenta unió la de que el Spartak ganara siempre el título a su Dinamo. Para 1942, Starostin, con cuarenta años, ya no jugaba, pero era el presidente del club y uno de los grandes ídolos futbolísticos del país. Beria, por su parte, era uno de los tipos más repugnantes de la historia. Cuando no estaba en su despacho firmando deportaciones para mantener vivo el estado de terror, patrullaba la ciudad en su limusina, en busca de chicas jóvenes a las que secuestraba para disfrutar de ellas.

Un buen día, sin más, decidió que ya había aguantado bastante y detuvo a Starostin acusándolo nada menos que de haber formado parte de una conspiración para matar a Stalin. Una pura invención basada en una foto tomada seis años atrás con ocasión de un partido de exhibición en la Plaza Roja, en el llamado «Día del Deporte», para complacer a Stalin. Debía haber sido un Spartak-Dinamo, pero a última hora renunció el Dinamo por miedo a que algún jugador propio le diera un balonazo a Stalin, así que jugaron los titulares y los suplentes del Spartak. El partido gustó tanto a Stalin que hizo jugar un tercer tiempo, lo que enfureció más a Beria, que al cabo de los años acudió a una foto de este partido, en el que se veía a un personaje próximo a Stalin del que dijo que pretendía matarlo en connivencia con los Starostin.

Los cuatro fueron juzgados y enviados a un gulag, donde se salvaron de ser fusilados por su inmensa popularidad. Pasado el tiempo, Starostin fue llamado por el hijo de Stalin, Vasili, que dirigía las fuerzas aéreas y quería formar un equipo sólido, y contaba con él para entrenador. Así volvió Starostin a Moscú. Vasili Stalin detestaba a Beria. Este trató varias veces de detener y deportar de nuevo a Starostin, que vivió bajo la protección del joven Stalin. Pero al fin Beria lo consiguió, en un descuido de Vasili Stalin, y esta vez le envió a una ciudad del desierto en Kazajistán. Solo cuando Stalin murió, en 1953, y se acabó su época de terror, pudo volver por fin Starostin. Beria, que trató de hacerse con el poder, no lo consiguió y fue juzgado por múltiples delitos, entre ellos los de agente del imperialismo, traición al Estado y crímenes contra el pueblo. Fue condenado a muerte y eso permitió el regreso de millones de exiliados, entre ellos Starostin (luego, muchos años presidente del Spartak de Moscú). Y también un tal Martyn Merezov, un árbitro que había tenido la mala ocurrencia de expulsarle de un campo de fútbol en un partido en 1920.

¡Han secuestrado a Di Stéfano en Caracas!

(1963)

El Madrid de Santiago Bernabéu hacía frecuentes giras para recaudar dinero y ganar prestigio. Que nadie piense que eso es una novedad de esta época. En cuanto le eliminaban de la Copa, que se jugaba entonces después de la Liga, el equipo se iba de gira. Otras veces era al revés, al principio de la temporada, tras unos cuantos entrenamientos. A los jugadores les pagaba el club a peseta el dólar, una peseta por cabeza por cada dólar que ingresaba el club por el partido. Y una prima creciente por cada gol de ventaja que consiguieran. Se trataba de ganar y golear, a ser posible, para aumentar el prestigio. Así, el Madrid fue un poco por todas partes en la época, incluso a lugares de tan poca tradición futbolística como Ghana, Egipto o Estados Unidos. Esta vez hizo un viaje clásico: Caracas, para jugar la llamada Pequeña Copa del Mundo.

Tras jugar contra el Oporto, el Madrid regresó al hotel Potomac, donde estaba concentrado. Los jugadores cenaron y se fueron a las habitaciones. Di Stéfano tenía una habitación contigua a la de Santamaría, que se comunicaba por una puerta que no cerraban. A las seis de la mañana sonó el teléfono. El recepcionista le dijo que bajara, que había unos policías que querían verle. Di Stéfano creyó que sería una broma de algunos compañeros que volvían de juerga y no bajó. «Entonces suben ellos.» «Pues que suban.» Enseguida aparecen dos individuos que le dicen ser policías y le piden que les acompañe a comisaría para un asunto de trámite. Santamaría le dice que no vaya, que avise a un directivo, pero Di Stéfano se pone una chaqueta sobre el pijama verde y les acompaña. En cuanto le meten en el coche le dicen que es un secuestro, que esté tranquilo, le vendan los ojos y empieza un peregrinaje. Primero, un apartamento en Caracas, luego una finca en el campo, por fin otra vez un apartamento, pequeño, en el centro, donde le quitan la venda de los ojos y el jefe de los secuestradores, un tal Canales, le explica todo: se trata de llamar la atención sobre su movimiento, el Frente Armado de Liberación Nacional. Y que pronto le soltarían. Posiblemente habían tomado la idea de Fidel Castro, que cuatro años antes había hecho lo mismo con Juan Manuel Fangio, al que secuestró y retuvo durante las horas que duró el Gran Premio de La Habana de Fórmula 1.

El secuestro duró setenta horas. Le trataron bien, pero siempre pasó miedo. Por el día jugaban al dominó o a las damas. Él les decía cada poco que ya habrían hecho ruido, que su padre estaba mal del corazón, que le soltaran. Por fin, al tercer día le llevaron al centro, a la avenida Libertadores, y le dijeron que bajara. Él dio un salto y se escondió tras un árbol, hasta que se fueron. Luego cogió un taxi hasta la Embajada española. Cuando llegó, vio que había un cartelito que ponía: abierto de 10 a 14. Miró el reloj y eran las dos y diez de la tarde. Casi quema el timbre hasta que abrió la puerta un matrimonio mayor que trabajaba allí. Le reconocieron al instante. Enseguida llamaron a su casa, a Madrid, y al hotel, para comunicar su feliz aparición.

Esa misma noche jugaba el Madrid otro partido, contra el São Paulo, y Bernabéu le insistió en que debía jugar, para dar sensación de gran valor. Maldita la gana que tenía de hacerlo, pero jugó, para asombro de todos, aunque tuvo que ser reemplazado en la segunda mitad por Evaristo, porque no podía más. Durante el secuestro solo había comido perritos calientes.

Muchos años después, en 2001, el Madrid invitó al jefe de los secuestradores, que se ha ganado después la vida como pintor, al estreno de la película *Real the Movie*, en la que aparece su personaje. Se buscó provocar un saludo entre ambos, pero Di Stéfano no estuvo cómodo, no le quiso dar la mano: «Usted hizo pasar mucho miedo a mi familia».

Fallece Antonio Puerta tras sesenta horas de agonía (2007)

El 25 de agosto empezó la Liga y el partido del Sánchez Pizjuán se televisó en directo. Un partido más, en principio, si bien uno de los contendientes, el que ponía el campo, era el equipo del momento, el Sevilla, que había ganado la Copa, la Copa de la UEFA y la Supercopa de España. Tenía pendiente el compromiso de la Supercopa de Europa, con el Milán, nada menos. Enfrente, el Getafe, justo el equipo ante el que había ganado la final de Copa. Pero se presentaba como un partido de Liga más, de esos destinados a quedar en el olvido. El Getafe se adelantó pronto. En eso, a la media hora de juego, Puerta, lateral izquierdo del Sevilla, se tambalea y se cae. Se levanta y se vuelve a caer, mareado. El entrenador decide sustituirle por Duda. El partido sigue y el Sevilla le da la vuelta hasta el 4-1. Pero el público se va contento a medias. ¿Qué le ha pasado a Puerta? Puerta era el lateral izquierdo. Salía de la cantera, había llegado a asomarse a la Selección, era un jugador muy querido. Un golazo suyo, ante el Schalke, había metido al Sevilla en la final de la Copa de la UEFA, la primera final europea de su historia. ¿Qué le habría ocurrido?

Ahora se sabe que ha tenido algún episodio así en entrenamientos y que se ha recuperado, pero esta vez le cuesta más recobrarse. Se extiende cierto secretismo. De repente trasciende que está en coma y la situación se torna dramática, más cuando se sabe que su novia está esperando un hijo para dentro de tres meses. El Sevilla viaja para jugar un amistoso en Grecia, pero viaja con el corazón encogido, porque uno de ellos no está con el grupo, está en la UCI con ventilación asistida y los peores presagios. Al fin, a las 14.30 del día 28, tras sesenta horas en coma, Puerta muere en el centro Virgen del Rocío de la capital sevillana, en el que se encuentra desde la noche del partido, y que se encuentra literalmente cercado por periodistas de todos los medios. En un hotel de Atenas sus compañeros lloran y preparan el viaje de vuelta. El amistoso programado fue suspendido, por supuesto. En Sevilla se recuerda el lejanísimo caso de Pedro Berruezo, jugador del club muerto en parecidas circunstancias muchos años antes (1973) en el campo del Pontevedra, Pasarón, mientras disputaba un partido. La causa médica es «una displasia arritmogénica del ventrículo derecho» que habría provocado «un fracaso multiorgánico». Aunque hay quien le busca las revueltas, es un caso más de lo que los médicos siguen llamando «muerte súbita», mucho más frecuente de lo que tendemos a creer: la primera causa de muerte en el mundo, por delante de los accidentes de tráfico. Hay mecanismos del corazón que aún no sabemos prevenir ni curar, a los que la ciencia no alcanza. Lo que le sucedió a Puerta les suele ocurrir con alguna frecuencia a otros menos famosos o aun a alguno que también lo es, como el españolista Jarque, fallecido en el verano de 2009 en Italia, en el hotel de concentración, y estando en perfecto reposo. Y la misma causa ha obligado al madridista De la Red, uno de los campeones de la Eurocopa de Viena, a dejar el fútbol tras sufrir un síncope parecido en un partido de Copa en Irún. Y ahora afecta a Sergio Sánchez, también jugador del Sevilla.

El entierro fue un acto de duelo sincero en el que participa toda Sevilla. Por primera vez desde el caso Antúnez (véase el día 25 de enero) los béticos abrazan a los sevillistas y sienten como propio el dolor de sus rivales. El Milán, contra el que el Sevilla ha de jugar la Supercopa a los dos días, envía una representación y tiene una conducta señorial. El primer partido tras el entierro es precisamente la Supercopa, en Mónaco. Los dos equipos salen con camisetas de recuerdo a Puerta. Ganará el Milán, pero a nadie le importa perder ese partido. Lo que importa es haber perdido a Puerta.

Prohibidas las botellas, consecuencia de la final de Rigo

(1968)

La Federación, haciéndose eco de una orden del *BOE*, envía tal día como hoy una circular a todos los clubes en la que se prohíbe la venta de cervezas o refrescos en los campos en envases de vidrio. En adelante, deberán ser escanciados en vasos de plástico antes de despacharlos. Era la consecuencia esperada de la final de Copa de ese mismo año, que pasó a la historia como «la final de las botellas», entre el Madrid y el Barça, en el Bernabéu, en la que el arbitraje de Rigo desencadenó la irritación de los madridistas.

Rigo era un árbitro con fama de barcelonista, lo que le llevó a ser recusado por ocho equipos, que se habían sentido perjudicados cuando les había arbitrado contra los azulgranas. Pero el Barça tenía suficiente mano en la designación como para conseguir que en aquella Liga le pusieran a Rigo en trece de los treinta partidos de que constaba el campeonato. Aun así, no ganó el título: fue segundo a tres puntos del Madrid. En aquella época la Copa se jugaba, en sus tramos finales, una vez acabada la Liga. El Barça se enfrentó en cuartos al Athletic de Bilbao, con arbitraje, en la ida y en la vuelta, de Rigo. Pasó el Barça con lamentos de los bilbaínos por el arbitraje. En semifinales le tocó el Atlético de Madrid, y de nuevo con Rigo en los dos partidos, ida y vuelta. Pasó el Barça, y más lamentos todavía de los atléticos madrileños por el arbitraje. Pues, con todo y eso, Rigo pitó la final. Ante el Real Madrid y en el Bernabéu.

El público estaba mosca. El público era madrileño y madridista en su mayoría. Entonces no había dinero ni medios para los grandes desplazamientos de ahora, de modo que apenas había *culés*. En un ambiente encendido, el partido empieza con un gol tempranero del Barça a los seis minutos de juego: un centro de Rexach desde la izquierda del ataque *culé* que Zunzunegui trata de despejar, pero le pega mal al balón, de refilón, y lo mete en su portería. Desde ese momento, el Barça se cierra a administrar su ventaja y el Madrid ataca. El público está cada vez más impaciente y pide penaltis con frecuencia. Avanza la segunda mitad y sí hay un penalti: Serena se cuela por el callejón del ocho y Eladio se cruza derribándole estrepitosamente. (Las fotografías del día siguiente son inequívocas, y se aprecia que Rigo está de frente a la jugada.) La indignación del público sube de tono y caen algunas botellas, sobre todo sobre la portería de Sadurní, pacíficamente retiradas por este que, dicho sea de paso, hizo un partidazo. Poco más tarde, el propio Amancio cae cerca de la línea de fondo, derribado también por Eladio, fuera del área. Pero Amancio se revuelca con grandes gestos de dolor y eso parece la señal: cientos de botellas caen en la zona. El partido se desliza hacia su final y el Barça gana la Copa. Más botellas al campo cuando el capitán *culé*, Zaldúa, recoge el trofeo. Consecuencia: se acabaron las botellas.

El Batallón Deportivo no dio mucha guerra

(1936)

«**Los deportistas madrileños, por iniciativa de la Federación Española de Fútbol, se ocupan estos días de la formación de un nú**cleo de fuerzas voluntarias que llevará el nombre del malogrado Josep Suñol [véase el día 6 de agosto], presidente que fue del Barcelona. En esta nueva fuerza pueden inscribirse cuantos deportistas se muestren dispuestos a defender las libertades republicanas. La salida de la columna para el frente se verificará el día 7 de septiembre. El día anterior se verificará un festival en el campo del Madrid, en el que luego de un partido que jugarán los primeros equipos del Madrid y del Valencia será entregado a los milicianos del deporte un banderín. La recaudación que se obtenga en el partido a que nos referimos será destinada a los Hermanos de Sangre.»

Esta nota apareció en los periódicos de Madrid el 28 de agosto. El día 30, se formalizaba la creación del llamado Batallón Deportivo, con el que se buscaba un triple efecto: una fuerza de combate formada por gente saludable y enérgica, como se supone que son los deportistas, un estímulo para el alistamiento de voluntarios en las fuerzas de las milicias y la creación de un equipo para jugar partidos de exhibición que mantuvieran apariencia de normalidad en la retaguardia mientras durase la guerra. La iniciativa se elevó pronto a otros deportes, quizá porque el número de futbolistas en Madrid no era tan alto (la guerra sobrevino en verano, con la temporada acabada, y algunos de los más célebres jugadores, singularmente los vascos, ya estaban fuera de Madrid, de vacaciones en su tierra, cuando se produjo el Alzamiento) y también porque deportistas de otras modalidades vieron en el Batallón Deportivo una salida más llevadera a su difícil situación. La convocatoria interesó a deportistas de ideas afines al Frente Popular, pero también a otros que veían abierta la posibilidad de adquirir así una documentación de pedigrí frentepopulista que les pusiera a salvo de eventuales contratiempos en los difíciles días de aquel Madrid del verano de 1936, con las calles continuamente patrulladas por milicianos. La sede se instaló en las oficinas del Madrid, en la calle Recoletos, y el campo designado en principio para sus partidos (que al final se quedaron reducidos a uno solo) fue el de Chamartín, del propio Madrid.

Al Batallón Deportivo se inscribieron Lecue (Madrid), Marín (ex del Atlético, recién fichado por el Madrid), Quesada (Madrid), Espinosa (Madrid), Fraisón (Sporting de Gijón), Paquillo (Ferroviaria), García de la Puerta (Ferroviaria), Cosme (Atlético), Villita (Madrid), Emilín (Madrid), Moleiro (Carabanchel), Pablito (Nacional), Cotillo (Tranviaria), Pedrín (Salamanca), Gómez (Ferroviaria), Trinchant (Ferroviaria), Rocasolano II (Mirandilla de Cádiz) y otros varios de equipos de menor categoría. La inscripción de deportistas de cualquier modalidad dio para formar dentro del Batallón Deportivo tres compañías, que llevaron los nombres de Suñol, Valencia y Alcántara.

El partido contra el Valencia no se llegó a celebrar, pero sí uno contra el Atlético de Madrid, del que constan resultado y alineaciones. Ganó el Batallón por dos a cero, goles de Trinchant y Pablito. El hecho de que solo jugara un partido un equipo creado con fines propagandísticos da idea de que la iniciativa no revistió la seriedad deseada. Los jugadores se apuntaron con alguna frecuencia a jugar partidos con sus equipos de origen, en la medida en que estos podían celebrarlos, y se sirvieron del Batallón Deportivo para rehuir el frente.

Se publica *The Arsenal Stadium Mystery* (1937)

El Arsenal fue una fuente de innovaciones en el fútbol en los años treinta, como se puede observar en este libro. Estrenó la WM, es-trenó los números, estrenó la radio, estrenó la televisión, estrenó el reloj en el estadio, experimentó con la luz artificial, dio su nombre a la estación de metro que paraba frente al campo... También fue protagonista de la primera novela escrita sobre fútbol, y que vio un día como este la luz. Su título es *The Arsenal Stadium Mystery* y está escrita por Leonard Gribble, un prolífico novelista inglés de misterio, que publicó en esos años muchas novelas, más de una al año. Con este nombre, que era el auténtico, o con seudónimos. La trama es la muerte, durante la segunda mitad del partido contra el Arsenal, de un jugador del equipo rival, los Troyans, que en el descanso había recibido en el vestuario un misterioso paquete. El inspector Slade, de Scotland Yard, ayudado por Tom Whitakker, en quien es fácil reconocer a George Allison, mánager del Arsenal (había sucedido a Chapman tras la prematura muerte de este), establece la causa, que no les voy a reventar aquí ahora por si un día dan con la novela y tienen interés en leerla. Existe traducción al francés *Meurtre au Stade d'Arsenal*, pero no al español.

Aparte de la trama, la novela describe bien las interioridades del club, el ambiente entre los jugadores y el sentir del aficionado. Y tiene su lío de faldas por medio, miga del crimen, resuelto según el viejo principio de la policía francesa, el *cherchez la femme*. El libro mostraba en la portada una foto de George Allison, rodeado de sus jugadores, explicando el partido sobre una pizarra magnética. Tuvo gran éxito su publicación, hasta el punto de que dio lugar a una película, también la primera que se rodó nunca sobre fútbol, del mismo título, y estrenada en 1939. En ella actúa el propio Allison y se muestran muchos interiores del estadio. El partido lo juegan futbolistas del Brentford, un equipo modesto. La película tiene un tono un poco melodramático.

Curiosamente, la traducción de esta novela al francés, ya en 1952, que vino acompañada del estreno de la película en París, produjo un error del corresponsal de la agencia oficial Efe en la capital francesa que, confundido por la publicidad agresiva que se hizo en el lanzamiento de ambas, envió una noticia equivocada que reprodujeron varios periódicos: «Un jugador inglés ha sido asesinado en un encuentro de fútbol jugado en Highbury, campo del Arsenal. Scotland Yard ha abierto una encuesta. Los futbolistas que han tomado parte en el partido han sido interrogados, así como el árbitro, que parece ser el asesino». Firma Alfil, que era la firma de las noticias deportivas de la agencia Efe.

The Arsenal Stadium Mystery no es la única novela que ha inspirado el Arsenal. En 1995, el escritor londinense Nick Hornby publicó *Fever Pitch*, sobre la vida de un profesor de lengua del sur de Londres, fanático del Arsenal. También dio lugar a una película del mismo título. Ambas, novela y película, tuvieron éxito. Fueron traducidas al español con el título de *Fiebre en las gradas*.

SEPTIEMBRE

«A mí, Sabino, que los arrollo» (1920)

La primera vez que España hizo una Selección de fútbol fue en 1920, a fin de participar en los JJ OO de Amberes. Por entonces no te-níamos aún Liga (que no empezaría hasta el año 1929), pero el fútbol ya se vivía con alguna intensidad en el país. Acudían a los partidos varios miles de aficionados, se cobraba por las entradas y empezaba a colarse un profesionalismo disimulado. Para hacer ese primer equipo se eligió en primer lugar a un trío seleccionador, compuesto por Julián Ruete (Centro), Paco Bru (Cataluña) y Luis Astorquia (Norte), que organizaron varios partidos en Vigo, Bilbao e Irún (siempre buscando campos de buen césped, como los que iban a encontrar en Amberes), de lo que ya entonces se empezó a llamar «probables» contra «posibles».

Finalmente partió el grupo, por tren, desde Irún a Amberes, donde se estrenaría el 28 de agosto ante Dinamarca, con victoria por 1-0. Todo un éxito, porque el danés era un fútbol muy desarrollado. Queda para la historia aquella primera alineación: Zamora, Otero, Arrate; Samitier, Belauste, Eguiazábal; Pagaza, Sesúmaga, Patricio, Pichichi y Acedo. Zamora se convierte de golpe en la sensación del torneo. El segundo partido es ante los locales, Bélgica (que luego ganarían el oro), y perdemos 3-1, pero dando de nuevo buena impresión. El tercer rival es Suecia, ante el que va a llegar el primer gol de máxima celebridad del fútbol español, a los que solo podrán compararse después los de Zarra a Inglaterra, Marcelino a la URSS y Torres a Alemania. El gol alcanzaría enorme eco sobre todo por la descripción que de él hizo el periodista gallego Manolo Castro, alias

«Handicap», en un libro sobre la competición publicado al regreso bajo el título *Las proezas de nuestra Selección en Amberes*. El relato, sin quitar punto ni coma, fue este:

«(...) España, al reanudar el partido, como obedeciendo a una consigna, arremete de una forma tan imponente que a los dos minutos logra un "freekick" frente a una línea lateral del área de penalti. Sabino va a ejecutar el castigo, y José Mari, situado en actitud retadora, entre los suecos ante la boca del "goal", grita: "¡Sabino, a mí el pelotón, que los arrollo!". Y, efectivamente, Sabino lo envía por alto, un sueco pretende alcanzarlo, pero aparece la corpulencia de Belauste con tal entrada y tan formidable cabezazo al pelotón, que este y varios suecos ruedan por la portería. Fue un verdaero "goal" hercúleo».

El tal José Mari era José María Belausteguigoitia Landaluze, futbolísticamente Belauste, enorme medio centro del Athletic. Su apellido y el de Pagaza (Pagazaurtundua), extremo derecha, eran utilizados por los pocos aficionados españoles para animar a España con un sonoro y prolongado: «Be-laus-te-gui-goi-tia-pa-ga-zaur-tun-dua. La jugada fue narrada años después con más adornos por Zamora, en sus memorias, pero la versión es básicamente la misma. El caso es que España ganó dos a uno a los suecos y que aquel grito de Belauste puede ser fijado como el nacimiento de la furia española. España regresaría con la medalla de plata, tras ganar después sucesivamente a Italia (2-0) y a Holanda (3-1), y aquel éxito provocó el gran estallido del fútbol español.

El Carranza lanza las tandas de penalti

(1962)

Rafael Ballester era un periodista gaditano de gran prestigio, como prestigio tenía (y aún conserva parte de él) el Trofeo Ramón de Carranza, el gran acontecimiento del verano futbolístico español. Organizado por el ayuntamiento, reunía cuatro partidos en dos días: semifinales el sábado, y final de vencidos y gran final el domingo. Acudían grandes equipos españoles y también de fuera, particularmente suramericanos. Era la ocasión, en aquellos años en que la información circulaba menos, de ver equipos y jugadores de América desconocidos. Eso le daba gran interés. Pero a la organización le atormentaba algo: cuando había empate en las semifinales y la consiguiente prórroga, las jornadas del sábado se hacían interminables y se producía una fatiga añadida a jugadores que tenían que volver a actuar el día siguiente. A eso se sumaba la necesidad de acudir de cuando en cuando al cara o cruz, solución que a nadie dejaba tranquilo. El periodista Rafael Ballester sugirió un sistema que acabaría haciéndose universal: que los desempates se resolvieran con lanzamientos desde el punto de penalti. Publicó su propuesta en el *Diario de Cádiz*, y la organización lo vio con buena cara. Habló con los clubes participantes ese año y todos estuvieron de acuerdo.

Y el estreno fue el 2 de septiembre, en la final de 1962, a la que llegarían el Zaragoza y el Barça. Goles de Marcelino y Ré. Uno a uno. Se descarta la moneda, se acude al «sistema Ballester», acordado de antemano. Tiraron primero los cinco del Zaragoza: Duca, gol, Seminario, gol, Lapetra, poste, Santamaría, fuera, y el portero Yarza, que tira el quinto, gol.

Luego lanza el Barça: Benítez, gol, Ré, gol, Camps, poste, Cubilla, para Yarza, y Gracia, gol. Empate a tres. El árbitro consulta con los presidentes y se decide que se lancen otros cinco, pero esta vez empieza el Barça, que marca los cinco con Goyvaerts, Benítez, Ré, Gracia y Vergés. Ocupa ahora la portería Pesudo, y Duca falla el primero del Zaragoza. El Barça se lleva el Carranza. Para la historia queda la primera tanda de penaltis, que se lanzó en Cádiz.

Quizá el hecho de que aquella final la jugaran dos equipos españoles ralentizó algo la extensión de esta fórmula, pero poco a poco fue imponiéndose, aunque no siempre se practicó igual. Gento recuerda que en un torneo Mohammed V, en Casablanca, tiraron tres cada uno, Menotti y él (ganó él, por cierto), porque esa fue la fórmula acordada previamente. Pero la que acabó por imponerse fue la de cinco lanzadores alternos por cada lado; y si al final de la tanda persiste el empate, entran a lanzar los demás, de uno en uno, hasta que un equipo toma ventaja (a igualdad de lanzamientos), sin necesidad de completarse la tanda de cinco. Y si es preciso que los primeros que lanzaron entren de nuevo en la rueda porque el empate no se ha deshecho, así lo hacen. Y se fue extendiendo como una mancha de aceite: el 1 de agosto de 1971, la UEFA decide que en las competiciones europeas de clubes se utilice este sistema para resolver los casos de empate que persistiesen tras las prórrogas. (Igualmente decide entonces que, en caso de empate a goles en las eliminatorias de ida y vuelta, pase el que más goles haya marcado en campo contrario.) En 1982 se introducen los desempates a penaltis en el Mundial. El de España fue el primero. La final del Mundial de Estados Unidos en 1994 se resolvería por este sistema, con victoria de Brasil sobre Italia.

Cuando las relaciones entre el Madrid y el Barça eran otras (1956)

Ahora resultaría increíble, porque los tiempos son otros, y además cada vez que se reúne la Selección catalana hay una cierta mirada de incomodidad desde otros puntos de España, particularmente desde Madrid. Pero no siempre fue así. Tras ganar la primera Copa de Europa, el Madrid recibió la invitación para jugar un partido en Les Corts, el viejo estadio del Barça (el Camp Nou entraría en funcionamiento al año siguiente), contra la Selección catalana. Entonces los calendarios no estaban tan recargados y eran frecuentes partidos amistosos de cierto tronío. El de este caso tenía como fundamento rendir homenaje al Madrid, por su éxito, y nada menos que en Barcelona.

La Selección catalana jugó con Ramallets; Argilés, Biosca, Gracia; Bosch, Vergés; Tejada, Villaverde, Sampedro, Moll y Arcas. Argilés y Arcas eran del Espanyol, los restantes, del Barça. El Madrid jugó con Berasaluce; Atienza II, Marquitos, Lesmes II; Muñoz, Zárraga; Joseíto, Kopa, Di Stéfano, Rial y Gento. Kopa estaba recién incoporado y no podría jugar partidos oficiales hasta que Di Stéfano adquiriera la doble nacionalidad, porque entonces solo podía jugar un extranjero en partidos oficiales. Los dos equipos se retrataron mezclados antes del partido, que resultó un espectáculo soberbio, con victoria del Madrid por 7-3. Diez goles bajo los focos de Les Corts y ante 60 000 espectadores.

La prensa catalana se vuelca después en elogios: «Entre lo mucho y bueno que vimos hay algo que no puede silenciarse: la eficacia y la belleza del juego que practica el equipo blanco (...)». «Dentro de diez años se podrá hablar de esa delantera madrileña de septiembre de 1956, como ya hablamos de aquel San Lorenzo de Almagro que nos visitó, por vez primera, del Barcelona de las tres finales en El Sardinero o, en otro estilo, de aquella gran delantera bilbaína en los dos años de plenitud del extraordinario Panizo (…).» «Ha sido un gran homenaje en el que ha quedado reflejada la admiración y cariño con que se han seguido las gestas del equipo merengue en Europa (…).» «Creemos que sería una estadística muy curiosa realizar un estudio de los kilómetros que corre en cada partido Di Stéfano (…).» «Di Stéfano es un futbolista colosal. Realiza diabluras con el balón –se hizo un pase a sí mismo, de espuela y con efecto, que puso al público en pie–, ordena el juego, distribuye balones y además baja a defender su portería en momentos de agobio (…).» «Kopa, como si hubiera jugado toda la vida con sus nuevos compañeros, encajó perfectamente en el engranaje de la máquina blanca y desde el primer al último minuto funcionó estupendamente (…).» «La mejor semblanza que puede buscársele a esta máquina de hacer fútbol que es el Madrid actual es la de los maravillosos negros del "Harlem Globetrotters". Igual que aquel mosaico de fenómenos que hacen diabluras con el balón en las manos es este conjunto madridista, solo que los malabarismos los hacen sus *vedettes* con los pies, lo que indudablemente es más difícil y tiene más mérito.»

A su vez, el *Boletín del Real Madrid* se volcaba en elogios a la afición de Les Corts y expresaba el agradecimiento del club por este homenaje. Otros tiempos, desde luego.

El Madrid, en la cima de su gloria (1960)

La primera Copa Intercontinental se disputó en 1960, cuando la Copa de Europa había consumido ya cinco ediciones, ganadas todas por el Madrid. Hizo falta que se estableciera un campeonato igual en Suramérica, cosa que ocurrió entonces. Se llamó Copa Libertadores y la primera edición la ganó el Peñarol de Montevideo, de vistosa camiseta aurinegra y grandes estrellas de la época: Maidana, William Martínez, Gonçalvez, Cubilla, Spencer, Hohberg, Borges... La copa fue idea de Pierre Delaunay. La quiso nombrar también Copa del Mundo de Clubes, pero la FIFA no lo permitió, pues solo intervenían los campeones de Europa y Suramérica. Es verdad que entonces la diferencia entre el fútbol de estos dos continentes era abrumadora con el resto (aún hoy lo es), pero... Por eso se llamó Copa Intercontinental. Y los contendientes jugaron, en principio, con el escudo de su confederación en lugar del propio del club.

La ida fue el 3 de julio, en Montevideo, sobre campo muy mojado. Flojo partido y empate a cero. Todo quedaba para el Bernabéu, donde la expectación es máxima la noche del 4 de septiembre, con 120 000 personas en las gradas. El Madrid sale con Domínguez; Marquitos, Santamaría, Pachín; Vidal, Zárraga; Herrera, Del Sol, Di Stéfano, Puskás y Gento. Son los mismos que en la ida salvo los extremos: allí habían jugado Canario y Bueno. Cuentan los que lo vieron que nunca el Madrid jugó mejor. En quince minutos ya ganaba por 3-0, con dos de Puskás y otro de Di Stéfano, este al desviar de tacón un remate de Puskás. Más tarde, gol de Herrera. En la segunda mitad, Gento marca el 5-0. Solo entonces afloja el Madrid y

Spencer anota el 5-1. Zárraga, el capitán, levanta el nuevo trofeo, un balón bañado en oro sostenido por una ligera estructura metálica que sustituye a la clásica peana. El Madrid está en la cima del mundo. Fue, quizá, su noche más perfecta.

Repetiría final en 1966, ante el mismo rival, pero perdería. En esos seis años el Madrid era otro, con Di Stéfano y Puskás ya retirados, aunque de los grandes de aquella época aún le quedaba Gento. Tendrá que esperar treinta y ocho años para reconquistar esa Copa, la noche del *aguanís* de Raúl (véase el día 1 de diciembre), ya a partido único, en Japón. Porque desde 1980, y a la vista de la renuencia de los equipos europeos a viajar a Suramérica, donde se desarrolló en los sesenta y setenta una dureza insana, la Copa estuvo a punto de morir. En 1975 y en 1978 no se celebró. En cinco ocasiones renunció el campeón de Europa, y jugó en su lugar el subcampeón. Uno de ellos, la Juve, exigió además que se jugara a campo único, en el suyo. (Y la perdió ante el Independiente, por cierto, 0-1.) Así que cuando Toyota, la marca de coches, propuso que se jugara a partido único en campo neutralísimo, Tokio, se aceptó, y desde entonces se trasladó allí. Con los años se convertiría en el Mundial de Clubes, al incorporar a los campeones de Asia, África, Centro y Norteamérica (unidas en la llamada Concacaf) y Oceanía. A los campeones europeo y suramericano se les reconoce el privilegio de entrar solo en las semifinales, cuando ya han sido eliminados dos de los otros participantes. Japón, por cierto, dejó de ser el escenario fijo.

Detenidos en pleno Brasil-Argentina

(2021)

Los partidos entre Brasil y Argentina son considerados como el Superclásico del continente americano y su pasado está lleno de grandes sucesos. Pero ninguno como el que ocurrió este día, cuando el encuentro que se estaba disputando en el estadio Neo Química Arena, en Sao Paulo, correspondiente a la sexta jornada de la fase de clasificación para el Mundial de Qatar, fue abruptamente interrumpido por la aparición de la Anvisa (la Agencia Nacional de Vigilancia Sanitaria brasileña). Los agentes saltaron al campo para detener a cuatro jugadores argentinos: Cristian Romero, Emiliano Martínez, Giovani Lo Celso y Emiliano Buendía. El partido era seguido por millones de telespectadores en todo el mundo (Messi y Neymar estaban sobre el campo), que se quedaron atónitos. Después de algunas discusiones (Messi habló con los miembros de la Anvisa), el árbitro venezolano Jesús Valenzuela decidió suspender el partido.

Poco a poco llegó la explicación. Los cuatro jugadores militaban en la Premier, en el Aston Villa y el Tottenham Hotspur. El Reino Unido había declarado cuarentena de catorce días a los viajeros procedentes de Brasil, entendiendo que en ese país no había medidas de control contra la COVID-19, cuya importancia el presidente Jair Bolsonaro insistía en despreciar. La respuesta de Brasil, en la llamada Resolución 655 de 23 de junio, fue simétrica: los viajeros procedentes del Reino Unido (o de la India y Sudáfrica, que estaban en el mismo caso) tendrían que pasar catorce días de cuarentena al llegar al país carioca. Eso mutilaba a su propia Selección para este partido, pues tenía ocho titulares en la Premier: Alisson, Fabinho,

Firmino (Liverpool), Gabriel Jesús (Manchester City), Thiago Silva (Chelsea), Fred (Manchester United), Richarlison (Everton) y Raphinha (Leeds).

Argentina no quiso renunciar a sus hombres de la Premier y obtuvo, bajo mano, un plácet de la Conmebol y la FIFA, que entendían que como los equipos viajan en burbuja no son agentes de contagio. El equipo jugó primero en Venezuela, donde ganó, y luego viajó a Brasil. En el aeropuerto, los cuatro de la Premier mintieron en la hoja de registro ante la pregunta de si habían estado en los últimos catorce días en alguno de los países que exigía cuarentena. Así consiguieron entrar en el país. Pero comprobaciones posteriores hicieron ver a la Policía que los cuatro habían estado en Inglaterra hasta el viaje a Venezuela. Dos horas antes del encuentro la Policía se presentó en el hotel de los argentinos cuando el seleccionador, Lionel Scaloni, daba la charla táctica, con la intención de detener a los cuatro jugadores por «violación del artículo 11 de la Ley 6437», trasladarlos al aeropuerto y tenerlos aislados hasta el vuelo de salida del grupo. Argentina dijo que sin ellos no jugaba y tras la intervención de la Conmebol y la FIFA el autobús partió hacia el campo con todo el grupo. Pero una vez estuvo el partido en marcha, la Anvisa irrumpió en el campo y se los llevó. Detenido el choque, todo el grupo viajó al aeropuerto para emprender viaje a Argentina, donde les esperaba otro partido ante Bolivia. El Brasil-Argentina se suspendió *sine die* y, de hecho, no se jugaría, porque ambas Selecciones se clasificaron sin necesidad de los puntos que había en juego en él. El incidente, fruto de un choque entre las autoridades civiles de Brasil y la Conmebol y la FIFA, llenó de bochorno a todos.

Higuita se luce con el escorpión en Wembley (1995)

José René Higuita Zapata es el nombre completo de este singular personaje de la historia del fútbol. Son los apellidos de su madre, que le tuvo de soltera y falleció cuando él era aún niño. Se crió con su abuela y vivió una infancia difícil en la que se tuvo que buscar la vida vendiendo periódicos o con cualquier cosa que salía. Pero salió adelante porque estaba dotado para el fútbol. Fue un buen portero de Colombia, en cuya Selección alcanzó notoriedad internacional. Le gustaba jugar también con los pies, cosa que hacía bien, aunque comportaba riesgos. Y le gustaba un adorno especial, que llamaba el escorpión: cuando le llegaba un balón adecuado ello, en lugar de detenerlo con las manos volcaba el cuerpo para adelante, lo dejaba pasar y, ya con el cuerpo en posición horizontal, repelía el balón por detrás de su espalda, con los dos talones.

Pero no había hecho eso fuera de Colombia hasta la fecha, y no se conocía en el mundo esa rara habilidad, cuando le dio por ponerla en práctica nada menos que en Wembley, el más severo templo del fútbol mundial. Con ese original gesto rechazó un tiro lejano de Jamie Redknapp y enmudeció a todo Wembley y a cuantos presenciaban ese partido por televisión en algún lugar del mundo. Higuita explicó luego que se había decidido a hacerlo porque el linier había levantado la bandera por fuera de juego, y pensó que no se arriesgaba a encajar un gol de trascendencia si la cosa no le salía: «Pero al linier le debió de gustar tanto la jugada que bajó enseguida la bandera para no estropearla, así que valió». La acción de Higuita sorprendió a todo el mundo, y en elección realizada en el verano de

2008 por el portal inglés de fútbol footy-boots.com fue elegida como la mejor jugada de la historia del fútbol, por delante de maravillosos goles de Pelé o Maradona. La votación fue masiva, e Higuita mereció el 20 por ciento de los votos, lo que le dio la victoria.

Su carrera de portero está engalanada por 44 goles marcados por él, 37 de penalti y los otros siete de tiro libre, lo que habla de lo bien que golpeaba el balón. Pero su amor al riesgo de salir a campo abierto le costó un gol bastante ridículo en el Mundial de Italia cuando, jugando ante Camerún, el veterano Roger Milla le adivinó el regate, le quitó el balón y marcó a puerta vacía. Aquel gol le costaría a Colombia salir del Mundial. Pero en su vida hubo cosas peores. En 1993 pasó seis meses en la cárcel por su oscura mediación en la liberación de una secuestrada llamada Claudia Molina, hija de un importante comerciante llamado Luis Carlos Molina. Se supo que Higuita había cobrado 50 000 dólares por tal mediación y eso le retuvo medio año en la Cárcel Modelo de Bogotá, con gran escándalo en su país, donde sus partidarios son legión. Después de eso regresó al fútbol e incluso volvió a la Selección (aunque no a tiempo para el Mundial de Estados Unidos), en la que se mantuvo hasta 1999. En su carrera pasó fugazmente por el Valladolid, junto a Valderrama y con Maturana como entrenador, pero no se adaptó y se marchó pronto. Fue noticia mundial también en otra ocasión por su suspensión a causa de un positivo por cocaína. Estiró su carrera lo más que pudo, y al término de ella explotó su popularidad en *reality shows* del tipo de los que vemos en España. *La Isla de los famosos* fue uno de ellos. Otros se llamaban *La gran apuesta* o *Cambio extremo*, en el que se sometió a procedimientos de liposucción, aumento de mentón y estética dental, apareciendo con un aspecto nuevo que causó conmoción en su país.

Luis Aragonés prescinde de Raúl y acierta (2006)

Luis Aragonés cogió la Selección con vistas al Mundial de 2006, al que llegamos un poco por la puerta de atrás, con repesca ante No-ruega, pero llegamos. En la fase de clasificación ya hubo sus dimes y diretes con Raúl, que esa temporada había tenido una larga lesión de la que se repuso a finales del invierno. Cuando se hubo curado, Luis dejó ver sus primeras dudas a la hora de llevarle a la Selección. Alguna vez fue suplente, con gran algarada. Su presencia en cada convocatoria, en cada aeropuerto, en cada conferencia de prensa, llegó a ser polémica. Una vez llegado el Mundial, Raúl es suplente en el primer partido, en el que España golea a Ucrania. También en el segundo, ante Túnez, pero sale con el partido atascado, marca un gol y su celebración con los más veteranos (va a la banda a abrazarse con Salgado y Cañizares) da mucho que hablar. El tercero, contra Arabia, también lo juega, pero en realidad lo juegan todos los suplentes, con la clasificación asegurada. La gran incógnita sobre si Raúl sí o Raúl no llega en el cruce de cuartos, ante Francia. Sale Raúl y España cae. La afición se divide. Unos culpan a Luis; otros dicen que su único pecado ha sido acobardarse y tragar finalmente con Raúl.

Pese a que había dejado caer que si no hacía un gran Mundial se marcharía, Luis decide seguir, no sin polémica, con vistas a la Eurocopa de Austria-Suiza. España empieza el curso con un amistoso en Islandia, del que el Barça retira a Xavi y Puyol para que jueguen la Supercopa de España. Después de ese partido, España recibe a Liechtenstein en Badajoz, en partido ya de clasificación. Triunfo fácil. Inmediatamente llega la visita a

Belfast, que se jugará entre grandes tensiones. La Selección está concentrada en Las Rozas y Luis da el domingo libre. Hay que volver a las nueve de la noche. Varios jugadores llegan pasadas las doce. Raúl espera que a la mañana siguiente Luis les amoneste, pero este no lo hace, así que decide retarle. La noche del lunes, tras la cena, se queda en la barra del hotel tomando una cerveza, con Míchel Salgado. Cuando el brazo derecho de Luis, el preparador físico Jesús Paredes, acude a decirles que deben acostarse, estos le piden que venga Luis. Luis acude y se quejan de su falta de rigor para con los que llegaron tarde. Y le exigen que en la mañana del martes diga algo. En el entrenamiento de la mañana del martes se habla de eso, hay reproches y el ambiente queda enrarecido.

Con eso va España a Belfast, donde pierde 3-2, con tres goles de Healey. Irlanda del Norte era una Selección modesta, que solo en febrero de ese mismo año había conseguido romper una racha de trece partidos seguidos sin marcar un solo gol. (El propio Healey fue el autor del milagro.) Su entrenador es Lawrie Sanchez, un inglés hijo de ecuatoriano, un personaje sin relevancia alguna en el fútbol. España vuelve con malas caras y desembarca de madrugada. Los jugadores van al Meliá-Barajas, donde Luis tiene la costumbre de hacer que todos se queden a dormir, incluso los madrileños, para que no tengan sobre los de otros sitios el privilegio de pasar una noche más en casa. Raúl se ha resistido casi siempre a quedarse en el hotel en esos casos, le parecía más lógico que le dejaran ir a dormir a su casa. Ese había sido uno de los varios motivos de fricción entre ambos personajes. Llegados al hotel, Raúl le pregunta a Luis: «¿Qué hago, me quedo o me puedo ir a casa?». «¡Váyase! Ya sé que no puedo contar con usted para nada.» Luis había tomado la decisión: Raúl no volvería a la Selección. Su carrera internacional había terminado en Belfast, a los 102 partidos y 44 goles.

Bernabéu intenta cambiar el estadio por una torre

(1973)

De repente, el Madrid lanzó un comunicado que levantó una polvareda tremenda. Tras hacer una larga introducción sobre su historia, su papel en la vida social, sus necesidades y perspectivas de futuro, anuncia que tiene en estudio un proyecto de construcción de un nuevo estadio en el barrio de Fuencarral, al norte de Madrid, junto a la salida de la Nacional I (Burgos-Irún-Francia), que sería financiado con la venta del solar del Bernabéu para la construcción, en él, de la torre más alta de Europa. El proyecto ha sido elaborado por un conocido estudio internacional, radicado en Suiza y dirigido por William Zeckendorf, del que en la nota se aclara que es descendiente de sevillanos. La firma suiza es responsable, entre otros proyectos urbanísticos, del edificio de la ONU y de la Place Ville Marie, en Montreal. El estadio que se ofrece tiene capacidad para 120 000 espectadores, todos de asiento, todos cubiertos.

Enseguida empieza la polémica. Bernabéu visita a Franco en acto público y le muestra la maqueta del nuevo estadio. La esposa de Franco se vuelca en elogios. (Alfonso de Borbón, casado con una nieta de los Franco, pertenece al consejo de la empresa suiza.) Franco se muestra más frío. Al poco empieza una especie de debate nacional en el que se distingue, por su ferocidad en los argumentos en contra, el *Abc*, donde la pluma más dura en contra es la de Luis Pascual Estevill, juez que posteriormente fue ascendiendo peldaños en la carrera hasta llegar al Consejo General del Poder Judicial, para luego caer bruscamente. En 2005 fue condenado por diversos cargos de prevaricación, delitos fiscales, enriquecimiento ilegal, cohecho y soborno.

El Madrid insiste en sus argumentos, recuerda que el Bernabéu, que en su día se construyó en las afueras, está ya rodeado de ciudad por todas partes y que eso da lugar a grandes atascos e incomodidades para los vecinos y para toda la ciudad los días de partido. Insiste en que la gigantesca torre solo ocuparía el 12 por ciento del espacio que ocupa el estadio, y que el restante 88 por ciento sería parque abierto a la ciudad. Glosa el carácter que le darían a la ciudad y al club el nuevo estadio, todo un avance para la época. Pero no hay caso. Carlos Arias Navarro, alcalde de la ciudad, no autoriza la recalificación de los terrenos del estadio, imprescindible para que se hiciera la operación, y esta se esfuma. Lo que sí había obtenido el Barça (recalificación de Les Corts para construir el Camp Nou) no lo pudo conseguir Bernabéu, que se iría a la tumba con ese berrinche. Arias Navarro argumentó, junto a los rivales del proyecto, que el tráfico diario de la ciudad no podría absorber la actividad que una torre de ese tamaño produciría.

Hoy hay varias torres en el espacio Azca, pegadas al Bernabéu. La primera de ellas fue la Torre Europa. El Madrid siempre sospechó que fueron los promotores de esta torre, la primera de las que se construyeron en la zona, los que movieron con acierto sus bazas para que no se les adelantara Bernabéu con la suya. El caso es que el Madrid se quedó con su deuda y con su estadio, que desde entonces ha sido remozado varias veces.

Un equipo para casa y otro para fuera

(1949)

La temporada 1948-1949 la empezó el Real Madrid bien, con una victoria sobre el Sevilla por 4-2. Habían jugado: Adauto; Clemente, Pont, Mariscal; Muñoz, Narro; Macala, Olmedo, Pahíño, Toni y Arsuaga. Goles de Olmedo, Pahíño, Arsuaga y Narro para el Madrid, frente a los dos del sevillista Herrera. Un buen partido, una tarde agradable. La cosa pintaba bien. El club contaba con un entrenador inglés, míster Keeping, pero su tarea tenía más que ver con la preparación física (entonces eso era frecuente) que con la confección de las alineaciones. En este aspecto tenía más mano Pablo Hernández Coronado, el a la sazón secretario técnico del club, el hombre que había introducido los números en España, el hombre de las continuas innovaciones.

Y ese día da el golpe al anunciar que, para el desplazamiento a Riazor, el equipo va a ser radicalmente distinto. En aquella época las convocatorias estaban cantadas, porque no había sustituciones y solo viajaban los once que iban a jugar, más el portero suplente. Solo de forma muy excepcional, si había un jugador con algún problema médico de insegura solución en breve, viajaba alguno más. El caso es que ese viernes Hernández Coronado anuncia convocatoria y alineación para el domingo. Los once para Riazor son muy diferentes a los que habían ganado al Sevilla: Adauto; Azcárate, García, Barinaga; Muñoz, Soto; Juanco, Toni, Marcet, Montalvo y Cabrera. O sea: repiten solo tres: el portero Adauto, Muñoz (el que luego sería tantos años entrenador del Madrid) y el interior Toni.

Hernández Coronado explica que las exigencias de un partido fuera de casa son distintas a las de uno en casa. En campo propio se domina, hay que atacar una defensa más cerrada, hay que defenderse de contraataques. Fuera es lo contrario: hay que defenderse de un ataque continuo, hay que contraatacar. Además, las condiciones ambientales también son diferentes: en casa el jugador tiene el calor de los suyos, el rival tiende a amedrentarse; fuera, el rival se crece, hace falta gente con mayor fortaleza psicológica para hacer frente a eso. En resumen, según su forma de ver, no tiene ninguna lógica alinear a los mismos once para los partidos de casa que para los de fuera, dado que las diferencias del desafío son tan grandes.

Y se sube al tren, para La Coruña. Allí, el domingo 11, Hernández Coronado pone a prueba su experimento con poco éxito, porque pierde por 3-0 ante un firme equipo local, que domina el choque de cabo a rabo. Martín y Marquínez (dos) marcan los goles. Hernández Coronado recibe una fuerte reprimenda de Bernabéu, que le dice que se deje de cosas raras. Hernández Coronado se aviene y vuelve a la alineación del primer día, para casa y fuera, sin más alteraciones que las inevitables por lesiones. Y en las sucesivas salidas el Madrid empata en San Sebastián y Valencia, gana en Málaga, empata en Barcelona ante el Espanyol y gana en Tarragona. No volverá a perder en una salida hasta el primer partido de la segunda vuelta, en Sevilla.

Jock Stein muere en acto de servicio (1985)

Jock Stein fue un gran personaje. Forma parte de la brillante tradición de técnicos escoceses (Busby, Shankly y Ferguson también lo han sido o lo son), en su caso en el Leeds. Antes de eso había sido jugador y luego entrenador del Celtic de Glasgow, en el que forjó un gran equipo. Él fue el mánager con el que el Celtic ganó la Copa de Europa de 1967, en final disputada en Lisboa ante el Inter. Era la primera vez que ganaba la Copa de Europa un equipo británico. La primera que lo ganaba un equipo no latino. Hasta entonces solo lo habían hecho el Madrid, el Benfica, el Inter y el Milán. Aquel era el Celtic del pequeñísimo Johnstone (1,58, todo habilidad) y del gigante Gemmel, un lateral izquierdo con un disparo terrorífico. Aquel equipo impuso moda en Europa, el llamado «fútbol fuerza», que trataron de imitar durante un tiempo todos los equipos del mundo como fórmula alternativa al cerrojo propuesto por el Inter de Helenio Herrera.

Desde 1979 fue seleccionador escocés. En 1985, con sesenta y dos años, estaba en el empeño de meter a Escocia en el Mundial de México. Cayó en un grupo de cuatro, con España, Gales e Islandia. Una derrota en casa con Gales le complicó la clasificación, de manera que en el último partido del grupo, en el Ninian Park de Cardiff, necesitaba al menos un empate. España era campeona de grupo. El segundo tendría acceso a una repesca con el campeón de Oceanía, Australia, y ese era el objetivo de galeses y escoceses esa noche. El partido empezó mal para los intereses de Escocia, porque Hughes marcó para los galeses. Las cosas no iban y

Stein tomó una decisión que pareció sorprendente: sustituyó a Gordon Strachan, brillante figura del Manchester United, por Davie Cooper, jugador del Glasgow Rangers, de mucho menos rango. Pero fue precisamente Cooper quien, a nueve minutos del final, provocó un penalti del que llegó el salvador gol del empate.

Jock Stein saltó a celebrarlo a la pista de atletismo, cuando repentinamente pareció sentirse mal. El propio entrenador de Gales, Mike England, fue el primero en advertirlo y gritárselo a los servicios de asistencia, que le retiran ante las cámaras de televisión. Fue asistido en las dependencias del campo mientras el partido concluía. Cuando los escoceses se abrazaban en el campo, en la idea de que lo de su mánager no pasara de ser un colpaso pasajero, el viejo y buen Jock Stein moría a pocos metros de ellos, de un infarto, junto a Alex Ferguson, su ayudante. Los jugadores no se lo pueden creer. La alegría por la clasificación para la repesca quedó cortada en seco. Toda Escocia, en realidad todo el mundo del fútbol, llora al «Big Man», como le llamaban, un hombre que se había distinguido por su caballerosidad.

Alex Ferguson será quien complete su tarea. Escocia elimina a Australia, 2-0 y 0-0 e irá al Mundial de México, donde su papel no será bueno. Perderá con Dinamarca y la RFA, y empatará con Uruguay. Pero al menos había estado, como quería Jock Stein.

Robo de la FA Cup, el viejo «Little Tin Idol» (1895)

La primera Copa de Inglaterra, el más antiguo torneo futbolístico que existe, nació en las páginas de *The Sportsman*, una publicación deportiva en la que, entre otros, escribía Charles Alcock, cuyo recuerdo aún se venera en Inglaterra, casi cien años después de su desaparición. Alcock era un clásico *sportman* de la época, de buena familia, estudiante y entusiasta del nuevo juego. Militaba en los Wanderers, de los que era capitán. Tomó la idea de la copa de los torneos entre cursos *(knockout tournament)* del Harrow College y la propuso desde el periódico. Para la primera edición consiguió enrolar a quince equipos, y entre todos los promotores reunieron veinte libras para encargar un sencillo trofeo de plata, de veintiséis centímetros de altura, con una base de ébano. La llamaron FA Cup y la apodaron «The Little Tin Idol», «el pequeño ídolo de latón». Se acordó que el ganador la tendría durante un año y que la entregaría en la final siguiente, para que la recogiera el nuevo ganador, siempre por un año.

La primera final fue el 16 de marzo de 1872, en el desaparecido Kennington Oval. Ganaron los Wanderers (el equipo de Alcock) a los Royal Engineers por 1-0, gol de Betts. Y se llevaron la copa, que fue pasando año tras año de mano en mano. En 1895 la ganó el Aston Villa, que, como todos, la colocó en su oficina. Pero el 11 de septiembre de 1895 desapareció. Unos cacos entraron y se la llevaron. Y desde entonces no ha aparecido más.

Desde entonces, los clásicos del fútbol inglés la tienen por el Santo Grial de su historia particular y hay quien aún sueña con que aparezca en algún mercado de viejo, en el Soho o en cualquier otro rincón del viejo Londres. Muchos años más tarde del robo, Scotland Yard detuvo a un anciano ratero alcohólico, un mendigo con la mente llena de telarañas, que en los interrogatorios confesó haber robado en su juventud la célebre copa de las dependencias del Aston Villa. Creía recordar incluso dónde la había guardado, pero no apareció. Fue la última pista, o la única. Nunca más ha habido el menor hilo del que tirar con la esperanza de recuperar The Little Tin Idol.

Con la desaparición hubo que hacer otra copa, cuyo coste de veinticinco libras pagó el Aston Villa por su descuido, y que se disputó entre 1895 y 1911, cuando se le entregó a lord Kinnaird, otro de los pioneros del fútbol inglés, como homenaje a su dedicación. Kinnaird había sido durante veintiún años presidente de la Football Association. Se invirtieron entonces cincuenta guineas, a mayor gloria de lord Kinnaird, en una tercera copa, que es la que aún se disputa hoy y entrega cada año la reina al nuevo ganador. Ya ha cumplido más de cien años, pero el viejo Little Tin Idol sigue sin aparecer.

Mangriñán como símbolo del marcaje

(1954)

Hacía un año que Di Stéfano había llegado al Madrid (véase el día 23 de septiembre), y su primera temporada fue sensacional. El Madrid ganó la Liga, cosa que no hacía desde antes de la guerra, y él fue el máximo goleador, con 27 goles en los 28 partidos que disputó. Para la segunda temporada, el Madrid adquirió a Rial, a petición del propio Di Stéfano, que quería alguien con quien combinar en el medio campo. El campeón inauguraba la Liga en el Bernabéu ante un rival de campanillas, el Valencia. Por aquellos años, en la tarde del domingo, se repartía en las cafeterías y a la salida de los cines dos minipublicaciones, en realidad una hoja doblada que se llamaban *Gaceta* y *Goleada* con los resultados, impresos a toda prisa. Sorpresa: el Madrid había perdido, 1-2. Con Di Stéfano y Rial. ¿Cómo había sido posible?

Los que vienen del estadio y se van incorporando a las tertulias traen la explicación: «Di Stéfano no ha hecho nada, le ha anulado un tal Mangriñán». Mangriñán, natural de Vall d'Uxó, era un mocetón rubio que había formado parte de un magnífico Mestalla, con Timor, Sócrates, Sendra, Mañó, Fuertes... Ese equipo ganó el ascenso a Primera División, pero tuvo que renunciar a ocupar la plaza porque era filial del Valencia, en el que jugarían luego varios de ellos. El entrenador del Valencia, Carlos Iturraspe, le había encargado que se olvidase de todo y que secase a Di Stéfano, por cualquier parte del campo que se moviese. Mangriñán cumplió y fue su sombra. Iba con él, a metro y medio, y cada vez que iba a recibir el balón se anticipaba. Mangriñán era rápido y lo consiguió. Di Stéfano no jugó prácticamente y, desarmado este, el Madrid no era lo mismo, así que no fue extraño que ganara el Valencia, con goles de Wilkes y Seguí, contra uno de Rial, que al menos debutó con gol. Al día siguiente aparecen varias fotos del marcaje; hay una en la que Di Stéfano ha podido meter el pie y rematar muy forzado, con Mangriñán encima, y el balón va al cuerpo de Quique. Fue su único disparo.

El término «mangriñán» pasó al lenguaje coloquial como sinónimo de compañía asfixiante. Se les decía a los amigos pesados, o se hablaba así en tercera persona de la propia esposa, para justificarse ante los amigotes cuando no se podía ir de juerga: «No me deja Mangriñán». O cuando uno se iba antes que otros a casa se le hacía burla: «A ese no le deja estar más tiempo fuera su mujer, que es una Mangriñán». Di Stéfano eludió en lo sucesivo marcajes así con un método: cuando se le pegaba un jugador, él iba, con su marcador, a colocarse junto a alguno de los defensas del rival, de manera que entretenía a dos, y gritaba a sus compañeros: «No me la echéis, jugáis nueve contra ocho». Siempre le funcionó. Mangriñán jugó también en el Deportivo y el Hércules. Cuando dejó el fútbol puso unos negocios de hostelería y vivió plácidamente hasta los setenta y siete años, requerido con frecuencia a hablar de aquel marcaje. Falleció un 22 de agosto, el día en que el Valencia le ganaba 3-0 al Red Bull Salzburgo. Su fallecimiento ocupó un pequeño recuadro en los periódicos.

Él y Di Stéfano siempre hablaron con enorme respeto el uno del otro.

Di Stéfano se enfrenta al Madrid
(1964)

Y más Di Stéfano, porque aquel verano había cambiado de club. Tras la final de la Copa de Europa perdida en Viena, ante el Inter, Ber-nabéu decidió que tenía que cambiar el equipo. Al genial argentino se le ofreció seguir como secretario técnico, pero rehusó. Estaba en la frontera de los treinta y ocho y quería seguir jugando al fútbol. Manejó una oferta del Celtic de Glasgow (que tres años después llegaría a ser campeón de Europa), pero prefirió la del Espanyol. Allí estaba de entrenador Kubala, que la temporada anterior había terminado su carrera como futbolista, precisamente en el Espanyol. El club hizo varias adquisiciones interesantes, dentro de un proyecto que a Di Stéfano le gustó: fichó al veterano meta bilbaíno Carmelo, que había sido desplazado por Iribar en el Athletic de sus amores; a Ramírez y Rodilla del Valladolid, al extremo Vall, del Levante, al bético Kuszmann (exiliado húngaro) y al marroquí Riahi, del Córdoba. Eran buenos refuerzos.

Para el madridista, la salida de Di Stéfano fue un trauma y dividió a la afición. Al fin y al cabo, el Madrid había sido campeón de la última Liga con cinco jornadas de antelación y finalista de la Copa de Europa. Di Stéfano había contribuido con 11 goles en la Liga (en 24 partidos) y cinco en la Copa de Europa (en nueve). Todavía estaban las discusiones en la calle cuando, a mitad del verano, se sorteó el calendario de Liga y estalló la bomba: en la primera jornada el Madrid visitaría Sarriá. Se enfrentaría a Di Stéfano, por tanto.

Televisión Española (la única que había en la época), con buen ojo, contrató la transmisión del partido. El equipo del Madrid es casi idéntico al de la temporada anterior, solo que con Grosso en el puesto de Di Stéfano. Salen: Araquistáin; Isidro, Santamaría, Miera; Müller, Zoco; Amancio, Félix Ruiz, Grosso, Puskás y Gento. Grosso era un joven delantero de buen estilo, goleador, que el año anterior había alcanzado notoriedad porque el Madrid lo sacó del Plus Ultra para cedérselo al Atlético, que estaba en apuros. Grosso marcó tres goles, de los que el más sonado fue el primero, una tijereta ante el Murcia, el día de su debut, televisado. El Espanyol salió con: Carmelo; Juan Manuel, Bartolí, Riera; Kuszmann, Ramírez; Vall, Idígoras, Di Stéfano, Rodilla y Martínez. Ramírez (16') adelantó a los locales, pero Puskás (57' y 82') dio la vuelta al marcador. Di Stéfano rozó el gol en un gran tiro libre, que lanzó raso, por debajo de la barrera, contando con que esta saltaría para prevenir un posible tiro alto. Pero Araquistáin adivinó la jugada e impidió el gol.

Puskás y Di Stéfano salieron abrazados. El trago había pasado. Di Stéfano se mantuvo dos temporadas en el Espanyol, pero en las dos evitó visitar el Bernabéu como rival, gracias a sendas oportunas lesiones. Solo tuvo que jugar en un desempate de Copa, la segunda de esas temporadas, con el Sporting de Gijón. Luego volvería a jugar en el Bernabéu ya el día de su homenaje, ante el Celtic de Glasgow, el 7 de junio de 1967. El Celtic se acababa de proclamar campeón de Europa y ganó el partido por 0-1, gol de Lennox. Di Stéfano jugó catorce minutos, al cabo de los cuales le dio el relevo a Grosso, que había heredado su camiseta número nueve.

Heath, de los Wolves, marca el primer penalti de la historia (1891)

El Reglamento del fútbol nació sin penalti y sin muchas de las cosas que tiene ahora, que fue adquiriendo sobre la marcha según se iban advirtiendo necesidades. Esa idea común de que el Reglamento del fútbol ha sido intocable desde su primera redacción es equivocada. Experimentaba cambios y mejoras constantes desde su primera redacción, en 1863, hasta 1925, cuando Stanley Rous le da prácticamente la forma que tiene ahora. Desde entonces, el único cambio realmente significativo ha sido la prohibición de ceder el balón al portero.

El penalti surge a raíz de una jugada producida en un partido de cuartos de final de la Copa inglesa entre el Notts County y el Stoke, en Trent Bridge. En el último minuto, con el partido 1-0 a favor del Notts, uno de sus defensas, Hendry, rechazó el balón con la mano cuando entraba en la portería. Según estaba previsto entonces, se señaló una falta directa sobre la línea de gol, con el meta del Notts situado justo detrás de ella. Como es lógico, no tuvo problemas en rechazar el tiro y el Notts ganó el partido y se clasificó para las semifinales.

La jugada dejó mal sabor de boca y se discutió durante meses la forma de resolver casos así. Hasta que se llegó, no sin grandes opositores, a la invención del penalti, un tiro a doce yardas (once metros) desde un punto fijo. El portero se podía adelantar hasta el borde del área chica. Después se le obligó a esperar el tiro sobre la raya, sin poder adelantarse, aunque sí se podía mover lateralmente sobre esta. Desde 1930 hasta 1992 se le obligaba a estar inmóvil en la raya, con los pies quietos hasta que el balón hubiese sido puesto en movimiento por el lanzador. Luego se le permitió de nuevo desplazarse lateralmente por la raya. Ahora se le exige que tenga al menos un pie quieto sobre la raya.

Se decidió que esa nueva «pena máxima» se aplicaría para todo tipo de infracciones graves cometidas en el interior del área, lo que daba más solemnidad a este espacio. El chutador no podría amagar previamente. El primero de todos los penaltis lanzados en la historia lo transformó Heath, para el Wolverhampton, contra el Accrington. Poco a poco fue siendo algo común, pero al principio levantó gran escándalo entre los sectores más tradicionales, que lo consideraban una especie de gol de matarife, algo que envilecía el juego. La Federación Amateur, deslindada de la profesional desde la propia creación del profesionalismo, tardó muchos años en admitirlo. Y durante mucho tiempo los metas del Corinthians, uno de los grandes clubes ingleses de la época, se negaban a aceptar el castigo y se dejaban batir visiblemente, esperando el tiro apoyados en un poste, en firme ademán de protesta.

Rivera pone presidente a su gusto en el Milán (1975)

Si hay un jugador que de verdad haya mandado en un club, ese es Gianni Rivera, en el Milán. ***Il Bambino d'Oro,*** **le llamaron desde su** aparición. Figura mundial desde antes de los veinte, demostró fuerte carácter y personalidad al atacar nada menos que al *catenaccio*, dogma de fe en el fútbol italiano. «Contra los equipos extranjeros jugamos con uno menos», se quejó en su debut en la Selección, refiriéndose a que al tener un líbero por detrás de los defensas quedaban en inferioridad. Picchi, el líbero (era del Inter, rival del Milán), se sintió ofendido. También polemizó con el seleccionador de México-70, Ferruccio Valcareggi, que les consideraba incompatibles a él y a Mazzola, y armó un tremendo revuelo más tarde al acusar a los árbitros de «sometimiento psicológico ante la Juventus», opinión, por cierto, muy extendida en Italia. Por ser la Juve el equipo de la FIAT, la gran empresa de Italia, muchos piensan que tiene un gran ascendente sobre los árbitros.

Para 1975 su estrella empezaba a declinar, y el 19 de abril, el que entonces era presidente del Milán, Albino Buticchi, tuvo la mala ocurrencia de comentar que sería una buena idea cambiarlo por Sala, una estrella emergente en el Torino. Rivera se sintió ofendido. Y más cuando el presidente del Torino, Orfeo Pianelli, rehusó: «No tengo vocación de anticuario». Rivera replicó que hacía bien, porque «para ser anticuario se necesitan conocimiento, sensibilidad y buen gusto, y Pianelli carece de todo eso». Pero el incidente indignó a Rivera, que estuvo un mes sin ir a entrenarse. Cuando volvió, el entrenador, Gustavo Giagnoni, le excluyó del equipo. Rivera utilizó sus influencias y lo hizo saltar, lo que fue la primera oportunidad de Trapattoni para entrenar. Luego buscó amigos con capital que compraran el club, y los encontró.

La guerra que desató hizo que cayera el propio presidente Buticchi, a los seis meses de sus inoportunas declaraciones. Acaudalados admiradores suyos pusieron el dinero para hacerse con la mayoría del club, en el que él quedó como dueño absoluto, tomando las decisiones desde el mismo césped, cuando aún era jugador. No era extraña tal devoción por un jugador que, aparte de ser un verdadero superclase, mantuvo siempre en alto la bandera del arte y del fútbol bello en un país dominado por el cerrojo y la especulación. Cuando se retiró por fin, pasó a ser vicepresidente del club, hasta la aparición de Berlusconi (véase el día 20 de febrero), a cuya llegada se opuso, lo que en definitiva le costaría la salida de «su» Milán, para el que ganó dos copas de Europa, una Intercontinental, dos Recopas, tres Ligas y cuatro copas de Italia. Además de eso, ganó el Balón de Oro de 1969 y tomó parte en cuatro mundiales.

Pero quizá nada le produjo más satisfacción que hacer saltar del club al impertinente Albino Buticchi, el presidente que le había despreciado de tal forma. Que era, en el fondo, despreciar al Milán, del que fue bandera durante tantos años.

Primer fútbol en la tele: un entrenamiento del Arsenal

(1937)

Así como el primer partido radiado fue uno del Arsenal, también la primera vez que la televisión se ocupó del fútbol fue a través del Arsenal. La proximidad entre el estadio y las instalaciones de la BBC favoreció tal cosa. También el sentido de visión de futuro y el buen hacer que imperaban en el Arsenal de aquellos años, un motor de permanente innovación del fútbol, por el impulso de Chapman (véase el día 25 de agosto) y de muchos de sus colaboradores, que a su fallecimiento siguieron manteniendo durante algún tiempo en alto la bandera de equipo vanguardia. Ya en la ampliación de su grada este, el Arsenal había dejado algún emplazamiento para cámaras de televisión, previendo el futuro. Aquel día se anunció, como algo experimental, la transmisión de una sesión de entrenamiento del equipo, un partidillo entre titulares y reservas. *The Guardian* anunciaba: «Los jugadores serán presentados por míster George F. Allison, mánager del club. (Y alma del operativo, por cierto.)» «La demostración televisada mostrará tácticas, disparos a puerta, dribblings y paradas. Serán emplazadas tres cámaras: una en las gradas, para dar un plano general, y dos junto al campo, para los detalles del juego y las entrevistas. No se usará película. La transmisión será enviada por señal radioeléctrica directamente a Alexandra Palace.» En este último lugar estaba la sede de la BBC, de donde la señal se retransmitiría a los hogares dotados de aparatos receptores.

La transmisión ocupaba ese día un espacio de quince minutos en una parrilla de televisión que en esos días era muy corta. La de esa fecha fue: 3.00 *Francy that!*; 3.30, *British Movietones*; 3.40, *Football at the Arsenal*; 3.55, *Cartoon*; 4. *Close*.

Pero el experimento fue considerado un éxito general: «La demostración de fútbol sobre el terreno de juego del Arsenal mostró que incluso en la pequeña pantalla de televisión puede seguirse el juego del fútbol con precisión», escribió el comentarista de *The Observer*. La final de la FA Cup de esa misma temporada, disputada entre el Sunderland y el Preston North End, fue transmitida en parte. Y en el siguiente mes de abril ya fue televisado, completo y en directo, el partido internacional entre Inglaterra y Escocia. El fútbol había saltado las paredes del estadio y había encontrado un formidable vehículo de difusión para entrar en todos los hogares. Curiosamente, pese a que el Arsenal fue el primer equipo en cuyas instalaciones entraron cámaras de televisión, más adelante, en 1960, sería uno de los más encarnizados opositores a la transmisión en directo de partidos de Liga en Inglaterra. La BBC lo consiguió poner en marcha, con bastantes oposiciones, en 1960, en lo que pronto se convertiría en su mítico programa, *Match of the Day*, que consistía en la transmisión de un partido seguido de los resúmenes de los demás.

Bernabéu se adelanta en el fichaje de Molowny (1946)

Aquel día estaba de viaje Bernabéu, de Valencia a Barcelona, en tren. En Reus había parada de cierta duración y se bajó para estirar las piernas y tomar algo. Aprovechó para comprar *La Vanguardia* y allí leyó que el Barça iba a enviar al secretario del club, Ricardo Cabot, a Las Palmas, para fichar a Luis Molowny. La información precisaba que Cabot haría el viaje en barco. Molowny era un jugador del que se empezaba a hablar y mucho en la Península. No jugaba en la Liga, porque los equipos canarios jugaban entre sí. No había la facilidad ni la frecuencia de vuelos a la Península que hay ahora. De hecho, ni siquiera existía la que hoy es la Unión Deportiva Las Palmas, que fue la fusión posterior de cinco equipos grancanarios, entre ellos el Marino, en el que jugaba Luis Molowny. Pero los futbolistas canarios tenían gran predicamento por su juego especialmente técnico. Muchos habían triunfado en la Península, particularmente en el Atlético, y algunos frecuentaron la Selección.

Bernabéu se avivó: localizó un teléfono y llamó a Jacinto Quincoces, ex jugador del club y entonces secretario técnico: «Ve al banco, coge cien mil pesetas en billetes y luego coge el primer avión que salga para Las Palmas. Cuando llegues allí, ficha a Molowny. Pero lleva el dinero y lo enseñas nada más llegar». Quincoces lo hizo, llegó a Las Palmas mientras Cabot estaba en la mitad de su travesía de tres días, con escala en Málaga y en Cádiz, y presenció un encuentro en el que Molowny jugó horrorosamente mal. Luego contaría que se había enterado de que había un emisario del Real Madrid para ficharle y que se puso nerviosísimo. A Quincoces le pareció que jugó horrible, pero una orden de Bernabéu era una orden de Bernabéu y con eso no se gastaban bromas. Así que llegó pronto a un acuerdo con la directiva del Marino: 250 000 pesetas, de las que 175 000 serían para el jugador. Y allí mismo entregó Quincoces 100 000 pesetas al contado. Molowny se quedó encantado, porque pasaba de las 300 pesetas mensuales a 3000 en el Madrid. Además, Quincoces mantuvo el fichaje pese a que Molowny le advirtió que tenía aún que completar el servicio militar. Cuando Cabot llegó a Las Palmas, Molowny ya era jugador del Madrid.

Y resultó un hombre crucial en la vida del club. Como jugador fue uno de los favoritos de la afición, al estilo que lo sería Butragueño más tarde. Tenía un exquisito regate corto y un sentido muy inteligente del juego, aunque no era muy trabajador, y lucía más en casa que fuera. Pero la afición madridista le adoró y se indignaba cada vez que en la Selección era pospuesto por los vascos Panizo o Igoa. Por aquellos años constituyó, junto a Celia Gámez y Antonio Bienvenida, el trío de personajes favoritos de la capital. Jugó en el Madrid diez años largos, un total de 208 partidos y 104 goles. Al terminar en el Madrid, donde coincidió en sus dos últimas temporadas con Di Stéfano, regresó para retirarse en la ya constituida Unión Deportiva Las Palmas. Luego fue el hombre fuerte del gabinete técnico del Madrid durante muchos años, donde su sabia discreción fue escuela, entre otros, de Del Bosque. Se especializó en estar en la retaguardia y sustituir provisionalmente al entrenador de turno en las grandes crisis, y su intervención siempre resultó mano de santo, aportando paz y serenidad y, en la mayor parte de las ocasiones, también algún título con el que cerrar bien la temporada.

Cruyff pierde 8-2 y lanza un desafío

(1983)

Después de dejar el Barcelona tras cinco temporadas, la carrera de Cruyff entró en un extraño zigzag. Ya había llamado la atención su brusca renuncia a jugar con la Selección holandesa en la fase final de la Copa del Mundo de 1978 en Argentina, para la cual la ayudó a clasificarse. Anunció su retirada del fútbol, pero se dejó convencer después para fichar por Los Angeles Aztecs, dentro de un plan para hacer de él «el Pelé de la costa del Pacífico». Jugó allí, jugó en los Washington Diplomats, jugó en el Levante, en la Segunda División española, se enroló con el Milán para un torneo amistoso, en realidad una prueba enmascarada, que le costó una grave lesión. Para entonces, su carrera como futbolista parecía estar definitivamente terminada.

Entonces revivió una vez más. Regresó al Ajax, con treinta y cinco años cumplidos, en un puesto mitad entrenador, mitad jugador. Cruyff aparece en buena forma, marca en su primer partido, ante el Haarlem, y contribuye a la consecución del título de Liga por parte de su club de toda la vida. La temporada siguiente repite buena actuación y repite título. En ese regreso a Holanda es cuando marca su gol más singular, a imitación de uno que había hecho veinticinco años antes Rik Coppens. Fue a lanzar un penalti, y, en lugar de hacerlo directo, tocó suavemente el balón a un lado para que su compañero Jesper Olsen, que estaba avisado, lo recogiera, amagara el disparo y se lo devolviera a Cruyff, que así marcó con facilidad. Un lujo. Tras aquella segunda temporada con título, Cruyff está seguro de que los dirigentes del Ajax le ofrecerán un nuevo contrato. Después de vagabundear por el fútbol de otros pagos, se siente joven y feliz, ganando de nuevo títulos y partidos en su casa. Pero el Ajax le decepciona, no le ofrece la renovación. Cruyff se enfada y toma una decisión insólita: acepta una oferta del eterno rival, el Feyenoord.

El Feyenoord llevaba diez años a la sombra del Ajax, precisamente por culpa del propio Cruyff. El Feyenoord había sido el primer equipo holandés en ganar la Copa de Europa, en 1969, batiendo en la final al Celtic de Glasgow. Fue un adelantado de la gran época del fútbol holandés, del llamado «fútbol total», con aquel brillante equipo en el que destacaba sobre todos el líbero Israël. Pero justamente el Ajax de Cruyff le arrebataría ese papel en la historia, con las tres copas de Europa consecutivas a principios de los setenta y con su presencia masiva en la Selección *orange*. Por eso fue llamativo que Cruyff anunciara su fichaje por el rival, en lo que se consideró un acto de despecho destinado al fracaso. Y la primera vez que se encuentran Ajax y Feyenoord desde el fichaje, el Ajax echa el resto y gana por un estruendoso 8-2. Podría pensarse que fue el peor revés en la vida deportiva de Cruyff. Pero este se rehace y anuncia enfáticamente que el Feyenoord ganará el campeonato. Le toman por loco, pero acierta. Con un jovencísimo Ruud Gullit en sus filas, y en torno a la sabiduría de Cruyff, el Feyenoord consigue ese año el doblete. Cruyff se ha vengado de quienes no le renovaron en el Ajax y ha conseguido decir la última palabra. Cae la directiva y vuelve, una vez más, al Ajax, ahora como entrenador, para ganar la Recopa. El fútbol del Ajax entrenado por Cruyff gustó tanto a Núñez que le contrató como entrenador para el Barça, un gran acierto que cambiaría la vida del club.

Pelé da el gran zapatazo ante el Benfica

(1962)

El Mundial de 1962 fue un poco chasco para Pelé. Había sido la sensación del anterior, el de 1958, en el que emergió como una estrella a sus diecisiete años. Una estrella a la que quería ver todo el mundo. El Santos explotó mucho su figura con largas giras (una por Europa incluyó trece partidos en un mes, uno de ellos en el Bernabéu ante el Madrid, que ganó al Santos) y su rendimiento se resentía de tanto viaje y tanto partido. De hecho, en Europa se empezó a dudar de que fuera un jugador tan extraordinario. Se pensó que era solo uno de los grandes jugadores del momento, uno más entre la media docena de los elegidos a principios de los sesenta. En aquellos momentos emergía además en Europa otro jugador negro que llamaba poderosamente la atención: Eusébio. De Pelé llegaban noticias tremendas de la prensa brasileña, como una ocasión en que marcó veintitrés goles en una sola semana, en cinco partidos. O que su excelencia era tal que los campos empezaban a vaciarse, porque el público sabía de antemano que iba a ganar el Santos. Pero sonaba un poquito a noticias artificiales.

El Mundial de 1962, decía, tampoco le ayudó. Debutó ante México, al que marcó un gran gol. Pero al segundo partido, ante Checoslovaquia, se lesionó, con un desgarro en la ingle. El tercero fue contra España y su sustituto, Amarildo, marcó los dos goles. Brasil pasó el grupo sin Pelé y siguió adelante sin él. Ganó sucesivamente a Inglaterra, Chile (la Selección local) y Checoslovaquia, a la que encontró de nuevo en la final. La delantera era la misma que con él, solo que sin él: Garrincha, Didí, Vavá,

Amarildo y Zagallo. ¿Qué clase de mejor jugador del mundo era ese cuya ausencia no se notaba? A Brasil le bastaron las buenas tardes de Garrincha más los goles oportunos de Vavá y Amarildo, su reemplazante, para ganar.

Por eso se esperó con enorme interés, a la vuelta del verano, el choque por la Intercontinental, a ida y vuelta, entre el Benfica y el Santos. El Benfica, en el que despuntaba el citado Eusébio (la «pantera negra»), había dado la campanada en Europa al ganar sucesivamente las copas de Europa de 1961 y 1962, acabando con el dominio del Real Madrid. La primera final se la había ganado al Barça y la segunda al Real Madrid, anulando dos ventajas sucesivas de los blancos (0-2 y 2-3, con los tres goles de Puskás), hasta ganar por 5-3. La Copa Intercontinental iba a ser la prueba definitiva para que Pelé fuera aceptado en Europa como un grande, y Pelé lo sabía.

Y ganó la Intercontinental casi él solo. El partido de ida, en el que el Santos sacó su delantera completa (Dorval, Mengalvio, Coutinho, Pelé y Pepe), lo abrió con un golazo por la escuadra en el minuto 31. Y en el 85' marcó otro, regateando a cinco benfiquistas. Acabó 3-2. En la vuelta, con una alineación más prudente, con el medio Lima en el puesto de Mengalvio, el Santos jugó algo más contenido, pero a los veinticinco minutos Pelé ya había marcado dos goles. Luego marcaría otro más, en el 64'. El Santos maravilló y llegó a ponerse 0-5 en el marcador. Al final, el Benfica lo dejaría en 2-5. Pelé había ganado su Intercontinental. Ya era campeón del mundo de selecciones y de clubes. Había ganado su pulso con Eusébio con sus cinco goles entre los dos partidos, por uno solo de Eusébio. Y, sobre todo, había ganado su pulso a la opinión pública europea.

Se crea el Atlético Aviación Club (1939)

Hay muchas personas que piensan que el Atlético Aviación es el origen del Atlético, pero no es así. El Atlético Aviación es la denominación que tuvo el club rojiblanco durante un período de su historia, justo después de la Guerra Civil, cuando ya llevaba más de treinta años de existencia. Ocurrió que durante la guerra se formó un equipo llamado Aviación, con futbolistas «de verdad» que encontraron acomodo ahí o con soldados bien dotados para el juego. Nació en la base de Matacán, en Salamanca, y jugaba partidos amistosos en retaguardia. Su sede se desplazó con el avance de las tropas de Franco: de Salamanca a Zaragoza, de Zaragoza a Madrid. Acabada la guerra, se trató del futuro del equipo. A sus mentores les parecía una lástima que un equipo tan bueno se disolviera sin más y emprendieron gestiones para incorporarlo al fútbol de verdad en la posguerra.

Hubo conversaciones de fusión con el Madrid, con el Nacional (equipo que militaba en Segunda y con el que se hubiera compuesto el sugestivo nombre de Aviación-Nacional), pero al final se llegó al acuerdo con el Atlético, que justo la última campaña antes de la guerra había bajado a Segunda. Al escudo atlético, que se respetó en su forma esencial, se le añadieron unas alas. Se mantuvo también el color, las alegres rayas rojas y blancas. El Atlético y el Aviación aportaron más o menos la mitad de la plantilla final cada uno. Ricardo Zamora venía de entrenador por parte del Aviación. Y apareció una gran oportunidad: por tener el Oviedo su campo destrozado por la guerra, se decidió que su plaza sería ocupada por uno de los dos descendidos de la preguerra, Atlético u Osasuna. A este se le había prometido la plaza con anterioridad, en atención al heroísmo de las milicias requetés, pero en puridad el Atlético tenía más derecho, porque había sido penúltimo en 1936, y Osasuna último.

Se resolvió con un partido en Valencia, el 26 de noviembre, que ganan «los aviadores» por tres a uno, y eso les instala en Primera. En tan decisiva jornada jugaron: Tabales, Mesa, Alejandro; Blanco, Germán, Machorro; Enrique, Juan Escudero, Elícegui, Campos y Vázquez. De ellos, Mesa, Alejandro, Enrique y Elícegui procedían del original Atlético. El resto venía del Aviación.

Aquel fue un gran equipo, que ganó los primeros dos campeonatos de la posguerra. Mantuvo su denominación hasta el 14 de diciembre de 1946 cuando, atendiendo a una solicitud del Ejército del Aire, que se fue desentendiendo del asunto (posiblemente sentían que los partidismos y las polémicas futbolísticas no eran su espacio natural), borró el término Aviación. El siguiente 6 de enero incorporaría Madrid, llamándose por primera vez Club Atlético de Madrid, como hoy lo conocemos. Antes de la guerra su nombre oficial era simplemente Athletic Club, aunque se le solía añadir el «de Madrid» coloquialmente para distinguirle del bilbaíno.

El Betis le estropea un estreno al Sevilla

(1958)

El Betis ha vivido siempre un poquito a la sombra del Sevilla, un poco como el Atlético con el Madrid, o el Espanyol con el Barcelona. Rivalizar con alguien que lleva el nombre de la propia ciudad es difícil. Pero eso mismo hace que produzca una felicidad especial alcanzar un éxito sonado contra el enemigo poderoso. Y ese caso se le dio al Betis un día como este, con la inauguración (o así) del nuevo estadio del Sevilla. Un estadio que se llamó, y se llama, Sánchez Pizjuán, porque se debió a la iniciativa de este hombre, entonces presidente del Sevilla. Don Ramón Sánchez Pizjuán había admirado la visión de Bernabéu al hacer un estadio gigante, siete años antes. Ese estadio le dio al Real Madrid una ventaja notable. Sánchez Pizjuán pisó sobre sus huellas, hasta el punto de que el nuevo estadio del Sevilla era, en buena medida, una réplica del campo del Madrid. Y fue diseñado por los mismos arquitectos.

El estreno se produjo al principio de la temporada 1958-1959. Quiso el duende del fútbol que el adversario fuera el Betis, recién ascendido después de quince años de ausencia en la máxima categoría. En esos años, el Betis había llegado al infierno (verdadero) de la Tercera División. Pero volvió justo a tiempo para estrenar el nuevo campo del Sevilla, que al ver que el primer rival liguero iba a ser el Betis improvisó un amistoso con el Jaén (3-3, el 7 de septiembre) para «cristianar» el campo con un rival menos crítico. Marcaron para el Sevilla Szalay, Oviedo y Diéguez, y para el Jaén, Arregui (dos) y Sará.

Pero nada pudo evitar que el primer partido oficial del Sánchez Pizjuán fuera un Sevilla-Betis, retorno del Betis a la máxima categoría tras tantos años fuera de ella. Y el primer gol lo marcó Luis del Sol, luego figura mundial en el Madrid y en la Juventus. Y ganó el Betis, 2-4, victoria que guardará como un tesoro en su relicario para el resto de los tiempos. Vayan las alineaciones: Sevilla: Cardoso (Guerrica, 52'); Santín, Campanal, Maraver; Ruiz Sosa, Pepín; Antoniet, Diéguez, Gómez, Arza y Szalay. Betis: Otero; Valderas, Ríos, Portu; Isidro, Paqui; Castaño, Azpeitia, Kuszmann, Areta y Del Sol. Goles: 0-1, Del Sol (2'); 1-1, Szalay, de penalti (37'); 2-1, Diéguez (44'); 2-2, Kuszmann (51'); 2-3, Areta (68'); 2-4, Kuszmann (78'). Asistieron 40 000 espectadores, capacidad máxima del estadio, que no estaba terminado cuando se inauguró, y que no se remataría del todo hasta 1975, cuando aquel Sevilla-Real Madrid del célebre gol de Breitner que entró por un descosido de la red (véase el día 9 de noviembre). El segundo gol del Betis, obra de Kuszmann (húngaro fugado, como Szalay, al estilo de los Kubala, Puskás, Kocsis o Czibor), fue un fallo estrepitoso de Cardoso, que se fue llorando, sustituido por Guerrica, por una lesión que según algunos béticos no era real sino fingida, por la aflicción que le produjo aquel tanto. Aquel partido supuso también el debut en el Betis de Eusebio Ríos, central vasco que alcanzaría la internacionalidad, padre de Roberto Ríos, que jugó con éxito en el Betis y fue vendido al Athletic por Lopera por la extraordinaria cantidad de 2000 millones de pesetas.

El Barça gana la Copa de Ferias en propiedad

(1971)

La Copa de Ferias nació un poco en paralelo a la Copa de Europa, y otro poco en su contra. Fue iniciativa de un suizo llamado Ernst B. Thommen, que tuvo el respaldo de sir Stanley Rous, presidente de la FIFA. La iniciativa, una copa a disputar entre las ciudades europeas en feria, estaba inspirada por la seguridad de que sería más viable que la Copa de Europa, pues los ayuntamientos ayudarían a fin de hacer sonar los nombres de sus ciudades. La Copa de Europa nació en la confianza de que las taquillas y las televisiones, que entonces empezaban, serían suficientes para sufragar los gastos. Y se acertó.

La Copa de Ferias, sin embargo, tuvo un arranque más complicado. Se inscribieron solo diez equipos y tardó tres temporadas en completarse. Los equipos que jugaban no eran equipos de club, sino de ciudades, y en algunos casos (Londres, notablemente) reunían combinados de los varios equipos de la ciudad. El Barça jugó como Barcelona ciudad, con el escudo de la misma en lugar del propio, pero en la práctica era el Barça, porque nadie fue capaz de colarle un solo jugador del Espanyol. Se hicieron cuatro grupos (dos de tres equipos y los otros dos, de dos), cuyos campeones serían semifinalistas. La larga duración del torneo se debió a la dificultad para encontrar fechas. Tras eliminar a Copenhague (único compañero en su grupo) y a Birmingham (semifinal, con desempate en Bolonia), el Barça juega frente a Londres. 2-2 en el campo del Chelsea (5-03-1958) y 6-0 en el Camp Nou (1-05-1958). El Barça juega de azul, con el escudo de la ciudad, pero sin ningún jugador ajeno: Ramallets; Olivella, Brugué, Segarra; Vergés, Gensana; Tejada, Evaristo, Eulogio Martínez, Suárez y Basora. El Barça ganaría dos ediciones más de esta competición, la segunda, ante Birmingham (ya jugando como Barça y de *blaugrana*), y la octava, ante el Zaragoza, que había sido campeón el año anterior. Por en medio, el Valencia había ganado la cuarta y la quinta, de manera que de las ocho primeras ediciones los equipos españoles se llevaron seis. Durante el tiempo fue ganando en seriedad. La segunda edición ya tuvo dieciséis equipos, y se completó en dos años. A partir de entonces fue posible completarla siempre en una misma temporada

En 1971 la UEFA decidió adoptar como propia y oficializar la competición, que pasó a llamarse Copa de la UEFA y a reclutar a los equipos mejor clasificados en sus Ligas, excluidos los campeones de Liga y Copa, que jugaban la Copa de Europa y la Recopa. Para decidir a quién se entregaba el anterior trofeo en propiedad se organizó un partido entre su primer ganador, el Barcelona, y el último, el Leeds. El partido se concertó en el Camp Nou y lo ganó el Barça, con dos goles de Dueñas frente al del escocés Jordan. El Barça jugó con Sadurní; Rifé, Gallego, Torres, Eladio; Costas, Juan Carlos, Marcial, Asensi (Fusté, 46'); Rexach y Dueñas. El trofeo luce hoy en las vitrinas del museo *blaugrana* junto a las reproducciones de los otros títulos europeos que ha conseguido.

Di Stéfano ficha por el Madrid
(1953)

El 22 de mayo de 1953 llegaba Di Stéfano a Barajas para fichar por el Barcelona. Le recibió Samitier, y con él se desplazó a la Ciudad Condal. El Barcelona había cerrado su traspaso con River Plate por cuatro millones de pesetas, de los que ya había adelantado dos millones. Pero Di Stéfano no era del River, aunque volvería a serlo a partir de enero de 1955. Di Stéfano se había fugado del River al Millonarios, de Colombia, en el contexto de una fuga masiva de jugadores a la Liga pirata de ese país (véase el día 7 de noviembre). La FIFA había resuelto el caso en el llamado «Pacto de Lima», por el cual los jugadores en tal situación pasaban a ser legalmente propiedad de sus clubes colombianos hasta el final de sus contratos, y luego retornarían los derechos de su ficha a sus clubes de origen. Así que sin acuerdo con el Millonarios (del que a su vez se había fugado) Di Stéfano no podía jugar en ningún sitio hasta enero de 1955.

Martí i Carreto, presidente del Barça, no llegó a un acuerdo con el Millonarios, que pedía 1 350 000 pesetas. El Madrid sí, y se los pagó. Di Stéfano, mientras, se aburría en Barcelona, donde solo jugó tres amistosos de *costellada*. Raimundo Saporta, enviado por el Madrid, le visitó en el hotel y le dio algún dinero. Martí i Carreto, visto que el fichaje se atascaba y dado que Kubala se había repuesto de una tuberculosis por la que se pensó debería dejar el fútbol, fue perdiendo interés y decidió, sin consultar a Di Stéfano, ofrecérselo a la Juventus, lo que irritó al jugador. La Federación, a la vista del caso, pide criterio a la FIFA, que a su vez encarga el arbitraje del caso a su miembro español, Muñoz Calero. Este falló que Di

Stéfano jugara las temporadas 1953-1954 y 1955-1956 en el Madrid y las 1954-1955 y 1956-1957 en el Barça, y que al cabo de esos cuatro años los clubes llegaran a un acuerdo.

Así que Di Stéfano empezaría en el Madrid. Y el día 23 de septiembre, recién llegado en coche cama de Barcelona, juega un amistoso contra el Nancy francés, organizado ex profeso. Gana el Nancy 4-2 y Di Stéfano, con cuatro kilos de más y bajo de forma, marca un gol y deja algunas dudas. Luego debuta en Liga contra el Racing y gusta más. En la séptima jornada, el 25 de octubre, el Barcelona va a visitar Chamartín. Esa semana el Barça decide revender sus derechos adquiridos a River al Madrid, por algo más de lo que pagó, para compensar los intereses. En total, 4 400 000 pesetas. «El Barcelona es demasiado importante para compartir un jugador con su rival», manifestó el club. Coloquialmente se tradujo como *per vosaltres el pollastre* (para vosotros el pollo). La misma mañana del partido se firmaron los documentos. Por la tarde, el Madrid ganaba por 5-0, con dos goles de Di Stéfano, cuya presencia en el club blanco cambiaría para muchos años la historia del fútbol español. Para cuando llegó, el Madrid solo había ganado dos Ligas, ambas antes de la guerra. Cuando se fue, había ganado ocho de once, más las cinco primeras copas de Europa disputadas, y había puesto las bases para el dominio del Madrid durante muchos años. Martí i Carreto, presidente del Barça, dimitiría a causa de las acusaciones recibidas por la mala gestión que hizo del caso.

Una sardana gigante inaugura el Camp Nou

(1957)

Al comienzo de la década de los cincuenta el Barça aún jugaba en el campo de Les Corts, inaugurado en 1922, el 20 de mayo, con victoria por 2-1 frente al Saint Mirren escocés. Era un buen campo y había experimentado mejoras, pero se quedaba pequeño frente al Bernabéu, que estaba ofreciéndole al Real Madrid oportunidad de unas recaudaciones mayores, y sobre todo se quedaba pequeño para la expectación que levantaba Kubala. Hacía falta un campo nuevo y a tal fin el Barça compró unos terrenos situados entre la Riera Blanca y la Maternidad, que los técnicos del ayuntamiento le sugirieron que cambiara por otros situados en la zona terminal de la Diagonal porque en esos estaba previsto que cruzara una calle. Pero el Barça no quiso, movió sus influencias y el alcalde, Antoni Maria Simarro i Puig, otorgó la consiguiente recalificación. Más adelante, en 1962, con el Camp Nou ya terminado, el siguiente alcalde barcelonés, Josep Maria de Porcioles, autorizaría la venta de los terrenos del viejo campo de Les Corts, lo que le haría alcanzar la consideración de socio de honor del club. Aun con eso, recursos de entidades de distinta índole retrasaron la venta de Les Corts, que solo fue posible por intervención directa de Torcuato Fernández-Miranda, quien consiguió un decreto del Consejo de Ministros, con fecha 23 de septiembre de 1965, celebrado en el Pazo de Meirás. El decreto lo firmaban Martínez y Sánchez-Arjona, y Franco. El Barça obtuvo por la venta de los terrenos del viejo estadio 205 millones de pesetas, y Torcuato Fernández-Miranda también fue nombrado socio de honor.

Pero estábamos en el Camp Nou. El proyecto les fue encargado a los arquitectos Francesc Mitjans i Miró (primo del presidente) y Josep Soteras Mauri. La obra la realizó la empresa INGAR y, como suele ocurrir, el presupuesto se fue disparando sobre la marcha, desde la inicial impresión optimista, que no alcanzaba los 100 millones. La primera piedra se puso el 28 de marzo de 1954, bajo la presidencia de Miró-Sans. La asistencia de aficionados es multitudinaria. El 28 de noviembre comienzan de verdad las obras, que durante su transcurso tienen continuas visitas de socios y aficionados. El nuevo estadio le costó al Barça 252 millones: 38 millones de los terrenos, 190 millones de la obra y el resto, gastos financieros. Lo cubrió con una cuota Procampo, con adelanto de abonos y con una emisión de obligaciones. Para más adelante quedaba, en reserva, la venta del viejo Les Corts, cuya compra fue una idea que durante algún tiempo manejó el Espanyol. El Barça despidió su viejo y querido campo el 28 de agosto, con un empate a dos frente al Racing de París.

Al fin, el día de la Mercé de 1957, se inaugura el Camp Nou. La fecha quedará fijada en todos los que acudieron como la más emotiva en su biografía barcelonista. Misa solemne por la mañana y por la tarde, entre otros actos, una sardana gigante, con cuatro círculos concéntricos. Tras los discursos de rigor (el acto lo preside José Solís Ruiz, ministro secretario del Movimiento, y Elola-Olaso, delegado nacional de Educación Física y Deportes), el Barça juega contra el Varsovia, ante 93 053 espectadores. No eran los 150 000 que se había pretendido en la primera idea, pero sí duplicaba la capacidad de Les Corts. Al campo saltan, en esa jornada inaugural, Ramallets; Olivella, Brugué, Segarra; Vergés, Gensana; Basora, Villaverde, Eulogio Martínez, Kubala y Evaristo. Luego entrarían también Gracia, Flotats, Bosch, Ribelles, Hermes González, Tejada y Sampedro. Ganó el Barça 4-2. El primer gol lo marcó Eulogio Martínez, en el minuto 11. Los otros, Tejada, Sampedro y Evaristo, ya en la segunda mitad.

El Congreso reclama la Copa de 1937 para el Levante

(2007)

Es 18 de julio de 1937 y en Sarriá juegan el Levante y el Valencia. Estamos en plena Guerra Civil, que tiene a España partida en dos. Tanto en la España republicana como en la otra se ha pretendido mantener una cierta actividad futbolística. Dicho esto, ¿qué se juegan hoy, justo un año después del alzamiento, los dos equipos valencianos en Sarriá? Pues se juegan la llamada Copa de España Libre, para la que se solicita un trofeo al presidente de la República. Los dos habían llegado a esta final tras disputar, durante 1937, la llamada Liga del Mediterráneo, puesta en marcha ante la imposibilidad de jugar una Liga plena en esa España dividida. En la Liga del Mediterráneo jugaron ocho equipos, los mejor clasificados en los campeonatos regionales previos disputados en Cataluña y Valencia. Lo ganó el Barcelona. Surgió entonces la idea de jugar la llamada Copa de España Libre entre los cuatro primeros clasificados de esa Liga. Pero el Barça renunció a su derecho, pues emprendió una gira por el extranjero, y en su lugar entró el Levante, que había sido el quinto. El procedimiento ideado para esta Copa de España era que se jugara una liguilla entre los cuatro participantes (Levante, Valencia, Espanyol y Girona, que acabaron clasificados por este orden) y que los dos primeros jugaran una final. Esa final fue el partido que se jugó el 18 de julio de 1937 en Sarriá, con victoria del Levante por 1-0, gol de Nieto. En el equipo figuraba en la defensa Ernesto Calpe, cuyo hijo fue luego célebre jugador del club, protagonista del primer ascenso a Primera División, más tarde fichado por el Real Madrid en la época de los «yeyés».

Ya el 25 de septiembre de 2007, y a iniciativa de una diputada de Izquierda Unida, la valenciana Isaura Navarro, la Comisión de Educación del Congreso de los Diputados vota un texto, registrado como transaccional 161/54, en el que acuerda «instar a la FEF a llevar a cabo los trámites necesarios para el reconocimiento oficial a todos los efectos de la celebración del campeonato de Copa de 1937, de sus participantes, de la final de Barcelona, así como del resultado que dio vencedor al Levante Unión FC, hoy Levante UD». Martínez-Pujalte, entonces portavoz de Economía del PP y significado levantinista, declara: «No hemos ganado la Copa, porque ya la teníamos. Hemos logrado el reconocimiento». La iniciativa de Isaura Navarro respondía a la insistente petición de una peña del club, la Peña Totil, encabezada por Xavi Rius.

Pero no hubo tal. La Federación decidió hacer oídos sordos a la reclamación desde el entendimiento de que aquello no era la «Copa de España», puesto que no habían participado en la competición más que equipos de Cataluña y Valencia, y nunca ha reconocido tal título. La copa entregada aquel día está en las vitrinas del Levante, pero no ha obtenido por parte de la Federación el reconocimiento oficial que instó el Congreso. En votación llevada a cabo en el pleno de la Federación el 10 de julio de 2009 se decidió desestimar la solicitud por 122 votos a cero. Tampoco el Levante, cuyo devenir ha sido muy azaroso en los últimos años, ha hecho especial presión para conseguirlo.

Helenio Herrera lleva el cerrojo a la cima del mundo

(1964)

Fue en una noche lluviosa en Madrid, con poco público: el Inter del maléfico Helenio Herrera se proclamó campeón intercontinental, en desempate ante el Independiente de Avellaneda. El poco público local asistente torció el gesto, salvo quizá algunos atléticos a los que la presencia de Peiró en aquel Inter les hacía mirar al club de Milán con simpatía. Pero el Inter era detestado en general en Madrid, y sobre todo entre los madridistas, por tres razones: por la presencia en su banquillo de Helenio Herrera, viejo enemigo, porque le acababa de ganar la Copa de Europa al Madrid, lo que provocó la salida de Di Stéfano, y porque practicaba el cerrojo. Jugaba un fútbol cicatero y calculador, dejándose dominar sin rubor para escapar en rápidos contraataques. Ese fue el fútbol que triunfó esa noche: el fútbol del *catenaccio.* Y como el ganador tiende a ser imitado, aquello provocó una influencia negativa en una época del fútbol.

El gran Inter había comenzado con la contratación de Helenio Herrera en 1960 por parte del multimillonario Angelo Moratti (padre del actual presidente), que se dedicaba a la importación de petróleo. Herrera le pidió enseguida el fichaje de Luis Suárez. En torno a él y a un oscuro y veterano lateral, llamado Picchi, construyó el equipo. Puso a Picchi como cuarto defensa o defensa escoba. Pobló el medio campo con un hombre de quite (primero Tagnin, luego Bedin), un interior rápido y con gol, Mazzola, un extremo que se retrasaba para marcar la pausa cuando no había manera de llegar rápido, Corso, y Luis Suárez, brillante jefe de maniobras, lanzador infalible de pases a las zonas desprotegidas del rival. Atacaba con un extremo rapidísimo, Jair, y un delantero centro que él procuraba que también lo fuera. De ahí que se interesara pronto por Peiró, que había salido del Atlético para recalar en el Torino, de donde le compró. Tenía también para el ataque un lateral izquierdo espigado y rapidísimo llamado Facchetti. Estudiaba a los rivales y procuraba provocar las subidas de los laterales de estos a fin de tener huecos para las subidas de Jair y Facchetti. O bien sacaba al delantero centro hacia una banda, para que arrastrara al central, y así por el centro aparecía Mazzola. Todo eso completado con la precisión de Corso en los tiros libres, con su *folha seca*, tan célebre como la de Didí.

Con eso se hizo dominador en Italia y luego ganó la Copa de Europa 1963-1964, tras eliminar sucesivamente al Everton, el Mónaco, el Partizan y el Borussia de Dortmund. La final, en Viena, ante el Madrid, supuso el definitivo final del Madrid de Di Stéfano y la aparición en el panorama europeo de la fórmula del *catenaccio* como ganadora. En realidad fue una confusión: el Madrid estaba envejecido en sus hombres, no era el modelo de juego lo que estaba envejecido. Pero la victoria del Inter hizo que le surgieran imitadores y más cuando la ratificó con la Intercontinental. Era la quinta edición de esta competición. La primera la ganó el Madrid, pero las dos siguientes habían sido para los campeones suramericanos: Peñarol y Santos. El Inter perdió 1-0 en Avellaneda, pero ganó 2-0 en la vuelta. Entonces no se sumaban los goles, solo se tenían en cuenta las victorias. El desempate se fijó en Madrid, que se consideró territorio neutral, mitad Europa mitad Madre Patria de Argentina. Fue un partido feo, con el Inter atrás y el Independiente arañando la muralla. Se llegó al final sin goles. En el 110' marcó Corso y colocó al Inter en la cima del mundo. Al año siguiente repetiría el doble éxito de Copa de Europa e Intercontinental. Helenio Herrera había alcanzado la cima, y con él el cerrojo, que no fue invento suyo, como presumía, sino de un austriaco, Karl Rappan (como se ha visto el 10 de marzo), en los lejanos años treinta. Pero él lo colocó en todo lo alto para desgracia de todos.

España-Resto del Mundo, homenaje a Zamora

(1967)

Zamora ya había recibido un homenaje nacional, el 20 de diciembre de 1934, en un partido España-Hungría que vino a ser un acto de reconocimiento y desagravio a la forma en que fue eliminado contra Italia, en partido de desempate, en el Mundial jugado precisamente allí bajo el influjo de Mussolini. Pero aquello estaba ya olvidado cuando Pablo Porta, a la sazón presidente de la Federación, tuvo la buena idea de organizar un homenaje nacional al insigne jugador, retirado en la guerra, y luego entrenador y secretario técnico de éxito. La idea fue enfrentar a España con una selección del Resto del Mundo. España, dicho sea de paso, estaba en vísperas de jugar la Eurocopa, contra Checoslovaquia, en Praga, y el partido le debía servir también al seleccionador, Domingo Balmanya, como preparación.

Zamora en persona viajó de aquí para allá, para reunir la selección mundial. Le fallaron un par de grandes, Pelé y Bobby Charlton, pero el grupo que reunió resultó en todo caso magnífico. Consolidaba ese grupo la abundante presencia de jugadores del Inter de Milán, el equipo más prestigioso del momento. El propio Helenio Herrera, entrenador del Inter, junto al del Milán, Nereo Rocco, hizo de seleccionador del equipo internacional, que formó así: Sarti (Inter); Burgnich (Inter), Cooke (Chelsea), Ure (Arsenal), Schnellinger (Milán); Coluna (Benfica), Rivera (Milán); Hamrin (Milán), Mazzola (Inter), Eusébio (Benfica) y Corso (Inter). En el minuto 34 entra Bonetti (Chelsea), por lesión de Sarti, que se estrella con un poste. Tras el descanso entran Benítez (Barça), Waldo (Valencia) y

Goyvaerts (Elche), que jugaban en España. La Selección salió con Iribar; Sanchís, De Felipe, Gallego, Reija; Glaría, Adelardo; Ufarte, Grosso, Marcelino y José María. Faltaron Pirri y Amancio, lesionados justo en el partido de Liga anterior. Tras el descanso entraron Sadurní, Eladio y Manolín Bueno, jugador este de trayectoria singular. Magnífico extremo izquierda, era algo más joven que Gento. Llegó al Madrid y se vio doce años como suplente de él, sin jugar más que amistosos, en los que lucía su calidad. El Madrid nunca quiso traspasarle. Solo siendo ya muy veterano se fue al Sevilla. Esta fue su única aparición internacional, que no le cuenta en el palmarés por no ser un partido entre selecciones. Se dio el caso curioso de que José María, que le dejó el puesto, tuvo que volver a salir más adelante por la lesión de De Felipe en la segunda mitad. Ya no había más suplentes preparados.

Ganó el Resto del Mundo, y sorprendió la compenetración entre jugadores que jamás habían actuado juntos, que acababan de entrar en contacto. «El fútbol habla un solo idioma», se comentó. Marcaron Mazzola (22'), Eusébio (31') y Goyvaerts (88'). La selección del Resto del Mundo saludó desde el centro del campo y fue ovacionada. Los españoles recibieron pitos al entrar en el túnel. El partido dejó una sensación agridulce: una gran fiesta para Zamora y un deslumbrante equipo del Resto del Mundo pero una sensación demasiado débil de la Selección.

Y dejó un buen beneficio para Zamora, que se estimó en dos millones y medio de pesetas.

El brazalete negro de Aitor Aguirre y Sergio (1975)

Estábamos en los últimos meses de la vida de Franco (falleció el 20 de noviembre de ese mismo año) y se registran ciertas convul- siones entre una España que tiene prisa por homologarse democráticamente con su entorno geopolítico y un régimen que pretende mantener su fuerza. En ese contexto, y tras un proceso que dura varios meses y que ocupa a toda la opinión pública internacional, el 27 de septiembre tiene lugar la ejecución de cinco sentencias de muerte por «terrorismo y agresión a la fuerza armada». Se trata de José Humberto Francisco Baena, Ramón García Sanz y José Luis Sánchez Bravo, militantes del Frente Revolucionario Antifascista y Patriótico (el entonces popular FRAP, organización desaparecida hace mucho tiempo, tras dar paso a los GRAPO), y de Ángel Otaegui y Juan Paredes Manot, *Txiki*, de ETA. El hecho provocó una fuerte convulsión internacional. Franco recibió peticiones de indulto por parte de organizaciones y mandatarios de muchísimos lugares, pero los desestimó. Incluso el Vaticano condenó aquellos fusilamientos, los últimos del franquismo.

El domingo se producen dos hechos en el fútbol español que se suman a la protesta internacional. El Athletic, que juega en Granada, sale con brazaletes negros, si bien ante la exigencia de explicaciones y la amenaza de sanciones dicen que se había hecho en memoria del que había sido directivo, y mucho antes jugador, del club, Luis Albert, de cuya muerte se cumplía un año. La acción del Athletic se encontró en cierto modo natural. El club es una institución de un carácter especial en el País Vasco, y las luchas por una distinta relación del País Vasco con el Estado estaban (y seguirían estándolo más tarde) muy presentes en esos tiempos. Y dos de los fusilados lo habían sido por su pertenencia a ETA. Por otra parte, la explicación posterior del Athletic no se la creyó nadie, pero se tomó, por quien quiso hacerlo, como algo así como una rectificación de la postura, de modo que se pudo mirar para otro lado.

Mucho más llamativo fue que en el Racing-Elche, dos jugadores del equipo local, Aitor Aguirre y Sergio, lucieran brazaletes negros en esa misma jornada. En Santander, ciudad con marcado predominio de la derecha tradicional, aquel hecho primero chocó y luego indignó, a medida que el partido avanzaba y los espectadores hablaban unos con otros y caían en el porqué de los brazaletes. Aitor Aguirre, vasco, siempre había manifestado rebeldía en todas sus actitudes. Procedía de una familia nacionalista y su padre había conseguido inscribirle como Aitor previa amenaza al párroco de no bautizarle si no le aceptaban ese nombre, que no figura en el santoral cristiano. Insistía en vestir el *kaiku*, la chaqueta tradicional vasca, a pesar de que la Guardia Civil trataba de impedírselo. Sergio era valenciano, pero era lo que entonces se conocía por un «hombre concienciado». A partir de cierta fase del partido los dos jugadores fueron pitados por su propio público cada vez que intervenían en el juego. La policía entró en los vestuarios en el descanso y les obligó a quitarse los brazaletes y a jugar la segunda mitad sin ellos. El gobernador civil de Santander les impuso luego una multa de 100 000 pesetas a cada uno.

«Rafa, no me jodas» (1996)

Jugaban el Zaragoza y el Barcelona en La Romareda. El partido está animado, va 3-2 a favor de los locales. En el ataque del Barça juega Ronaldo, el tremendo Ronaldo de aquella su única temporada en el Barça, quizá la mejor de su vida. En eso, a la salida de un córner a favor del Barça, cuando el balón ha salido fuera de banda y los jugadores corren para ocupar sus nuevas posiciones, el linier del ataque del Barça, llamado Rafael Guerrero, avisa al árbitro, Enrique Mejuto, uno de los mejores de nuestro fútbol. Mejuto acude. Canal+, que televisa el partido, recoge el diálogo:

Guerrero: «¡Penalti y expulsión!». Mejuto: «¡Vaya, joder, Rafa! ¡Me cago en mi madre! ¿Expulsión de quién?». Guerrero: «Del número seis». Mejuto se da la vuelta para irse, pero Guerrero le reclama otra vez. «¡Ven, Quique! Le da un golpe en la cabeza por detrás claramente a Couto. Claramente le da un golpe por detrás en la cabeza con la mano». Mejuto: «¿Qué número?». Guerrero: «El número seis. Pregunta. Para mí, el seis». Mejuto: «¿Es expulsión y penalti?». Guerrero: «¡Sí, sí!». Mejuto se va hacia el área, pero regresa junto al linier: «Vamos a ver, ¿el balón estaba en juego cuando...?». Guerrero: «El balón estaba en juego claramente». Mejuto: «Pero vamos a ver, ¿cuando te consulto, el balón está fuera ya?». Guerrero: «¿Cuándo me consultas?». Mejuto: «Claro. ¿Dónde estaba el balón?». Guerrero: «¡Ah! Cuando tú me consultas el balón está fuera ya. Entonces, expulsión sin penalti, pero si el balón está en juego, ¿eh? ¡Es penalti!». Mejuto: «Vamos a ver...». Guerrero: «Cuando se produce la agresión está en juego el balón, o sea, el balón está en juego en una agresión, por tanto...». Y Mejuto se resigna y concluye: «Penalti y expulsión».

Entonces regresa, expulsa al número seis, Aguado, y señala penalti. Follón en La Romareda. Popescu toma el balón, lanza y empata a 3-3. Más follón. El Zaragoza se descentra y el Barça marca el 3-4. Más follón. Y el 3-5. Más follón. El Barça tiene que salir protegido del campo, lo mismo que el trío arbitral.

Luego aparecen las imágenes. Al rechace del córner, mientras los jugadores salen del área, Solana (no Aguado) le da una colleja con la mano abierta a Couto, lo que este aprovecha para tirarse al suelo. De ahí extrajo Guerrero fuerza para avisar al árbitro y montar el lío. El Zaragoza impugna la decisión y pide que se repitan los doce minutos, cosa que se rechaza. La jugada alcanza celebridad y lo de «Penalti y expulsión» y «Rafa, no me jodas» adquieren dimensión de latiguillo nacional. El Colegio de Árbitros defiende a Rafa Guerrero, que empieza a ir con Díaz Vega, el árbitro principal de la época, y luego con Iturralde, otro de los notables. Se crece y mete la pata más veces, hasta alcanzar una celebridad nunca conocida por linier alguno en la historia del fútbol. Le ofrecen meterse en política, rueda un anuncio, se convierte en figura mediática. Con los años rentabiliza muy bien su condición de linier entrometido y liante.

Homenaje a Luis ante el Cosmos (1978)

Sesenta mil atléticos se dieron cita esa noche en el Calderón para ver al Atlético jugar contra el Cosmos. Ya no estaba Pelé, pero sí Beckenbauer y Chinaglia, entre otros. Y la ocasión lo merecía, porque se trataba del homenaje a Luis, jugador legendario del club y, más aún, el entrenador que le había dado el mayor título de su historia, la Intercontinental. El ascenso de Luis del puesto de jugador al de entrenador es uno de los hechos más singulares de nuestro fútbol, pues se produjo de un domingo para otro. En la temporada 1973-1974, el Atlético había sido finalista de la Copa de Europa, que no ganó por el milagroso gol de Schwarzenbeck. La 1974-1975 la empezó peor. El equipo acusaba el mazazo moral, deambulaba por la Liga y fue eliminado en Europa por el Derby County en los penaltis. El entrenador era el mismo, Juan Carlos Lorenzo, los jugadores prácticamente también, pero algo no iba. Así que después de un empate en casa ante el Sporting, la directiva tomó una decisión sorprendente: sustituir a Juan Carlos Lorenzo por el más veterano y carismático jugador de la plantilla, Luis Aragonés, que entonces tenía treinta y seis años. Formado en las divisiones inferiores del Madrid, había pasado un período de cesiones (Getafe, Hércules, Recreativo, Plus Ultra y Oviedo) hasta ser traspasado al Betis en la «operación Isidro». De ahí lo compró el Atlético, donde hizo una gran carrera. Fue un interior de gran presencia en el juego, con llegada y fácil remate a puerta, y gran conocedor del fútbol y de la psicología de sus actores, incluidos árbitros y linieres. Tenía gran ascendiente sobre los compañeros y era frecuente que hubiera intervenido en casos de crisis deportivas.

Así que le tocó ocupar el banquillo de un día para otro. Atrás dejaba 265 partidos (125 goles) de Liga, 55 (22 goles) de Copa y 58 (29 goles) en competiciones europeas, además de 11 (3 goles) con la Selección, con la que nunca perdió. Todo eso lo dejó aparcado para sentarse en el banquillo de Mestalla, donde el Atlético sacó un empate con el estilo por el que siempre se inclinó más el equipo, el contraataque. Se mantuvo cuatro años y luego estaría como entrenador otras cuatro veces más en distintos períodos. La última de ellas, cuando el Atlético se encontraba en Segunda División y él rechazó una oferta para continuar al frente del Mallorca a fin de regresar al club de toda su vida.

Obtuvo varios éxitos en el Atlético, el principal de ellos en la primera temporada: la Intercontinental. El Bayern, campeón europeo, se negó a jugarla, como ya habían hecho otros clubes por esos años, aterrorizados por el nivel de violencia de los equipos suramericanos. El Atlético le sustituyó. El rival fue el Independiente de Avellaneda, donde jugaban dos celebridades de la época: Bochini y Bertoni. La ida fue el 12 de febrero, con 1-0 para Independiente. La vuelta, el 10 de marzo en el Manzanares, justo un año después de las expulsiones de Babacan en Glasgow. El Atlético sale con Pacheco; Melo, Eusebio, Heredia, Capón; Adelardo, Alberto, Irureta; Aguilar, Gárate y Ayala. (En el 73' saldría Salcedo por Alberto.) Gol de Irureta en el 23' al cabecear un centro de Gárate; en el 86', rapidísima acción de Ayala y 2-0. Aquella Intercontinental borró en parte el mal recuerdo del gol de Schwarzenbeck y confirmó a Luis como un hombre llamado a pesar tanto o más en los banquillos como en los terrenos de juego.

Aquel homenaje ante el Cosmos tuvo un halo especial. La afición y Luis tenían una firme sintonía, tras su entrega como jugador y sus grandes inicios como entrenador. Nadie suponía entonces que estaba llamado a hacer su último servicio al club en las condiciones más difíciles, muchos años más tarde, al rescatarle de la Segunda División.

OCTUBRE

Pelé se despide en Nueva York del fútbol

(1977)

Aquella había sido una buena temporada para el Cosmos, al que Pelé había llegado dos años antes. Al grupo se habían ido añadiendo alguna otras estrellas mundiales, como Carlos Alberto, Beckenbauer o Chinaglia. Aquella temporada las asistencias al Giant Stadium de Nueva York fueron a más, partido tras partido. El Cosmos gana sus últimos ocho encuentros como local y finaliza segundo en el grupo, tras Fort Lauderdale Strikers. En los *play-offs* va eliminando sucesivamente a los Strikers, a Tampa Bay y a Rochester, y juega la final, en Oregón, frente a los Seattle Sounders, el 27 de agosto. Victoria por dos a uno, con gol del triunfo de Chinaglia. Era el último partido oficial de Pelé, tras el que aún jugó en una gira por Japón, Venezuela, Trinidad y Tobago, China e India. El Cosmos tenía que rentabilizar el contrato de tantas estrellas.

Al regreso, el 1 de octubre, se preparó el partido de homenaje y despedida a Pelé. Un encuentro entre el Cosmos y el Santos, en el que Pelé jugaría un tiempo con cada equipo. El primero, con el Cosmos, su último cuadro, y el segundo con el Santos, el primero y único antes de irse al Cosmos. Abarrotan el Giant Stadium 75 000 personas y el partido se televisa a todo el mundo. Pelé estaba a tres semanas de cumplir los treinta y siete años. Había jugado con el Santos 1257 partidos con 1219 goles. Con el Cosmos, otros 109, con 63 goles. En total, 1366 partidos y 1282 goles. Se retiraba con el título de campeón de Estados Unidos, un país nuevo para el fútbol, pero también un país que ya entonces estaba marcando el paso en el concierto mundial.

En el primer tiempo marca su gol número 1283, en un tiro libre, a unos doce metros fuera del área. Un lanzamiento raso, que se hace más peligroso sobre el césped artificial que está mojado por la lluvia. En la segunda mitad, con el Santos, no marca. El partido lo gana el Cosmos por 2-1 y al final del mismo Pelé se coloca en el centro del campo y lanza un breve discurso ante las cámaras y los micrófonos, al término del cual proclama: *«Love...! Love...! And love...!»*. Junto a él están su padre, que había sido futbolista de cierto talento con el nombre de Dondinho, pero retirado prematuramente por una grave lesión de rodilla, y Waldemar de Brito, el gran impulsor de su carrera en sus orígenes. También había sido futbolista de éxito (apodado «el Bailarín») y mundialista en el de 1934. Mundial en el que, por cierto, España eliminó a Brasil, presumamos de ello. En el palco VIP está la madre del jugador, doña Celeste.

Luego habrá una gran fiesta en el hotel Plaza, con gente del fútbol como Bobby Moore, los viejos capitanes del Brasil campeón del mundo, Bellini, Mauro y, por supuesto, Carlos Alberto, compañero suyo en la aventura americana, los otros compañeros del Cosmos, los chicos jóvenes del Santos... Entre tantos invitados está también el gran Muhammad Ali, que le abraza: «¡Ahora somos los dos más grandes!».

Nacen juntos el alambrado y el gol olímpico

(1924)

El 15 de junio de ese año la International Board había decidido un par de cambios en las normas: a partir de ahora harían falta solo dos, y no tres, jugadores entre un atacante y la línea de fondo para no incurrir en fuera de juego. Y la otra: podría cobrarse un gol en lanzamiento directo de córner, que hasta entonces tenía la consideración de tiro indirecto. En esas estábamos cuando Uruguay ganó el título de campeón olímpico, tras llegar a París como un equipo desconocido (y como un país desconocido, que los europeos se imaginaban como una amalgama poco recomendable de aventureros de fortuna, indios salvajes y menesterosos llegados de cualquier parte de Europa empujados por la desesperación) para ganar sorprendentemente, y en serie, a Yugoslavia, Estados Unidos, Francia, Holanda y Suiza. Su regreso fue triunfal. Y como Argentina tenía también entonces un gran fútbol, se concertó un doble partido entre los «hermanos de La Plata».

El de Montevideo, el 21 de septiembre, terminó 1-1. El de Buenos Aires, concertado para una semana después, no se puede disputar en el día previsto por la excesiva expectación, que hace que se desborde el campo del Sportivo Barracas, en la Boca. La gente rebosa e inunda el campo y no hay fuerza pública capaz de despejarlo para que los jugadores puedan disputar el partido, tal era la pasión que había despertado la visita de los campeones olímpicos, a los que se quería ganar a toda costa. Se decide aplazar, pues, el partido al 2 de octubre, mientras se instala un vallado que separa la grada del campo a fin de que no puedan irrumpir en el césped los espectadores, caso de acudir de nuevo en número excesivo. Fue la primera vez que se instalaron vallas en un terreno de juego. Pronto se hará costumbre en Suramérica para sujetar las pasiones del público y proteger a los protagonistas. Y más adelante saltarán a Europa, hasta que los sucesos de Heysel (véase el día 29 de mayo) y Hillsborough (véase el día 15 de abril) demostraran que estaba resultando peor el remedio que la enfermedad.

Se juega, pues, ese día, con estreno de vallado. Gana Argentina 2-1 entre el entusiasmo de su público, y el primer gol, marcado por Cesáreo Onzari en un lanzamiento de córner directo, es bautizado como el «gol olímpico», puesto que se lo ha marcado a los campeones olímpicos. Su saque, muy cerrado, provocó el choque entre el meta Mazali y el gran capitán de la «Celeste», Nasazzi, y se coló. Onzari, descendiente de vascos, había jugado en Almagro y Mitre hasta pasar a Huracán, donde alcanzó fama. Su nombre quedó para siempre en el santoral del fútbol argentino por aquel gol. De hecho, aunque pertenecía a Huracán, Boca le incorporó a la gira europea que realizó al año siguiente como un reclamo especial.

Shackleton: un *hat trick* en 155 segundos (1946)

Len Shackleton fue uno de esos genios intratables que el fútbol produce de cuando en cuando, un jugador que quizá pudo ser grandioso pero se perdió por su carácter y, quizá en parte, porque la Segunda Guerra Mundial le pilló en años cruciales. Nacido en 1922, destacó en campeonatos escolares, pasó por el Arsenal y finalmente formalizó su primer contrato profesional con el Bradford, en 1940. Jugaba de interior en punta, con poco trabajo, mucho lucimiento y gran capacidad goleadora. Tenía un estilo tan eficaz como artístico, y gustaba particularmente su control de balón. Para 1946 había marcado 160 goles en ese equipo, y forzó la situación para salir de él e ir a un club más importante y ganar más dinero. El mánager, Fred Emery, se resignó a su pérdida y se puso en contacto con varios equipos, hasta que arregló un traspaso con el Newcastle por 13 000 libras. Shackleton se enteró de la cantidad por la prensa, lo que le hizo sentirse engañado, porque estimaba que el dinero que él había cobrado por sus años en el Bradford, y el que iba a cobrar en el Newcastle, no estaban en proporción con la suma del traspaso.

Su debut con su nuevo equipo fue inolvidable. El Newcastle batió por 13-0 al Newport County, igualando el récord existente hasta la fecha en partido de Liga. Shackleton marcó seis de esos trece goles, con un *hat trick* en 155 segundos, récord igualmente. Pero pronto los directivos del Newcastle comprendieron que con Shackleton, al que pronto se apodó «The Clown Prince of Soccer» («el príncipe payaso del fútbol»), no era fácil convivir. Lo discutía todo. Quería organizar las alineaciones y los fichajes, quería organizar los entrenamientos, discutía sobre los hoteles en que alojarse y las formas de viaje, y exigía continuamente más dinero. La situación hizo crisis cuando se negó a acudir a ver el encuentro de un rival, junto al resto del equipo, durante las navidades de 1947. El Newcastle pensó que ya era demasiado y a los dos meses le traspasó al Sunderland por 20 000 libras, cantidad nunca pagada antes en Inglaterra. En el Sunderland jugaría hasta 1954, con cinco únicas apariciones en la Selección inglesa. Clase le sobraba para haber jugado mucho más en unos años en los que el fútbol inglés (su desempeño en los mundiales de 1950 y 1954 fue malo) estaba falto de jugadores así, pero su figura no era fiable. No obstante, dejó para el recuerdo un gran gol en Wembley contra Alemania, reciente campeona del mundo, regateando a dos defensas y colando el balón, suavemente, por encima del meta alemán.

Una vez retirado, escribió sus memorias, para cuyo título utilizó ese apodo, que no consideró ofensivo: *Clown Prince of Soccer?* El capítulo titulado «Conocimiento de los directivos» era una página en blanco, lo que provocó gran polémica. Luego fue periodista especializado en fútbol durante muchos años, muy seguido por la ironía de sus columnas. Fue un precursor de los Best, Hoddle, Marsh, Gascoigne y demás rebeldes que ha producido el fútbol inglés cada pocos años.

El Sochaux, condenado un año sin salir de Francia

(1956)

Raymond Kopa, *el Napoléon del fútbol,* fue la segunda gran estrella que buscó Santiago Bernabéu para su gran Real Madrid. Era la figura del fútbol francés, estrella del ataque del Stade de Reims y de la selección del gallo, con la que había impresionado en una visita al Bernabéu, de la que salió a hombros. Kopa había jugado contra el Madrid la final de la primera Copa de Europa, ganada por los blancos en el Parque de los Príncipes de París. Bernabéu ya le había invitado a participar en el homenaje a Molowny, al que también acudieron Kubala y Collar, con lo que salió esta curiosa delantera: Molowny, Kopa, Di Stéfano, Kubala y Collar. Como entonces solo se podía tener un extranjero por equipo, Bernabéu convenció a Di Stéfano para que se hiciera español, acogiéndose al convenio de doble nacionalidad al que tenía derecho por ser de un país hispanoamericano y llevar dos años de residencia en el nuestro. Di Stéfano obtuvo la nacionalidad el 13 de octubre de ese año, lo que al tiempo de abrirle la posibilidad de jugar en la Selección española abría la puerta a la inscripción de Kopa para partidos oficiales.

Mientras se resolvían los trámites, el Madrid montó un partido amistoso ante el Sochaux, de la Primera División francesa, un partido entre semana en el Bernabéu, al que acudió bastante público al reclamo del nuevo genio. El Madrid alineó una delantera formada por Casado, Kopa, Di Stéfano, Mateos y Gento. El resultado fue escandaloso: 14-1. Mateos, que veía peligrar su puesto con la llegada del nuevo astro (de hecho, de no ser por la lesión de Rial quizá no hubiera jugado ese partido), marcó cinco,

Kopa y Di Stéfano, tres cada uno, Casado (que luego haría carrera como lateral izquierdo), dos, y el otro lo hizo un juvenil llamado Antonio Ruiz. Este había formado línea media con Santisteban, también del equipo juvenil, y los dos maravillaron. Inmediatamente entraron en la plantilla del primer equipo, donde empezaron a «empujar» a los medios titulares, Muñoz y Zárraga. Santisteban, un medio organizador tipo Guardiola, ocupó pronto plaza como titular, y Antonio Ruiz tuvo numerosas apariciones en el equipo, lo mismo como medio de ataque que como medio defensivo. El resultado fue realmente escandaloso y movió a vergüenza al fútbol francés. *L'Équipe* editorializó pidiendo que al Sochaux se le prohibiera durante un año jugar amistosos fuera del país, y así lo hizo la Federación francesa, que entendía que tan tremenda goleada había producido un gran desprestigio para su fútbol.

Kopa se mantuvo en el Madrid durante tres temporadas, en las cuales contribuyó a que este ganara sus copas de Europa segunda, tercera y cuarta. Sus compañeros le llamaban siempre el «fransuá». En su segundo año ganó el Balón de Oro. Su terror era enfrentarse al sevillista Marcelino Campanal, que entonces era la bestia negra de todo el Madrid. «La catastrophe», decía cada vez que tenía que jugar contra él. A los tres años se marchó, bien a pesar de Bernabéu, en parte por añoranza de su tierra y en parte porque se veía oscurecido por Di Stéfano, cuya posición en el equipo ambicionaba para él. Con Kopa como extremo, en la temporada 1958-1959 el Madrid tuvo la delantera más fabulosa de su historia: Kopa, Rial, Di Stéfano, Puskás y Gento. A su vuelta al fútbol francés, jugaría aún ocho temporadas en el Stade de Reims, en el que asistió a una inesperada decadencia: el equipo bajó a Segunda, categoría en la que militó sus dos últimos años.

El Espanyol toma oxígeno en los descansos

(1952)

La temporada 1952-1953 empezó muy bien para el Espanyol, que estaba entrenado por Alejandro Scopelli, un viejo zorro del fútbol. Le apodaban «el Conejo». Había sido brillante jugador en Argentina, integrante de una de las delanteras más célebres de aquel país: Guaita, Nolo Ferreira, Zozaya, Scopelli, Lauri. Había contratado para la portería a Marcel Domingo, meta francés que tras pasar por el Atlético jugó en el Niza, donde ganó la Liga francesa, y encaraba la temporada con un secreto que no se revelaría hasta al cabo de un mes. El caso es que contó sus siete primeros partidos por victorias: 0-1 en Vigo, 6-2 al Sevilla, 1-2 en Chamartín, 4-0 al Gijón, 2-1 al Valencia, 0-1 en Valladolid, 6-2 al Athletic... Hasta la octava jornada no empata su primer partido y aún se mantendrá sin perder hasta la duodécima, el 14 de diciembre. El equipo era de aquellos que se recitaban de memoria: Marcel Domingo; Argilés, Parra, Faura; Bolinches, Artigas; Arcas, Marcet, Mauri, Piquín y Egea.

¿Qué estaba pasando? Lo que estaba pasando lo revela un sensacional reportaje periodístico que muestra fotos de los jugadores del Espanyol en el descanso de un partido inhalando oxígeno con sus mascarillas puestas. Un método importado de Argentina por Scopelli para que los jugadores se repusieran en el intermedio del esfuerzo de la primera parte. El asunto crea sensación en la prensa, es una comidilla nacional y provoca incluso un debate médico. Pero nadie es capaz de argumentar nada en contra y el Espanyol sigue utilizándolo. La racha se corta en la visita a Les Corts, adonde el Espanyol llega con nueve victorias y dos empates, escapado en la tabla. El Barça está seis puntos por debajo. El partido se juega en un ambiente de gran pasión. Era el Barça de Kubala, campeón de Liga y Copa el año anterior, y no podía admitir la superioridad del Espanyol. El campo está a reventar y hay un muerto en una avalancha. La policía permite que algunos espectadores abandonen la grada y se sienten en el césped, cerca de las líneas de juego, para aliviar la presión. Los jugadores del Espanyol protestan porque entienden como intimidatoria esa presencia tan próxima de gente que les insulta, pero no tienen más remedio que jugar así. Al descanso van ganando por 0-1, gol de Mauri. Cuando llegan al vestuario se encuentran con una desagradable sorpresa: alguien ha quemado las toallas, hay mucho humo y todavía algo de fuego en alguna de ellas. No es aconsejable abrir el oxígeno en esas condiciones, de modo que no lo abren. Juegan la segunda parte peor y el Barça da la vuelta al partido, con goles de Hanke y Moreno. El Espanyol pierde en esta duodécima jornada su primer partido del campeonato y el encanto queda roto.

Luego perderá más partidos, y a la altura de los dos tercios del campeonato elimina la utilización del oxígeno porque corre la idea de que el método a la larga «quema» a los jugadores. Terminará el campeonato en cuarta posición, a seis puntos del Barça, que fue campeón. El Espanyol se mantuvo en cabeza hasta la jornada vigesimotercera. Cuando llegó a Les Corts no había perdido ninguno de los once partidos precedentes. Después de Les Corts perdería la mitad de los que jugó. Su racha cambió ahí. Nadie en el Barça se responsabilizó del asalto al vestuario del Espanyol, ni hubo sanción alguna por ello. Después de eso, el Espanyol estuvo unos años sin utilizar los vestuarios del Barça cuando acudía a su campo como visitante. Iban a los partidos vestidos desde Sarriá, y tras ellos regresaban de nuevo allí para ducharse y cambiarse.

La prodigiosa aparición de Ronaldo ante el Alavés (2002)

Ronaldo había pasado ya por España en la temporada 1996-1997 y dejó una estela impresionante. Marcó 34 goles y ganó con el Barcelona la Copa y la Recopa. La Liga se la quitó el Madrid, en la primera temporada de Capello en el club madrileño, in extremis. Pero Ronaldo fue el suceso del año. Por eso extrañó que sus discrepancias con Núñez llegaran al punto de que se marchara al Inter, lo que pareció en términos generales como una gran pérdida para el fútbol español, si bien los madridistas respiraron con alivio: se habían quitado a un demonio de enfrente. En el Inter, a Ronaldo las cosas le fueron mal. Tuvo una grave lesión de ligamentos en la rodilla. Repuesto de ella con mucho esfuerzo, recayó inmediatamente, en su reaparición. En total fueron casi dos años parado. Cuando regresó, apenas nadie pensaba que pudiera ser otra vez el gran jugador que fue, o ni siquiera acercarse a ello.

Pero poco a poco lo consiguió. Se recuperó a tiempo para llegar al Mundial de Corea-Japón, en 2002, en buenas condiciones. Se hizo un puesto en el equipo titular y Brasil salió campeón, con dos goles de Ronaldo en la final. Para entonces, Florentino Pérez estaba metido de lleno en la construcción de su Madrid «galáctico», al que había incorporado cada año una megaestrella. Figo en la primera temporada, con lo que el Madrid ganó la Liga; Zidane en la segunda, con lo que ganó la Champions. ¿Quién sería el siguiente? Y Florentino se decidió por Ronaldo, a pesar de muchas voces que le advertían sobre la fragilidad de su rodilla, sobre su sobrepeso, que empezaba a ser visible, y sobre su fama de vida descuidada, su afición al trasnoche y a los carnavales. Pero Florentino no cejó, negoció con el Inter hasta el mismísimo 31 de agosto, con el jugador a favor, enfrentado a su entrenador en el club italiano, Cúper, y al final, sobre la hora de cierre del mercado, y tras una interferencia de Joan Gaspart que retrasó las cosas, le fichó por 45 millones de euros.

Ronaldo se incorporó, pues, tarde y falto de forma. Lo primero que tuvo que hacer fue una especie de pretemporada aparte. Cada semana la afición se preguntaba cuándo debutaría por fin. Cada semana corrían rumores sobre el estado de su rodilla. Cada semana se decía que quizá a la próxima. Al fin llegó el día tan esperado: iba a ser en el Bernabéu, ante el Alavés, aunque no de salida. Un partido en casa, un rival en principio fácil. Con todo, no sale de titular. El nueve titular es Portillo, un joven de la cantera, al que acompañan en la tarea de forzar el área contraria Figo, Guti y Zidane, nada menos. En el minuto 64 el partido está 2-1 y hay un runrún porque Ronaldo lleva rato calentando y no sale. Pero sí, por fin sale, por Portillo. Y su primera intervención es gol: centro de Roberto Carlos, Ronaldo doma el balón con el pecho, lo deja botar y percute hacia abajo, de forma que bota en el suelo, pasa sobre defensas y portero y entra. El Bernabéu se entusiasma. Y se entusiasma más aún cuando, no mucho más tarde, recoge un pase de McManaman, se va por velocidad y cruza sobre la salida de Dutruel. El Madrid gana 5-2 y los veinticinco minutos de Ronaldo han sido mágicos. «No ha sido una película, ha sido una realidad maravillosa», diría luego. El Madrid «galáctico» había incorporado un nuevo astro. Luego, la rodilla le resistió perfectamente. Si sufrió de algo fue más bien de leves lesiones musculares, que le costaron no jugar algunos partidos importantes o entorpecieron aún más su estado físico.

Maradona marca de penalti en su debut oficial con el Sevilla

(1992)

El fichaje de Maradona por el Sevilla fue el culebrón del verano de 1992. Para entonces, Maradona estaba próximo a cumplir los treinta y dos años y pertenecía al Nápoles, aunque llevaba un año sin jugar. Había sido suspendido por las autoridades del *calcio* por consumo de cocaína. Su relación con los dirigentes del Nápoles estaba rota, tras algunos años de idilio, que proporcionaron al club napolitano dos Ligas, una Copa de Italia y una Copa de la UEFA. Luis Cuervas, presidente sevillista, se propuso ese verano ficharlo. Contaba con los ingresos de la venta de Zamorano al Madrid, que cobró al contado, con algún traspaso más, con algún adelanto que obtuviera de las televisiones y con el previsible aumento de abonados, que esperaba ampliar hasta 40 000, más otros ingresos por distintos conceptos publicitarios y partidos amistosos que le dieran más dinero de las televisiones. La rueda echó a andar con las primeras noticias periodísticas a finales de junio. En julio, Cuervas ya se declaraba optimista.

Pronto se conocieron los datos: el Sevilla ofrecía 600 millones de pesetas a Maradona por dos temporadas, y 350 millones al Nápoles por el traspaso. El acuerdo con Maradona, un contrato largo y complejo, se cierra a finales de agosto, pero el Nápoles declara que la oferta es ridícula. La propia FIFA, embarcada en un empeño de regenerar a Maradona para mostrarle al mundo como ejemplo de que el fútbol puede rehabilitar a una persona equivocada, interviene e insta a las federaciones de los dos países y a los dos clubes a llegar a un acuerdo antes del 3 de septiembre, que pone como plazo, pero el plazo no se cumple. El jugador comparece en Sevilla el día 13, para forzar al Nápoles, y es recibido con entusiasmo. Pero sigue el tira y afloja y Maradona, irritado, anuncia el día 17 que se retira del fútbol. «Me siento derrotado. Han ganado Ferlaino [el presidente del Nápoles] y su gente. Me retiro. Me iré a Eurodisney para empezar mi nueva vida como un padre de familia más.» Cuervas consigue retenerle en la ciudad y la FIFA fuerza una reunión entre las partes en Zúrich, a la que el presidente sevillista acude acompañado del de la Federación, Villar. Y, al fin, el día 22 se llega al acuerdo: el Sevilla pagará al Nápoles 7,5 millones de dólares, bastante más del doble de lo que ofreció en principio. La ficha del jugador ya es del Sevilla.

Maradona se declara feliz y da gracias, por este orden, «a Dios, Villar, Cuervas, Blatter y Ferlaino». Y el Sevilla se apresura a hacer acopio de nuevos ingresos con un amistoso que organiza ante el Bayern de Múnich. Al ser un amistoso y los precios muy altos, el campo no se llena, y se recaudan solo 32 millones de pesetas sobre un cargo total de 120 millones en taquilla. Pero están también los ingresos de televisión, que paga Antena 3, todo a beneficio de Maradona, que hace algunas jugadas brillantes y recibe elogios unánimes. Tras la salida del Sevilla a San Mamés, en la que no juega, por fin se presenta de forma oficial el domingo, ante las cámaras de Canal+ y ante el Zaragoza. Muy marcado, en un partido mucho más serio, su actuación no pasa de discreta. Aun así, marca el único gol de la noche, al transformar un penalti cometido por Cedrún sobre Simeone. Un buen principio.

Pero la aventura saldrá mal. Su continua indisciplina acabará por hartar a todos, incluido Bilardo, el entrenador, que tanto había insistido en traerle. Se marchó a fin de temporada, dejando solo cuatro goles en Liga y tres en Copa. El Sevilla ni siquiera se clasificó para la UEFA y Maradona se retiró de su último partido, ante el Burgos, insultando a Bilardo.

Primer derbi madrileño después de la guerra

(1939)

El Madrid y el Atlético, los eternos rivales madrileños, se habían enfrentado por última vez el 16 de febrero de 1936. Aquel partido había correspondido a la duodécima jornada de Liga, y lo ganó el Madrid por 3-1. La temporada aquella tuvo un final distinto para los dos equipos madrileños: el Madrid fue segundo en la Liga y campeón de Copa, y el Atlético descendió en la última jornada, por un penalti fallado por Chacho ante el Sevilla, aunque aquel descenso no tuvo efecto. A la vuelta de la guerra al Atlético se le brindó la ocasión de recuperar la categoría (véase el día 20 de septiembre), tras jugar un partido con Osasuna (el otro descendido), gracias a que el Oviedo tenía el campo arrasado y se le dio un año de plazo para reincorporarse.

Finalizada la guerra, urgía reactivar el fútbol para darle apariencia de normalidad a la vida ciudadana. El campeonato regional ya estaba en marcha (la Liga no empezaría hasta diciembre), pero a la Federación castellana le hacía falta algún primer dinero con el que funcionar, y para eso se organizó este primer enfrentamiento, sin validez para el citado campeonato regional. A las autoridades les pareció oportuno que se ofreciera este espectáculo, que podría aliviar las penurias del momento, así que acogieron bien la idea del choque. El partido se jugó en Vallecas porque los campos de ambos estaban en malas condiciones. El Metropolitano había sufrido muchísimo por su emplazamiento contiguo a la Ciudad Universitaria, donde se combatió mucho. En realidad, el Metropolitano había sido prácticamente frente durante dos años y medio. Chamartín estaba más retirado de esa zona tan caliente, pero fue utilizado como cochera de autobuses y camiones, y las maderas de sus asientos fueron quemadas como leña. El campo de Vallecas estaba mejor, y allí se organizó el partido.

Los dos equipos comparecieron muy cambiados. El Atlético incluso con un nuevo nombre, Atlético Aviación Club, porque se había fusionado con el equipo del arma de Aviación creado durante la guerra. En el Madrid faltan celebridades como Zamora, Ciriaco o los Regueiro, retirados los dos primeros y emigrados los otros dos con la Selección de Euskadi. Tiene en cambio a Ipiña, ex del Atlético, que fichó entre el final de la temporada y la guerra. Y ha regresado Gaspar Rubio, *el Mago*. El Atlético tiene muchos jugadores nuevos, aportados algunos de ellos por el Aviación. Los dos equipos se alinean frente a la tribuna, se escucha el himno y se dan los vivas de rigor, brazo en alto. Hace el saque de honor Fernández de Córdoba, el locutor de Radio Nacional, célebre para siempre por haber sido quien leyó por la radio el último parte: «Cautivo y desarmado el Ejército Rojo, han alcanzado las tropas nacionales sus últimos objetivos militares. La guerra ha terminado».

Por el Madrid jugaron: Esquiva; Mardones, Tamayo; Villa, Ipiña, Leoncito; Timimi, Gaspar Rubio, López Herranz, Lecue y Emilín. Y por el Atlético: Guillermo (Tabales); Mesa, Alejandro; Blanco (Urquiri), Germán, Machorro; Enrique, Buiría (Escudero), Elícegui, Campos (Bracero) y Vázquez. El partido era amistoso, precedido de todo el ritual del momento, pero rompió, como no podía ser menos, en verdadero partido de la máxima rivalidad, con tensión creciente y tres expulsados en la segunda parte, cuando Machorro y Rubio se enzarzaron en una pelea a la que se sumó López Herranz. El árbitro echó a los tres. Acabó 1-1, con goles de Elícegui y López Herranz. La rivalidad estaba engrasada para una nueva época. Respecto a Ipiña, el trasvasado del Atlético al Madrid, Ricardo Zamora, en su crónica en *Ya*, dijo que no le convencía el puesto en que le habían probado, de medio centro, y que le veía mejor de medio ala. En esto no acertó el Divino, porque Ipiña, a la larga, se consolidó como medio centro, puesto en el que jugó con éxito muchos años en el Madrid.

«Gazza» estrella el autobús del equipo (1998)

Paul John Gascoigne fue un jugador excepcional, de esos que rara vez da el fútbol, y más rara vez aún el fútbol inglés. Empezó en el Newcastle como un genio precoz, pronto saltó al Tottenham y a la Selección, en la que se convirtió en el gran ídolo nacional. Tenía tendencia al sobrepeso, pero disfrutaba de un regate elegante, perfecta visión para el pase, precisión de cirujano y buena llegada al gol. Era un genio del fútbol. Una lesión de rodilla, aún con veinticuatro años, le tuvo parado una temporada entera. Cuando se repuso se marchó al Lazio, de donde rebotó al cabo de tres temporadas al Glasgow Rangers. Luego tuvo una larga decadencia en el Middlesborough, el Everton y el Burnley, con un fugaz paso por el Gansu Tianma, de China.

Su afición a la bebida fue legendaria, como la de otros grandes del fútbol inglés, y tuvo mucho que ver con su acelerada decadencia. Gascoigne fue durante sus últimas temporadas carne de los tabloides ingleses por sus borracheras, sus peleas, sus detenciones (fue condenado por pegar a su mujer) y sus escapadas de las clínicas de desintoxicación.

Pero nunca llamó tanto la atención como el día en que, tras terminar un entrenamiento con el Middlesborough, en el campo de Hurwoth, avisó a sus compañeros de que se iba a una casa de apuestas, salió de la instalación y cogió el autobús del equipo, que estaba vacío y con las llaves puestas. Recorrió unos trescientos metros antes de estrellarlo contra un gran poste de hormigón, junto a una parada de autobús. Según unos testigos presenciales, tomó el hecho con humor. Asomó la cabeza por la ventanilla y gritó: «¿Alguien para Arlington?». Luego se bajó y se marchó andando. Tras él venía en una moto Brendan Greenwood, el desesperado conductor del autobús, un prodigio de última tecnología que el club estrenaba precisamente ese día: «Cuando vi lo que pasó estuve a punto de ponerme a llorar. ¡Si hubiese tenido a Gazza a mano lo hubiese estrangulado!», declaró luego Greenwood a *The Sun*. Los destrozos costaron unos veinticinco millones de pesetas.

Dos días después Gazza fue recogido en un pub de Dublín, tras haberse bebido dieciséis vodkas con Red Bull. A los tres días aparece borracho y llorando en la estación de Stevenage, tras lo que es ingresado dos semanas en una clínica de desintoxicación, al regreso de las cuales convoca una conferencia de prensa en la que se manifiesta decidido a corregirse. Bryan Robson, mánager del club, que se había enfurecido con él cuando destrozó el autobús, reclamó el apoyo de todos para el jugador, y se manifestó dispuesto a alinearle cuanto antes.

Pero todo fue inútil. Años después, Gascoigne confesaba en una entrevista: «Seré alcohólico toda mi vida. Es una enfermedad. ¿Sabes, cuando te levantas de la cama y no tienes un cigarrillo? Pues eso, pero cien veces peor». Había sido despedido de su primer trabajo como técnico, en el modestísimo Kettering Town, y detenido por pegar a un fotógrafo. Justo dos días antes había fallecido George Best, tras agotar tres hígados (véase el día 4 de diciembre).

La Selección de Euskadi parte para América

(1937)

Cuando estalla la Guerra Civil, Vizcaya y Guipúzcoa quedan del lado de la República. Como era verano, la mayoría de los mejores jugadores vascos (que eran también los mejores de España, salvo excepciones) estaban en sus casas una vez concluida la temporada. El gobierno vasco concibió una idea: enviar a su Selección de gira por Europa para hacer propaganda de su causa y también, en cierto modo, para defender en el exterior la imagen de un País Vasco religioso, desmarcándose de las persecuciones que sufría la Iglesia en otras zonas republicanas. El 25 de abril de 1937 el grupo juega su primer partido, en París, ante el Racing de París reforzado por otros jugadores de la ciudad, y gana por 0-3, los tres de Lángara. La alegría queda ensombrecida a la mañana siguiente por la noticia del bombardeo de Guernica, que les llega allí mismo. La gira siguió con nuevos partidos por Francia, Checoslovaquia, Polonia y Rusia, donde en Moscú se enteraron de la caída de Bilbao. Allí hubo visita a centros de acogida de los niños vascos desplazados para alejarlos de la guerra, entre escenas de gran emoción. El regreso es por Finlandia, Noruega y Dinamarca hasta llegar de nuevo a Francia, donde examinaron la situación. Todo el País Vasco estaba en poder de Franco, que había inclinado la guerra definitivamente a su favor. Gorostiza, Roberto y el masajista, Perico Birichinaga, optan por regresar a España, donde no serán molestados. El resto decide el 10 de octubre, tras una cena de homenaje al ex presidente del Athletic, Manuel de la Sota, en Barbizon, seguir la gira por América, lo que cambiará sus vidas. Empiezan por México y Cuba, con gran éxito de resultados y recaudaciones. Luego intentan concertar partidos en Argentina, pero la FIFA, que ya ha reconocido a la Federación de la España franquista, se opone, y no lo consiguen. Aún juegan algunos partidos en Cuba y en México, donde el Euskadi llega a inscribirse en la Liga local, en la que termina segundo. Finalmente, el equipo se disuelve.

Varios regresan a Argentina, donde les ofrecen buenos contratos: Zubieta, Lángara, Iraragorri y Emilín fichan por el San Lorenzo, donde Lángara, por cierto, marca cuatro goles en su debut ante River, en una fecha aún recordada en el fútbol argentino como una de las más singulares de su historia. Blasco, Areso, Aedo y Cilaurren fichan por el River Plate, precisamente. Luis Regueiro y Chirri II dejan el fútbol. Otros se quedan en México, donde juegan en el Asturias o el España. El España ganará la Liga mexicana con sus fichajes vascos, de ahí que haya corrido la leyenda de que el Euskadi ganó el campeonato mexicano. Algunos regresaron al cabo de algún tiempo. Iraragorri volvió pronto y jugó en su Athletic, del que luego fue entrenador. Zubieta y Lángara, ya muy mayores, también regresaron al Deportivo y al Oviedo. Aunque más tarde reemprenderían sus vidas en América. Pero los más completaron sus vidas allí. Luis Regueiro tuvo un hijo que fue internacional con México. La presencia de los vascos en México y Argentina dejó un gran sabor entre los aficionados de ambos países, y en México produjo un importante avance en su fútbol.

Cambio 16 señala a Mendoza como espía de Moscú (1978)

Para octubre de 1978, Ramón Mendoza no era aún presidente del Madrid, aunque era vicepresidente y estaba señalado indirectamen-te como el «delfín». La presidencia la había ocupado Luis de Carlos, como hombre de consenso, tras el fallecimiento de Bernabéu el 2 de junio, pero en los «círculos generalmente bien informados» se sabía que Mendoza era el hombre de futuro. Desenvuelto, propietario de una importante cuadra, presidente de la Sociedad de Fomento de la Cría Caballar, consejero de PRISA, la editora de *El País*, que era el periódico que lideraba la Transición, e importante hombre de negocios, era ya muy conocido. Por eso creó conmoción la portada del día en *Cambio 16*, que le señalaba como «el hombre de Moscú».

Mendoza se dedicaba a la importación-exportación con la URSS a través de una empresa propia llamada Prodag, y la información le señalaba como el gran contacto del KGB en España, en connivencia permanente con Victor Louis, un importante agente de aquel país. Mendoza consigue el secuestro de la revista por orden del juez García Ramos y anuncia una querella, al tiempo que hace protestas de inocencia en todas sus declaraciones. «El señor Victor Louis ha estado más de veinte veces en España, en misiones oficiales y oficiosas, y ha mantenido conversaciones no solo conmigo, sino con múltiples personas, incluidos varios ministros». Al tiempo, anuncia su dimisión como directivo del Madrid para evitar la contaminación del club con este suceso. Por su parte, la revista emite un comunicado en el que protesta por el secuestro y señala que el informe «es el resultado de la investigación escrupulosa de un equipo de periodistas que trabajó durante seis meses sobre el tema, y que contrastaron antecedentes, declaraciones y pruebas documentales sobre las actividades del KGB y la empresa Prodag, propiedad del señor Mendoza…».

Mendoza salió ganador, porque en diciembre la revista rectificó la información, lo que dio lugar a un acto de avenencia entre las partes y la retirada de la querella. Una vez resuelto su problema, plantea su regreso al Real Madrid, al que se oponen algunos directivos, sin duda con aspiraciones de suceder a Luis de Carlos cuando este abandonara.

Pero, en efecto, era Ramón Mendoza el llamado a suceder a De Carlos, en mayo de 1985. Mendoza presidirá el Madrid durante diez años, magníficos los cinco primeros, en los que gana cinco Ligas consecutivas, con la Quinta del Buitre, y dos copas de la UEFA, en una serie de remontadas colosales en varios partidos de vuelta que afrontó tras haber sufrido fuertes derrotas. Los últimos años no fueron tan buenos, y en noviembre de 1995 perdió la presidencia por una moción de censura encabezada por su otrora brazo derecho, Lorenzo Sanz, que entendía que quería desplazarle a favor de Florentino Pérez. Falleció súbitamente en abril de 2001, durante un crucero por el Caribe.

El asunto aquel de «el hombre de Moscú» no le perjudicó, pues a la larga creó en torno a su figura un cierto halo romántico. Él mismo confesaba, en broma: «Aquello me venía muy bien para ligar».

Portugal nos quita la Eurocopa (1999)

La organización de la Eurocopa de 2000 les fue concedida conjuntamente a Bélgica y Países Bajos. Era la primera vez que se hacía así, y la decisión se consideró audaz, pero se daban las condiciones para ello: distancias cortas, buenos transportes, las fronteras ya no eran lo que tiempo atrás, dos equipos locales, gran animación, reparto de gastos en mejora o construcción de nuevos estadios entre dos países. De hecho, resultaría luego un éxito. También el Mundial de 2002 fue encargado por la FIFA a dos países, Corea y Japón. Animado por esta nueva línea, el gobierno de Portugal se lanzó a proponerle a España la aventura conjunta para la edición de 2004. El gobierno español lo consideró interesante y la entonces ministra de Cultura y Deportes, Esperanza Aguirre, lo consultó a la Real Federación Española de Fútbol, que ya presidía Villar desde años atrás. Pero Villar no fue partidario. Prefería organizarlo en solitario. Se sentía fuerte en la UEFA y pensaba que era hora de que España volviera a organizar un gran evento. Pero a solas. ¿Para qué necesitábamos a Portugal?

Y a eso fuimos, a competir con Portugal, que ante nuestro rechazo se aplicó, a su vez, a presentarse en solitario. El otro rival era una candidatura conjunta entre Austria y Hungría. Portugal lanzó un eslogan sencillo, pero que llegaba: «Nosotros amamos el fútbol». De paso, inyectó en la UEFA la idea de que la concesión de la Eurocopa haría que se aceleraran las inversiones en estadios y en infraestructuras del país, y que eso daría lugar a que el fútbol dejara una generación completa de portugueses agradecidos a este deporte. España, confiada, trabajó menos. Lo teníamos todo:

los campos, apenas necesitados de algunas reformas, mejores carreteras, mejores trenes, mejores aeropuertos. Nos dimos importancia.

La elección tuvo lugar un 12 de octubre, Día de la Hispanidad. Buena señal. Se recordó aquí que a Estados Unidos se le había concedido el Mundial de 1994 justamente el Independence Day. Nunca Villar estuvo tan confiado. Pero Johansson, el presidente sueco de la UEFA, debía de tener otros planes. Él y su secretario, Gerhard Aigner, recogieron en persona los votos de los quince miembros de la comisión (el presidente, Egidius Braun, se abstuvo de votar) y sin dar parte a nadie los contaron y anunciaron la victoria de Portugal. No dijeron por cuánto, no se supo cuántos votos había obtenido cada candidatura. Solo que había ganado Portugal y que la decisión se había atenido a diez puntos, en todos los cuales Portugal sacaba nota alta: infraestructuras, estadios, seguridad, transportes, comunicaciones, apoyo financiero, apoyo político, apoyo de los medios, garantías por parte de las autoridades y garantías financiero-jurídicas.

Entonces fue el llanto y el crujir de dientes. Mientras Guterres, primer ministro de Portugal reelegido en las urnas el domingo anterior, se felicitaba por el éxito «de un país moderno y prestigioso», en España todos nos escandalizamos. Villar se lamentaba («La UEFA se ha equivocado»), el secretario general de la Federación iba más lejos («Ha sido un insulto a España») y la prensa española en general hablaba de pucherazo por la opacidad del método. Y porque en varios de los puntos citados Portugal lo tenía todo por hacer. Pero a la hora de la verdad Portugal lo tuvo todo a tiempo y organizó una gran Eurocopa. Magníficos estadios, magníficos transportes, magnífico ambiente, magnífico todo.

La fecha confundida de la muerte de Gamper

(1930)

La mayoría de las historias del Barça (hasta nueve) dan el 13 de octubre como fecha de la muerte de Gamper, sin citar causas, aunque muchas de ellas aludiendo al disgusto que le habría producido el cierre, en 1925, de las actividades del club por parte de Milans del Bosch (véase el día 14 de junio). Hans Gamper, suizo, había sido el fundador del Barça y su primer delantero centro. Luego fue presidente hasta en cinco ocasiones, en general para sacarlo de situaciones difíciles. Salió del Barça con motivo de los sucesos que provocaron aquel cierre por parte de Milans del Bosch, en 1925.

Hasta nueve historias del Barça, decía, dan el día 13 como fecha de su muerte. Sin embargo, ni el 14 ni los siguientes hay nota alguna en la prensa diaria. Solo un historiador da la fecha buena: Rosendo Calvet, en su *Historia del Barça*, editada en 1978, en cuya página 77 se puede leer: «El día 30 de julio de 1930 se registra en la historia del F. C. Barcelona un triste y conmovedor suceso: la muerte de su fundador, don Joan Gamper. Aunque inesperada, en menos de dos horas la noticia se difundió por los sectores más representativos del deporte barcelonés y consternó, especialmente, a la gran familia barcelonista. Cayó, por azares del destino, el hombre vigoroso, enérgico y bondadoso que por su club lo dio todo». Y, efectivamente, esa es la fecha. Los diarios del día siguiente y los sucesivos dan cuenta del fallecimiento, al que siguió un entierro, muestra multitudinaria de afecto. Sin embargo, es difícil encontrar la causa de la muerte repentina de un hombre saludable, aún en una edad que no era excesiva, y de cuya buena salud todos dan cuenta. La explicación aparece en un suelto publicado en un diario de información general del día 31, único que entra en la causa: «Barcelona. 30. Esta mañana se ha suicidado, disparándose un tiro, don Joan Gamper, fundador del F. C. Barcelona, y una de las personalidades deportivas más relevantes de Cataluña. El señor Gamper tenía cincuenta y cuatro años de edad, y era un hombre fuerte, robusto y de carácter expansivo y optimista. Aunque nacido en Suiza, residía en Barcelona desde hace treinta años. Se supone que lo que le ha impulsado a suicidarse han sido adversidades en sus negocios mercantiles».

Este suelto podría explicar el porqué del traslado de fecha de la muerte en las diversas historias del Barça, explicable como un intento de borrar la pista sobre la causa. El suicidio de Gamper es conocido en general, por tradición oral, por las familias de raigambre barcelonista, pero es un hecho que nunca se comenta en voz alta. Se achaca a una supuesta o real persecución que habría sufrido tras los hechos de 1925, que le llevaron a regresar a Suiza durante un año, lo que quizá entorpeció la hasta entonces buena marcha de sus negocios, que siempre llevó desde Barcelona. Cuando se construyó el Camp Nou hubo quien sugirió que debería llevar el nombre de Hans Gamper, pero se descartó por la forma en que se produjo su muerte. Gamper tuvo más adelante, ya en 1936, en la República, un partido de homenaje a beneficio de su viuda, doña Emma Pilloud Robin, y de sus hijos, Marcel e Ivan. Fue el 6 de enero, con un partido entre el Barça y el Arenas de Guecho. En el Barça volvieron a alinearse, para la ocasión, Samitier y Sagi-Barba, ya retirados. Desgraciadamente, la asistencia no fue todo lo grande que los organizadores hubieran deseado: «Con la gente que había el lunes en Les Corts no se habría llenado ni el campo de la Industria», escribió un cronista. El campo de la Industria era el anterior del club, muy pequeño.

Una prueba con luz artificial
(1878)

Según se fue extendiendo el fútbol en Inglaterra y fueron creciendo las asistencias, se planteó la conveniencia de poder utilizar también los días de entre semana para los partidos, pero fuera del horario laboral. Para eso hacía falta iluminar los campos, y tan temprano como en 1878 se hizo la primera prueba, en el Brammal Lane de Sheffield, en un partido entre dos equipos de la ciudad. Se instalaron cuatro postes de nueve metros, en lo alto de los cuales se balanceaban por el viento unos focos de nueve mil *candlepowers*, que enviaban una luz azulona sobre el campo. La asistencia decepcionó un poco a los organizadores, que esperaban 20 000 personas y se quedaron con 6000. El experimento se repitió alguna vez más en otros campos, pero la Federación inglesa no lo admitió para partidos oficiales, tanto por su corto rendimiento como porque se produjeron algunos accidentes, con caída peligrosa de los focos, o apagones bruscos que dejaban el partido a medias.

Más serio fue el experimento que se hizo ya en 1920 cuando el célebre equipo femenino Dick, Kerr's Ladies se enfrentó al Resto de Inglaterra, en partido organizado para recaudar fondos de ayuda para ex combatientes de la Primera Guerra Mundial. Se instalaron focos de la lucha antiaérea y los 12 000 asistentes al partido, que ganó el Dick, Kerr's Ladies por 4-0, salieron en general satisfechos. A partir de eso, Chapman insistió durante años a la FA para que autorizara los partidos con luz artificial, sin conseguirlo, e hizo varias pruebas. Al menos, vería desde arriba cómo, cuando por fin la FA aprobó el uso de la luz artificial, el primer equipo en instalarla fue el Arsenal. El estreno tuvo lugar con la visita a Highbury del Hapoel de Tel Aviv, el 19 de septiembre de 1951. (Ganó el Arsenal 6-1.) En 1954, el Wolverhampton Wanderers (los legendarios Wolves) dio un empujón a la luz artificial con sus dos célebres *floodlit friendles* (amistosos iluminados), los dos partidos que jugó bajo luz eléctrica ante el Spartak de Moscú y el Honved, y que dieron lugar a la idea de la Copa de Europa (véase el día 13 de diciembre).

La Copa de Europa fue el impulso final para la iluminación de los campos, porque creó la necesidad de jugar entre semana, ya que los sábados o domingos estaban ocupados por las Ligas nacionales. En principio se buscaban días festivos entre semana para jugar, pero pronto se vio que la solución era la luz artificial. En España se hizo una prueba en el Metropolitano el 26 de junio de 1943, en un amistoso entre el Atlético y el Valencia, montado ex profeso para ello: no convenció, porque no se dio la potencia necesaria. El primero en instalarla de forma definitiva fue el Real Madrid, precisamente por su necesidad creciente de jugar partidos entre semana en la Copa de Europa. Fue el 18 de mayo de 1957, en un amistoso ante el Recife de Brasil. El partido empezó con luz natural, pero en el minuto 13 se encendieron 480 focos, provocando una gran ovación. Para mejorar la visión de los espectadores, a partir de la aparición de la luz artificial el Madrid comenzó a utilizar el balón blanco, y se puso las medias blancas, en lugar de azules o negras, como había llevado desde su fundación.

Un partido patriótico ante el Peñón para despedir a Gento

(1969)

El 8 de junio de aquel año, Franco decidió el cierre de las comunicaciones con Gibraltar como respuesta a la aprobación de una nueva Constitución de la colonia inglesa y de la visita a la misma de la reina de Inglaterra y su esposo. Gibraltar era entonces una aguda reivindicación española y aquellos gestos para ratificar su britanidad irritaron al régimen. El cierre tenía consecuencias directas malas para el Campo de Gibraltar, como se llama a la zona de España pegada a la Roca, particularmente para La Línea de la Concepción, su principal ciudad. Muchos linenses trabajaban diariamente en Gibraltar. En realidad, la colonia había dado lugar al crecimiento de la ciudad, o casi era su razón de ser. También existían muchas familias mixtas, al cabo de los años. Unos cinco mil españoles se encontraron de un día para otro sin trabajo, y muchos abuelos linenses separados de sus nietos gibraltareños, o «llanitos», como se les dice en la zona. El régimen trató de compensar el cierre con la creación apresurada de un gran foco industrial en la zona, que resultó a medias. Y con un gesto moral: la celebración de un partido de la Selección española.

Se trataba del último de la fase de clasificación para el Mundial de México, fase en la que ya estábamos eliminados después de caer en Bélgica. España había empezado el grupo con Eduardo Toba, un mal seleccionador; una vez eliminada, probó con un trío formado por los entrenadores de los tres grandes equipos del momento, Madrid, Barça y Las Palmas, que eran respectivamente Miguel Muñoz, Salvador Artigas y Luis Molowny, cosechando un fracaso en Finlandia (como ya se ha dicho el 25 de junio).

Y lo terminaba con Kubala, cuyo primer partido fue este. Su aparición era prometedora y le dio mayor interés a este partido, jugado en un estadio ampliado a toda prisa, en medio de un clima emocional alto y con las cámaras de televisión mostrando el Peñón al fondo. Por supuesto, también con pancartas reivindicando la españolidad de Gibraltar.

Fue, también, el último partido de Gento en la Selección. Kubala le citó en ese su primer partido como un factor de interés más. Gento había debutado en la Selección contra Inglaterra en 1955, en sucesión de Gaínza, pero hacía año y medio que ya no iba, empujado por Rexach y Chechu Rojo. En realidad había dejado de ser indiscutible desde 1964, cuando Lapetra, un extremo que se retrasaba, le discutió un puesto que antes solo le quitaba rara vez Collar. Gento, único jugador que ha ganado seis veces la Copa de Europa y doce la Liga, fue un gancho más de aquel partido «patriótico», en el que Kubala compuso así su primera alineación: Reina; Gaztelu, Barrachina, Eladio; Pirri, Violeta; Amancio, Velázquez, Gárate, Asensi y Gento. Luego entraron Pujol por Gárate y Quino por Gento. Fue un festival. España ganó por seis a cero (Pirri, Gárate dos, Velázquez, Amancio y Quino) y el público lo pasó en grande dando vivas a España. La televisión única de entonces concentró a todo el país, unido detrás del fútbol y en reclamación del Peñón. Kubala empezaba bien. Gento se iba de forma grata, después de 43 partidos (se quedó a tres del récord de Zamora, que duró tantísimos años). La Línea tuvo su día de fiesta. Pero luego todo pasó: la industrialización no resultó como se esperaba, la zona se deprimió (incluso se descolgó del tren turístico que cogió el entorno) y el período de Kubala, aunque muy agitado, no trajo mayores glorias.

Animals! (segunda vez) (1968)

Estudiantes de la Plata había sido siempre un equipo chico, pero a mediados de los sesenta alcanzó un enorme nivel competitivo de la mano de Osvaldo Zubeldía, un gran entrenador aunque con pocos escrúpulos. Estudiantes aplicaba cualquier medio para ganar partidos. Practicó la trampa del fuera de juego, ensayó y ensayó jugadas de pizarra para córneres (fue el equipo que empezó a lanzarlos a pie cambiado) y para tiros libres... En ciertos sentidos, provocó un avance. Pero también era duro y odioso, perdía tiempo si iba ganando, fingían, se hacían con información sensible de los rivales para descentrarles. Por ejemplo, le decían todos a un mismo rival que su novia era una golfa, y al tiempo advertían al árbitro: «Fulanito nos está amenazando», para ver si saltaba y le expulsaban. A Bernao, de Independiente, que mató a un amigo en accidente de caza, le atormentaban con eso: «Le mataste para "cogerte" a su mujer». A Roma, al que la muerte de la madre le pilló jugando un partido, le acusaban de haberla abandonado... Cualquier información sensible les valía para sus fines.

Así ganaban partidos. Con mucha guerra psicológica, mucha solidaridad y mucha, mucha pizarra, más mucha triquiñuela y solo un jugador realmente bueno, *la Brujita* Verón. Uno de los campeonatos argentinos lo ganaron con 31 goles en 30 partidos, pero lo ganaron. También lograron la Copa Libertadores tres veces, y hasta la Intercontinental, en partido de ida y vuelta con el Manchester United. Aquellos partidos fueron los primeros que hicieron pensarse a los equipos europeos si merecía la pena jugar contra tal tipo de gente.

Aquel Manchester United era un equipo querido en todo el mundo. Había ganado por fin su primera Copa de Europa, en preciosa final en

Wembley, ante el Benfica de Eusébio, con prórroga. Allí jugaban entre otros George Best, el *beatle* del fútbol, Denis Law y el grandioso Bobby Charlton, superviviente del accidente aéreo (véase el día 6 de febrero) en el que había fallecido más de medio equipo diez años antes de aquel título. El partido de ida acaba 1-0, gol de Conigliaro en el 18'. A partir de ahí todo es pérdida de tiempo, suciedades y fingimientos. El Manchester espera resolver en la vuelta, pero casi puede decirse que no hay partido. Verón adelanta a los suyos en el 5', empata Morgan en el 8' y luego todo es bronca, siempre con provocaciones y fingimientos de los jugadores de Estudiantes, que consiguen llevar el partido hasta el final sin más goles, con el árbitro yugoslavo Zecevic desesperado y desconcertado por lo que ve. Charlton necesitará una cura con varios puntos de sutura, el durísimo Stiles resulta lesionado, Denis Law ha de ser sustituido, Best y Medina son expulsados por una pelea. La Copa es para Estudiantes. En Old Trafford queda una sensación de horror. Nunca antes se había visto un partido así.

«Animals!», titula *Daily Mirror*. Y, por una vez, todo el mundo entiende que no han exagerado. El titular será interpretado en Argentina como una ofensa colectiva. Todavía estaba reciente el recuerdo de la expulsión de Rattín en Wembley.

¡Polonia deja a Inglaterra sin ir al Mundial! (1973)

El Mundial de 1974 se iba a a celebrar en Alemania y, como en todos, se esperaba que las grandes selecciones clásicas acudieran. También la de los inventores, por supuesto. Inglaterra había faltado a las tres primeras copas del Mundo por decisión propia. Fueron las de antes de la Segunda Guerra Mundial, durante un período en el que los ingleses ni siquiera estuvieron en la FIFA. Se habían salido de ella tras la Primera Guerra Mundial porque exigieron, sin conseguirlo, que se expulsara a los países derrotados del conflicto. Pero desde 1950 Inglaterra había acudido a todos los mundiales y había ganado el de 1966. En 1970 había dado una gran medida, pero cayó en cuartos ante Alemania por la desgraciada falta de Banks en el partido decisivo y por un milagroso gol de Uwe Seeler en cabezazo hacia atrás, que dio paso a una prórroga en la que les remató *Torpedo* Müller.

Así que Inglaterra era una de las selecciones de prestigio entonces. Y también lo era su seleccionador, Alf Ramsey, sir Alf Ramsey desde la gran conquista de 1966. Había sido defensa de la Selección y en el puesto de seleccionador había revolucionado el fútbol, con una delantera de extremos y delantero centro atrasados y los interiores en punta, acentuando la misma fórmula que en su tiempo había utilizado la Hungría de Puskás y Kocsis. El grupo de clasificación reunió a Inglaterra con Gales y Polonia. Inglaterra ganó en Gales, pero empató con los galeses en Wembley, en una mala noche, y perdió en Polonia. Pese a todo, la derrota de Polonia en Gales ponía la clasificación en manos de Inglaterra con solo ganar el último partido, la visita de los polacos a Wembley. El partido se jugó entre una enorme expectación, excitada por el hecho de que Brian Clough, célebre mánager inglés de la época, había calificado de payaso a Tomaszewski, el portero polaco, que estaba adquiriendo gran prestigio. El exceso de confianza se notó también en la negativa del comisario de la liga, Alan Hardaker, a posponer la jornada previa al partido. «Es solo un partido, no una guerra. Si perdemos ese partido tampoco será la muerte.»

Inglaterra no lo perdió, pero lo empató. Tomaszewski fue el mejor, encajó un solo gol, y de penalti. Inglaterra se quedó atónita: era la primera vez que no iba al Mundial desde que se había vuelto a afiliar a la FIFA. La cabeza del bueno de Ramsey no tardaría en rodar. A pesar de su Copa del Mundo y de sus 69 victorias por 27 empates y solo 17 derrotas, fue pronto cesado, en parte también porque desde hacía tiempo se criticaba su juego, quizá demasiado visto, y se le acusaba de utilizar tácticas cada vez más defensivas. Para Inglaterra, fue el final de un período. Para Polonia, lo contrario: en el Mundial de Alemania demostró ser un equipo potentísimo, que acabó tercero, tras ganar a Argentina, Italia, Haití, Suecia, Yugoslavia y Brasil, a esta última ya en el partido por el tercer y cuarto puesto. Solo perdió con la campeona, Alemania, por 1-0, y ese resultado le cerró el paso a la final. Era la Polonia de Lato, Deyna y Szarmack, además de Tomaszewski. Pero para cuando se comprobó el gran nivel de ese equipo ya era tarde para el bueno de Ramsey, al que el presidente de la FA, sir Harold Thompson, tenía ganas desde tiempo atrás y había aprovechado la eliminación para cesarle.

Sacchi desdeña el Madrid y escoge la *azzurra* (1991)

Italia ha tenido en el fútbol grandes éxitos y grandes fracasos. En 1991 sufrió uno de ellos: ni siquiera se clasificó para la Eurocopa de Suecia, al quedar segunda de un grupo de clasificación con la URSS (que fue la que logró el pase), Noruega, Hungría y Chipre. Cosechó tres victorias, cuatro empates y una derrota. Al regreso de Moscú, el partido en el que se esfumaron todas las esperanzas, el seleccionador Vicini y varios de los jugadores (particularmente Vialli y Giannini) fueron recibidos como traidores. La Federación se volvió entonces hacia Arrigo Sacchi, que a sus cuarenta y cinco años estaba cobrando del Milán, pero sin trabajar. Sus enfrentamientos con Van Basten le habían hecho dejar el banquillo para pasar a ocupar un puesto fantasma en su club, al que había llevado a lo más alto.

Sacchi había sido un revolucionario, el gestor del gran Milán. No jugó al fútbol, pero era un apasionado del juego. Entrenó a equipos menores, desde donde llegó al Parma, que hizo un fútbol ante el Milán que cautivó a Berlusconi, justo entonces llegado a la presidencia del club. Le fichó, pese a su falta de currículum, y acertó de lleno. Con él, el Milán fue la perfección. Un fútbol en zona, inteligente, limpio, bello, con ocho italianos y tres magníficos holandeses, que hizo fichar él mismo: Rijkaard, Van Basten y Gullit. Pero su obsesión por el trabajo llegó a granjearle la antipatía de Van Basten y Gullit, a los que exigía muchos movimientos de presión, y eso provocó su caída. Ramón Mendoza, presidente del Madrid, le había ofrecido un contrato de 2000 millones de pesetas por cinco años para entrenar a su Quinta del Buitre. Esperaba que con los jugadores que tenía más la buena mano de Sacchi el club alcanzaría la perfección. Pero se cruzó la *azzurra*. Aunque muchos sostenían que sin sus holandeses Sacchi no sería el mismo, Matarrese, el presidente de la Federación italiana, se decidió por él, por delante de Trapattoni, un clásico de los banquillos italianos, gran devoto del cerrojo. La «línea Sacchi» chocaba con las tradiciones italianas. Porque en Italia, cosa que sorprende a todos fuera de allí, les gusta «su» fútbol.

Así que la desconfianza siempre existió. Y eso que Sacchi clasificaría a Italia para el Mundial de EE UU, el de 1994, en el que llegaría incluso a la final. El partido contra Brasil acabó cero a cero y se decidió en los penaltis, en los que Italia perdió, por fallos de Baresi y Baggio. Fue la primera final de una Copa del Mundo decidida en los penaltis. Luego clasificó a Italia para la Eurocopa de Inglaterra, en 1996, aunque con más problemas. Ya en Inglaterra, cayó en la primera fase. La opinión pública cada vez estaba más en contra de él, y en la fase de clasificación para el siguiente Mundial, el de Francia, la situación ya hace crisis. Silbado en los partidos en casa y con la perspectiva de no clasificarse, Sacchi abandona bruscamente la *azzurra* un 1 de diciembre, en vísperas de una decisiva visita a Wembley, y regresa al Milán, donde está fracasando Tabárez. Italia se indigna con él. El viejo Cesare Maldini se hace cargo de la situación, gana en Wembley y clasifica a Italia con repesca. A su vez, Sacchi cierra una mala temporada en el Milán, que acaba undécimo. Su estrella en Italia se había apagado. El paso por la *azzurra* se había probado como una maniobra contra natura. En Italia gusta otro fútbol. Y, en Madrid, Mendoza pensaba para sí cuánto mejor les hubiera ido al Madrid y al propio Sacchi si este hubiera aceptado su oferta.

«El que se tiró por la ventana no era yo» (2008)

Pessotto fue un jugador de la Juventus, uno de los finalistas contra el Madrid en la final de Ámsterdam, la de la «séptima». Sus compa-ñeros le llamaban «*Il profesorino*», porque fuera del campo usaba gafas y porque era aficionado a la lectura y particularmente devoto de Dostoievski. Cuando terminó de jugar, pasó a trabajar en el club, que en junio de 2006 se veía envuelto en una investigación conocida como el *Moggigate*, y que a la larga daría con el club en Segunda. Moggi, director general del club, fue hallado culpable de organizar las designaciones de los árbitros para favorecer a su club. Pessotto, que estaba bajo tratamiento depresivo, se arrojó el 27 de junio por una ventana de las dependencias del club. Llevaba un rosario en las manos. Se produjo múltiples fracturas, de las que fue tratado, al principio entre la vida y la muerte, y luego con éxito.

Al cabo de dos años y unos meses, repuesto, accedió a hablar del asunto. «Ahora he sabido que cuando te ocurre un episodio como el que me pasó a mí lo peor que puedes hacer es encerrar las cosas dentro de ti. Tienes que reflexionar, pensar en lo bueno que has tenido en la vida y también en lo malo.» «Después de dejar el fútbol pasé un momento difícil. Cambió todo. La costumbre de estar en tensión, la adrenalina, el estar siempre a mil. Y a mi cuerpo le costó asumir eso. Sobre todo a mi cabeza. Sigues hablando de fútbol, pero todo me sabía a poco. Me encontraba en un abismo, no sabía cómo reaccionar ante el presente y el futuro me llenaba de dudas. Y encima la Juve estaba en un momento difícil que se extendía a todos los que formamos parte de ella.»

Sobre el acto de arrojarse por la ventana, explicó: «No es algo que se decide. Al menos, no en mi caso. No fue una cosa voluntaria. Yo estaba en un momento al que he llamado, ayudado por los médicos, *block-out*. El que caía por la ventana no era yo. En realidad no recuerdo nada de lo que sucedió ese día. No era yo, no puedo pensar que fuera yo. Siendo muy creyente, sinceramente he pensado que hubo una mano que me suspendió en el aire para que me mantuviera vivo, algo que me suspendió del poco pelo que tengo. Algo que amortiguó una caída tan terrible». «Me desperté en la cama de un hospital. No podía moverme, no sabía qué me pasaba. Solo podía mover el cuello de un lado a otro. Ni siquiera sentía dolor. Pregunté: "¿Qué ha pasado? No recuerdo nada". Primero tuve que trabajar mucho con los psicólogos y los psiquiatras para reconstruir el suceso». El equipo que le atendió se tomó veinte días en contarle, poco a poco, lo que había sucedido.

Repuesto, ahora es otro: «Tengo una vida nueva, con muchas marcas en el cuerpo, es cierto, pero nueva. Tengo sensaciones diversas. Cada vez que veo a mis hijas de siete y doce años pienso en… Se me parte el corazón. Y no me responsabilizo, porque no era yo. Pero esa sensación mala ha quedado atrás y vivo más seguro, habiéndome quedado con todo lo bueno». «Mi vida ahora es muy bella y emocionante. Soy el delegado de la Juve y tengo contacto con los jugadores todo el tiempo. Así puedo vivir las mismas emociones que cuando era futbolista.»

El gol que produjo 340 muertos
(1982)

Años más tarde, Serguéi Shvetsov diría que nunca debería haber marcado ese gol. Se trataba del partido de ida de dieciseisavos de la Copa de la UEFA contra el Haarlem holandés. El Ludniki Stadium tenía una buena entrada, como correspondía a la importancia del partido. En aquellos tiempos, como en estos, el sueño del que jugaba en casa era ganar por dos a cero, para afrontar con garantías el partido de vuelta. El Spartak ganaba por uno a cero y el partido llegaba a su fin. Algunos espectadores empezaron a salir del campo, con una sensación intermedia: un 1-0 no está mal, pero... En eso marcó Shvetsov, en el último instante, el gol que suponía el 2-0, y los que estaban saliendo escucharon el estruendo tan identificable del gol propio. Shvetsov había marcado tan sobre la hora que no hubo lugar ni a sacar de centro. El árbitro pitó el final, y los que se habían quedado tomaron, eufóricos, el camino de la salida; y chocaron con los que, aún en los pasillos o en la puerta, regresaban presurosos para ver qué había pasado, para confirmar que ese sonido era un gol propio, el deseado dos a cero.

El choque entre las dos fuerzas opuestas resultó brutal. El choque, no, los choques, porque la circunstancia se repitió en varias galerías y escaleras del estadio. Los que venían detrás empujaban a una masa detenida que se empotraba contra otra masa también detenida, también empujada por detrás a su vez. Cuando todo se fue disolviendo, fue el momento de las asistencias sanitarias, que no eran ejemplares en la URSS de entonces. La evacuación fue lenta, los hospitales no estaban preparados y empezaron a colmarse. Las autoridades reaccionaron tarde y, cuando lo hicieron, trataron de minimizar el asunto. Se procuró que la noticia no trascendiera fuera de la URSS, y para consumo interior se fijó arbitrariamente la cifra de víctimas en 62, y se estableció un cierre del campo «por luto» para los dos siguientes partidos.

Tienen que pasar años y llegar la *glasnost* de Gorbachov para que se abran los archivos y se conozcan los números reales: 340 muertos. Ese fue el coste final del gol de Shvetsov. La revelación del número viene animada, además de por la *glasnost*, por la tragedia de Hillsborough ya reseñeda, que permitió a los rusos no sentirse tan avergonzados por haber sufrido tantas víctimas en una catástrofe, ya que años más tarde una cosa así de terrible podía ocurrir en Inglaterra. Fue con ocasión de la revelación del dato cuando los periodistas buscaron a Shvetsov y él hizo aquellas declaraciones, manifestando que mejor no hubiera marcado aquel gol. En los días de los hechos, la información en la prensa había sido mínima o inexistente.

El gol al menos valió para algo: el Spartak perdió el partido de vuelta por 3-1, de modo que el dos a cero le sirvió para pasar la eliminatoria. Su adversario en octavos de final fue el Valencia, que le eliminó para, a su vez, caer en cuartos ante el Anderlecht. Era el Anderlecht en el que lucía un brillante media punta de Coria del Río, hijo de emigrantes, llamado Juan Lozano.

Joaquín Navarro, elevado a la condición de «fifo» (1953)

Se cumplían noventa años del nacimiento del fútbol y se montó, a imagen de partidos que se habían celebrado en 1938, cuando el septuagésimo quinto aniversario, y 1947, cuando el reencuentro de las Federaciones británicas, un choque entre los inventores, Inglaterra, y el Resto del Mundo. Ese partido haría extremadamente popular en nuestro país a un modesto jugador, Joaquín Navarro Perona. Navarro para el fútbol hasta ese día, y en adelante el «fifo» por haber formado parte de la selección FIFA. Navarro, catalán, había empezado en el Barça, sin éxito, había pasado al Sabadell y de ahí lo incorporó el Madrid, donde jugó como lateral derecho con buen desempeño durante varias temporadas. Apodado en principio «el Bombero», era un jugador fogoso, rápido, atento al corte, muy popular. Su presencia en la selección FIFA acabó de hacer de este jugador, un jornalero de la gloria, una figura popular.

Aunque se la denominó «Resto del Mundo», aquella selección solo tenía jugadores europeos. Una de sus perlas fue el barcelonista Kubala, entonces en su plenitud. No había americanos, en parte porque los viajes transoceánicos entonces eran excesivamente gravosos e incómodos y también porque en aquel momento no había grandes celebridades americanas de éxito en Europa, salvo Di Stéfano, en el Madrid, pero todavía no tan célebre dado que no había comenzado aún la Copa de Europa. En definitiva, la selección FIFA formó con: Zeman (Austria); Navarro (España), Hanappi (Austria); Chaikovski (Yugoslavia), Posipal (Austria), Ocwirk (Austria); Boniperti (Italia), Kubala (España), Nordahl (Suecia), Vukas

(Yugoslavia) y Zebec (Yugoslavia). Como se ve, mucha Centroeuropa. La escuela del Danubio estaba en auge. Y eso que faltaron Puskás y Bozsik, las estrellas de la Selección húngara, a las que su país no permitió participar por la presencia de Kubala (fugado de Hungría) en el equipo. Otros dos catalanes, Basora y Bosch, estuvieron en el banquillo. También intervino el meta Beara, yugoslavo, según las malas lenguas porque el titular, Zeman, estaba jugando tan mal (quizá una juerga en la víspera) que le inventaron una lesión para sustituirle. Inglaterra jugó con Merrick; Ramsey, Eckersley; Wright, Ufton, Dickinson; Matthews, Mortensen, Lofthouse, Quixall y Mullen. Según la tradición inglesa que impone que una autoridad de la realeza o del gobierno salude a los jugadores antes de algún partido importante, esta vez le cupo el honor al mariscal Montgomery, el héroe de El Alamein, así conocido desde su victoria sobre Rommel en el norte de África durante la Segunda Guerra Mundial.

El partido acabó 4-4, con goles de Kubala (5', de penalti), Mortensen (7'), Boniperti (14'), Boniperti (36'), Mullen (42'), Mullen (48'), Kubala (63') y finalmente Ramsey, de penalti en el último minuto. Ese gol impidió que Inglaterra perdiera por primera vez en su historia en Wembley ante un equipo del exterior, cosa que sí ocurriría poco después, con la visita de los maestros húngaros (3-6, en lo que fue conocido como el «partido del siglo») (véase el día 26 de noviembre).

Alf Ramsey, el hombre que transformó ese penalti, sería después el seleccionador que llevara a Inglaterra a la conquista de la Copa del Mundo en 1966, en el propio Wembley. Mérito que le permitiría convertirse en sir Alf Ramsey.

Anuncio de Gamper para crear el Barça

(1899)

Por entonces en Barcelona se jugaba ya algo al fútbol, como en algunas otras ciudades de España. Por influencia inglesa, lo mismo que ocurría en los demás lugares. Barcelona tenía relación con Inglaterra sobre todo por la industria de los telares y por la costumbre de la burguesía de la ciudad de enviar a sus hijos a completar su formación en Londres. Así que para finales de siglo ya había cierto impulso futbolístico, aunque desordenado. En San Gervasi, en la calle antes llamada España, se jugaban partidos de un grupo que a sí mismo se llamaba el Barcelona Football Club. También en la zona conocida como Can Tunís, donde solían reunirse ingleses. Y en la Bonanova, por parte de los miembros del Gimnasio Tolosa.

Hans Gamper, suizo, contable de la Compañía de Tranvías de Sarriá, era un tipo ordenado y tenía pasión por el fútbol. Ya había fundado el Excelsior en Zúrich, de donde procedía. Había intentado un acercamiento con Jaume Vila, responsable del Gimnasio Tolosa, para utilizar su grupo como germen para la creación formal de un club, pero había sido rechazado. Así que decidió poner un anuncio en el número 34 del semanario *Los Deportes* a fin de tomar contacto con cuanta gente pudiera para ese fin. El texto, verdadera pieza fundacional del Barça, era este: «Nuestro amigo y compañero Mr. Kans Kamper, de la sección de Foot-Vall de la "Sociedad de los Deportes" y antiguo campeón suizo, deseoso de poder organizar algunos partidos en Barcelona, ruega a cuantos sientan aficiones por el referido deporte se sirvan a ponerse en relación con él, dignándose pasar por esta redacción los martes y los viernes por la noche, de 9 a 11». Son de observar las faltas de ortografía, quizá debidas a un taquígrafo poco avisado: Kans por Hans, Kamper por Gamper y Foot-Vall por Foot-Ball. Lo último hace pensar lo poco conocido que sería este deporte entonces.

El éxito fue fulminante y superó sus previsiones. Tanto que un mes y una semana después, el 29 de noviembre, se producía en la sede del Gimnasio Solé la fundación del Foot-Ball Club Barcelona, bajo la presidencia del inglés Walter Wild, tutelado por el propio Gamper. Del hecho dará noticia de nuevo *Los Deportes* en su edición del día 3 de diciembre. El día 8 se juega el primer partido, contra un grupo de la colonia inglesa, al que solo acuden diez jugadores por bando. Ganaron los ingleses por uno a cero, pero el Barça había estrellado dos tiros en el palo. En general, la impresión que dejó el equipo, en el que apellidos suizos o ingleses se mezclaban con los locales Urruela, Lomba, Ossó, Llobet, López y Terradas, fue buena. En junta directiva celebrada el 12 de diciembre se decide que los colores del Barça sean el azul y el grana. Según la opinión más extendida, porque eran esos los colores del Excelsior de Zúrich, anterior creación de Gamper, y los del propio cantón de Zúrich. Otra explicación sería que en aquellas reuniones se utilizaba un lápiz, muy de uso por los contables de la época y hasta muchos años más tarde, rojo por un lado y azul por otro, y que tal combinación de color agradó mucho y fue aceptada por ello.

Poletti, Aguirre Suárez y Manera van a prisión (1969)

Estudiantes de la Plata había ganado el año anterior la Copa Intercontinental, como ya se ha dicho, aunque dejando un mal recuer-do por su agresiva actitud ante el Manchester United. Este año repetía, pues había vuelto a ganar la Copa Libertadores. El rival era el Milán, un gran equipo que en la final europea había barrido a un emergente Ajax en el que empezaba a despuntar Cruyff, por 4-1. El Milán tenía calidad y sabía manejar los partidos, como todos los equipos italianos. Así que no le asustaba mucho el Estudiantes, a pesar de su creciente fama y de ser el campeón vigente de la Intercontinental. El partido de ida se juega en Milán y ganan los locales por 3-0. Más tranquilidad para viajar a Argentina.

Y allí están, la noche del 22 de octubre. Empieza el partido con Estudiantes apretando, pero el Milán se protege con orden. Obligado a jugar para ganar sin ardides, Estudiantes no es tan fiero, aunque finge sufrir faltas a cada entrada del rival. En el minuto 30 Rivera marca otro gol para los italianos, más seguridad. Pero en un arreón de orgullo Estudiantes marca en el 43' y el 44', por medio de Conigliaro y Aguirre Suárez. El estadio se inflama. Y la segunda parte es una locura en la que Estudiantes pega y pega y el Milán aguanta como puede. El partido, vía satélite, se ve en casi todo el mundo, y los telespectadores de aquí, allá y acullá asistimos horrorizados a aquella violencia. El Milán lleva el partido hasta el final como puede, todos golpeados y doloridos, cojeando, heroicos. Al pitido final, el meta Poletti y Aguirre Suárez la toman con Combin, el nueve del Milán, un francoargentino al que derriban y pisotean en el suelo. Le dejan la cara tumefacta, irreconocible.

Juan Carlos Onganía, el dictador de turno, ha visto el partido y entiende que los jugadores de Estudiantes han avergonzado a la nación. La mañana del 23 ordena que tres de ellos sean ingresados en la prisión de Bariloche, muy al sur del país: Poletti, Aguirre Suárez y Manera, que se han distinguido en la violencia. Bilardo, uno de los cerebros del equipo, se desplazará a la puerta de la cárcel donde hará huelga de hambre durante unos días para pedir que salgan. (Bilardo era un tipo atrevido: cuando empezaba le quiso contratar San Lorenzo de Almagro, cuya estrella era por entonces Sanfilippo, y lo era hasta tal grado que al equipo se le llamó por esos años el «San Filippo de Almagro». Bueno, pues Bilardo, un principiante, no fichó porque no le querían pagar tanto como a Sanfilippo.)

Al final salieron. Aguirre Suárez fue suspendido treinta partidos en Argentina, lo que aprovechó el Granada para ficharle, y aquí hizo escuela. Estudiantes aún llegaría a su tercera Intercontinental consecutiva, ante el Feyenoord. Ya no jugaron Poletti, Aguirre Suárez y Manera. Ganó el Feyenoord y allí acabaron los años gloriosos del club de La Plata, cuyo juego fue tan antipático que puso en su contra a toda Argentina y a todo el mundo.

El último partido de Gárate

(1976)

Fue un Atlético-Barcelona, en el Manzanares. Gárate, que venía arrastrando unas molestias en una rodilla mal curada, salió unos minutos en sustitución de Rubén Cano. No volvería a jugar más. Para entonces tenía treinta y dos años y su juego, mucho más técnico que físico, le hubiera dado para mucho más. El suyo fue un caso extrañamente desgraciado. Gárate era un favorito de la afición rojiblanca y de la de toda España. Había nacido en Sarandí, provincia de Buenos Aires, de padres de Éibar. Regresó con ellos y jugó en el equipo de esta ciudad hasta saltar al Indauchu, un vecino del Athletic de Bilbao, que dio gran cantidad de jugadores para la Primera División en aquellos años. Mientras, estudió la carrera de Ingeniería Industrial. El Atlético le fichó en el verano de 1966, y aunque en principio sus compañeros, particularmente Griffa, le reprochaban que era demasiado frío, pronto creció como jugador y se hizo tan competitivo como elegante era. Se trataba de un jugador de gran control, soltura con el balón en los pies, habilidad para abrirse hacia la banda izquierda, sacando al central para crear huecos, y un magnífico remate, con los pies o con la cabeza. Todas sus acciones estaban revestidas de gran elegancia, una virtud que en él no era solo física, sino moral. Gárate era un jugador muy deportivo, querido por todas las aficiones, de esos que te duele ver maltratados por los defensas rivales, seas del equipo que seas. Su presencia en la Selección fue además casi permanente desde 1967 hasta 1975.

El 1 de febrero de 1976 sufrió un corte en la rodilla por una entrada de Indio, defensa del Elche, que le clavó un taco. En principio pareció un corte sin importancia. Cuando cicatrizó volvió a jugar. Pero cada poco le aparecían unas molestias persistentes. Aquella temporada aún lograría jugar y ganar la final de Copa, ante el Zaragoza, con un gol propio (fue 1-0), pero algo no andaba. (Aquella, por cierto, fue la primera vez que el rey Juan Carlos I entregaba la Copa, y la recibió Gárate de sus manos.) Las molestias volvían. En verano consigue alinearse en algunos amistosos, pero es sustituido. Los médicos se vuelven locos buscando la causa de sus molestias, hasta que se descubre que un parásito microscópico que habitaba en el césped se le había introducido en la rodilla, pasajero en el taco de Indio hasta que desembarcó en ella. Eso había creado ahí un cultivo difícil de detectar primero, de combatir después. Los viajes a especialistas fueron aburriendo a Gárate, que en ese partido de octubre jugó, sin saberlo, sus últimos minutos oficiales.

Su carrera tuvo, al menos, un bonito epílogo. El Atlético ganó esa Liga (cantó el alirón en el Bernabéu a dos jornadas del final) y el club dispuso que la correspondiente copa la recogiera Gárate de manos de Pablo Porta, presidente de la Federación. La entrega se hizo en un partido de homenaje que se le dedicó, al poco de acabar la Liga, el 1 de junio de 1977. Fue un partido entre el Atlético campeón y una Selección vasca, el equipo de su tierra, en el que había grandes figuras como Iribar, Kortabarria, Villar, Rojo, Satrústegui, Zamora o López Ufarte. El Manzanares se llenó en una noche emotiva. Desgraciadamente, Gárate no pudo jugar ni un minuto. Su puesto lo ocupó, como durante toda la temporada, Rubén Cano. Sus últimos minutos habían sido los de aquel lejano mes de octubre del año anterior.

Rojas, suspendido a perpetuidad por cuentista

(1989)

Roberto Rojas, apodado «el Cóndor», era un gran portero. Jugaba en el Colo-Colo, el gran equipo de Chile, y también para la Selec-ción de su país, claro. Llegó a estar mencionado como uno de los mejores porteros del mundo, se habló de un interés del Real Madrid por él. Tenía estatura, colocación, reflejos y serenidad. Puso en práctica una personal manera de enfrentarse a los tiros libres cuando eran centrados: partía la barrera en dos, y él se colocaba frente al lanzador, al que tenía a la vista a través de la brecha. El 3 de septiembre de 1989 se enfrentaba a un partido muy difícil: Chile visitaba a Brasil en el Maracaná, partido decisivo de clasificación para la Copa del Mundo de 1990. A Brasil le bastaba empatar. Chile necesitaba ganar para clasificarse. Maracaná está a reventar.

En el minuto 49, gol de Careca para Brasil. Las cosas están peor que nunca para Chile. Pero veinte minutos después, la transmisión de la televisión abandona el juego y muestra a Rojas, en el suelo, con las manos en la cara. A su lado arde una bengala, que se supone que ha impactado en su rostro. Salta el masajista, le rodean los compañeros, hay un tumulto. Su cara aparece ensangrentada y ennegrecida. Chile se retira, el árbitro da por terminado el partido, cuya resolución queda en el aire.

Pero al día siguiente se aclara todo. La grabación de una cámara no pinchada en directo muestra que la bengala cayó a tres metros de Rojas, sin rozarle, y que este aprovechó para «hacerse el muerto». ¿Y la sangre? Pronto sale también la explicación: se la ha provocado el masajista con un pequeño bisturí que el propio Rojas llevaba sujeto a las vendas de su muñeca. El asunto llega hasta Zúrich, donde Brasil presentó todo tipo de pruebas, incluso un perito que acreditó que la bengala (cuya marca se llamaba curiosamente Cóndor, como el apodo del jugador) no podría producir un corte. Y en tal día como hoy la FIFA dictó sus resoluciones, durísimas: suspendió a Rojas de por vida para la práctica del fútbol, prohibió a Chile participar en la fase previa del Mundial de 1994, inhabilitó al seleccionador, Aravena, por cinco años, y para toda la vida en el ámbito internacional, impuso cinco partidos al segundo capitán de la Selección, Astengo, y prohibió trabajar para siempre en el fútbol al médico de la expedición, Dani Rodríguez. Eso, entre otras sanciones menores. Rojas se defiende mal, haciendo protestas de inocencia e invocando un victimismo nacionalista: «Me hacen esto porque soy chileno, si fuera brasileño no me lo harían».

Con el tiempo, Rojas confiesa. Astengo y él habían hablado de que al menor pretexto tratarían de forzar la suspensión del partido, porque veían en esta salida su única posibilidad. Pero la confesión no remedia su situación. No jugó más al fútbol hasta años después, veinte minutos. Ya era un cuarentón y Zamorano le convocó para actuar en el equipo de estrellas mundiales el día de su homenaje. El Estadio Nacional de Chile le acogió con una ovación, que escuchó con lágrimas en los ojos.

Nace el fútbol en Freemasons Arms

(1863)

El fútbol viene de la noche de los tiempos, pero su fecha de nacimiento se puede concretar: 26 de octubre de 1863. Desde el comienzo del curso, los representantes de los principales *colleges* y universidades británicas habían establecido un calendario de reuniones en la Freemasons Arms de Londres, en Great Queen Street, Drury Lane, en el centro de Londres. Esa taberna existe, es uno más de tantos pubs ingleses, con barra y algunas mesas abajo, y arriba, una amplia estancia que se alquila para reuniones vecinales o pequeños conciertos. Ahí arriba fue donde se reunieron los representantes de los colegios en busca de unificar unas reglas que en cada sitio tenían variaciones. Una, fundamental: los había partidarios de proscribir el uso de las manos, y los había partidarios de permitirlo, lo mismo para manejar el balón que para agarrar o empujar.

Los primeros fueron mayoría, constituyeron la Football Association y redactaron las primeras reglas aquel día. Unas reglas en las que no había área, ni penalti, ni portero, ni árbitro, pero en las que ya se establecía que estaba restringido el uso de las manos. El Reglamento del fútbol se fue limando después, hasta que en 1925 quedó prácticamente como es hoy. Los partidarios del uso de las manos se negaron a integrarse en la FA y fundaron más adelante, en 1871, la Rugby Union, basándose en las reglas de la Universidad de Rugby. En realidad, los dos juegos proceden de un tronco común, quizá el *haspartum*, que se dejaron olvidado los romanos en su época de dominio en Inglaterra, y que con el tiempo se transformó en una especie de batalla campal entre pueblos vecinos por llevar el balón de uno a otro. El *haspartum* era un juego que practicaban las legiones para mantenerse en forma, de gran parecido a lo que luego hemos conocido como *calcio* florentino.

Cien años después de la fundación del fútbol se celebró, el mismo día, pero en 1963, un partido entre Inglaterra y una selección del Resto del Mundo. Di Stéfano fue el capitán del Resto del Mundo, que formó con: Yashin (URSS); Djalma Santos (Brasil), Popluhár (Checoslovaquia), Schnellinger (Alemania); Pluskal (Checolosvaquia), Masopust (Checoslovaquia); Kopa (Francia), Law (Escocia), Di Stéfano (Argentina-España), Eusébio (Portugal) y Gento (España). En la segunda parte entrarían Šoškić (Yugoslavia), Eyzaguirre (Chile), Baxter (Escocia), Seeler (Alemania) y Puskás (Hungría-España). Como se ve, los escoceses actuaron en el Resto del Mundo. La selección local fue exclusivamente inglesa, con estos jugadores: Banks; Armfield, Wilson; Milne, Norman, Moore; Paine, Greaves, R. Smith, Easthman y Bobby Charlton, sin cambios. Ganó Inglaterra por 2-1, con tantos de Paine y Greaves; Law marcó por el Resto del Mundo, de modo que los tres goles se quedaron en la isla de los inventores.

Ya diez años antes, en 1953, había habido un partido, conmemorativo de los noventa, con un Inglaterra-Resto del Mundo, en el que jugaron Kubala y el defensa madridista Navarro, que desde aquella ocasión fue conocido como el «fifo» por la afición española (véase el día 21 de octubre).

El Madrid es rechazado en el campeonato catalán (1936)

La Guerra Civil comenzó el 18 de julio. El avance de las tropas de Franco desde el sur, por Extremadura y luego girando hacia el este, por Toledo, le hizo llegar pronto a las puertas de Madrid, que al comienzo del otoño ya era frente. El fútbol era imposible, pues, y Pablo Hernández Coronado, que había sido portero del equipo y para entonces era secretario general del club, concibió la idea de trasladar al Madrid a Cataluña e inscribirlo en el campeonato catalán. Para entonces el frente aún quedaba muy lejos de Barcelona. El Madrid tenía un buen equipo. Había sido el último campeón de Copa, pocos días antes de la guerra, batiendo 2-1 al Barça en la final. Resultado salvado, por cierto, in extremis, por Zamora con una parada inverosímil a tiro de Escolà. Hernández Coronado contó con el catalán Paco Bru, personaje importantísimo en la época y entrenador del Madrid, para los primeros contactos. Y su respuesta fue optimista.

Así que el Madrid se trasladó a Cataluña con los porteros Espinosa y Alberty, los defensas Ciriaco, Quesada y Bonet, los medios Pedro Regueiro, Villita, Valle y Antonio Bonet, y los delanteros Luis Marín, Luis Regueiro, López Herranz, Lecue, Malbo, Emilín Alonso, Alfonso Sanz y Emilio Sánchez. No eran todos sus mejores jugadores (la guerra había dispersado a algunos, como Zamora o Quincoces), pero sí un buen grupo. Se tomó en alquiler un caserón en El Masnou y comenzaron los entrenamientos.

La presencia del Madrid fue acogida con gran calor por el Sindicato de Futbolistas profesionales en pro de la buena solidaridad republicana. El plan era jugar en la categoría A del campeonato catalán, con Barcelona, Espanyol, Sabadell, Gerona, Granollers y Badalona. Con el Madrid serían siete, de modo que siempre tocaba descansar a uno, y el Madrid utilizaría cada vez como local el campo del que descansase. El 20 de octubre hubo una reunión para corroborar todos los acuerdos (ya se llevaban disputadas dos jornadas del campeonato, que empezó el 4 de octubre, pero se consideraba factible incorporar todavía al Madrid al calendario). Todos estaban de acuerdo con la inclusión excepto Rosendo Calvet, emisario del Barcelona, que argumentaba que la presencia del Madrid perjudicaría a los equipos de la categoría B, que perderían público. Ninguno de los ocho representantes de los equipos de esa categoría compartía esa teoría, así que se propuso una votación. El presidente de la Federación catalana, Eroles, se ausentó entonces diciendo que tenía una llamada urgente. Regresó diciendo que le anunciaban el envío de un papel firmado por «los verdaderos representantes de los clubes de Primera B», en el que se rechazaba la presencia del Madrid. La reunión se suspendió a la espera del documento. Y ya no hubo más reuniones. Una semana después, la Federación catalana emitió un comunicado anunciando que se rechazaba la solicitud del Madrid por el daño que podía hacer a los pequeños clubes catalanes. Estos, en una nota a la prensa, expresaron su sorpresa por tal comunicado, pero el asunto no tuvo marcha atrás. El Madrid no jugó el campeonato catalán. Recogió su bártulos, abandonó el caserón de El Masnou y se dispersó hasta el final de la guerra.

Campeones de Europa en el modestísimo Toluca

(1970)

Una noticia sobresalta ese día a los aficionados al fútbol: Atienza, Marquitos, Pachín y Félix Ruiz han fichado por el Toluca. Los cuatro eran futbolistas retirados, los cuatro habían sido del Madrid, los tres primeros, campeones de Europa, además. Cuatro celebridades. ¿Qué hacen en el Toluca? El Toluca es un equipo de Tercera, de una barriada de Santander, que juega en el Grupo II y marcha el último, sin haber conseguido un solo punto después de ocho jornadas. Es más: está en Tercera por un rebote, ocupando la plaza del Balmaseda, que renunció. ¿Qué hacen esas glorias en el Toluca?, se pregunta la gente.

Todo fue iniciativa de Marquitos, natural de allí y con amistades en el pequeño club. Marquitos denunció que el Racing no protegía al Toluca como debiera, a pesar de un convenio existente entre ambos clubes, y para lanzarlo concibió la idea de enrolarse él y enrolar a unos cuantos más. Peiró y Collar manejaron la idea de apuntarse, aunque no lo hicieron finalmente. Sí se incorporaron algunas otras viejas glorias del Madrid, singularmente Pachín, Mateos, Atienza y Pantaleón, con lo que casi medio equipo llegó a estar formado por veteranos, la mayoría más cerca de los cuarenta que de los treinta. En su movimiento había también algo vindicativo, porque existía un límite de edad en la categoría, aunque se jugase con ficha de aficionado, como fue el caso de ellos, y en su alineación había algo de desafío a esa norma. El movimiento sentó mal en el Racing, que no quiso ceder su campo de El Sardinero para los partidos, contraviniendo el convenio que tenía firmado con el Toluca de cedérselo para ciertos partidos. El Racing argumentó que cedía el campo al Toluca para que promocionara jugadores, no para que jugaran veteranos.

El debut, una salida ante el Barreda, el 1 de noviembre, fue prometedor: 1-1. El primer punto. El grupo estable que llegó a jugar partidos con continuidad lo formaron Marquitos, Pachín, Mateos, Pantaleón y Atienza. Generalmente, solo jugaban los partidos de casa. No asistían a los desplazamientos, salvo que los vieran muy propicios. Vivían en Madrid y viajaban en el día, en coche, o bien la noche anterior en coche cama. Se pagaban sus gastos. Pachín leía en el viaje novelas de Lafuente Estefanía y luego se las ponía como espinilleras. Con El Sardinero cerrado, jugaron en el campo del Regimiento Valencia, la guarnición de la ciudad, con grandes asistencias. En Madrid la gente preguntaba por la noche qué había hecho el Toluca. La aventura tuvo un halo romántico y rebelde. Marquitos declaró: «Somos demasiado viejos para ser jóvenes, pero también somos demasiado jóvenes para sentirnos viejos».

Raúl debuta y falla tres goles
(1994)

Después de arrebatarle dos Ligas en la última jornada como entrenador del Tenerife y de eliminarle una vez de la Copa, Valdano hizo una declaración que caló: «Algún día le podré devolver al Madrid lo que le he quitado». Se entendió como una llamada a ser contratado por el club, y, en efecto, con los años sería contratado para entrenarlo. Fue al comienzo de la temporada 1994-1995. Tras cinco Ligas consecutivas de la Quinta del Buitre, se habían producido cuatro también consecutivas del *dream team*, y Valdano fue fichado para remediar eso. Y también, posiblemente, para ir dando salida a Butragueño, el gran ídolo del club en los años anteriores. La posibilidad de esto último pasaba por Raúl, un delantero formado en principio en la cantera del Atlético y pasado a la del Madrid cuando Gil la cerró.

Raúl estaba entonces en el equipo de Tercera División, pero Valdano lo probó en un par de amistosos, uno en Oviedo y el otro en Kaiserslautern, que el club tenía concertados con Telecinco para ayudarse en el pago del jugador Dubovsky, adquirido un año antes al Slovan de Bratislava. Raúl gustó en los dos partidos, pero no se dio a su presencia en ambos más importancia que la de la prueba de un canterano entre los mayores, tan usual en partidos así, para dar descanso a la primera plantilla y sin mayores pretensiones. Por eso sorprendió que Valdano le incluyera en la lista de convocados para un partido serio, el desplazamiento de Liga al campo del Zaragoza, nada menos. Raúl, que entonces vivía en una modestísima casa de la Colonia Marconi, en las afueras de Madrid, se vio sorprendido por la convocatoria y se hizo repentinamente popular. Fue titular, dejando a Butragueño en el banquillo, y al primer minuto regateó a Cedrún aprovechando un buen pase de Míchel, pero tiró fuera, a puerta vacía. En el resto del partido se movería bien, le daría un gol a Zamorano, pero fallaría otras dos oportunidades clamorosas. Al final, el Madrid perdió 3-2. Valdano recibió fuertes críticas por haber alineado a un jugador de solo diecisiete años, de un equipo de Tercera, al que se suponía que los nervios le habían podido, y de ahí esas tres clamorosas ocasiones falladas.

Pero Valdano decidió doblar la apuesta, y lo repitió el domingo siguiente, nada menos que en el derbi ante el Atlético, en el Bernabéu. Tras una semana de críticas y desconfianzas, someter al juicio del Bernabéu a este jugador, procedente además del Atlético, lo que aumentaría su presión, pareció a algunos temerario. Pero Valdano había advertido que el jugador tenía una seguridad infinita en sus posibilidades, y una tremenda hambre de triunfo. Así que le repitió en la alineación inicial. Raúl jugó muy bien y marcó en el minuto 36 un golazo, en perfecto empalme de un remate a la escuadra. El Madrid ganó 4-2 y Valdano ya tenía lo que quería: un nuevo ídolo de la cantera, con el que sustituir, en el campo y en el papel de símbolo, a Emilio Butragueño. Este pasó elegantemente a un segundo plano y al final de la temporada se fue al Puebla.

Raúl dejó el Madrid con 741 partidos jugados y 323 goles. Luego aún jugaría en el Schalke alemán, el Al-Sadd de Qatar y el Cosmos de Nueva York. Actualmente es el entrenador del Castilla.

Hoy es Navidad para la Iglesia maradoniana

(1960)

¡Alegraos, ha nacido el Niño D10s! El Niño D10s es Diego, el Diego, Diego Armando Maradona, que nació tal día como hoy en Villa Fiorito, un arrabal de Buenos Aires. Cuando empezó a jugar en el Cebollitas ya era célebre. Aún niño, entretenía al público de Argentinos Juniors en los descansos con sus habilidades con el balón. A los dieciséis años debutó como profesional en ese mismo equipo, del que pronto saltó al Boca Juniors, al que hizo campeón. De ahí al Barça por 1200 millones de pesetas, donde solo estuvo dos años, con evidente mala suerte: una hepatitis y una grave lesión, lo que le hizo perderse muchos partidos en cada una de esas dos temporadas. Y tuvo incesantes problemas con Núñez, sobre todo por el ruidoso clan del que se rodeaba. Saltó al Nápoles y allí recobró su plenitud. Su llegada convocó a 20 000 aficionados en el estadio. Provocó la ilusión del sur de Italia frente al norte, eternamente dominante. Ganó dos Ligas, una Copa y una UEFA y provocó delirios en la afición napolitana, que cantaba aquello de: «O mamma, ho visto Maradona, ho visto Maradona, eh, mamma, innamorato son». Luego, a partir de los treinta, su carrera va dando tumbos. En realidad, terminó con una suspensión por consumo de cocaína, adicción que arrastraba desde sus años en el Barça. Le intenta recuperar el Sevilla (véase el día 7 de octubre), donde fracasa. El equipo español gastó un dineral en su contratación, y entró en un largo túnel del que tardó tiempo en salir. Aún juega en Newell's Old Boys, entrena en Mandiyú y al Racing, vuelve a jugar en Boca, definitivamente acabado…

Entre medias, un Mundial que casi juega, pero no, Argentina-78, otro que juega, pero mal y acaba en una expulsión, el de 1982 (en España), uno prodigioso que gana él casi solo, y con una pierna, el de 1986 en México, y uno más (Italia-90), en el que alcanza la final, tras provocar una fuerte polémica por su intento de enfrentar a los italianos del norte con los del sur (véase el día 3 de julio). Y, finalmente, en el de EE UU-94 es expulsado por dopaje en medio de un gran escándalo.

Su vida se vuelve cada vez más extravagante, convertida en una crónica de sucesos. Incluso cuando es nombrado seleccionador, puesto desde el que consigue clasificar a Argentina, con apuros, para el Mundial de Sudáfrica. Pero su magia con el balón dio lugar a la creación en 1998 de una nueva fe, la Iglesia maradoniana, fundación de dos periodistas de Rosario, Hernán Amez y Alejandro Verón, con decenas de miles de fieles en Argentina y más de 10 000 en España, afiliados por Internet. La Iglesia maradoniana celebra su Nochebuena el 29 de octubre y su Navidad hoy, se rige por diez mandamientos y tiene su *diegonuestro* como oración esencial: «Diego nuestro que estás en las canchas. Santificada sea tu zurda, venga a nosotros tu magia. Háganse tus goles recordar así en la tierra como en el cielo. Danos hoy la magia de cada día, perdona a los ingleses, como nosotros perdonamos a la mafia napolitana, no nos dejes caer en *offside* y líbranos de Havelange. Diego».

Rial forma ala con Gento
(1954)

Gento había llegado al Madrid la temporada anterior y había caído mal entre la afición, que no vio en él más que un chico primitivo de torpeza hilarante: «Corre tanto que se deja atrás el balón», solía decirse. En verano, Bernabéu decidió desprenderse de él, pero Di Stéfano le disuadió: «Esa velocidad no se encuentra, y le pega al balón más fuerte que ninguno. Lo demás lo aprenderá». Al tiempo le sugirió que fichara a Héctor Rial, un argentino con el que había coincidido en Colombia, y que ahora jugaba en el Nacional de Montevideo. Rial era hijo de gallegos y había sido inscrito en el Consulado español, así que no ocupaba plaza de extranjero. Entonces solo se podía tener uno, y ese era el propio Di Stéfano. «Necesito en el medio campo un compañero que, cuando yo le dé el balón, él me lo devuelva.» Le gustaba la afición al juego combinativo que tenía Rial, que pensaba podría dar mucho provecho en el Madrid.

Rial debutó en la Liga el primer día, el del famoso marcaje de Mangriñán a Di Stéfano (véase el día 12 de septiembre). Ganó el Valencia en el Bernabéu, pero a Rial, de interior derecha, se le vieron buenas maneras. La delantera quedó compuesta así: Durán, Rial, Di Stéfano, Mateos (la primera jornada, luego entraría Joseíto en esa posición) y Gento. Así jugó el Madrid hasta la salida a Vitoria, donde en el campo del Alavés Joseíto pasó a extremo derecha, Pérez-Payá entró como interior derecha y Rial a interior izquierda, junto a Gento. Y fue un hallazgo. Para la pequeña historia del Madrid quede aquí la alineación de ese día tan decisivo como olvidado: Alonso; Navarro, Marquitos, Lesmes II; Muñoz, Atienza II; Joseíto, Pérez-Payá, Di Stéfano, Rial y Gento.

Fue un día importante porque Rial supo sacar de Gento por fin lo que tenía dentro. Le sugirió que practicaran una jugada: cuando Rial tenía el balón se acercaba a Gento y se lo entregaba; este entonces tenía que devolvérselo para, inmediatamente, arrancar, y entonces Rial se lo enviaba en largo: tac-tac-tac... Otras veces, si la pelota empezaba en Gento, el tuya-mía tenía un toque más: Gento-Rial-Gento-Rial y lanzamiento profundo. Cuando empezaba la maniobra, el resto de la delantera arrancaba para llegar a tiempo al remate. Di Stéfano, *la Saeta Rubia*, que pululaba por el centro del campo pero llegaba como una centella, se hartó de hacer goles de esa forma.

Así sacó partido el Madrid a la descomunal velocidad de Gento, que ya no se dejaba el balón atrás, sino que lo perseguía, enviado por Rial con rara precisión a la distancia justa para que explotara su ventaja. Y entonces se comprobó que bajo la piel de tosco corredor de la montaña había un futbolista fabuloso, que después de aquel verano en que estuvo a punto de ser enviado fuera del club se mantuvo en este diecisiete temporadas más y contribuyó de forma decisiva al mejor período de la historia del club. Y todavía es el único jugador que ha ganado seis copas de Europa, récord que no le tiene más orgulloso que otro, que considera aún más difícil de alcanzar: ganó doce Ligas. Entre ellas, la de aquella primera temporada de Rial, su socio perfecto.

NOVIEMBRE

Juanito zarandea al árbitro en Zúrich

(1978)

El Madrid estaba en su primera Copa de Europa «después de Bernabéu». El patriarca blanco había muerto el 2 de junio (véase) y le sucedía Luis de Carlos, un hombre bueno y tranquilo. Su obsesión era recuperar la Copa de Europa para el Madrid. La posibilidad de ese éxito dependía en buena parte de su jugador más desequilibrante, Juanito. Criado en el Atlético, una lesión hizo que el club madrileño le cediera al Burgos. Una vez allí, le dejó en libertad, tras un segundo año en el que sufrió muchas expulsiones. Juanito reaccionó a raíz de eso, jugó muy bien dos años y, tras ser pretendido por el Barcelona, fichó por el Madrid, por la preferencia que Martínez Laredo, presidente del Burgos, tenía por el club blanco, como ya se ha dicho anteriormente. Bernabéu buscaba entonces «un jugador que levantara al público de los asientos» para sustituir la pérdida de Amancio. Müller, ex jugador del Madrid y que lo había entrenado en el Burgos, se lo recomendó. Bernabéu lo fichó con reticencias por su carácter, y le daba frecuentes charlas sobre lo que significaba el Madrid y sobre la necesidad de guardar buena conducta.

En la primera temporada de Juanito el Madrid ganó la Liga, alcanzó la final de Copa, y se las prometía felices. Tenía un buen equipo. El primer escalón en la Copa de Europa fue sencillo: el Progrès de Luxemburgo, al que gana por un total de doce a cero, entre la ida y la vuelta. Juanito marca tres de esos doce goles. La segunda ronda le enfrenta al Grasshopper suizo, en el que entonces está de mánager Netzer, ex jugador del club blanco. No parece un gran enemigo. En el partido de ida, en el Bernabéu, el

Madrid gana 3-1. El primer gol es obra de Juanito. Es un resultado equívoco, que parece bueno pero no lo es tanto. Ya tienen valor preferente los goles fuera de casa para el caso de empate en el global de la eliminatoria, de manera que un dos a cero a favor de los suizos eliminaría al Madrid.

La vuelta, en Zúrich, se complica pronto, porque en el minuto 8 marca Sulser, el mismo jugador que ha hecho el gol del Bernabéu. Un solo tanto más dejaría al Madrid fuera, a menos que consiguiera a su vez marcar al menos un tanto. El Madrid juega nervioso, da la sensación de que es el Grasshopper quien controla la situación. A ratos parece que el Madrid no se decide entre defenderse o atacar. El árbitro, el alemán oriental Adolf Prokop, barre para casa, como suele ocurrir en la Copa de Europa. Quedan solo tres minutos cuando Sulser, otra vez él, marca el segundo gol, que el Madrid protesta por fuera de juego. Juanito es de los más visibles en la protesta, y por momentos parece que se va a comer al linier. Queda incluso la duda de si le ha llegado a dar un cabezazo. Pero Prokov no se echa atrás. El partido se reanuda y el Madrid ataca furiosamente el poco tiempo que queda, pero no hay nada que hacer. Acaba el partido y está eliminado. Juanito se retira excitadísimo, exigiéndole explicaciones al árbitro, seguido por las cámaras. Al llegar al túnel incluso le zarandea. Prokov hará constar en el acta eso, y también la forma en que Juanito se había conducido con el linier. El Madrid teme una fuerte sanción, que en efecto se produce: el día 9 la UEFA sanciona con dos años de suspensión para partidos de competiciones europeas a Juanito. Cuando el Madrid está preparando el recurso, Juanito no se lo pone nada fácil: «Es injusto e improcedente. No le pegué, solo le llamé hijoputa, y eso es costumbre en España, todos se lo decimos a los árbitros».

Zaballa echa el balón fuera

(1969)

Pedro Zaballa era un extremo veloz y potente, con cierta facilidad para el gol. Había nacido en Castro Urdiales y se había dado a conocer para el gran fútbol en el Racing de Santander, el equipo de su tierra. De allí lo fichó el Barcelona a principios de los sesenta, dentro de su proyecto de renovación del viejo y glorioso equipo de HH. Compañero de generación de los Rifé, Pereda, Zaldúa y Fusté cumplió bien en el Barça, del que se marchó dejando tras de sí 209 partidos y 56 goles. Ganó una Copa y una Copa de Ferias. Tuvo su mayor momento de gloria en su único partido con la Selección cuando, en el camino de la Eurocopa de 1964 (que al final ganaría España [véase el día 21 de junio]) marcó los dos goles del triunfo (0-2) de nuestro equipo en Irlanda. Aquello le valió para ser bautizado como el «Zorro de Dublín», réplica del ya olvidado apodo de Gaínza, «Gamo de Dublín», por una gran actuación también en aquella ciudad bastante tiempo antes.

Del Barcelona pasó al Sabadell, entonces en Primera División. Este día su equipo visitó el Bernabéu. En el minuto 58 del partido, tras un rápido avance del Sabadell, el propio Zaballa lanza un balón sobre el área del Madrid, y a él acuden dos madridistas, el meta Junquera y el defensa Espíldora, y el delantero centro visitante, Palau. Hay un choque tremendo entre los dos madridistas, de resultas del cual Junquera cae al suelo, sangrando, y el balón, rebotado, le llega mansamente a Zaballa. La portería estaba vacía, Junquera en el suelo, a quince metros de ella, ni siquiera en la línea de tiro. En lugar de rematar a puerta y hacer un gol fácil, Zaballa prefirió echar el balón fuera de banda para no cobrar un gol con esa ventaja. El Bernabéu se quedó primero atónito y luego rompió en un gran aplauso que duró cinco minutos. Los servicios de asistencia salieron y atendieron a Junquera y a Espíldora, que tuvieron que ser sustituidos por Betancort y Zunzunegui. El partido acabó con un raquítico 1-0 a favor del Madrid, conseguido por Pirri a un minuto del final. Rosón, presidente del club, dijo al final del partido que no sabía si debía multar o felicitar a su jugador por lo que hizo. En realidad le felicitó.

El gesto trascendió fuera de España y le valió, a propuesta de la FIFA, el premio Fair Play de la Unesco, que fue a recoger a París. Su temperamento humilde le hizo sentirse algo incómodo en la ceremonia. Nunca le gustó presumir de ese gesto, cuya carga de deportividad es enorme. En realidad, por hacer gol no hubiera retrasado la asistencia a los dañados: tanto hubiera dado a esos efectos sacar el balón del campo «entre los postes y el larguero» que por cualquier otro lugar. Simplemente, no le pareció bien favorecerse de esa posibilidad para hacer un gol sin oposición, lo hubiera encontrado antideportivo. Aquel gol que no marcó pudo costarle caro al Sabadell, que acabó la Liga el cuarto por la cola, empatado a puntos con el tercero, el Deportivo, que descendió. Entonces descendían tres. El Sabadell, que en la última jornada jugó (y perdió) en casa con el campeón, el Atlético, se salvó por los pelos.

El Rangers elimina milagrosamente al Sporting de Lisboa (1971)

Aquella temporada la había comenzado mal el Glasgow Rangers. Pese a haber ganado la Copa de Escocia pocos meses antes, hizo un comienzo de Liga desastroso. De los seis primeros partidos perdió cinco y rozó, cosa insólita para este club, el último puesto de la tabla. Sus aficionados no estaban nada optimistas con respecto a la Recopa. La primera eliminatoria la jugó con el Rennes, ante el que empató de mala manera a domicilio, entre acusaciones de antifútbol por parte de la prensa francesa. El partido de vuelta lo ganó 1-0 y siguió adelante.

El sorteo le enfrentó luego con el Sporting de Lisboa. Por primera vez en la temporada, el Rangers hizo un gran fútbol en el primer tiempo del partido de ida, en Glasgow, y se fue al descanso ganando por un rotundo 3-0. Pero en la segunda parte volvió a flojear y concedió dos goles, hasta terminar el partido con un incierto resultado de 3-2. La vuelta, en Lisboa, fue de gran dramatismo. Estaba el partido 2-2 cuando, cerca del final, el Sporting marcó el 3-2, lo que llevó a los equipos a la prórroga. En ella, el Rangers marcó por delante, pero de nuevo volvió a distanciarse el Sporting, hasta un final de 4-3, lo que hacía un agregado de 6-6. El árbitro, Laurens van Raavens, dio paso a la tanda de penaltis, que clasificó al Sporting de Lisboa… aparentemente. Un periodista escocés del *Sunday Mail*, que estaba de enviado especial en el partido, bajó y le comentó al mánager del Rangers, Willie Waddel, que los penaltis no deberían haberse lanzado, ya que al ser el resultado final del partido, incluida la prórroga, 4-3, el Rangers estaba clasificado, puesto que primaba el número de goles marcados fuera, y el Sporting solo había hecho dos (perdió 3-2) en Glasgow. En esencia, el gol de la prórroga del Rangers tenía más valor que el del Sporting, por haberse marcado fuera. El árbitro había interpretado que en la prórroga tenían el mismo valor los goles del de casa que los del de fuera. El mánager reclamó y el árbitro comprendió, con horror, que se había equivocado. El Rangers estaba clasificado para la siguiente ronda.

Después de eso, el Rangers eliminará al Torino y al Bayern de Múnich, y se plantará en la final, en Barcelona, ante el Dinamo de Moscú. La ganará 3-2, enmendando así su mal comienzo de temporada con un gran título, que alzó su mítico capitán John Greig, un hombre extraordinario que rozó los mil partidos. Pero aquel éxito quedó empañado por la barbarie de sus hinchas, que sembraron el terror en Barcelona. Fue la primera vez que en España se veía a los *hooligans* de cerca. Diez mil escoceses invadieron Barcelona y pillaron por sorpresa a la policía local, que se vio desbordada. La copa no pudo ser entregada en el campo por la invasión de hinchas incontrolables, sino que se dio en los vestuarios. El choque dejaría un muerto, 20 heridos graves y 74 leves, y el cónsul general de Gran Bretaña envió una disculpa pública al alcalde de Barcelona por los hechos. Paradójicamente, el Glasgow Rangers protestó a la UEFA porque «Barcelona no ha tomado las precauciones necesarias ante una final de este tipo».

Un desempate siniestro en Montevideo

(1967)

El Celtic de Glasgow, que entrenaba el célebre Jock Stein (véase el día 10 de septiembre), había sido el primer equipo no latino en ganar la Copa de Europa. Era un equipo formado todo por escoceses, de Glasgow o alrededores, y con una personalidad muy marcada. Jugaba con una geometría variable, alterando la táctica según las necesidades del partido, pero en todo caso atacando con muchos y defendiendo con muchos. Ganó la final en Lisboa al temible Inter de HH, si bien es verdad que en este partido a los italianos les faltaba su mejor jugador, Luis Suárez, al que sustituyó un tal Bicicli, jugador menor. La victoria le dio paso a disputar la Intercontinental, contra el Racing de Avellaneda, y fue tremendo. En el Racing había algunos jugadores célebres, como el meta Cejas, Perfumo, el Coco Basile, Cárdenas y Maschio, pero era un equipo entregado a la violencia, como muchos de los suramericanos en aquella época previa a las tarjetas amarillas. Se había extendido además en ese tiempo una profunda antipatía por parte del fútbol platense contra Europa, y particularmente contra Inglaterra, por los sucesos ocurridos durante la Copa del Mundo de 1966.

El partido de ida, en Glasgow, el 18 de octubre, lo arbitró el español Juan Gardeazábal, que a duras penas pudo sacar adelante el choque. Jock Stein se lamentó amargamente de la forma en que había sido golpeado una y otra vez su pequeño y habilidosísimo extremo Jimmy Johnstone. La vuelta, el 1 de noviembre, en Buenos Aires, ya fue un horror. Antes de empezar el partido el meta titular del Celtic, Ronnie Simpson, fue alcanzado por un objeto que le produjo una fuerte brecha. Tuvo que jugar en su lugar John Fallon. El Celtic se adelantó, con un penalti transformado por su gigantesco lateral, Gemmell, que tenía una pegada tremenda. Pero el Racing, a base de dureza, intimidación y también fútbol, consigue darle la vuelta al partido y ganar 2-1. De nuevo Johnstone fue golpeado una y otra vez, y llegó a ser alcanzado por una botella de cerveza cuando era atendido por los servicios de asistencia fuera del campo. Entonces aún no se concedía un valor preferente a los goles marcados fuera de casa, por lo que había que jugar un partido de desempate. Se fijó para tres días más tarde, en Montevideo.

Y aquello ya no fue fútbol, sino un ultraje al fútbol. Según los cronistas, toda intención de jugar al fútbol fue abandonada, sustituida por mañas propias de una pelea de bar, con los jugadores golpeándose inmisericordemente unos a otros. Johnstone resultó seriamente lesionado. Cinco jugadores, tres del Celtic (Lennox, Hughes y Auld) y dos del Racing (Basile y Rulli), fueron expulsados. Sorprendentemente, Auld y Rulli se negaron a abandonar el campo, y el árbitro, el paraguayo Osorio, desbordado por los acontecimientos, se lo consintió. En el minuto 32 de aquella refriega de patadas surgió un tiro milagroso, obra del Chango Cárdenas, que se coló por la escuadra de Fallon (Simpson aún no estaba repuesto de su herida de Buenos Aires) y fue el gol de la victoria. El Celtic, avergonzado por la conducta de sus jugadores, les impuso una multa de 150 libras a cada uno. Por el contrario, el Racing de Avellaneda regaló a cada uno de sus jugadores un coche.

Un ex presidente del Madrid profesa como dominico

(1960)

Rafael Sánchez Guerra fue presidente del Real Madrid desde el 31 de mayo de 1935 hasta la Guerra Civil. Concretamente, hasta el 4 de agosto de 1936, cuando el club fue incautado por las milicias. Era un hombre conocido en política. Hijo, a su vez, de un célebre político, José Sánchez Guerra, que ocupó muy altos cargos, entre ellos el de presidente del Congreso y presidente del Consejo de Ministros. Conservador y monárquico, participó en una conspiración para derribar a la dictadura de Primo de Rivera, peripecia que coincidió con «la final del agua» (véase el día 3 de febrero). Rafael Sánchez Guerra fue un republicano convencido, republicano de derechas, muy afín a Alcalá-Zamora, junto al que participó en la creación del partido de la Derecha Liberal Republicana. Alcalá-Zamora le nombró, cuando accedió a la presidencia de la República, secretario general de la Presidencia, cargo que compatibilizó con la presidencia del Madrid. Sánchez Guerra estuvo poco tiempo en el club, por la irrupción de la guerra, pero hizo un buen servicio: su ascendencia alteró el plan de Indalecio Prieto, que, en su extensión de la Castellana, había dibujado el trazado por encima del viejo campo de Chamartín. Sánchez Guerra consiguió desviar el trazado y salvar el campo.

Sánchez Guerra fue el presidente con el que el Madrid ganó la Copa de 1936, en Valencia, ante el Barça, cuando la gran parada de Zamora. La Guerra Civil le pilló en El Escorial, pero regresó a Madrid, donde trató de mantener el orden incluso cuando el gobierno se marchó a Valencia. En cierto modo, compartió el destino del socialista Julián Besteiro. Cuando los nacionales tomaron Madrid, ya en 1939, fue detenido en los sótanos del Ministerio de Hacienda, junto al resto de la Junta de Defensa de Casado. Encarcelado, salió a los veintiséis meses, gracias a su primo, Antonio Barroso (hermano de Javier, el que fuera portero y luego presidente del Atlético), importante militar de la época. Se marchó exiliado a París donde reorganizó su vida.

Enviudó en 1959 y, de acuerdo con una promesa que le había hecho a su mujer, decidió profesar como dominico. De nuevo por influencia de su primo Antonio Barroso, consiguió regresar a España, donde entró el 5 de octubre. Tras dudar entre la orden cisterciense de Santa María de Huerta y el Seminario Hispano Americano de Misioneros Dominicos de Villava, se decide por este último, donde entra primero como novicio y finalmente toma el hábito el 5 de noviembre de 1960 en presencia de sus hermanas Emilia, María y Constanza, de su hija Rosario y de su primo, el teniente general Antonio Barroso. Allí vivirá tranquilo sus últimos años, organizando y arbitrando partidos entre los monjes. El Real Madrid, con Bernabéu a la cabeza, le visitó, con ocasión de un partido de Liga que se iba a disputar en San Juan, contra Osasuna. Fue el 8 de abril de 1963, y la presencia de los Di Stéfano, Puskás, Amancio, Zoco y demás provocó enorme revuelo en la pacífica comunidad. Fallecería un año después, el 2 de abril de 1964.

Ferguson coge el Manchester United

(1986)

Aquellos eran malos tiempos para el Manchester United, que llevaba diecinueve años sin ganar nada, y hasta se movía por la zona baja de la tabla. Ferguson, escocés, había completado una buena carrera como delantero centro en el Glasgow Rangers. A los treinta y dos años había dejado de jugar para empezar a entrenar. Su primer destino, el East Stirlingshire, era un desastre cuando lo cogió: solo ocho profesionales inscritos y hundido en el fondo de la tabla de Segunda División. Al final de la Liga fueron terceros en la categoría. Luego entrenaría al Aberdeen, donde alcanzó un éxito notable: la Recopa, cuya final le ganó a aquel Madrid de los cinco segundos puestos (véase el día 28 de diciembre) el año en que lo entrenó Di Stéfano. Para el United era una apuesta. Ferguson se propuso, desde que llegó, alcanzar al Liverpool en el número de títulos de Liga, diez. Durante el período de ostracismo del United, el Liverpool se había convertido en el equipo de referencia de Inglaterra.

Sus primeros fichajes fueron Viv Anderson (véase el día 29 de noviembre) y Steve Bruce, pero el equipo no terminaba de responder a las expectativas. A la tercera temporada sin títulos, la afición empezó a impacientarse y a llevar pancartas en su contra. Ferguson se hacía difícilmente con la disciplina de una plantilla en la que existía una vieja tradición de bebedores. Los jugadores murmuraban a sus espaldas y le llamaban «el secador de pelo», por la fuerza de sus broncas, en las que les gritaba tan de cerca que según ellos el aire que exhalaba su boca les servía para secarse el pelo tras la ducha. También contaban que en ocasiones les arrojaba botas, botellas o botes. Ferguson alcanzó su punto más bajo en diciembre de 1989, lo que llamó su «diciembre negro». Pero le salvó en cierto modo una declaración de Bobby Charlton, que alabó su apuesta por el fútbol de ataque, que comparó con la forma de trabajar de Matt Busby: «Él nunca se preocupaba por la defensa». La protección de Charlton, el gran gurú del United, permitió a Ferguson transitar por sus días peores. Y se inspiró en Busby, un devoto del fútbol de cantera, para reconstruir el equipo.

Busby había ganado la Copa de Europa de 1968 con Stiles, Kidd, Foulkes, Sadler, Best y el propio Charlton, salidos todos de la cantera del club. Ferguson reconstruyó por fin el equipo con las mismas bases, dando confianza a jugadores que venían de abajo. Cuando por fin obtuvo el título, en la temporada 1992-1993, se superaban veintiséis años de frustración, pero al tiempo se abría el que iba a ser el período más brillante del club de Manchester. En 1999, en Barcelona, y con dos goles milagrosos en el descuento, el United recuperaba la Copa de Europa (ya mencionado el 26 de mayo) con Giggs, Scholes, Neville, Butt y Beckham, procedentes de la cantera. Cuando se retiró, Ferguson había sido el único entrenador en conseguir tres títulos seguidos en la historia de Inglaterra, el único en ganar en un mismo año Liga, Copa y Champions, y había igualado los diez títulos del Liverpool, como se propuso. La receta fue paciencia y cantera.

Eldorado estaba en Colombia
(1948)

La semana anterior se había producido un plante antes de los partidos del campeonato argentino, que iba por su vigesimoquinta jornada, con Racing de líder. A los jugadores se les debía dinero y lo exigían. Exigían mejor trato en general, pues se consideraban despreciados. Exigían un 15 por ciento del importe de los traspasos. La AFA hizo oídos sordos, pensando que no serían capaces de hacer lo que estaban amenazando: una huelga. Pero sí la hicieron, y ese domingo no hubo fútbol. Y la cosa iba a traer consecuencias.

Los clubes trataron de seguir adelante con jugadores de la reserva o con juveniles, pensando que los profesionales no tendrían más remedio que ceder cuando se vieran sin ingresos. Moreno, una celebridad de la época, el máximo genio de lo que se llamó «la Máquina» de River, lo resolvió fichando por el Universidad Católica de Chile, lo que significaba una pérdida dramática para el nivel del campeonato argentino, pero lo peor estaba por venir. El año 1949 empieza a trancas y barrancas, con algunas conversaciones, algunas promesas que no se cumplen, algunos huelguistas que vuelven a jugar, otros que no, y represalias nada disimuladas a los cabecillas, entre los que estaba un joven, pero siempre rebelde, Alfredo Di Stéfano. En eso, el 15 de julio, un artículo periodístico avisa: «El cuco es Colombia», y explica cómo la Liga colombiana ha roto la disciplina de la FIFA y está haciendo ofertas en serio a los mejores futbolistas del país, apoyado en la situación de conflicto. Colombia reclutará en esos meses, sin pagar traspasos, no solo jugadores de Argentina, sino de toda Suramérica e incluso algunos europeos, pero en Argentina lo tenía más fácil por el descontento de los futbolistas.

Y el éxodo es verdaderamente masivo. Los jugadores lo llaman «El-dorado», y allá fueron contratadas hasta 57 figuras argentinas, lo más granado del fútbol platense en esos años. Entre ellos Alfredo Di Stéfano, figura emergente en River, al que abandonó con 66 partidos y 59 goles. Pero también Pedernera, Rossi, Báez, Rodolfo, Deambrosi, Rial (que también acabaría en el Madrid), Reyes, Pontoni, Sastre, Ferreyro, Cozzi, Ferreyra... Es una debacle para el fútbol argentino, cuyo campeonato cae muchos grados en interés. A pesar de la facilidad de Argentina para crear talentos futbolísticos el espectáculo se resentirá, y con él las taquillas y las recaudaciones. La situación hace reflexionar a los dirigentes, que ceden por fin a la exigencia del 15 por ciento para los jugadores de las cantidades abonadas de club a club en los traspasos. La FIFA tuvo que intervenir en el caso y se alcanzó el llamado Pacto de Lima, firmado en 1951, para resolver la situación de la Liga pirata de Colombia y llegar a un compromiso entre esta y su entorno. Se acuerda que los contratos en vigor con los clubes colombianos son aceptados por la FIFA, pero que al término de los mismos los jugadores volverán a ser propiedad de sus clubes de origen. Al tiempo, Colombia se compromete a no hacerse con más jugadores sin pagar traspaso por ellos.

River se corona en La Bombonera

(1942)

Quedaban tres jornadas para el final del campeonato y River Plate era el líder, con cinco puntos de ventaja sobre San Lorenzo de Almagro. Era el River de «la Máquina», la fabulosa delantera formada por Muñoz, Moreno, Pedernera, Labruna y Loustau. En sus divisiones inferiores crecía un tal Di Stéfano, junto a otros llamados a ser grandes, como Pipo Rossi o *Tarzán* Carrizo. Pero aún no estaban en la primera, en ese equipo que hacía tan felices a los suyos. Ese día River jugaba en la cancha de Boca, su eterno rival. En La Bombonera. River había nacido en la Boca, pero con el tiempo se había mudado a un barrio más rico, Parque Palermo. Para entonces ya se les conocía como los Millonarios. La hinchada de Boca los detestaba tanto entonces como hoy. El entrenador era Renato Cesarini, que no contó para ese día con el equipo de gala, una alineación que aún hoy recitan muchos en Argentina, pero sí con uno que se le parecía mucho: Barrios; Vaghi, Ferreyra; Yácono, Rodolfi, Ramos; Deambrosi, Moreno, Pedernera, Labruna y Loustau. Se echa en falta, en el ala derecha, a Muñoz. Deambrosi, que le sustituye, había sido el extremo izquierda titular en «la Máquina», hasta que un día tuvo un rasgo de generosidad con un purrete que jugaba en su puesto y apretaba mucho. Y le dijo a Cesarini: «Andá, Renato, y ponéle hoy al pibe Loustau, que se lo merece». Y entró Loustau y ya no hubo quien le quitara el puesto. Deambrosi se quedó para sustituciones, como la de este día.

San Lorenzo jugaba en la cancha de Banfield y empezó perdiendo dos a cero. Las radios ya daban entonces noticia de lo que pasaba en otros campos. Pero en La Bombonera la cosa iba mal para River, que se enfrentaba a una gran delantera de Boca: Boyé, Elena, Sarlanga, Gandulla y Emeal. Gandulla marcó en el 26' y repitió en el 44'. Al descanso se marchó River perdiendo por 2-0. Encima, en la caseta supieron que San Lorenzo había descontado en la cancha de Banfield: ya solo perdían por dos goles a uno. Si empataban, obligarían a River a ganar. Si perdían, River tendría al menos que empatar para lograr el ansiado título esa tarde, en la cancha del rival.

Al poco de salir en la segunda parte, Pedernera hace un golazo, y no mucho más tarde la afición sabe que Sanz ha marcado para Banfield un tercer tanto. Aun así, River necesita empatar. En el minuto 71, un objeto arrojado desde la grada alcanza de lleno a Yácono, dañándole gravemente, por lo que se hace necesario retirarle. River tiene que seguir jugando con diez. Se recompone colocando a Labruna como lateral derecho. Y es el propio Labruna el que a nueve minutos del final hace la jugada del partido: se va hacia delante, deja atrás a Emeal, a Zárraga y a Lazzatti y cruza un centro a Loustau, que sobre la marcha empalma un cañonazo. Estrada, meta de Boca, rechaza como puede y Pedernera caza el rebote para inflar las redes. Es el 2-2, que se hace definitivo, porque San Lorenzo no logra ningún punto en Banfield, donde el local gana por 3-1. River queda con seis puntos de ventaja a falta de dos jornadas y es campeón. Da la vuelta olímpica a La Bombonera, en el que todavía hoy es recordado como el día más feliz del club de la banda roja por muchos viejos aficionados.

River ganó aquel campeonato con 46 puntos en treinta partidos, o sea, la media inglesa (ganar en casa, empatar fuera, se decía) más un punto. Ganó veinte partidos, empató seis y perdió cuatro. Marcó más goles que nadie, 79, y encajó también menos que nadie, 37. Su máximo goleador fue Pedernera, con 23 goles, seguido de Labruna con 15 y Moreno con 10. Deambrosi, pese a no ser estrictamente titular a partir de la entrada de Loustau, completó 29 partidos, porque siempre que faltó alguno de los otros componentes de «la Máquina» entró él en el puesto.

Breitner le marca a Superpaco... por fuera

(1975)

El Sevilla y el Madrid se enfrentan en el Sánchez Pizjuán. Es la segunda temporada tras la apertura de las fronteras a los extranjeros, y el Madrid ha incorporado ese año al alemán Breiner, lateral izquierdo del Bayern de Múnich y de la Selección de la RFA, pero ha venido para jugar en el medio campo, donde demostrará unas grandes condiciones. (El lateral izquierdo era ya entonces propiedad de Camacho.) En el Sevilla juega un buen portero, Paco, natural de San Fernando, Cádiz. Le llamaban Superpaco, apodo que debe a un periodista sevillano, Francisco Gelán, por su actuación en los JJ OO de Montreal ante Bulgaria. Paco fue 18 veces a la Selección española, pero nunca llegó a debutar: siempre fue suplente del gran Iribar. Breitner y Paco se cruzaban ese día. La historia les va a unir para siempre.

Al descanso, el partido está 0-0. Nada más empezar la segunda mitad, tras un par de toques de tanteo, Breitner arranca, se acerca al área y suelta un zambombazo hacia la escuadra izquierda de Paco. Este responde bien, vuela, lanza los brazos, cubre el ángulo, ve cómo el balón sale fuera, unos centímetros más allá de sus manos y del palo. Aterriza, se levanta, va a por el balón… y descubre que está dentro. ¿Cómo es posible? Breitner se está abrazando con sus compañeros mientras el árbitro, el catalán López Cuadrado, señala el centro del campo. El Madrid gana 0-1. Paco mira a la parte alta de su portería y descubre que en el lateral de la red hay un hueco anómalo: así que la red estaba defectuosa, seguro que el balón ha pasado por ahí. Protesta, avisa a algunos compañeros que lo comprueban, pero ni el árbitro ni el linier acceden a acercarse. El partido sigue. Al final acabará 1-1, con gol de Biri Biri.

En las entrevistas en vestuarios se discute luego sobre el gol. Los del Madrid dicen que no saben, los del Sevilla, que no ha sido. El lunes, a las 20.30, es el programa de resúmenes de la televisión, con el célebre espacio *La Moviola*, que presenta el ex árbitro Ortiz de Mendíbil. Pero la toma no aclara nada. Un plano largo, en blanco y negro, de lejos. Se enfoca, sí, luego, el hueco en la red, pero algunos opinan que ese boquete lo han forzado Paco y algún compañero a posteriori para dar pábulo a su versión.

Un día más, martes. Sale a la calle *As Color*, célebre revista de la época. La portada no deja lugar a dudas: el fotógrafo Javier Gálvez ha cazado el instante justo en que el balón se cuela por la red averiada. La foto, de extrema nitidez a la que ayuda el color, no deja lugar a dudas: Paco ha cubierto el ángulo, el balón ha coincidido justamente en su trayectoria con la pequeña dilatación de la red, por la que se ha colado. Otra foto muestra luego el hueco en la red, también muy nítida.

Paco respira tranquilo. El gol subió al marcador, sí, pero no se lo habían marcado. Así quedó demostrado, para los siglos de los siglos, por la cámara de Javier Gálvez.

Ufarte nos mete en el Mundial de Inglaterra

(1965)

España había sido campeona de la Eurocopa en 1964, así que nos las prometíamos muy felices cara al Mundial de 1966. Por supuesto, estaríamos. Y podíamos dar guerra. La clasificación, además, no parecía gran cosa: Siria e Irlanda. Siria se retiró, así que se trataba de jugar a ida y vuelta con Irlanda. Pero en el primer partido, en Dublín, tropezamos inesperadamente. Iribar, en el 61', comete un fallo sorprendente: salta a por un balón fácil, lo agarra, se gira y lo mete en su propia portería. ¿Qué ha pasado? Iribar había temido que alguna de esas cargas «británicas» le hiciera perder el balón y había pretendido enviarlo a córner para asegurar, pero en lugar de eso lo metió en su portería. El juego de ataque español fue romo durante todo el partido y perdimos 1-0. Mala cosa, porque entonces no bastaba con golear en el partido de vuelta. Se contaban puntos en los dos partidos, no goles. Así que en la vuelta había que ganar por lo que fuera y luego ir a un desempate. El partido se llevó a Sevilla, espacio siempre grato. Betancort sustituyó a Iribar, castigado por su fallo. Se hizo venir de Italia a Luis Suárez, cosa que no se hacía salvo en condiciones excepcionales. El equipo quedó conformado como el campeón de la Eurocopa, con muy pocos cambios. La cosa empezó fatal, con un gol rápido de los irlandeses. Pero luego tres goles de Pereda, interior del Barcelona con gran sentido del juego y buena capacidad de remate, pusieron el partido de cara. Finalmente, Lapetra elevó el resultado a 4-1. Goleada, sí, pero había que desempatar.

Y al desempate fuimos temblando. Fue en París, en el Parque de los Príncipes, y al comienzo del grupo por nada del mundo hubiéramos pensado que nos veríamos en esas. Salieron: Betancort; Rivilla, Olivella, Reija; Zoco, Glaría; Ufarte, Pereda, Marcelino, Suárez y Lapetra. El mismo equipo de Sevilla, el equipo eurocampeón con Betancort por Iribar, Reija por Calleja, Glaría por Fusté y Ufarte por Amancio. Ufarte fue un gran extremo, hecho en el fútbol de Brasil, donde llevó como nombre futbolístico el de «Espanhol», que remitía a sus orígenes. Porque Ufarte había nacido en Pontevedra y se fue a los siete años con sus padres, emigrantes gallegos en busca de una vida mejor. El Madrid quiso ficharlo, pero se encontró con que la Federación lo clasificaba de extranjero por haberse hecho en el fútbol de allí. Una mala interpretación que el Atlético supo resolver y lo trajo. Tenía el regate de Garrincha y empezó fenomenalmente en nuestro fútbol, hasta sombreros le tiraban en el Metropolitano. Luego, aunque siguió siendo magnífico, nunca igualó el nivel excepcional de sus dos primeros años.

Pero esta vez nos metió en el Mundial. Con toda España temblando ante el televisor consiguió por fin en el 82' un gol festejado por los miles y miles de españoles emigrantes que acudieron al partido. El choque había sido duro, áspero, mal jugado por todos, llevado por los irlandeses a un modelo de fútbol de rompe y rasga y balonazo de aquí para allá que perjudicaba a España, mucho más técnica. El gol de Ufarte redimió un mal partido. Estábamos en el Mundial. Claro que luego eso no nos añadiría ningún laurel. Una vez en Inglaterra, perdimos con Argentina, ganamos a Suiza y perdimos con la RFA. Con todo lo cual no nos dio más que para regresar a casa chasqueados. Por lo menos, habíamos estado. Entonces nadie sospechaba que para las ediciones de México (1970) y Alemania (1974) ni siquiera seríamos capaces de clasificarnos.

El Arsenal veta a Osama bin Laden

(2001)

El 11 de septiembre de 2001 se produjo el mayor atentado terrorista de la historia, con el lanzamiento de sendos aviones cargados de pasajeros y de combustible contra las llamadas Torres Gemelas de Nueva York. Pronto se supo que el instigador había sido Osama bin Laden, ciudadano árabe, creador de la red terrorista Al Qaeda, decidido a combatir la civilización occidental en busca de imponer los principios del islam más extremista. Hasta ese atentado, Bin Laden solo era relativamente conocido, aunque ya existía como preocupación de los servicios secretos de los países occidentales, singularmente de Estados Unidos, y su nombre había salido en la prensa. Pero a partir de ese momento se convierte en el hombre más célebre del mundo, en el enemigo público número uno. La sospecha de que se esconde en Afganistán desencadena la invasión de ese país por fuerzas internacionales previo mandato de la OTAN.

Y empiezan a circular biografías sobre él. En una de ellas, debida a Adam Robinson, se revela que ha vivido unos años en Londres, y que en ellos ha sido habitual del viejo Highbury, capturado por la vieja magia del club de los *gunners*, del que la web del Arsenal también asegura que es fan Fidel Castro. Según Robinson, Osama bin Laden tenía su localidad habitual en la zona llamada Clock End, un rincón del estadio con mucho sabor, situado debajo del reloj que en su día hizo instalar Chapman. Un reloj de solo 45 minutos para que los seguidores pudieran ser conscientes de cuánto faltaba para el final de cada tiempo. (Ese reloj, una vez demolido Highbury, ha sido trasladado al nuevo Fly Emirates Stadium, donde ocupa un lugar de honor, pues es lo primero que se ve al traspasar la puerta principal, llamada precisamente Big Clock Entrance.) Robinson da por seguro que al menos estuvo en dos encuentros en el viejo templo futbolístico de los *gunners:* en la edición de 1993-1994 de la Recopa, en las visitas del Torino, en cuartos de final, y en el Paris Saint-Germain, en semifinales. También habría acudido a la final disputada en Copenhague ante el Parma, y que ganó el Arsenal con un solitario gol de Alan Smith. Esa victoria impidió lo que podía haber sido un triplete italiano en la temporada, pues el Milán y el Inter ganaron respectivamente la Champions y la Copa de la UEFA.

La hinchada joven del Arsenal tuvo la mala ocurrencia de festejar la afiliación de Bin Laden como hincha del Arsenal con un cántico, entonado con la música del célebre *Volare*, de Domenico Modugno, y con esta letra: *«Osama, oh, oh! / Osama, oh, oh, oh, oh! / He comes from Taliban, / He is an Arsenal Fan»*.

Así que el 11 de noviembre de 2001 el club tiene que salir al paso y declarar a Bin Laden «persona non grata». «Hemos sabido de la presencia de Bin Laden en nuestro campo por los periódicos, obviamente no será bienvenido en el futuro», dijo en un lacónico comunicado el portavoz del club. Así que al nuevo campo del Arsenal no vayan a buscarle, aunque se denomine Fly Emirates Stadium.

Pablo Hernández Coronado no llegó a los cien años
(1997)

No llegó a los cien años por un solo mes. Pablo Hernández Coronado había nacido el 11 de diciembre de 1897 y su presencia había cubierto una larguísima época del fútbol español. Jugador primero en el Club Stadium, luego en la Gimnástica y finalmente en el Madrid, siempre en el puesto de portero, fue uno de los hombres más influyentes en el desarrollo de nuestro fútbol. Inquieto e ingenioso, se mantuvo siempre fiel al fútbol, más que a los diversos estudios que emprendió (medicina, ingeniería, comercio) y que siempre dejó a medias. Estuvo preseleccionado para los JJ OO de Amberes, los de la medalla de plata, pero Zamora y Eizaguirre le cerraron el camino. Cuando dejó de jugar fue entrenador, árbitro (uno de los más afamados del país) y secretario técnico, puesto que inventó él mismo y desde el que se le achaca el fichaje de Zamora por el Real Madrid. Fue el hombre que, de la mano del presidente Luis Usera, emprendió la creación del primer «gran Real Madrid», con fichajes importantes en los años treinta, como los de Ciriaco, Quincoces, los hermanos Regueiro o el goleador Olivares. Participó activamente en el debate de aquellos años entre cantera y cartera, mostrándose partidario de un equilibrio entre ambas líneas de trabajo.

Durante la Guerra Civil se mantuvo en Madrid y en el club, de cuyos archivos fue cuidador y depositario. Aunque compartió paredes y trabajo con los incautadores del club y con los gestores del Batallón Deportivo, no fue represaliado al final de la guerra. Era muy apreciado, tenía muchos amigos y se le consideraba puro hombre de fútbol, por lo que nadie fue contra él. Siguió en el fútbol, en el Madrid, hasta que algunas desavenencias con Bernabéu le hicieron abandonar el club. Antes tuvo iniciativas como numerar a los jugadores (el Madrid fue el primer equipo español que lo hizo) o experimentar con dos alineaciones diferentes, una para los partidos de casa y otra para los de fuera. Fue seleccionador en dos ocasiones. En la primera de ellas sufrió España la primera derrota de su historia con Portugal, que él ya se temía de antemano, lo que dio lugar a una de sus frases más comentadas: «Me parece que voy a tener el honor de haber sido el primer seleccionador que pierde contra Portugal». Fue el 26 de enero de 1947. Aún estaría en otro partido, con derrota en Irlanda por 3-2. Volvió a ser seleccionador para el Mundial de Chile, para el que llevó como entrenador a Helenio Herrera, en una bicefalia que aún era frecuente en la época, pero difícil de sacar adelante con dos personalidades tan marcadas. A ese Mundial llevó a varios nacionalizados ya muy veteranos, los Di Stéfano, Eulogio Martínez, Puskás y Santamaría, por lo que fue muy criticado tras la eliminación de España.

Su singular manera de ver su deporte quedó perfectamente reflejada en un libro magnífico, *Las cosas del fútbol*, que mereció un prólogo de José María de Cossío. Describe a los entrenadores como válidos solo para conseguir que el equipo funcione al cincuenta por ciento («pero hace falta un listero para que los jugadores sepan que tienen obligaciones»), a las novias como una de las lesiones más frecuentes y graves para el jugador, a las peñas como células cancerígenas, sin utilidad para el club, que se multiplican y complican la vida del organismo. De los periodistas deportivos no tiene gran opinión. Dice que «para escribir de fútbol en un periódico solo hacen falta dos cosas: ser amigo del director y no servir para otra cosa».

Yugoslavia se clasifica, pero no le va a servir (1991)

La caída del Muro de Berlín, en 1990, provocó rápidamente cambios en el dibujo geopolítico de Europa, dando lugar a la disgregación de Estados que habían funcionado como tales desde la Segunda Guerrra Mundial y a la aparición de otros. Las dos Alemanias se unieron, la URSS perdió el dominio sobre Estonia, Letonia y Lituania, y tuvo que ver también cómo, poco a poco, se desafectan de la vieja Rusia muchas otras repúblicas, a mayor o menor velocidad. Checoslovaquia se partía sin drama en dos Estados, la República Checa y Eslovaquia. Y pronto Yugoslavia empezaba asimismo un período de desmembración que resultaría dramático. El reconocimiento de Eslovenia por parte de Alemania dio lugar al inicio de la disolución. La UEFA estaba en vísperas de la Eurocopa de Suecia y tenía un problema, porque las Selecciones que habían comenzado la fase de clasificación no se correspondían exactamente con las que podrían acudir a la fase final. Con Alemania se resolvió el problema con la unificación, lo que quedaba de la URSS (todo menos las tres repúblicas bálticas) concurrió como CEI (Confederación de Estados Independientes), buena solución de paso. Tras el torneo, la UEFA admitiría a las distintas federaciones de los nuevos Estados que integraron esta coalición. Por su parte, Checolsovaquia no se clasificó.

Quedaba el problema de Yugoslavia, que se clasificó este día, batiendo por 2-0 a Austria. Cuando avanzó el año siguiente todo fueron problemas. El país se iba disgregando y entrando en una guerra cada vez más cruel, que espantó al mundo. Y, metidos en fútbol, era evidente que el equipo que enviara Yugoslavia no sería el que se había clasificado, sino otro más débil, carente de los jugadores de las partes que se iban disgregando. La solución se fue dilatando hasta poco antes del campeonato, cuando se decidió, a instancias de algunos de los Estados escindidos (singularmente Croacia), que «lo que quedaba» de Yugoslavia no podía competir con ese nombre. La ONU recomendó además el aislamiento total del gobierno yugoslavo por los ataques a Sarajevo. Pese a su gran fase de clasificación (ganó siete partidos, perdió uno, marcó 24 goles, encajó cuatro y tuvo en Pancev al máximo goleador de todos los grupos de la fase de clasificación), fue excluida, ya muy a última hora. La UEFA decidió invitar en su lugar a Dinamarca, que había sido la segunda de ese mismo grupo.

La decisión se retrasó tanto que los jugadores daneses, ya acabados los campeonatos de Liga de los distintos países en que jugaban, incluido el suyo, estaban de veraneo. El seleccionador tuvo que localizarlos y reclutarlos a toda prisa, y el mejor del país, Michael Laudrup, rehusó, porque no se encontraba en condiciones. Paradójicamente, esa Dinamarca, reclutada a última hora para reemplazar a Yugoslavia, ganó el campeonato contra todo pronóstico. Mientras Yugoslavia se desangraba con sus guerras internas, que acabaron por atomizar a aquel viejo país, los felices daneses disfrutaban jugando un fútbol relajado en un campeonato al que no habían pensado en principio ni acudir. Pasaron la liguilla de grupo segundos, tras Suecia y por delante de Francia e Inglaterra. En semifinales eliminaron a Holanda, la campeona anterior, la gran Holanda de Gullit, Koeman, Van Basten, Rijkaard y Bergkamp, en los penaltis. En la final batieron a Alemania por dos a cero, con un Schmeichel colosal bajo los palos. Un final sorprendente para un campeonato que puso en solfa la vieja costumbre de las largas concentraciones de los equipos en vísperas de torneos de importancia.

La «santiaguina» nació en Viena (1956)

El Madrid había ganado la primera Copa de Europa el 13 de junio de ese mismo año en París, ante el Stade de Reims. Eso le daba dere-cho a defender su título en la segunda edición, a pesar de no haber sido campeón de Liga. El campeón, ese año, fue el Atlético de Bilbao. La primera eliminatoria enfrentó al Madrid con el Rapid de Viena, un enemigo entonces temible, sobre todo por la pareja Happel y Hanappi, jugadores de atrás sobre los que pivotaba el fútbol del equipo. Tremendo lanzador de faltas el primero de ellos. El partido de ida, el 1 de noviembre, en el Bernabéu, lo gana el Madrid por 4-2. El día 13 acude al Prater de Viena, el estadio situado junto a la célebre noria de la película *El tercer hombre*. A los cinco minutos, el central Oliva sufre una fractura y es evacuado en ambulancia al hospital. En el 19', Happel marca en un tiro libre. Poco después, Alonso se rompe una mano en una salida, pero se atreve a seguir. Intenta parar lo que le viene con una sola mano. En el 39', otra vez Happel, de penalti. En el 42', de nuevo Happel, en tiro libre. El Madrid se va al descanso eliminado.

Los jugadores están sentados en el vestuario, aturdidos, cuando se abre con fuerza la puerta. Entra el presidente, Santiago Bernabéu. Se quita el sombrero con la mano derecha y golpea con él fuertemente la pared. Y se pone a gritar. «¡Mujerzuelas! ¿Qué hacen ahí, lloriqueando? ¡Me da vergüenza verles, pero más vergüenza me ha dado verles ahí fuera! ¿Saben cuántos trabajadores españoles hay ahí, saben que algunos han venido de lejos, saben que mañana se van a burlar de ellos, saben los sacrificios que hace esa gente para mandar a España las divisas? ¡Son ustedes indignos de todo eso! ¡Mujerzuelas!» Hay un silencio. Zárraga se atreve a una protesta tímida: «Don Santiago… no creo que sea justo… estamos haciendo lo que podemos…». «¡Tú, cállate, que esto no va por ti!» Y reemprende la filípica, en los mismos términos. «¡Y si les queda algo de vergüenza, salgan ahí y compórtense como hombres, no me hagan pasar más vergüenza!» Cuando termina, vuelve a dar un fuerte golpe con el sombrero en la pared y se marcha pegando un portazo que casi descuadra la puerta. Había nacido la «santiaguina».

Los jugadores se miran y aceptan el desafío. Son diez, el portero tiene una mano rota, pero han recibido una inyección de moral. Se multiplican, cubren todos los espacios, arropan a Juanito Alonso, que cuando le llega el balón se lo quita de encima como puede con su sola mano útil. El Rapid de Viena empieza a verlo menos fácil. Al cuarto de hora de esa segunda parte, el Madrid conecta un ataque y un centro desde la izquierda lo intercepta de cabeza Hanappi. El balón se eleva mucho y viene a bajar a medio camino entre el punto de penalti y la frontal del área. Marsal acude al remate, pero Di Stéfano llega hecho una furia: «¡Dejaaala…!». Le aparta con el brazo, se vuelve, salta y engancha una chilena tremenda, que bate a Zeman. Es el tres a uno. El Rapid aprieta, pero no consigue el cuarto gol que necesita. El partido acaba. Alonso, Atienza, Lesmes, Muñoz, Zárraga, Joseíto, Marsal, Di Stéfano, Kopa y Gento desfilan agotados pero satisfechos. Cuando se estaban quitando la ropa, volvió a abrirse la puerta. La figura de Bernabéu se dibujó en el quicio. «Vengo a pedirles perdón por lo de antes. Son ustedes unos tíos.»

El desempate se juega en el Bernabéu, porque Saporta convence al Rapid, ofreciéndoles toda la taquilla. La gran recaudación tienta al Rapid, que acepta. Para el desempate no están ni Alonso ni Oliva, pero están Berasaluce, Atienza, Marquitos, Lesmes, Santisteban, Zárraga, Joseíto, Kopa, Di Stéfano, Marsal y Gento. El Madrid gana 2-0, goles de Joseíto (2') y Kopa (24'). El Madrid sigue. Ganará esa segunda Copa de Europa, y luego tres más, hasta la tacada de cinco. Nunca había estado tan cerca de la eliminación, ni lo volvería a estar. Le había salvado la «santiaguina».

Inglaterra se plantea suspender los partidos internacionales

(1934)

Aquel partido fue de aúpa. Italia era campeona del Mundo, título ganado en su casa en ese mismo verano. Antes del Mundial había disputado un amistoso con Inglaterra en Roma, finalizado en 1-1. ¿Y en el Mundial? Pues al Mundial no fueron los ingleses, los inventores, porque entonces miraban todo el fútbol de fuera de las islas un poco por encima del hombro. Sentían que seguían siendo los mejores, aunque ya no lo eran tanto, y preferían no exponerse a que les demostraran lo contrario. Ni siquiera estaban afiliados a la FIFA por entonces. Mussolini quería ganarles. Hacerlo equivaldría a que Italia pasara a ser considerada unánimemente como la mejor Selección del mundo. Vittorio Pozzo, el grandioso seleccionador de Italia en esos años, no estaba tan seguro de ganarles, y menos en el invierno inglés. Pero Mussolini estaba entusiasmado y allá fue la *azzurra* con la oferta de una fuerte prima en metálico más un Alfa Romeo por cabeza si conseguían ganar. El partido se disputó en Highbury, bajo una constante lluvia, ante 61 000 espectadores y radiado en directo para Italia con la retórica delirante de Carosio, el locutor favorito de Mussolini.

Italia salió con los campeones del mundo. Inglaterra, con siete jugadores del Arsenal y un jovencísimo Matthews como extremo derecha. En diez minutos, Inglaterra gana 3-0, y eso que ha fallado un penalti. Italia, además, juega con diez, porque *Doble ancho* Monti, su feroz mediocentro, está fuera del campo, y sin posibilidades de regresar al mismo, con un pie roto por un *tackle* de Ted Drake. Pero Italia se alza desde la desgracia y reacciona con fuerza, furia y fútbol. Le sale su orgullo de campeona mundial y un cierto aire de barrio, y desencadena una batalla de la que Hapgood sale con la nariz rota, Bowden con fractura de clavícula, Barker con una mano también rota y Ted Drake termina el partido como puede, con una feísima herida en la pierna. En la segunda mitad Meazza marca dos goles muy seguidos para Italia, que al final pierde 3-2, pero se marcha satisfecha. Carosio les ha bautizado como «I Leoni di Highbury» y al regreso a Italia son aclamados como héroes.

Inglaterra se queda aturdida ante la brutalidad en que ha degenerado el encuentro y el día siguiente la FA acuerda renunciar en el futuro a jugar partidos internacionales, salvo con las selecciones británicas, sus hermanas de Escocia, Irlanda y Gales. Afortunadamente, se volverá atrás de la decisión al cabo de un año, cuando le quedó a más distancia la fuerte impresión por el atroz partido. En 1938, Italia volverá a ganar la Copa del Mundo, esta vez en Francia. Inglaterra tampoco acudió a ese Mundial. Retrasó su primera presencia hasta 1950, donde perderá con España y con Estados Unidos. Y regresaría con las orejas gachas.

El Rayo le afeita los bigotes al Racing

(1972)

El Racing estaba esa temporada en Segunda División, pero con buenas perspectivas de ascenso. El año anterior el equipo ha quedado en la parte baja de la tabla, y ha sufrido por ello. El Racing, uno de los diez equipos fundadores de la Primera División, nunca se ha sentido en casa cuando ha estado en Segunda. Este año pinta mejor. De entrenador está Maguregui, que crea un halo de optimismo luchador, según suele. El equipo está fuerte atrás, con Santamaría en la puerta (uno de tantos que tendrían que dejar el Athletic para no convertirse en eternos suplentes de Iribar) y una defensa con De la Fuente, Chinchón, Sistiaga y Espíldora. Los laterales procedían de la cantera del Madrid, y De la Fuente llegaría a fichar por el Cosmos. Chinchón fue un jugador mítico en el Racing, con los años. Sistiaga era el clásico fuerte defensa del norte. Delante de ellos el equipo se armaba bien, con una perlita de la casa, Sebas, por el que llegó a interesarse el Barça.

El Racing empieza fenomenal: 0-1 en Pamplona, 1-0 al Córdoba, 0-1 en Cádiz, 2-0 al Mestalla. El equipo no encaja tantos en su portería y algún gol siempre cae. Crece el optimismo y los jugadores tienen una idea: dejarse crecer el bigote y no afeitárselo hasta que el equipo pierda. Resulta un desafío simpático, que estimula a los rivales pero que al tiempo atrae la atención sobre el club. La cosa sigue: 0-0 en Valladolid, 1-0 al Sevilla, 0-3 en Logroño, 1-1 en Elche (¡primer gol encajado, ya en la jornada octava!), 1-1 en casa ante el San Andrés. Entonces se produce la salida a Baracaldo, donde un peluquero guasón y con ganas de hacerse célebre anuncia que allí perderá los bigotes el Racing, y se desplaza al campo el día del partido, con los útiles de afeitar, dispuesto a ofrecer los servicios gratis a los futbolistas del club cántabro. Pero el partido acaba 0-0 y los bigotes siguen en su sitio. También después de la siguiente semana, tras el 1-0 al Mallorca en El Sardinero.

El día 16 el Racing se presenta en el campo del Rayo como líder imparable, con siete victorias y cuatro empates. Solo ha encajado dos goles en esos once partidos. El Rayo juega en el campo de Vallehermoso porque se está reconstruyendo el de Vallecas, y allí se presenta el Racing, con sus bigotes. Juegan: Santamaría; Espíldora, Chinchón, De la Fuente; Luis García, Sistiaga; Sebas, Barba, Aitor Aguirre, Pablo Amado y Arrieta. Luego entrarán Docal y Gento III por Sebas y Arrieta. El Rayo no llega tan cómodo en la tabla: a esas alturas del campeonato ya lleva cinco derrotas. Solo ha ganado tres partidos y ha empatado los otros tres. Sale con Gómez; Aráez, Hernández, Nieto; Curta, Bordons; Illán, Emilio, Chapela, Guri (Acedo) y Potele. Es casi el ambiente de una final, con el Vallehermoso lleno y lo mejor de la prensa deportiva de Madrid, todos al reclamo de los famosos bigotes. Illán y Potele hacen los dos únicos goles del partido y los jugadores del Racing cumplen y, al regreso, se afeitan los bigotes. Luego, el Racing perdería nueve partidos más en ese campeonato (tres en el mes siguiente a la caída de Vallehermoso), pero aun así terminaría tercero, lo que le valió para ascender. El Rayo acabaría la temporada discretamente, en el undécimo puesto, pero pudo presumir de haberle afeitado los bigotes al coco de la categoría, que en adelante no lo fue tanto. Le pasó con el bigote lo que a Sansón con la cabellera, o casi.

El niño del globo rojo
(2009)

Jugaba el Liverpool en el terreno del Sunderland, y tras la portería que ocupaba en el primer tiempo Reina, el meta del Liverpool, había un buen grupo de hinchas de ese equipo, provistos de los correspondientes signos distintivos: camisetas del Liverpool, bufandas del Liverpool, guantes del Liverpool, gorros del Liverpool, banderas del Liverpool. Una bulliciosa mancha roja y gritona. Un muchacho incluso llevaba un gran balón rojo, con el escudo del Liverpool, de los que se vendían en la tienda del club. Un balón del tamaño de los de playa, también de plástico, aunque más consistente. No hacía mucho que había empezado el partido cuando el balón, que saltaba de mano en mano, cayó al terreno de juego. Esa es una versión. Otra es que el propio chaval que lo llevaba tuvo la ocurrencia de lanzarlo al campo, al área de la portería que en ese primer tiempo defendía el equipo de sus amores.

Con mala fortuna. Acababa de caer el balón allí cuando el Sunderland había desencadenado una jugada de ataque que coronó Bent, con un remate raso, hacia la derecha de Reina... y directamente dirigido a la gran pelota roja. Reina se inclinó en esa dirección, pero el balón rebotó en la pelota y cambió bruscamente de trayectoria, colándose por el otro lado mientras él frenaba su estirada instintiva hacia el lado derecho, por el que a su vez se le colaba, burlona, la gran pelota roja. El árbitro, Mike Jones, concedió el gol, que resultó ser el único del partido. El Sunderland ganó por 1-0, lo que atrasaba aún más al Liverpool hacia la mitad de la tabla.

No debió hacerlo. El Reglamento prescribe que: «En caso de que un segundo balón o un elemento adicional entre en el terreno de juego, el árbitro deberá interrumpir el partido si interfiere en el juego. El partido se reanudará mediante un saque neutral». Distinto es el caso si el balón pega en el árbitro o en uno de sus asistentes, eventualidad que hay que tomar como si hubiera rebotado en uno de los postes o en el banderín de córner. Pero Mike Jones se equivocó y dio el gol, lo que proporcionó gran popularidad al muchacho que lo había llevado al campo, Callum Campbell, convertido de un día para otro en una estrella internacional en Facebook. El Liverpool, incluso a su pesar, multiplicó por varios dígitos la venta de esas grandes pelotas rojas que se convirtieron un poco en símbolo de broma pesada contra el Liverpool, al que muchos aficionados contrarios recibían con estas pelotas, echándolas al campo antes de los partidos.

Mike Jones fue suspendido y relegado de categoría algunas jornadas. El siguiente partido que arbitró fue un Peterborough-Scunthorpe, de lo que podríamos conocer como la Segunda Divisón inglesa, allí denominada First Division. Pronto fue rehabilitado para arbitrar en la máxima categoría, pero en su memoria quedará para siempre el dichoso baloncito rojo de Callum Campbell. Lo mismo que en la de Reina.

¡Resulta que el Madrid no ha perdido! (1965)

Estábamos en la undécima Copa de Europa, que al final sería la sexta que ganara el Madrid. Pero entonces no se sabía, ni se podía su-poner. Di Stéfano se había marchado al Espanyol, Santamaría y Puskás envejecían, Gento todavía no parecía el mismo. El Madrid eliminó en la primera ronda al Feyenoord, con una gran goleada en casa, incluidos cuatro goles de Puskás. Fue su última gran noche, pero debido a la falta de marcaje y a la inocencia del Feyenoord. Entonces nadie podía prever que el fútbol holandés estuviera incubando a algunos de los mejores jugadores del mundo. Para esos tiempos, un equipo holandés era aún una de las peritas en dulce de cualquier sorteo.

La segunda ronda es con el Kilmarnock, un equipo escocés que no dice gran cosa, pero escocés al fin, y el Madrid viaja con aprensión. Salen: Betancort; Miera, Santamaría, Sanchís; Félix Ruiz, Zoco; Amancio, Pirri, Grosso, Puskás y Gento. Es un apunte ya del Madrid «yeyé», que se completará cuando entren Velázquez por Puskás, De Felipe por Santamaría y Serena en el extremo, corriendo a Amancio al interior y desplazando este a Pirri, a la media, por Félix Ruiz. Es, en definitiva, un Madrid de «entreguerras», que vive la nostalgia del glorioso reciente tiempo pasado. El partido no se televisa. Lo ofrece Radio Nacional, en la voz de Juan Martín Navas, uno de los grandes de la época. Su voz nos informa de las alternativas de un partido que acaban ganando los escoceses por 3-2…, según Martín Navas. Y con ese resultado se fue la España madridista a la cama.

El día siguiente, ¡sorpresa! Resulta que los periódicos traen 2-2. ¿Un error? ¿Se olvidaron de anotar un gol? Se comparan unos periódicos con otros, en las tertulias de primera mañana de las cafeterías, y todos coinciden: 2-2, goles de McLean, Pirri, Amancio y McInally, para más detalles. ¿Qué ha pasado aquí? ¿Y el otro gol del Kilmarnock? La aclaración llega de Radio Nacional, con las excusas pertinentes: al Kilmarnock le habían anulado un gol que Martín Navas había cantado como válido. En su puesto se quedaba sin visibilidad cuando el público se levantaba; y el público se levantó, efectivamente, para celebrar ese gol... y tardó en sentarse porque se quedó de pie protestando por la anulación. Cuando Martín Navas recuperó la visión, el juego se había reanudado, él pensó que después del pertinente saque de centro por parte del Madrid. Desde donde él estaba tampoco se veía el marcador y concluyó su narración teniendo siempre por válido ese gol que no lo había sido.

En su disculpa, hay que decir que al propio Bernabéu le pasó lo mismísimo. Lo vio desde el palco y sufrió la misma confusión, hasta el punto de que bajó al final al vestuario convencido de la derrota y dispuesto a regañarles. Los propios jugadores le dijeron que habían empatado y le aclararon el equívoco. En fin, el Madrid no había perdido ese encuentro, lo había empatado. En el Bernabéu ganaría holgadamente. Luego eliminaría al Anderlecht, tras un partido prodigioso de Betancort en Bruselas; más tarde, en semifinales, al Inter, flamante campeón de las dos últimas ediciones, y por fin ganaría la final ante el Partizan. Ya con Velázquez, De Felipe y Serena, que fueron entrando en el equipo titular sobre la marcha, hasta formar el célebre Madrid «yeyé».

Un prisionero alemán en la portería del City

(1949)

Bert Trautmann era un muchacho en la Alemania nazi, como tantos otros cautivado por la ola que desató Hitler. Cuando empezó la guerra tenía diecisiete años y se presentó voluntario al ejército. Suspendió el examen de intérprete de morse y se hizo paracaidista. Peleó en Crimea y en Moscú. Fue capturado y utilizado para reparar carreteras, pero en un contraataque alemán consiguió escaparse. Volvió a combatir y finalmente fue apresado por los aliados a orillas del Rin cinco semanas antes de acabar la guerra. Estuvo prisionero primero en Bélgica y luego en Inglaterra.

Y fue allí, en partidillos entre prisioneros y guardianes, donde empezó a destacar como portero. Le fichó el Saint Helens, de regional, y destacó tan poderosamente que fueron por él el Tottenham, el Arsenal y el Manchester City. «Opté por el City porque siempre me dijeron que en Inglaterra la gente es mejor cuanto más al norte te vas.» Había decidido quedarse a vivir en Inglaterra porque en Alemania ya no le quedaba nada: ni casa, ni ropa, ni familia. Tenía que emprender una nueva vida en casa de los vencedores.

Era en 1949, él tenía veintiséis años. Y aunque estaban lejos de Londres, su presencia no fue muy bien acogida: unas 50 000 personas se manifestaron con pancartas contra el fichaje de ese portero alemán. Su debut, que se produjo en el campo del Bolton, atrajo 27 000 espectadores, curiosos por la extraña presencia de un soldado nazi en el equipo rival. Y no acabó bien para él: el City perdió 3-0. Pero Trautmann era un buen portero, superó todas las circunstancias y se mantuvo en la puerta del City durante quince años. Su día de mayor gloria fue la final de la FA Cup de 1956, en la que los suyos ganaron al Birmingham por 3-1, y él se mantuvo en el campo los últimos quince minutos con una vértebra rota, pese a lo cual tuvo grandes intervenciones. Fue elegido por la Asociación de Futbolistas mejor jugador de la temporada, primera vez que tal honor recaía en un extranjero.

Su despedida, en 1964, tuvo lugar en un partido de homenaje por todo lo alto. Un combinado de los dos equipos de Manchester, en el que figuró entre otros Bobby Charlton, se enfrentó a la Selección inglesa. Charlton dijo de él que había sido el mejor portero de todos los tiempos y la Asociación de Futbolistas le colocó como portero del que llamaron «once de Wembley», con los mejores jugadores de su Liga en la historia: Trautmann; Spencer, Hapgood; Blanchflower, Wright, Bobby Moore; Matthews, Carter, Milburn, Bobby Charlton y Finney. En 2004, la reina Isabel le nombró oficial del Imperio británico.

El tiempo le trajo a España, en busca del suave clima de nuestra costa mediterránea. Terminó su vida en Almenara, en la provincia de Castellón, como uno más de los ancianos felices que disfrutan en aquella costa dorada.

¡Pelé ha marcado mil goles! (1969)

La foto del día, la imagen en todos los telediarios de esa jornada, es un gol. Como nunca antes había pasado en la historia. Era el gol número mil de Pelé, marcado la víspera en el partido ante el Vasco da Gama en un abarrotado Maracaná. Pelé regresaba de una gira por el norte de Brasil, con el gol número 999 marcado en João Pessoa, una pequeña localidad del estado de Paraiba, ante un equipo local llamado Botafogo. Un partido fácil, que iba dos a cero a favor del Santos cuando se pitó un penalti, también favorable al equipo de Pelé. Normalmente el encargado de lanzarlos era Carlos Alberto, pero la multitud estalló: «¡Pelé, Pelé…!». Lo tiró Pelé y… gol 999, para entusiasmo de la hinchada de Paraiba, que esperaba ver el número mil. Pero entonces sobrevino un incidente, probablemente preparado: Jair Estevão, el meta del Santos, se lesionó y hubo de ser retirado entre aparatosos espasmos de dolor. Pelé era el primer portero reserva del Santos en aquellos tiempos, en los que aún no había cambios. Pasó a la portería y se esfumó el número mil. Aún hubo un partido en la gira, contra Bahía, en Salvador. Ambiente de fiesta y carnaval, por la expectativa de ver el prodigio. Pelé tiró un balón al palo, en otra ocasión batió al meta pero un defensa local sacó el balón de la raya, entre abucheos de su propia hinchada, que quería guardar en su retina el prodigio del gol número mil de Pelé.

El 19 de abril, día festivo en Brasil, Día Nacional de la Bandera, Maracaná estaba abarrotado para el partido contra el Vasco da Gama. Banda de música, suelta de globos… Todo preparado menos los jugadores del Vasco, que se conjuraron para que no fuera ese día. Le tocaban la cabeza y le hacían burlas a Pelé: «Hoy no, Crioulo». En un momento dado le llegó un centro perfecto para cabecear, pero se le adelantó un defensa del Vasco que lo percutió a sus propias mallas. Prefería el autogol al gol número mil de Pelé. Pero el árbitro salió en su auxilio y se sacó un penalti de la manga. El portero era Andrada, argentino. Él y Pelé frente a frente. Pelé había aprendido de Didí una técnica para lanzar los penaltis: la *paradinha*. Consistía en frenar un instante antes de golpear, para ver a qué lado se echaba el portero, y tirar al otro lado. Didí solo lo hacía en los entrenamientos, porque rozaba la ilegalidad, pero Pelé lo puso en práctica en los partidos. Lo hizo una vez más, pero Andrada resistió; Pelé entonces tiró hacia su derecha, la izquierda del portero, muy ajustado al palo. Andrada se estiró tan largo como era, pero no llegó, y se levantó dando saltos de rabia, mientras Pelé se metía en la portería, cogía el balón del rincón y lo besaba.

Inmediatamente el campo se llenó de reporteros. Pelé dedicó el gol a los niños de Brasil, olvidando (luego lo lamentaría) que aquel día era el cumpleaños de su madre. El partido se interrumpió durante veinte minutos, mientras daba la vuelta en andas. El Santos ganaría el partido por 2-1. Aquel fue el encuentro número 912 de Pelé. La imagen, está dicho más arriba, inundó el mundo al día siguiente.

Sin embargo, según un recuento posterior, Pelé habría marcado su gol número mil una semana y tres partidos antes, concretamente en Santa Cruz de Recife, el 12 de noviembre, en partido que los suyos ganaron por 4-0. Pelé hizo dos goles ese día, y el segundo de ellos habría sido el número mil de su carrera. Pero ¿quién puede convencer ahora de eso a los millones y millones de terrícolas que vimos aquella imagen?

Chile marca a puerta vacía (1973)

Estábamos en la fase de clasificación para el Mundial de Alemania, el de 1974. En el anterior se decidió conceder en propiedad la Copa Jules Rimet a Brasil, por sus tres victorias (1958, 1962 y 1970) y para este se haría un nuevo trofeo, diseñado por el italiano Silvio Gazzaniga, de la firma Bertoni, ganador entre 53 concursantes. Es la copa que aún se entrega hoy. También fue el primer Mundial en el que Havelange, elegido poco antes, ocuparía la presidencia de la FIFA. Y fue el Mundial de la seguridad. Llegaba dos años después de los JJ OO de Múnich, teñido de sangre por el asalto de los terroristas de Septiembre Negro a la delegación israelí. De ahí que las fuerzas de seguridad alemanas elevaran un espeso y con frecuencia incómodo telón de seguridad en torno al Mundial.

Pero antes de comenzar se produjo un incidente singular. Chile luchó en un grupo de clasificación con Perú y Venezuela. Lo pasó tras un partido de desempate con Perú, en Montevideo. Pero eso (cosas del sorteo previo) no le garantizaba el acceso directo, sino que le obligaba a pasar una eliminatoria a ida y vuelta con la URSS, que a su vez había ganado su grupo europeo, frente a Éire y Francia. Los partidos entre la URSS y Chile se conciertan para el 26 de septiembre en Moscú y el 21 de noviembre en Santiago de Chile.

Y entonces sobreviene un drama: el 11 de septiembre, Augusto Pinochet da un golpe de Estado. El presidente de Chile, Salvador Allende, se suicida, rodeado de fuerzas insurgentes, en el Palacio de la Moneda, sede de la Presidencia. El mundo asiste espantado esos días a las noticias que llegan del país transandino: detenciones masivas, utilización del Estadio Nacional como cárcel gigante, muertes, desapariciones. Entre tanto, la Selección nacional vuela a Moscú y empata a cero. Pero la URSS se niega a devolver la visita, dado que el partido ha de disputarse en el propio escenario de las infamias, el Estadio Nacional. La FIFA envía una comisión días antes del encuentro a Santiago de Chile para ver si las condiciones son aptas para el partido. Acuden el brasileño Abilio d'Almeida y Helmut Käser, secretario general de la FIFA. Rehúsan hacerlo los otros dos miembros designados, Helmut Riedel, de Alemania Oriental, y Sándor Barcs, húngaro.

La pequeña comisión decide tras su inspección que se puede jugar, que el país y el estadio reúnen las condiciones precisas. La URSS se niega a viajar. El día 21 el estadio está repleto y allí comparece Chile, correctamente uniformados todos, y el árbitro, Rafael Hormazábal, que a la hora fijada pita el inicio. La delantera chilena arranca, tuya, mía, tuya, mía y el capitán Valdés marca el gol más fácil de la historia. La FIFA dará a Chile el partido ganado por 2-0. Clasificada por tanto.

A continuación del saque-gol, se juega un amistoso con el Santos, que ganará 5-0. El papel de Chile en el Mundial será discreto: perderá el partido inaugural con la RFA y empatará luego con la RDA y Australia. Tercera de grupo, no pasará de la primera fase.

Figo regresa a Barcelona decidido a sacar los córneres... (2002)

Después de su marcha al Madrid, Figo jugó por primera vez en el Camp Nou el 21 de octubre de 2000, en un ambiente tremendo. Aunque el Barça había adquirido no mucho antes a Rivaldo del mismo modo que el Madrid a Figo, pagando la cláusula de rescisión, el aficionado *culé* estaba encolerizado, sobre todo porque el jugador había asegurado durante el tira y afloja que se quedaría. Su salida al Camp Nou estuvo envuelta en una tremenda pita. Hubo frecuente lanzamiento de objetos cuando se acercó a las bandas, de modo que renunció a hacerlo. Contra lo que solía, no sacó los córneres (era el encargado de lanzarlos) ni jugó por la banda. Jugó por dentro. Un Madrid en el que parecieron intimidados todos menos Casillas, que estuvo espléndido, perdió dos cero.

Al año siguiente, Figo se perdió el partido del Camp Nou por unas oportunas tarjetas. Pero en el 2002 regresó, picado por las sospechas de que el año anterior se había borrado, y por las críticas que había sufrido en su primera visita por rehuir las bandas y no sacar los córneres. «Esta vez los sacaré», anunció a sus compañeros y al técnico. Y así lo hizo: jugó por las bandas e incluso sacó los córneres, como siempre, solo que el público lo tomó como una provocación. Cada vez que se acercó a lanzar alguno hubo lanzamiento de objetos, creciente según se demoraba en hacer el saque. Llegó a caer incluso una cabeza de cochinillo, cuya foto el día siguiente en la portada de *As* fue impactante. Del club salió en principio la teoría de que la foto era un invento del periódico, pero Telecinco demostró, ampliando una imagen de televisión, que efectivamente la cabeza de cochinillo existió. En el minuto treinta de la segunda parte, el árbitro, Medina Cantalejo, ante la imposibilidad física de sacar el partido adelante, lo suspendió y se retiró al vestuario con los jugadores. Fue una maniobra táctica que impresionó al público y calmó parcialmente los ánimos. La megafonía pidió calma y a los dieciséis minutos volvieron los jugadores, el partido se reanudó y se pudo concluir con relativa normalidad. Terminó en empate a cero, de nuevo con Casillas como héroe. Después del encuentro, el presidente *blaugrana*, Joan Gaspart, acusó a Figo de provocar, por su dilación al sacar los córneres.

Cuando el Madrid regresa a Barajas, a la una y media, encuentra varias decenas de aficionados que aclaman a Figo como un héroe. La pregunta a partir del día siguiente es por cuántos partidos se cerrará el Camp Nou. Medina Cantalejo califica los incidentes de «graves», y no «muy graves», lo que permite juguetear con la decisión. En todo caso, el Comité de Competición impone un cierre de dos partidos, que desde el primer momento el Barça decide no cumplir. Acude a la justicia ordinaria, lo que vulnera el pacto del fútbol de no acudir a ella para temas deportivos, y obtiene la suspensión cautelar. La Federación, que se alía con el Barça, no le presiona para que se salga de la vía de la justicia ordinaria (lo que sí había hecho ante cualquier intento anterior de otro club, como acababa de ocurrir con el Depor), sino que aprovecha el tiempo ganado para modificar la norma en el sentido de que los hechos «graves» (como fue tipificado este) se quedarían solo en multa, sin cierre. Una vez modificados los estatutos en ese sentido, el Barça retiró el recurso a la justicia ordinaria y solicitó acogerse al principio de retroactividad de la norma para sanciones administrativas, lo que se le concedió. El Barça, pues, no sufrió cierre por aquellos incidentes. Aunque sí una reprobación general, porque la foto de la cabeza del cochinillo fue reproducida un día después en muchísimos periódicos de todo el mundo.

Una foto de Evaristo en todas las portadas. Míster Ellis y míster Leafe (1960)

Conmoción: después de ganar las primeras cinco Copas de Europa, el Madrid ha sido eliminado. Fue en octavos de final, ante el Barça. La ida, que se jugó en el Bernabéu, acabó en 2-2. La vuelta, en el Camp Nou, 2-1. La foto del segundo gol del Barça está en las portadas de muchos de los periódicos del mundo, en las páginas interiores de todos. Vicente, portero catalán del Madrid, vuela en la imagen de derecha a izquierda; Evaristo, delantero brasileño del Barça, vuela de izquierda a derecha. En medio está el balón, blanco, luminoso, al que ha llegado Evaristo antes que Vicente, y lo ha cabeceado. Toma el camino inexorable de la red. Es la imagen del fin del dominio del Madrid, un final muy polémico.

El mismo día *L'Équipe* publica en un artículo: «La TV lo ha demostrado: el partido Barcelona-Madrid ha sido falseado por el arbitraje». Ya en el de ida, en el Bernabéu, míster Ellis había dejado muy descontentos a los madridistas, por un penalti señalado a favor del Barça por falta de Vicente a Kocsis fuera del área. Kocsis, además, había arrancado en fuera de juego, señalado por el linier. Pero en el partido de vuelta, el día 22, al Madrid se le anulan cuatro goles. Uno de ellos, de Pachín, correctamente, por fuera de juego. Los otros tres están mal anulados, según se muestra luego en las repeticiones de televisión, y según puede verse durante algunos días en el NO-DO, hasta que el reportaje es mutilado de sus jugadas polémicas, como solía hacerse entonces en casos similares para evitar polémicas en los cines. El árbitro había sido míster Leafe, inglés como el de la ida.

El Madrid se siente despojado. En cinco años ha sido capaz de imponerse a todos sus rivales, hasta en veinte veces consecutivas, entre eliminatorias o finales. A algunos de ellos les batió más de una vez, como fueron los casos del Milán o el Stade de Reims, el gran campeón francés de la época. El Barça era un rival formidable, pero la eliminación ha sido condicionada por los arbitrajes, según la prensa internacional. La interpretación que se hace más al uso exculpa al Barça. Se busca la explicación en un posible hartazgo de la UEFA ante las reiteradas victorias del Madrid, que estaba monopolizando la competición, lo que no se consideraría bueno. Míster Ellis y míster Leafe eran dos árbitros reputadísimos en la época, de esos que gozan de la máxima confianza de la organización y saben en qué dirección equivocarse.

Pocos días después el Madrid se cobraría su revancha en el campeonato de Liga español, al batir 3-5 al Barça en el mismo escenario. Por su parte, el Barça seguiría adelante en la competición hasta llegar a la final, que disputó en Berna frente al Benfica, ante el que perdió por 3-2, en tarde de increíble mala suerte en la que estrelló cuatro balones en los postes y en la que su meta Ramallets estuvo desafortunadísimo.

«Os hemos ganado por Ortiz a cero» (1947)

Aquel lunes fue muy duro para los madridistas. El club había hecho un campo nuevo, pero el gasto en su construcción había impedido reforzar debidamente la plantilla y el equipo no iba todo lo bien que se desearía. Y en el club tenía gran poder un hombre de continuas iniciativas e ideas muy avanzadas, Pablo Hernández Coronado. Había sido portero del equipo en los tiempos de Bernabéu, fue depositario de los documentos del club durante la Guerra Civil y para entonces era secretario técnico, función que había inventado él mismo para sí mismo. Sus ideas avanzadas provocaban no pocas burlas en los sectores retardatarios del fútbol y de la sociedad y hasta se le había creado cierta fama de gafe.

Para la novena jornada de aquella temporada, Hernández Coronado decidió incorporar al Madrid la numeración en las camisetas, que había iniciado el Arsenal en 1929 y que poco a poco se había ido extendiendo primero a toda Inglaterra y luego a otros países. En España aquello todavía era desconocido, así que la salida del Madrid al campo fue un golpe. Jugaron: Calleja (portero, sin número), Clemente (2), Corona (3); Pont (4), Ortiz (5), Huete (6); Macala (7), Chus Alonso (8), Pruden (9), Molowny (10) y Cabrera (11). El partido no era cualquier cosa: se trataba del encuentro de «la máxima rivalidad», como se llamaba entonces a los choques entre equipos de la misma ciudad, hoy conocidos como derbis. Y era en el Metropolitano. Y era ante un Atlético de Madrid que esos años tenía un gran equipo, rematado por su «delantera de seda», que se recitaba de memoria: Juncosa, Vidal, Silva, Campos y Escudero. El caso es que el Atlético ganó por cinco a cero, con goles de Campos, Escudero, Juncosa (dos) y Vidal. El estreno de los números, que había sido visto como algo pretencioso por parte del Madrid y de su singular secretario técnico, hizo que las cargas después de la derrota fueran mayores de lo habitual. Los atléticos celebraban al día siguiente la goleada, bien mostrando la manita, costumbre que nació ese día, bien aludiendo al que había llevado el número cinco, Ortiz: «Os hemos ganado por Ortiz a cero». Ortiz era natural de Basauri, había jugado en el Athletic de Bilbao justo antes de la guerra y también después y había llegado al Madrid, ya como jugador veterano, después de pasar también por el Celta y el Racing de Santander. Cuando fichó ya tenía los treinta, no resultó caro y se valoraba su experiencia para un medio campo desastroso. Solo jugó en el Madrid esa temporada, aunque cumplió bien (veinte partidos en total), para irse luego al Zaragoza y retirarse finalmente en el Baracaldo. Un jugador más, pero la iniciativa de Hernández Coronado dejó su nombre ligado para muchos años a las discusiones entre madridistas y atléticos.

El Madrid acabó undécimo aquella temporada, la que más cerca estuvo nunca del descenso (jugaban catorce). El Atlético fue tercero. Acabado aquel partido, Bernabéu se enfadó con Hernández Coronado y quiso quitar los números, pero este le convenció. Y al principio de la Liga siguiente, la de 1948-1949, la Federación dispuso que todos los equipos numeraran sus camisetas para mejor identificación de los jugadores por parte de público y árbitros. Una satisfacción para Hernández Coronado, el hombre de las iniciativas revolucionarias.

La solitaria muerte de Maradona (2020)

Maradona cumplió sesenta años el 30 de octubre de 2020 con la salud estragada por un cúmulo de excesos de los que la opinión pública fue teniendo puntual noticia. El 2 de noviembre fue internado por un edema subdural en el cerebro, del que le operó el neurocirujano Leopoldo Luque. La intervención salió bien, Maradona exigió ser dado de alta cuanto antes y el día 12 fue trasladado a una casa de su propiedad en la avenida Italia 5208, en el barrio de San Andrés, en la localidad de Tigre (Buenos Aires). Allí, la empresa Swiss Medical se encargó de hacerle un seguimiento médico. Recibía visitas de amigos y familiares, algunos de los cuales ya le habían visto muy nervioso los últimos días, y comentaron la posibilidad de llevarle a Cuba.

Sin noticia previa de que su situación fuese crítica, amaneció muerto la mañana del 25. La última persona que le vio con vida fue Ricardo Omar Almirón, el enfermero que le dio las medicinas la noche anterior. A las siete de la mañana finalizó su turno y le relevó Dahiana Gisela Madrid, que encontró muerto a Maradona cuando fue a despertarlo. Se le trasladó al Hospital de San Fernando, donde la autopsia dictaminó, según informó la fiscalía de San Isidro, que había fallecido por «insuficiencia cardíaca congestiva crónica que generó en edema pulmonar agudo» tras una agonía que duró entre ocho y doce horas. No había trazas de alcohol ni drogas en su organismo, ni de ningún otro tipo de medicamento para sus dolencias cardíacas, pero sí de cuatro ansiolíticos: venlafaxina, quetiapina, levetiracetam y naltrexona.

Mientras tanto, su muerte se convirtió en noticia mundial y desencadenó la locura en Argentina y en Nápoles. Su traslado a la funeraria Tres Arroyos del barrio de La Paternal sacó un gentío a las calles por todo el recorrido mientras multitudes se citaban en el campo de Boca Juniors y en el de Argentinos Juniors. El presidente del país, Alberto Fernández, decretó tres días de luto nacional. Después de ser acondicionado el cuerpo en la funeraria fue trasladado a la Casa Rosada. A las 6.00 se abrió el velatorio, con una cantidad de gente difícil de controlar en la Plaza de Mayo. La idea era tenerlo allí dos días, pero ante los desórdenes la familia decidió terminar el acto antes de lo previsto, lo que provocó los peores disturbios, con asalto multitudinario a la Casa Rosada incluido. Por fin se le trasladó al cementerio de Bellavista, donde también yacen sus padres. Fue enterrado en un féretro con la bandera argentina y las camisetas de Boca y la Selección. Resultó un acto íntimo al que solo asistieron la familia, su última pareja, Verónica Ojeda, y algún amigo muy directo, como Guillermo Cóppola. El día 27 se convocó por las redes una cita espontánea a las 18.00 en la Plaza del Obelisco a la que asistió una masa incontable.

El dolor colectivo solo fue comparable al que provocaron en su día las muertes de Carlos Gardel y Eva Perón. Escenas parecidas se vivieron en Nápoles. La investigación posterior reveló negligencias médicas, que dieron lugar a procesos por homicidio culposo, con penas de entre ocho y veinticinco años, contra siete personas: el neurocirujano Leopoldo Luque, la psiquiatra Agustina Cosachov, el psicólogo Carlos Ángel Díaz, la gerente de Swiss Medical, Nancy Forlini, el coordinador de enfermeros, Mariano Perroni, y los enfermeros Ricardo Omar Almirón y Dahiana Gisela Madrid, todos ellos por «desempeño inadecuado, deficiente y temerario».

The Times titula: «The Match of the Century» (1953)

Suelen hacerse bromas, por parte de los que no son aficionados al fútbol, con la frecuencia con que tal o cual partido se cataloga como partido del siglo. En realidad son ellos siempre los que echan a rodar la expresión. Para el verdadero conocedor del fútbol solo hay un partido del siglo, el que jugaron en Wembley, en una lejana tarde-noche de noviembre de 1953, Inglaterra y Hungría. Una exhibición asombrosa de juego de los artistas magiares, y la primera derrota que sufrían los altivos ingleses en su sagrado templo, el Empire Stadium de Wembley. Un partido amistoso, sin más, pero su resultado final, la caída de los ingleses en su campo, explicó al mundo que el fútbol ya era de todos, que los inventores tenían ya caducado el derecho a la patente. La expresión viene del titular a toda página con el que *The Times* tituló en primera plana, en su edición del día 26: «The Match of the Century». El máximo elogio que puede recibir un partido.

Para entonces, Hungría tenía un equipo soberbio, que le había dado la vuelta a la WM, convirtiéndola en algo así como una MM. Retrasaba un poco a los extremos y al delantero centro y dejaba en punta a los dos interiores. Con ese truco táctico desconcertaba a muchos contrarios. Pero los desconcertaba sobre todo por la calidad de sus jugadores, particularmente los de arriba, entre los que destacaba el mayor Puskás, mayor porque tenía este cargo (equivalente a nuestro comandante) en el ejército húngaro. Los jugadores de los países del Este no podían ser profesionales, pero cobraban de empleos del Estado a los que no tenían que acudir. Inglaterra había estado mal en el Mundial de 1950, pero lo achacó a despistes, falta de adaptación... Pensó que una buena victoria ante Hungría reharía su prestigio. Nunca lo hubiera hecho. Aquella Hungría era mucho toro. Desde 1950 había jugado veintitrés partidos, casi todos ellos ante lo mejor del fútbol europeo, y había ganado veinte y empatado tres. Pero Inglaterra los desafió y allá fueron.

La cosa acabó en 3-6. Existe una película, no de todo el partido, pero sí de una hora, en la que a pesar de la vieja filmación y la neblina luce un fútbol extraordinario, mágico, desplegado por los húngaros. Puskás marcó un gol, pisando la pelota para hacer pasar a Billy Wright, que aún hoy se considera entre los mejores de la historia. Los héroes de aquella noche fueron: Grosics; Buzánszky, Lóránt, Lantos; Bozsik, Zakarias; Budai, Kocsis, Hidegkuti, Puskás y Czibor. Aún Inglaterra tendría el humor de pedir una revancha, en Budapest. Se jugó el 23 de mayo del año siguiente y fue una masacre, 7-1, con goles de Puskás (dos), Kocsis (dos), Lantos, Hidegkuti y Toth.

Aquella Hungría sufriría luego una gran decepción en la final de la Copa del Mundo de 1954, que perdió con Alemania 3-2. La misma Alemania a la que en la fase de grupo había ganado 8-3. Fue su única derrota en 49 partidos, los que median entre 1950 y la disolución del grupo, cuando a finales de 1956 los soviéticos invadieron Budapest. A muchos de estos jugadores les pilló la invasión fuera, en viaje de Copa de Europa con el Honved, para enfrentarse al Athletic de Bilbao. Prefirieron no regresar. Se quedaron y se contrataron para partidos amistosos por aquí y por allá hasta que fueron retirándose o encontraron destino. Puskás fichó por el Madrid el 11 de agosto de 1958 (véase), ya con treinta y un años y doce kilos de más, y aún dio nueve temporadas extraordinarias. Kocsis y Czibor ficharon por el Barça.

El último día de «la Máquina» (1946)

Aquel día, River Plate y Huracán empataron 2-2 en la cancha de Ciclón. Parecería un partido más, pero no lo fue. Aunque nadie lo sabía en ese momento, Adolfo Pedernera jugaba ese día su último partido en River. Se iba a marchar al Atlanta y con eso quedaba disuelta para siempre la delantera más célebre del fútbol argentino, y quizá del fútbol mundial: «la Máquina». Un formidable quinteto de ataque formado por Muñoz, Moreno, Pedernera, Labruna y Loustau. El eco de sus hazañas ha llegado hasta nuestros días como testimonio de una época de un fútbol distinto, genial, hecho de grandes individualidades un poco irrespetuosas con tácticas y pizarras, pero que entusiasmaban a los grandes públicos.

El primer partido de «la Máquina» se había producido el 28 de junio de 1942, cuando el extremo izquierdo Deambrosi había dejado su puesto para *Chaplin* Loustau. Otros lo fijan antes, el 1 de junio del año anterior, cuando Renato Cesarini, entrenador de River, colocó a Pedernera en el eje del ataque. River andaba mal en ese puesto desde que se había marchado Bernabé Ferreyra, *la Fiera*. El puesto lo ocupó durante algún tiempo D'Alessandro, potente rematador, pero la cosa no resultaba. Pedernera había jugado, y bien, en los otros cuatro puestos de la delantera, hasta que Cesarini le probó de delantero centro, y la delantera quedó así: Muñoz, Moreno, Pedernera, Labruna y Deambrosi, con el resultado de 4-0 a Independiente. Pero la más célebre fue la que presentó a Loustau de extremo izquierda, en lugar de Deambrosi, porque terminó de complementar las características de todos. Muñoz era un extremo rápido y de buen centro;

Moreno, un genio del medio campo, con llegada y cabezazo; Pedernera, el cerebro, un «nueve» que se echó atrás antes que Di Stéfano, que por aquellos años era una promesa en las divisiones inferiores; Labruna era interior en punta, goleador insaciable; Loustau, un malabarista de la banda. Pero aquel ataque tenía una característica muy peculiar para la época: intercambiaban de posición con frecuencia, de forma que cualquiera de ellos podía aparecer por cualquier punto del frente del ataque. Y otra más: se recreaban tanto en su juego, tejían y destejían tanto, disfrutaban tanto con el balón, que a veces el gol se les retrasaba mucho. Con frecuencia tardaban en resolver los partidos, por lo que les acabaron conociendo también como «los caballeros de la angustia».

Curioso: aunque han pasado a la historia, aunque esa delantera se mantuvo durante cinco años en River, en realidad solo jugó dieciocho partidos con sus cinco componentes. Con frecuencia entró Gallo, como interior o delantero centro. A veces volvió Deambrosi. D'Alessandro aún tuvo alguna incursión. Un jovencísimo Di Stéfano tuvo alguna entrada como «siete» o como «nueve». Con cierta frecuencia faltó uno u otro, y lo cierto es que el ataque completo, el favorito de todos, nunca llegó a jugar un clásico, contra Boca. En sus 18 partidos en los que actuó como tal marcó 38 goles, de los que Labruna hizo 14, Moreno 9, Pedernera 7, Loustau 6 y Muñoz 1. Tras Pedernera se fueron marchando poco a poco todos, menos Labruna, que se retiró en River, en 1959. No volvieron a jugar juntos, pero el recuerdo es imborrable.

Tragedia del Chapecoense
(2016)

La historia del fútbol está salpicada de trágicos accidentes aéreos, pero pocos causaron tal impacto como este. Chapecó es una ciudad de poco más de 20 000 habitantes del sur de Brasil, estado de Santa Caterina. El Chapecoense, fundado en 1973, llamó la atención en Brasil cuando ascendió de Cuarta a Primera en seis años, apoyado por el alcalde y la fuerte industria local de embutidos. Se convirtió en el segundo equipo de todos los brasileños. El 28 de noviembre de 2016 volaba feliz hacia Colombia para disputarle al Nacional de Medellín la final de la Copa Sudamericana, equivalente a nuestra Europa League. En semifinales había eliminado a otro grande del continente, el San Lorenzo argentino. El equipo voló hasta Santa Cruz de la Sierra, en Bolivia, donde cambió el avión por otro de la compañía LAMIA, un chárter que solía operar con equipos de fútbol. Un AVRO RJ85, matrícula CP-2933, que había transportado veintidós días antes a la Selección argentina de Buenos Aires a Belo Horizonte. El vuelo despegó destino a Medellín con sesenta y ocho pasajeros y nueve tripulantes. Ya cerca del aeropuerto, el piloto pidió prioridad para aterrizar «por avería eléctrica», pero se acababa de dar paso a otro avión en emergencia y había dos en zona de descenso, así que tendría que esperar siete minutos. El piloto hizo otra petición, más urgente y nerviosa y, de golpe, a las 21.54, tras 9'13 minutos de contacto con la torre, el silencio. Había caído en Cerro Gordo, a sesenta kilómetros de Medellín.

En zona de monte y noche fría y lluviosa las tareas de rescate fueron penosísimas, con restos de cuerpos dispersos en cien metros a la redonda.

Sobrevivieron una azafata, un técnico de vuelo, un periodista y cuatro jugadores, entre ellos el meta Danilo, héroe de la semifinal ante el San Lorenzo, pero que falleció a las pocas horas. Entre los setenta y un muertos estaban el presidente, el entrenador, diecinueve jugadores (entre ellos Cléber Santana, conocido en España por su paso por el Mallorca y el Atlético) y veinte periodistas. En principio se dio por fallecidas a otras cuatro personas que a última hora renunciaron al viaje: al alcalde de Chapecó, un diputado del estado, un directivo y un periodista.

El Atlético Nacional solicitó que el título le fuera concedido al Chapecoense, en cuyo estadio se congregó, de forma espontánea, una multitud atónita, entre los que estaban los nueve jugadores que, lesionados o suplentes, no habían viajado. Por todo el mundo hubo reacciones de solidaridad y afecto. Algunos equipos jugaron con el color verde del Chapecoense, otros utilizaron su escudo, hubo un minuto de silencio en prácticamente todos los campos del mundo y se recibieron ofrecimientos de jugadores gratis para reconstruir el equipo. El viernes 2 de diciembre llegan los cuerpos a Chapecó. El sábado hay un acto solemne en el estadio, al que asiste el presidente de la FIFA, Gianni Infantino, y grandes personajes del fútbol, como Figo y Carles Puyol. La investigación posterior reveló que el avión se había quedado sin combustible. El piloto, Miguel Quiroga, mintió al hablar de deficiencias eléctricas. Arriesgó, renunciando a un aterrizaje para repostar, a fin de economizar el vuelo. No lo dijo así a la torre porque la verdad le hubiera costado una sanción laboral y una multa de hasta 25 000 dólares.

Viv Anderson: primer negro en la Selección inglesa

(1978)

Hoy puede parecer algo sin la menor importancia, pero entonces significó un avance serio que un futbolista negro jugase con la Selección inglesa. Jugadores de color fueron apareciendo tímidamente en el fútbol inglés a finales de los cincuenta, y ya más en los sesenta, y en los primeros tiempos era casi una constante que el público hiciera el ulular de los monos y hasta que les tiraran plátanos. No lo hacían todos los públicos, pero sí eran abundantes esos agravios, y casi podría decirse que constantes. Pero la facilidad de aquella raza para el fútbol y el trato con diversas colonias o ex colonias hacía que el fenómeno cada vez se hiciese más frecuente.

Ya había debutado en la sub-21 Laurie Cunningham, del West Bromwich Albion, después fichado por el Real Madrid, en una operación que para entonces significó el traspaso récord pagado por el club madrileño por jugador alguno, pero hasta este día ningún futbolista de una raza que no fuera la blanca había jugado para el primer equipo de Inglaterra. Viv Anderson había nacido en Nottingham («Me siento inglés por los cuatro costados», comentó en las muchas entrevistas que se le hicieron) y era un lateral derecho de gran estampa: 1,87 de estatura y muy delgado. Un lateral de gran fuste, con calidad para subir, agilidad para rebatirse en defensa, jugador completo. Una estrella en su posición. Su primer equipo fue el Nottingham Forest, en el que jugó 424 partidos y ganó, entre otras cosas, dos veces la Copa de Europa. Pero aún le quedaron fuerzas para otros 150 partidos en el Arsenal, diez en el Manchester United (donde le persiguieron las lesiones), 94 más en el Sheffield Wednesday y hasta otros 22 en el Barnsley, donde terminó, como jugador-entrenador, ya con treinta y ocho años. Y 50 más con la Selección inglesa, porque aquello no terminó en el debut.

El estreno causó un revuelo de entrevistas y fue noticia mundial, pero él lo tomó con calma. Es un hombre culto y medido en sus declaraciones y su propia personalidad contribuyó a que el hecho, que veinte años antes hubiera resultado estrepitoso, fuese aceptado con sosiego incluso por los sectores racistas que, aunque ya muy disminuidos, aún quedaban entre la afición futbolística del Reino Unido. El estreno lo propició el seleccionador Ron Greenwood, que venía de dos resultados anteriores bastante flojos, ante Éire y Dinamarca, así que decidió remozar el equipo y meter a cinco nuevos. Entre ellos a Viv Anderson, en el que nació la jugada del único gol del partido que dio la victoria a los suyos. Anderson lanzó bien a Currie, cuyo tremendo remate rechazó a duras penas el meta checoslovaco; Coppell se hizo con el rechace y culminó el gol. Para la historia quedó esta primera alineación de Inglaterra con un jugador de color: Shilton; Anderson, Cherry, Thompson; Watson, Wilkins; Keegan, Coppell, Woodcock, Currie y Barnes. Fue en Wembley, ante 92 000 espectadores, con Checoslovaquia como rival. Ganó Inglaterra 1-0.

A Argentina gracias a la espinilla de Rubén Cano

(1977)

Se trataba de clasificarnos para el Mundial de Argentina. Eso hoy día parece poca cosa, pero entonces no lo era. No habíamos estado ni en el de 1970, en México, ni en el de 1974, en Alemania. Por dos razones: porque entonces no iban más que la mitad de equipos que van ahora y porque, la verdad, tampoco éramos tan buenos. El sorteo nos colocó en un grupo con Rumanía y Yugoslavia. La cuestión era ser campeones o quedar eliminados. Teníamos un grupo de jugadores digno pero, a decir verdad, nada extraordinario. Hacía tres años que se había vuelto a abrir la puerta a la importación de extranjeros y nuestros jugadores eran más bien en su mayoría hombres de complemento en sus equipos. El protagonismo era para los de fuera. Había gente seria, sí, como Pirri, Asensi, Migueli, Camacho, Juanito, Leal, Rubén Cano... Pero nadie para las listas del Balón de Oro, ni por asomo. El seleccionador era Kubala, que había entrado en vísperas de México-70, sin posibilidades ya de meternos, y había fracasado en el intento de clasificarnos para Alemania-74, tras perder un desempate frente a Yugoslavia. Precisamente Yugoslavia.

Ganamos en casa a Yugoslavia (1-0) y a Rumanía (2-0). Perdimos en Rumanía (1-0). El último partido del grupo era nuestra visita a Yugoslavia. En realidad, nos valía empatar o hasta perder por la mínima, cosa que con el tiempo se ha olvidado. Pero era Yugoslavia, dichosa Yugoslavia, la misma que nos había dejado sin ir a Alemania. Bastante renovada, sí. Ya no estaba Katalinski, el enorme líbero que nos había marcado el mencionado (13 de febrero) gol decisivo al coger un rechace de Iribar. Tampoco estaba Iribar, cuya plaza se disputaban esos años Miguel Ángel y Arconada.

Pero era Yugoslavia, quedaba el recuerdo, se extendía el fatalismo. Kubala se esforzaba en elevar el optimismo, tenía buena prensa, su equipo era conocido como los «Kubala boys», él lanzaba continuamente una especie de eslogan optimista («Chicos bien, moral óptima»), pero nadie se fiaba.

Así que aquel día todos nos sentamos ante la televisión temiendo lo peor. Y discutiendo: hay que salir a empatar, hay que salir a ganar, hay que salir atrás porque por mal que se dé no te meterán más de uno si no sales de tu área. El campo del Estrella Roja, el llamado Pequeño Maracaná de Belgrado, es una olla a presión. Kubala saca un equipo con oficio: Miguel Ángel; Marcelino, Migueli, Pirri, Camacho; San José, Leal, Asensi, Cardeñosa; Juanito y Rubén Cano. Se trata de controlar el partido, entretener un poco el juego y salir rápido en busca de Juanito. En el minuto trece, Pirri se retira, lesionado, y le reemplaza Olmo, del Barça, buen jugador pero aún joven. Crece el pesimismo, porque Pirri era entonces para España como la tabla de un náufrago. Pero alcanzamos el descanso con empate a cero. Ya queda menos. En el 70', buena jugada de España, que llega a merodear el área de Yugoslavia. Juanito, metido en el centro del ataque, mete un pase profundo a Cardeñosa, que aparece con velocidad por el callejón del diez, alcanza el balón cuando se va a escapar por la línea de fondo y cruza el centro, bombeado; Rubén Cano aparece por el segundo palo, arma la pierna, empalma la volea cruzada y gol. Es gol. Todos se revuelcan abrazados. Las repeticiones muestran luego que Rubén Cano le ha pegado con la espinilla. Luego tiene la sinceridad de confesar: «Es verdad, le di con la espinilla; si le doy con el empeine la mando a la grada».

Es igual, ya está. Ahora Yugoslavia necesitaría tres goles. España entretiene el balón, y Juanito se mete en líos y le enseñan la amarilla, por lo que Kubala, prudente, le cambia por Dani, en el 76'. Según se retira hace la señal del pulgar hacia abajo mirando al público, y se lleva un botellazo. Es retirado en camilla. Más drama. Pero el partido termina así. Ganamos y fuimos al Mundial.

DICIEMBRE

Raúl gana la Intercontinental con el *aguanís* (1998)

Después de haber recuperado la Copa de Europa (en Ámsterdam, ante la Juventus), al cabo de treinta y dos años, al Madrid le que-daba otro trofeo por reconquistar: la Intercontinental. Solo lo había ganado una vez, el primero, en 1960, en la ida (0-0) y en la vuelta (5-1), con el Peñarol, campeón de América. Solo lo había disputado otra vez, en 1966, también con el Peñarol, y perdió los dos partidos. No había vuelto a ganar la Copa de Europa. Aquella era la ocasión. El trofeo se disputaba desde años atrás en campo neutral, en Tokio, bajo el patrocinio de Toyota. Tal cosa se debió a la negativa, a partir de cierto momento (finales de los sesenta y principios de los setenta), de los campeones europeos de jugar en Suramérica, donde daban unas patadas terribles en esas ocasiones.

Así que el Madrid se fue allá, en busca del Vasco da Gama. Iba mal en la Liga, había sumado tres derrotas consecutivas, había trascendido una pelea en el vestuario de Seedorf con Iván Campo y el aficionado miraba aquel partido con aprensión. Se temía una derrota y se temía más aún que el largo viaje y la necesidad de recuperar al regreso algún partido atrasado provocaran aún más caídas en la Liga. En todo caso, el partido se esperó como algo excepcional, puesto que hacía tanto que no se jugaba. Por la diferencia horaria, fue a primera hora en España, las ocho de la mañana, casi de madrugada.

El Madrid, que tenía a Hiddink como entrenador, salió con: Illgner; Panucci, Sanchis, Hierro, Fernando Sanz, Roberto Carlos; Seedorf, Redondo; Raúl, Mijatovic y Sávio. En los últimos minutos, ya para robar tiempo, Hiddink sustituyó a Mijatovic y a Sávio por Jarni y Šuker. El Vasco da Gama tenía a Juninho como estrella principal y a un lateral izquierdo, Felipe, que le había quitado momentáneamente a Roberto Carlos el puesto en la Selección de Brasil, lo que tenía a este muy picado. El Vasco da Gama llevaba ya una semana en Tokio preparando el partido cuando llegó el Madrid.

El Madrid sale bastante bien. Sobre todo Roberto Carlos, al que se le nota que quiere demostrar algo. En el 25', una colada suya acaba en autogol de Naza. Eso calma los ímpetus del Madrid, que se administra. En la segunda mitad, el Vasco da Gama se viene arriba, aprieta y no es raro que Juninho (57') consiga el empate. Y sigue achuchando. El Madrid está asfixiado, no se encuentra. Aquello huele a derrota. En eso, hay una jugada rápida, Raúl aparece por el callejón del diez, recorta a un rival, recorta al portero, ambas veces hacia dentro, y marca con la derecha a puerta vacía. Es, luego lo dirá, un gol que ha marcado con frecuencia como juvenil, calificado por su padre como el *aguanís*. El partido acaba con el Vasco volcado, pero Fernando Sanz saca un balón de la raya en el último instante y no hay más: la Intercontinental vuelve a casa.

Raúl recibirá como mejor jugador del partido un Toyota Lexus IS2000, que venderá para donar su producto, mitad y mitad, a los veteranos y a las monjas del Cottolengo. Y regresará a Madrid convertido en el hombre providencial, el favorito de la afición ya para tantos años.

Bill Shankly entra en el Liverpool (1959)

Nacido en Escocia en 1913, Bill Shankly pareció ser un elegido del destino para hacer de este club algo especial. Tras una carrera como jugador en el Carlisle y en el Preston North End, fue entrenador en varios equipos escoceses antes de aceptar el cargo en un Liverpool que entonces estaba en Segunda, no había conseguido ningún título desde doce años antes y se encontraba en la ruina. Para firmar puso una condición: plena autonomía para decidir las alineaciones, cosa que no todos los entrenadores tenían entonces. «Los directivos deben dedicarse a buscar dinero para fichajes», dijo. Entre sus primeras decisiones estuvo cambiar el uniforme blanco del Liverpool por uno íntegramente rojo, «para darles más visibilidad a nuestros jugadores», y traer de Escocia a un delantero centro, Saint John, y a un central, Ron Yeats. Dio muchas bajas entre lo que encontró.

En dos temporadas habían subido a Primera. En 1964 ganaron la Liga, en 1965 la Copa, en 1966 otra vez la Liga. Su trabajo caló por su sencillez. «Consiste en enviar el balón, a unas veinte yardas, a un compañero, y luego moverse hasta donde lo puedas recibir de nuevo». Era el llamado *passing game*, basado en un movimiento constante de desmarque. Creó una atmósfera de trabajo sencillo, familiar y efectivo. Fue legendario su *boot room*, la sala en la que se cambiaban él y sus ayudantes, y donde recibía rara vez a los jugadores, para tratar alguna cosa importante. Los debutantes pasaban una charla-examen previa en ese cuarto. Los jugadores llevaban la ropa a casa y la lavaban, cada uno de los juveniles era asistente de algún profesional, cuyas botas cuidaba y cuyos consejos recibía. Una atmósfera del buen, viejo y sagrado fútbol inglés invadió al club, salpicada por las frases ocurrentes de Shankly, la más célebre de las cuales fue aquella de: «El fútbol no es una cosa de vida o muerte, sino algo mucho más serio que eso». Fue satírico con el Everton, el rival de la ciudad: «En esta ciudad hay dos buenos equipos: el Liverpool y los suplentes del Liverpool». O bien: «Si el Everton jugara en el jardín de mi casa correría las cortinas».

Su estilo hizo del Liverpool el gran equipo de Europa durante bastantes años. Aunque dimitió, sorprendentemente, en 1974, su sucesor, Bob Paisley, que había sido su ayudante, fue en la práctica un continuador de su estilo de trabajo. Shankly tenía entonces cincuenta y cinco años, una perfecta salud y era adorado en Liverpool. Paisley, que había sido su ayudante los tres últimos años, era un tipo extremadamente modesto, que en principio no se atrevía a coger el cargo. Había sido un modesto jugador del club, a caballo de la guerra, en la que luchó en África, y estaba contento con su puesto de segundo. Pero siguiendo las enseñanzas de su maestro lo hizo magníficamente bien: cuando se marchó, nueve años más tarde, ya con la edad de sesenta y cinco, había ganado una UEFA, tres copas de Europa, seis Ligas y tres copas de la Liga. Siempre siguiendo la línea de trabajo de su maestro, Bill Shankly.

Shankly falleció en 1981. El Liverpool era para entonces una cosa muy distinta a la que encontró. Cuando el duelo, que arrastraba a miles de personas, pasó junto al campo del Everton (a dos manzanas del del Liverpool) los jugadores del gran rival interrumpieron su entrenamiento y salieron a la calle a aplaudir su paso.

Marcial, tú eres el más grande

(1978)

Marcial Pina fue un jugador grande, con magnífico desplazamiento de balón en largo, buen regate, concepto perfecto del fútbol y una planta bárbara, rematada por un pelo rizado rubio. Era un jugador distinguido, que hizo una gran carrera. En la Selección se quedó en catorce partidos, por su frialdad en parte, y en parte también porque le ocurrió como a Velázquez, del que fue contemporáneo: los seleccionadores de la época tendieron a primar el músculo y a despreciar la técnica.

Marcial había nacido en Asturias, pero despuntó en la selección juvenil regional murciana, que fue donde por primera vez se dio a conocer. Pronto estuvo en el Elche, que por aquel tiempo vivió muchos años instalado en la Primera División. De ahí saltó al Espanyol, para formar parte de la que quizá haya sido la mejor delantera en la historia del club: Amas, Marcial, Ré, Rodilla y José María. Con él también se fue del Elche al Espanyol su compañero Lico, un medio menudo y melenudo que llamó la atención no solo por su buen juego, sino porque fue el primer jugador español que empezó a sacar en largo de banda cuando estaba cerca del área, convirtiendo esos saques en córneres. Tras un tiempo en el Espanyol, Marcial «cruzó la Diagonal», como se decía entonces (la Diagonal separaba el Camp Nou de Sarriá, el viejo campo del Espanyol), y jugó en el Barça, donde se encontró con Cruyff. Fue uno de los protagonistas del célebre 0-5 del Barça en el Bernabéu, en una delantera compartida con Rexach, Asensi, Cruyff y Sotil. Ya veterano, con treinta y tres años, fichó por el Atlético de Madrid.

Y ahí fue donde completó su mejor proeza. Fue en el Camp Nou, en partido de Liga ante el Barça, que ganaría el Atlético por 2-4. No conozco ninguna otra ocasión en la que alguien hiciera algo así: Marcial le marcó ese día a Artola dos goles de tiro libre, uno con cada pierna. El primero, en el minuto 14, desde la posición de interior derecho, templando con precisión el balón con la pierna izquierda para colarlo por la escuadra, frente al vuelo inútil de Artola; el otro, en el 55', tiro desde la posición del interior izquierdo, golpe con la derecha, de nuevo firme parábola y a la otra escuadra, venciendo igualmente la volada de Artola. Fue un alarde de dominio de balón imposible de ver. De hecho, Marcial era de los poquísimos jugadores en los que ha resultado difícil establecer si era diestro o zurdo porque manejaba los dos perfiles para sus regates y salidas. Suele haber futbolistas hábiles con ambas piernas, pero se delatan cuando tienen que lanzar una falta o un penati, porque entonces siempre usan su pie más hábil. Marcial lo podía hacer con cualquiera de los dos, según de qué lado sacara una falta, y con ambas piernas golpeaba con la precisión de los grandes.

Aquella primera temporada de Marcial en el Atlético fue la de las bodas de platino del club. Marcial hizo una buena campaña, con 32 partidos y once goles, entre ellos esos dos que le marcó a Artola en aquella tarde inverosímil. Esos goles sirvieron para que el Atlético ganara el partido por 2-4. Tras el Atlético volvió al Elche, donde terminó. Allí vive, junto a Lico, recordando los viejos buenos tiempos.

Funeral de Estado para George Best
(2005)

«El que no sabe beber no sabe jugar al fútbol», es un ancestral dicho inglés. Best fue un jugador genial, pero también un bebedor impenitente. Nació en Belfast en 1946, en un barrio obrero y protestante, en el que le descubrió con quince años un ojeador del Manchester llamado Bob Bishop. Habló con tal entusiasmo a Matt Busby, el mánager, que este le dijo: «Tráetelo inmediatamente». Y acertó. Best formó parte de la «Santísima Trinidad» del Manchester United en los años sesenta, junto a Bobby Charlton y Denis Law. Era un jugador ambidextro, que salía por cualquier lado, disfrutaba con el regate, provocaba a los defensas, tenía un amago singular bajando uno de los hombros, lo que engañaba a sus marcadores. Tenía además una personalidad rebelde. Se dejó el pelo largo, cosa absolutamente inusual en el fútbol de la época, por lo que fue llamado «el quinto Beatle» y puede decirse que igualó en popularidad a estos. Su fútbol, sus costumbres liberadas, su ropa moda Carnaby Street, sus gestos de rebeldía, cautivaron a los seguidores jóvenes de todo el mundo.

También a las mujeres. Calculó unas 2000 conquistas, entre ellas, tres Miss Universo. Estando con una de ellas, en un hotel, un camarero que le subió champán se atrevió a aconsejarle: «Si sigue así fracasará usted, míster Best». Y este le repuso: «Pues yo no veo que las cosas me vayan tan mal». Jugó en el Manchester United desde los diecisiete hasta los veintisiete años, cuando bajó su nivel, justamente por sus excesos. Para entonces había jugado con los *reds* 466 partidos con 178 goles, había ganado una Copa de Europa y un Balón de Oro, entre otros premios. Luego siguió una larga decadencia, que le hizo recorrer equipos tan dispares como el Stockport County, Cork Celtic, Los Angeles Aztecs, Fulham, Fort Lauderdale, Hibernian, San José, Bournemouth y Brisbane Lions, distribuidos entre Inglaterra, Escocia, Irlanda del Norte, Estados Unidos e incluso Australia.

Su afición a la bebida fue legendaria. Le fue trasplantado el hígado e incluso le introdujeron en el estómago unas bolas que se supone debían ayudarle a rechazar la bebida, pero no fue capaz de conseguirlo. Siguió con su vida hasta que pudo: «He gastado muchísimo dinero en mujeres, bebida y coches caros. El resto del dinero lo malgasté», solía decir con humor. A los cincuenta y nueve años falleció en Londres, víctima de su aficion al alcohol. Su segundo hígado no resistió, todo su organismo estaba muy deteriorado. El primer partido tras su fallecimiento lo jugó el Manchester United en Upton Park, frente al Aston Villa, y fue una impresionante manifestación de duelo. Durante el minuto de silencio ordenado por el árbitro antes del encuentro, todos los espectadores, sin excepción, aplaudieron hasta hacerse daño en las manos. Ganó el United 1-2, en homenaje a la gran figura desaparecida.

Pero el gran suceso en esos días fue el funeral de Estado que recibió Best en su ciudad natal, Belfast, sin precedentes en la historia del deporte. La ceremonia tuvo lugar en el castillo de Stormont, donde solo pudieron entrar trescientos privilegiados. Medio millón de personas se quedaron en la calle, en lo que se definió como «El mayor desahogo de pena conocido jamás». Solo una persona había merecido antes un funeral de Estado en Irlanda del Norte: lord Craigavon, el primer ministro de Irlanda del Norte.

La *ikurriña* en manos de Iribar y Kortabarria

(1976)

Franco había fallecido el 20 de noviembre del año anterior, y España estaba en lo que pasó a la historia como el período de la Transición. Una época políticamente ilusionada, agitada y polémica, en la que los defensores del franquismo se enfrentaban a una oleada irresistible de demandas de libertad. Por entonces la *ikurriña*, la bandera vasca, estaba aún prohibida, como lo estaba la *senyera*, bandera de Cataluña. Esta, no obstante, había ido ocupando desde tiempo atrás su espacio al menos en el Camp Nou, donde desde hacía algunos años había sido frecuente (y tolerada) la presencia de *senyeras* mezcladas con las banderas *blaugrana*, en especial en las visitas del Real Madrid. Pero la *ikurriña* aún era perseguida, asociada como estaba al terrorismo etarra, más que a la simple aspiración nacionalista.

La gran reivindicación, que efectivamente consiguió romper todas las barreras, se produjo en el primer derbi vasco de aquella Liga. Athletic de Bilbao y Real Sociedad no siempre se han llevado bien, más bien se han mirado con el recelo propio de los rivales regionales. Pero en algo estaban de acuerdo, y ese día, sin aviso previo, y para sorpresa de todos, la salida al campo fue precedida por la *ikurriña*. Kortabarria, capitán de la Real, la portaba con la mano izquierda; Iribar, el mítico «Chopo», portero y capitán del Athletic, la sostenía con la derecha. Tras ellos, ordenados en sendas filas, sus compañeros de equipo. El partido se jugó en el viejo campo de Atocha, que prorrumpió en una ovación atronadora cuando se produjo la impactante imagen. En muchos ojos se vieron lágrimas de emoción. La idea había sido, se supo luego, de Uranga, lateral suplente, un amigo del cual le hizo llegar la bandera, plegada y escondida, al vestuario en los prolegómenos del partido. Hubo acuerdo en los dos vestuarios y también con los entrenadores, Irulegui y Aguirre, ambos ex jugadores de la Real y el Athletic, respectivamente. El que no sabía nada era el árbitro, el andaluz Sánchez Ríos, que luego consignaría el hecho en el acta.

Después de la liturgia nacionalista vino el fútbol, donde el acuerdo dio paso a la lucha verdadera. Ganó la Real por cinco a cero. Era ya la gran Real Sociedad que acabaría ganando dos Ligas: Arconada; Choperena, Kortabarria, Gaztelu, Olaizola; Diego, Murillo, Zamora; Idígoras, Satrústegui (Muruzábal, 85') y López Ufarte. Por el Athletic jugaron: Iribar; Lasa, Guisasola, Madariaga, Escalza; Oñaederra, Villar (sí, el luego tantos años presidente de la Federación), Churruca; Dani, Carlos y Rojo. En el descanso salió Irureta por Villar. Pese a lo abultado del marcador, el Athletic acabaría el campeonato mucho mejor clasificado que la Real, pues fue tercero, mientras que su vecino guipuzcoano solo fue octavo. Aquella gran Real aún se estaba fraguando.

Aparece el portero en el Reglamento
(1871)

Las primeras reglas del fútbol no calibraron la necesidad de que algún jugador pudiera impedir que el balón entrara en la portería utilizando las manos. Fue la práctica del juego lo que iría aconsejando la creación de tal figura, que aparece por primera vez en 1871, cuando el fútbol apenas había salido de las islas, de forma que cuando se fue extendiendo por el resto del mundo el portero ya existía. Luego, poco a poco, se cuida más la portería, en la que se hace obligatorio el larguero a partir de 1875 (hasta entonces era usual colocar una cuerda a la altura establecida, ocho pies desde el suelo), y en 1891 hacen su aparición las redes para los partidos oficiales, a fin de acabar con discusiones cada vez más frecuentes. Al tiempo aparece el penalti, para las faltas graves cometidas dentro del área. Las funciones del portero se encontrarían abusivas a partir de que en 1878 se aprobara que pudiese jugar la pelota con las manos fuera del área, y en 1912 se establecen sus funciones como las conocemos ahora: solo puede jugar el balón con la mano dentro del área. Fuera de ella es un jugador más.

La especificidad del portero se convirtió pronto en uno de los encantos del fútbol. Su figura solitaria y paciente durante períodos de inactividad, de tanto contraste con sus reacciones rápidas y espectaculares cuando tenía que entrar en juego, hizo que pronto se les comparara con los felinos. El primero que alcanzó celebridad quizá fuera el escocés Gardner, que consiguió la capitanía de su Selección en los setenta, pero ninguno fue nunca tan célebre como nuestro Ricardo Zamora, apodado «el Divino» en

España o «Il Miracoloso» en Italia. Los porteros siempre han tenido a su favor que su carrera se puede alargar más, porque sufren menos que otros el paso de los años. De ahí que fuera uno, el mexicano Carbajal, el primer jugador capaz de participar en cinco fases finales del mundo consecutivas. Estuvo presente con su país en Brasil-50, Suiza-54, Suecia-58, Chile-62 e Inglaterra-66. Solo un guardameta, Yashin, ha ganado un Balón de Oro. Fue en 1963. Yashin mejoró el estilo de los porteros anteriores a él, saliendo más, adueñándose del área, inspirado, según confesó él mismo, por Sokolov, portero búlgaro al que había visto en su niñez, y en el que se fijó.

Un portero español, Abel Resino, que jugó en el Atlético de Madrid a caballo entre los ochenta y los noventa, tiene el récord de imbatibilidad del «fútbol grande», con 1275 minutos sin encajar un gol. La racha se produjo entre el minuto 30 de la duodécima jornada de la Liga 1990-1991, cuando le marcó un gol Claudio, del Mallorca (era el 25 de noviembre de 1990), hasta la jornada vigesimosexta (ya el 17 de marzo de 1991), cuando al borde del descanso le marcó un gol Luis Enrique, delantero entonces del Sporting, que luego pasaría por el Madrid y el Barcelona. El primer partido fue en el Luis Sitjar, el segundo en el Manzanares. Entre uno y otro pasaron 1275 minutos, récord mundial, recogido en el Guinness. Pese a tantos puntos como significó esa racha, y a que Abel jugó todos los partidos de esa Liga, el Atlético no ganó aquel campeonato, sino que lo hizo el Barça. Aquella fue la primera Liga del *dream team* de Cruyff.

El Ajax anuncia una nueva era (1966)

Para la edición de 1966-1967 la UEFA decidió cambiar el formato de la Copa de Europa, que hasta entonces tenía forma de ánfora romana. La sustituyó por «la orejona», como ahora la llamamos, más grande y espectacular. La copa antigua se le entregó al Madrid en propiedad, como reconocimiento a sus seis títulos ganados en las once primeras ediciones. ¿Empezaba una época nueva? Sí empezaba, pero ese no iba a ser el único cambio. Se estaba gestando en la capital de los Países Bajos el «fútbol total», el fútbol con el que el Ajax iba a revolucionar el panorama europeo.

Para entonces el fútbol holandés era poca cosa. Carne de goleada. Todavía el año anterior Puskás se había permitido el lujo de marcarle cuatro goles al Feyenoord. Un Puskás que había pasado ya de los treinta y ocho, que estaba gordísimo y que poco a poco iba cediendo el puesto de titular a los «yeyés». Aquella fue su última gran noche y todo el mundo lo atribuyó a la debilidad del rival, el campeón de Países Bajos. Así que cuando el año siguiente compareció el Ajax en la competición nadie le dio importancia. En su primera eliminatoria dejaría fuera al Besiktas de Turquía. Poca cosa. En la segunda se enfrentaba al Liverpool, el equipo campeón del país que acababa de ganar el Mundial, Inglaterra. Se le daba por muerto, a pesar de que se hablaba bien de un flaquito que jugaba en el centro del ataque, con el catorce, llamado Cruyff, o cosa parecida. A nadie le preocupaba que el Ajax marchara imbatido en su Liga, con 57 goles en 14 partidos. Solo era la Liga holandesa. Y al Liverpool le caracterizaba una gran seguridad defensiva.

Pero aquella noche se encontró con un vendaval. Los jugadores del Ajax, altos, delgados, melenudos y rapidísimos, aparecían por cualquier lado, en un equipo volcado al ataque, que mantenía el dibujo aunque cambiara frecuentemente a sus hombres de posición. Los goles fueron cayendo uno tras otro ante un estupefacto Bill Shankly. El Liverpool apenas pudo marcar el gol de la honrilla en el último minuto. El resultado fue 5-1. Europa quedó impresionada. Shankly aseguró que a la vuelta ganaría por 6-0. Más tarde explicaría en su biografía que lo había dicho totalmente en serio, que pensó que aquello solo había sido el fruto de una noche inspirada del rival y floja de los propios, y que con Anfield apretando eso no se produciría. Pero no ganó, ni por seis ni por uno. Empató a dos, con dos goles de Cruyff, que se doctoró esa noche ante la crítica europea. El Ajax no ganó esa Copa de Europa. Cayó en la siguiente ronda ante un formidable Dukla. Era un equipo todavía, en cierto modo, tierno. Pero se ganó un respeto y anunció que el fútbol empezaba a tomar otro camino. No mucho más tarde ganaría tres copas de Europa en serie, las de 1971, 1972 y 1973, precedidas, en 1970, de una precisamente del Feyenoord, el otro gran equipo de Países Bajos, donde se estaba incubando el mismo tipo de fútbol.

Se edita el primer Reglamento (1863)

Las reuniones en la Freemasons Arms de Londres en el otoño de 1863 tenían como fin establecer unas reglas comunes con las que enfrentarse unos *colleges* con otros, o unos equipos contra otros, dado que en cada lugar se practicaba el juego del balón de una manera. En realidad, un mixto entre lo que luego serían el rugby y el fútbol. El hombre clave del proceso fue Ebenezer Cobb Morley, un apasionado del juego. Había fundado el Barnes, en el que jugó. También era un afamado cazador y un activo promotor de acontecimientos atléticos. Él fue el impulsor principal de las reuniones en la Freemasons Arms y se arrogó el encargo de redactar unas reglas para proponerlas al colectivo. Su obsesión era proscribir el uso de las manos, por lo que sus reglas prohibían jugar el balón con estas y agarrar a los rivales. Redactó en su propia casa de Barnes un código con catorce reglas, que fue la base de las discusiones. Los disconformes, tras fracasar en su intento de convencer al resto para autorizar el uso de las manos, abandonaron las reuniones y acabarían creando por su cuenta la Rugby Union, que nace en 1871.

Morley, conocido por esa razón en Inglaterra como el padre del fútbol, sacó adelante su código, aceptando algunas modificaciones consensuadas entre todos. Para dar más formalidad al juego, el grupo de pioneros, recién constituidos en Football Association, decidieron llevar a una imprenta las reglas, para editarlas en un cuadernillo. John Lillywhite, un impresor de Euston Square, en Londres, compró los derechos y editó el primer Reglamento, del que hizo dos formatos. Uno de bolsillo, que salió al precio de un chelín (doce peniques), y otro algo mayor, con tapas más fuertes, a un chelín y seis peniques. Hoy son ejemplares rarísimos, de gran valor para los coleccionistas.

El primer partido según las nuevas reglas se concertó en principio para el segundo día del año siguiente, en Battersea Park, un escenario de categoría, pero la impaciencia pudo a todos y se adelantó al 19 de ese mismo mes. Lo jugaron el Barnes, equipo de Morley, y el Richmond, en Mortlake, el terreno del Barnes. Asistieron muchos de los pioneros, también muchos de los disconformes, y el resultado fue en cierto modo decepcionante, porque el partido terminó sin goles. Uno de los contendientes, el Richmond, incluso se lo pensó mejor y decidió alinearse con la línea «pro manos» y en 1871 estaría entre los clubes que constituyeron la Rugby Union.

Pero Morley sacó adelante su nuevo deporte, y frente a algunas deserciones hubo cada vez más adeptos. Fue el primer secretario de la FA y su segundo presidente, cuando pasó de aquel cargo a este. Murió con noventa y tres años, justo uno después de la primera final de la FA Cup jugada en Wembley, la del célebre caballo blanco (véase el día 28 de abril). Sus reglas habían progresado. El fútbol ya era para entonces un juego que apasionaba a las multitudes. Morley murió feliz.

Un Boca-River en el Bernabéu (2018)

Creada en 1968, nunca en sus 58 ediciones previas, la Copa Libertadores había ofrecido una final entre River Plate y Boca Juniors, el no va más en Argentina. El Superclásico. La perspectiva de ganar (o perder) puso a ambas aficiones al borde de un ataque de nervios. La final, prevista en doble escenario, tuvo baile de fechas, fruto de la guerra de nervios. Primero 7 y 28 de noviembre, luego 10 y 24. Finalmente fue el 11 de noviembre y el 9 de diciembre. La ida, en La Bombonera, el estadio del Boca Juniors, saltó del 10 al 11 por una tromba de agua. Fue un gran partido, tenso y emocionante, que terminó 2-2. El 24 de noviembre, el Monumental de River esperaba como una caldera el partido de vuelta, con cuarenta mil globos y doscientas cincuenta banderas de colores blanco y rojo cuando a las puertas del campo el autobús del Boca sufrió brutales ataques de las *barras bravas*, que lo destrozaron y, de paso, cegaron a varios jugadores con gas mostaza. Tras horas de discusiones (Boca se negaba a jugar, todo lo contrario que River) se resolvió aplazar el partido *sine die*. El ataque imponía cerrar el Monumental. Pero entonces, ¿dónde había que jugar?

Se resolvió con una atrevida idea de Alejandro Domínguez, presidente de la Conmebol. Llamó a Florentino Pérez y le preguntó si podría disputarse en el Santiago Bernabéu. Tras recibir el sí, llamó sucesivamente a Luis Rubiales, presidente de la Real Federación Española de Fútbol, a Aleksander Čeferin, presidente de la UEFA, y a Gianni Infantino, presidente de la FIFA, que no se opusieron. El anuncio, hecho el 29 de noviembre, sorprendió, pero ningún país sudamericano podría facilitar la taquilla y el ambiente que se preveían en Madrid, dado que en España viven 350 000 argentinos, la mayor comunidad fuera del país. Y aunque el viaje era largo, el ganador tendría ya hecha la mitad de su recorrido hacia el Mundialito, que se disputaría poco después en Arabia Saudí.

En Sudamérica sentó mal. «La Copa de los Conquistadores», la llamaron algunos. En España, por el contrario, algunos sectores detestaban que la llamada Copa Libertadores fuera nuestra invitada; muchos temían a la horda salvaje de las *barras bravas* y consideraban los gastos en seguridad. Pero en la mayoría pudieron el deseo y la curiosidad. Para la ciudad y sus autoridades fue una prueba de eficacia preparar todo en pocos días. En Argentina se vendieron seis mil entradas por club, y en España otras cuarenta mil para hinchas argentinos, tratando de equilibrar el número y enviando a zonas separadas a los de cada equipo. El resto se vendió entre aficionados madrileños, ávidos por ver un Boca-River sin salir de casa. Se vendió todo, salvo dos zonas vacías para separar a las aficiones, y se creó un triple perímetro de seguridad, en torno al cual avispados comerciantes vendían bufandas, banderas, choripanes y empanadillas. De Buenos Aires solo pudieron venir los más adinerados... y las *barras bravas*, costeados por sus clubes. El partido se desarrolló en un ambiente de pasión sin incidentes, con cánticos incesantes y victoria de River por 3-1 en la prórroga. La Conmebol elevó los beneficios, que hubieran sido de nueve millones con los dos partidos en Buenos Aires, a trece. Como pagó en España los impuestos de la operación, el despliegue policial fue largamente compensado. El Ayuntamiento de Madrid calculó en cincuenta y cinco millones el beneficio para la ciudad.

Las chicas inglesas crean su propia Football Association (1921)

Tras la Primera Guerra Mundial, el fútbol femenino produjo un inesperado *boom* en Inglaterra, de la mano sobre todo de la fábrica de municiones Dick, Kerr and Company, de Preston. Las trabajadoras de la factoría crearon un equipo a fin de recaudar fondos para ayudar a los soldados del frente y la iniciativa fue un éxito. Se fueron creando otros equipos un poco por aquí y por allá, jugando entre ellos (entre ellas), y el público asistía, feliz con el espectáculo y feliz con la intención benéfica de los partidos. Cuando acabó la guerra continuó esta práctica, y las recaudaciones eran destinadas a ayudar a mineros en paro o enfermos, o a sus viudas, o a cualquier otro fin caritativo. Un encuentro de las Dick, Kerr's Ladies contra St Helens Ladies llegó a concentrar a 53 000 espectadores.

Los hombres empezaron a preocuparse. Era una competencia comercial seria. Y la comparación estaba ahí: ellos eran profesionales, se llevaban el dinero a su bolsillo, mientras que ellas jugaban por amor al arte y entregaban las recaudaciones a fines nobles. Hay que recordar que por entonces, y aún por mucho tiempo, se veía mal que se cobrara por la práctica deportiva. (El Movimiento Olímpico no aceptó el profesionalismo hasta los JJ OO de Barcelona, en 1992.) La chispa estalló en primavera cuando el Newcastle tomó la polémica decisión de no ceder su campo, Saint Jame's Park, al equipo femenino local, que dos años antes había conseguido reunir 35 000 espectadores allí.

Empezó una polémica en la que los hombres emplearon malas artes. Insinuaron que no todo el dinero de las recaudaciones de las chicas era para caridad, que algunas jugadoras retenían parte de los beneficios para ellas. Se buscaron firmas de médicos que informaran sobre la poca conveniencia de este deporte para la mujer y recomendaran otros, como más indicados. Se extendió la idea de que las mujeres que jugaban al fútbol no tenían después hijos, bien porque la práctica de este juego les inhabilitara para ello, bien porque no fueran exactamente mujeres, sino seres anómalamente hormonados. Se insinuó la presencia de hombres camuflados para dar más nivel a los equipos. La prensa de la época está cargada de referencias de ese estilo. Finalmente, el 5 de septiembre la Football Association dicta una norma por la que todos los clubes afiliados deben hacer lo que ha hecho el Newcastle: no ceder nunca sus instalaciones para los partidos de las mujeres. También se prohíbe que piten esos partidos árbitros colegiados.

Las mujeres futbolistas, que estaban inspiradas por el mismo ánimo de las sufragistas de la época, no se arredraron e inscribieron su propia Football Association en el registro para mantener su actividad, que de hecho se prolongaría hasta principios de los sesenta. Utilizaron campos de rugby para jugar con público, o bien de críquet.

Con el tiempo, la Football Association admitirá de nuevo en su seno a las mujeres. Y en 2008 emitió un comunicado formal excusándose por su actitud en aquel lejano 1921.

El Real Madrid, Mejor Club del Siglo XX (2000)

Con el cambio de siglo, la FIFA había decidido premiar a los mejores y organizó una votación, mitad por Internet, mitad por correo, mitad más un poquito por lo que quisiera Blatter. Para la elección del mejor jugador de la historia hubo sus más y sus menos entre Maradona y Pelé. Maradona triunfaba entre los internautas, Pelé ganaba en los otros veredictos. Los aficionados de más edad argumentaban que los que habían visto jugar a Pelé no estaban tan inclinados todavía a Internet (entonces una novedad relativa), aparte de que muchos habrían ya fallecido. Y que los jóvenes que votaban a Maradona carecían en realidad de referentes anteriores, singularmente del de Pelé, al que no habían visto jugar. Maradona exigía que el premio fuera para él, puesto que tenía la mayoría de los votos en un espacio tan universal y abierto como Internet, lo que a él le parecía definitivo. Al final hubo que repartir el premio entre ambos.

En lo que no hubo discusión fue en el mejor Club del Siglo XX, que fue para el Real Madrid, que para los últimos años del siglo había reverdecido sus mejores años con otras dos copas de Europa en color (luego llegaría una tercera), más dos de la UEFA, registros bastante recientes entonces. Esos éxitos establecieron un puente con los del pasado, aquellas cinco primeras copas de Europa, con Di Stéfano a la cabeza de un equipo que enamoró al mundo con su estilo, más la sexta, seis años después de la quinta, aún en blanco y negro y ganada por el que se llamó el Madrid «yeyé», en el que ya no estaba Di Stéfano, aunque sí todavía el cántabro Paco Gento.

El acto fue muy aleccionador sobre las distintas concepciones del fútbol. Florentino Pérez, presidente del Madrid, había nombrado a Di Stéfano presidente de honor y fue él quien recogió el premio concedido al Real Madrid. Maradona y Pelé, que acudieron ambos a por su premio compartido, hicieron grandes alardes a la llegada y dedicatorias un poco chocantes al recogerlo, cuando no directamente ridículas. Maradona se lo dedicó «a mis nenas y a Fidel Castro». Pelé, «a Dios y a Guga» (por Guga Kuerten, el mejor tenista brasileño en la época). Durante todo el acto lucharon por el primer plano. Su imagen de *vedettes* aún hambrientas de gloria contrastó con la de Di Stéfano, más discreta, pero en realidad más triunfal. Él no tuvo un premio a su persona, pero sí lo tuvo su Real Madrid, el equipo al que él contribuyó más que nadie a hacer el mejor de la historia, con su juego, sus goles, su estímulo a los demás, su compañerismo permanente. Mientras Pelé y Maradona repartían un premio individual, Di Stéfano singularizaba en su persona un premio colectivo, el de mejor equipo del siglo XX, en un deporte de equipo. No se podría haber dibujado una escena que explicara mejor al mundo la diferencia entre él y los otros dos.

Mazzola y Rivera, Orden del Mérito el mismo día (1971)

Sandro Mazzola y Gianni Rivera llevaron vidas en cierto modo paralelas, y sus carreras provocaron en Italia frecuentes enfrentamientos entre las hinchadas por saber quién era el mejor. Aquello vino a reemplazar el viejo duelo entre Coppi y Bartali en el mundo del ciclismo. Nacidos con un año de diferencia, a principios de los cuarenta, triunfaron en dos equipos adversarios de una misma ciudad, el Inter y el Milán, lo que contribuyó a exacerbar esa rivalidad.

Mazzola fue hijo de una gloria nacional, fallecida en el accidente del Torino. Su aparición en el Inter no fue buena: el equipo perdió 9-1. En realidad, eso ocurrió porque Helenio Herrera sacó una alineación casi juvenil, en protesta porque se repetía un partido contra la Juve, suspendido por invasión de campo de la hinchada *bianconera*, y él estimaba que se le debían haber dado los puntos al Inter. Pero dos años después de aquello Mazzola era pieza fundamental en el gran Inter que ganó dos copas de Europa y dos de la Intercontinental de forma consecutiva. Rivera, por su parte, fue un genio precoz en el Milán, con el que ya había ganado la Copa de Europa en 1963, justo antes de la primera del Inter. Le apodaron *Il Bambino d'Oro* y fue desde el principio un favorito de la afición.

Los dos jugaban de maravilla. Los dos de interiores. Mazzola jugaba algo más adelantado, tenía más velocidad de llegada y era algo más goleador; Rivera tenía mejor visión de juego y un pase en largo sensacional. Todos los seleccionadores se volvieron locos a la hora de decidir. Con los dos juntos el equipo difícilmente resultaba, porque algo en sus funciones se duplicaba, a pesar de que no eran idénticos. Si jugaba uno de los dos, la otra media Italia se encendía. Hubo caso de quien decidió en cada partido poner un tiempo a cada uno, lo que no satisfacía del todo a nadie. Valcareggi, en el Mundial de México, los fue alternando, aunque en la final escogió a Mazzola, lo que le acarreó no pocas críticas, más en razón de que el partido lo perdió Italia estrepitosamente, por 4-1, si bien lo que estaba enfrente era un gran Brasil.

Después de ese Mundial alguien sugirió que Mazzola debería recibir la Orden de Mérito de la República. Inmediatamente se dispuso que también se le diera a Rivera, lo que estuvo a punto de provocar que Mazzola rechazara el honor. Pero es que la Presidencia de la República no podía exponerse a echarse encima a media Italia por tan poca cosa. Finalmente, con buen tacto por parte de las autoridades y buscando los oportunos mediadores de paz, se consiguió que ambos aceptaran simultáneamente el mismo honor.

Rivera se retiró con 506 partidos y 128 goles. Mazzola, con 417 partidos y 116 goles. Ambos se llevaron dos copas de Europa. Mazzola, dos de la Intercontinental, Rivera, dos Recopas. Mazzola ganó cuatro Ligas, Rivera, solo dos. Pero jugó cuatro mundiales, por tres de Mazzola, pues el milanista se adelantó en este aspecto al acudir ya al de Chile, en 1962. En Italia aún se discute cuál de los dos fue más grande. La verdad es que fueron grandes los dos. Ambos merecían, en efecto, la condición de comendadores de la Orden del Mérito de la República italiana. Y ninguna idea mejor que entregársela a ambos el mismo día.

El Wolves gana al Honved y da una idea. Empieza la Copa de Europa (1954)

La derrota ante los húngaros el 26 de noviembre de 1953 (véase) había dejado a los ingleses muy escocidos, así que los éxitos en el invierno siguiente del Wolverhampton Wanderers provocaron que la habitual flema británica se convirtiera casi en delirio. El Wolverhampton era entonces el gran equipo de la Isla, campeón de Liga, dirigido por el célebre Stan Cullis y con el fenomenal Billy Wright (hoy le recuerda una estatua junto al acceso de honor al remozado estadio Molineux) como alma máter en el campo. El caso es que los Wolves ganaron sucesivamente al Spartak de Moscú (4-0) y, sobre todo, al Honved de Budapest (3-2, remontando un 0-2) en el viejo Molineux, y eso llevó al *Daily Mirror* a titular, en su edición del día 14, «Wolves the Great!». «Nunca un partido como este», decía un sumario más abajo, y elevaba al Wolverhampton a la categoría de mejor equipo del momento. El entusiasmo estaba en buena parte justificado porque el Honved era tenido por imbatible, con Puskás, Bozsik, Kocsis y Czibor entre otras estrellas. Constituían el grueso de la Selección húngara. El caso es que los vencedores del partido fueron elevados a la categoría de héroes nacionales y el programa de su siguiente encuentro en el Molineux llevaba la alineación con sus firmas, que con el tiempo alcanzó una cotización de obra de arte.

En la escalada de elogios, David Wynne-Morgan, columnista del *Daily Mail*, proclamó sin más empacho a los Wolves «campeones del mundo». Gabriel Hanot, célebre cronista de *L'Équipe* (había sido jugador en los tiempos pioneros del fútbol francés y luego promotor del fútbol profesional y hasta técnico de la Selección francesa), refutó tanto entusiasmo en un artículo en el que lanzaba una idea: exponía que el Wolves había ganado en su campo a dos grandes equipos, sí, pero que habían tenido que hacer un largo viaje y jugar en condiciones no habituales para ellos. Y proponía, para decidir quién era el mejor equipo de Europa (a tanto como del mundo no se atrevió a llegar, o es que daba por sentado que el mejor de Europa era el mejor del mundo), una competición entre los campeones de todos los países, con partidos a ida y vuelta, en un campo y en otro, eliminándose sucesivamente hasta llegar a la final.

El director y la propiedad de *L'Équipe* acogieron con calor la idea de su especialista en fútbol y pusieron manos a la obra. Tras un bombardeo de tres meses de telegramas, cartas y llamadas telefónicas, organizaron una reunión en París para el 2 de abril. A ella acudieron quince representantes, uno de ellos el húngaro Sebes, que llevaba la representación de la URSS y Checoslovaquia (es decir, la idea había saltado el telón de acero), y otro Santiago Bernabéu, presidente del Madrid, campeón de Liga español. Bernabéu acogió la idea con entusiasmo, por lo que se vería premiado después, pues esa competición es la que hizo del Real Madrid un club de leyenda superior. Ya el día 3, en el hotel Ambassador de París, se hizo el primer sorteo provisional. La UEFA, que en principio miró el proyecto con recelo e incluso prohibió utilizar el nombre de Copa de Europa (que quería reservarse para su torneo de selecciones, que no empezaría hasta 1958), acaba por adoptarlo el 21 de mayo. Ya no hay barreras. El 4 de septiembre, nueve meses después de aquellos partidos del Wolves, el Sporting Clube de Portugal y el Partizan de Belgrado juegan en el Estadio Nacional de Lisboa el primer partido de la nueva competición, que acaba 1-1. El primer gol lo marca João Batista Martins y lo encaja Slavko Stojanović. Los otros catorce equipos inscritos en la primera competición fueron Vörös Lobogó, Anderlecht, Servette, Real Madrid, Rot-Weiss-Essen, Hibernian, Djurgardens, Gwardia Varsovia, Copenhague, Stade de Reims, Rapid de Viena, PSV Eindhoven, Milán y Saarbrücken. Inglaterra rehúsa la invitación. No entrará hasta la segunda edición, con el Manchester United. El Madrid ganará aquella copa y las cuatro siguientes. El tren estaba en marcha. Y hasta hoy.

Xavi, manija del mejor once de la Historia

(2020)

En 1956 el periódico deportivo francés *L'Équipe* creó la Copa de Europa, que con los años evolucionó hasta su actual formato, la Champions League. Al mismo tiempo creó el Balón de Oro, destinado en sus primeros años a proclamar al mejor jugador europeo (incluyendo nacionalizados, como Di Stéfano y Omar Sívori, ganadores en la época temprana), más tarde para futbolistas que actuaran en clubes europeos, fuesen de donde fuesen, y, finalmente, para cualquier jugador del mundo, si bien aún no se ha dado el caso de que lo conquiste alguno que juegue fuera de Europa, que hace años acapara el talento por su poderío económico. El trofeo lo organiza y entrega *France Football*, revista mensual de la misma empresa que el diario y que mantiene un máximo prestigio pese a los intentos de asalto por parte de la FIFA.

En 2020, el año de la pandemia, la interrupción de los campeonatos llevó a la revista a no realizar la elección anual. El parón no fue definitivo, pues las principales ligas, salvo la francesa, se finalizaron tras semanas de bache, y lo mismo sucedió con la Champions, que se completó en un formato reducido. Pero no hubo Eurocopa ni Copa América, aplazadas un año. Para cerrar el hueco, los organizadores tuvieron una idea brillante: proponer la votación del mejor once de la Historia del fútbol. Una elección difícil y sin duda polémica, pero que excitó la imaginación y la curiosidad de los aficionados de todo el mundo. Los votantes fuimos, como cada año para el Balón de Oro, ciento cuarenta periodistas de otros tantos países (me incluyo porque tengo el honor del voto de España). La organización, con ánimo de que en el once final entraran más jugadores de brillo, impuso un modelo 1-3-4-3, con un solo defensa central. La redacción de la revista elaboró una lista de diez aspirantes por puesto para la portería, los tres puestos de la defensa y los tres de la delantera, más otra de veinte para elegir dos medios defensivos y otros veinte para dos medios ofensivos. Personalmente eché muy de menos en las listas propuestas a Paco Gento entre los diez atacantes por la banda izquierda.

El equipo ganador fue: Yashin (URSS); Cafú (Brasil), Beckenbauer (Alemania), Maldini (Italia); Xavi (España), Matthäus (Alemania), Maradona (Argentina), Pelé (Brasil); Messi (Argentina), Ronaldo (Brasil) y Cristiano Ronaldo (Portugal). Tres brasileños, dos argentinos, dos alemanes, un italiano, un portugués, un ruso y un español, cuya presencia en el once ideal premiaba los grandes años de nuestra Selección, de 2008 a 2012, cuando empalmó Eurocopa-Mundial-Eurocopa con él como eje y símbolo del *tiqui-taca*. Y también los años gloriosos del Barça, construidos sobre la misma cepa. Para España fue una compensación después de tantos años sin presencia en el Balón de Oro, en cuya lista solo hay un jugador masculino: Luis Suárez, que data del ya muy lejano 1960. Con los segundos en cada puesto salió este equipo: Buffon (Italia); Carlos Alberto (Brasil), Baresi (Italia), Roberto Carlos (Brasil); Rijkaard (Holanda), Pirlo (Italia), Zidane (Francia), Di Stéfano (Argentina-España); Garrincha (Brasil), Cruyff (Holanda) y Ronaldinho (Brasil). Y este hubiera sido el tercero: Neuer (Alemania); Lahm (Alemania), Sergio Ramos (España), Breitner (Alemania); Neeskens (Holanda) Didí (Brasil), Platini (Francia), Iniesta (España); Best (Irlanda), Van Basten (Holanda) y Henry (Francia).

La sentencia Bosman cambia el fútbol

(1995)

Jean-Marc Bosman, un futbolista belga nacido en 1964, estaba ya de capa caída en 1990. Había pasado hacía dos años del Standard al Lieja, equipo menor, y esa temporada el Lieja le ofreció un descenso en sus emolumentos para renovar. Él prefirió fichar por un Segunda francés, el Dunkerque. Pero el Lieja decidió acogerse al derecho de retención y pidió una fuerte cantidad por él, 12 millones de francos belgas, cuatro veces más de la cantidad que en su día había pagado al Standard por la ficha del jugador. Entonces Bosman conoció por casualidad a un abogado especializado en Derecho comunitario, Jean-Louis Dupont, que salía con su vecina. Le contó el caso y ambos emprendieron un pleito que les haría célebres. Fueron ganando la causa de instancia en instancia, siempre contra recursos de la UEFA, hasta llegar al Tribunal de Justicia de la UE, en Luxemburgo.

Allí se estableció este día que el artículo 48 del Tratado de Roma «se opone a la aplicación de las reglas dictadas por las asociaciones deportivas por las que un jugador de fútbol profesional procedente de un Estado miembro, cuando su contrato con un club expira, no puede ser empleado por otro club de un Estado miembro si este no ha entregado al club de origen una indemnización por traspaso, formación o promoción». La consecuencia fue la libre circulación en el ámbito europeo de los jugadores de los países miembros de la UE, ámbito que a su vez se ha ido ampliando con los años. En la práctica, derribaba las barreras proteccionistas con las que desde siempre el fútbol había tratado de proteger a las canteras limitando en lo posible el paso de futbolistas de unos países a otros.

A pesar de cierto movimiento de pánico en los primeros tiempos, de fuertes protestas y hasta de un pretendido «pacto de caballeros» entre los clubes italianos para actuar de espaldas a la «sentencia Bosman» (que comúnmente conocemos, con cierta impropiedad, como «ley Bosman»), la verdad es que no trajo ninguna catástrofe. El fútbol está más saludable que antes, pese a que han llegado a darse casos (el del Chelsea fue el primero, en 2000) de algún equipo que ha salido al campo sin ningún jugador nacido en el propio país. Pero el mercado se ha hecho más activo, las canteras han seguido funcionando y las televisiones han terminado por hacer del fútbol su espectáculo favorito. Y el gran equipo del momento es el Barça, que tiene una enorme proporción de jugadores creados en su seno.

Bosman obtuvo de la Federación belga una indemnización de 20 millones de francos belgas, unos 70 millones de pesetas, en 1998. También tuvo una gratificación extra: los jugadores de Países Bajos, en reconocimiento, le entregaron en una ocasión la prima por un partido ganado. Él llamó al capitán, Frank de Boer, para agradecérselo, y este le respondió: «No, no, no, somos nosotros los que tenemos que estarte agradecidos. Si no fuera por ti, yo no estaría en el Barcelona». Pero ahora su vida transcurre modestamente, en el campo, con colaboraciones ocasionales como comentarista de televisión en partidos de Champions. Su lucha enriqueció mucho más a otros que a él mismo, pero en todo caso su nombre alcanzó, por aquella sentencia, una celebridad a la que nunca hubiera podido aspirar por su papel en los terrenos de juego.

Si Di Stéfano fuera su mujer... (1962)

Ese domingo se organiza una gran polvareda. Los periódicos presentan un anuncio de gran tamaño (a página completa o «robapáginas», como se conocen los anuncios rectangulares que ocupan gran parte de su superficie) en la que aparece una foto de Di Stéfano, vestido de jugador del Madrid, pero cortada a la altura de la parte baja del calzón. Debajo, lo que aparece no son sus piernas de fabuloso jugador, sino unas bonitas piernas femeninas, embutidas en medias, calzadas con tacón alto, y con un pie cruzado por delante del otro. El texto que lo acompañaba decía: «Si yo fuera mi mujer, luciría medias Berkshire». El mismo día la televisión mostró un *spot* publicitario en el que se veía a Di Stéfano que se acercaba, jugando el balón, hacia la cámara. Llegado ante ella, se detenía. Un periodista le entrevistaba: «Estamos con Alfredo Di Stéfano, el mejor jugador del mundo, que nos va a hacer una importante declaración». El plano se hacía más corto sobre Di Stéfano, que decía: «¿Pues saben lo que les digo? Que si yo fuera mi mujer, luciría medias Berkshire». La cámara bajaba y gracias a un montaje mostraba, en lugar de sus piernas, unas bellas piernas femeninas. El mismo breve diálogo de este anuncio podía escucharse en cuñas de radio desde el mismo día.

El escándalo fue mayúsculo. Los madridistas se sintieron avergonzados, pero hizo las delicias de los atléticos, que se burlaban de ellos. Di Stéfano había firmado y grabado el anuncio sin comentar nada al Madrid, donde el hecho sentó como un tiro. Bernabéu discutió con él, le pidió que devolviera el dinero y lo retirara, pero él no quiso. El anuncio siguió saliendo varios días y produjo una sensacional campaña de Navidad para una marca que estaba decaída. Finalmente, el Madrid consiguió retirarlo, poniendo de su parte el dinero que no quiso devolver Di Stéfano: 150 000 pesetas. Para la marca anunciadora fue un negocio redondo, porque consiguió un impacto fabuloso y le salió gratis. El acuerdo con Di Stéfano le hubiera permitido mantener la campaña de gran intensidad durante tres meses, y más reducida (dos apariciones semanales) seis meses más. Para frenarla en seco, Bernabéu tuvo que pagar el importe íntegro.

Di Stéfano había arrastrado una lesión esa temporada, por lo que llevaba sin jugar desde la sexta jornada, disputada a finales de octubre. El día del anuncio el Madrid jugó en Córdoba, aún sin él. El primer partido en el Bernabéu tras el anuncio fue un Madrid-Osasuna, decimotercera jornada (el 23 de diciembre) y Di Stéfano seguía sin estar recuperado. Hubo cierta agitación en el campo. La siguiente salida, el penúltimo día del año, el Madrid cae con estrépito en Mallorca (5-2), todavía sin Di Stéfano, lo que pone aún de peor humor al madridismo, que llevaba dos semanas aguantando bromitas. Por fin, al final de las navidades, Di Stéfano reapareció, el 6 de enero, ante el Athletic de Bilbao. Por primera vez desde su llegada al club fue acogido con una sonora pita. Pero a Di Stéfano no le arredraba eso y lideró con dos goles propios la victoria ante el Athletic de Bilbao por 3-2. Sus piernas seguían valiendo para jugar al fútbol. Y para impulsar al Madrid a la renovación del título de Liga, que obtuvo con doce puntos de ventaja sobre el segundo, el Atlético. Pelillos a la mar.

Coque se ha fugado con Lola Flores

(1954)

Coque era un gran interior a principios de los cincuenta. Protagonista de una gran hazaña del Valladolid, con el que había subido en dos temporadas de Tercera a Primera División. Con el mismo equipo llegó a jugar la final de Copa de 1950, que perdería ante el Athletic de Bilbao. Formaba con Ortega, Lasala y Aldecoa un magnífico «cuadrado mágico» en el equipo pucelano. Había llegado a jugar en la Selección un partido oficial, contra Irlanda, un 6-0 en el Bernabéu en el que él había marcado uno de los goles, y había tomado parte en otros encuentros de preselección. Era un interior de ida y vuelta, mucha presencia, claridad en el juego y un gran chupinazo desde el borde del área. Una estrella emergente. El Atlético de Madrid le fichó al comienzo de la temporada 1953-1954, para compensar la salida de Pérez-Payá, que jugaba en el Atlético como *amateur*, y que al hacerse profesional prefirió pasar al Madrid. Coque hizo una buena primera temporada en el Atlético, con 25 partidos y siete goles. Era un buen comienzo. El Atlético estaba seguro de haber conseguido un gran jugador para muchos años.

Pero todo se complicó cuando conoció a Lola Flores, *la Faraona*. Lola Flores era una cantaora y bailaora de enorme éxito, y una mujer de armas tomar. Había empezado a tratar a algunos futbolistas. Tuvo relación con Biosca, defensa central del Barça, pero este se le mostraba esquivo a partir de cierto momento. Lola Flores escogió entonces a Coque, según muchos para darle celos a Biosca, y Coque acude encantado al cite. El juego se convierte en más, la relación se consolida y Coque empieza a tener cada vez menos tiempo para el fútbol. Los compañeros le reconvienen, pero él empieza a faltar a los entrenamientos. O a llegar a ellos tarde, mal dormido y peor dispuesto al trabajo. Su vida ya no es el fútbol, su vida es otra, es la farándula, los tablaos, el baile, el trasnoche, el amor apasionado de madrugada. El club le multa el 16 de octubre, pero no reacciona. La víspera de un partido en casa, no aparece. Corre un rumor: que se ha fugado con Lola Flores a América.

El rumor se confirma. Las noticias que días después llegan de América certifican que la Faraona viaja con Coque, que ha dejado plantado al club, y su nombre hasta aparece en los carteles del espectáculo de Lola Flores como productor. El Atlético le denuncia y Lola Flores tiene un gesto torero: envía al Atlético las 50 000 pesetas de ficha del jugador. No había fuerza que pudiera separar a esa pareja. El Atlético se resigna: se ha quedado sin Coque. Y Coque se ha quedado sin carrera futbolística.

El tiempo gasta la relación y Coque regresa. Jugará algo en el Racing de Santander, pero ya no es el mismo. Vuelve a Valladolid, donde su mujer le perdona, intenta jugar de nuevo en el club de su tierra, pero ya no está para nada. El fútbol se había acabado para él. Y es que la Faraona era mucha Faraona.

El primer Balón de Oro fue para el «Chaplin del fútbol» (1956)

El Balón de Oro fue una creación de *France Football*, revista emparentada empresarialmente con *L'Équipe*, y se empezó a conceder con el inicio de la Copa de Europa, en 1956. Ambas iniciativas sirvieron para consolidar las relaciones en el fútbol europeo. Desde su creación, alcanzó un prestigio grande, que no ha hecho más que acrecentarse con los años. El intento, relativamente reciente, de la FIFA de suplantar el valor de ese premio con uno creado por ella, el FIFA World Player, no ha funcionado. El Balón de Oro mantiene íntegro su carácter mítico. El trofeo lo sigue fabricando la empresa Mellerio, la más antigua sociedad familiar de joyería de Francia, situada en el mismo corazón de la ciudad, en la rue de la Paix. Se otorga por la votación de los corresponsales de *France Football* en toda Europa.

El primero fue para Stanley Matthews, a pesar de que no había jugado en la primera edición de la Copa de Europa, con cuyo nacimiento estaba ligado el premio. Pero es que Matthews, ya cuarentón, había dado una exhibición en mayo ante la Selección de Brasil, que presentó para la ocasión un equipo muy parecido al que iba a ganar la Copa del Mundo de 1958. No estaban aún Garrincha y Pelé, pero estaban casi todos los demás componentes del equipo que ganaría en Suecia. Jugadores elásticos, técnicos, alegres, que llamaban más la atención de la prensa inglesa por la indumentaria «primaveral», esas camisetas *verdeamarelhas* y el pantalón azul. El partido impresionó a la crítica europea, pero impresionó aún más que el hombre del partido fuera el veterano Stanley Matthews, que «estuvo» en los cuatro goles ingleses. El resultado final fue de 4-2.

Eso hizo que en la votación para ese primer Balón de Oro se impusiera Matthews por un estrecho margen: 47 votos, por 44 de Di Stéfano, alma del Madrid en la conquista de la primera Copa de Europa, celebrada ese mismo año. Después venían Kopa, con 33, y Puskás, con 32. Ambos jugarían a no tardar mucho en el Madrid. *France Football*, en un memorable artículo de Gabriel Hanot, director de *L'Équipe*, consagra a Matthews como el «Chaplin del fútbol». «Imperturbable, impasible, con el rostro inmóvil, salvo cuando está marcado por el esfuerzo, Stanley Matthews no ríe; pero hace reír al estadio entero. Es, a su forma, un *clown* genial, el Charlie Chaplin del fútbol.» (...) «Charlie Chaplin y Stanley Matthews: dos héroes cómicos del cine mudo; dos ingleses; dos hijos de un país que tiene el sentido natural del humor.» Arrancaba la historia de un premio legendario.

El Barça rompe la barrera del sonido

(2009)

Nadie lo hubiera pensado año y medio antes, cuando el presidente del Barça, Joan Laporta, tuvo que someterse a una moción de censura, el 7 de julio de 2008, que salvó sin gloria. Le fueron contrarios el 60,6 por ciento de los 39 389 votos emitidos, pero se mantuvo en el cargo porque los estatutos exigen una reprobación de al menos un 66,6 por ciento, que no se alcanzó. Asustado, sin apoyos, escuchó el consejo de un directivo suyo, llamado Evarist Murtra, de poner como entrenador del primer equipo a Guardiola, que tenía una muy corta experiencia como entrenador del filial, en Tercera División. Laporta pensó probablemente que Guardiola le serviría para que la prensa le mirara mejor y tuviera más paciencia con el equipo, y le contrató. Fue en general una sorpresa, pero el respeto que Guardiola se había ganado como jugador hizo que se aceptara en general con benevolencia. Guardiola empezó ascendiendo varios jugadores del filial y anunció su deseo de no contar con Ronaldinho ni con Eto'o, las dos figuras de la época anterior, dos estrellas mal avenidas. Ronaldinho salió. Para Eto'o no hubo destino y siguió.

Con eso y con alguna adquisición (singularmente Piqué, que había sido criado en la cantera, y Alves, procedente del Sevilla), el Barça fue otro. Arrancó muy fuerte en la Liga, en la que se distanció pronto. Una heroica racha del Madrid, con quince victorias y un empate, llegó a amenazar su supremacía en el campeonato, pero el 2 de mayo, en el Bernabéu, l Barça ganaba 2-6, distanciaba a su rival a siete puntos y sentenciaba campeonato. El alirón ya era cuestión de tiempo. Llegaría el 16 de mayo, con la caída del Madrid en Villarreal. Mientras, ganaba la Copa, el 13 de mayo, en final jugada en Valencia contra el Athletic de Bilbao (4-1), tras haber eliminado sucesivamente al Benidorm, Atlético de Madrid, Espanyol y Mallorca. Es el turno de la Champions, en la que caen sucesivamente Wisla Cracovia, Sporting de Portugal, Shaktar Donetsk, Basilea, Olympique Lyonnais, Bayern de Múnich y Chelsea (donde se produce su peor momento, porque le favorecen errores del árbitro y el gol salvador no llega hasta el 90'), para llegar a la final con el Manchester United, ganada por 2-1.

Pasa el verano, Guardiola prescinde por fin de Eto'o, que ha participado en el «triplete» pero se va al Inter. En su lugar ficha, procedente del propio Inter, al sueco Ibrahimović. Y reemprende la marcha, duplicando el triplete en pocos meses: Supercopa de España ante el Athletic, con 1-2 en San Mamés y 3-0 en el Camp Nou, este último el 23 de agosto. Supercopa de Europa en Mónaco, ante el Shaktar Donetsk, 1-0, el 29 de agosto. Ya solo queda el Mundial de Clubes, que se disputa en Abu Dabi. Gana 3-1 al Atlante de México en la semifinal y se enfrenta el 19 de diciembre al Estudiantes de la Plata, que va ganando 1-0 en el 89' cuando aparece Pedro, canterano nacido en Tenerife, con el gol del empate. Pedro, primer suplente de la delantera, habrá conseguido con este gol, que da paso a la prórroga, marcar en todos y cada uno de los campeonatos ganados por su Barça. En la prórroga, gol de Messi y título, con victoria final por 2-1. El Barça ha roto la barrera del sonido. Ha ganado las seis competiciones en que ha participado, algo nunca logrado por nadie antes, y que quién sabe cuánto tiempo tardará en producirse otra vez. Y eso con un fútbol inobjetable, exquisito, de toque, jugadores de cantera, Unicef en el pecho y un entrenador ejemplar. Un entrenador que, cuando empezó a ver que el equipo recibía halagos por su juego y sus victorias, solía decir: «Sí, pero si no levantamos algo, no habremos hecho nada». Y claro que levantó: hasta seis copas, alzadas por su gran capitán, Puyol.

Un decreto españoliza los nombres

(1940)

Este día se emitió la circular federativa 6/1940, que en su apartado quinto expresaba: «En virtud de la disposición dictada por el C.O.E.C.N.D. y de acuerdo con las disposiciones superiores, todos los Clubes sujetos a la disciplina de la Federación procederán a suprimir de su denominación todo vocablo extranjero, y a reformar aquellas cuya construcción no sea gramaticalmente correcta en nuestro idioma. Por ejemplo, no podrán utilizarse la denominación "X Fútbol Club", sino "X Club de Fútbol" o simplemente "Club X", ni tampoco los vocablos Racing, Athletic, Sporting, etcétera, que deberán ser sustituidos por los castellanos correspondientes». Esta circular respondía al Decreto Ley de la Jefatura del Estado, que erradicaba el uso de extranjerismos en todo el territorio español. La Delegación Nacional de Prensa y Propaganda del Ministerio del Interior se lo había trasladado al Comité Olímpico Español-Consejo Nacional de Deportes para que se impusiera en todo el ámbito deportivo antes del 1 de febrero de 1941.

Y es que la nomenclatura de casi todos nuestros clubes guardaba aún remembranzas de su origen inglés, muy lógicas por otra parte. Ingleses habían sido los impulsores de la mayoría de nuestros clubes, y cuando no, lo habían sido estudiantes españoles que habían regresado de la isla de los inventores con el fenomenal juego metido en el alma. Así que teníamos Athletic de Bilbao y Athletic de Madrid (Athletic Aviación Club para entonces), Racing de Santander o de Ferrol, Sporting de Gijón o Fútbol Club Barcelona (o Madrid F. C.), que tuvo que pasar a llamarse Club de

Fútbol Barcelona, construcción más acorde con la lengua del imperio, como se decía entonces. La preocupación del régimen por recuperar términos más españoles se extendió a otros aspectos de la vida civil, como los hoteles, donde los llamados hotel Palace, por ejemplo, pasaron a llamarse hotel Palacio. (Y en algún caso que llegué a ver en una capital de provincia, hotel Palas, no sé si en honor a Palas Atenea o a la compañera del pico.) El cambio de nombre de los clubes dio lugar a que en muchos casos los clubes pasaran a ser conocidos por el nombre de la ciudad, en lugar de por su nombre real, salvo por sus propios aficionados, que coloquialmente les seguían llamando como siempre. Por ejemplo, en Bilbao siempre dijeron el Athletic, mientras en el resto de España pasamos a conocerlo como el Bilbao. Lo mismo pasó con Racing y Santander o con Sporting y Gijón.

Este decreto ley estuvo vigente hasta el 18 de julio (precisamente) de 1972. A partir de entonces, todo el que quiso recuperó su nombre inglés anterior, y así lo hizo la mayoría. No el Atlético de Madrid, que mantuvo su nombre «españolizado», quizá en un intento más o menos consciente de distinguir su personalidad de la del club bilbaíno, que fue su matriz original.

Los caballeros de la Orden de Malta

(1983)

Nos jugábamos el pase a la Eurocopa de Francia, en la que, por cierto, luego quedaríamos la mar de bien: segundos. En el grupo habíamos ganado en casa a Países Bajos, pero habíamos perdido allí. Era con ella con la que nos jugábamos el pase, claro. El grupo se completaba con Éire, Islandia y Malta. El partido final es con esta última Selección, Malta, en el Benito Villamarín de Sevilla. A él llegamos con cinco victorias, un empate y una derrota. Necesitamos una sexta victoria... pero por once goles o más de ventaja, para ganarle por diferencia final de goles el grupo a Países Bajos, que tiene los mismos puntos que nosotros podamos alcanzar venciendo a Malta, pero con un gran promedio goleador. Parece misión imposible. La víspera del partido entrevisté a John Bonello, el portero maltés, convertido sin comerlo ni beberlo en el enemigo público número uno de un país que pisaba por primera vez: «¿Once goles? Ni a mí ni a nadie, eso es imposible». Malta era la cenicienta del grupo, nos llegó con una victoria y seis derrotas en los partidos anteriores, si bien es verdad que con «solo» 25 goles encajados en siete partidos. Países Bajos le había metido cinco. Ganar por once de diferencia parecía subir una montaña.

El seleccionador, que es Miguel Muñoz, designa para esa misión imposible a: Buyo; Señor, Maceda, Goikoetxea, Camacho; Víctor, Sarabia, Gordillo; Carrasco, Santillana y Rincón. El ambiente es apasionadísimo, con un público sevillano responsabilizado más que nunca en su tarea de jugador número doce. España empieza hecha una furia y con el árbitro barriendo a favor. A los dos minutos, un penalti un poquito cogido por los pelos, pero Señor lo tira al palo. Rincón cae en fuera de juego varias veces, el árbitro no lo pita. Bonello para o le rebota, y anda siempre por el suelo. En eso, marca Santillana, en el 16'. Furor. Pero, sorprendentemente, en su única salida al ataque, Malta marca. Es un tiro de Demanuele que rebota en Maceda, se envenena y se cuela. Minuto 24 y 1-1. El fuego del estadio afloja. España sigue mandando, pero el golpe pesa. Dos goles más de Santillana y 3-1 al descanso. La montaña ahora es de ocho goles en 45 minutos. No vamos con el horario previsto. Se hace recuento de remates, de las ocasiones perdidas. Muchos, muchas. Pero faltan goles y no sobra tiempo.

Entonces el racial Poli Rincón reenciende la mecha con un gol en el 47', al que une otro en el 56', que ni celebra, coge el balón y lo lleva corriendo al centro del campo. Es la señal: hay tiempo. Entonces llega la locura: Maceda se adelanta, Gordillo y Señor son extremos, los malteses se quitan de encima los balones al buen tuntún, balones que les vuelven una y otra vez al área, como si el campo estuviera en cuesta. España va al remate con cuatro, cinco o seis, en oleadas. Maceda marca en el 69' y en el 73', Rincón otra vez en el 74', Santillana en el 75', Malta sufre la expulsión de Di Giorgio, Rincón marca el décimo en el 78'. Todo el campo vuelve a cantar otra vez el «¡Sí, sí sí, España va a París!». En el 79', gol de Sarabia e invasión de campo. En el 83', el gol de Señor, que establece la distancia de once. José Ángel de la Casa, el eterno y sobrio narrador de la Selección, suelta un gallo por primera vez en su carrera, porque este gol le transporta como ningún otro en tantísimos partidos. Aquello es un manicomio. Los periodistas, aturdidos, hacemos una y otra vez la cuenta. ¿Será verdad? A ver, cuatro Santillana, cuatro Rincón, dos Maceda, uno Sarabia el de Señor… ¡Doce! Menos el de ellos, salen los once. ¡Sí, a París!

En Países Bajos se televisó el partido en directo. Al final se despid el programa con el plano de un árbol de Navidad adornado con doce bola negras.

El Gran Jurado de quinielas (1962)

El invierno a caballo entre 1962 y 1963 fue durísimo en Inglaterra, muchos aún lo recuerdan, y el fútbol lo sufrió de lleno. El primer aviso llegó tres días antes de la Navidad, cuando toda la Isla amaneció envuelta en una niebla helada. El fútbol no pudo ser ajeno a ello: dieciocho partidos quedaron aplazados y ocho que comenzaron a trancas y barrancas fueron suspendidos sobre la marcha, ante la imposibilidad de completarlos. Un día así no hubiera supuesto nada grave, pero la situación iba a durar dos meses. El Boxing Day (26 de diciembre), el país apareció cubierto de nieve, paralizado, por lo que de nuevo hubieron de ser suspendidos todos los partidos. El 29, por fin, pudieron jugarse algunos encuentros, pero para Año Nuevo otra vez hubieron de suspenderse todos. Para el 5 de enero, jornada de Copa, la temperatura fue de 20 bajo cero y el país estaba bajo la nieve y ennegrecido por la niebla (The Big Freeze). Nada que hacer.

Para Inglaterra el fútbol es fútbol más apuestas, y las casas de apuestas se vieron en un apuro. Sin fútbol no podían vivir y a la vista de ello las tres principales del país, Vernons, Zetters y Littlewoods, se reunieron y se pusieron de acuerdo. Si no había resultados sobre los que apostar, ellos crearían esos resultados. Y conformaron un jurado con cuatro célebres ex jugadores (los ingleses Tom Finney, Tommy Lawton y Ted Drake, y el escocés George Young), el no menos célebre árbitro Arthur Ellis, recién retirado, y una gloria nacional llamada John Theodore Cuthbert Moore-Brabazon, aristócrata de avanzada edad, que había sido un pionero de la aviación y que en 1909 había volado con un cerdito metido en un cubo y atado a un ala para demostrar que los cerdos sí pueden volar. (En Inglaterra existe el dicho «Cuando los cerdos vuelen» como referencia a algo imposible. Toshack lo utilizó en una célebre ocasión en España.) Ellis, por su parte, había sido tenido en su momento como «el mejor árbitro del mundo», aunque los madridistas de la época no estarán muy de acuerdo en eso. Fue el que arbitró en el Bernabéu el partido de ida de la Copa de Europa contra el Barcelona, en el que el Madrid se sintió muy perjudicado. (Ellis pitó un penalti por falta de Vicente a Kocsis fuera del área en una jugada en la que Kocsis había arrancado en fuera de juego señalado por el linier.)

El acta de constitución del Gran Jurado se firmó el 26 de enero. El jurado se reunía en estricto secreto en un lugar reservado de Londres y decidía los resultados de los partidos que no se jugaban, resultados que eran anunciados por la BBC. Eso permitió a las apuestas seguir vivas. De los 38 resultados que fijaron en la primera jornada (Primera y Segunda) resultaron muy sorprendentes la victoria del Leeds sobre el Stoke y la del Peterborough en el campo del Derby County. Dos sorpresas para dar picante a las apuestas, se entiende.

El duro invierno se mantuvo hasta entrado marzo, cuando el tiempo empezó a despejarse. Poco a poco se fueron jugando más partidos. Once el 16 de febrero, veinticuatro el 23, lo que ya hizo innecesario que el Jurado de Quinielas se siguiera reuniendo. El 16 de marzo se pudo jugar por fin una jornada completa por primera vez en tres meses. El fútbol recobró su normalidad, y también las apuestas. El duro invierno se olvidó, pero del Gran Jurado se siguió hablando durante mucho tiempo.

Robo y fundición de la Jules Rimet

(1983)

La Copa del Mundo, que se disputa desde 1930 cada cuatro años, se llamó Copa Jules Rimet a partir de 1950 por decisión adoptada en el congreso de la FIFA que tuvo lugar en Luxemburgo en 1946. Justo homenaje al que fuera presidente de la FIFA y gran promotor del torneo. Nacido el 24 de octubre de 1873 en la localidad francesa de Theuley-les-Lavoncourt, se implicó desde muy pronto en un deporte que en realidad nunca practicó. En 1914 representó a Francia en el congreso de la FIFA y en 1921 fue elegido presidente, cargo en el que se mantuvo hasta después del Mundial de 1954. Su tarea más recordada fue la creación de la Copa del Mundo, un poco en sustitución del campeonato olímpico de fútbol, en el que se prohibió que actuaran profesionales y hasta se llegó a expulsar al fútbol en la edición de 1932. El primer Mundial se jugaría en Uruguay, en homenaje a los dos títulos olímpicos conseguidos por este país, los de 1924 y 1928. Para premiar al equipo campeón, Jules Rimet encargó una copa de oro a un célebre orfebre francés, llamado Abel Lafleur. Se trataba en realidad de la estatuilla de una victoria alada, que sostenía sobre su cabeza un envase hexagonal. Medía treinta centímetros, con la peana de mármol incluida, y pesaba cuatro kilos, de los cuales 1,8 eran oro y el resto mármol. Una preciosidad.

Esa copa la fueron levantando sucesivamente Nasazzi en 1930, Combi en 1934, Meazza en 1938, Obdulio Varela en 1950, Fritz Walter en 1954, Bellini en 1958, Mauro en 1962, Bobby Moore en 1966 y Carlos Alberto en 1970, como capitanes respectivos de Uruguay, Italia, Italia,

Uruguay, Alemania, Brasil, Brasil, Inglaterra y de nuevo Brasil. Al ganar Brasil su tercer título se decidió ofrecerle la copa en propiedad y crear otra, que es la que se entrega desde entonces. Es obra del italiano Silvio Gazzaniga y representa también una victoria alada, aunque más estilizada, que sostiene un mundo en su cabeza. Mide 37 centímetros, pesa cinco kilos y está hecha también de oro, con incrustaciones de malaquita.

Brasil instaló la antigua en una urna, en la sede de su Federación, pero tuvo un descuido tremendo. La urna, hecha de cristal antibalas, estaba pegada a la pared y a la base de mampostería con cinta aislante, de manera que bastaba con despegarla de la pared para sacar la copa. Y eso fue lo que hicieron unos chorizos en la madrugada del 22 al 23 de diciembre de 1983. Entraron en la Federación, deambularon, esperaron la hora de cierre metidos en un baño y cuando se hubo marchado todo el mundo fueron a por la copa. Retiraron la cinta aislante, levantaron con cuidado el conjunto de cristal antibalas, lo dejaron en el suelo y se llevaron el trofeo, que para ellos era solo oro, vil metal. El instigador del golpe fue un argentino llamado Juan Carlos Hernández, que se dedicaba a traficar en oro, joyas, cocaína o lo que se terciase. A través de un tal Sergio Pereyra Ayres, alias Sergio Peralta, experto conocedor de los bajos fondos, reclutó a dos tipos llamados José Luiz Vieira da Sila, alias Luiz Bigode, y Francisco José Rocha Rivera, alias Chico Barbudo. Ellos dos se encargaron directamente de la faena y en la misma madrugada llevaron la copa al taller de Juan Carlos Hernández, donde fue troceada y fundida, para acabar siendo vendida como oro vulgar. Ya no existe, por tanto. La banda fue detenida algún tiempo más tarde y todos acabaron en la cárcel. Pero el sagrado tótem ya no existe. Lo que hoy se muestra en la sede de la Federación brasileña es una reproducción.

Di Stéfano, Superbalón de Oro (1989)

Queda dicho en el día 18 que en 1956 se creó el Balón de Oro. El primero lo ganó el extremo inglés Stanley Matthews, el *Chaplin* *del fútbol*, con 47 puntos, solo tres más que Di Stéfano. Di Stéfano ganó la segunda edición, al compás de su segundo título consecutivo en la Copa de Europa, y con una ventaja extraordinaria: 72 puntos, por 19 de Wright y 16 de Kopa y Edwards. «Donde quiera que vaya, el adversario se inclina», titularía su artículo en esta ocasión Gabriel Hanot, que escribe: «En él celebramos al gran señor, al caballero, que alía la bravura a la invencibilidad (...). Si Matthews es el humor, Di Stéfano es la epopeya». Luego ganaría asimismo la cuarta edición. La tercera fue para el francés Kopa, también jugador del Madrid, consecuencia de su buen hacer en el Mundial de 1958, al que Di Stéfano no acudió. En esa cuarta edición Di Stéfano obtendría 80 puntos, por 42 de Kopa y 24 del galés John Charles. Después no volvería a ganarlo. El quinto sería para el español Luis Suárez, entonces en el Barcelona, y que pronto iría al Inter. Di Stéfano, por tanto, se paró en dos. En tiempos sucesivos, dos jugadores ganaron hasta tres veces el trofeo: Cruyff y Platini. Y más adelante lo lograría también Van Basten.

En el *staff* de la revista quedó una cierta sensación de injusticia, que nacía de la certeza de que Di Stéfano había sido el mejor de todos. Él había liderado al gran Real Madrid que ganó las cinco primeras copas de Europa, había marcado al menos un gol en cada una de las finales victoriosas y en puridad habría merecido el trofeo cada uno de esos cinco años, solo que el primero se destinó al mítico Matthews, por su extraordinaria longevidad (cuando lo recibió tenía ya cuarenta y un años y se mantenía como internacional con Inglaterra), y en lo sucesivo se trató de no abusar de la repetición, cosa que luego sí se aceptaría. Es significativo en ese sentido que para la tercera edición, tras ganar la segunda, a Di Stéfano no se le otorgara ni un solo punto, de acuerdo con el criterio de no repetir ganador, criterio que se cambió inmediatamente después por considerarlo una equivocación. Asi que en 1989, al tiempo que se le concedía por segunda vez a Van Basten, exquisito delantero holandés, se le hizo entrega a Di Stéfano del Superbalón de Oro por ganar una votación que trataba de determinar quién había sido el mejor entre todos los ganadores hasta la fecha. Era, así, su tercero, solo que este con más valor que cualquier otro, lo que reponía la injusticia cometida años atrás. Ningún jugador ha conseguido más de tres balones de oro.

A Di Stéfano este reconocimiento aplazado de *France Football* le sirvió para que el Real Madrid, que le tenía por entonces un tanto olvidado, le recuperase. Ramón Mendoza, presidente en esa época, decidió hacerle consejero de presidencia y otorgarle un sueldo. Años más adelante, cuando llegó Florentino Pérez al cargo, fue más allá y le nombró presidente de honor del club.

Hay fútbol entre las trincheras

(1914)

También en Navidad ha habido fútbol. En Navidad recibió el Madrid a los comunistas del Partizan de Belgrado, nada menos, en 1955, en la primera Copa de Europa, para ganarles 4-0. (A la vuelta las pasó canutas, sobre la nieve de Belgrado, véase el dia 29 de enero). En Navidad jugaba el Barça, durante muchos años, un partido matinal, con el propósito, que entonces se veía loable pero que hoy sería indefendible, de que el padre se llevara a los hijos mientras la madre preparaba tranquila la comidad de Navidad. Eran partidos en los que invitaba a equipos extranjeros y de gran atractivo en tiempos en que apenas se veía otro fútbol que el propio.

Pero los más célebres partidos en este día se disputaron en 1914, en plena Primera Guerra Mundial, entre las líneas de trincheras que separaban a las tropas inglesas de las alemanas. La feroz guerra tuvo una tregua navideña, según se fue sabiendo después por las cartas que enviaron los soldados de uno y otro bando a sus casas. En la noche del 24, en las trincheras de los alemanes se escucharon algunos villancicos cantados por los combatientes, singularmente el más bello de todos, *Noche de paz*. En respuesta, también se cantaron villancicos desde las trincheras inglesas. La sorpresa, según describió un brigada escocés en carta a su casa, fue que a la mañana siguiente aparecieron, desarmados, andando por la tierra de nadie, soldados alemanes portando cajas de cigarrillos y algunos regalos. «¿Qué hacer? —se preguntaba el brigada en la carta—. ¿Dispararles? No se puede disparar a hombres desarmados.» Los soldados intercambiaron regalos y concertaron un partido de fútbol para festejar el encuentro y la Navidad.

Lo mismo ocurrió en varias zonas del frente, según testimonio de un reportero del *Manchester Guardian*, que en su crónica publicada el día 26 describe cómo «cada acre de terreno útil para el juego existente entre las dos líneas de trincheras fue ocupado por el fútbol». El día de Año Nuevo, un mayor del ejército inglés explica que el día de Navidad su regimiento, de nombre Saxons, jugó un partido contra un regimiento alemán, al que habría vencido por 3-2. El mismo día, otro oficial británico explica cómo rechazó la idea del partido, porque en su zona de operaciones el terreno entre ambas trincheras estaba demasiado roturado por los cañonazos y no había manera de encontrar un espacio suficiente para ello. Multitud de muchachos escribieron con emoción a sus casas sobre los hechos de ese singular día de Navidad. Uno de los relatos explica que en su partido había un trofeo en disputa, una liebre, que ganaría el equipo alemán.

Luego volverían los tiros. Aquella fue una guerra terrible que duró casi cuatro años más y dejó espantada a la Humanidad. Pero el fútbol había sustituido por un día a las balas. La lástima fue que para el año siguiente la oficialidad de uno y otro lado de las trincheras tomó las disposiciones oportunas para que tal cosa no se repitiera, de manera que aquello quedó circunscrito a la Navidad de 1914.

53 000 espectadores para un partido femenino

(1920)

El fútbol femenino es tenido por algo relativamente moderno, pero no lo es tanto. En Inglaterra tuvo gran auge desde los días de la Primera Guerra Mundial, cuando un grupo de trabajadoras de la Dick, Kerr, fábrica de munición de Preston, constituyeron un equipo, bajo el apoyo del Preston North End, que llamaron el Dick, Kerr's Ladies. Jugaban partidos con fines caritativos y las recaudaciones fueron continuamente a más, particularmente por el tirón de su gran estrella, llamada Lily Parr. Según cuentan las crónicas de la época, tenía, además de habilidad y gran visión de juego, un disparo terrorífico. Había debutado con catorce años, y en su primera temporada consiguió 47 goles. Su leyenda se acrecentó cuando, desafiada por un portero masculino profesional, que le dijo que su disparo era potente entre mujeres pero que no podría vencer a un guardameta como él, accedió al reto. El potente disparo de Parr rompió un brazo del meta, según las crónicas. Quizá una leyenda urbana, pero contribuyó a su prestigio. Terminada la guerra, el equipo se mantuvo y siguió jugando, siempre en busca de recaudaciones con fines de caridad.

El 26 de diciembre, Boxing Day en Inglaterra, fue el mayor día de gloria del Dick, Kerr's Ladies, y del fútbol femenino, hasta la fecha. El partido entre este equipo y el St Helens Ladies concentró en el Goodison Park de Liverpool una multitud de 53 000 espectadores, que dejaron en taquilla 3115 libras de la época. Las Dick, Kerr's Ladies de Parr ganaron por 4-0. Los rectores de la Football Association llegaron a estar celosos del fútbol femenino, y en 1921 dictaron unas severas normas restrictivas en contra: las mujeres nunca podrían jugar en los mismos campos que utilizaban los hombres, y tampoco podría arbitrar sus partidos ningún árbitro oficial. Ese año, las Dick, Kerr's Ladies habían jugado 67 partidos por toda Inglaterra, con una asistencia total de 900 000 personas y una recaudación de 175 000 libras. El año siguiente serían contratadas para una gira por Estados Unidos. Ya antes, en 1920, habían jugado en Francia.

Lily Parr jugó hasta 1951. Se retiró con cuarenta y cinco años. Siempre compartió su afición al fútbol, que practicó, como sus compañeras, de forma totalmente *amateur*, con el trabajo de *nurse*. El Dick, Kerr's Ladies subsistió hasta 1965, cuando se disolvió por el desinterés de las chicas de la época por el fútbol. Detrás quedaban 828 partidos, de los que ganaron 758, empataron 46 y solo perdieron 24, uno por cada dos de sus años de existencia. Tom Finney, extraordinario extremo internacional de la época, apoyó al equipo y arbitró muchos de sus partidos, ante la imposibilidad de que lo hicieran árbitros colegiados.

Disuelto el Dick, Kerr's Ladies, la semilla germinó. Los nuevos tiempos trajeron nuevas gentes y en 1978 la Football Association reconoció al fútbol femenino, que acogió en su seno. Hoy se juegan competiciones regulares de fútbol entre mujeres en muchos países, y también partidos entre selecciones en busca de campeonas continentales y mundiales.

Sanción de veinticuatro partidos a Cortizo

(1964)

Todavía no se ha producido en nuestro gran fútbol un castigo ni siquiera aproximado al que sufrió Cortizo, lateral derecho del Zaragoza, por su entrada a Enrique Collar, de la que este resultó con fractura de tibia y peroné. Aquellos eran buenos años del Atlético y del Zaragoza. El club maño andaba entonces con sus «Magníficos» y llegó a jugar cuatro finales de Copa consecutivas, dos de ellas contra el Atlético. Este, a su vez, tenía un gran equipo, una de cuyas estrellas era el extremo izquierda, Enrique Collar. El partido es el último de la primera vuelta. El Atlético está a un punto del Madrid, líder. El Zaragoza es tercero. El ambiente, muy apasionado. Luis adelanta al Atlético, pero el Zaragoza le da la vuelta al marcador. El partido sube el nivel de dureza y en una de esas Cortizo le hace una fuerte entrada a Collar, que sale en camilla. No podrá volver a jugar hasta varios meses después.

El ambiente es tal que desborda al árbitro, Gómez Arribas, al que alguien dice que lo de Collar es un fingimiento. En principio lo cree, y como Collar es el capitán, exige que pase para firmar el acta, cosa que no puede hacer. Entonces exige que le entreguen un certificado médico en regla antes de aceptar que firme otro jugador por él, y así se hace. El Atlético regresa con una derrota por 3-1 y con Collar lastimado.

La radiografía señala fractura de tibia y peroné. Collar no podrá jugar en varios meses. El Comité de Competición examina el caso y decide suspender a Cortizo por lo que resta de temporada, lo que supondrá veinticuatro partidos: los quince de la segunda vuelta de la Liga y nueve de

Copa, porque el Zaragoza alcanzará la final... precisamente ante el Atlético. Zaragoza se alza indignada, la mayoría de los aficionados defienden que la lesión fue fortuita, que no se produjo por el impacto, sino por la caída. Cortizo muestra las marcas de los tacos de Collar, que antes de esa jugada le había puesto un planchazo. Desde Zaragoza se señala que el conde de Cheles, vicepresidente del Atlético, es también vicepresidente del Comité de Competición y que se ha tomado una revancha injusta. Pero no hay caso: la sanción se aplica y será decisiva en la carrera de Cortizo, que entonces andaba ya por los treinta y perderá la plaza de titular en el Zaragoza a partir de esa jugada. Collar es escayolado y tardará meses en reaparecer.

Los dos equipos se enfrentan en la final de Copa, como había ocurrido el año anterior, en esa ocasión con victoria del Zaragoza. Collar llega a tiempo de jugar ese partido, que gana el Atlético. Él alza la copa, como capitán. Cortizo completa ese día su sanción. La plaza de lateral derecho, que un año antes en este mismo partido había ocupado él con la misión de marcar a Collar, fue esta vez ocupada por el habitual lateral izquierda, Reija, que a su vez deja su puesto a su suplente, Zubiaurre. Cortizo volverá a jugar la temporada siguiente, pero arrastrando la leyenda de jugador brutal, al que increpan los públicos. Poco a poco irá perdiendo el puesto a favor del joven Irusquieta y acabará marchándose al Jaén, donde se retirará y se establecerá.

Supercopa para la Real y cinco «subtítulos» merengues (1982)

La Supercopa, que enfrenta al campeón de Liga y al de Copa, se empezó a jugar en España en 1982. Enlazaba con una tradición de muchos años atrás, ya perdida en el tiempo, de cuando se llamaba Copa Eva Duarte de Perón, gesto amistoso del régimen al trigo que nos enviaba Argentina en la posguerra. Aquel año ganó la Liga la Real, por segunda vez consecutiva. La Copa la ganó el Madrid, en final victoriosa sobre el Sporting, en Valladolid, con un frío de mil demonios impropio del verano. El Madrid y la Real habían vivido esos años una extrema rivalidad, con unos codo a codo impresionantes en la Liga. En uno de ellos, la Real estuvo imbatida hasta la penúltima jornada, cuando perdió en Sevilla, y esa sola derrota le costó el título. El año siguiente, consiguió ganarlo con un gol de Zamora en el último minuto del último partido, cuando el Madrid, que había ganado en Valladolid, ya se sentía campeón.

Así que aquella fue una Supercopa caliente. Costó encontrarle las fechas, con el verano cargado de compromisos por parte de ambos clubes, y al final se organizó para el 13 de octubre, en el Bernabéu, y el 28 de diciembre, Día de los Inocentes, en el viejo Atocha, hoy desaparecido. El partido de ida ya fue de aúpa, con frecuente lanzamiento de botes al campo y un Enríquez Negreira desbordado por las circunstancias, defendiéndose con las tarjetas como podía. Sacó catorce tarjetas amarillas, dos de ellas a Juanito, que por ello fue expulsado en el minuto 22. El partido resultó un bochorno general y lo ganó el Madrid por un gol de cabeza de Metgod, un grandote líbero holandés que estuvo en el equipo durante poco tiempo.

El partido de vuelta, en Atocha, fue aún más desastroso. Los dos equipos acudieron aún con sangre en el ojo y el árbitro, Pes Pérez, intentó ahorrar las tarjetas al principio, pero al final tuvo que acudir a ellas. Fue más valiente con el Madrid que con la Real, y expulsó a Juan José en el 22' y a Ángel en el 67'. La Real marcó por medio de Uralde en el 53', lo que igualaba la eliminatoria. En el primer minuto de la prórroga López Ufarte marcó el segundo. El Madrid ya tuvo que abrirse y encajó dos goles más, obra de Uralde uno y el otro, al alimón, de Beguiristain y Bakero. La primera Supercopa fue para la Real.

El Madrid, claro, fue segundo, lo que abriría una curiosa serie de cinco subcampeonatos del Madrid en esa temporada, en la que tuvo por entrenador a Di Stéfano. En la Liga, estuvo en liza hasta la última jornada, en la que le bastaba con empatar en Mestalla para ser campeón o, aun perdiendo, con tal de que el Athletic no ganara en Las Palmas. Pero perdió uno cero, gol de Tendillo, y el Athletic hizo un rotundo 1-5 en Las Palmas y fue campeón. Luego vino la final de la Recopa, en Gotemburgo, perdida en la prórroga, 2-1, ante el Aberdeen, que entonces entrenaba Alex Ferguson. En la Copa jugó la final ante el Barça, en Zaragoza, resuelta para los *blaugrana* en el último instante, en espectacular cabezazo de Marcos. Pero aún quedaba cáliz por apurar: la Copa de la Liga, cuya final era a doble partido. Llegaron de nuevo el Barcelona (que era el de Maradona y Schuster) y el Madrid. Empate a dos en el Bernabéu y dos a uno en la vuelta. El Barça era campeón y el Madrid, de nuevo, segundo.

Gullit pide el Balón de Oro para Gordillo

(1987)

El Balón de Oro de este año rozó al fútbol español, pero se fue al italiano. Butragueño, que había sido tercero la edición anterior, tras Belanov y Lineker, tenía sus aspiraciones. También Míchel, su compañero de la Quinta. Y Futre, estrella del Atlético. Pero lo ganó Gullit, uno de los tres deslumbrantes holandeses que reunió Berlusconi en el Milán a las órdenes de Sacchi. (Los otros fueron Van Basten, que ganaría tres veces el Balón de Oro, y Rijkaard). Gullit nació en Ámsterdam, su padre era originario de Surinam, su madre, holandesa. Alto, elástico y de gran técnica, es quizá el único jugador de la historia del fútbol moderno que ha sido considerado estrella en posiciones tan distintas como líbero, mediocampista de amplio espectro o delantero en punta, posición en la que jugó junto a Van Basten en el Milán. Se había criado en el Ámsterdam, de donde saltó al Haarlem, de ahí al Feyenoord (junto a un veteranísimo Cruyff, a cuyo lado hizo el doblete), luego al PSV y finalmente al Milán, en el que formó parte de uno de los mejores equipos de todos los tiempos.

Gullit, hombre concienciado, dedica el Balón de Oro a Nelson Mandela, entonces encarcelado en su lucha contra el *apartheid*. Gullit había sido frecuente participante en programas de radio en apoyo a los miembros perseguidos del Congreso Nacional Africano (CNA), el partido de Mandela en permanente lucha contra el *apartheid*, y había participado en conciertos de *reggae* en homenaje a Steve Biko, símbolo y mártir de esa lucha, muerto diez años antes tras ser torturado por la policía surafricana. Por todo eso no extrañó que hiciera su dedicatoria a Mandela. Pero sí sorprendió lo que dijo después en declaraciones a la prensa. «Agradezco este premio, pero no es justo. Yo se lo hubiera dado a Gordillo. Es el mejor jugador que pisa ahora los campos.»

La declaración sorprendió a todos, también al fútbol español, que había obtenido los puestos segundo (Futre, Atlético), tercero (Butragueño, Madrid), cuarto (Míchel, Madrid) y quinto (Lineker, Barcelona). Nadie había pensado en Gordillo, ni siquiera en España o en el Madrid, donde en esos tiempos se acarició la ilusión de que Butragueño o Míchel alcanzaran el premio. Gordillo no había tenido un solo punto en la votación, nadie lo había tenido presente. Pero Rafa Gordillo fue un grande de la época. Criado en la cantera del Betis, distribuyó su carrera entre este equipo y el Madrid, siempre desde la banda izquierda, con un subir y bajar incansable y una muy buena técnica en su pierna izquierda, con la que marcó bastantes goles y dio muchos más. Míchel en una banda y Gordillo en la otra fueron la clave para aquellos grandes años del Madrid de la Quinta. Prácticamente no hubo partido que jugara, con el Madrid, con el Betis o con la Selección, en el que no fuera dominador pleno de su zona, una amplia franja de diez metros de ancho desde un banderín de córner al otro, en la banda izquierda de su equipo. Su natural modesto hizo que se le pospusiera en las grandes elecciones, pero Gullit, un hombre sensible y preocupado por los humildes, le hizo homenaje en su día más grande.

Enrique Ponce y José Tomás dirigen los ataques del derbi

(1998)

La presencia de toreros en partidos benéficos ha sido frecuente. A pesar de que en sus orígenes en España el fútbol fue mal visto por el mundo taurino, que lo consideraba una costumbre zafia y extranjerizante, pronto hubo quien pudo, quiso y supo compartir esas aficiones. Entre otros, Ignacio Sánchez Mejías, el matador de toros muerto en la plaza, al que García Lorca dedicó el poema elegíaco más bello del castellano. Sánchez Mejías fue, en su corta, intensa y azarosa vida, presidente del Betis por unos meses (véase el día 19 de agosto). Antoñete jugó al fútbol muy bien. Él y Curro Girón animaban los partidos de artistas contra toreros que solían alegrar las navidades madrileñas en los sesenta. Y Montalvo, un jugador del Madrid, toreó un novillo en una corrida organizada por el Madrid durante sus bodas de oro (en la que también toreó Antoñete) y dio tantas manoletinas que hasta desacreditó ese pase. Los toreros «de verdad» dejaron de dar manoletinas porque quedó flotando en el aire que si las daba un futbolista no sería un pase de gran mérito.

Pero el hecho más extraordinario en esa relación fue el partido organizado el 30 de diciembre, en busca de recaudar fondos para enviar a Honduras, que había sufrido una fuerte inundación por el huracán Mitch. En un programa de la SER, José Ramón de la Morena sugirió a los dos presidentes, Sanz y Gil, que mejoraran el partido con algún guiño diferente. Por ejemplo, meter en los equipos a los dos toreros del momento, Enrique Ponce y José Tomás. Enrique Ponce, valenciano de Chiva, era el número uno del escalafón, pero José Tomás, madrileño de Galapagar, aparecía con una fuerza tremenda, con un toreo sin igual, de arte y riesgo, y amenazaba su posición, un poco acomodada ya. Además, el valenciano es un reconocido madridista, amigo personal de Hierro y Raúl, mientras que José Tomás es atlético. Y los dos juegan (o jugaban) bien al fútbol. Así que pareció una buena idea. Y lo fue.

Porque el Madrid y el Atlético se enfrentaron en un partido en que todo lo demás fue perfectamente formal. Los entrenadores, Hiddink y Sacchi, sacaron sus equipos titulares, sin más alteración que la presencia en ambos ataques del correspondiente matador, ambos con el número nueve y su nombre a la espalda. Los días anteriores Ponce recibió clases extras de sus amigos Hierro y Raúl. El Atlético, por su parte, envió a Vincenzo Pincolini a darle a José Tomás algunas instrucciones y a valorar su condición técnica y física, y volvió impresionado. Los dos toreros le dieron el último tirón a la taquilla. Su presencia resultó decisiva porque la noche apareció lluviosa y un amistoso más entre los rivales madrileños no hubiera tenido ese tirón. A la hora de la verdad, puede decirse que dieron el pego. Tocaron bien y parecieron futbolistas serios por sus maneras, aunque sin hacer nada extraordinario. Ponce jugó 56 minutos, bien apoyado de cerca por Raúl y Mijatovic, que le acompañaban en el ataque. Tocó nueve balones, generalmente bien, y pudo marcar en un mano a mano con Molina. José Tomás jugó 47 minutos. Aunque se vio algo más aislado en punta, con menos compañeros cerca, intervino once veces, también con acierto, remató una vez fuera y superó también con nota la alternativa. Los dos se fueron felices, por el llenazo, por la experiencia y por haber contribuido a una causa tan noble.

El Cosmos no paga y se disuelve la NASL

(1984)

En la segunda mitad de los setenta el fútbol profesional había hecho un gran intento por asaltar Estados Unidos con la creación de la NASL, la North American Soccer League. El gran impulsor había sido la gran compañía de entretenimiento y comunicación Warner Brothers, en cuyo seno creó el Cosmos, el equipo en el que se enroló Pelé. La llegada de este provocó una verdadera inflamación de interés colectivo. Durante los tres años que permaneció en el equipo, las asistencias medias al Giant Stadium fueron de 40 000 personas, en ocasiones de 70 000. Tras Pelé fueron llegando a Estados Unidos (y a Canadá, que jugaba la misma Liga) otras grandes figuras del fútbol europeo o suramericano, a consumir allí el final de sus carreras, singularmente Cruyff, Beckenbauer, Müller, Carlos Alberto y Chinaglia. También algún español, como Velázquez, el cerebro del Madrid, que se retiró en Toronto. Pero la retirada de Pelé demostró que todo dependía de él.

Porque las asistencias y el interés decrecieron rápidamente. El esfuerzo del Cosmos por mantenerse en cabeza, con fichajes importantes, fue, irónicamente, contraproducente. El Cosmos, ya sin Pelé, ganó los campeonatos de 1978, 1980 y 1982. Ese dominio casi aplastante no es del agrado del público norteamericano, que prefiere más rotación en los ganadores, como ocurre generalmente en las ligas de béisbol, hockey sobre hielo o baloncesto, así que la fuerza del Cosmos fue en detrimento de sus propias taquillas y de las de los rivales. Es lo que los economistas del deporte conocen como «la paradoja de Joe Louis». Joe Louis quiere ser el mejor y debe intentarlo, pero necesita un Max Baer que compita contra él con reales posibilidades de éxito para rentabilizar su habilidad.

Así las cosas, el Cosmos intentó convencer a Pelé para un regreso en 1984, cuando el campeonato ya languidecía. Pelé, empleado de la Warner todavía como figura para lanzar sus productos en el mercado mundial, fue presionado para ello, pero tras algunas dudas no aceptó. Para entonces había pasado ya los cuarenta años y llevaba siete sin jugar. Y el final se precipitó. Ante el comienzo de la temporada de 1985, los clubes tenían de límite el último día de 1984 para entregar la fianza obligada para la inscripción. Todo el mundo estaba pendiente del Cosmos. Los dirigentes de la Warner estaban cansados de perder tanto dinero en un negocio que no era el suyo, y que maldita la gracia que les hacía sin Pelé. Así que cuando se cumplió el cambio de año, el Cosmos no había depositado la fianza. Solo tres clubes lo habían hecho. Aquello significó el fin de la NASL, la muerte del sueño americano, como titularon algunos. La NASL empleó las primeras semanas del año en liquidar, y para el 28 de marzo cerró las oficinas. El Cosmos sobrevivió aún algún tiempo, en el que jugó unos pocos amistosos. El 13 de junio fue el último de ellos, ante el Lazio, el equipo de Chinaglia. Ese fue su último partido.

De aquella siembra sí quedó una seria implantación del fútbol en Estados Unidos como deporte de práctica escolar, aspecto en el que es muy valorado. Tiene un número muy alto de practicantes. Y de nuevo hay liga profesional, llamada ahora Major League Soccer, aunque apenas tiene seguimiento. Está muy por detrás de los deportes clásicos norteamericanos.

Índice onomástico

A. C. Milán, 36, 81, 117, 118, 122, 183, 184, 232, 244, 292, 299, 305, 324, 345, 361, 419, 420, 429, 483, 484, 509, 510, 537, 547, 548, 553, 569, 571, 615, 616, 625, 666, 690, 729, 763
A. C. Reggiana 1919, 484
A. D. Alcorcón, 335
A. F. C. Bournemouth, 714
A. F. C. Darwen, 51
A. S. Roma, 189, 323, 324
A. D. Vasco da Gama, 53, 431, 683, 707, 708
Abelardo. Véase Fernández Antuña, Abelardo
Aberdale, conde de, 375
Aberdeen Football Club, 655, 762
Abramóvich, Román, 105, 301, 302
AC Sparta Praga, 139, 277, 303
Accrington Stanley F. C., 142, 546
Acedo. Véase Gómez-Acedo, Domingo
Acedo, Joaquín, 676
ACF Fiorentina, 299, 419, 420
Acuña, Juan, 393
Adair, John, 435
Adauto. Véase Iglesias Fernández, Adauto
Adelardo. Véase Rodríguez, Adelardo
Admira de Viena, 381
Adriano. Véase Leite Ribeiro, Adriano
Aedo, Serafín, 600
AEK Atenas F. C., 484
Aganzo, David, 250
Agrupación Deportiva Ferroviaria, 514
Aguado, Xavier, 284, 576
Aguilar, Francisco Javier, 112
Aguilar Fernández, Francisco, 578
Águilas de Berlín, 108
Aguilera, Alberto, 219, 276
Aguirre, Aitor, 573, 574, 676, 716
Aguirre, Esperanza, 603
Aguirre Suárez, Ramón Alberto, 345, 625, 626
Aguirrezabala, Ignacio María, 93, 600
Agustín. Véase Rodríguez Santiago, Agustín
Aigner, Gerhard, 604
AJ Auxerre, 65
Ajax Ámsterdam, 131, 267, 487, 488, 553, 554, 625, 719, 720
Álamo, Lucio del, 140, 495
Albacete Balompié S. A. D, 144, 410, 455
Albaladejo, José Joaquín, 296
Albelda, David, 91, 92, 360
Albéniz, Alfonso, 276
Albert i Muntadas, José Antonio, 354
Alberti, Rafael, 383, 431
Alberto. Véase Fernández, Alberto
Albertosi, Enrico, 183, 427, 428
Alberty, Gyula, 432, 633
Alcalá-Zamora, Niceto, 56, 653
Alcántara, Paulino, 49, 227, 228, 240, 329, 514
Alcock, Charles, 539
Aldalur, Juan Ramón, 676
Aldecoa, Emilio, 49, 739
Alejandro. Véase Díaz García, Alejandro
Álex. Véase Lombardero, Alejandro
Alexanko, José Ramón, 278, 304
Alfonso. Véase Pérez Muñoz, Alfonso
Alfonso XIII de España, 275, 356, 444
Algabeño, el, 21
Algarra, Marcel Domingo, 50, 432, 589
Algeciras Club de Fútbol, 409
Ali bin Hussein, 317
Alisson Becker, 527
Al-Ghandour, Gamal, 360
Al-Khelaïfi, Nasser, 460
Allende, Salvador, 685
Allison, George F., 57, 58, 515, 516, 549
Allofs, Klaus, 262, 295, 296
Almeida, José Augustode, 428
Almunia, Manuel, 106
Alonso, Chus, 136, 691
Alonso, Gabriel, 393, 394, 448
Alonso, Juanito, 71, 72, 193, 448, 642, 671, 672
Alonso, Manuel, 432
Alonso, Marcos, 211, 278, 762

Alonso, Perico, 254
Alonso, Pichi, 212, 277, 278
Alonso, Xabi, 386, 412
Alonso González, Carlos, 112, 130, 203, 261, 262, 282, 333, 463, 747, 748
Alonso Imaz, Marcos, 40, 72, 299, 300, 523, 525, 635, 636, 642, 672
Alonso Larrazábal, Emilio, 633
Alonso Vega, Camilo, 39
Alsúa, Antonio, 135, 136
Altafini, José, 53, 347, 457
Altair. Véase Gomes de Figueiredo, Altair
Álvarez Álvarez, José Diego, 254, 716
Álvarez Costas, Enrique, 112, 296, 562
Álvarez Margüenda, Manuel, 211, 253
Álvarez Uría, Francisco Javier, 104
Álvaro. Véase Pérez, Álvaro
Alves, Daniel, 743
Amado, Pablo, 676
Amado, Pedro, 276
Amancio. Véase Amaro Valera, Amancio
Amaral, Waldir, 148
Amaral dos Santos, João Justino, 334
Amarildo. Véase Tavares da Silveira, Amarildo
Amarilla, Raúl Vicente, 283
Amaro Valera, Amancio, 103, 104, 112, 124, 281, 285, 286, 337, 339, 345, 346, 370, 378, 512, 544, 572, 610, 645, 654, 664, 679, 680
Amas, Carmelo, 711
Amavisca, José Emilio, 306, 470
Amez, Hernán, 640
Amoroso, Márcio, 399
Amorrortu, José María, 24
Amunike, Emmanuel, 251
Ancelotti, Carlo, 301, 311
Anderson, George, 205
Anderson, Viv, 655, 701, 702
Andrada, Edgardo, 684
Andrés, Miguel de, 269
Ángel. Véase Santos Cano, Ángel de los
Angeles Aztecs, Los, 131, 553, 714
Angeles Galaxy, Los, 35, 36
Angers SCO, 433, 434
Angulo, Miguel Ángel, 91
Anschutz, Philip, 36
Ansola, Fernando, 358
Antoniet. Véase Iborra Iborra, Antonio
Antonio Bienvenida, 552
Antoñete, 765
Antunes Coimbra, Arthur, 333, 334
Antúnez, Francisco, 63, 64, 393, 510
Aparicio, Alfonso, 50, 136
Aquino, Ubaldo, 399, 400
Arabolaza, Patricio, 495, 496
Arabolaza, Patricio, 519
Aráez, Nicolás, 676
Aragón, Santiago, 284
Aragonés, Luis, 91, 92, 222, 238, 297, 298, 357, 380, 385, 386, 411, 531, 532, 577, 578
Aramburo, Francisco, 494
Aramendi, Héctor Ricardo, 213
Arana, Luis, 276
Aranguren, Sotero, 227, 228
Arantes, María Celeste, 582
Aranzubia, Daniel, 249, 250
Araquistáin, José, 19, 159, 286, 544
Araújo, Marcelo, 399
Aravena, Jorge, 630
Arcas, Julián, 523, 589
Arconada, Luis Miguel, 224, 253, 703, 716
Ardiles, Osvaldo, 472
Arenas Club de Gecho, 97, 98, 215, 216, 356, 606
Areso, Pedro, 241, 600
Areta, Esteban, 560
Argilés, Antoni, 523, 589
Argote, Estanislao, 269, 336
Arias Navarro, Carlos, 534
Arieta, Antón, 100
Arieta, Eneko, 45, 100
Arieta I. Véase Arieta, Eneko
Arieta II. Véase Arieta, Antón
Arizcorreta, Trino, 384
Armfield, Jimmy, 632
Armillita, 311
Arnau, Francesc, 252
Arnau, José, 136
Arnau, Patricio, 329
Arocha, Ángel, 383
Arpiati, Leandro, 280
Arrate, Mariano, 519
Arregui, Ángel María, 559
Arrieta, Agustín, 676
Arrúa, Saturnino, 283, 432
Arsenal Football Club, 57, 58, 105, 106, 132, 192, 199, 200, 247, 248, 273, 283, 479, 488, 503, 515, 516, 549, 550, 571, 585, 608, 665, 666, 673, 681, 691, 701
Arsuaga, Pedro María, 535
Arteche, José Luis, 45, 46
Arteta, Aurelio, 140
Artigas, Josep, 589
Artigas, Salvador, 99, 377, 609
Artola, Pedro María, 295, 296, 712
Arza, Juan, 16, 410, 560
Asatiani, Kaji, 326
Asensi, Juan Manuel, 103, 104, 112, 124, 296, 37 393, 562, 610, 703, 704, 711
Asensio, Marco, 392

Ashton, Matthew, 164
Asociación Deportiva Ceuta, 409, 410
Aspas, Iago, 392
Assís, Ronaldo de, 47, 250, 490, 734, 743
Astengo, Fernando Enrique, 630
Aston Villa Football Club, 116, 141, 142, 162, 539, 540, 714
Astorquia, Juan, 276
Astorquia, Luis, 519
Atalanta Bergamasca Calcio, 163
Athletic Club, 31, 32, 34, 45, 46, 49, 61, 62, 89, 93, 94, 97, 98, 100, 122, 126, 139, 144, 160, 181, 182, 185, 186, 215, 216, 219, 220, 225, 228, 269, 270, 275, 276, 294, 315, 336, 340, 370, 377, 393, 402, 409, 495, 496, 511, 520, 543, 558, 560, 573, 574, 589, 599, 600, 627, 675, 692, 696, 715, 716, 738, 739, 744-746, 762
Atienza, Adolfo, 635, 636, 672
Atienza, Ángel, 523, 642
Atienza II. Véase Atienza, Ángel
Atlante F. C., 744
Atlético Aviación Club, 225, 307, 557, 558, 596, 745
Atlético Clube Juventus, 457
Atlético Junior de Barranquilla, 54
Augenthaler, Klaus, 218
Auld, Bertie, 652
Aurtenetxe, Pedro, 62
Ayala, Roberto Fabián, 400
Ayala, Rubén Hugo, 221, 222, 297, 432, 578
Azcárate, Pedro Filiberto, 135, 535
Aznar, José María, 312
Aznar, Paco, 134
Azón, Ramón, 136
Azpeitia, Tomás, 560

Babacan, Dogan, 221, 222, 578
Babot, Juan, 49
Bacigalupe, José, 409
Badou, Zaki, 234
Baer, Max, 768
Báez, Antonio, 658
Baggio, Roberto, 395, 616
Baglietto, Esteban, 207
Baily, Eddie, 48
Bakero, José María, 254, 303, 304, 762
Bakhramov, Tofik, 450
Balaguer, Arcadi, 356
Balakin, Vladimir, 472
Bale, Gareth, 312, 459
Balint, Gavril, 278
Ballester, Rafael, 378, 521
Balmanya, Domingo, 123, 358, 571
Bambridge, Christopher, 363
Bangu Atlético Clube, 34
Banks, Gordon, 180, 341, 342, 613, 632
Banks, Tony, 74
Bañón, José, 16, 135
Barba, Antonio, 676
Barbas, Juan, 283
Barbosa, Moacyr, 165, 422
Barbosa Valente, Sergio Paulo, 509
Barcs, Sándor, 686
Barek, Larbi ben, 50, 234, 410, 432
Baresi, Franco, 616, 734
Barinaga, Sabino, 136, 353, 535
Barison, Paolo, 427
Barjuán Esclusa, Sergi, 252
Barker, Jack, 674
Barkero, José Javier, 250
Barnes, Peter, 371, 372, 702
Barnes R. F. C., 721, 722
Barrachina, Fernando, 610
Barragán Escobar, Claudio, 718
Barrios, Julio, 659
Barroso, Antonio, 654
Barroso, Javier, 37, 357
Barroso da Silva, Adrualdo, 246, 521, 522
Bartali, Gino, 729
Bartolí, Juan, 544
Bartolomei, Agostino Di, 323
Bartomeu, Josep Maria, 501, 502
Basile, Alfio Óscar, 651, 652
Basler, Mario, 316
Basora, Estanislao, 22, 68, 393, 394, 562, 566, 622
Basso, Oscar, 16
Basten, Marco van, 118, 615, 670, 734, 753, 754, 763
Basualdo, José Horacio, 486
Bata. Véase Sauto Arana, Agustín
Batagliero, José, 494
Batista Pinheiro, João Carlos, 147
Battiston, Patrick, 29
Bau, Gabriel, 227
Baxter, Jim, 632
Bayer Leverkusen, 306, 359
Bazán Romero, Pedro, 21, 22, 223
Becerril, José, 72
Beckenbauer, Franz, 297, 348, 361, 367, 373, 446, 449, 577, 581, 734, 767
Beckham, David, 23, 35, 36, 73, 74, 169, 170, 301, 315, 316, 438, 656
Beckham, Vicky, 36
Bedin, Gianfranco, 569
Beenhakker, Leo, 283
Beethoven, Ludwig van, 273
Beguiristain, Aitor, 762
Bejarano, Eusebio, 297, 298, 578
Belaunde, Luis, 227
Belauste, José María, 140, 495, 519, 520

Belenguer Pérez, Sócrates, 541
Belletti, Juliano Haus, 490
Bellini, Hilderaldo, 582, 751
Belmonte, Juan, 21, 491
Belodedici, Miodrag, 278
Belsué, Alberto, 284
Ben Barek, Larbi, 50, 234, 410, 432
Benítez, Julio César, 213, 214, 358, 522, 571
Benito, Gregorio, 103, 104, 112, 463
Benjumea, Eduardo, 63, 64
Bent, Darren Ashley, 677
Bent, Geoff, 89
Ben Yedder, Wissam, 478
Benzema, Karim, 132
Berasaluce, Javier, 523, 672
Bérégovoy, Pierre, 483
Berges, Rafael, 469
Bergkamp, Dennis, 670
Beria, Laurenti, 505, 506
Berkessy, Elemér, 432
Berlinguer, Enrico, 412
Berlusconi, Silvio, 117, 118, 420, 548, 615, 763
Bermudo, David, 250
Bernabéu de Yeste, Santiago, 17, 18, 27, 28, 37, 41, 42, 55, 67, 71, 112, 129, 130, 135, 227, 228, 266, 281, 286, 331, 332, 338, 353, 354, 433, 447, 475, 476, 507, 508, 533, 534, 536, 543, 551, 552, 559, 587, 588, 601, 641, 645, 654, 668, 671, 672, 680, 691, 692, 732, 733, 737, 738
Bernao, Raúl, 611
Bernardini, Fulvio, 146
Bernardo Bianquetti, Miguel, 295, 296, 703, 704
Bernès, Jean-Pierre, 483
Berraondo, José Ángel, 227, 228, 443
Berrocal, Rafael, 21
Berruezo, Pedro, 510
Bertoni, Daniel Ricardo, 253, 578, 685
Best, George, 255, 349, 586, 598, 612, 656, 713, 714, 734
Besteiro Fariñas, José, 560
Besteiro, Julián, 653
Betancort, Antonio Rodrigo, 285, 286, 648, 663, 664, 679, 680
Bezerra, Heraldo, 221, 298
Bezerra de Vasconcelos, Jaguaré, 431, 432
Biase, Corrado De, 184
Bicicli, Mauro, 651
Bielsa, Marcelo, 399, 400
Bienzobas, Francisco, 229
Bierhoff, Oliver, 388
Bigode, Luiz, 752
Bigode. Véase Ferreira, João
Biko, Stephen, 763
Bilardo, Carlos Salvador, 371, 395, 486, 594, 626
Bilbao F. C., 219, 275, 276
Biosca, Gustavo, 523, 739
Biri Biri. Véase Nije, Alhaji Momodo
Birichinaga, Pedro, 599
Birmingham City F. C., 256, 561, 562, 682
Bishop, Bob, 713
Blackburn Rovers F. C., 31, 51, 66, 141, 173
Blackpool F. C., 79, 80, 179
Blair, Tony, 74
Blanchflower, Danny, 174, 682
Blanco, Celso Pedro, 558, 596
Blanco, Raimundo, 21, 220, 563
Blasco, Gregorio, 182, 600
Blatter, Joseph, 192, 317, 318, 412, 423, 594, 727
Blazer, Chuck, 318
Blazina, Mirko, 16
Boban, Zvonimir, 290
Bochini, Ricardo Enrique, 578
Boer, Frank de, 736
Boersma, Jaap, 487
Bokšić, Alen, 484
Bolaños, Francisco José, 269
Bolinches, Juan, 589
Bolonia F. C., 145, 146, 184, 280
Bolsonaro, Jair, 527
Bolton Wanderers F. C., 80, 155, 257
Boluda, Vicente, 132
Bonello, John, 747, 748
Bonet, Antonio, 93, 633
Bonetti, Peter, 342, 571
Boniek, Zbigniew, 322
Boniperti, Giampiero, 621, 622
Borba Ferreira, Vítor, 687
Borbón y Dampierre, Alfonso de, 533
Bordegarai, Kepa, 62
Bordons, Ignacio, 676
Borges, Carlos, 525
Bortolini Pimentel, Sávio, 169, 707, 708
Borussia Monchengladbach, 261, 446
Bosch Girona, Andreu, 84
Bosch Pujol, Andreu, 523, 566, 622
Boškov, Vujadin, 253, 254, 463, 464
Bosman, Jean-Marc, 735, 736
Bosque, Vicente del, 224, 359, 411, 463, 552
Bossio, Ángel, 440
Botafogo de Futebol e Regatas, 53, 243, 447, 448, 683
Botelho, Júlio, 458
Bottaso, Juan, 440
Bouso, Fernando, 287
Bowden, Edwin R., 674
Boyé, Mario, 291, 660
Bozsik, József, 397, 622, 696, 731
Bracero, Adolfo, 596
Branco. Véase Vaz Leal, Cláudio Ibrahim
Brandão, José Augusto, 366
Braun, Egidius, 604

Bravo, José, 16
Brehme, Andreas, 396
Breitner, Paul, 30, 43, 44, 297, 373, 404, 432, 463, 560, 661, 734
Bremner, Billy, 473, 474
Brennan, Shay, 116
Brentford F. C., 516
Breukelen, Hans van, 461
Bréznev, Leónidas, 320
Briegel, Hans-Peter, 29, 30
Brighton and Hove Albion F. C., 189
Brisbane Roar F. C., 714
Brito, Waldemar de, 582
Brondby IF, 315
Bru, Francisco, 227, 228, 519, 633
Bruce, Steve, 655
Brugué, Joaquim, 561, 566
Brylle, Kenneth, 462
BSC Young Boys, 217
Budai, László, 696
Budapest Honvéd F. C., 45, 121, 122, 300, 475, 608, 696, 731
Buendía, Emiliano, 527
Bueno, Manolín, 525, 572
Buey, Pablo, 514
Buffon, Gianluigi, 385, 408, 734
Buiría, Santiago, 596
Buitre. Véase Butragueño, Emilio
Bulgarelli, Giacomo, 427, 428
Burgess, Anthony, 403
Burgnich, Tarcisio, 362, 571
Burgos Club de Fútbol, 177, 178, 203, 594, 645
Burnley F. C., 142, 597
Burruchaga, Jorge, 343, 483
Busby, Matt, 89, 90, 115, 120, 179, 180, 537, 656, 713
Busquets Burgos, Sergio, 391, 392, 412
Bustillo, Miguel Ángel, 377, 378
Buticchi, Albino, 547, 548
Butragueño, Emilio, 113, 114, 217, 224, 261, 262, 363, 364, 552, 637, 638, 763, 764
Butt, Nicky, 656
Buyo, Francisco, 217, 747
Buzánszky, Jenő, 696
BV Borussia Dortmund, 45, 306, 311, 446, 570
Byrne, Roger, 89

C. D. Plus Ultra, 37, 41, 49, 335, 410, 544, 577
C. E. Sabadell Fútbol Club, 28, 56, 225, 357, 621, 634, 647, 648
Cabeza, Alfonso, 211, 212
Cabot, Ricardo, 67, 551, 552
Cabrera, Miguel, 448, 535, 691
Cabrera Bazán, José, 223
Cáceres, Fernando, 284
Cacho, Fermín, 469, 470
Cádiz Club de Fútbol, 409
Cafú (Marcos Evangelista de Moraes), 734
Çakir, Cüneyt, 482
Calderón, Antonio, 286, 476
Calderón, Ramón, 132
Calderón, Vicente, 35-37, 298, 338, 357, 379
Callagham, Leo, 435
Calleja, Daniel, 691
Calleja, Isacio, 160, 370, 664
Calpe, Antonio, 286
Calpe, Ernesto, 567
Calvet, Rosendo, 605, 634
Camacho, José Antonio, 23, 170, 335, 359, 360, 363, 463, 661, 703, 704, 747
Cambó, Francesc, 355
Campana, Sergio, 82
Campanal, Marcelino, 21, 560, 588
Campbell, Callum, 678
Campbell, Sol, 106
Campo, Iván, 707
Campos, Francisco, 558, 596, 691, 692
Camps, Antonio, 522
Camus, Albert, 109
Canales, Máximo, 508
Canario. Véase Silveira dos Santos, Darcy
Candi. Véase Gómez Álvarez, Cándido
Caneda, Manuel, 153, 154
Cani. Véase Gracia Calmache, Rubén
Caniggia, Claudio Paul, 396, 486
Canito. Véase Trapero Gonzalo, Nicanor
Cannavaro, Fabio, 408, 420
Cano, Rubén Andrés, 211, 627, 628, 703, 704
Cantona, Éric, 65, 66
Canut, Lluís, 304
Cañellas, Damián, 499
Cañero, Antonio, 491
Cañizares, José Santiago, 204, 359, 531
Capdevila, Joan, 149, 386, 412
Capello, Fabio, 35, 36, 420, 591
Capón, José Luis, 297, 298, 578
Caraben, Armando, 487
Carbajal, Antonio, 718
Carbonero, Sara, 412
Cárdenas, Juan Carlos, *Chango*, 651, 652
Cardeñosa, Julio, 333, 704
Cardiff City F. C., 58, 247, 248, 255, 537
Cardoso, Vicente, 560
Careaga, Enrique, 276
Careca. Véase Oliveira Filho, António de
Carlisle United F. C., 709
Carlos, Luis de, 601, 602, 645
Carlos. Véase Ruiz Herrero, Carlos
Carlos Alberto. Véase Torres, Carlos Alberto
Carlos II de Inglaterra, 375

Carlos V, 375
Carlsson, Henry, 50, 432
Carmelo. Véase Cedrún, Carmelo
Carmona Méndez, Fernando, 170
Carnevali, Daniel Alberto, 432
Carniglia, Luis Antonio, 122, 476
Carosio, Nicolò, 673, 674
Carrasco, Francisco *Lobo*, 278, 296, 492, 747
Carrero Blanco, Luis, 39
Carrizo, Amadeo, *Tarzán*, 160, 292, 659
Carter, Horatio Stratton, 682
Carulla, Domingo, 329
Casa, José Ángel de la, 748
Casado, Pedro, 587, 588
Casajús, José Antonio, 211
Casas Gris, José, 159
Casillas, Iker, 149, 169, 249, 250, 312, 359, 360, 385, 386, 407, 412, 687, 688
Castagnola, Camilla, 60
Castaño, Heliodoro, 72, 560
Castedo, Javier, 379
Castiella, Fernando María, 369
Castilho, José Carlos, 381, 382
Castillo, José Carlos, 381, 382
Castro, Enrique, 91, 104, 130, 177, 187, 188, 211, 253, 441, 442
Castro, Jesús, 254, 441, 442
Castro, Manolo, 519
Castro Filho, Albio, 147
Castro Ruz, Fidel, 508, 665, 728
Cavia, Mariano de, 143, 144
Cazeaux, Armand, 219, 276
Cazorla, Santiago, 386
CD Nacional de Madrid, 557
Ceausescu, Nicolae, 278
Cedrún, Andoni, 284, 594, 638
Cedrún, Carmelo, 40, 45, 46, 159, 182, 543, 544
Čeferin, Aleksander, 723
Celades, Albert, 352
Celayeta, Genaro, 253, 254
Celeste. Véase Arantes, María Celeste
Celtic F. C., 221, 235, 236, 338, 537, 543, 544, 554, 651, 652
Cereijo, Ramón Antonio, 291
Cerezo, Enrique, 380
Cerezo, Toninho, 304
Cerezo Cerezo, Manuel, 451, 452
Cerro Grande, Carlos del, 478
César. Véase Martín Vilar, César
César. Véase Rodríguez, César
César. Véase Sánchez Domínguez, César
Cesarini, Renato, 659, 697
Cesc. Véase Fàbregas, Francesc
Chacho. Véase González Valiño, Eduardo
Chaikovski, Zlatko, 621
Chapecoense de Futebol, 12, 699, 700
Chapela. Véase Aldalur, Juan Ramón
Chaplin, Charlie, 742
Chapman, Herbert, 105, 199, 247, 503, 504, 515, 549, 607, 665
Charles, John, 753
Charlton, Bobby, 46, 90, 115, 116, 119, 180, 255, 316, 449, 571, 612, 632, 656, 682, 713
Charlton, Jackie, 180
Chelsea F. C., 45, 73, 89, 105, 206, 283, 311, 500, 504, 561, 571, 736, 744
Chendo. Véase Porlán Chendo, Miguel
Cherry, Trevor, 702
Chevalier, Maurice, 27
Chicha, Lahcen, 410
Chico. Véase Aramburu, Francisco
Chinaglia, Giorgio, 348, 577, 581, 767, 768
Chinchón. Véase Toledano Chinchón, Manuel
Chirac, Jacques, 414
Chirri II. Véase Aguirrezabala, Ignacio María
Choperena, José Ramón, 716
Churruca, José Ignacio, 716
Chuzo. Véase González Álvarez, Antonio
Cilaurren, Leonardo, 600
Ciriaco. Véase Errasti, Ciriaco
Claramunt, José, 104, 124
Clares, Manolo, 95
Claudio. Véase Barragán Escobar, Claudio
Cléber Santana, 700
Clemades. Véase Mira Clemades, José
Clemente. Véase Fernández López, Clemente
Clemente, Javier, 61, 62, 100, 174, 269, 270, 387, 469
Clipson, Roy, 500
Clodoaldo. Véase Tavares de Santana, Clodoaldo
Clough, Brian, 473, 474, 614
Clovis. Véase Pinheiro dos Santos, Clovis
Club Atlético Atlanta, 697
Club Atlético Banfield, 659, 660
Club Atlético Boca Juniors, 126, 207, 208, 292, 395, 399, 425, 584, 639, 659, 660, 694, 698, 723, 724
Club Atlético Chacarita Juniors, 439
Club Atlético de Madrid, 22, 33, 37, 38, 49, 50, 53 56, 85, 86, 97, 98, 104, 121, 135, 136, 144, 153 157, 159, 173, 181, 182, 187, 203, 211, 212, 216 221, 222, 225, 227, 237, 238, 245, 246, 251-253 265, 277, 278, 288, 293, 294, 297, 298, 307, 308 311, 312, 314, 336, 337, 357, 358, 370, 379-38 401, 402, 405, 406, 409, 429, 488, 498, 504, 51 514, 544, 551, 557, 558, 559, 570, 577, 578, 58 595, 596, 608, 627, 628, 637, 638, 645, 648, 65 664, 671, 691, 692, 711, 712, 718, 738-740, 74 746, 759, 760, 763, 764, 766

Club Atlético de Tetuán, 409, 410
Club Atlético Huracán, 439, 440, 584, 697
Club Atlético Independiente, 292, 440, 526, 570, 578, 611, 697
Club Atlético Newell's Old Boys, 639
Club Atlético Osasuna, 127, 128, 212, 229, 293, 425, 558, 595, 654, 738
Club Atlético Peñarol, 41, 55, 357, 425, 426, 525, 570, 707
Club Atlético River Plate, 43, 207, 208, 292, 331, 333, 384, 439, 563, 564, 600, 657-660, 697, 698, 723, 724
Club Atlético San Lorenzo de Almagro, 15, 16, 439, 494, 524, 600, 626, 659, 660, 699
Club Brujas KV, 281, 484, 488
Club de Fútbol Extremadura, 335
Club de Fútbol Palencia, 134
Club Deportivo Basconia, 181, 182
Club Deportivo Castellón, 42, 224, 225
Club Deportivo Condal, 288, 357, 563
Club Deportivo Iliturgi, 409
Club Deportivo Los Millonarios, 447, 448, 563
Club Deportivo Orense, 287, 288, 488
Club Deportivo San Fernando, 357
Club Deportivo Tenerife, 153, 245, 402, 637
Club Esportiu Europa, 98, 228
Club Estudiantes de la Plata, 345, 611, 612, 625, 626, 744
Club Gimnàstic de Tarragona, 64
Club Nacional de Football, 425, 426, 641
Club Recreativo Atlético Chopera, 85
Club Social y Deportivo Colo-Colo, 629
Club Sportivo Barracas, 583
Clube de Futebol Os Belenenses, 88, 265
Clube de Regatas de Flamengo, 34, 54, 148
Coentrão, Fábio, 312
Cohen, George Reginald, 180
Coira, Pablo, 250
Colaussi, Gino, 366
Cole, Andy, 66, 106
Collantes, Santos, 560
Collar, Enrique, 20, 37, 40, 157, 181, 288, 587, 610, 635, 759, 760
Collina, Pierluigi, 316
Colman, Eddie, 89
Colo. Véase Santaella Benítez, Julio
Colombo, Bartolomé, 16
Colombo, Felice, 183
Colsa Albendea, Gonzalo, 250
Coluna, Mário, 234, 571
Combi, Giampiero, 751
Combin, Néstor, 345, 350, 625
Condón Uriz, Alfonso, 211
Conigliaro, Marcos, 612, 625
Connolly, David, 360
Contreras, Pedro, 360
Cooke, Charles, 571
Cooper, David, 538
Cooper, Terence, 341
Copenhague, 561, 732
Coppell, Steve, 702
Coppens, Henri Rik, 553
Coppi, Fausto, 729
Coque, Gerardo, 49, 739, 740
Corbett, David, 196
Corinthians F. C., 58, 161, 239, 546
Cork Celtic F. C., 714
Corona. Véase Llopis Corona, José
Corrochano, Alfredito, 491
Corso, Mario, 285, 337, 569, 570, 571
Cortadi, Ángel, 495
Cortés Elvira, Rafael, 456
Cortizo, Joaquín, 759, 760
Cosme. Véase Sirvent, José
Cosme. Véase Vázquez, Cosme
Cossío, José María de, 432, 668
Costa, Flávio, 165, 422
Costa, Jair da, 285, 314, 341, 570
Costas. Véase Álvarez Costas, Enrique
Coster, Cor, 487
Cotorruelo, Agustín, 379
Couceiro, Carlos, 287, 288
Couñago, Pablo, 250
Coutinho. Véase Vieira Honório, Antônio Wilson
Couto, Fernando Manuel, 575, 576
Covés Antón, Antonio, 127
Cozzi, Julio Adolfo, 658
Craigavon, lord, 714
Crawford, William, 435
Crespi, Eduardo, 16
Crespo Aurré, Felipe, 462
Cris. Véase Marques, Cristiano
Cristian Romero, 527
Cristiano. Véase Santos Aveiro, Cristiano Ronaldo dos
Cruise, Tom, 36
Cruyff, Johan, 41, 42, 95, 96, 111, 112, 131, 132, 177, 185, 186, 221, 241, 267, 268, 303, 304, 348, 367, 403, 404, 432, 487, 488, 553, 554, 625, 711, 718-720, 734, 753, 763, 767
Cruz, Jesús Antonio de la, 112, 296
Crystal Palace F. C., 65, 105, 106
Cubells, Eduardo, 425
Cubilla, Luis Alberto, 522
Cubilla, Teófilo, 525
Cuenca, Julián, 136
Cuervas, Luis, 455, 456, 593, 594
Cullis, Stan, 173, 174, 731
Cunningham, Laurie, 463, 701
Cúper, Héctor, 592

Currie, Tony, 702
Curta. Véase Puig Puig, José
Curta. Véase Puig Ribot, Francisco
Czibor, Zoltán, 68, 122, 265, 398, 432, 475, 560, 696, 731

D'Alessandro, Roberto, 697, 698
D'Almeida, Abilio, 686
Dagnall, Ken, 435
Dalglish, Kenny, 323
Dall'Ara, Renato, 146
Dalmo. Véase Gaspar, Dalmo
Dani. Véase García Lara, Daniel
Dani. Véase Ruiz-Bazán, Daniel
Daučík, Ferdinand, 46, 272, 393
Dávila y Fernández de Celis, Sancho, 172
Deambrosi, Aristóbulo Luis, 658-660, 697, 698
Dean, William Ralph, *Dixie*, 168, 273, 274, 294
De Gea, David, 352, 391, 392
Déhu, Frédéric, 252
Delaunay, Pierre, 525
Delgado, Juan, 423, 424
Delgado Melo, Francisco, 222, 297, 298, 578
Demanuele, Silvio, 748
Denia, Santi, 252
Deportivo Alavés S. A. D., 134, 135, 229, 239, 293, 591, 592, 641
Deportivo Toluca, 635, 636
Derby County F. C., 142, 577, 750
Desailly, Marcel, 413, 484
Deusto, Juan Antonio, 451
Dévora Ceballos, Germán, 406
Devrindt, Johan, 124
Deyna, Kazimierz, 472, 614
Diarte. Véase Martínez Diarte, Carlos
Díaz Figueras, Rubén Oswaldo, 221, 297
Díaz García, Alejandro, 558, 596
Díaz González, Isidro, 335, 463
Díaz Macías, José, 451
Díaz Payán, José, 21
Díaz Vega, Manuel, 252, 315, 576
Dick, Kerr's Ladies F. C., 607, 725, 757, 758
Dickinson, Jimmy, 622
Didí. Véase Pereira, Waldyr
Diego. Véase Álvarez Álvarez, José Diego
Diego Costa, 312, 391, 392
Diéguez, José Carlos, 559, 560
Dienst, Gottfried, 450
Di María, Ángel, 312, 460
Dinamo de Berlín, 151, 175
Dirceu, José Guimarães, 211, 333
Dirnei, Renato, 490
Disney, Walt, 347
Djalminha. Véase Feitoso Dias, Djalma
Djurgardens, 732
Docal, Francisco Antonio, 676
Domenghini, Angelo, 314
Domingo, Manuel, 477
Domínguez, Alejandro, 723
Domínguez, Rogelio Antonio, 299, 525
Donadoni, Roberto, 396
Dondinho. Véase Ramos do Nascimento, João
Dooley, Derek, 109, 110
Dorval, Narciso, 457, 556
Dostoievski, Fiódor, 617
Douglas, Richard, 279
Drake, Ted, 673, 674, 749
Draxler, Julian, 460
Drogba, Didier, 302
Dubovsky, Peter, 637
Duca. Véase Barroso da Silva, Adrualdo
Duckadam, Helmuth, 278
Duda. Véase Barbosa Valente, Sergio Paulo
Dueñas, Teófilo, 237, 562
Dukla de Praga, 89, 720
Dundee F. C., 323
Dupont, Jean-Louis, 735
Duquemin, Len, 48
Durán, Mario, 641
Duran i Ventosa, Lluís, 355
Duscher, Aldo Pedro, 149
Dutruel, Richard Philippe, 592
Dyer, Luis, 276

East Stirlingshire F. C., 655
Easthman, George, 632
Echarri, Rafael, 405, 406
Echevarría, Roberto, 599
Eckersley, Bill, 622
Edmilson, 147
Edú. Véase Gaspar, Eduardo César
Eduardo VII del Reino Unido, 161
Edwards, Duncan, 46, 89, 90, 115, 116, 119, 120, 753
Edwards, Martin, 479
Effenberg, Stefan, 315
Egea, José, 589
Eguía, Esteban, 495
Eguiazábal, Ramón, 519
Eigendorf, Lutz, 151, 152
Eintracht Braunschweig, 151, 446
Eintracht de Fráncfort, 299, 300, 445, 476
Éire Óg, 360, 396, 685, 702, 747
Eizaguirre, Ignacio, 393, 667
Eizaguirre, Luis, 632
Ekéké, Eugène, 344
Eladio. Véase Silvestre Graells, Eladio
Elche Club de Fútbol, 357, 358, 377, 572, 574, 6
711, 712

Elena, Juan E., 660
Elguezábal, Juan José, 269
Elías i Juncosa, Josep, 69
Elícegui, Julio Antonio, 558, 596
Elizondo, Horacio, 408
Elkjær Larsen, Preben, 363
Elleray, David Roland, 479, 480
Ellis, Arthur, 689, 690, 749, 750
Ellis, Richard, 317
Elola-Olaso, José Antonio, 566
Elorduy, Juanito, 31, 32
Eloy. Véase Olaya, Eloy
Elst, Jan, 461, 462
Emeal, Raúl Florio, 660
Emerson. Véase Ferreira da Rosa, Emerson
Emery, Antonio, 98
Emery, Fred, 585
Emilín. Véase Alonso Larrazábal, Emilio
Emilio. Véase Rodríguez Andreu, Emilio
Encontra, José María, 246
Endériz, Eduardo Bibiano, 213, 246
Endika. Véase Guarrotxena, Endika
England, Mike, 538
Enrique. Véase Rubio Alcázar, Enrique
Enríquez Negreira, José María, 462, 761
Epi. Véase Fernández Berridi, Epifanio
Erico, Arsenio, 412
Eriksson, Sven-Göran, 106, 324
Errasti, Ciriaco, 239, 240, 596, 633, 667
Escalza, Javier, 716
Escartín, Pedro, 19, 20, 435
Escobal, Patricio, 239, 240, 425, 498
Escolà, Josep, 16, 56, 307, 633
Escudero, Adrián, 16, 22, 50, 136, 172, 691, 692
Escudero, Juan, 558, 596
Esnáider, Juan, 284
Esparza, Desiderio, 425
Espíldora, Francisco, 647, 648, 675, 676
Espinosa, José Luis, 514, 633
Espir, André, 309
Esport Club Granollers, 357, 634
Esquiva González, Enrique, 596
Esteban. Véase Vigo, Esteban
Estevão, Jair, 683
Estrella Roja de Belgrado, 89, 217, 221, 289, 290, 704
Eto'o, Samuel, 743, 744
Etura. Véase González Etura, Manuel
Eusebio. Véase Bejarano, Eusebio
Eusebio. Véase Sacristán Mena, Eusebio
Eusébio. Véase Silva Ferreira, Eusébio da
Evans, Walter, 276
Evaristo. Véase Macedo Filho, Evaristo de
Everton F. C., 142, 167, 168, 273, 274, 504, 570, 597, 710
Eydelie, Jean-Jacques, 483, 484
F. B. C. Torinese, 279, 280
F. C. Barcelona, 16, 24, 27, 28, 33, 34, 36, 40-42, 47-49, 55, 68-70, 91, 93-98, 111-114, 122, 127, 131, 153, 157, 171, 177, 182, 185-189, 194, 197, 198, 211, 213, 214, 216, 224, 227, 228, 237-242, 245, 249, 251-253, 265, 266, 270, 275-277, 284, 295, 296, 299, 303, 304, 307, 311, 313-315, 329, 332, 336, 339, 340, 345, 346, 353-356, 370, 372, 377, 383, 384, 402-405, 410, 420, 429, 431, 432, 437, 438, 441-444, 459, 460, 465, 466, 469, 487, 488, 496, 511-513, 521-524, 531, 534, 551, 553, 554, 556, 559, 561-567, 571, 575, 576, 590, 591, 605, 606, 609, 621, 623, 624, 633, 634, 639, 645, 647, 653, 663, 675, 687-690, 696, 704, 711, 712, 718, 736, 739, 743-745, 750, 753, 755, 762, 764
F. C. Bayern de Múnich, 43, 217, 218, 222, 281, 282, 297, 298, 305, 311, 315, 316, 373, 374, 446, 463, 501, 578, 594, 650, 661, 744
F. C. Colonia, 176, 187, 262, 278, 446
F. C. de Nancy, 564
F. C. Excelsior de Zúrich, 496, 623, 624
F. C. Kaiserslautern, 151, 152, 303, 315
F. C. Lausanne-Sport, 245
F. C. Magdeburgo, 374
F. C. Núremberg, 446
F. C. Oporto, 29, 45, 277, 305, 306, 311, 379, 507
F. C. Schalke 04, 311, 446, 509
F. C. Shaktar Donetsk, 295, 744
F. C. Sochaux-Montbéliard, 587, 588
F. C. Spartak de Moscú, 315, 484, 505, 506, 608, 619, 620, 731
F. C. Start, 471, 472
F. C. Steaua Bucarest, 277, 278
F. C. Tampa Bay Rowdies, 581
F. C. Tatran Prešov, 283
F. C. Torpedo Moscú, 319, 320
F. C. Cartagena, 410
F. C. Hansa Rostock, 303
Fabbri, Edmondo, 349
Fabinho Tavares, 527
Fábregas, Antonio, 16
Fàbregas, Francesc, 106, 385, 386, 412
Facchetti, Giacinto, 314, 337, 427, 570
Fairfoul, Tom, 205
Fallon, John, 652
Fandos, Manuel, 211
Fangio, Juan Manuel, 489, 508
Farago, Lajos, 121
Farenga, Juan Antonio, 207
Farenga, Teodoro, 207
Farina, Giuseppe, 118
Farro, Armando, 16
Faura, Agustín, 589
Fawzi, Abdulrahman, 233

FC Dinamo Bucureşti, 221
FC Dinamo de Kiev, 278, 303, 315, 471
FC Dinamo Moscú, 319, 505, 650
FC Lokomotiv Moscú, 471
FC Petrolul Ploieşti, 299
FC Progrès Niedercorn, 645
Feitoso Dias, Djalma, 149
Felipe, Pedro Eugenio de, 285, 286, 405, 406, 572, 679, 680
Felipe VI, 391
Ferdinand, Rio, 92
Ferguson, Alex, 537, 538, 655, 656, 762
Ferguson, Hughie, 58, 247, 248
Ferlaino, Corrado, 594
Fernández, Alberto, 222, 297, 298, 578
Fernández, Alberto Ángel, 694
Fernández, Manuel, 22, 448, 535
Fernández, Pedro, 345, 346
Fernández, Víctor, 283, 284
Fernández Antuña, Abelardo, 252, 469, 470
Fernández Berridi, Epifanio, 16
Fernández Cuesta, Manuel, 307
Fernández de Córdoba, Fernando, 596
Fernández López, Clemente, 535, 691
Fernández López, José Luis, 37
Fernández Osorio, Manuel, 405, 652
Fernández Quirós, José María, 177, 178
Fernández Rodríguez, Francisco, 103, 124, 405, 406, 562, 572
Fernández Romero, Enrique, 149
Fernández-Miranda, Torcuato, 565
Ferrari, Giovanni, 366
Ferreira, Francisco, 271
Ferreira, João, 422
Ferreira, Nolo, 589
Ferreira da Rosa, Emerson, 420
Ferrer, Albert, 304, 469, 470
Ferrero, Enzo, 130, 254
Ferreyra, Bernabé, 439, 658, 659, 697
Ferreyro, Heraldo, 658
Feyenoord Rotterdam, 34, 267, 268, 283, 285, 554, 626, 679, 719, 720, 763
Figo. Véase Madeira Caeiro Figo, Luís Filipe
Figueiro, Mengálvio Pedro, 457, 556
Finney, Tom, 394, 435, 436, 682, 749, 758
Firmino, Roberto, 528
FK Bohemians Praha, 368
FK Partizan Belgrado, 71, 285, 286, 289, 570, 680, 732, 755
FK Željezničar Sarajevo, 104
Fleitas, Sebastián, 340
Fleitas Solich, Manuel, 41
Flores, Lola, 739, 740
Floro, Benito, 132
Flotats, Isidre, 566
Fluminense F. C., 53, 147, 148, 243, 457
Fogli, Romano, 145, 427
Fonseca Sabrosa, Simão, 252
Football Club Internazionale Milano, 145, 146, 157, 266, 272, 280, 285, 286, 311, 313-315, 370, 420, 429, 430, 537, 543, 547, 569-571, 591, 592, 651, 666, 680, 729, 744, 753
Forstinger, Ruber, 283
Fort Lauderdale Strikers, 341, 581, 714
Fortuna Dusseldorf, 295
Foulke, Bill, *Fatty*, 162
Foulkes, Bill, 115, 116, 179, 656
Fowler, Robbie, 191, 192
Fraisón, 514
Fran. Véase González Pérez, Francisco Javier
Francisco Baena, José Humberto, 573
Franco Bahamonde, Francisco, 43, 157, 226, 370, 394, 409, 465, 533, 557, 565, 573, 599, 609, 633
Frappart, Stéphanie, 481, 482
Fred (Frederico Rodrigues Santos), 528
Friedenreich, Arthur, 493
Fuente Castillo, Luis de la, 269
Fuente Chaos, Alfonso de la, 39
Fuente Rodríguez, Luis María de la, 675, 676
Fuente y Hoyos, Luis de la, 432
Fuertes, Antonio, 541
Fuertes de Villavicencio, Fernando, 409
Fulham F. C., 79, 80, 714
Fuset, Jaime, 313
Fusté, Josep Maria, 160, 370, 378, 405, 406, 562, 647, 664
Futre, Paulo, 29, 86, 379, 484, 763, 764

Gaal, Louis van, 251
Gabri. Véase, García de la Torre, Gabriel
Gabriel Jesús, 528
Gaínza, Agustín, 45, 171, 393, 394, 410, 610, 647
Galán, Enrique, 268
Galarraga, Román, 441
Galatasaray S. K., 221, 311, 315
Gales, Carlos de, 101
Galíndez di Lorenzo, Miguel, 485
Gallego. Véase Fernández Rodríguez, Francisco
Gallego, José Ramón, 269
Gallego, Ricardo, 113, 261, 336, 363, 463
Galliani, Adriano, 420
Gallo, Alberto, 698
Gálvez, Javier, 662
Gambetta, Schubert, 422
Gámez, Celia, 552
Gamper, Hans, 34, 69, 70, 276, 356, 488, 605, 6 623, 624
Gamper, Ivan, 606
Gamper, Marcel, 606
Gandulla, Bernardo, 660

Gansu Tianma, 597
Gárate, José Eulogio, 103, 104, 221, 222, 297, 298, 578, 610, 627, 628
Garay, Jesús, 39, 40, 45, 496
García, Luis, 676
García, Manuel, 535
García, Michael J., 317
García Cortés, Rafael, 335
García de la Puerta, Mariano, 514
García de la Torre, Gabriel, 250, 252
García Hernández, Francisco, 335, 463
García Herrero, José Manuel, 441
García Lara, Daniel, 169, 170
García Lavilla, José María, 405, 406, 572, 711
García Lorca, Federico, 492, 765
García Navajas, Antonio, 463
García Portillo, Javier, 592
García Remón, Mariano, 23, 112, 267, 268, 463
García Repullo, Rafael, 37
García Sanjuán, Jesús, 284
García Sanz, Ramón, 573
Garcia Schlee, Aldyr, 165, 166
García Traid, José Luis, 211
García, José María, 95, 96
Gardeazábal, Juan, 427, 651
Gardel, Carlos, 27, 126, 694
Gardner, Robert W., 717
Gardoy Martín, Cándido, 535, 691
Garrincha. Véase Santos, Manuel dos
Garro, Óscar, 352
Gascoigne, Paul John, 586, 597, 598
Gaspar, Dalmo, 147
Gaspar, Eduardo César, 490
Gaspart, Joan, 303, 304, 438, 592, 688
Gaztelu, José Agustín, 610, 716
Gazzaniga, Silvio, 685, 752
Geli. Véase Juana García, Ángel de
Gemma, Franco, 172
Gemmell, Tommy, 652
Génova F. C., 81, 279, 280, 349
Gensana, Enric, 39, 40, 314, 562, 566
Gento, Antonio, 676
Gento, Francisco, 20, 39, 40, 43, 68, 72, 99, 111, 121, 157, 160, 181, 213, 214, 255, 265, 286, 299, 358, 433, 475, 476, 522, 523, 525, 526, 544, 572, 587, 588, 609, 610, 632, 641, 642, 672, 679, 727, 734
Gento III. Véase Gento, Antonio
Germán. Véase Gómez Gómez, Germán
Germán. Véase Dévora Ceballos, Germán
Gerson. Véase Oliveira Nunes, Gérson
Gęsior, Dariusz, 470
Getafe Club de Fútbol, 455, 509, 577
Ghiggia, Alcides, 422
Giagnoni, Gustavo, 547
Giannini, Giuseppe, 615
Gich i Bech de Careda, Juan, 340
Giggs, Ryan, 315, 316, 656
Gil, Miguel Ángel, 380
Gil Manzano, Jesús, 478
Gil y Gil, Jesús, 85, 86, 153, 154, 211, 379, 380, 637, 765
Giles, Johnny, 473
Gilmar. Véase Santos Neves, Gylmar dos
Gimnástica de Madrid, 32
Giordano, Bruno, 183, 184
Girón, Curro, 765
Gistau, David, 391
Glaría, Jesús, 124, 378, 405, 572, 664
Gloria Bistrita, 283
Godín, Diego, 312
Gögh, Koloman, 368
Goiburu, Seve, 94, 229, 293
Goikoetxea, Andoni, 269, 304, 336, 364, 380, 747
Goiri, Enrique, 276
Gomes de Figueiredo, Altair, 147
Gómez, Horacio, 455
Gómez, Juanito, 22, 178, 203, 204, 217, 218, 254, 261, 262, 463, 645, 646, 703, 704, 761
Gómez, Santiago, 676
Gómez Álvarez, Cándido, 345
Gómez Arribas, Manuel, 759
Gómez Gómez, Germán, 558, 596
Gómez López, Francisco, 560
Gómez-Acedo, Domingo, 495, 519
Gómez-Montejano, Luis, 132
Gonçalves de Andrade, Eduardo, 259, 260, 341
Gonçalvez, Néstor, 525
Goncharenko, Makar, 472
González, Hermes, 566
González, Matías, 422
González Álvarez, Antonio, 37
González Blanco, Raúl, 24, 85, 86, 91, 149, 150, 169, 306, 385, 526, 531, 532, 637, 638, 707, 708, 766
González Carro, José, 50
González de la Vieja, José, 676
González Etura, Manuel, 45, 46
González Fidalgo, José, 154
González del Campo, José Miguel, 24, 113, 224, 261, 363, 638, 763, 764
González Pérez, Francisco Javier, 149
González Pérez, Miguel, 121, 157, 194
González Rivero, Cipriano Antonio, 358
González Sánchez, Pedro, 596
González Soriano, Sergio, 149, 150
González Suárez, Miguel Ángel, 367, 703, 704
González Urruticoechea, Francisco Javier, 278
González Valenciaga, Fernando, 393
González Valiño, Eduardo, 595

Gonzalvo, José, 16, 393
Gonzalvo, Mariano, 16, 393
Gonzalvo II. Véase Gonzalvo, José
Gonzalvo III. Véase Gonzalvo, Mariano
Gorbachov, Mijaíl, 620
Gordillo, Rafael, 113, 261, 363, 747, 748, 763,764
Gorostiza, Guillermo, 93, 94, 599
Górriz, Alberto, 254
Goycochea, Sergio, 396
Goyvaerts, Fernand, 194, 522, 572
Gracia, Sígfrid, 39, 40, 242, 522, 523, 566
Gracia Calmache, Rubén, 170
Gradín, Isabelo, 423, 424
Granada Club de Fútbol, 42, 345, 346, 410, 488, 626
Grant, Avram, 301
Grasshopper Club Zürich, 645, 646
Greaves, Jimmy, 179, 449, 632
Grecco, Salvador, 16
Green, George, 500
Greenwood, Brendan, 598
Greenwood, Ron, 73, 702
Gregg, Harry, 115, 116, 180
Greig, John, 650
Gribble, Leonard, 515
Griffa, Jorge Bernardo, 627
Grillo, Ernesto, 292
Grobelaar, Bruce, 232, 323
Grosics, Gyula, 696
Grosso. Véase Moreno Grosso, Ramón
Guaita, Enrique, 589
Guardiola, Josep, 252, 303, 304, 469, 470, 502, 588, 743, 744
Guariniello, Raffaelle, 419
Guarneri, Aristide, 427
Guarrotxena, Endika, 269
Guedes, Juan, 405
Guéi, Robert, 76
Guérin, Robert, 309, 310
Guerrero, Rafael, 315, 575, 576
Guerrica, Antonio, 560
Guillermo. Véase Rodríguez Gómez, Guillermo
Guisasola, Agustín, 269, 716
Güiza, Dani, 386
Gullit, Ruud, 118, 554, 615, 670, 763, 764
Guri, Luis, 676
Guruceta Muro, Emilio Carlos, 127, 128, 211, 339, 340, 461, 462
Guterres, António, 604
Guti. Véase Gutiérrez Hernández, José María
Gutiérrez Hernández, José María, 149, 170, 592
Guttmann, Béla, 87
Gwardia Varsovia, 732
Haller, Helmut, 449
Halvorsen, Assi, 468
Hamrin, Kurt, 571
Hanappi, Gerhard, 621, 671, 672
Hanke, Jiří, 590
Hanot, Gabriel, 731, 742, 753
Hapgood, Eddie, 674, 682
Hapoel de Tel Aviv F. C., 608
Happel, Ernst, 386, 671
Hardaker, Alan, 89, 614
Harlem Globetrotters, 524
Harte, Ian, 360
Hartmann, Gustav, 60
Hartson, John, 284
Hässler, Thomas, 388
Hateley, Mark, 324
Havelange, João, 640, 685
Hayatou, Issa, 318
Healey, David, 532
Heath, John, 545, 546
Helguera, Iván, 149
Henrique, F., 490
Henry, Thierry, 734
Herberger, Sepp, 398
Hércules Club de Fútbol, 22, 187, 409, 542, 577
Heredia, Juan Carlos, 432
Heredia, Ramón Armando, 221, 297, 298, 578
Hermoso, Jenni, 48
Hermoso, Mariano, 125
Hernández, Enrique Vicente, 222, 297
Hernández, José, 50
Hernández, Juan Carlos, 752
Hernández, Máximo, 676
Hernández, Rosendo, 393
Hernández, Xavier, 91, 199, 249, 250, 252, 303, 386, 411, 412, 478, 531, 568, 734
Hernández Coronado, Pablo, 20, 498, 535, 536, 633, 667, 691, 692
Herrera. Véase Palacios Herrera, José
Herrera, Chus, 40, 525
Herrera, Helenio, 20, 40, 49, 50, 145, 146, 157, 185, 187, 265, 266, 285, 299, 313, 314, 429, 488, 525, 535, 537, 569-571, 668, 729
Herrera Bueno, Eduardo, 16
Herrerita. Véase Herrera Bueno, Eduardo
Herrero, Nieves, 85
Herrero II. Véase García Herrero, José Manuel
Hesp, Ruud, 252
Heynckes, Jupp, 306
HFC Haarlem, 553, 619, 763
Hibernian F. C., 714, 732
Hiddink, Guus, 301, 707, 708, 766
Hidegkuti, Nándor, 696
Hierro. Véase Ruiz Hierro, Fernando

Higuera, Francisco, 284
Higuita Zapata, José René, 529, 530
Himmler, Heinrich, 468
Himst, Paul van, 124
Hispania Athletic Club, 219, 228
Hitler, Adolf, 59, 467, 681
Hoddle, Glenn, 73, 74, 586
Hodge, Martin, 371
Hoeness, Uli, 282, 297, 298, 367, 368, 373, 404, 463
Hohberg, Juan Eduardo, 525
Hölzenbein, Bernd, 368, 404
Homero, Oppi, 458
Hon, Louis, 432
Hormazábal, Rafael, 686
Hornby, Nick, 516
Horty, Miklós, 475
Houlding, John, 167, 168
Houseman, René, 334
Howley, Kevin, 435
Hoyte, Justin, 106
Hoyzer, Robert, 107, 108, 205
Hrubesch, Horst, 29
Huddersfield Town, F. C., 255
Huete, Félix, 691
Hughes, Charles, 173
Hughes, John, 537, 652
Hughes, R. Moelwyn, 156
Hurst, Geoff, 361, 436, 449, 450
Hurtado, Luis, 495
Hussein, Ali bin, 317

Ibarra, Hugo Benjamín, 399
Ibarreche, Cecilio, 495
Ibárruri, Dolores, 64
Iberia S. C., 97, 219
Iborra Iborra, Antonio, 560
Ibrahimović, Zlatan, 744
Iceta, Luis, 49, 495
Idígoras, Manuel, 544
Idígoras, Santiago, 254, 716
IFK Gotemburgo, 277, 762
IFK Norrköping, 447
Iglesias, Carlos Luis, 452
Iglesias Fernández, Adauto, 535
Iglesias Fernández, José, 448, 523, 641, 642, 672
Ignashévich, Serguéi, 392
Igoa, Silvestre, 22, 393, 552
Illán, Antonio, 676
Illgner, Bodo, 306, 707
Indio. Véase Villagordo, Pedro
Infantino, Gianni, 134, 318, 700, 723
Iniesta, Andrés, 91, 92, 385, 386, 391, 392, 411, 412, 478, 734
Internazionale F. C. Torino, 279
Iordănescu, Anghel, 278
Ipiña, Juan Antonio, 136, 448, 596
Ipswich Town F. C., 295
Iraklis Thessaloniki F. C., 245
Iraragorri, José, 93, 94, 600
Iribar, José Ángel, 34, 103, 104, 124, 159, 160, 181, 182, 267, 358, 367, 370, 377, 543, 572, 628, 661, 663, 664, 675, 703, 715, 716
Irles, Joaquín, 452
Irureta, Javier, 149, 297, 578, 716
Iruretagollena, Luis, 384
Irusquieta, José Ramón, 760
Isabel II del Reino Unido, 80
Isaksen, Magnar, 468
Isasmendi, Félix, 125
Isco (Francisco Román Alarcón), 312, 391, 392
Isidro. Véase Díaz González, Isidro
Isidro. Véase Sánchez García-Figueras, Isidro
Israël, Rinus, 268, 554
Iturralde, Eduardo, 576
Iturraspe, Carlos, 541

Jaguaré. Véase Bezerra de Vasconcelos, Jaguaré
Jair. Véase Costa, Jair da
Jairzinho. Véase Ventura Filho, Jair
James, Alex, 199, 200
Janich, Francesco, 427
Jarni, Robert, 708
Jarque, Daniel, 510
Jennings, Andrew, 317
Jiménez, Antonio, 469
Jiménez, Miguel Ángel, 204
Jiménez Collar, Juan José, 762
Jiménez Silva, David, 92, 386
Joaquín. Véase Alonso González, Joaquín
Joe Louis, 767
Joel. Véase Martins, Joel Antônio
Johansen, Tipen, 468
Johansson, Lennart, 604
Johnson, Arthur V., 276
Johnstone, Jimmy, 221, 222, 537, 651, 652
Jones, Mark, 89
Jones, Mike, 677, 678
Jongbloed, Jan, 404
Jordan, Joe, 562
Jorge V del Reino Unido, 258
Jorge Sosa, Manuel, 136
José Augusto. Véase Almeida, José Augusto de
José Luis. Véase Fernández López, José Luis
José María. Véase García Lavilla, José María
José Tomás, 765, 766
Joseíto. Véase Iglesias Fernández, José
Joselito, 491
Juan. Véase Silveira dos Santos, Juan
Juan Carlos. Véase Pérez, Juan Carlos
Juan Carlos. Véase Rodríguez Moreno, Juan Carlos

Juan Carlos I de España, 628
Juan José. Véase Jiménez Collar, Juan José
Juan Manuel. Véase Tartilán Requejo, Juan Manuel
Juan XXIII, 422
Juana García, Ángel de, 284
Juanco, Francisco, 535
Juanito. Véase Gómez, Juan
Julinho. Véase Botelho, Júlio
Julio Alberto. Véase Moreno, Julio Alberto
Julio César. Véase Soares de Espíndola, Julio César
Juncosa, José, 50, 69, 136, 393, 691, 692
Juninho Pernambucano. Véase Ribeiro Reis, Antônio Augusto
Junquera. Véase Zapico Junquera, Andrés Avelino
Jusué, Francisco Javier, 250
Juve, Jørgen, 468
Juventus F. C., 184, 217, 245, 272, 277, 279, 299, 306, 311, 314, 315, 321, 322, 349, 350, 419, 420, 428, 429, 526, 547, 560, 563, 617, 618, 707, 729

K. F. C. Bayer Uerdingen 05, 176
Kahn, Oliver Hans, 315, 316
Kaká. Véase Santos Leite, Ricardo Izecson dos
Kalou, Bonaventure, 75, 76
Karahanov, Eduard, 319
Karembeu, Christian, 306, 414
Käser, Helmut, 686
Kassai, Victor, 477
Katalinski, Josip, 103, 104, 267, 703
Keegan, Kevin, 109, 473, 474, 702
Keeping, Michael, 535
Keïta, Salif, 234, 432, 459
Kempes, Mario, 334
Kennedy, Ray, 189
Khedira, Sami, 312
Khusainov, Galimzyan, 370
Kickers Offenbach, 488
Kidd, Brian, 656
Kiko. Véase Narváez, Francisco Miguel
Kilbane, Kevin, 360
Kilmarnock F. C., 285, 679, 680
Kinnaird, lord, 540
Kiriki. Véase Iruretagollena, Luis
Kissinger, Henry, 347
Klimenko, Aleksey, 472
Klinsmann, Jürgen, 388
Kocsis, Sandor, 68, 122, 242, 265, 432, 475, 560, 613, 689, 696, 731, 750
Koeman, Ronald, *Tintín*, 303, 304, 501 , 670
Kohl, Helmut, 484
Komarov, Pavel, 472
Kopa. Véase Kopaszewsky, Raymond
Kopaszewsky, Raymond, 68, 121, 255, 432-434, 475, 476, 523, 524, 587, 588, 632, 672, 742, 753
Korotkikh, Nikolai, 472
Kortabarria, Ignacio, 253, 254, 628, 715, 716
Kotte, Peter, 175
Kowalczyk, Wojciech, 470
Krankl, Hans, 296
Kreitlein, Rudolf, 325, 435
Kress, Richard, 299
Kruschov, Nikita, 121, 398
KSK Beveren, 295
Kubala, Ladislao, 33, 39, 67, 68, 99, 100, 103, 157, 158, 171, 172, 187, 241, 242, 245, 265, 267, 268, 272, 313, 314, 338, 378, 393, 410, 432, 488, 543, 560, 563, 565, 566, 587, 590, 610, 621, 622, 632, 703, 704
Kubrick, Stanley, 403
Kuerten, Guga, 728
Kuszmann, Janos, 543, 544, 560

Labaka, Mikel, 24
Labandón, Javi, 391
Labruna, Ángel, 659, 660, 697, 698
Lacatus, Marius, 278
Laden, Osama bin, 665, 666
Lafleur, Abel, 196, 751
Lafuente, Ramón de, 93, 308
Lafuente Estefanía, Marcial, 636
Lahm, Philipp, 386, 734
Lalanda, Marcial, 21
Lamata, Miguel Ángel, 237
Landini, Spartaco, 427
Lángara, Isidro, 16, 466, 599, 600
Lantos, Mihály, 696
Lapetra, Carlos, 160, 245, 246, 370, 521, 610, 663, 664
Laporta, Joan, 502, 743
Larache C. F., 409
Larrañaga, Juan Antonio, 254
Larrañaga, Pedro de, 276
Lasa, José María, 716
Lasa, Mikel, 469, 470
Lasala, Isidro, 49, 739
Lato, Grzegorz Bolesław, 614
Laudrup, Michael, 303, 304, 363, 670
Laurent, Lucien, 416
Lauri, Miguel Ángel, 589
Laviada, Carlos, 432
Law, Denis, 255, 256, 612, 632, 713
Lawton, Tommy, 749
Lázaro, Félix, 285, 286
Lazcano, Jaime, 84, 229, 293
Lazzatti, Ernesto, 660
Le Pen, Jean-Marie, 413, 414
Leafe, Reginald, 689, 690
Leal Vargas, Eugenio, 703, 704
Leão, Emerson, 333, 334

Lecue, Simón, 514, 596, 633
Lee Chang-Myung, 428
Leeds United A. S. C., 65, 473, 474, 537, 562, 750
Leicester City F. C., 341
Leite Ribeiro, Adriano, 490
Leiva Campos, João, 432
Leivinha. Véase Leiva Campos, João
Lendoiro, Augusto César, 149
Lennox, Bobby, 544, 652
León, Francisco, 492
León Amador, Antonio, 596
Leoncito. Véase León Amador, Antonio
Leônidas. Véase Silva, Leônidas da
Lesmes, Francisco, 49
Lesmes, Rafael, 49, 72, 523, 642, 672
Lesmes I. Véase Lesmes, Francisco
Lesmes II. Véase Lesmes, Rafael
Levante Unión Deportiva, 131, 132, 405, 410, 543, 553, 567, 568
Lewis, C. A., 57
Lewis, Dan, 58, 248
Lezama. Véase Pérez Lezama, Raimundo
Liberti, Antonio Vespucio, 439
Liceranzu, Jesús Íñigo, 269
Lico. Véase Morante Gutiérrez, José Antonio
Liebrich, Werder, 398
Liedholm, Nils, 323
Lillywhite, John, 721
Lima dos Santos, Antônio, 556
Lineker, Gary, 113, 114, 344, 371, 372, 763, 764
Linemayer, Erich, 281, 282
Lippi, Marcello, 419
Lisburn Distillery F. C., 503
Liverpool F. C., 74, 163, 164, 167, 168, 173, 189-192, 205, 231, 232, 305, 321-323, 473, 474, 479, 655, 656, 677, 678, 709, 710, 719, 720, 757
Llaudet, Enrique, 33, 34, 313
Llobet, Josep, 624
Llompart, Bartolomé, 358
Llopis Corona, José, 135, 691
Llorens Pujadas, Ramón, 383
Llorente Moreno, Marcos, 164
Llorente Torres, Fernando, 411
Lo Celso, Giovani, 527
Lo Verde, Rosario, 117
Lobatón, Víctor, 311
Lofthouse, Nathaniel, 116, 622
Loma, José Luis de, 37
Lomba, 624
Lombardero, Alejando, 250
Lopera. Véase Ruiz de Lopera, Manuel
Lopetegui, Julen, 351, 352, 391
López, Adolf, 624
López, José, 21
López, Juan Manuel, 469
López Caro, Juan Ramón, 132
López Cuadrado, Santiago, 661
López Herranz, Antonio, 596, 633
López Marco, Jorge, 86
López Panizo, José Luis, 16, 393, 524, 552
López Ufarte, Roberto, 253, 254, 380, 628, 661, 716, 762
Lora, Enrique, 100
Lóránt, Gyula, 696
Lorenzana, Carlos, 249
Lorenzo, Juan Carlos *Toto*, 221, 297, 577
Louis, Victor, 601
Loustau, Félix, 659, 660, 697, 698
Lowe, Harris, 499
Lozano, Diego, 50, 287, 382
Lozano, Juan, 620
Lucas Moura, 460
Luis Albert, 573
Luis Enrique. Véase Martínez García, Luis Enrique
Lula da Silva, Luiz Inácio, 489, 490
Luque, Leopoldo, 334
Lutz, Carl Ludwig, 467
Luxemburgo, Vanderlei, 23, 24
Lynch, Loretta, 317

Macala. Véase Gardoy Martín, Cándido
Macanás, José, 112
Maceda, Antonio, 130, 363, 364, 747, 748
Macedo Filho, Evaristo de, 68, 265, 508, 562, 566, 689
Machado, Waldo, 571
Machado da Silva, Walter, 33, 34
Machín, Francisco, 558, 596
Machorro. Véase Machín, Francisco
Macia, José, 457, 556
Macías. Véase Díaz Macías, José
Macron, Emmanuel, 134
Madariaga, José Ignacio, 716
Madeira Caeiro Figo, Luís Filipe, 24, 28, 47, 149, 169, 407, 437, 438, 591, 592, 687, 688, 700
Madjer, Rabah, 29, 30
Madrid-Moderno F. C., 219
Magdaleno, Enrique, 335
Magrão. Véase Rodrigues, Márcio
Maguregui, José María, 45, 46, 675
Maguregui III, 181, 182
Maidana, Luis, 525
Maier, Sepp, 281, 282, 297, 361, 367, 368, 373, 404, 446
Maizón. Véase Castro, Jesús
Makélélé, Claude, 149
Málaga Club de Fútbol, 21, 22, 37, 56, 95, 181, 203, 265, 451
Malbo, Miguel, 633
Maldini, Cesare, 616

Maldini, Paolo, 734
Manchester City F. C., 45, 46, 255, 256, 274, 502, 681
Manchester United F. C., 65, 66, 89, 115, 116, 119, 120, 179, 205, 206, 255, 256, 315, 316, 385, 459, 479, 538, 611, 612, 625, 655, 701, 713, 714, 732, 744
Manchón, Eduardo, 68
Mancini, Roberto, 304
Mandela, Nelson, 763
Manera, Eduardo Luján, 625, 626
Manfredonia, Lionello, 184
Mangriñán, José, 541, 542, 641
Manzanera, Sergio, 573, 574
Mañó, Daniel, 541
Mao Tse-Tung, 44
Maradona, Diego Armando, 241, 269, 292, 343, 371, 372, 395, 396, 455, 483, 485, 486, 494, 530, 593, 594, 639, 693, 727, 728, 734, 762
Maraver, Juan, 560
Marcaida, Félix, 45
Marcel Domingo. Véase Algarra, Marcel Domingo
Marcelino. Véase Martínez Cao, Marcelino
Marcet, Francisco, 535, 589
Marchena, Carlos, 249, 250, 386, 412
Marcial. Véase Pina Morales, Marcial, Manuel
Marcos. Véase Alonso, Marcos
Marculeta, Martín, 229, 293, 384
Mardones, José, 596
María Cristina de Habsburgo-Lorena, 275
Marín, Luis, 514, 633
Mariner, Paul, 295
Marinho, Jair, 147
Marini, Hugo, 440
Mariscal, Ángel, 384
Mariscal, José, 535
Marks, Dominik, 107, 108
Marques, Cristiano, 490
Marquínez, Manuel, 536
Marquitos. Véase Alonso Imaz, Marcos
Marrero, Martín, 124, 378
Marsal, Ramón, 672
Marsh, Rodney William, 586
Martí i Carreto, Enric, 563, 564
Martí Filosía, Narcís, 237
Martín, Fernando, 132
Martín, José María, 536
Martín II. Véase Marrero, Martín
Martín Navarro, Enrique, 542
Martín Navas, Juan, 679, 680
Martín Vázquez, Rafael, 203, 261, 262, 363
Martín Vilar, César, 149
Martínez, Alfonso, 381, 382
Martínez, Emiliano, 527
Martínez, Eulogio, 40, 68, 159, 265, 562, 566, 668
Martínez, Jesús, 104
Martínez, José Miguel, 357, 358
Martínez, Luis, 495
Martínez, William, 525
Martínez Cao, Marcelino, 40, 160, 195, 245, 246, 369, 370, 519, 521, 572, 588, 664, 704
Martínez Diarte, Carlos, 283
Martínez García, Luis Enrique, 189, 190, 469, 718
Martínez Jayo, Jesús, 405, 406
Martínez Laredo, Antonio, 177, 178, 645
Martínez Ramírez, José Sigifrido, 246
Martínez Sánchez, José, 38, 103, 112, 130, 214, 285, 286, 340, 572, 610, 648, 679, 680, 703, 704
Martínez y Sánchez-Arjona, José María, 565
Martínez-Pujalte, Vicente, 568
Martini, Bruno, 65
Martino, Rinaldo, 16
Martins, João Batista, 732
Martins, Joel Antônio, 53, 347
Mas, Pinino, 41-43, 111
Maschio, Humberto, 651
Masopust, Josef, 632
Máspoli, Roque, 422
Massana, Santiago, 227
Mata, Francisco de la, 16, 494
Matallanas, Bernardino, 203
Matarrese, Antonio, 616
Mateos, Enrique, 476, 587, 635, 636, 641
Mateos, José María, 94, 216, 229, 230, 294
Matito, Román, 357, 410
Matteo. Véase Paro, Matteo
Matteo Di, Roberto, 301, 302
Matthäus, Lothar, 204, 217, 315, 734
Matthews, Stanley, 79, 80, 155, 394, 622, 673, 682, 741, 742, 753
Matuidi, Blaise, 460
Maturana, Francisco, 530
Maura Gamazo, Gabriel, 144
Mauri. Véase Ugartemendia, Mauricio
Mauri, Eduardo, 589, 590
Mauro. Véase Ramos de Oliveira, Mauro
Mauro. Véase Silva Gomes, Mauro
Mayer, Louis, 348
Mazali, Andrés, 584
Mazzola, Sandro, 285, 314, 361, 362, 427, 429, 547, 569-572, 729, 730
Mazzola, Valentino, 271, 272
Mbappé, Kylian, 502
McCabe, George, 435
McCarthy, Paddy, 207
McCracken, Bill, 503
McDermott, Terry, 323
McGregor, William, 141, 142
McInally, John, 680

McKenna, John, 168
McLean, Tommy, 680
McManaman, Steve, 149, 191, 592
McParland, Peter, 116
Meana, Manuel, 158
Meazza, Giuseppe, 366, 674, 751
Medina, José, 512
Medina Cantalejo, Luis, 408, 688
Meisl, Hugo, 59
Mejía, Dionisio, 416
Mejuto, Enrique, 575, 576
Melcón, Ramón, 498
Meléndez, Carlos, 269
Melero Guaza, Ricardo, 95, 96
Melilla F. C., 381, 406, 409, 410
Melnik, Mijaíl, 472
Melo. Véase Delgado Melo, Francisco
Menchaca, Nicolás, 181, 182
Mencía, Juan José, 50, 136
Mendaro, Pedro, 382
Mendieta, Gaizka, 360
Mendonça, Jorge Alberto de, 432
Mendoza, Ramón, 380, 437, 601, 602, 615, 616, 754
Menezes, Ademir, 494
Mengalvio. Véase Figueiro, Mengalvio Pedro
Menotti, César Luis, 372, 380, 522
Merezov, Martyn, 506
Mérida, 203, 204, 402
Merodio, Armando, 45
Meroni, Gigi, 349, 350
Merrick, Gilbert, 622
Merson, Paul, 106, 284
Mesa, José, 558, 596
Mesa, Manuel, 254
Mesa de Asta, marqués de la, 354
Messi, Lionel, 241, 311, 459, 478, 501, 502, 527, 734, 744
Meyer, George, 276
Michael Caine, 472
Míchel. Véase González del Campo, José Miguel
Michel, Henri, 65
Michels, Rinus, 403, 487
Middlesborough F. C., 597
Mielke, Erich, 151, 152, 175, 176
Miera, Vicente, 100, 469, 544, 679
Miguel. Véase González Pérez, Miguel
Miguel Ángel. Véase González Suárez, Miguel Ángel
Migueli. Véase Bernardo Bianquetti, Miguel
Migueli. Véase Ramos Vargas, Miguel
Míguez, Óscar, 422
Mijatovic, Pedrag, 306, 707, 708, 766
Milans del Bosch, Joaquín, 355, 356, 605
Milburn, Jackie, 682
Milito, Gabriel Alejandro, 169, 243
Miljanic, Miljan, 43, 104, 129
Milla, Roger, 343, 344, 530
Miller, Tom, 205
Millet i Pagès, Lluís, 355
Millwall F. C., 500
Milne, Gordon, 632
Mira Clemades, José, 50
Miranda, Carlos, 143
Mirandilla F. C., 514
Miró-Sans, Francesc, 266, 313, 566
Mitjans i Miró, Francesc, 566
Modugno, Domenico, 666
Moggi, Luciano, 419
Mohamed Alí Amar, 283, 284
Moleiro. Véase Morales Berriguete, José
Molina, Claudia, 530
Molina, José Francisco, 149, 766
Molina, Luis Carlos, 530
Moll, Dagoberto, 523
Molowny, Luis, 42, 99, 112, 129, 130, 136, 262, 335, 377, 393, 410, 448, 551, 552, 587, 609, 691
Moltedo, Pedro, 208
Moncloa F. C., 219
Monjardín, Juan, 240
Montal i Costa, Agustí, 340, 488
Montalvo, José, 448, 535, 765
Montejo, Eduardo, 219
Montgomery, Bernard Law, 622
Monti, Luis Felipe, 673
Moore, Bobby, 180, 196, 450, 472, 582, 632, 682, 751
Moore-Brabazon, John Theodore Cuthbert, 749
Mora, Eugenio, 50
Mora, Pere Valentí, 112
Morales, Horacio Óscar, 311
Morales, Víctor Hugo, 372
Morales Berriguete, José, 135, 514
Morales Sánchez, Fernando, 24, 92, 149, 170, 306
Morán, Rubén, 422
Morante Gutiérrez, José Antonio, 711, 712
Moratti, Angelo, 146, 313, 569
Morena, José Ramón de la, 437, 765
Moreno, Antonio Afonso, 358, 378
Moreno, José Manuel, 657, 659, 660, 697, 698
Moreno, Julio Alberto, 198
Moreno, Robert, 189, 190
Moreno, Tomás, 68, 590
Moreno Aranzadi, Rafael, 139, 140, 220, 495, 496, 519
Moreno Aranzadi, Raimundo, 220
Moreno Grosso, Ramón, 37, 38, 124, 285, 286, 339, 340, 378, 405, 406, 544, 572, 679
Morera, Alejandro, 432
Morgado, Juan, 112
Mori Cuartas, Pedro, 514
Morientes. Véase Morales Sánchez, Fernando

Morini, Giorgio, 183
Morley, Ebenezer Cobb, 721, 722
Morris, Henry, 69, 70, 276
Morris, John, 276
Morris, Samuel, 69, 276
Mortensen, Stanley, 80, 622
Motherwell F. C., 189
Mourinho, José, 301
Movilla, José María, 170
Moya Gómez, Francisco, 406
MTK Hungaria F. C., 67, 121, 272, 393
Muhammad Ali, 582
Mukasanga, Salima Rhadia, 482
Mullen, James, 622
Müller, Dieter, 367
Müller, Gerd, *Torpedo*, 100, 297, 298, 361, 362, 367, 373, 404, 446, 613, 767
Müller, Lucien, 544, 645
Müller, Matthias, 175
Muñoz, Fernando, 304
Muñoz, Juan Carlos, 659, 697, 698
Muñoz, Víctor, 747
Muñoz Calero, 68, 394, 563
Muñoz Monzún, Miguel, 41, 42, 72, 99, 100, 111, 114, 129, 299, 337-339, 377, 448, 523, 535, 588, 609, 642, 672, 747
Muñoz Rivilla, Feliciano, 40, 160, 370, 664
Muñoz Torres, José, 560
Murillo, Joaquín, 246
Murillo, Luciano, 716
Murphy, Jimmy, 120
Murtra, Evarist, 743
Muruzábal, Ricardo, 716
Mussolini, Benito, 59, 102, 365, 366, 376, 571, 673

Nadal, Miguel Ángel, 387
Nando. Véase González Valenciaga, Fernando
Nando. Véase Muñoz, Fernando
Narbona Jiménez, Vicente, 225
Nardi, Giovanni, 117
Narro, Jesús, 535
Narváez, Francisco Miguel, 469, 470
Nasazzi, José, 584, 751
Nascimento, Edson Arantes do, 33, 53, 54, 119, 147, 148, 158, 259, 260, 319, 325, 341, 342, 347, 348, 436, 457, 472, 485, 486, 493, 530, 553, 555, 556, 571, 577, 581, 582, 683, 684, 727, 728, 734, 741, 767, 768
Navarro, Isaura, 568
Navarro Perona, Joaquín, 448, 621, 632, 642
Naybet, Noureddine, 149
Nayim. Véase Mohamed Alí Amar
Nazario de Lima, Ronaldo Luís, 23, 24, 169, 301, 414, 438, 490, 575, 591, 592, 734
Nedvěd, Pavel, 388
Neeskens, Johan, 95, 296, 404, 432, 734
Nehoda, Zdeněk, 368
Neto, Edvaldo Icidio, 53, 432, 555, 556
Netz, Otto, 468
Netzer, Günter Theo, 41-43, 100, 111, 112, 432, 645
Neuer, Manuel, 734
Neville, Gary, 656
New F. C., 275, 276
New York Cosmos, 54, 341, 347, 348, 577, 578, 581, 582, 675, 767, 768
Newcastle United F. C., 58, 101, 503, 585, 586, 597, 725, 726
Neymar da Silva Santos Júnior, 459, 460, 502, 527
Neyra. Véase Sánchez Neyra, Antonio
Nicola, Cándido de, 440
Nicolosi, Manuela, 482
Nido, José María del, 455
Nieto, Francisco, 676
Nieto, García Nieto, Jesús, 567
Nieto, Miguel Ángel, 35
Nije, Alhaji Momodo, 662
Nilmar. Véase Silva, Honorato da
NK Dinamo Zagreb, 289, 290
Nordahl, Gunnar, 621
Noriega, José María, 269
Norman, Maurice, 632
Nottingham Forest F. C., 101, 231, 322, 461, 474, 701
Notts Couty F. C., 142, 545
Núñez, Ignacio, 456
Núñez, José María, 269
Núñez, Josep Lluís, 252, 277, 296, 437, 554, 591, 639

Ñito. Véase González Rivero, Cipriano Antonio

Ocerín, Enrique, 381, 382
Ochoa, Fernando, 269, 270
Ocwirk, Ernst, 621
Odense B K, 299
Olaizola, Julio, 254, 716
Olalde, Pedro, 37
Olarticoechea, Julio, 372
Olave Videa, Julián, 444
Olaya, Eloy, 364, 402
Oliva, Jaime, 346
Oliva, Joaquín, 447, 448, 671, 672
Olivares, Manuel, 667
Oliveira, Pedro Paulo de, 490
Oliveira Filho, António de, 629
Oliveira Nunes, Gérson, 259, 260, 341
Oliveira Salazar, António de, 428-430
Olivella, Ferran, 39, 160, 370, 561, 566, 664
Oliveras de la Riva, Victoriano, 241

Oliveros, Ángel, 358, 405, 406
Olmedo, Pablo, 448, 535
Olmo, Antoni, 704
Olmo, Luis del, 62
Olsen, Egil, 173
Olsen, Jesper, 364, 553
Olsen, Roque, 72, 448
Olympiacos F. C., 306
Olympique de Lyon, 744
Olympique de Marsella, 65, 483, 484
Olympique de Niza, 299, 307, 488, 589
Omam-Biyik, François, 343
Ondruš, Anton, 368
O'Neill, Michelle, 482
Onganía, Juan Carlos, 626
Onzari, Cesáreo, 584
Oñaederra, José Ignacio, 716
Orbaiz, Pablo, 250
Ordóñez, Eduardo, 431
Ormaechea, Alberto, 253, 254
Ortega, Juan Antonio, 49, 739
Ortiz, Antonio, 691, 692
Ortiz de Mendíbil, José María, 662
Orúe, José María, 45
Orwell, George, 109
Osorio. VéaseFernández Osorio, Manuel
Ossó i Serra, Lluís d', 624
Ostiz, María, 112
Otaegui, Ángel, 573
Otero, Juan Ignacio, 560
Otero, Juan Ignacio, 560
Otero, Luis, 519
Otiñano, Luis María, 181
Ovejero, Iselín Santos, 221, 222
Overath, Wolfgang, 373, 449
Oviedo, Antonio, 559
Owen, Michael James, 24, 73

Pablito. Véase Buey, Pablo
Pacheco, José, 578
Pachín. Véase Pérez Díaz, Enrique
Paco. Véase Ruiz, Francisco
Padrón, José, 84, 230, 293
Padrós Rubió, Carles, 149, 275, 309, 444
Padrós Rubió, Joan, 276
Pádua Lima, Elba de, 366
Pagaza, Francisco, 215, 519, 520
Pagliuca, Gianluca, 304
Pahíño. Véase Fernández, Manuel
Paine, Terry, 632
País, Antonio, 246
Paisley, Bob, 710
Pak Doo Ik, 427, 428
Palacios Herrera, José, 535
Palau, Josep, 647
Palermo, Martín, 399, 400
Palmer, José, 177, 178
Panadero Díaz. Véase Díaz Figuera, Rubén Oswaldo
Pancalli, Luca, 82
Panenka, Antonín, 367, 368, 408
Panizo. Véase López Panizo, José Luis
Pantaleón. Véase Quevedo, Manuel
Panucci, Christian, 306, 707
Paqui. Véase Gómez López, Francisco
Parages, Pedro, 144, 239, 240
Pardeza, Miguel, 284, 363
Paredes, Jesús, 532
Paredes Manot, Juan, 573
Parera, Antón, 277
Paris Saint-Germain F. C., 302, 459, 460, 502, 666
Parma F. C., 118, 615, 666
Parr, Lily, 757, 758
Parra, José, 393, 589
Parra del Riego, Juan, 423
Parsons, John, 69, 70
Parsons, William, 69, 70
Pascual Estevill, Luis, 533
Pascutti, Ezio, 145
Passarella, Daniel, 334
Pastor, Vicente, 21, 161
Pataco. Véase Couceiro, Carlos
Patijn, Schelto, 487
Patricio. Véase Arabolaza, Patricio
Pavón, Francisco, 24, 149
Pazos, Ángel, 311
Pazos, Manuel, 53
Pazos González, Manuel, 193
Pedernera, Adolfo, 658-660, 697, 698
Pedraza, Ángel, 278
Pedrín. Véase Mori Cuartas, Pedro
Pedrinho. Véase Oliveira, Pedro Paulo de
Pedro. Véase Rodríguez, Pedro
Pegg, David, 89
Peiró, Joaquín, 33, 40, 121, 159, 181, 182, 314, 429, 569, 570, 635
Pelé. Véase Nascimento, Edson Arantes do
Pellicer, Carlos, 358
Pentland, Frederick Beaconsfield, 93, 94, 215, 294
Peña Salegui, José María, 229, 293
Pepe. Véase Macia, José
Pepillo. Véase Díaz Payán, José
Pepín. Véase Casas Gris, José
Pepín. Véase González Carro, José
Pepín. Véase Muñoz Torres, José
Peralba, Santos, 354
Perani, Marino, 427
Pereda, Jesús, 40, 160, 370, 647, 663, 664
Pereira, Luíz Edmundo, 432
Pereira, Waldyr, 41, 53, 243, 244, 555, 570, 684, 734
Pereyra Ayres, Sergio, 752

Pérez, Álvaro, 16
Pérez, Felipe, 143
Pérez, Félix, 425, 498
Pérez, Florentino, 23, 150, 170, 306, 312, 351, 407, 437, 438, 591, 592, 602, 723, 728, 754
Pérez, Juan Carlos, 104, 112, 562
Pérez, Julio, 422
Pérez, Manuel, 455
Pérez, Silverio, 311
Pérez Díaz, Enrique, 20, 40, 131, 132, 286, 299, 525, 635, 636, 689
Pérez García, Ángel, 463
Pérez Lezama, Raimundo, 182, 186
Pérez Muñoz, Alfonso, 469
Pérez-Payá, José Luis, 50, 641, 642, 739
Perfumo, Roberto, 651
Perón, Eva Duarte de, 694, 761
Perón, Juan Domingo, 15, 291
Perry, William, 80
Pes Pérez, Donato, 128, 762
Pessotto, Gianluca, 617
Pesudo, José Manuel, 522
Peterborough United F. C., 678, 750
Peters, Martin, 449
Petit, Emmanuel, 414
Petit, René, 215, 227, 228, 431
Peyrou, León, 493
Pfaff, Jean-Marie, 218, 295
PFC CSKA Moscú, 319
Phillips, Hugh, 435
Pianelli, Orfeo, 547
Picchi, Armando, 547, 569
Pichichi. Véase Moreno Aranzadi, Rafael
Piendibene, José, 55, 56, 423, 425, 426
Piera, Vicente, 240, 329
Pilloud Robin, Emma, 606
Pina Morales, Marcial Manuel, 104, 112, 562, 711, 712
Pincolini, Vincenzo, 766
Pineda, Francisco, 336, 463
Pinheiro dos Santos, Clovis, 147, 458
Pinheiro. Véase Batista Pinheiro, João Carlos
Pinillos. Véase Martínez, Luis
Pinochet, Augusto, 685
Pintado, Emilio, 406
Piola, Silvio, 366
Piqué, Gerard, 391, 392, 412, 460, 743
Piquín, José Luis, 589
Pirlo, Andrea, 734
Pirri. Véase Martínez Sánchez, José
Pla, Pepe, 204
Planas, Josep, 329
Planelles, Juan Bautista, 268, 340
Platini, Michel, 217, 322, 433, 734, 753
Platt, David, 344
Plattko, Ferenc, 240, 329, 383, 384, 431, 432
Plaza, José, 128, 212, 340
Pluskal, Svatopluk, 632
Poborský, Karel, 388
Pogba, Paul, 459
Poletti, Alberto, 349, 350, 625, 626
Poli. Véase Polinario Muñoz, Manuel
Polinario Muñoz, Manuel, 406
Ponce, Enrique, 765, 766
Pons, José, 452
Pont, Guillermo, 135, 535, 691
Pontoni, René, 16, 658
Popluhár, Ján, 632
Porcioles, Josep Maria de, 565
Porlán Chendo, Miguel, 113, 214
Porta, Pablo, 212, 223, 571, 628
Portillo. Véase García Portillo, Javier
Portu. Véase Besteiro Fariñas, José
Portugal, Miguel Ángel, 463
Portuguesa F. C., 54
Posipal, Jupp, 621
Potele. Véase González de la Vieja, José
Poyet, Gustavo, 284
Pozzo, Vittorio, 365, 366, 673
Praag, Michael van, 487
Prat, José, 98
Prats, Manuel, 229, 293
Prats, Matías, 394
Preston North End F. C., 51, 52, 109, 141, 142, 161, 162, 180, 199, 200, 550, 709, 725, 757
Prieto, Indalecio, 653
Primo de Rivera, Miguel, 83, 225, 355, 653
Primorac, Boro, 484
Pro Patria Calcio, 67
Prodi, Romano, 82
Prokop, Adolf, 646
Pruden. Véase Sánchez Fernández, Prudencio
PSV Eindhoven, 305, 732, 763
Puchades, Antonio, 393, 410
Puebla F. C., 638
Puerta, Antonio, 509, 510
Puig Puig, José, 16
Puig Ribot, Francisco, 676
Puis, Wilfried, 124
Pujol, Luis, 610
Pulvirenti, Antonino, 82
Pumpido, Neri Alberto, 343
Purcell, Bob, 205
Puskás, Ferenc, 33, 45, 68, 80, 121, 122, 159, 181, 244, 265, 285, 299, 300, 397, 398, 432, 475, 476, 525, 526, 544, 556, 560, 588, 613, 622, 632, 654, 668, 679, 695, 696, 719, 731, 742
Putellas, Alexia, 12, 47, 198

Putin, Vladimir, 133, 134, 302, 317, 318, 391
Putistin, Mijaíl, 472
Puyol, Carles, 91, 252, 386, 412, 531, 700, 744

Queipo de Llano, Gonzalo, 307
Queiroz, Carlos, 170
Quesada, Félix, 49, 50, 229, 230, 239, 240, 293, 425, 498, 514, 633
Quesada, José, 432, 499
Quevedo, Manuel, 635, 636
Quincoces, Jacinto, 229, 239, 240, 293, 551, 552, 633, 667
Quini. Véase Castro, Enrique
Quino. Véase Sierra Vallejo, Joaquín
Quique. Véase Martín Navarro, Enrique
Quique. Véase Hernández, Enrique Vicente
Quiroga, Ramón, 334
Quixall, Albert, 622

R. C. D. Córdoba, 409, 543, 675
R. S. Ginnastica Torino, 279, 280
Racing Club de Argel, 381
Racing Club de Avellaneda, 424, 651, 652, 657
Racing de Madrid, 163
Raciti, Filippo, 81
Raimundo. Véase Blanco, Raimundo
Ramallets, Antoni, 39, 40, 159, 245, 314, 393, 394, 410, 488, 523, 561, 566, 690
Ramírez Zancas, Carlos, 358, 543, 544
Ramiro. Véase Rodrigues Valente, Ramiro
Ramos, José, 659
Ramos, Sergio, 311, 312, 386, 391, 392, 412, 734
Ramos de Oliveira, Mauro, 582, 751
Ramos do Nascimento, João, 582
Ramos Vargas, Miguel, 452
Rampla Juniors F. C., 491
Ramsey, Alf, 180, 613, 614, 622
Rangers F. C., 235, 236, 299, 538, 597, 649, 650, 655
Ranieri, Claudio, 301
Raphinha (Raphael Dias Belloli), 528
Rapid de Viena, 122, 671, 672, 732
Rappan, Karl, 157, 570
Rattín, Antonio Ubaldo, 325, 435, 436, 612
Raúl. Véase González Blanco, Raúl
Rayo Vallecano de Madrid, 205, 675, 676
RCF Paris, 566, 599
Ré, Cayetano, 242, 521, 522, 711
Real Balompédica Linense, 144, 409, 410
Real Betis Balompié, 27, 28, 35, 63, 64, 94, 144, 357, 402, 405, 409, 491, 492, 559, 560, 577, 764, 765
Real Club Celta de Vigo, 97, 126, 189, 204, 225, 283, 402, 455, 456, 692
Real Club Deportivo Carabanchel, 514
Real Club Deportivo de La Coruña, 16, 149, 150, 153, 250, 265, 402, 542, 600, 648, 688
Real Club Deportivo Mallorca, 35, 36, 56, 402, 410, 578, 676, 718, 744
Real Club Recreativo de Huelva, 384, 409, 577
Real Jaén Club de Fútbol, 409, 559, 760
Real Madrid Castilla, 35, 132, 204, 224, 335, 336, 463
Real Madrid Club de Fútbol, 17, 23, 24, 27, 28, 33, 35-38, 40-43, 45, 49, 55, 68, 71, 72, 83-86, 89, 93, 94, 97, 98, 104, 111, 112, 114, 119, 121, 122, 127-132, 135, 136, 144, 146, 149, 150, 153, 159, 169, 170, 178, 181, 193, 194, 203, 204, 212-214, 216, 217, 219, 220, 224, 225, 227-229, 232, 240, 241, 243-246, 249, 253, 254, 261, 262, 265, 267, 269, 275-278, 281, 282, 285, 286, 292-294, 296, 299, 300, 304-307, 309, 311-315, 321, 331, 332, 335-340, 345, 353, 354, 358-360, 364, 370, 377, 402, 405, 407, 409, 420, 425, 426, 429, 432-434, 437, 438, 443-445, 447, 448, 452, 459, 463, 464, 475, 476, 488, 498, 500, 504, 507, 508, 511-514, 523-526, 533-537, 541-544, 551, 552, 555-560, 563-565, 567, 569, 570, 572, 577, 587, 588, 591-593, 595, 601, 602, 609, 615-617, 621, 629, 633-638, 641, 642, 645-648, 654, 658, 661, 662, 664, 667, 671, 672, 676, 679, 680, 687-696, 701, 707, 708, 715, 718, 719, 728, 732, 733, 737-739, 742-744, 750, 753-755, 759, 761, 762, 764-766
Real Murcia Imperial C. F., 38, 97, 225, 544
Real Oviedo, 216, 225, 402, 405, 432, 557, 577, 595, 600
Real Racing Club de Santander, 94, 97, 98, 144, 215, 241, 291, 294, 335, 402, 432, 498, 564, 574, 635, 636, 639, 647, 675, 676, 692, 740, 745, 746
Real Sociedad de Fútbol, 23, 24, 94, 97, 98, 188, 212, 224, 229, 253, 254, 293, 336, 379, 383, 384, 402, 431, 443, 715, 716, 761, 762
Real Sporting de Gijón, 32, 97, 129, 130, 144, 187, 253, 254, 336, 402, 441, 514, 544, 577, 718, 745, 746, 761
Real Stadium Club Ovetense, 667
Real Unión Club, 97, 98, 126, 228
Real Valladolid Club de Fútbol, 49, 50, 193, 213, 253, 265, 402, 405, 455, 530, 739
Real Zaragoza, S. A. D., 24, 35, 127, 169, 170, 188, 211-213, 224, 245, 246, 283, 357, 370, 402, 406, 521, 522, 562, 575, 576, 594, 628, 637, 692, 759, 760
Rebellón, Alfredo, 405, 406
Red Bull Salzburgo, 542
Red, Rubén de la, 510
Redondo, Fernando Carlos, 306, 707
Reep, Charles, 173, 174
Regueiro, Luis, 600, 633

Regueiro, Pedro, 633
Reial Club Deportiu Espanyol de Barcelona, 32, 55, 56, 68, 83, 84, 91, 97, 98, 126, 182, 219, 225, 227-229, 237, 238, 241, 242, 244, 275, 276, 293, 329, 338, 354, 355, 384, 402, 405, 406, 425, 426, 431, 464, 499, 500, 523, 536, 543, 544, 559, 561, 566, 567, 589, 590, 634, 679, 711, 744
Reija, Severino, 246, 358, 572, 664, 760
Reina, José Manuel, 677, 678
Reina, Miguel, 221, 267, 268, 297, 298, 610
Rembrandt, 273
Renato. Véase Dirnei, Renato
Rennes, 649
Rensenbrink, Rob, 404
Rep, Johnny, 267
Resino, Abel, 718
Revie, Don, 473
Rexach, Carles, 112, 296, 339, 377, 512, 562, 610, 711
Reyes, Hugo, 658
Reyes, José Antonio, 35
Rhadia Mukasanga, Salima, 482
Riahi, Mohamed, 234, 543
Rial, José Héctor, 72, 475, 476, 523, 541, 542, 587, 588, 641, 642, 658
Ribeiro Reis, Antônio Augusto, 490, 708
Ribelles, Enrique, 566
Richarlison de Andrade, 528
Riedel, Helmut, 686
Rienzi. Véase Domingo, Manuel
Riera, José Luis, 136
Riera Navarro, Julián, 544
Riesgo, Asier, 24
Rifé, Joaquim, 112, 134, 339, 562, 647
Rigo, Antonio, 511, 512
Rijkaard, Frank, 118, 251, 615, 670, 734, 763
Rimet, Jules, 196, 330, 414, 415, 422, 450, 685, 751
Rincón, Hipólito, *Poli*, 335, 747, 748
Ríos, Eusebio, 560
Ríos, Fernando de los, 382
Ríos, Roberto, 560
Rius, Xavi, 568
Riva, Gigi, 362
Rivaldo. Véase Borba Ferreira, Vítor
Rivelino, Roberto, 259, 260, 341
Rivera, Gianni, 83, 117, 118, 225, 355, 361, 362, 427-429, 547, 548, 571, 625, 653, 729, 730, 752
Rivilla. Véase Muñoz Rivilla, Feliciano
Robben, Arjen, 412
Robert, Christophe, 483
Roberto. Véase Echevarría, Roberto
Roberto Carlos. Véase Silva, Roberto Carlos da
Roberts, Herbie, 503
Robi. Véase Sánchez, Valentín Jorge
Robinson, Adam, 665, 666
Robinson, Michael, 164, 323
Robson, Bobby, 73, 372
Robson, Bryan, 598
Rocasolano II. Véase Rocasolano Camacho, Juan
Rocasolano Camacho, Juan, 514
Rocco, Nereo, 571
Rocha Rivera, Francisco José, 752
Rochester, 581
Rodilla, José María, 405, 406
Rodolfi, Bruno, 658, 659
Rodri. Véase Rodríguez Aguirre, Roberto
Rodri II. Véase Rodríguez Serrano, Andrés
Rodrigues, Márcio, 490
Rodrigues Valente, Ramiro, 37
Rodríguez, Adelardo, 222, 297, 298, 572, 578
Rodríguez, César, 68, 393, 410
Rodríguez, Dani, 630
Rodríguez, Pedro, 412, 744
Rodríguez Aguirre, Roberto, 405, 406
Rodríguez Andrade, Víctor, 422
Rodríguez Andreu, Emilio, 676
Rodríguez Gómez, Guillermo, 596
Rodríguez López, Antonio, 451, 452
Rodríguez Moreno, Juan Carlos, 304
Rodríguez Roldán, Julián, 451
Rodríguez Santiago, Agustín, 336, 463
Rodríguez Serena, Fernando, 285, 286, 512, 679, 680
Rodríguez Serrano, Andrés, 405
Rogelio. Véase Sosa Ramírez, Rogelio
Rojas, José Luis, 499
Rojas, Roberto, 629, 630
Rojo, José Francisco, *Chechu*, 127, 610, 628, 716
Roldán. Véase Rodríguez Roldán, Julián
Romerito. Véase Romero, Julio César
Romero. Véase Fernández Romero, Enrique
Romero, Attilio, 349, 350
Romero, Cristian, 527
Rommel, Erwin, 622
Ronaldinho. Véase Assís, Ronaldo de
Ronaldo. Véase Nazario de Lima, Ronaldo Luís
Roque Júnior, José Vítor, 490
Rosenborg BK, 306, 315
Rosón, Ricardo, 648
Rossi, Néstor Rául, 658, 659
Rossi, Paolo, 183, 184
Rotheram, Steve, 164
Rotterdam Town, 162
Rot-Weiss-Essen, 732
Rous, Stanley, 435, 480, 545, 561
Rowe, Arthur, 174
Royal Sporting Club Anderlecht, 45, 285, 295, 433, 461, 620, 680, 732
Royal Standard de Lieja, 245, 246, 735
Rubén. Véase Suárez, Rubén

Rubiales, Luis, 189, 190, 351, 352, 723
Rubiñán, Benito, 112
Rubio, Gaspar, 229, 293, 596
Rubio Alcázar, Enrique, 372, 558, 596
Ruete, Julián, 519
Ruggeri, Oscar Alfredo, 343
Rugilo, Miguel Ángel, 291
Ruiz, Antonio, 588
Ruiz, Félix, 544, 635, 679
Ruiz, Francisco, 661, 662
Ruiz, José, 416
Ruiz, Miguel Ángel, 211
Ruiz de Lopera, Manuel, 560
Ruiz Ferry, Ricardo, 444
Ruiz Herrero, Carlos, 716
Ruiz Hierro, Fernando, 149, 306, 351, 352, 360, 387, 391, 707, 766
Ruiz Igartua, Juan José, 177, 178
Ruiz Sosa, Manuel, 560
Ruiz-Bazán, Daniel, 269, 336, 704, 716
Rulli, Juan Carlos, 652
Ruth, Babe, 273

S. S. C. Nápoles, 305, 395, 593, 594, 639
Saarbrücken, 732
Saavedra, Jerónimo, 456
Sabido, Andrés, 335, 463
Sacchi, Arrigo, 118, 132, 615, 616, 763, 766
Sacristán Mena, Eusebio, 304, 380
Sadler, David, 656
Sadurní, Salvador, 159, 377, 378, 512, 562, 572
Sáez, Iñaki, 249
Sagardoy, Matías, 405
Sagi Liñan, Emilio, 240, 329, 431, 606
Sagi-Barba. Véase Sagi Liñan, Emilio
Saint Helens Town A. F. C., 681
Saint John, Ian, 709
Saint Mirren F. C., 565
Salcedo, Ignacio María, 238, 297, 298, 578
Saldanha, João, 259
Salgado, Míchel, 149, 437, 532
Salgado, Rafael, 262
Salguero, José Antonio
Salinas, Julio, 269, 380
Salinas, Patxi, 269
Salle F. C., La, 447, 448
Salomón, José, 494
Salvadore, Sandro, 427
Samaranch, Juan Antonio, 33, 288, 330, 354
Samitier, José, 27, 28, 240, 307, 329, 355, 383, 498, 519, 563, 606
Sammer, Matthias, 388
Sampaio de Souza, Sócrates Brasileiro, 363
Sampedro, Francisco, 523, 566
San Andrés, 675
San Cristóbal, 53
San José, Isidoro, 254, 335, 704
San José Earthquakes, 714
Sana, Santiago Pedro, 207, 208
Sánchez, Emilio, 633
Sánchez, Hugo, 128, 194, 218, 261, 262
Sánchez, José Vicente, 296
Sanchez, Lawrie, 532
Sánchez, Luciano, 124, 358
Sánchez, Sergio, 510
Sánchez, Valentín Jorge, 212
Sánchez Bravo, José Luis, 573
Sánchez de León, Enrique, 379
Sánchez del Amo, Víctor, 149
Sánchez Domínguez, César, 149, 169, 170, 359, 407
Sánchez Fernández, Prudencio, 136, 691
Sánchez García-Figueras, Isidro, 337, 560, 544
Sánchez Guerra, José, 83, 84, 653
Sánchez Guerra, Rafael, 84, 653
Sánchez Mejías, Ignacio, 491, 492, 765
Sánchez Neyra, Antonio, 219
Sánchez Pizjuán, Ramón, 559
Sánchez Ríos, Antonio, 716
Sanchis Hontiyuelo, Manuel, 285, 286, 572, 679
Sanchís Martínez, Manuel, 113, 261, 306, 363, 707
Sancho, Agustí, 240, 329
Sanfilippo, José, 626
Sangiovanni, Néstor, 440
Sangrador Sañudo, Antonio, 535
Sanjuán. Véase García Sanjuán, Jesús
Sanon, Emmanuel, 489
Santaella Benítez, Julio, 357
Santamaría, José Emilio, 20, 159, 285, 299, 507, 521, 525, 544, 668, 679
Santamaría, Juan José, 675, 676
Santillana. Véase Alonso González, Carlos
Santín. Véase Collantes, Santos
Santisteban, Juan, 41, 588, 672
Santos, Djalma, 632
Santos, Eleuterio, 245, 358
Santos, Fausto dos, 431, 432
Santos, Manuel dos, 53, 54, 347, 555, 556, 664, 734, 741
Santos Aveiro, Cristiano Ronaldo dos, 301, 311, 312, 351, 352, 411, 459, 477, 734
Santos Campano, Salvador, 379
Santos Cano, Ángel de los, 463, 762
Santos F. C., 34, 147, 148, 259, 347, 348, 555, 556, 570, 581, 582, 683, 684, 686
Santos Leite, Ricardo Izecson dos, 132
Santos Neves, Gylmar dos, 494
Sanvito, Nando, 194
Sanz, Alfonso, 633
Sanz, Fernando, 306, 707, 708
Sanz, Lorenzo, 437, 602, 765

Sanz, Pablo, 352
Sanz, Rafael, 660
Sapina, Ante, 108
Sapina, Flip, 108
Sapina, Milan, 107, 108
Saporta, Raimundo, 71, 338, 563, 672
Saprissa, Ricardo, 431, 432
Sarabia, Manolo, 61, 62, 269, 270, 747, 748
Sarlanga, Jaime, 660
Sarti, Giuliano, 571
Saso, José Luis, 50, 136, 193, 213
Sastre, Antonio, 658
Sastre, José, 94
Satrústegui, Jesús María, 188, 253, 254, 628, 716
Sauto Arana, Agustín, 93, 94
Savage, John, 280
Sávio. Véase Bortolini Pimentel, Sávio
SC Paderborn 07, 107
Scaloni, Lionel Sebastián, 149, 528
Scarone, Héctor Pedro, 329
Scarpatti, Alfredo, 207
Schachner, Walter, 30
Schiaffino, Juan Alberto, 422
Schillaci, Salvatore, 395, 396
Schnellinger, Karl-Heinz, 100, 361, 436, 449, 571, 632
Scholes, Paul, 656
Schön, Helmut, 404
Schrijvers, Piet, 404
Schumacher, Harald, 29, 30, 262
Schuster, Bernhard, 86, 278, 762
Schwarzenbeck, Georg, 222, 297, 298, 311, 373, 577, 578
Scopelli, Alejandro, 241, 589
Scorey, George, 258
Scunthorpe United F. C., 678
SD Compostela, 153, 287, 380, 402
Seaman, David, 192, 284
Seattle Sounders F. C., 581
Sebas. Véase Sebastián Sainz, Miguel Ángel
Sebastián Sainz, Miguel Ángel, 675, 676
Seeler, Uwe, 100, 342, 449, 613, 632
Segarra, Joan, 39, 40, 561, 562, 566
Seguí, Vicente, 542
Seminario, Juan Roberto, 521
Sendra, Francisco, 541
Senior, Alfonso, 447
Senna, Marcos, 92, 386
Señor, Juan Antonio, 283, 364, 747, 748
Serena. Véase Rodríguez Serena, Fernando
Serena, Aldo, 396
Sergi. Véase Barjuán Esclusa, Sergi
Sergio. Véase González Soriano, Sergio
Sergio. Véase Manzanera, Sergio
Serrano Suñer, Ramón, 39
Serrat, Joan Manuel, 68
Servette F. C., 71, 732
Sesúmaga, Félix, 519
Setién, Quique, 501
Setters, Maurice, 179
Sevilla F. C., 21, 23, 24, 42, 63, 64, 97, 113, 225, 245, 253, 265, 405, 406, 455, 456, 492, 509, 510, 535, 559, 560, 572, 589, 593-595, 639, 661, 662, 675, 743
SG Dinamo Dresde, 151, 175, 176
Shackleton, Len, 585
Shakespeare, William, 273
Shamrock Rovers F. C., 89
Shankly, Bill, 109, 168, 273, 473, 537, 709, 710, 720
Shaw, Richard, 65
Sheffield United F. C., 57, 109, 110, 162
Sheffield Wednesday F. C., 109, 110, 115, 504, 702
Sheldon, Jackie, 205
Shepherd's Buch F. C., 495
Sheringham, Teddy, 315, 316
Shevchenko, Andriy, 315
Shilton, Peter, 371, 372, 702
Shvetsov, Serguéi, 619, 620
Sié, Donald-Olivier, 75
Sierra Vallejo, Joaquín, 223, 610
Sieveking, Lance, 57
Sigi. Véase Martínez Ramírez, José Sigifrido
Silva. Véase Jiménez Silva, David
Silva. Véase Machado da Silva, Walter
Silva, Alfonso, 49, 50, 136, 393, 691
Silva, Baltazar da, 166
Silva, David, 92, 386, 391, 392, 412
Silva, Gilberto, 490
Silva, Honorato da, 490
Silva, Leônidas da, 366
Silva, Luis, 276
Silva, Mauro, 149
Silva, Óscar, 16
Silva, Ramón, 276
Silva, Roberto Carlos da, 149, 169, 170, 306, 407, 414, 490, 592, 707, 708, 734
Silva Ferreira, Eusébio da, 87, 88, 179, 234, 255, 428-430, 555, 556, 571, 572, 612, 632
Silva Gomes, Mauro, 149
Silveira dos Santos, Darcy, 245, 299, 525
Silveira dos Santos, Juan, 490
Silvestre Graells, Eladio, 124, 339, 340, 512, 562, 572, 610
Simão. Véase Fonseca Sabrosa, Simão
Simarro i Puig, Antoni Maria, 565
Simeone, Diego Pablo, 74, 311, 312, 594
Simon, Matthew, 65

Simpson, Ronnie, 651, 652
Sinatra, Frank, 422
Sindelar, Matthias, 59, 60
Sirvent, José, 22
Sistiaga, Felipe, 675, 676
Sívori, Omar, 429, 494, 733
SK Brann, 191
ŠK Slovan Bratislava, 67, 295, 637
SK Sturm Graz, 315
Smith, Alan, 666
Smith, Robert A., 632
Smith, Tommie, 189
Soares, Elsa, 54
Soares de Espíndola, Julio César, 490
Società Sportiva Lazio, 183, 184, 419, 420, 484, 597, 768
Sócrates. Véase Belenguer Pérez, Sócrates
Sócrates. Véase Sampaio de Souza, Sócrates Brasileiro
Sokolov, Apostal, 718
Sol, Luis del, 20, 33, 40, 41, 159, 160, 299, 300, 314, 429, 525, 560
Sola, Miguel Ángel, 269
Solana, Jesús Ángel, 262, 284, 576
Solari, Santiago Hernán, 24, 149
Solaun, Luis María, 495
Solé, Pedro, 213, 241
Solís Ruiz, José, 369, 370, 566
Solozábal, Roberto, 469
Sörensen, Tage, 124
Sosa Ramírez, Rogelio, 405
Šoškić, Milutin, 632
Sota, Alejandro, 219, 495
Sota, Manuel de la, 599
Soteras Mauri, Josep, 566
Sotil, Hugo, *Cholo*, 111, 112, 185, 488, 711
Soto Herrera, Emilio, 535
Soto Montesinos, Leonardo, 186
Souness, Graeme, 323
Sparwaser, Jürgen, 373, 374, 403
Spencer, Alberto, 525, 526
Spencer, Howard, 682
Spensley, James, 279, 280
Sport Club Corinthians Paulista, 54
Sport Club do Recife, 608
Sport Lisboa e Benfica, 87, 88, 90, 116, 271, 285, 300, 303, 314, 429, 430, 476, 537, 555, 556, 571, 612, 690
Sporting Clube de Portugal, 87, 88, 429, 649, 650, 732, 744
Sporting de Lourenço Marques, 87
St Helens Ladies, 725, 757
St. Domingo's F. C. Véase Everton F. C.
Stade de Reims, 299, 433, 434, 587, 588, 671, 690, 732
Stal Mielec, 281
Stalin, 56, 505, 506
Stalin, Vasili, 506
Stallone, Sylvester, 472
Stalybridge Rovers F. C., 162
Starostin, Nicolái, 505, 506
Stéfano, Alfredo Di, 18, 20, 33, 38-41, 46, 68, 72, 109, 111, 119, 121, 157-159, 181, 193, 194, 213, 237, 238, 242, 244, 255, 265, 267, 285, 299, 300, 332, 337, 338, 432, 433, 438, 447, 448, 452, 475, 476, 489, 507, 508, 523-526, 541-544, 552, 563, 564, 569, 570, 587, 588, 621, 632, 641, 642, 654, 655, 657-659, 668, 672, 679, 698, 727, 728, 733, 734, 737, 738, 742, 753, 754, 762
Stein, Jock, 300, 537, 538, 651
Steinberg, Udo, 276
Stielike, Ulrich, 30, 130, 203, 204, 463
Stiles, Nobby, 179, 180, 325, 435, 612, 656
Stock, Constant Vanden, 461, 462
Stock, Roger Vanden, 461
Stockport County F. C., 714
Stockport Rovers, 162
Stoichkov, Hristo, 303, 304
Stojanović, Slavko, 732
Stoke City F. C., 79, 80, 142, 155, 341, 545, 750
Strachan, Gordon, 538
Streltsov, Eduard, 319, 320
Suárez, Rubén, 250
Suárez Díaz, Luis, 459, 501
Suárez Flamerich, Germán, 448
Suárez Miramontes, Luis, 40, 48, 100, 157-159, 160, 194, 267, 313, 429, 569, 573, 651, 663, 734, 753
Šuker, Davor, 306, 708
Sukharev, Vasily, 472
Sulser, Claudio, 646
Sunderland Association F. C., 550, 586, 677
Suñol i Garriga, Josep, 465, 466, 513, 514
SV Werder Bremen, 446
SV Zulte-Waregem, 117
Sviridovsky, Mijaíl, 472
Swain, Kenneth, 462
Swansea City A. F. C., 504
Swindon Town F. C., 73, 173
Szalay, Tibor, 559, 560
Szarmack, Andrzej, 614

Tabales, Fernando, 558, 596
Tabárez, Oscar, 616
Tagnin, Carlo, 569
Tamayo, José, 596
Tapie, Bernard, 483, 484
Tarantini, Alberto, 334
Tarasconi, Domingo, 126
Tartilán Requejo, Juan Manuel, 508, 544
Tavares da Silveira, Amarildo, 555, 556

Tavares de Santana, Clodoaldo, 260
Taylor, John Keith, 435
Taylor, Frank, 120
Taylor, Graham, 173
Taylor, Tommy, 89
Tebas, Javier, 460
Tejada, Justo, 39, 241, 265, 523, 562, 566
Tejada, Ramón, 405
Tejera, Eusebio, 422
Tendillo, Miguel, 269, 762
Terradas, Bartomeu, 624
Terry, John, 301, 302
Ter Stegen, Marc-André, 478
Teus, Eduardo, 353, 354
Thiago Silva, 528
Thomas, Clive, 333, 334
Thommen, Ernst B., 561
Thompson, George, 109
Thompson, Harold, 614
Thompson, Robert Anthony, 702
Thuram, Lilian, 420
Tim. Véase Pádua Lima, Elba de
Timimi. Véase González Sánchez, Pedro
Timofeev, Valeriy, 472
Timor, Antonio, 541
Tinte. Véase García Repullo, Rafael
Tito, Josip Broz, 289
Toba, Eduardo, 99, 123, 377, 609
Toledano Chinchón, Manuel, 675, 676
Tolosa Club de Fútbol, 425
Tomaszewski, Jan, 614
Tomé, Manuel, 112
Toni. Véase Jiménez, Antonio
Toni. Véase Sangrador Sañudo, Antonio
Tonono. Véase Moreno, Antonio Afonso
Torino F. C., 145, 203, 204, 255, 271, 272, 279, 314, 349, 350, 457, 547, 570, 650, 666, 729
Toronto Metros-Croatia, 88
Torralba, Ramón, 329
Torregrosa, José, 93
Torrent, Juan, 358
Torres, Antoni, 112, 124, 214, 519, 562
Torres, Carlos Alberto, 348, 581, 582, 683, 734, 751, 767
Torres, Fernando, *Niño*, 86, 92, 302, 386, 411, 412
Toshack, John, 750
Tostão. Véase Gonçalves de Andrade, Eduardo
Tote. Véase López Marco, Jorge
Toth, Jozsef, 696
Tottenham Hotspur F. C., 37, 73, 174, 179, 231, 597, 681
Trallero, Ernesto, 37, 405
Tranmere Rovers F. C., 273
Tranviaria, 514
Trapattoni, Giovanni, 548, 616
Trapero Gonzalo, Nicanor, 45
Trautmann, Bert, 681, 682
Trinchant, Francisco, 514
Trino. Véase Arizcorreta, Trino
Tristán, Diego, 149, 150
Troglio, Pedro Antonio, 485
Troyans F. C., 515
Trusevich, Nikolai, 472
TSV 1860 Múnich, 446
Tudjman, Franjo, 289, 290
Turek, Anton, 398
Turnbull, Sandy, 205, 206
Tyntchev, Feodor, 472

Uche. Véase Okechukwu, Alozie
Ufarte, José Armando, 297, 298, 405, 406, 572, 663, 664
Ufton, Derek, 622
Ugartemendia, Mauricio, 45
Unión Deportiva España, 409
Unión Deportiva Las Palmas, 205, 214, 269, 295, 377, 405, 406, 409, 456, 551, 552, 609
Unión Deportiva Salamanca, 56, 211, 402, 409, 514
Unione Calcio Sampdoria, 304, 349, 469
Universitary de Barcelona, 55
Upton Park F. C., 51, 714
Uralde, Pedro, 762
Uranga, José Antonio de la Hoz, 716
Ure, Ian, 571
Uría. Véase Álvarez Uría, Francisco Javier
Uriarte, Fidel, 185
Uriarte, Juan María, 62
Uribe, Ignacio, 45
Urquiaga, Santiago, 269
Urquiri, Luis, 596
Urquizu, Juan, 425
Urruela, Juan de, 624
Urruti. Véase González Urruticoechea, Francisco Javier
Urtubi, Ismael, 269
USL Dunkerque, 735

Vaghi, Ricardo, 659
Valcareggi, Ferruccio, 547, 730
Valdano, Jorge Alberto, 48, 86, 150, 204, 212, 217, 261, 262, 283, 316, 359, 371, 637, 638
Valderas, José, 560
Valderrama, Carlos, 530
Valdés, Francisco, 686
Valdés, Miguel, 276
Valdeterrazo, Luis, 219, 220
Valdez, Óscar Rubén, 103, 104, 267, 268

Valencia C. F. Mestalla, 281, 405, 410, 541, 578, 675
Valencia Club de Fútbol, 24, 56, 97, 100, 134, 150, 153, 163, 204, 224, 225, 237, 238, 246, 269, 332, 340, 401, 402, 405, 425, 432, 488, 513, 514, 541, 542, 562, 567, 568, 589, 608, 620, 641
Valenciennes F. C., 483, 484
Valerón, Juan Carlos, 149, 150
Vall, José María, 543, 544
Valle, Luis, 633
Valverde, Ernesto, 501
Varallo, Francisco, 440
Varela, Obdulio, 250, 287, 421, 422, 751
Vasas Sport Club, 67
Vavá. Véase Neto, Edvaldo Icidio
Vavá. Véase Sánchez, Luciano
Vaz Leal, Cláudio Ibrahim, 485, 486, 494
Vázquez, Cosme, 514
Vázquez, Juan, 558, 596
Vázquez Montalbán, Manuel, 296
Vega-Arango, Manuel, 130
Velarde, Mario, 326
Velasco Carballo, Carlos, 478
Velázquez, Manuel, 38, 111, 112, 285, 286, 332, 339, 378, 610, 679, 680, 711, 767
Venables, Terry, 278
Ventura Filho, Jair, 54, 260, 341
Vergés, Martí, 40, 522, 523, 562, 566
Verón, Alejandro, 640
Verón, Juan Sebastián, *la Brujita*, 611, 612
Vialli, Gianluca, 304, 615
Viberti, Sebastián Humberto, 451, 452
Vicente, José, 40, 159, 244, 689, 750
Vicini, Azeglio, 615
Víctor. Véase Muñoz, Víctor
Víctor. Véase Sánchez del Amo, Víctor
Victoria I del Reino Unido, 161
Vidagany, Francisco, 378
Vidal, José María, 299, 525
Vidal, Luis, 405
Vidal, Pablo, 136
Vidal Caturia, Antonio, 691, 692
Vidal de Cárcer, Manuel, 94
Vidal Torres, Eduardo, 127
Videla, Jorge Rafael, 334
Vieira, Marcelo, 312
Vieira da Sila, José Luiz, 752
Vieira Honório, Antônio Wilson, 147, 148, 457, 556
Vigo, Esteban, 95
Vigueras, Fernando, 381, 382
Viktor, Ivo, 386
Vila, Jaume, 623
Vilá Reyes, Juan, 241
Vilanova, Rodolfo, 451
Vilda, Jorge, 48
Villa. Véase Villanueva, Luis
Villa, David, 92, 169, 170, 386, 411, 412
Villa, Juan Manuel, 160, 245, 246
Villagordo, Pedro, 627
Villalaín, Luis Alonso, 405
Villalonga, José, 159, 160, 370
Villanueva, Luis, 514, 596, 633
Villar Llona, Ángel María, 100, 185, 186, 252, 336, 351, 594, 603, 604, 628, 716
Villas-Boas, André, 302
Villaverde, Ramón Alberto, 265, 523, 566
Villita. Véase Villanueva, Luis
Viola, Dino, 323
Violeta, José Luis, 246, 267, 268, 358, 610
Vitoria Soria, Alberto, 335
Vizcaíno, Manuel, 391
Vogts, Berti, 361, 367, 373, 388, 404
Völler, Rudi, 484
Vörös Lobogó, 121, 732
Vukas, Bernard, 621

Waddel, Willie, 649
Wakelam, Henry, *Teddy*, 57
Waldo. Véase Machado, Waldo
Walter, Emilio, 329, 431
Walter, Fritz, 751
Wanderers F. C., 539
Warthon, Arthur, 161, 162
Washington Diplomats, 131, 348, 553
Watson, Dave, 702
Weah, George, 459
Webb, Howard, 412
Weber, Gerd, 175
Weber, Wolfgang, 450
Wenger, Arsène, 105, 106
West, Enoch, *Knocker*, 205, 206
West Bromwich Albion F. C., 141, 701
West Ham United F. C., 66, 257
Whalley, Arthur, 205
Whelan, Liam, 89
Wiener AC, 299
Wild, Walter, 624
Wilkes, Servaas, 432, 542
Wilkins, Raymond C., 324, 702
Wilkinson, Howard, 74
Williams, Bert, 394
Wilson, Giuseppe, 183
Wilson, Ray, 180, 632
Wisla Cracovia, 744
Witty, Arthur, 276
Wolverhampton Wanderers F. C., 119, 142, 173, 313, 545, 546, 608, 731, 732
Wood, Ray, 116
Woodcock, Tony, 702
Woolfall, Daniel Burley, 310, 444

Wright, Billy, 120, 394, 622, 682, 696, 731, 753
Wynne-Morgan, David, 731

Xavi. Véase Hernández, Xavier
Xerez Club Deportivo, 287

Yácono, Norberto, 659, 660
Yarza, Enrique, 521, 522
Yashin, Lev, 80, 369, 370, 632, 718, 734
Yeats, Ron, 709
Yeste, Fran, 250
Young, George, 749
Yurrita, Mariano, 229, 293, 425

Zaballa, Pedro, 647
Zabalza, Pedro María, 185, 378
Zagallo, Mario, 53, 259, 260, 457, 556
Zakarias, József, 696
Zaldúa, José Antonio, 214, 512, 647
Zamanillo, José Antonio, 37
Zambrotta, Gianluca, 420
Zamora, Jesús María, 212, 253, 254, 628, 716
Zamora de Grassa, Ricardo, 56
Zamora Martínez, Ricardo, 27, 55, 56, 84, 94, 126, 160, 188, 229, 230, 240, 293, 294, 307, 308, 329, 384, 425, 426, 431, 432, 447, 500, 519, 520, 557, 571, 572, 596, 610, 633, 653, 667, 717, 761
Zamorano, Iván Luis, 593, 630, 638
Zanetti, Javier, 400
Zapater, Carlos, 125
Zapico Junquera, Andrés Avelino, 246, 647, 648
Zariquiegui, Daniel María, 128
Zarra. Véase Zarraonandia, Telmo
Zárraga, Alfredo, 660
Zárraga, José María, 72, 299, 448, 452, 523, 525, 526, 588, 672
Zarraonandia, Telmo, 393, 394, 410, 519
Zebec, Branko, 622
Zecevic, Konstantin, 612
Zeckendorf, William, 533
Zeman, Walter, 621, 622, 672
Zico. Véase Antunes Coimbra, Arthur
Zidane, Zinedine, 24, 149, 150, 169, 315, 359, 407, 408, 414, 433, 438, 591, 592, 734
Zitarrosa, Alfredo, 54
Zoco, Ignacio, 112, 124, 160, 286, 346, 370, 544, 654, 664, 679
Zoff, Dino, 489
Zozaya, Alberto Máximo, 589
Zuazo, Severino, 139, 495
Zubeldía, Osvaldo, 611
Zubiaurre, Juan, 760
Zubieta, Ángel, 16, 600
Zubizarreta, Andoni, 114, 269, 304, 387
Zuloaga, Francisco, 447
Zunzunegui, Fernando, 512, 648
Zunzunegui, Juan Antonio de, 140
Zuviría, Rafael, 295, 296

Índice general

Introducción 11

ENERO

San Lorenzo de Almagro nos hace un 5-7 con el *tiqui-taca* (1947) ... 15
Chamartín pasa a llamarse Santiago Bernabéu (1955) 17
La «agenda de Escartín» arma un gran lío (1962) 19
Nueve goles de Bazán, el otro algabeño (1948) 21
Luxemburgo se estrena con seis minutos gloriosos (2004) 23
Italia se hace *azzurra* en homenaje a la Casa de los Saboya (1911) 25
Samitier deja el Barça ¡por el Madrid! (1933) 27
Briegel desvela al fin el tongo del Alemania-Austria (2007) 29
El Athletic viste por primera vez de rojiblanco (1910) 31
Llaudet contrata un chófer negro (1967) 33
Beckham ficha por los Galaxy (2007) 35
Grosso echa una mano al Atlético (1964) 37
Franco no quería rusos en Madrid (1960) 39
Cae Miguel Muñoz después de trece años (1974) 41
¡Breitner es maoísta! (1975) 43
El Manchester pierde bajo la nieve en San Mamés (1957) 45
Doblete de oro de Alexia Putellas (2022) 47
Siete del Valladolid a la Selección (1951) 49
Descalificado el Preston North End por profesionalismo (1884) 51

Nos deja Garrincha, la «Alegria do Povo» (1983) 53
Nace Ricardo Zamora (1901) 55
Arsenal-Sheffield, la radio entra en el fútbol (1927) 57
Aparece muerto Matthias Sindelar (1939) 59
Clemente salta por el caso Sarabia (1986) 61
Antúnez rompe el cerco de los béticos en la plaza de Armas (1945) 63
El propio Manchester suspende a Cantona (1995) 65
Kubala se fuga de Hungría en un camión militar vestido de soldado ruso (1948) 67
La Vanguardia da noticia de un pre-Barcelona (1885) 69
El Madrid sobrevive en el hielo de Belgrado (1956) 71
Hoddle se pasa cuatro pueblos (1999) 73
Costa de Marfil, internada en un campo militar (2000) 75

FEBRERO

Stanley Matthews cumple los cincuenta en activo (1965) 79
Catania-Palermo: el *calcio* para por un policía muerto (2007) 81
La final del agua (1929) 83
Jesús Gil toma una decisión desastrosa (1991) 85
El Benfica esconde a Eusébio en el Algarve (1961) 87
Se estrella el avión en el que viaja el Manchester United (1958) .. 89
Gol de Iniesta en Manchester y España cambia de rumbo (2007) .. 91
El Athletic le mete doce goles al Barça (1931) 93
La semana de la «Cruyffcifixión» (1977) 95
Empieza nuestro campeonato de liga (1929) 97
Nace en Sevilla el «jugador número doce» (1970) 99
El fútbol tal y como era en el siglo XVII (1683) 101
Aquel fatal gol de Katalinski en Fráncfort (1974) 103
El Arsenal no convoca a ningún inglés (2005) 105

El árbitro Hoyzer ingresa en prisión (2005) 107
Dooley: suprema declaración de amor al fútbol (1953) 109
Año *mil-novecientos-cero-cinco* del calendario *culé* (1974) 111
Cuatro de Lineker a la Quinta del Buitre (1987) 113
Mensaje doliente de Matt Busby (1958) 115
Berlusconi compra el Milán (1986) 117
Duncan Edwards, el James Dean del fútbol (1958) 119
Puskás decide exiliarse y no regresar a Hungría (1957) 121
La tribu se siente agredida en el Schlessin de Lieja (1969) 123
Boca Juniors llega a España (1925) 125
Guruceta se estrella con el coche cuando iba a arbitrar al Real Madrid (1987) 127
Bernabéu se marcha del palco (1978) 129
La triste aventura de Johan Cruyff en el Levante (1981) 131
La FIFA excluye a Rusia del Mundial de Qatar (2022) 133
Alsúa marca con la mano el día metido de clavo (1948) 135

MARZO

Rafael Moreno, *Pichichi*, se convierte en mito (1922) 139
Nace la idea de la liga, todos contra todos (1888) 141
A la Real Academia Española llega una nueva palabra: «fútbol» (1916) 143
El caso Bolonia y su pleito con el Inter (1964) 145
El «gol de la placa» de Pelé (1961) 147
El «Centenariazo» (2002) 149
La Stasi asesina al prófugo Eigendorf (1983) 151
Jesús Gil la emprende con el gerente del Compostela (1996) 153
Un antecedente de la tragedia de Hillsborough (1946) 155
Ese empate con Suiza nos dejó sin Mundial (1957) 157

Debuta Iribar con la Selección (1964) 159
Warthon en el «Jubilee Festival of Football» (1887) 161
La UEFA para el fútbol por la COVID-19 (2020) 163
Brasil estrena el amarillo (1954) 165
El Everton deja Anfield y nace el Liverpool (1891) 167
El Madrid «galáctico» viaja alegre y confiado (2004) 169
El *bambino* nos parte por el eje en Roma (1954) 171
Día Mundial del pelotazo a lo que salga (1950) 173
El Dinamo de Dresde sospecha que le intoxicaron (1986) 175
Un presidente le da un paraguazo a un árbitro (1977) 177
Nobby Stiles descubre su vocación (1964) 179
Se empieza a hablar de un tal Iribar (1962) 181
Estalla el escándalo del Totonero (1980) 183
Villar le pega una bofetada a Cruyff (1974) 185
Quini está libre, ¡y ganamos en Wembley! (1981) 187
Epaña juega en Malta sin Luis Enrique (2019) 189
Fowler, a favor de los trabajadores del puerto (1997) 191
Di Stéfano le hace un gol de tacón a Saso (1954) 193
Un perrito llamado *Pickles* se convierte en héroe nacional (1966) ... 195
El clásico femenino bate un récord mundial (2022) 197
Inglaterra 1, Escocia 5. El primer jugador mediático (1928) 199

ABRIL

Juanito se estrella al regreso de un Madrid-Torino (1992) 203
Manchester United y Liverpool acuerdan un 2-0 (1915) 205
«Váyanse a la calle, pibes». Y fundaron Boca Juniors
en un parque (1905) 207
La FIFA entra en la International Board (1913) 209
Álvarez Margüenda irrita al Manzanares (1981) 211

La muerte de Julio César Benítez (1968) 213
Míster Pentland viene para cambiar nuestro fútbol (1921) 215
Juanito pisa la cabeza a Matthäus (1987) 217
Hacia la creación de otro Athletic (1903) 219
Babacan deja al Atlético con ocho (1974) 221
Jornada de huelga en nuestro fútbol (1982) 223
Nacen las quinielas (1946) 225
Empate a seis y primera gran bronca Madrid-Barça (1916) 227
Goleada a Francia con aparición de las primas (1929) 229
Hillsborough: el final de las vallas (1989) 231
Egipto gana la primera Copa de África (1957) 233
Superbronca por una tercera final Celtic-Rangers (1909) 235
El Valencia pierde en Sarriá y gana la Liga (1971) 237
Escobal y Quesada no pueden salir a la calle (1926) 239
El definitivo desengaño de Kubala (1964) 241
Didí patenta la *folha seca* (1957) 243
Ramallets reúne a «los Cinco Magníficos» (1964) 245
El gato *Trixie* le da la Copa al Cardiff City (1927) 247
Xavi nos hace ganar la Copa del Mundo sub-20 (1999) 249
Pocos y cobardes (2000) 251
El gol de Zamora le da el título a la Real (1981) 253
El tanto que no celebró Law (1974) 255
Nace el Empire Stadium. El héroe del caballo blanco (1923) 257
Pelé en la delantera de los cinco dieces (1970) 259
Día Mundial del Miedo Escénico (1986) 261

MAYO

El Barça despide a HH (1960) 265
Reina se mete un gol imposible (1973) 267

Una gabarra por el río Nervión (1983) 269
Se estrella «Il Grande Torino» (1949) 271
Dixie Dean alcanza los sesenta goles (1928) 273
Nace la Copa de España. O así (1902) 275
Duckadamazo en Sevilla (1986) 277
El primer Scudetto se resolvió en un solo día (1898) 279
El «loco del Bernabéu» descarga su conciencia (2001) 281
Aquel golazo imposible de Nayim (1995) 283
Los «yeyés» ganan la sexta (1966) 285
El Orense completa la Liga perfecta (1968) 287
Estallido de odio entre Dinamo y Estrella Roja (1990) 289
El Día del Futbolista en Argentina (1953) 291
Los ingleses caen por primera vez... y en Madrid (1929) 293
El Barça vive una fiesta en Basilea (1979) 295
Las fatales consecuencias del gol de Schwarzenbeck (1974) 297
Real Madrid 7, Eintracht de Fránckfort, 3 (1960) 299
El Chelsea de Abramóvich gana la Champions (2012) 301
Joan Gaspart lanza lo de *dream team* y se baña en el Támesis (1992) 303
La mayor de las convocatorias madridistas en Cibeles (1998) 305
Zamora, encarcelado por los dos bandos de la Guerra Civil (1940) 307
Nace la FIFA sin los ingleses (1904) 309
Sergio Ramos fue Schwarzenbeck en Lisboa (2014) 311
Luis Suárez ficha por el Inter (1961) 313
Manchester United-Bayern de Múnich: el minuto del siglo (1999) 315
Estalla el FIFA Gate (2015) 317
Streltsov es enviado al gulag (1958) 319
Crimen colectivo en el viejo Heysel (1985) 321
Di Bartolomei se suicida a los diez años de una derrota (1994) 323
La primera tarjeta es para un ruso (1970) 325

JUNIO

Con el Barça reventó el profesionalismo (1925) 329
Fallece Santiago Bernabéu (1978) 331
El gol de Zico no valió por milésimas de segundo (1978) 333
La final de Copa más madridista (1980) 335
Di Stéfano rompe con el Madrid (1964) 337
Guruceta pita un penalti fuera del área (1970) 339
Banks le hace una parada mágica a Pelé (1970) 341
Camerún gana a los campeones del mundo (1990) 343
Fernández lesiona de gravedad a Amancio (1974) 345
Pelé deja Brasil para jugar en el Cosmos (1975) 347
Presidente del Torino treinta y tres años después de matar a Meroni (2000) 349
Lopetegui ficha por el Madrid y Rubiales le echa (2018) 351
Madrid 11, Barça 1. El desembarco de Bernabéu (1943) 353
Milans del Bosch cierra el Barça durante seis meses (1925) 355
4 300 000 pesetas gracias a la «Fila cero» (1964) 357
Casillas cambia su suerte en un mes y un día (2002) 359
La fabulosa prórroga del Alemania-Italia (1970) 361
Cuatro del Buitre en Querétaro y todos a Cibeles (1986) 363
El telegrama de Mussolini: «Vencer o morir» (1938) 365
Panenka inventa el penalti que no existe (1976) 367
Marcelino marca el gol más renombrado (1964) 369
El barrilete cósmico y la «mano de Dios» (1986) 371
Sparwaser es famoso en el mundo entero (1974) 373
Calcio in costume (1930) 375
Finlandia nos gana y es la recaraba (1969) 377
Gil presenta a Futre en la Sala Jácara (1987) 379
Vigueras muere en una comisaría de Argel (1933) 381

El Barça gana la final que dura cinco semanas
y Alberti canta a Plattko (1928) 383
España consigue su segunda Eurocopa (2008) 385
Alemania, ¡quién si no!, inaugura el gol de oro (1996) 387

JULIO

El partido de los 1137 pases (2018) 391
«Excelencia, hemos vencido a la pérfida Albión» (1950) 393
Italia-Argentina y Maradona la lía (1990) 395
Alemania 3, Hungría 2, el milagro de Berna (1954) 397
Palermo falla tres penaltis ante Colombia (1999) 399
Llega el fútbol de pago a España (1990) 401
Naranja mecánica, campeón sin corona (1974) 403
España gana el Mundial Militar (1965) 405
Zidane topa bruscamente con Matterazzi (2006) 407
Desaparece el Atlético Tetuán (1956) 409
¡España ha ganado la Copa del Mundo! (2010) 411
El triunfo de la Francia multicolor (1998) 413
Echa a rodar la Copa del Mundo (1930) 415
Honduras-El Salvador: la guerra del fútbol (1969) 417
¡Envían a la Juventus a Segunda! (2006) 419
Maracanazo (1950) 421
El primer campeón continental (1916) 423
El gol más famoso de Piendibene (1926) 425
¡Bombazo! Corea elimina a Italia (1966) 427
Eusébio es declarado por Oliveira Salazar
«Patrimonio del Estado» (1964) 429
Primera apertura de extranjeros en la Liga (1933) 431
Kopa se convierte en figura publicitaria (1959) 433

Dos arbitrajes enfrentan a Europa y América (1966) 435
Florentino presenta a Figo, el primer «galáctico» (2000) 437
Una medalla por frenar a Ferreyra, *la Fiera* (1932) 439
Se ahoga heroicamente Jesús Castro (1993) 441
España entra en la FIFA (1914) 443
Alemania decide crear la Bundesliga (1962) 445
El Madrid gana la «Pequeña Copa del Mundo» contra Di Stéfano (1952) 447
Inglaterra es campeona con un «gol fantasma» (1966) 449
Asesinato del presidente del Málaga (1971) 451

AGOSTO

Mandan a Segunda B al Sevilla y al Celta, pero... (1995) 455
Pelé y su «gol de los cuatro sombreros» (1959) 457
El PSG paga 222 millones por Neymar (2017) 459
Pues resulta que Guruceta vendió un partido (1997) 461
«Más vale perder un partido por nueve...» (1980) 463
Suñol muere fusilado en el Alto del León (1936) 465
El día que Noruega fue Owens (1936) 467
España gana el mismo oro que Cacho (1992) 469
El drama que inspiró *Evasión o victoria* (1942) 471
Una descomunal pelea entre Keegan y Billy Bremner (1974) 473
Puskás ficha por el Real Madrid (1958) 475
España estrena el VAR en Marruecos (2018) 477
La carcoma entra en International Board con Elleray (2016) 479
Una mujer arbitra la Supercopa europea (2019) 481
Tapie cae en desgracia (1993) 483
Pelé le tira a Maradona lo de Branco (2005) 485
El Parlamento holandés aprueba el traspaso de Cruyff (1973) 487

Brasil juega en Haití por la paz (2004) 489
Sánchez Mejías organiza la «Corrida del Betis» (1928) 491
Nace la mayor de las rivalidades (1914) 493
Estreno de San Mamés, la «Catedral» (1913) 495
Se crea la Asociación Nacional de Trabajadores del Foot-ball (1929) 497
Llegan a España los primeros *pross* (1935) 499
Messi envía un burofax al Barça (2020) 501
Aparecen los números, ocurrencia de Herbert Chapman (1928) 503
El hombre que nunca quiso matar a Stalin (1942) 505
¡Han secuestrado a Di Stéfano en Caracas! (1963) 507
Fallece Antonio Puerta tras sesenta horas de agonía (2007) 509
Prohibidas las botellas, consecuencia de la final de Rigo (1968) 511
El Batallón Deportivo no dio mucha guerra (1936) 513
Se publica *The Arsenal Stadium Mystery* (1937) 515

SEPTIEMBRE

«A mí, Sabino, que los arrollo» (1920) 519
El Carranza lanza las tandas de penalti (1962) 521
Cuando las relaciones entre el Madrid y el Barça eran otras (1956) 523
El Madrid, en la cima de su gloria (1960) 525
Detenidos en pleno Brasil-Argentina (2021) 527
Higuita se luce con el escorpión en Wembley (1995) 529
Luis Aragonés prescinde de Raúl y acierta (2006) 531
Bernabéu intenta cambiar el estadio por una torre (1973) 533
Un equipo para casa y otro para fuera (1949) 535
Jock Stein muere en acto de servicio (1985) 537
Robo de la FA Cup, el viejo «Little Tin Idol» (1895) 539
Mangriñán como símbolo del marcaje (1954) 541

Di Stéfano se enfrenta al Madrid (1964) 543
Heath, de los Wolves, marca el primer penalti de la historia (1891) 545
Rivera pone presidente a su gusto en el Milán (1975) 547
Primer fútbol en la tele: un entrenamiento del Arsenal (1937) 549
Bernabéu se adelanta en el fichaje de Molowny (1946) 551
Cruyff pierde 8-2 y lanza un desafío (1983) 553
Pelé da el gran zapatazo ante el Benfica (1962) 555
Se crea el Atlético Aviación Club (1939) 557
El Betis le estropea un estreno al Sevilla (1958) 559
El Barça gana la Copa de Ferias en propiedad (1971) 561
Di Stéfano ficha por el Madrid (1953) 563
Una sardana gigante inaugura el Camp Nou (1957) 565
El Congreso reclama la Copa de 1937 para el Levante (2007) 567
Helenio Herrera lleva el cerrojo a la cima del mundo (1964) 569
España-Resto del Mundo, homenaje a Zamora (1967) 571
El brazalete negro de Aitor Aguirre y Sergio (1975) 573
«Rafa, no me jodas» (1996) 575
Homenaje a Luis ante el Cosmos (1978) 577

OCTUBRE

Pelé se despide en Nueva York del fútbol (1977) 581
Nacen juntos el alambrado y el gol olímpico (1924) 583
Shackleton: un *hat trick* en 155 segundos (1946) 585
El Sochaux, condenado un año sin salir de Francia (1956) 587
El Espanyol toma oxígeno en los descansos (1952) 589
La prodigiosa aparición de Ronaldo ante el Alavés (2002) 591
Maradona marca de penalti en su debut oficial con el Sevilla (1992) 593

Primer derbi madrileño después de la guerra (1939) 595
«Gazza» estrella el autobús del equipo (1998) 597
La Selección de Euskadi parte para América (1937) 599
Cambio 16 señala a Mendoza como espía de Moscú (1978) 601
Portugal nos quita la Eurocopa (1999) 603
La fecha confundida de la muerte de Gamper (1930) 605
Una prueba con luz artificial (1878) 607
Un partido patriótico ante el Peñón para despedir a Gento (1969) 609
Animals! (segunda vez) (1968) 611
¡Polonia deja a Inglaterra sin ir al Mundial! (1973) 613
Sacchi desdeña el Madrid y escoge la *azzurra* (1991) 615
«El que se tiró por la ventana no era yo» (2008) 617
El gol que produjo 340 muertos (1982) 619
Joaquín Navarro, elevado a la condición de «fifo» (1953) 621
Anuncio de Gamper para crear el Barça (1899) 623
Poletti, Aguirre Suárez y Manera van a prisión (1969) 625
El último partido de Gárate (1976) 627
Rojas, suspendido a perpetuidad por cuentista (1989) 629
Nace el fútbol en Freemasons Arms (1863) 631
El Madrid es rechazado en el campeonato catalán (1936) 633
Campeones de Europa en el modestísimo Toluca (1970) 635
Raúl debuta y falla tres goles (1994) 637
Hoy es Navidad para la Iglesia maradoniana (1960) 639
Rial forma ala con Gento (1954) 641

NOVIEMBRE

Juanito zarandea al árbitro en Zúrich (1978) 645
Zaballa echa el balón fuera (1969) 647

El Rangers elimina milagrosamente al Sporting
de Lisboa (1971) 649
Un desempate siniestro en Montevideo (1967) 651
Un ex presidente del Madrid profesa como dominico (1960) 653
Ferguson coge el Manchester United (1986) 655
Eldorado estaba en Colombia (1948) 657
River se corona en La Bombonera (1942) 659
Breitner le marca a Superpaco... por fuera (1975) 661
Ufarte nos mete en el Mundial de Inglaterra (1965) 663
El Arsenal veta a Osama bin Laden (2001) 665
Pablo Hernández Coronado no llegó a los cien años (1997) 667
Yugoslavia se clasifica, pero no le va a servir (1991) 669
La «santiaguina» nació en Viena (1956) 671
Inglaterra se plantea suspender los partidos internacionales (1934) 673
El Rayo le afeita los bigotes al Racing (1972) 675
El niño del globo rojo (2009) 677
¡Resulta que el Madrid no ha perdido! (1965) 679
Un prisionero alemán en la portería del City (1949) 681
¡Pelé ha marcado mil goles! (1969) 683
Chile marca a puerta vacía (1973) 685
Figo regresa a Barcelona decidido a sacar los córneres... (2002) 687
Una foto de Evaristo en todas las portadas. Míster Ellis
y míster Leafe (1960) 689
«Os hemos ganado por Ortiz a cero» (1947) 691
La solitaria muerte de Maradona (2020) 693
The Times titula: «The Match of the Century» (1953) 695
El último día de «la Máquina» (1946) 697
Tragedia del Chapecoense (2016) 699
/iv Anderson: primer negro en la Selección inglesa (1978) 701
\ Argentina gracias a la espinilla de Rubén Cano (1977) 703

DICIEMBRE

Raúl gana la Intercontinental con el *aguanís* (1998) 707
Bill Shankly entra en el Liverpool (1959) 709
Marcial, tú eres el más grande (1978) 711
Funeral de Estado para George Best (2005) 713
La *ikurriña* en manos de Iribar y Kortabarria (1976) 715
Aparece el portero en el Reglamento (1871) 717
El Ajax anuncia una nueva era (1966) 719
Se edita el primer Reglamento (1863) 721
Un Boca-River en el Bernabéu (2018) 723
Las chicas inglesas crean su propia Football Association (1921) 725
El Real Madrid, Mejor Club del Siglo xx (2000) 727
Mazzola y Rivera, Orden del Mérito el mismo día (1971) 729
El Wolves gana al Honved y da una idea. Empieza
la Copa de Europa (1954) 731
Xavi, manija del mejor once de la Historia (2020) 733
La sentencia Bosman cambia el fútbol (1995) 735
Si Di Stéfano fuera su mujer… (1962) 737
Coque se ha fugado con Lola Flores (1954) 739
El primer Balón de Oro fue para el «Chaplin del fútbol» (1956) 741
El Barça rompe la barrera del sonido (2009) 743
Un decreto españoliza los nombres (1940) 745
Los caballeros de la Orden de Malta (1983) 747
El Gran Jurado de quinielas (1962) 749
Robo y fundición de la Jules Rimet (1983) 751
Di Stéfano, Superbalón de Oro (1989) 753
Hay fútbol entre las trincheras (1914) 755
53 000 espectadores para un partido femenino (1920) 75
Sanción de veinticuatro partidos a Cortizo (1964) 75

Supercopa para la Real y cinco «subtítulos» merengues (1982) 761
Gullit pide el Balón de Oro para Gordillo (1987) 763
Enrique Ponce y José Tomás dirigen los ataques del derbi (1998) ... 765
El Cosmos no paga y se disuelve la NASL (1984) 767

Índice onomástico 769
Índice general 797
El autor 813